IT-Sicherheit mit System

D1574537

Klaus-Rainer Müller

IT-Sicherheit mit System

Integratives IT-Sicherheits-, Kontinuitäts- und Risikomanagement – Sichere Anwendungen – Standards und Practices

5., neu bearbeitete und erweiterte Auflage

Klaus-Rainer Müller
Groß-Zimmern, Deutschland

Das vorliegende Buch wurde aus fachlicher, nicht aus juristischer Sicht geschrieben und nach bestem Wissen und Gewissen sowie mit größter Sorgfalt erstellt und qualitätsgesichert. Weder Autor noch Verlag können jedoch die Verantwortung oder Haftung für Schäden übernehmen, die im Zusammenhang mit der Verwendung des vorliegenden Werkes und seiner Inhalte entstehen. Das Buch kann eine Beratung nicht ersetzen.

Bei zitierten oder ins Deutsche übersetzten Textpassagen, die aus Originaldokumenten stammen, gelten in Zweifelsfällen die Originaldokumente.

Die in diesem Buch angegebenen Quellen und Webseiten wurden zum Zeitpunkt ihrer Einsichtnahme nach bestem Wissen und Gewissen sowie mit größter Sorgfalt ausgewählt. Eine Haftung, Garantie oder Verantwortung für die in diesem Buch angegebenen Webseiten und Quellen sowie deren Inhalte kann in keinerlei Hinsicht übernommen werden. Für Webseiten, welche aufgrund einer solchen Angabe aufgerufen werden, wird keine Verantwortung übernommen. Dementsprechend distanziert sich der Autor ausdrücklich von ihnen.

Der Umfang dieses Buches ist – im Gegensatz zur behandelten Thematik – begrenzt. Demzufolge erhebt das Werk keinen Anspruch auf Vollständigkeit. Rechte Dritter wurden – soweit bekannt – nicht verletzt.

Für in diesem Werk genannte Markennamen, Warenbezeichnungen, Gebrauchsnamen, Handelsnamen etc. gelten, auch wenn sie falsch oder nicht als solche gekennzeichnet sind, die entsprechenden Schutzbestimmungen und -rechte in ihrer jeweils aktuellen Fassung.

ISBN 978-3-658-04333-9   ISBN 978-3-658-04334-6 (eBook)
DOI 10.1007/978-3-658-04334-6

Die Deutsche Nationalbibliothek verzeichnet diese Publikation in der Deutschen Nationalbibliografie; detaillierte bibliografische Daten sind im Internet über http://dnb.d-nb.de abrufbar.

Springer Vieweg
© Springer Fachmedien Wiesbaden 2003, 2005, 2007, 2011, 2014

Gedruckt auf säurefreiem und chlorfrei gebleichtem Papier

Springer Vieweg ist eine Marke von Springer DE. Springer DE ist Teil der Fachverlagsgruppe Springer Science+Business Media.
www.springer-vieweg.de

Vorwort

Welches Ziel verfolgt dieses Buch?

Sicherheit, Kontinuität und Risiken der Informationsverarbeitung müssen effizient und geschäftszentriert gemanagt werden, um die Existenz und Zukunft eines Unternehmens abzusichern. Die Bedeutung dieser Themen wächst rasant aufgrund zunehmender gesetzlicher Vorgaben wie KonTraG und UMAG. Hinzu kommen branchenspezifische Regularien in Form von Basel II und künftig Basel III, MaRisk für Banken sowie für Kapitalanlagegesellschaften und MaComp für Wertpapierdienstleistungsunternehmen. Bei Versicherungsunternehmen ergeben sich Anforderungen aus Solvency II und MaRisk. In der chemischen bzw. pharmazeutischen Industrie sind das ChemG bzw. das AMG und die AMWHV sowie die verschiedenen Guten Praktiken zu beachten. Und auch die Normung entwickelt sich in den Bereichen Sicherheit, Datenschutz, Kontinuität und Risiko dynamisch weiter.

Unternehmen und unser Alltag sind durchdrungen von IT und werden es immer mehr. Begriffe wie pervasive und ubiquitous computing weisen darauf hin. So sind Geschäfts-, Produktions- und Fertigungsprozesse, Anlagen und Systeme ohne IT kaum mehr denkbar, geschweige denn wettbewerbsfähig. Dies macht Unternehmen verwund- und angreifbar. Deshalb ist das Sicherheits-, Kontinuitäts- und Risikomanagement – auch der IT – für Unternehmen von existenzieller Bedeutung.

Auch die Anforderungen interner und externer Kunden steigen. Gesetzliche und aufsichtsbehördliche Vorgaben sowie Gute Praktiken stellen zudem oftmals direkt oder indirekt Anforderungen an die Sicherheit und Kontinuität der IT. Nationale und internationale Normen und Practices kennzeichnen den Stand der Technik und entwickeln sich dynamisch weiter wie u. a. die ISO-27000-Familie zeigt.

Wirtschaftliches, transparentes und durchgängiges Sicherheits-, Kontinuitäts- und Risikomanagement sind gefordert. Dafür sind Investitionen notwendig, deren Umfang von der Effizienz und Effektivität des Sicherheits-, Kontinuitäts- und Risikomanagements abhängt.

Trotz der hohen Bedeutung und der Haftungsrisiken weist die Sicherheits- bzw. Risikosituation in Unternehmen häufig Defizite auf, z. B. hinsichtlich Zielen, Strategie, Struktur, Transparenz sowie anforderungsgerechter Umsetzung und Effizienz. Hinzu kommt eine separate oder gering vernetzte Betrachtung sowohl der Geschäftsprozesse als auch der IT, eine autarke Behandlung des Sicherheitsmanagements, des Kontinuitätsmanagements und des Risikomanagements sowie eine Fokussierung des Sicherheits-, Kontinuitäts- und Risikomanagements auf den IT-Betrieb. Dadurch erfolgt oftmals keine oder eine nur unzureichende Integration in die IT-Prozesse sowie den Lebenszyklus von IT-Prozessen und -Systemen.

Vor diesem Hintergrund habe ich die dreidimensionale IT- bzw. Informationssicherheits(management)pyramide[Dr.-Ing. Müller] entwickelt. Sie ist top-down strukturiert und berücksichtigt die Prozesse, die Ressourcen, die Organisation, die Produkte und die Dienstleistungen sowie den Lebenszyklus der Informationsverarbeitungssysteme bzw. der IT bzw. IKT. *Sie dient als durchgängiges, praxisorientiertes, systematisches und ingenieurmäßiges Vorgehensmodell für den Aufbau und die Weiterentwicklung des Sicherheits-, Kontinuitäts- und Risikomanagements.* In ihren mehrdimensionalen Rahmen können Sie die unterschiedlichsten Sicherheits-, Kontinuitäts- und Risikothematiken „einklinken". So lassen sich Defizite reduzieren oder beseitigen und die Effizienz durch Standardisierung steigern.

Zu den Abgrenzungs- und Alleinstellungsmerkmalen der Sicherheitspyramide gehören

☐ ihr dreidimensionales Vorgehensmodell, die dazu konsistente Darstellung und Bezeichnung,

☐ ihr hierarchisch durchgängiger Aufbau, der sich von der Sicherheits-, Kontinuitäts- und Risikopolitik über Anforderungen, die Transformationsschicht, Merkmale, Architektur, Richtlinien und Konzepte bis zu den Maßnahmen erstreckt,

☐ die Vernetzung des Unternehmens, seiner Geschäfts-, Support- und Begleitprozesse sowie der IT und anderer Ressourcen bis hin zur Organisation

☐ die Integration des hierarchischen Aufbaus mit den Themenfeldern Prozesse, Ressourcen und Organisation sowie dem Lebenszyklus,

☐ die integrative Behandlung des Sicherheits-, Kontinuitäts- und Risiko- sowie Compliance- und Datenschutzmanagements,

☐ der PDCA-orientierte Sicherheitsmanagementprozess,

☐ die Überwachung und Steuerung anhand des Sicherheitsregelkreises und der Balanced Pyramid Scorecard.

Die Sicherheitspyramide stellt ein gesamtheitliches, systematisches und dadurch effizientes Vorgehensmodell dar. Sie integriert auf innovative Weise neben den Disziplinen Sicherheits-, Kontinuitäts- und Risiko- sowie Compliance- und Datenschutzmanagement Kernelemente und -methodiken, die, wenn auch in unterschiedlicher Ausprägung, Vollständigkeit, Detaillierung, Konkretisierung und Qualität sowie teilweise nach Erscheinen meiner Publikationen in bestehenden Standards und Practices vorkommen.

Die 1995 vorgestellte Sicherheitspyramide [1] lässt sich für die gesamte Palette von Sicherheitsthemen eines Unternehmens nutzen. In diesem Buch beschreibe ich ihre Version V unter dem Fokus der – von mir oftmals synonym verwendeten – Informations- bzw. IT- bzw. ITK-Sicherheit (IT + TK = ITK) bzw. – angelehnt an den englischsprachigen Begriff ICT (Infomation and Communication Technology) – IKT-Sicherheit. Dementsprechend bezeichne ich sie als Informations- bzw. IT- bzw. ITK- bzw. IKT-Sicherheits- bzw. -Sicherheitsmanagementpyramide, oder kurz ISiPyr, ITK-/IKT-SiPyr (ISP), ISimPyr oder ISMP. Sie berücksichtigt das Sicherheits-, Kontinuitäts- und Risiko- sowie Compliance- und Datenschutzmanagement.

Das Buch bietet Ihnen durch die Struktur der Sicherheitspyramide das notwendige *Handlungswissen*, um die IKT, ihre Prozesse, Ressourcen und Organisation entlang dem IKT-Lebenszyklus systematisch, anschaulich, effizient und ganzheitlich sowohl national als auch international auf die geforderte IKT-Sicherheit auszurichten. Neben den Erläuterungen illustrieren Abbildungen die Sachverhalte. Checklisten, Gliederungen und Tabellen aus der Beratungspraxis beschleunigen den Einstieg.

Wer sollte dieses Buch lesen?

Der Titel sagt es bereits – das Buch richtet sich an Leserinnen und Leser, die sich direkt oder indirekt mit der IT-Sicherheit bzw. dem Informationssicherheitsmanagement befassen, aber auch an jene, die für das Kontinuitäts-, das Risiko- oder das Compliance Management zuständig sind:

☐ *Chief Information Security Officers (CISO) und IT-Sicherheitsbeauftragte*, die für die Sicherheit der Informations- und Kommunikationstechnologie (IKT) im Unternehmen bzw. von Teilen davon sowie für deren zielgerichteten strategischen Aufbau verantwortlich sind, sollten wissen, wie sich der Schutzbedarf und die Bedrohungslage entwickeln, wie das Informations- bzw. IKT-Sicherheitsmanagement in das Sicherheitsmanagement des Unternehmens integriert sein sollte, welche Zusammenhänge zwischen Sicherheits-, Kontinuitäts-, Risiko- und Compliancemanagement sowie der IKT, den Prozessen, den Ressourcen und der Organisation bestehen und wie sich das IKT-Sicherheitsmanagement ganzheitlich, systematisch, strategisch und praxisorientiert aufbauen und steuern lässt.

☐ *Chief Information Officers (CIO) sowie IT-Verantwortliche*, die für die IKT sowie für deren Sicherheit verantwortlich sind, sollten wissen, mit welchem Vorgehensmodell das Sicherheitsmanagement aufgebaut, gesteuert und weiterentwickelt werden kann.

☐ *Notfallmanager*, die für die Notfall-, Krisen- und Katastrophenvorsorge (NKK) des Unternehmens insgesamt oder nur für die IKT verantwortlich sind, sollten wissen, wie die NKK-Planung zielgerichtet aufgebaut und weiterentwickelt werden kann.

☐ *Sicherheitsauditoren*, welche die IKT-Sicherheit im Unternehmen prüfen und Handlungsempfehlungen geben, sollten wissen, wie diese Prüfungen in das Sicherheitsmanagement eingebettet sind, wie sie durchgeführt werden können und wie die Zielkonstellation eines Sicherheitsmanagements aussehen sollte.

☐ *Chief Risk Officer (CRO) und Risikomanager*, die für das Risikomanagement im Unternehmen verantwortlich sind, sollten wissen, wie sich dieses anhand der Sicherheits-, der Kontinuitäts- bzw. der Risiko(management)pyramide strukturieren lässt und welche Verbindungsstellen es vom Risiko- zum Sicherheits- und zum Kontinuitätsmanagement gibt.

☐ *Chief Compliance Officers (CCO)* sollten die gesetzlichen und aufsichtsbehördlichen Anforderungen kennen, deren Einhaltung einfordern, verfolgen und steuern sowie die Anforderungen an das Sicherheits-, Kontinuitäts- und Risikomanagement kennen.

☐ *Leiter Organisation oder Verwaltung sowie Bereichsleiter*, die für Geschäftsprozesse bzw. Organisationseinheiten verantwortlich sind und die Informationsverarbeitung zur Unterstützung ihrer Geschäftsprozesse nutzen, sollten wissen, wie sie ihre Sicherheitsanforderungen – einschließlich derer an die IKT – erheben und an den Geschäftsbereich IKT-Services weitergeben können.

☐ *Vorstände und Geschäftsführer*, die für die Sicherheit, die Geschäftskontinuität und das Risikomanagement im Unternehmen verantwortlich sind, sollten die Entwicklung der Bedrohungslage, die gesetzlichen Rahmenbedingungen und ihre <u>persönlichen Haftungsrisiken</u> kennen und wissen, wie das Sicherheitsmanagement durch Sicherheitspolitik, Sicherheitspyramide und Sicherheitsregelkreis zielgerichtet und effizienzorientiert gesteuert werden kann. Auch *Aufsichtsräte* sollten ihr Haftungsrisiken kennen.

Wie können Sie dieses Buch nutzen?

Sie können das Buch komplett oder auch nur einzelne Kapitel lesen. Wer es insgesamt liest, kann sich einen Überblick über Trends bei Bedrohungen und Schutzbedarf sowie häufige Schwachstellen verschaffen. Gleichzeitig findet er eine systematische, durchgängige und ganzheitliche Vorgehensweise zum Aufbau eines geschäftszentrierten Sicherheits-, Kontinuitäts- und Risikomanagements für die IKT anhand der dreidimensionalen Sicherheitspyramide[Dr.-Ing. Müller], ferner weitere von mir entwickelte Begrifflichkeiten und Methoden sowie Beispiele und Checklisten.

Alternativ können sich die Leserin oder der Leser ihrem Wissensbedarf entsprechend einzelnen Kapiteln zuwenden, beispielsweise dem Thema Sicherheits-, Kontinuitäts- und Risikopolitik, sicherheitsbezogene Anforderungen und Business Impact Analysis, Sicherheitsmerkmale, Sicherheitsarchitektur mit prinzipiellen Bedrohungen und Sicherheitsprinzipien sowie dem Sicherheitsschalenmodell und Sicherheitselementen für Prozesse, Ressourcen und Organisation, Richtlinien, Konzepte und Lebenszyklus, z. B. von IKT-Systemen. Auch der Sicherheitsmanagementprozess und der Sicherheitsregelkreis mit Sicherheitsprüfungen sowie Reifegradmodelle sind dargestellt.

Darüber hinaus behandelt das Buch spezifische Themen wie z. B. Verschlüsselung, Speichertopologie und Datensicherung.

Checklisten, Verzeichnisse, das Kapitel für Eilige und Zusammenfassungen verschaffen schnell gezielten Nutzen

Sie können das Buch außerdem als Nachschlagewerk verwenden, indem Sie die bereitgestellten *Checklisten*, das *Verzeichnis über Gesetze, Vorschriften, Standards, Normen und Practices*, das *Glossar und Abkürzungsverzeichnis* sowie das *Sachwortverzeichnis* nutzen.

Kapitel 2 bietet Eiligen einen ersten schnellen Überblick. Die *Einleitungen der Kapitel* geben Ihnen einen Einblick in die jeweils behandelten Themen. Die *Zusam-*

menfassungen am Kapitelende sind für den „Schnelldurchlauf" gedacht und verschaffen schnell gezielten Nutzen.

Außerdem können Sie sich anhand der illustrierenden Abbildungen die Sachverhalte vor Augen führen oder die Checklisten, Gliederungen und Tabellen verwenden, um den Einstieg in die Thematik des Sicherheits-, Kontinuitäts- und Risikomanagements zu beschleunigen.

Für welche Unternehmensgröße eignet sich der Buchinhalt?

Die vorangegangenen Ausführungen deuten bereits an, dass die hier vorgestellte Vorgehensweise einem ganzheitlichen Ansatz folgt. Dies erweckt leicht den Eindruck, dass sie nur für *mittlere und große Unternehmen* geeignet ist. Ist dies tatsächlich so?

Ich denke: nein. *Gesetze, Verordnungen, Standards und Normen gelten meist für alle Unternehmensgrößen.* Der Unterschied zwischen großen und kleinen Unternehmen liegt häufig darin, dass sich Umfang, Detaillierungsgrad, Sicherheits- und Regelungsbedarf unterscheiden. Während Sie bei größeren Unternehmen unterschiedliche Standorte, mehrere Gebäude, differenzierte Verantwortlichkeiten, vielfältige und zum Teil komplexe IT-Infrastruktur sowie eigene Softwareentwicklung finden, nehmen die Komplexität und die Sicherheitsanforderungen bei kleineren Unternehmen oftmals ab, sind aber vorhanden. Jedes Unternehmen sollte sich daher Gedanken über Sicherheitsbedarf, Risikotragfähigkeit und Risikobereitschaft machen.

Ein häufig auch für *kleine und mittlere Unternehmen (KMUs)* erforderlicher zusätzlicher Regelungs- und Schutzbedarf wird so manches Mal übersehen und führt dann zu unliebsamen Folgen. Zwar ist es für *viele Unternehmen selbstverständlich*, dass der Zutritt zu den Räumlichkeiten geschützt ist, dass das Verhalten in Notfällen dokumentiert ist, dass Lizenzen eingehalten werden und dass Vereinbarungen zur Geheimhaltung, zum Datenschutz und zum Surfen im Internet existieren. Auch Datensicherungen und Virenscanner gehören quasi zum Standard, ebenso wie Firewalls und Spam-Filter.

Doch *kennen Sie auch Ihre Risiken?* Ist Ihnen bekannt, welche Folgen der Ausfall eines Geschäftsprozesses, der Räumlichkeiten, der IT, der Telefonanlage oder eines Service-Gebers hat und in welcher Kosten-Nutzen-Relation entsprechende Sicherheitsmaßnahmen stehen? Was dürfen Ihre Mitarbeiter? Kennen die Verantwortlichen die gesetzlichen Anforderungen? Werden Datensicherungen an einen sicheren Ort ausgelagert und ihre Lesbarkeit geprüft? Werden Virenscanner aktuell gehalten? *Betreiben Sie insgesamt eine angemessene Unternehmenssicherung?*

Zugegebenermaßen: Fragen über Fragen und noch längst nicht alle. Doch ihre Beantwortung liefert einen Beitrag zur Risikolage und durch entsprechende oftmals einfache Umsetzung in der Folge zur Unternehmens- und Existenzsicherung. Geringere Komplexität und Anforderungsfülle bei kleinen Unternehmen führen so zu einem schlankeren Sicherheits-, Kontinuitäts- und Risikomanagement, das aber trotzdem ganzheitlich, systematisch und unternehmensbezogen vollständig sein sollte.

Wie ist dieses Buch aufgebaut?

Kapitel 1 geht auf die *Ausgangssituation und Entwicklungstrends* bei Bedrohungen und Schutzbedarf sowie die Sicherheitssituation in Unternehmen ein. Ferner erläutert es die Notwendigkeit für ein systematisches und strategisches Sicherheits-, Kontinuitäts- und Risikomanagement.

Für Eilige gibt Kapitel 2 einen kurzgefassten Überblick über die Inhalte der Sicherheitspyramide.

Kapitel 3 nennt Ihnen kurz und prägnant *10 Schritte* zum Sicherheits-, Kontinuitäts- und Risikomanagement.

Kapitel 4 gibt einen kurzgefassten auszugsweisen Überblick über *Gesetze, Verordnungen, Vorschriften und Anforderungen*.

Kapitel 5 geht übersichtsartig auf *Standards, Normen und Practices* ein.

Kapitel 6 stellt verschiedene *Begriffe und Definitionen* aus dem Sicherheits-, Kontinuitäts- und Risikomanagement vor, die in diesem Buch verwendet werden. Es behandelt u. a. das Sicherheitsmanagement, die ingenieurmäßige Sicherheit, die Sicherheitspyramide und -politik, Ressourcen, Schutzobjekte und -subjekte sowie Sicherheitskriterien, die Business Impact Analysis, Geschäftskontinuität (Business Continuity), Sicherheits- und Risikodreiklang sowie Risikomanagement.

Kapitel 7 gibt eine zusammenfassende Beschreibung des Aufbaus und der Inhalte der dreidimensionalen *Sicherheitspyramide*.

Die *Kapitel 8 bis 16* erläutern die einzelnen *Elemente der Sicherheitspyramide*. Hierbei fokussieren sich die Kapitel 8 bis 14 auf den hierarchischen Aufbau, d. h. die Sicherheitshierarchie. Sie beginnt bei der Sicherheits-, Kontinuitäts- und Risikopolitik, gefolgt von der Ebene der Sicherheitsziele und -anforderungen, die Schutzbedarfsklassen sowie Schutzbedarfs- bzw. Geschäfts- und Betriebseinflussanalysen für Prozesse und Ressourcen enthält. Die anschließende Transformationsschicht mit dem Haus zur Sicherheit ("House of Safety, Security and Continuity") wandelt die Sicherheitsanforderungen in Sicherheitsmerkmale der genutzten Ressourcen und Prozesse sowie der Organisation.

Die Architektur liefert die Basis für die Richtlinien, Konzepte und Maßnahmen und wird in diesem Buch daher ausgiebig behandelt. Sie umfasst prinzipielle Sicherheitsanforderungen und Bedrohungen, Strategien, Prinzipien und Sicherheitselemente sowie die Kern-, Support- und Begleitprozesse. Dem Architekturkapitel folgen die Sicherheitsrichtlinien mit prinzipiellen Beispielen sowie die Sicherheitskonzepte und -maßnahmen.

*Prozessuale, ressourcenbezogene (z. B. technologische und personelle) sowie orga-
nisatorische Aspekte* runden die Beschreibung der hierarchischen Ebenen der Sicherheitspyramide ab.

Zu den behandelten Themen gehören u. a. Datensicherung, Firewalls, Identitäts-
und Accessmanagement, Intrusion-Prevention-Systeme, Virenscanner und biometrische Systeme. Entsprechend der pyramidenförmigen Darstellung nimmt der
Umfang und Detaillierungsgrad in der Praxis von Ebene zu Ebene zu.

In Kapitel 15 folgt die Darstellung des *IT-Lebenszyklus*. Kapitel 16 enthält die Erläuterung des *Sicherheitsregelkreises* von der Beschreibung verschiedener Methoden für Sicherheitsprüfungen bis hin zum Controlling mit Berichtswesen und Scorecard.

Kapitel 17 erläutert das von mir entwickelte *Reifegradmodell* der Sicherheit, mit
dem sich der Leser einen ersten Überblick über den Reifegrad des Sicherheits-,
Kontinuitäts- und Risikomanagements im eigenen Unternehmen verschaffen kann.

Kapitel 18 beschreibt – ausgehend von der Sicherheitspyramide – den von mir
konzipierten Sicherheitsprozess bzw. Sicherheitsmanagementprozess oder auch Si-
cherheits-, Kontinuitäts- und Risikomanagementprozess, durch den das Sicher-
heits-, Kontinuitäts- und Risikomanagement geplant, aufgebaut, betrieben, und
gesteuert, geprüft, weiterentwickelt und am Leben gehalten wird.

Kapitel 19 führt in einer Checkliste Basiselemente zu wichtigen Sicherheitseck-
punkten auf.

Den Abschluss des Buchs bilden *das Abbildungs-, das Tabellen-, das Checklisten-,
das Beispiel- und das Markenverzeichnis*, das Verzeichnis über *Gesetze, Vorschriften, Standards, Normen und Practices* sowie das *Literatur- und Quellenverzeich-
nis*. Nach dem *Glossar und Abkürzungs- sowie dem Sachwortverzeichnis* folgen
im letzten Kapitel Informationen *über den Autor*.

In diesem Buch verwende ich – ausschließlich aus Gründen der besseren Lesbarkeit – das generische Maskulinum, d. h. die männliche Form, auch wenn beide Ge-
schlechter gemeint sind.

In späteren Kapiteln finden Sie die Begriffe *Ressourcen und Schutzobjekte*. Nur aus
Gründen der Systematik ordne ich diesen Begriffen auch Menschen (Human Resources), d. h. Personen, zu. Dies erfordert nach wie vor einen humanen Umgang
und das Bewusstsein für die außerordentlichen menschlichen Fähigkeiten. Ungeachtet dieser Systematik können Sie für sich selbst entscheiden, den Begriff Personen als eigenständiges Element aufzunehmen.

Welche Struktur haben die Kapitel?

Die Kapitel enthalten – sofern sinnvoll – eine *Einführung* und einleitende Darstellung der jeweils folgenden *Unterkapitel*. Im Anschluss an die thematischen Beschreibungen in den Unterkapiteln folgen verschiedentlich praxisorientierte *Hilfs-*

mittel, z. B. Checklisten und Vorgehenselemente, die den erstmaligen Aufbau unterstützen und zum Gegencheck bei bereits etablierten Sicherheitsmanagementsystemen dienen können. Verschiedene aus der und für die Praxis angepasste *Beispiele* veranschaulichen die jeweilige Thematik. Eine *Zusammenfassung* bildet den Abschluss insbesondere größerer Kapitel.

Abbildungen und Tabellen visualisieren und strukturieren die Texte und machen sie transparent.

Was war neu in der 2. Auflage?

Gegenüber der ersten Auflage des Buchs „IT-Sicherheit mit System" vom Mai 2003, das Ende Juli 2003 erschienen ist, wurde die zweite Auflage aktualisiert und deutlich erweitert. Neu hinzugekommen waren dort insbesondere folgende Themen:

- [ ] Ingenieurmäßige Sicherheit (Safety and Security Engineering)
- [ ] Ressourcen, Schutzobjekte und -subjekte sowie -klassen
- [ ] Geschäftskontinuität (Business Continuity)
- [ ] 10 Schritte zum Sicherheitsmanagement
- [ ] das Konformitäts-, Risiko-, Ereignis-, Wartungs-, Architektur-, Innovations- und Identitätsmanagement sowie das Patch- als Teil des Änderungsmanagements und der USB-Token
- [ ] der Sicherheitsprozess bzw. Sicherheitsmanagementprozess.

Erweitert wurden u. a.:
- [ ] die Sicherheitspyramide von der Version III zur Version IV
- [ ] der Risikodreiklang
- [ ] die Sicherheitspolitik zur Sicherheits- und Risikopolitik
- [ ] die Sicherheitsprinzipien
- [ ] das Leistungsmanagement um Sourcing und Provider-Management, ferner das Lizenz- und das Konfigurationsmanagement
- [ ] die Ausführungen zur Authentisierung und zu Firewalls
- [ ] das Glossar und Abkürzungsverzeichnis
- [ ] das Verzeichnis über Gesetze, Vorschriften, Standards, Normen.

Was war neu in der 3. Auflage?

Gegenüber der zweiten Auflage des Buchs „IT-Sicherheit mit System" vom April 2005, die im August 2005 erschienen ist, wurde die dritte Auflage an verschiedenen Stellen aktualisiert und in folgenden Themenfeldern deutlich erweitert:

- [ ] ITK-Sicherheitsmanagement (ISO 13335-1:2004, ISO 17799:2005, ISO 27001:2005, ISO 27002:2005, ITIL® Security Management, IT-Grundschutzhandbuch 2006, COBIT® 4.0, BS 25999-1:2006)
- [ ] Business-Safety-Security-Continuity-Risk-Alignment
- [ ] Externe Sicherheitsanforderungen einschließlich Sarbanes-Oxley Act und „EuroSOX"

- Ereignismanagement und Kennzahlen
- Architekturmanagement (biometrische Systeme, serviceorientierte Architektur, SOA, SOA Security, Web Services Security, SOAP, SAML, XACML, XKMS, Grid Computing, Grid Security, Kontrollen/Kontrollelemente (Controls))
- Sicherheitsrichtlinien
- Lebenszyklus (erweiterte Sicherheitselemente im Entwicklungsprozess)
- Reifegradmodelle
- Glossar, u. a. Botnet, CHAP, DLM, DNS, DRM, EICAR, eTAN, Fingerprinting, IMAP, iTAN, IT-Compliance, JCE, JSSE, Key-Logger, Konformität, LDAP, mTAN, OASIS™, PAP, Pharming, Phishing, POP, RADIUS, SAS No. 70, SQL-Injektion, TLS, VoIP, XSS

Was war neu in der 4. Auflage?

Gegenüber der dritten Auflage des Buchs „IT-Sicherheit mit System" vom Juli 2007, die im Oktober 2007 erschienen ist, wurde die vierte Auflage neu bearbeitet und dabei strukturell weiterentwickelt sowie umfangreich aktualisiert und verschiedentlich deutlich erweitert:

- Übergang von Sicherheitspyramide IV auf V, Einführung des Begriffs RiSiKo...
- Standards, Normen, Practices
- Prinzipien: Ge- und Verbotsdifferenzierung, Ausschließlichkeit, Vererbung, Subjekt-Objekt- bzw. Aktiv-Passiv-Differenzierung
- ubiquitäre bzw. pervasive Sicherheit bzw. Kontinuität
- Datenschutz-, Risiko-, Kontinuitäts- und Dokumentenmanagement sowie Interdependenznetz
- Grid und Cloud Computing
- Sicherheitsrichtlinien
- Lebenszyklus
- Reporting, Kennzahlen, Balanced Pyramid Scorecard.

Was ist neu in dieser 5. Auflage?

Gegenüber der vierten Auflage des Buchs „IT-Sicherheit mit System" vom Februar 2011, die im Mai 2011 erschienen ist, ist die vorliegende fünfte Auflage neu bearbeitet und umfangreich aktualisiert und verschiedentlich erweitert worden, z. B.:

- Kurzbeschreibung der ISO 27001:2013, ISO 27002:2013, ISO 27005:2011, ISO 27010:2012, ISO 27013:2012, ISO TR 27015:2012, ISO 27032:2012, ISO 27034
- Kurzbeschreibung des Software Assurance Maturity Model
- Akteursanalyse
- Prinzipien der Abwesenheitssperre, der Aufteilung und der Pseudonymisierung bzw. Maskierung
- Firewall, Mobile Device Management, Bring Your Own Device
- Lebenszyklus
- Standards, Normen, Practices

Wem sage ich Dank?

Auch diese Auflage entstand an langen Abenden, an Wochenenden und in Urlauben. Von daher bedanke ich mich bei *meiner Familie*, deren Toleranz ich stark beanspruchte.

Meiner Frau, Lektorin und Wissenschaftsjournalistin sowie Co-Autorin verschiedener Lexika und Bücher, danke ich für wertvolle Hinweise.

Ich bedanke mich bei *meinen Eltern* und ihrer erfolgreichen Förderung. Sie macht sich an vielen Stellen dieses Buchs positiv bemerkbar.

Meinen Geschwistern danke ich für ihre Unterstützung.

Dem *Lektorat Springer Vieweg* sage ich Dank für die tatkräftige Unterstützung.

Herrn G. Neidhöfer, Geschäftsführer der ACG Automation Consulting Group GmbH in Frankfurt, einer renommierten Unternehmensberatung, danke ich, weil er meine Ambitionen als Fachautor, die sich bisher in verschiedenen Artikeln und mehreren Büchern niedergeschlagen haben, stets begrüßt hat.

Nicht zuletzt danke ich den vielen *Lesern der vorherigen Auflagen*, deren Feedback mich bestätigt sowie zu weiterem Schreiben angeregt hat, und zwar einerseits in Form dieser Neuauflage und andererseits in Form des „Handbuchs Unternehmenssicherheit", das die Sicherheit der IT und des Unternehmens als Ganzes betrachtet, sowie des Buchs „IT für Manager". Nicht zuletzt hat auch Ihr Lese- und Kaufinteresse den Verlag zu einer Neuauflage des vorliegenden Buchs motiviert.

Qualität und Verbreitung der Sicherheitspyramide

Die Bezeichnung „Sicherheitspyramide" wurde von mir Mitte der 90er Jahre des vorigen Jahrhunderts zusammen mit ihrer Darstellung veröffentlicht.

Als *Indiz für die Qualität und den Anklang der dreidimensionalen Sicherheitspyramide*[Dr.-Ing. Müller] sowie meiner Artikel und Bücher, so manches Mal sogar einer Vordenkerrolle, betrachte ich auch die seit jener Zeit und noch vermehrt nach Erscheinen meiner Bücher auftauchende Verwendung dieses Begriffs durch Dritte. Dies gilt ebenso für jene vereinzelt vorzufindenden Präsentationen und Grafiken Dritter, die eine bemerkenswerte strukturelle und/oder verbale Ähnlichkeit zur geschützten Darstellung der Sicherheitspyramide[Dr.-Ing. Müller] aufweisen. Ferner bezieht es sich auf Unterlagen und Darstellungen, die auf von mir geprägte Begriffe zurückgreifen. Zu finden sind sie in verschiedenen Publikationsmedien.

Als Bestätigung des Vorgehensmodells in Form der Sicherheitspyramide und deren Inhalten bzw. als Zeichen hoher Wertschätzung meiner Bücher und Publikationen sehe ich es an, dass sich Kernelemente und -methoden in Werken zur IT-Sicherheit wiederfinden. So manches Mal ist hierbei eine zeitliche Korrelation zwischen dem Erscheinen meiner Veröffentlichungen und dem anschließenden Auftauchen der darin vorgestellten Ideen, Ansätze, Begriffe, Hilfsmittel und Formulierungen feststellbar.

Sie finden in diesem Buch nur sehr begrenzt Zitate Dritter bzw. Textpassagen anderer Werke, dafür aber vielfältige Quellen- und verschiedene Markenangaben. Dies geschieht in Anerkennung der jeweiligen Leistung sowie in Achtung des Urheber- und Markenschutzes sowie des geistigen Eigentums und der Marken Dritter. Ich gehe davon aus und finde dies bei Profis und in Diplomarbeiten bestätigt, dass Leser meiner Bücher ebenfalls urheberrechtskonforme Quellenangaben verwenden. Für diese und mich gilt folgender Aphorismus nicht:

> **Wer sich mit fremden Federn schmückt, dem fehlen eigene.**
> (kein asiatisches Sprichwort)

(29. April 2007, Dr.-Ing. Klaus-Rainer Müller)

Das durchgängige und wegweisende Original der dreidimensionalen Sicherheitspyramide finden Sie für die IT und ITK bzw. IKT in diesem Buch und seinen früheren Auflagen sowie im „Handbuch Unternehmenssicherheit". Das Buch „IT-Sicherheit mit System" ist Trendsetter für die integrative Betrachtung des Sicherheits-, Kontinuitäts-, Risiko-, Datenschutz- und Compliancemanagements sowie für den durchgängigen Top-down-Aufbau integrativer Managementsysteme unter Berücksichtigung von Prozessen, Ressourcen, Organisation, Produkten und Dienstleistungen sowie Lebenszyklen.

Das „Handbuch Unternehmenssicherheit" ist Wegbereiter und Trendsetter für das Zusammenwachsen von IT- und Unternehmenssicherheit sowie von Sicherheits-, Kontinuitäts- und Risikomanagement. Es spricht neben diesen Themen außerdem externe Sicherheitsanforderungen durch Gesetze und Aufsichtsbehörden bis hin zu berufsgenossenschaftlichen Vorschriften an. Haben Sie es schon gelesen?

Wem ist dieses Buch gewidmet?

Für meine Familie, meine Eltern und Geschwister.

Was ist sicher?

> **Eins ist sicher: Nichts ist sicher.**

(01. August 1998, Dr.-Ing. Klaus-Rainer Müller)

Was können Sie tun?

Ein weiterer für Sie wichtiger Aspekt ist die *Lesbarkeit und Zielsetzung des Buchs*. Ist das Buch eher wissenschaftlich trocken oder interessant lesbar und mit praktischen Beispielen und Tipps gewürzt?

Ich selbst habe mir vorgenommen, ein fundiertes und – bezogen auf den Umfang der Thematik – angemessen schlankes Buch zu schreiben. Es baut praxisorientiert auf dem Modell der Sicherheitspyramide auf, soll einen wissenschaftlichen Beitrag zum Sicherheits-, Kontinuitäts- und Risikomanagement liefern und außerdem verständlich und gut lesbar sowie bezogen auf den Zeitraum der Manuskripterstellung aktuell sein. Ich hoffe, das ist mir mit dem vorliegenden Buch gelungen.

Beurteilen werden dies letztendlich Sie, die Leser, auf deren *konstruktives Feedback* ich mich unter dem von meinem Vater, einem international renommierten Germanisten, in seinem Gegenwort-Wörterbuch angegebenen leicht abgewandelten Motto freue:

> **Wenn Ihnen dieses Buch gefällt, sagen Sie es weiter,
> wenn nicht, sagen Sie es mir.**

In diesem Sinne wünsche ich Ihnen eine spannende, interessante und weiterführende Lektüre.

Groß-Zimmern, im Dezember 2013

Dr.-Ing. Klaus-Rainer Müller

Weitere Informationen von mir zum Thema Sicherheit finden Sie zum Zeitpunkt der Drucklegung unter www.bmsdm.de.

Inhaltsübersicht

Inhaltsverzeichnis

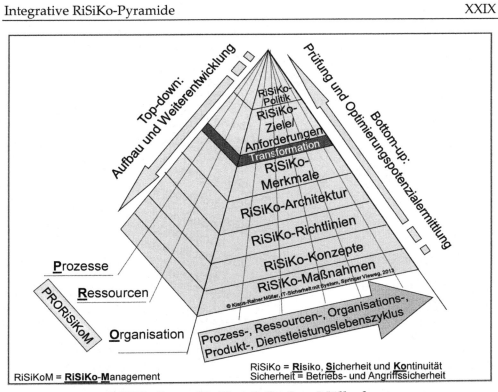

RiSiKo-Pyramide V nach Dr.-Ing. Müller bzw.
RiSiKo-Managementpyramide V nach Dr.-Ing. Müller

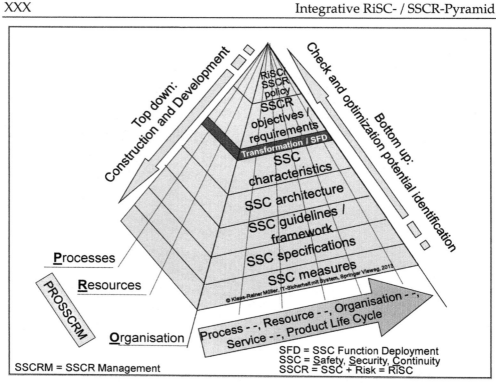

Safety, Security, Continuity and Risk Pyramid V
according to Dr.-Ing. Müller or
Safety, Security, Continuity and Risk Management Pyramid V
according to Dr.-Ing. Müller

1 Ausgangssituation und Zielsetzung

Bedrohungen steigen kontinuierlich an: aufgrund der zunehmenden Vernetzung, der Globalisierung, des technologischen Fortschritts und des breiteren Allgemeinwissens. Die IT, früher eine Wissenschaft für sich und wenigen Experten vorbehalten, gehört heute zum Schul- und Arbeitsalltag. Die Einstiegsbarriere für potenzielle Angreifer ist dementsprechend gering: Ein gebrauchter Computer, eine Anbindung an das Internet und entsprechendes Know-how und schon kann von fast jedem Punkt der Erde ein Angriff gefahren werden.

Der Reiz mag zum einen darin liegen, dass jeder „David" einen „Goliath" zu Fall oder zumindest ins Stolpern oder Wanken bringen kann. Und Anlässe gibt es genug: (politische) Meinungsverschiedenheiten, (vermeintlich oder tatsächlich) „ungerechte" Behandlung etc. Zum anderen dienen Angriffe Kriminellen zunehmend dazu, z. B. Daten auszuspionieren, um sie zu verkaufen, und durch Blockade von Websites den Geschäftsbetrieb zu stören, um damit Geld zu erpressen. Hinzu kommt Spionage durch Geheim- bzw. Nachrichtendienste. Hieraus ergeben sich Bedrohungen für Unternehmen und für die kritischen Infrastrukturen eines Staates. In einem Cyberwar könnten kritische Infrastrukturen lahmgelegt, Unternehmen handlungsunfähig und Personen unter Druck gesetzt werden. Der gezielt herbeigeführte Ausfall der Strom-, Wasser- und Gasversorgung sowie des Zahlungsverkehrs und der Börse kann kurzfristig massive Schäden verursachen.

Die internationale Präsenz, Verflechtung und Vernetzung von Unternehmen im Rahmen der Globalisierung vervielfältigt die Angriffspunkte. *Schwachstellen*, aufgezeigt durch einen erfolgreichen Angriff oder den Ausfall technischer Systeme, haben durch die Vernetzung und den damit verbundenen Dominoeffekt potenziell stärkere Auswirkungen.

Früheren Software-Monolithen stehen heute offene Serviceorientierte Architekturen (SOA) sowie komponentenbasierte Softwarepakete mit dynamischen Bibliotheken und Plug-ins gegenüber, umfangreich und hoch komplex. Online-Anwendungen und Apps auf mobilen Endgeräten ermöglichen den jederzeitigen und weltweiten Zugriff auf Daten. Die firmeninterne und -übergreifende Vernetzung von Informationssystemen bis hin zu weltweit verteilten Web-Services und weltumspannenden unternehmensübergreifenden Rechnernetzen (Grids), Fernzugriff (Remote-Access) sowie die drahtgebundene und die drahtlose Anbindung von PCs, Notebooks, Tablet-Computern, PDAs und Smartphones heben die Komplexität in eine neue Dimension. Dadurch steigt die Anzahl potenzieller Schwachstellen.

Die Kundenanforderungen an die IKT steigen kontinuierlich im Hinblick auf neue Produkte, Services, Reaktionszeiten bei Anfragen, Lieferzeiten bei Aufträgen und

Kundenservice, nicht zuletzt aufgrund globalen Wettbewerbs und jederzeitiger Online-Fähigkeit. Sie erfordern eine höhere „Schlagzahl" der Unternehmen und führen zu Entwicklungsabteilungen oder Hotlines, die nach dem „Follow-the-sun"-Prinzip in unterschiedlichen Zeitzonen rund um den Globus im 8-Stunden-Rhythmus arbeiten. Der Ausfall einer Ressource – sei es ein Informations- und Kommunikationssystem oder ein Gebäude – schränkt die Handlungsfähigkeit eines Unternehmens ein, schadet dem Image und bringt finanzielle Verluste mit sich. Gleichzeitig stärkt es den Wettbewerb, wenn Kunden und Umsätze abwandern. Dies erhöht den *Schutzbedarf von Unternehmen*.

Ferner gilt es, eine Vielzahl von Gesetzen, Verordnungen, aufsichtsbehördlichen Regelungen sowie Normen und Standards zu berücksichtigen. Auch wenn sie nicht immer bekannt sind: „Unwissenheit schützt vor Schaden nicht", zumindest nicht immer. Insbesondere Geschäftsführer und Vorstandsmitglieder, aber auch Aufsichtsräte und Mitarbeiter sind von *persönlichen Haftungsrisiken* betroffen.

Um mit diesen Entwicklungen Schritt zu halten, sind kontinuierlich zielgerichtete Investitionen in den Aufbau und die Weiterentwicklung des R̲isiko-, S̲icherheits- und K̲ontinuitätsmanagements erforderlich, wofür ich den kompakten Begriff RiSiKo-Management geprägt habe. Deren Umfang ist abhängig von den Anforderungen sowie der Effizienz und Effektivität des RiSiKo-Managements.

Die folgenden Unterkapitel informieren Sie über

1. Ausgangssituation
2. Zielsetzung
3. Lösung
4. Zusammenfassung

1.1   Ausgangssituation

Wie sieht die derzeitige *Risikolage* aus? – Hierzu beschreiben die folgenden Unterkapitel die drei Komponenten des Risikos: die Bedrohungen anhand von Beispielen zur Veranschaulichung der Bedrohungslage, aktuelle Schwachstellen und Schadenshöhen bzw. aus der Perspektive der Sicherheit den Schutzbedarf.

1.1.1   Bedrohungen

Bedrohungen der IKT ergeben sich in vielerlei Hinsicht: Ausfall der Stromversorgung oder der Kommunikationsanbindung, Ausfall von Dienstleistern oder Mitarbeitern, Erdbeben, Wassereinbruch (z. B. Regen-, Fluss-, Grund- oder Leitungswasser), Sturm, Brand, Einbruch in Rechenzentren oder Technikräume, Fehlbedienung und Software-Fehler, aber auch Computerviren, Denial-of-Service-Attacken, Datendiebstahl und Spionage.

Im Folgenden sind Ereignisse und Studien insbesondere aus jüngerer Vergangenheit angegeben, welche die Vielfalt, das Vorhandensein und die Auswirkungen von Bedrohungen veranschaulichen.

Ausfälle und Bedrohungen

Stromausfälle: Am Donnerstag, den 14. August 2003, fällt im Nordosten der Vereinigten Staaten und in Kanada kurz nach 16:00 Uhr das Stromnetz in weiten Bereichen aus. Davon betroffen sind mehr als 50 Millionen Menschen. Am frühen Freitag Morgen, 14 Stunden danach, verfügen erst ein Viertel der Bewohner New Yorks wieder über Strom. [Frankfurter Allgemeine Zeitung (FAZ), 16.08.2003, S. 1]

Ende August 2003 legt ein Stromausfall in London 60 % des städtischen U-Bahnnetzes sowie 250 Ampel- und Signalanlagen lahm und verursacht ein Verkehrschaos. [FAZ, 12.9.2003, S. 18]

Am Dienstag, den 23. September 2003, fällt nachmittags in Teilen Dänemarks und Südschwedens der Strom aus. Etwa 4 Millionen Menschen sind davon betroffen und zum Teil für Stunden ohne Strom. Ampeln fallen aus und es kommt zu einem Verkehrschaos. Aufzüge und U-Bahnen bleiben stecken, das Telefonnetz ist zeitweilig unterbrochen und zahlreiche Unternehmen müssen die Produktion einstellen. [FAZ, 24.9.2003, S. 9]

Am frühen Sonntag Morgen, dem 28. September 2003, fällt in Italien landesweit der Strom aus. Die Rückwirkungen auf das deutsche Stromnetz wurden durch die sofortige Inbetriebnahme von Pumpspeicherwerken beherrscht. [FAZ, 29.9.2003, S. 9]

Aufgrund von Schneefall, eisiger Kälte und Wind fällt Ende November 2005 im Münsterland die Stromversorgung für mehrere Tage aus. Um Überland-Starkstromleitungen haben sich teilweise oberarmdicke Eispanzer gelegt. Aufgrund ihres Gewichts in Kombination mit starkem Wind knicken 50 Hochspannungsmasten ein oder werden beschädigt. Licht, Heizung, Klima-, Alarm- und Telefonanlagen fallen aus. Schnee und umgestürzte Bäume bringen den Flug-, Bahn- und Straßenverkehr zeitweilig zum Erliegen. Die IHK Nord Westfalen schätzt, dass der Stromausfall bei Unternehmen einen wirtschaftlichen Schaden von mehr als 100 Millionen Euro verursacht hat. [FAZ, 28.11.2005 sowie 30.11.2005]

Ein Stromausfall in Münster am 9. Juni 2006 und ein „nach den inzwischen vorliegenden Erkenntnissen defektes Schaltrelais" führen bei einem IT-Dienstleister zu einem Totalausfall seines Rechenzentrums. Alle angeschlossenen 470 Volks- und Raiffeisenbanken sind davon betroffen. Der Aufsichtsrat des IT-Dienstleisters entbindet den Entwicklungs- und Produktionsvorstand am 17. Juni 2006 seiner Aufgaben und stuft den Vorstandsvorsitzenden zum Vorstandsmitglied herab. [FAZ, 30.6.2006]

Engpässe im ostdeutschen Höchstspannungsnetz können zu Netzinstabilitäten und potenziell zu einem Blackout führen. Ursache hierfür sind die derzeit maximal 12 Gigawatt Ökostrom, denen keine angemessene Netzinfrastruktur gegenübersteht. Ostdeutschland verbraucht ca. 4 Gigawatt. Von den verbleibenden 8 Gigawatt können aufgrund der Leitungskapazität maximal 5 in das westdeutsche Netz eingespeist werden.

Derzeit hilft daher nur das Drosseln auf Seiten der Einspeiser, obwohl es eine Abnahmeverpflichtung für Strom aus Windkraft gibt. Da jährlich etwa 1 Gigawatt Naturstrom hinzukommen, der Netzausbau jedoch vielerorts blockiert ist, dürfte die Belastung des Höchstspannungsnetzes und damit die Wahrscheinlichkeit eines Ausfalls steigen. [FAS, 27.02.2011, S. 36]

Die Bundesnetzagentur ermittelt aufgrund der Angaben deutscher Elektrizitätsnetzbetreiber den sogenannten SAIDI-Wert (System Average Interruption Duration Index). Er gibt die durchschnittliche Versorgungsunterbrechung je angeschlossenem Letztverbraucher innerhalb eines Kalenderjahres an. Dieser Wert berücksichtigt weder geplante Unterbrechungen noch solche aufgrund von höherer Gewalt, wie z. B. Naturkatastrophen. Außerdem werden nur Unterbrechungen berücksichtigt, die drei Minuten überschreiten. Im Jahr 2012 belief sich der SAIDI-Wert auf 15,91 Minuten. Im Jahr 2011 lag er noch bei 15,31 Minuten, im Jahr 2010 bei 14,90 Minuten. [bundesnetzagentur.de, SAIDI-Werte Strom 2006-2012, 01.02.2013]

IT-Ausfälle und IT-Störungen: Auf Platz 1 der Ausfälle im Jahr 2012 hat Data Center Knowledge die RZ-Ausfälle in New York und New Jersey gesetzt, die eine Folge des Hurrikans Sandy Ende Oktober waren. Rechenzentren waren überflutet, das Stromnetz fiel aus, Notstromgeneratoren mussten über längere Zeit mit Diesel versorgt werden. Auf Platz 2 rangiert der mehrstündige DNS-Ausfall von GoDaddy, einem der bedeutendsten Anbieter von DNS-Services, im September 2012. [datacenterknowledge.com]

Ein Fehler beim Software-Upgrade führt im Juni 2012 bei der Royal Bank of Scotland offenbar dazu, dass Zehntausende von Transaktionen nicht verbucht worden sind und neu eingegeben werden müssen. Über Tage muss ein beträchtlicher Teil der 15 Millionen Kunden von RBS, NatWest und Ulster Bank feststellen, dass Gehälter ausbleiben, Kindergeld nicht gezahlt wird und sie an Geldausgabeautomaten kein Geld mehr erhalten. Der Konzern räumt ein, dass es Tage dauert, bis die angestauten Überweisungen und Lastschriften abgearbeitet sind. [FAZ, 28.06.2012]

Mobilfunknetzausfall: Am Donnerstag, den 4. September 2003, fällt im Großraum Frankfurt das Netz eines Mobilfunk-Providers für fast 14 Stunden aus, als neue Software auf den Vermittlungsrechner gespielt wurde. [Darmstädter Echo, 6.9.2003, S. 4]

Von dem weitgehenden Ausfall der Sprach- und SMS-Dienste des Mobilfunknetzes T-Mobile am 21. April 2009 kurz nach 16 Uhr sind rund 75% der Kunden betroffen. Gegen 21 Uhr können sie die Dienste wieder in der gewohnten Qualität nutzen. T-Mobile identifiziert als Ursache einen Softwarefehler im Home Location Register (HLR). [T-Mobile, Pressemitteilung, 22.4.2009].

Gleichzeitiger Ausfall von Fest- und Mobilfunknetz: Am 21. Januar 2013 gegen 7 Uhr bricht in einem Schaltzentrum der Telekom in Siegen ein Feuer aus. In der Folge fällt das Festnetz und zeitweise das Mobilfunknetz der Telekom im Siegerland aus. Auch DSL-Anschlüsse anderer Anbieter sind mehrere Stunden außer Betrieb. Die Notruf-Nummer 110 funktioniert nicht mehr. Vom Ausfall der Kommunikationsnetze sind rund 90.000 Menschen betroffen. Volksbanken und Sparkassen schließen ihre Filialen, weil sie keine Verbindung mehr zum Rechenzentrum haben. An Tankstellen und in Geschäften kann wegen fehlender Kommunikationsverbindung nicht mehr mit ec-Karte bezahlt werden. [wdr.de, 22.01.2013]

Größere Störungen im Fest- und Mobilfunknetz: In ihren Annual Incident Reports 2012 berichtet die ENISA, dass sich EU-weit 79 größere Störungen im Bereich der elektronischen Kommunikation ereignet haben. Mit rund 50 % der Störungen waren mobile Telefonie und mobiles Internet am stärksten betroffen. Ursache der meisten Störungen waren Systemausfälle (75 %). Hierbei waren Hardware-Störungen am häufigsten, gefolgt von Software-Fehlern. Die am häufigsten betroffenen Komponenten waren Switches. [Annual Incident Reports 2012, ENISA]

Ausfall von Dienstleistern: Im Februar 2006 meldet das größte deutsche Geldtransportunternehmen Insolvenz an. Die Deutsche Bundesbank weist daraufhin ihre Filialen an, die Bargeldversorgung zu gewährleisten, gegebenenfalls durch flexible Öffnungszeiten. [FAZ, 21.2.2006]

Feuer: Ein Brand im Rechenzentrum des deutschen Bundestages führt am Mittag des 5. Juli 2007 zur Abschaltung des zentralen Rechners. Ursache ist ein durchgeschmortes Kabel, das die Sprinkleranlage auslöste. Auch am Abend ist die IT noch nicht verfügbar. [www.handelsblatt.com, 6.7.2007, 9:56]

Sturm: Ende Oktober 2012 verursacht der Wirbelsturm "Sandy" an der US-Ostküste Schäden in Milliardenhöhe. Über acht Millionen Haushalte und Betriebe sind ohne Strom. Stadtteile, Tunnel und U-Bahn-Röhren sind überflutet. Das New Yorker Verkehrsnetz ist schwer angeschlagen. Die beiden größten Börsen der Welt, New York Stock Exchange und Nasdaq, bleiben geschlossen, ebenso Schulen und Flughäfen. 150 Rechenzentren an der US-Ostküste fallen aus. Weltweit sind tausende Websites nicht aufrufbar wie ein Verantwortlicher eines europäischen Telekommunikationsunternehmens gegenüber der Nachrichtenagentur AFP sagt. [spiegel.de, 30.10.2012]

Hochwasser: Von Ende Mai bis weit in den Juni 2013 trifft nach tagelangen Regenfällen ein Hochwasser unvorhergesehenen Ausmaßes Mitteleuropa. In sieben Ländern kommt es zu schweren Überschwemmungen. In Deutschland sind der Süden und der Osten besonders stark betroffen.

In der Dreiflüssestadt Passau steigt der Donau-Pegel auf 12,89 Meter. Die Stadt ist weitgehend überflutet. Trinkwasser, Strom und Festnetz-Telefon stehen nicht zur Verfügung. In Regensburg erreicht die Donau einen historischen Höchststand von 6,82 Metern.

In verschiedenen Städten und Gemeinden wird Katastrophenalarm ausgerufen, so z. B. in Passau und Regensburg. Städte und Gemeinden werden evakuiert. Deiche brechen. Die A3 in der Nähe von Deggendorf wird wegen Überflutung vollständig gesperrt. Feuerwehr, Technisches Hilfswerk und Bundeswehr sind im Einsatz.

In Halle in Sachsen-Anhalt erreicht der Pegel der Saale mit knapp über acht Metern – normal ist ein Pegel von etwa zwei Metern – den höchsten Pegelstand seit 400 Jahren. In Dessau, wo in Roßlau die Mulde in die Elbe mündet, steigt der Pegel an der Muldebrücke auf 5,49 Meter, und in Dessau-Leopoldshafen der Elbepegel auf 7,46 Meter.

Bei Fischbeck in Sachsen-Anhalt strömen durch einen gebrochenen Elbdeich tagelang Wassermassen und überfluten im Hinterland eine Fläche von ca. 200 Quadratkilometern. Um den Deich zu schließen, lässt der Krisenstab in einem ersten Schritt Panzersperren am Grund verankern. Anschließend werden drei antriebslose Lastkähne (Schuten) versenkt. Die Aktion ist erfolgreich.

Das Polizeirechenzentrum im Magdeburger Stadtteil Rothensee muss geräumt werden. Statt Computer nutzen zu können, müssen Polizisten zu Telefon und Stift greifen. In Barby, südöstlich von Magdeburg, legt das Elbe-Hochwasser das Rechenzentrum der Justiz lahm, das sich in einem Schloss direkt an der Elbe befindet.

Munich Re geht für die betroffenen europäischen Länder von Flutschäden in Höhe von mehr als zwölf Milliarden Euro aus, von denen rund ein Viertel versichert ist. [hallespektrum.de, 8.6.2013; www.idowa.de, 5.6.2013; mdr.de, 4.6.2013; www.pnp.de, 5.6.2012; www.spiegel.de, 5.6.2013, 9.7.2013; www.stern.de, 17.6.2013; 4.6.2013; zeit.de, 4.6.2013]

Bereits im August 2002 verursachte ein Hochwasser an Elbe und Mulde Millionenschäden. Stromnetze brachen zusammen, Rechenzentren von Unternehmen und Behörden wurden überflutet und fielen aus.

Erdbeben: Anfang September 2010 erschüttert ein Erdbeben der Stärke 7,0 Neuseeland. Ihm folgen viele Nachbeben. Am 22. Februar 2011 um 12:51 Uhr Ortszeit trifft die Wucht eines Erdstoßes der Stärke 6,3 die 390.000 Einwohner zählende Stadt Christchurch und zerstört Teile der Stadt. Gebäude stürzen ein, Straßen reißen auf, Rohre bersten, Straßen werden geflutet und Feuer brechen aus. Die Strom- und Wasserversorgung bricht zusammen, Mobilfunkverbindungen fallen aus. Das Zentrum des Bebens liegt 10 km im Südwesten der Stadt. [FAZ, 23.2.2011, S. 1, S. 9, SPIEGEL ONLINE, 22.2.2011]

Ein Erdbeben der Stärke 8,8 auf der Richter-Skala erschüttert am Samstag, den 27. Februar 2010, frühmorgens Chile. Das Epizentrum liegt vor der Küste, etwa in der Mitte zwischen der Hauptstadt Santiago und der 200.000-Einwohner-Stadt Concepción, rund 100 km nordnordwestlich von Concepción. Mehrere hundert Menschen sterben. In der Hauptstadt Santiago bricht – wie auch in Concepción – die Strom-, Gas- und Wasserversorgung zusammen. Telefon und Internet funktionieren nicht mehr. [FAZ.net, 27.2.2010, tagesschau.de, 28.2.2010]

Am 11. März 2011 verwüstet ein Erdbeben der Stärke 9,0 die Nordostküste Japans und löst einen Tsunami mit einer 10 Meter hohen Flutwelle aus. Mehrere schwere Nachbeben folgen. Orte, Straßen, Bahngleise, Schiffe, Autos und Menschen werden weggespült. Über 15.000 Menschen sterben, rund 120.000 Gebäude stürzen komplett ein, Unterseekabel werden unterschiedlich stark beschädigt. Im Kernkraftwerk Fukushima fällt die Kühlung aus, mehrere Blöcke von Fukushima 1 werden schwer beschädigt und es kommt zu einem katastrophalen atomaren Unfall, aufgrund dessen Zehntausende von Menschen in der Region um Fukushima evakuiert werden. Produktionsausfälle bei japanischen Chipherstellern wirken sich weltweit auf die Lieferketten aus. [zeit.de,

11.3.2011; welt.de, 11.03.2011; wikipedia.de, Stand 19.3.2013; golem.de, 14.3.2011; channelpartner.de, 1.7.2011]

Im Zeitraum von 2006 bis 2012 ereigneten sich weltweit jährlich über 2.000 mittelstarke bis starke Beben der Stärke 5,0 bis 6,9 der Richterskala. Zusätzlich erschütterten jährlich 1 bis 2 Großbeben der Stärke 8,0 bis 9,9 mit einem Zerstörungsradius von einigen 100 bis 1.000 Kilometern die Erde. Mit 210 Milliarden US-Dollar verursachte im Zeitraum 1980 bis 2012 das Erdbeben am 11.03.2011 in Japan (Tohoku, Fukushima) den größten gesamtwirtschaftlichen Schaden. [Statista 2013, Anzahl der Erdbeben weltweit nach den Abstufungen der Richterskala von 2006 bis 2012*, basierend auf Quelle: US Geological Survey; Statista 2013, Die 10 größten Erdbeben nach gesamtwirtschaftlichem Schaden in den Jahren 1980 bis 2012* (in Milliarden US-Dollar), basierend auf Quelle: Münchener Rück]

Epidemien: Als Anfang 2006 erkennbar ist, dass sich die *Vogelgrippe* weltweit ausbreitet und potenziell die Möglichkeit der Ansteckung von Menschen besteht, entwickeln verschiedene Banken in Deutschland und England Notfallpläne. [FAZ, 11.1.2006, S. 18]

Im Juni 2009 löst die Weltgesundheitsorganisation für die *Schweinegrippe* (A/H1N1) die höchste Alarmstufe sechs aus. [Focus online, 11.6.2009, 16:21]

Unfälle mit Verkehrsmitteln: Auf deutschen Straßen kamen nach vorläufigen Ergebnissen des Statistischen Bundesamtes im Jahr 2012 3.606 Menschen ums Leben. Dieser Wert liegt noch unter dem bisher niedrigsten Wert aus dem Jahr 2010. Dennoch verloren im Jahr 2012 täglich durchschnittlich etwa 10 Menschen im Straßenverkehr ihr Leben. [Statistisches Bundesamt, Pressemitteilung Nr. 068 vom 22.2.2013]

Computerkriminalität: Laut polizeilicher Kriminalstatistik 2012 (PKS 2012) der Bundesrepublik Deutschland, herausgegeben vom Bundeskriminalamt, nahm die Computerkriminalität im Jahr 2012 gegenüber 2011 um 3,4 % auf 87.871 erfasste Fälle zu. Gleichzeitig sank die Aufklärungsquote, die im Jahr 2005 noch bei 48,1 % lag, erneut und zwar von 32,6 % auf 29,9 %. Mit 24.817 Fällen nahm der Computerbetrug §263a StGB gegenüber 2011 um 7,1 % ab, während die Aufklärungsquote auf 30,1 % stieg. Mit 133,8 % verzeichneten Datenveränderungen und Computersabotage gegenüber 2011 einen weiteren erheblichen Anstieg. Binnen zwei Jahren stieg die Fallzahl von 2.524 Fällen auf 10.857 im Jahr 2012.

Computerattacken: Wie die Universität von Maryland auf ihrer Homepage am 7.02.2007 berichtet, erfolgt alle 39 Sekunden ein Angriff auf einen an das Internet angeschlossenen Computer, also durchschnittlich 1,5 Angriffe pro Minute. Dies ist das Ergebnis einer Studie der A. James Clark School of Engineering. In der überwiegenden Zahl der Angriffe handelte es sich um wenig erfahrene Hacker, die mittels automatisierter Skripte Wörterbuch-Attacken durchführten, um über „brute-force"-Attacken Benutzerkennungen und Passwörter zu knacken. Als Benutzerkennung versuchten es die Skripte mit „root", das am häufigsten verwendet wurde, gefolgt von „admin" sowie „test", „guest", „info", „adm", „mysql", „user", „administrator" und „oracle". Beim Erraten des Passwortes wurde in 43 % der Fälle einfach erneut die Benutzerkennung eingegeben. Weitere Versuche nutzten Variationen des Benutzernamens oder ergänzten ihn um 123. Auch Zahlenfolgen wie „123456", „12345", „1234", „123" sowie „password", „passwd", „test" und „1" wurden versucht. Nach einem erfolgreichen Angriff änderten Hacker Passwörter und schleusten Backdoor-Programme ein, um die Computer fernsteuern zu können.

In das US-Stromnetz sind nach Angaben von US-Sicherheitsbehörden Hacker eingedrungen. Sie haben in den computergesteuerten Systemen Programme hinterlassen, mit Hilfe derer die Elektrizitätsversorgung der USA gestört werden könne, wie sueddeutsche.de unter Bezug auf Angaben des Wall Street Journal berichtet. [sueddeutsche.de, 8.4.2009]

Ein neues Kapitel von Computerattacken schlägt im Juni 2010 die hochkomplexe Schadsoftware Stuxnet auf. Während sich derartige Attacken bisher vorrangig auf das Ausspähen oder Manipulieren von Daten und Computern richteten, greift Stuxnet Prozesssteuerungssysteme von Industrieanlagen an, sogenannte Industrial Control Systems (ICS) bzw. Supervisory Control and Data Acquisition (SCADA) Systems. Nach Meinung von Experten zielte Stuxnet darauf ab, Zentrifugen einer Urananreicherungsanlage im Iran zu zerstören. Ende des Jahres 2010 bestätigte der iranische Präsident, dass es Probleme mit einigen Zentrifugen gegeben habe. Einem Bericht von McAfee zufolge, bei dem 200 IT-Verantwortliche von Konzernen in 14 Ländern befragt wurden, fanden 40 % der Befragten Stuxnet auf ihren Computersystemen, wobei der Elektrizitätssektor mit 46 % stärker betroffen war. In Deutschland entdeckten 59 % der befragten Unternehmen Stuxnet auf ihren Systemen. Damit rangiert Deutschland zusammen mit Frankreich hinter Indien auf Platz 2 der Betroffenen. [FAZ.net, Stuxnet und der Krieg, der kommt, 5.12.2010; FAZ, Unternehmen und Staaten im Cyberkrieg, 12.10.2010; McAfee, In the Dark, Crucial Industries Confront Cyberattacks, 2011]

Botnetze: Am 23.12.2009 wurde der Command and Control Server des Mariposa Botnets (Mariposa: spanisch für Schmetterling), eines der größten Botnetze abgeschaltet. Ende Februar 2010 nahm die spanische Polizei die drei Hauptverantwortlichen fest. Ihnen war es gelungen, 12,7 Millionen Rechner in 190 Ländern zu kapern, darunter Computersysteme von Regierungsinstitutionen und Universitäten sowie von Großunternehmen, darunter rund 500 amerikanische Spitzenunternehmen. Zu den gestohlenen Daten gehörten Benutzernamen und Passwörter, Bankverbindungen sowie Kreditkartendaten. [Defence Intelligence, Mariposa Botnet Analysis, Februar 2010; heise online, Spanische Polizei gibt Einzelheiten zu Mariposa-Verhaftungen bekannt, 3.3.2010; Panda News, Panda Security, Defence Intelligence, FBI und spanische Polizei zerschlagen gigantisches Botnet „Mariposa", 4.3.2010]

Am 18. Juli 2012 schalten Sicherheitsexperten den letzten Kommandoserver des Grum-Botnetzes aus. Dieses drittgrößte Botnetz der Welt soll für über 17 % des weltweiten Spam-Aufkommens verantwortlich sein. [heise.de, 19.7.2012]

Computerviren und Spam: Sophos weist in seinem „Security threat report 2013" darauf hin, dass Cyberkriminelle ihren Aktionsradius ausweiten, Hacker immer schneller auf neue Sicherheitssysteme reagieren und Zero-Day-Exploits immer geschickter ausnutzen. Soziale Netzwerke, Cloud-Services und Mobilfunkgeräte stehen zunehmend im Fokus von Angriffen.

Im Security threat report 2013 führt Indien die Liste der spamproduzierenden Staaten mit 12,19 % an, gefolgt von den USA mit 7,06 % und Italien mit 6,95 %. Aus diesen drei Staaten kommen demzufolge über ein Viertel der Spam-E-Mails. Bei der Zuordnung zu Kontinenten stammt fast die Hälfte der Spam-E-Mails aus Asien und über ein Viertel aus Europa.

Die Liste der sichersten Länder führt Norwegen mit einer Threat Exposure Rate von 1,81 % an, gefolgt von Schweden mit 2,59 %. Die Schweiz befindet sich auf Platz 5, Österreich auf Platz 9 und die Niederlande auf Platz 10. Deutschland befindet sich nicht unter den Top Ten. Die Threat Exposure Rate gibt den Prozentsatz an PCs an, der in einem Zeitraum von drei Monaten einer Malware-Attacke ausgesetzt war.

Als weltweit populärstes Malware-Exploit-Kit nennt Sophos Blackhole.

Datendiebstahl: Computerhacker nutzen eine Sicherheitslücke bei einem amerikanischen Kartenprozessor aus und stehlen Daten von mehr als 40 Millionen Kreditkarteninhabern namhafter Kreditkartenunternehmen. [FAZ, 22.6.2005, S. 15].

Bei einem spanischen Dienstleister für Kreditkartenabrechnungen werden Daten gestohlen und es kommt zu vereinzelten Missbrauchsfällen. Betroffen sind Inhaber, die ihre Kreditkarten wenige Wochen zuvor in Spanien genutzt haben. Präventiv rufen Banken zehntausende von Kreditkarten zurück. [FAZ sowie Darmstädter Echo, jeweils am 19. und 20.11.2009]

Wikileaks veröffentlicht als geheim oder vertraulich eingestufte amerikanische Dokumente im Internet. Laut FAZ wurden an Wikileaks über 250.000 Dokumente aus dem internen Datennetz „SIPRNet" (Secret Internet Protocol Router Network) des amerikanischen Außenministeriums weitergegeben. Im „SIPRNet" sind vertrauliche und geheime Daten des Außen- und Verteidigungsministeriums abgelegt. Auf diese haben über 300.000 Personen Zugriff. [FAZ, Vertrauliches, Geheimes und streng Geheimes, 30.11.2010]

Internetüberwachung/Spionage: Nachrichtendienste zapfen das Internet an, sammeln Daten und werten diese nach spezifischen Kriterien aus. Als Abgreifpunkte für Daten bieten sich z. B. Ausleitungsschnittstellen von Glasfaserkabeln an oder innerhalb der Glasfaserstrecke vorhandene Y-Brücken für Wartungszwecke. Alternativ lassen sich Internet-Knotenrechner anzapfen. Solange Daten unverschlüsselt über die Leitung übertragen werden, lassen sie sich einfach analysieren. Bei verschlüsselten Dateien gestaltet sich dies schwieriger. Da Sender und Empfänger sich jedoch über das Passwort verständigen müssen und dieses oftmals über einen anderen Kommunikationskanal austauschen, werten Geheimdienste z. B. auch Telefongespräche, Mail-Verkehr und Briefpost daraufhin aus. Ist dies nicht erfolgreich, so bleibt die aufwändige Entschlüsselung mit leistungsstarken Rechnern. Der amerikanische Geheimdienst NSA (National Security Agency) baut in Bluffdale ein Rechenzentrum, das ab Herbst 2013 etwas mehr als eine Billion Terabytes verarbeiten können soll. [FAZ, 9.7.2013, S. 6]

Seit Juni 2013 veröffentlichen der Guardian und die Washington Post Dokumente, die sie vom ehemaligen NSA-Mitarbeiter Edward Snowden erhalten haben. Der Guardian berichtet, das Überwachungsprogramm PRISM erlaube es einem NSA-Analyst, die

Kommunikation einer Zielperson aufzuzeichnen, wenn „vernünftigerweise", d. h. mit einer Wahrscheinlichkeit ab 51 % anzunehmen sei, dass es sich um einen Ausländer außerhalb der USA handelt. Die Kommunikation könne demzufolge „direkt von den Servern" der US-Anbieter AOL, Apple, Facebook, Google, Microsoft, Paltalk, Skype, Yahoo und Youtube mitgeschnitten werden. Hierbei lasse sich auf E-Mails, Chats, Videos, Fotos, gespeicherte Daten, VoIP-Kommunikation, Datenübertragungen und Videokonferenzen zugreifen. Die Konzerne wiesen dies zurück. Demzufolge gewähren sie der NSA keinen „direkten Zugriff". Von offizieller Seite wurden die Berichte als missverständlich zurückgewiesen. Die Maßnahmen seien Teil der Terrorbekämpfung und gesetzlich legitimiert.

Das britische Spionageprogramm heißt Tempora. Innerhalb der Geheimdienstallianz aus USA, Großbritannien, Kanada, Neuseeland und Australien, den sogenannten Five Eyes, schätzt der britische Geheimdienst GCHQ (Government Communications Headquarters) seinen Zugriff auf das Internet als den umfangreichsten ein. Die Süddeutsche Zeitung und der NDR berichten, dass auch das Glasfaserkabel TAT-14, über das ein großer Teil der deutschen Kommunikation mit Übersee abgewickelt wird, angezapft ist.

Der französische Auslandsnachrichtendienst Direction Générale de la Sécurité Extérieure (DGSE) speichert laut Le Monde die Metadaten aller Telefongespräche, E-Mails, SMS und jeglicher Aktivitäten die über Apple, Facebook, Google, Microsoft oder Yahoo laufen.

Die Enthüllungsserie des Guardian hatte mit einem Bericht über einen Gerichtsbeschluss begonnen, wonach Verizon Informationen über Telefonate an die NSA geben müssen. Dies gilt jedoch auch für AT&T und Sprint Nextel, wie sich später herausstellte. Die NSA erhält demzufolge bei Anrufen Informationen über den Standort, die gewählte Telefonnummer, die Uhrzeit und die Länge des Anrufs. Die New York Times berichtete, dass bei Postsendungen, die über USPS, den staatlichen Postdienst, verschickt werden, die Absender- und Empfängeradresse abfotografiert und gespeichert werden. Die Deutsche Post arbeitet ähnlich und leitet Adressangaben zur „Vereinfachung der Zollabfertigung" standardmäßig an Behörden in den USA. [www.heise.de, NSA-Überwachungsskandal: PRISM, Tempora und Co. - was bisher geschah, 10.7.2013]

Im Rahmen des „PRISM"-Programms sollen Konzerne wie AOL, Apple, Facebook, Google, Microsoft und Yahoo zu den Datenlieferanten für die NSA gehören, wie die FAZ berichtet. Einem Bericht des „Guardian" zufolge verschafft Microsoft der NSA Zugang zu Diensten wie Outlook.com, Hotmail, Skype und Skydrive. Microsoft hat dies zurückgewiesen: „Microsoft gibt keiner Regierung generellen oder direkten Zugang zu Skydrive, Outlook.com, Skype oder irgendein anderes Microsoft-Produkt." Einem anderen Bericht zufolge tauscht die NSA im Rahmen von „PRISM" routinemäßig Daten mit CIA und FBI aus. [FAZ, 13.7.2013, S. 20]

Die Aktivitäten der Nachrichtendienste werfen Fragen zum Datenschutz auf. Mit den USA gibt es in Bezug auf den Datenschutz seitens der EU das Abkommen zum „sicheren Hafen" (safe harbour) (s. a. „Handbuch Unternehmenssicherheit"). Hierin gehen Unternehmen Selbstverpflichtungen zum Datenschutz ein. Aus der EU-Kommission heißt es laut FAZ, dass der „sichere Hafen" grundsätzliche Mängel aufweise, weil die

Unternehmen keine konkreten Verpflichtungen eingehen, keine Kontrolle durch einen Datenschutzbeauftragten stattfinde und für europäische Bürger kein Rechtsbehelf vorgesehen sei, über den sie Einspruch gegen die Weitergabe ihrer Daten einlegen könnten. [s. a. FAZ, 20.7.2013, S. 2]

Pharming: Eine Umfrage von „The Measurement Factory" vom 24.10.2005 ergab, dass 84 % der 1,3 Millionen betrachteten DNS-Server durch eine Pharming-Attacke korrumpiert werden könnten. DNS-Server übersetzen die alphanumerische Internetadresse (URL) in eine IP-Adresse. Durch eine Manipulation der Zuordnung von URL zu IP-Adresse mittels Pharming ließe sich eine Umleitung auf gefälschte Webseiten erreichen. [www.measurement-factury.com]

Phishing: Zu den großen Sicherheitsproblemen gehört das Phishing, bei dem Datendiebe versuchen, durch gefälschte E-Mails und gefälschte Webseiten in den Besitz vertraulicher Daten zu gelangen, d. h. Daten „abzufischen". Im Dezember 2012 verzeichnete die Anti-Phishing Working Group (APWG) insgesamt 45.628 Phishing-Sites. Die Anzahl der Phishing Sites sank im Zeitraum April bis Dezember – mit Ausnahme des Oktobers – kontinuierlich. Ausgehend von 63.253 im April sank sie bis Dezember um 28 %. Nach Branchen betrachtet liegen Financial und Payment Services mit über 66,5 % am stärksten im Fokus von Angriffen, wobei Financial Services bei 34,4 % liegen. Die Angriffe gegen Seiten mit Online-Spielen stiegen von 2,7 % im 3. Quartal auf 14,7 % im 4. Quartal. [APWG, Phishing Activity Trends Report, 4th Quarter 2012]

Durch Phishing erbeuteten Kriminelle rund 3 Millionen Euro aus dem Handel mit Kohlendioxid-Emissionsrechten. Hierzu schickten sie am 28.1.2010 E-Mails an Kontoinhaber in Europa, Japan und Neuseeland. Zum Schutz vor Computerhackern sollten die Empfänger auf einer Internetseite ihre Kontozugangsdaten eingeben. In Deutschland folgten demzufolge sieben von ca. 2.000 Nutzern der Aufforderung: Sie klickten auf den Link und gaben auf der gefälschten Website ihre Kontozugangsdaten ein. [FAZ, 4.2.2010, S. 2, DEHSt, Presseinformation Nr. 04/2010]

Datenverluste: Durch Sicherheitslücken beim Transport gehen einem bekannten amerikanischen Paketdienst Computerbänder einer amerikanischen Großbank mit Informationen über 3,9 Millionen Kunden verloren. Die Daten umfassen Namen, Sozialversicherungsnummern, Kontonummern und Zahlungsverhalten. Mehrere ähnliche Fälle hatte es in Amerika bereits im Februar, April und Mai 2005 gegeben. [FAZ, 8.6.2005, S. 20]

Einer Studie über Datenverluste zufolge lag deren Ursache in 59 % der Fälle in einer Funktionsstörung der Hardware begründet, während Bedienungsfehler in 26 % der Fälle die Ursache waren, Die verbleibenden 15 % verteilen sich auf Software-Fehler, Computerviren und Höhere Gewalt, [Kroll Ontrack, Pressemitteilung, Neue Datenverlust-Studie von Kroll Ontrack zeigt: Hardware-Schäden nehmen zu, 24.4.2007]

Bruch des Datenschutzes: Ein amerikanischer Internetdienst veröffentlichte im Juli 2006 versehentlich das Suchverhalten von über 600.000 Mitgliedern. Angegeben wurden über 20 Millionen Suchbegriffe, die von den Mitgliedern im Zeitraum März bis Mai eingegeben worden waren und zum Teil sehr persönlicher oder intimer Natur waren, wie z. B. Krankheiten. Adressaten der Daten, die der Internetdienst auf einer separaten

Internetseite darstellte, waren Hochschulforscher. Der Zugriff auf diese Seite war jedoch auch der Öffentlichkeit möglich. [FAZ, 23.8.2006, S. 14]

Kosten von Datenschutzverletzungen: Gemäß der „2013 Cost of a Data Breach Study: Germany" kosteten Datenschutzverletzungen deutsche Unternehmen im Jahr 2012 pro verlorenem oder gestohlenem Kundendatensatz 151 EUR. Dies ist der fünfte Anstieg in Folge. Die Studie berücksichtigt eine Vielzahl an Kostenfaktoren, u. a. die Kosten für die Entdeckung, Eskalation, Benachrichtigung und Reaktion sowie den Verlust von Kunden. [Ponemon Institute, 2013 Cost of a Data Breach Study: Germany, Mai 2013]

Fehlende Datenlöschung: Gebraucht gekaufte mobile Geräte, wie Smartphones und PDAs, enthalten oftmals vertrauliche Daten, z. B. Bankdaten und Steuerinformationen, Computer-Passwörter, persönliche und geschäftliche Korrespondenz sowie Vertriebsinformationen bis hin zu medizinischen Daten des Nutzers. Dies ergab ein Test mit 10 gebrauchten mobilen Geräten, die über eBay gekauft worden waren. [Trust Digital, Pressenotiz, 30.8.2006]

Computer- und Anwendungsmängel: Nachdem der Handel der Tokioter Börse Anfang November 2005 für einen halben Tag unterbrochen war, offenbarte das Handelssystem TSE Anfang Dezember gravierende funktionale Defizite: Ein trotz vorheriger Alarmmeldung fehlerhaft eingegebener Verkaufsauftrag ließ sich nicht zurückziehen. Daraufhin nahm der Präsident der Tokioter Börse seinen Hut ebenso wie der operative Chef der Computerabteilung und der Senior Managing Director. [Darmstädter Echo, 21.12.2005]

Aufgrund technischer Probleme war der Handel an der Terminbörse Eurex am Mittwoch, den 18.11.2009, ab 11:20 Uhr für rund 2 Stunden lahmgelegt. Der Ausfall störte das Handelsgeschäft mit Futures und Optionen weltweit. [FAZ, 19.11.2009]

Software-Änderungen, Updates: Am 23. September 2004, führt ein Fehler im Abfertigungssystem eines Luftfahrtunternehmens zu 33 Flugstreichungen. Wahrscheinliche Ursache ist ein Software-Update. Das Backup-System konnte nicht eingesetzt werden, weil bei ihm sonst die gleichen Fehler aufgetreten wären. [FAZ, 24.9.2004, S. 17]

Beim spanischen Domainverwalter ESNIC stürzte Ende August 2006 während der Aktualisierung der Internetadressen der Server für rund zwei Stunden ab. Damit konnte auf ungefähr 400.000 Websites mit der Endung „.es" nicht mehr über den DNS-Server der ESNIC zugegriffen werden. [s. a. handelsblatt.com, 30.8.2006]

Am 12. Mai 2010 führt ein Kopierfehler beim deutschen Domainverwalter DENIC zu einer mehrstündigen Unerreichbarkeit von „.de"-Websites. [t-online.de, 17.5.2010]

1.1.2 Schwachstellen

Trotz dieser kontinuierlich steigenden Bedrohungen und der hohen Bedeutung des Sicherheits-, Kontinuitäts- und Risikomanagements zeigen sich oftmals markante Unzulänglichkeiten bei der Sicherheit und der Risikolage der Unternehmen. Einen auszugsweisen Überblick geben die folgenden Unterkapitel.

1.1.2.1   Fehlende oder unklare Sicherheitsanforderungen

Sicherheitsschwerpunkte und -ziele sowie die Risikotragfähigkeit und -bereit-schaft des Unternehmens sind oftmals nicht, nicht ausreichend oder nicht verbind-lich definiert. Vorgaben durch die Unternehmensleitung fehlen in vielen Unternehmen. So sind u. a. für Notfälle weder die abzusichernden Szenarien noch der minimale bzw. Mindestgeschäftsbetrieb noch der Planungshorizont definiert. Eine Vorgabe seitens des anfordernden Fachbereichs (Service-Nehmer) existiert häufig ebenfalls nicht, ebenso wenig ein standardisiertes Verfahren zur Ermittlung dieser Anforderungen.

Die fehlenden Anforderungen führen zu individuellen Lösungen mit unterschied-lichem Sicherheitsniveau, die in der IKT des Öfteren durch den jeweils verantwort-lichen IKT-Mitarbeiter (Service-Geber) und seine Erfahrungen geprägt werden. Dies hat nicht selten erhebliche Unterschiede im Sicherheitsniveau zur Folge, bei-spielsweise zwischen hostorientierter zentraler und seit langem etablierter Welt und dezentraler Client-Server-Welt. Die Vernetzung von Systemen mit unter-schiedlichem Sicherheitsniveau führt häufig zu einer Absenkung auf das niedrigste Niveau.

1.1.2.2   Unvollständiges Vorgehensmodell

Ein *anschauliches, umfassendes und durchgängiges Vorgehensmodell* dafür, wie das Sicherheits-, Kontinuitäts- und Risikomanagement strategisch, systematisch, zielorientiert und effizient aufgebaut und weiterentwickelt werden soll, fehlt in Unternehmen des Öfteren. Hieraus ergeben sich unzureichende Transparenz und Nachvollziehbarkeit, Doppelarbeiten sowie Sicherheitslücken und Risiken.

Letztere werden häufig erst dann behoben, wenn Sicherheitsverletzungen aufge-treten sind, d. h. „das Kind bereits in den Brunnen gefallen" ist. *Dieses reaktive und symptomorientierte Vorgehen* führt verschiedentlich dazu, dass Sicherheits-lücken kurzfristig „gestopft", anstatt langfristig ursachenorientiert und ganzheit-lich behoben werden. Diese Defizite werden noch dadurch verstärkt, dass Unter-nehmen häufig keinen Ansatz dafür finden, wie sie eine gesamtheitliche und kos-tenadäquate Lösung entwickeln können.

Außerdem existiert kein Verfahren zur *Know-how-Sicherung,* mit dem sich das im Unternehmen vorhandene Wissen zum Thema Sicherheits-, Kontinuitäts- und Risikomanagement ausreichend sichern, pflegen und allen Beteiligten zugänglich machen lässt.

1.1.2.3   Fehlende Lebenszyklusorientierung

Sicherheitsüberlegungen erfolgen dann zu spät, wenn die verantwortlichen Projekt- oder IT-Leiter erst bei der Inbetriebnahme oder dem Betrieb eines Prozesses oder eines Informations- und Kommunikationssystems (IKT-System) oder eines Services an die Sicherheit denken. Dementsprechend spät stellen die Verantwortlichen Überlegungen an, welche Sicherheitsanforderungen bestehen und welche Maßnahmen ergriffen werden müssen. Hieraus ergeben sich in der Regel zumindest temporär zusätzliche Risiken und nachträgliche Änderungen, die mehr Kosten verursachen als bei einer frühzeitigen Bearbeitung.

Ursache für diese Defizite ist die *Fokussierung auf den Betrieb*. Prozesse und Ressourcen, wie z. B. IKT-Systeme, sowie Produkte und Services besitzen jedoch ebenso wie die Organisation einen Lebenszyklus. Bevor ein Prozess, ein System, ein Produkt oder ein Service in Betrieb gehen, muss die entsprechende Idee geboren, das Konzept erstellt sowie Entwicklung und Test durchgeführt worden sein. In diesen frühen Phasen des Lebenszyklus legen die Verantwortlichen den Grundstein für die spätere Sicherheit.

1.1.2.4   Übermäßige Technologiefokussierung

Manch einer betrachtet Sicherheitsmaßnahmen nur unter dem Blickwinkel einsetzbarer Technologien. Doch Technologien sind nur Mittel zum Zweck. Sie stellen einen Teilaspekt jener Themenfelder dar, die zur Umsetzung der Sicherheitsanforderungen genutzt werden können und müssen. Durch die *integrierende Nutzung der Themenfelder Prozesse, Ressourcen und Organisation* können ganzheitliche und im Zusammenspiel effiziente Sicherheitslösungen geschaffen werden. Dies erfordert insbesondere, dass die Geschäftsleitung ihre Vorstellungen und Ziele artikuliert, die hierfür erforderlichen Mittel und Ressourcen bereitstellt und sich sicherheitsbewusst verhält. Den Vorstellungen und Zielen entsprechend müssen das Mittelmanagement und die Mitarbeiter, aber auch externe Dienstleister, sensibilisiert und geschult werden.

Lagebericht zur Informationssicherheit 2012 der <kes> [2]

In obiger Studie [2] wurde die Frage gestellt, welche Probleme bei der Verbesserung der Informationssicherheit am meisten behindern. Auf den ersten vier Plätzen wird angeführt, es fehle an Bewusstsein ...

... bei den Mitarbeitern   64 %

... und Unterstützung im Top-Management   56 %

... beim mittleren Management   49 %

49% geben zudem an, es fehle an Geld/Budget.

1.1.2.5   Unzureichende Standardisierung

Warum werden die Gliederungsstruktur und die prinzipiellen Inhalte von Notfallplänen, von Datensicherungs- oder Datenschutzkonzepts, die generellen Zugangs-

und Zugriffsregeln in manchen Unternehmen jedes Mal „neu erfunden"? Warum ist die Qualität der jeweiligen Ergebnisse unterschiedlich? Weil vorhandene unternehmensspezifische Konzepte nicht abstrahiert und zu übergreifenden Vorgaben weiterentwickelt werden. Dadurch hängt das Sicherheitsniveau stark von den Vorkenntnissen der Mitarbeiter ab. So können beispielsweise verschiedene UNIX®- oder Windows®-NT®-Systeme bei gleichen Sicherheitsanforderungen aufgrund unterschiedlicher Systembetreuer ganz verschiedene Sicherheitsniveaus aufweisen.

Unternehmensspezifische Sicherheitsvorgaben bzw. -standards und Checklisten schaffen hier Abhilfe, da sie „nur" system-, anwendungs- und plattformspezifisch angepasst werden müssen, und so bei der Erstellung Zeit und Kosten sparen. Außerdem ermöglichen sie die *systematische Sicherung vorhandenen Know-hows* und die *Steigerung der Qualität und Sicherheit von Ergebnissen.* Der strukturierte Zugriff auf derartige Regeln, Richtlinien, Standards oder Vorgaben erhöht die Effizienz weiter, führt zu einheitlicher Vollständigkeit und vergleichbarem Sicherheitsniveau. Zusätzlich sparen derartige Standards dann weitere Kosten, wenn sie teure Fehlinvestitionen in solche Anwendungs- und Betriebssysteme vermeiden helfen, deren Sicherheitsniveau den Anforderungen von vorneherein nicht entspricht.

1.1.2.6 Ungenügende Notfall-, Krisen- und Katastrophenvorsorge

Die Notfall-, Krisen- und Katastrophenvorsorgeplanung (NKK) für die IKT-Services (ICT Services), das ICT Service Continuity Management (ICTSCM), liegt oftmals im Verantwortungsbereich des Geschäftsbereichs IKT-Services. Doch kann er allein dieser Verantwortung gerecht werden? Müssen nicht die IKT-Services insgesamt, ihre Bedeutung für die Geschäftsprozesse und das Unternehmen sowie die Abhängigkeiten von Prozessen sowie Systemen und Anwendungen untereinander und von der Infrastruktur betrachtet werden? Sind nicht Vorgaben erforderlich, welcher Grad an Vorsorge getroffen werden soll und für welchen Planungshorizont? Schließlich soll die Handlungsfähigkeit des Unternehmens, der kontinuierliche Geschäftsbetrieb (Business Continuity), aufrechterhalten bleiben – auch in Notfällen. Dies erfordert mehr, nämlich zielgerichtete Vorgaben der Unternehmensleitung sowie ein gemeinsames und aufeinander abgestimmtes Vorgehen aller Geschäftsbereiche eines Unternehmens. Nicht zuletzt sind gemeinsame Tests und Übungen erforderlich.

1.1.3 Schadenshöhen, Schutzbedarfe

Wie sieht es mit dem *Schutzbedarf der IKT-Services* aus? Er hängt ab von den Anforderungen der IKT-gestützten Geschäftsprozesse. Sie sollen sicher und *während der Geschäfts- und Betriebszeiten verfügbar* sein. Sicherheit heißt hierbei Schutz vor kriminellen Handlungen, aber auch vor höherer Gewalt, menschlichem Versagen und Ausfällen.

Lieferanten und Kunden sind an die Informationssysteme angebunden, wie z. B. beim Onlinebanking oder Onlineshopping. Sie wollen und sollen Transaktionen „rund um die Uhr" abwickeln können. Das Unternehmen muss somit für Kunden und Lieferanten jederzeit online sein. Dies erfordert eine jederzeitige Verfügbarkeit, d. h. an 24 Stunden pro Tag und 7 Tagen pro Woche. Um die jeweiligen Sicherheitsanforderungen der Geschäftsprozesse zu erfüllen, müssen nicht nur die erforderlichen IKT-Systeme, sondern auch die von ihnen genutzten Ressourcen während der geforderten Zeiten abgesichert nutzbar sein. Doch welche Ressourcen sind dies?

IKT-Systeme befinden sich in Gebäuden bzw. Räumlichkeiten. Letztere sind also ebenso wie die IKT-Systeme selbst *Ressourcen*, die geschützt und nutzbar sein müssen und deren Infrastruktur funktionsfähig sein muss. Weitere Ressourcen sind Mitarbeiter sowie die von ihnen benötigten Arbeitsplätze und Arbeitsmittel, aber auch Lieferanten und Dienstleister.

Die Folgen einer Sicherheitsverletzung oder des Ausfalls einer dieser Ressourcen erstrecken sich vom günstigen Fall einer unwesentlichen Störung, bis zum ungünstigen eines Totalausfalls des Geschäfts- oder Produktionsprozesses. Konsequenzen hieraus sind finanzielle Schäden, Imageverlust und eine Beeinträchtigung der Handlungsfähigkeit, die bis zur Handlungsunfähigkeit reichen kann.

Ausfallkosten und Ausfallursachen

Der Studie Disaster Recovery Survey – Global vom Juni 2009 zufolge, an der sich 1.650 Unternehmen weltweit beteiligten, beliefen sich die durchschnittlichen Kosten eines IT-Ausfalls auf rund 287.000 US$. Für die Zeit bis zum Normalbetrieb betrug der Median 4 Stunden. Bei ca. 30% der Tests konnten Daten und Anwendungen nicht innerhalb der festgesetzten Ziele wiederhergestellt werden. Der Disaster Recovery Studie aus dem Jahr 2010 zufolge gehören zu den hauptsächlichen Ausfallursachen ein System Upgrade (72 %), ein Ausfall oder Fehler der Stromversorgung (70 %), Feuer (69 %) und Computerattacken (63 %). [Symantec, Disaster Recovery Survey – Global, Juni 2009; Symantec, Präsentation Disaster Recovery Research, 2009 Results: Global; Symantec, Disaster Recovery Study – Global Results, November 2010]

Der Disaster Recovery Survey 2011 zeigt, dass innerhalb eines Jahres mehr als die Hälfte der Unternehmen von irgendeinem Datenverlust und/oder Systemausfall betroffen waren. In Deutschland traf es 63 %. Mit 61 % waren Hardware-Ausfälle die häufigste Ursache, gefolgt von Stromausfällen in 42 % der Fälle. Bei rund einem Drittel war ein Software-Fehler die Ursache. Als Folgen nannten 43 % der befragten Unternehmen einen Verlust im Bereich der Mitarbeiterproduktivität. Umsatzeinbußen gaben 28 % an. [VansonBourne, The Disaster Recovery Survey 2011: Europe]

Eine Befragung von über 1.800 Unternehmen in Europa im Juli 2010 lieferte folgende Ergebnisse: Aufgrund eines IT-Ausfalls verlieren deutsche Unternehmen pro Jahr durchschnittlich 438 Personenstunden, europaweit sind es durchschnittlich 552 Personenstunden. Mit 223 verlorenen Personenstunden rangiert Italien am unteren Ende der Liste, während Frankreich mit 1.082 das obere Ende markiert. Die Ausfalldauer des zuletzt aufgetretenen IT-Ausfalls belief sich europaweit bei den befragten Unternehmen im Durchschnitt auf rund 6 Stunden. [CA Technologies, The Avoidable Cost of Downtime, Januar 2011]

Ausfallfolgen

Gartner schätzt, dass zwei von fünf Unternehmen (40 %), die einer Katastrophe ausgesetzt sind, innerhalb der nächsten fünf Jahre vom Markt verschwinden. Notfall- und Katastrophenvorsorgepläne unterstützen die Überlebensfähigkeit. [Gartner Inc.: Aftermath: Disaster Recovery, Gartner Inc., AV-14-5238, 21.9.2001]

Kosten durch Sicherheitsverletzungen

Dem Lagebericht zur Informations-Sicherheit 2012 zufolge verursachen die schlimmsten Schäden durchschnittlich direkte Kosten von rund 36 TEUR (bei KMU 15 TEUR und bei großen Unternehmen 77 TEUR). [<kes>, <kes>/Microsoft®-Sicherheitsstudie 2012, 4/2012]

Investitionen in Sicherheit

Gemäß dem „Information security breaches survey (ISBS) 2012" des englischen Ministeriums für Handel, Innovation und Wissen vom April 2012, der im Februar und März 2012 durchgeführt wurde, investierten Unternehmen ca. 8 % ihres IT-Budgets in Informationssicherheit (IS). Bei Unternehmen mittlerer Größe waren es mit 10 % etwas mehr als bei kleinen und großen Unternehmen. Unternehmen, die im Laufe des Jahres eine sehr schwerwiegende Sicherheitsverletzung erlitten, investierten durchschnittlich 6,5 % des IT-Budgets in IS. Es ist anzunehmen, dass dieser Wert vor der Sicherheitsverletzung noch niedriger lag. Die durchschnittlichen Kosten für das schlimmste Ereignis des Jahres beliefen sich bei kleinen Unternehmen durchschnittlich auf 15.000 £ bis 30.000 £. Bei großen Unternehmen lagen sie mit durchschnittlich 110.000 £ bis 250.000 £ deutlich höher und in etwa doppelt so hoch wie im ISBS des Jahres 2006.

Investitionen in IT-Backup und IT-Recovery

Unternehmen in Deutschland investieren knapp 9 % ihres jährlichen IT-Budgets in IT-Backup und IT-Recovery, in Europa liegt der Durchschnitt bei 10 %. Vergleicht man die Branchen miteinander, so investieren der Telekommunikations-, Medien- und Unterhaltungssektor mit 10 % am meisten, dicht gefolgt von dem Finanzsektor mit rund 9,7 %. [The Disaster Recovery Survey 2011: Europe, VansonBourne]

Doch damit nicht genug. Auch *Gesetze und Regularien* stellen Anforderungen, die der Gesetzgeber und die Aufsichtsbehörden weiterentwickeln: in Deutschland beispielsweise durch das Gesetz zur Kontrolle und Transparenz im Unternehmensbereich (KonTraG), dessen Anforderungen u. a. in das Aktiengesetz (AktG) eingeflossen sind, durch das Telekommunikationsgesetz (TKG) und das Telemediengesetz (TMG), durch die Weiterentwicklung des Bundesdatenschutzgesetzes sowie die Grundsätze zum Datenzugriff und zur Prüfbarkeit digitaler Unterlagen (GDPdU). Die Bundesanstalt für Finanzdienstleistungsaufsicht (BaFin) macht in den Mindestanforderungen an das Risikomanagement (MaRisk) Vorgaben u. a. für die Sicherheit der IT-Systeme, das Outsourcing sowie die IT-Notfallplanung bei Banken (MaRisk, 2012), Versicherungen (MaRisk VA, 2009) und Investmentgesellschaften (InvMaRisk, 2010). Außerdem sind Basel II, die „Internationale Konvergenz der Kapitalmessung und Eigenkapitalanforderungen" des Basler Ausschusses für Bankenaufsicht, sowie zukünftig Basel III, „A global regulatory framework for more resilient banks and banking systems" in Verbindung mit „International framework for liquidity risk measurement, standards and monitoring", zu berücksichtigen. Im Mai 2006 verabschiedete das europäische Parlament die EuroSOX, die ähnlich wie der Sarbanes-Oxley-Act zusätzliche Anforderungen an Unternehmen stellt.

Bereits dieser kleine Ausschnitt zeigt, dass der Schutzbedarf nicht nur kontinuierlich angestiegen ist, sondern weiter wächst. *Zunehmender Schutzbedarf* bedeutet jedoch gleichzeitig steigendes Risiko. Um dies zu reduzieren, müssen die Sicherheits- und Kontinuitätsmaßnahmen kontinuierlich weiterentwickelt werden.

1.2   Zielsetzung des Sicherheits-, Kontinuitäts- und Risikomanagements

Das Sicherheits-, Kontinuitäts- und Risikomanagement muss demzufolge so aufgebaut sein, dass es der kontinuierlichen Zunahme der Bedrohungen Paroli bietet und dem steigenden Schutzbedarf Rechnung trägt, oder besser noch, ihn antizipiert. Wer für Sicherheit verantwortlich ist, sieht sich dementsprechend auch mit folgenden Anforderungen und Fragestellungen konfrontiert, die im Sicherheitsalltag immer wieder auftreten und bearbeitet sein wollen:

☐ Wie kann die Geschäftsleitung für die Themen Sicherheits-, Kontinuitäts- und Risikomanagement sensibilisiert und darin eingebunden werden? – Wie wird es dazu motiviert, Vorgaben zu machen, die erforderlichen Ressourcen und Mittel bereitzustellen und sich an die Spitze des Sicherheits-, Kontinuitäts- und Risikomanagements zu stellen?

☐ Wie lassen sich die Komplexität des Sicherheits-, Kontinuitäts- und Risikomanagements reduzieren und die Wirtschaftlichkeit erhöhen?

☐ Wie kann das Sicherheits-, Kontinuitäts- und Risikomanagement anschaulich und akzeptanzfördernd dargestellt werden?

☐ Wie lassen sich die Mitarbeiter für die Themen Sicherheit, Kontinuität und Risiko sensibilisieren?

☐ Wie lassen sich die Sicherheits- und Kontinuitätsanforderungen der IKT-Nutzer erfassen?

☐ Welche Möglichkeiten gibt es, um das Sicherheits- und Kontinuitätsniveau zu definieren?

☐ Wie lassen sich die Anforderungen der IKT-Nutzer in entsprechende Sicherheitskonzepte und -maßnahmen überführen?

☐ Wie können Erkenntnisse, z. B. aus der Host-Welt, aber auch aus dezentralen Systemen, gesammelt, konsolidiert und allen Beteiligten verfügbar gemacht werden?

☐ Wie kann das Sicherheits-, Kontinuitäts- und Risikomanagementsystem gesteuert und kontinuierlich weiterentwickelt werden?

1.3   Lösung

Vor diesem Hintergrund habe ich die *dreidimensionale Sicherheitspyramide* (3D-Sicherheitspyramide) entwickelt, die die Kontinuitäts- und Risikothematik und das Sicherheitsschalenmodell beinhaltet. Sie kann daher auch als Sicherheits-, Kontinuitäts- und Risiko-(management)pyramide bzw. Risiko-, Sicherheits- und Kontinuitäts-(management)pyramide bzw. als RiSiKo-(Management-)Pyramide oder kurz als 3D-RiSiKo-Pyramide bezeichnet werden. Sie basiert auf dem *Pyramidenmodell®*, das dreidimensional und generisch ist und jetzt in der Version V vorliegt (s. Kapitel 7). Dieses eignet sich, wie bereits in [3] dargestellt wurde, für eine breite Palette von Themenfeldern im organisatorischen und Managementbereich außerhalb und innerhalb der IKT. Es verkörpert ein systematisches, anschauliches und durchgängiges Vorgehens- und Organisationsmodell zum Aufbau und zur Weiterentwicklung praxisorientierter einzelner oder integrativer Managementsysteme. Beispiele hierfür sind die verschiedenen von mir themenspezifisch entwickelten Pyramiden, u. a. die Unternehmens-, die Kontinuitäts- bzw. BCM-, die IT- bzw. IKT- bzw. ITK-Governance-, die Sourcing-, die IT-, die IKT- bzw. ITK-, die Unternehmenssicherheits- oder USM-, die Umweltschutz-, die Sozialschutz-, die Arbeitssicherheits-, die Arbeitsschutz-, die Sicherheits-, die IKT- bzw. ITK- bzw. IT-Sicherheits- [3] oder auch ISM-, die Risiko-, die RiSiKo-, die IT- bzw. IKT- bzw. ITK-RiSiKo-, die Qualitäts-, die Test-, die Projekt-, die Architektur- und die Service-Pyramide bzw. jeweils -managementpyramide.

Die *dreidimensionale Sicherheitspyramide* bzw. Sicherheits-, Kontinuitäts- und Risikopyramide dient als systematisches, verständliches und anschauliches Vorgehensmodell für den Aufbau und die Weiterentwicklung eines professionellen und integrativen Sicherheits-, Kontinuitäts- und Risikomanagements. Sie stellt eine Art Leitfaden oder „Kochbuch" dar. Durch ihren top-down-orientierten stufenweisen Aufbau lassen sich die einzelnen Sicherheitselemente Schritt für Schritt entwickeln, in die Sicherheitspyramide „einklinken" und weiter verfeinern. Einmal gewonnene Erkenntnisse können aufgenommen, für die Zukunft gesichert und anderen Mitarbeitern verfügbar gemacht werden. Gleichzeitig lassen sich Fehlinvestitionen vermeiden, indem zukünftige Systeme, wie z. B. Rechner und Anwendungen, vor ihrer Anschaffung auf ihre sicherheitstechnische Eignung überprüft werden und die Sicherheitsanforderungen in die Systemspezifikation einfließen.

Die Sicherheitspyramide lässt sich für die gesamte Palette von Sicherheitsthemen eines Unternehmens nutzen. In diesem Buch ist sie unter dem Fokus der IT-/IKT-/ITK- bzw. Informationssicherheit beschrieben.

Die *Historie der Sicherheitspyramide* beginnt 1995, als ich ihre erste Version entwickelte und auf den Datensicherheitstagen [1] vorstellte. Die weiterentwickelte zweite Version veröffentlichte ich 1996 in der Zeitschrift KES [4]. Hier wie auch in weiteren Artikeln ([5], [6]) wies ich darauf hin, dass der gesamte Prozess der Softwareerstellung auch unter Berücksichtigung der Sicherheitskriterien zu betrachten ist. Die zuvor genannten Veröffentlichungen konzentrierten sich auf die Darstellung des hierarchischen Aufbaus der Sicherheitspyramide, auf Begleitprozesse und auf die Beschreibung des Software-Entwicklungsprozesses im Hinblick auf Sicherheit.

Das vorliegende Buch beschreibt alle drei Dimensionen der Version V der *dreidimensionalen Sicherheitspyramide*[Dr.-Ing. Müller]. Die systematische Gliederung des Buchs orientiert sich zum einen an der ersten Dimension der Sicherheitspyramide, den hierarchischen Ebenen. Hierbei geht der Text auch ein auf die zweite Dimension mit den IT-Prozessen, Ressourcen und der Organisation. Es folgt die dritte Dimension in Form des Lebenszyklus. Hieran schließen sich die Kapitel zum Sicherheitsregelkreis, zum Reifegradmodell und zum Sicherheitsmanagementprozess an.

1.4   Zusammenfassung

Die *Bedrohungen* für Unternehmen nehmen aufgrund der Vernetzung, der Globalisierung und des technologischen Fortschritts sowie der geringen Einstiegsbarriere für potenzielle Angreifer insbesondere im Bereich der IKT kontinuierlich zu.

Umfang, Komplexität und Vernetzung der Informationssysteme steigen und mit ihnen die potenziellen und tatsächlichen *Schwachstellen*. Beispiele für Schwachstellen sind:

- □ unklare Sicherheitsanforderungen
- □ unvollständiges Vorgehensmodell
- □ fehlende Lebenszyklusorientierung
- □ übermäßige Technologiefokussierung
- □ unzureichende Standardisierung
- □ keine geschäftszentrierte Notfall-, Krisen- und Katastrophenvorsorge

Durch die Globalisierung und weltweite Vernetzung sowie die Onlineanbindung von Kunden und Lieferanten sind Unternehmen immer stärker auf die Funktionsfähigkeit ihrer Informations- und Kommunikationssysteme angewiesen. Darüber hinaus stellen eine Vielzahl bestehender, neu oder weiter entwickelter Gesetze, Normen und branchenspezifischer Regelungen zunehmend sicherheitsrelevante Anforderungen. Für Verantwortliche kommen Haftungsrisiken hinzu. Dadurch steigt der *Schutzbedarf*.

Die Zunahme der Bedrohungen, der Schwachstellen und des Schutzbedarfs führen zu einer deutlichen *Risikoerhöhung*. Diese haben Auswirkungen auf die Handlungsfähigkeit, das Image und die finanzielle Situation der Unternehmen. Gefordert ist daher ein anpassungsfähiges, effizientes und effektives Sicherheits-, Kontinuitäts- und Risikomanagement, das die Risiken auf ein wirtschaftlich vertretbares Maß reduziert.

Hierzu dient die *Sicherheitspyramide*[Dr.-Ing. Müller]. Sie stellt ein anschauliches strategisches und systematisches Vorgehensmodell dar, ist hierarchisch aufgebaut und ermöglicht einen schrittweisen Aufbau bis hin zu einem integrativen Sicherheits-, Kontinuitäts- und Risikomanagement einschließlich Datenschutz- und Compliancemanagement. Sie berücksichtigt P̲rozesse, R̲essourcen und O̲rganisation im Hinblick auf das S̲icherheitsm̲anagement, von mir als PROSim abgekürzt, sowie die Lebenszyklen von Prozessen und Ressourcen, wie beispielsweise IKT-Systemen, Organisation, Produkten und Dienstleistungen. Die Sicherheitspyramide erlaubt es, eine Sicherheitsstrategie zu entwickeln und Sicherheitselemente Schritt für Schritt aufzubauen, „einzuklinken" und weiterzuentwickeln. Der Sicherheitsregelkreis ermöglicht die zielgerichtete Verfolgung und Steuerung des Sicherheits-, Kontinuitäts- und Risikomanagements, der Sicherheits- bzw. Sicherheits-, Kontinuitäts- und Risikomanagementprozess dessen Planung, Aufbau, Betrieb und Weiterentwicklung.

2 Kurzfassung und Überblick für Eilige

Vorhandene Sicherheitskonzepte und -maßnahmen sind oft Insellösungen oder Ad-hoc-Maßnahmen mit unterschiedlichem Sicherheitsniveau. Darüber hinaus bestehen nicht selten hohe Abhängigkeiten vom Know-how der Mitarbeiter. Hieraus ergeben sich *latente Bedrohungen für die Existenz, die Handlungsfähigkeit und das Image sowie für die Mitarbeiter eines Unternehmens.*

Um diesen Bedrohungen entgegenzuwirken, kann die dreidimensionale IT- bzw. IKT- bzw. ITK-Sicherheitspyramide eingesetzt werden. Sie basiert auf dem *Pyramidenmodell*®, das jetzt in der Version V vorliegt. Das Pyramidenmodell® ist dreidimensional und eignet sich für den Aufbau einzelner oder integrativer Managementsysteme.

Die in diesem Buch beschriebene *dreidimensionale IKT-Sicherheits(management)-pyramide V bzw. Informationssicherheits- oder kurz ISM-Pyramide V* nutzt das Pyramidenmodell®, indem es seine Struktur und Vorgehensweise auf das Thema IKT- bzw. Informationssicherheit anwendet.

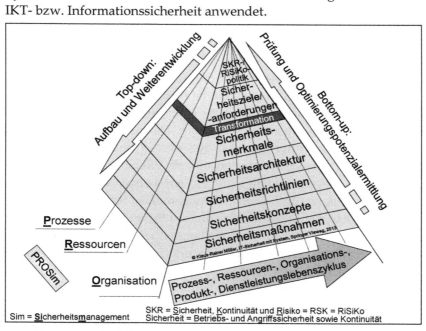

Abbildung 2-1: dreidimensionale IT- bzw. IKT- bzw. IKT-Sicherheits(management)pyramide V nach Dr.-Ing. Müller bzw. ISM-Pyramide[Dr.-Ing. Müller]

Sie bietet ein anschauliches, strukturiertes und strategisches Top-down-Vorgehensmodell zum ganzheitlichen und durchgängigen Aufbau und zur zielgerichteten

Weiterentwicklung des Sicherheits-, Kontinuitäts- und Risikomanagements. Da sie sowohl das Sicherheits- als auch das Kontinuitäts- und Risikomanagement umfasst, bezeichne ich sie auch als Sicherheits-, Kontinuitäts- und Risiko(management)pyramide bzw. Risiko-, Sicherheits- und Kontinuitäts(management)pyramide, kurz als RiSiKo-(Management-)Pyramide. Sie verfügt über drei Dimensionen, wird durch einen Regelkreis gesteuert und beantwortet folgende Fragen:

- Wie lassen sich IKT-Sicherheit sowie Kontinuität und Risiko an den Geschäftszielen ausrichten?

- Wie kann das Sicherheits-, Kontinuitäts- und Risikomanagement durchgängig und systematisch aufgebaut und weiterentwickelt werden?

- Welche Prozesse und Themen müssen berücksichtigt werden?

- Wie kann prozess-, ressourcen-, organisations-, produkt-, leistungs- und lebenszyklusimmanente IKT-Sicherheit erreicht werden?

- Wie lässt sich die IKT-Sicherheit kontinuierlich und zielgerichtet weiterentwickeln?

Die Frage nach dem durchgängigen und systematischen Aufbau des IKT-Sicherheitsmanagements beantwortet die Sicherheitspyramide durch ihre *erste Dimension mit den sieben Hierarchieebenen und der Transformationsschicht.*

Die *Sicherheits-, Kontinuitäts- und Risikopolitik des Unternehmens* bildet die oberste Ebene der Pyramide. Abgeleitet von der Unternehmenspolitik und der strategischen Positionierung des Unternehmens stellt die Geschäftsleitung hier dar, welche Bedeutung das Thema Sicherheit für das Unternehmen hat. Im Hinblick auf die Hinweispflicht des Managements beinhaltet dies auch Hinweise auf externe sicherheitsrelevante Anforderungen durch Gesetze, Vorschriften, Verordnungen und Standards, wie sie vom Gesetzgeber, von Aufsichtsämtern, Wirtschaftsprüfern und Normierungsgremien vorgegeben sind.

Diese Hinweise sind deshalb wichtig, weil die externen Anforderungen einen Rahmen vorgeben. Sie zeigen zum einen *Haftungsrisiken* für Unternehmen, Geschäftsleitung und Mitarbeiter auf. Zum anderen ergeben sich aus ihnen vielfältige Anforderungen an die inhaltliche Gestaltung des Sicherheits-, Kontinuitäts- und Risikomanagements. Branchenübergreifend wichtig sind u. a. das Handelsgesetzbuch und das Aktiengesetz sowie die dort integrierten Passagen des Gesetzes zur Kontrolle und Transparenz im Unternehmensbereich (KonTraG). Aber auch der Sarbanes-Oxley Act sowie branchenspezifisch Basel II und künftig Basel III, Solvency II, die Mindestanforderungen an das Risikomanagement und das Arzneimittelgesetz machen Vorgaben. Hinzu kommen im IKT-Bereich vielfältige nationale und internationale sowie branchen- und themenspezifische Standards und Practices, wie z. B. die „Good/Best Practices" nach ITIL®, COBIT®, die ISO/IEC-27000-Familie, die ISO/IEC 20000 oder die IT-Grundschutzkataloge und Standards des Bundesamtes für Sicherheit in der Informationstechnik, BSI. Sie alle lassen sich in die Sicherheitspyramide integrieren.

Die Sicherheits-, Kontinuitäts- und Risikopolitik gibt ferner einen Überblick über die Vorgehensweise und die Verantwortlichkeiten im Sicherheits-, Kontinuitäts- und Risikomanagement. Festlegungen zu den betrachteten sicherheitsrelevanten Mindest- und Grenzszenarien, zum Planungshorizont für Notfälle und zu Klassifizierungsschemata vervollständigen sie.

In der nächsten Ebene der Sicherheitspyramide definieren die Geschäftsprozess- und Bereichsverantwortlichen die fachlichen *Sicherheitsziele bzw. Sicherheitsanforderungen*. Hierzu klassifizieren sie die Geschäfts- und Supportprozesse des Unternehmens nach ihrer Bedeutung. Kriterien hierfür sind beispielsweise Umsatz, Ertrag, Durchsatz und Beteiligte sowie kurz-, mittel und langfristige Bedeutung des jeweiligen Prozesses.

Über Geschäftseinflussanalysen (Business Impact Analysis {BIA}) bzw. Schutzbedarfsanalysen ermitteln die Geschäftsprozess- und Bereichsverantwortlichen, welche Folgen Sicherheitsverletzungen nach sich ziehen können. Außerdem definieren sie den Mindestgeschäftsbetrieb, der bei gravierenden Sicherheitsverletzungen und in anderweitigen Notfällen, bei Krisen und Katastrophen aufrechtzuerhalten ist und dessen zeitlichen Verlauf. Weiterhin ermitteln sie die Abhängigkeiten, d. h. die Interdependenzen der Geschäftsprozesse. Hierzu erheben sie auf Prozessebene die zuliefernden und abnehmenden Geschäftsprozesse sowie die Support- und Begleitprozesse. Auf der Ressourcenebene erfassen sie die unterstützenden Ressourcen.

Aus der Sicherheitsklasse und den Sicherheitsanforderungen des jeweils betrachteten Geschäftsprozesses leiten die Geschäftsprozess- und Bereichsverantwortlichen die Sicherheitsanforderungen an die unterstützenden Prozesse und IKT-Ressourcen ab.

Um die fachlichen Sicherheitsanforderungen zu erfüllen, müssen diejenigen, die für die genutzten Schutzobjekte der IKT verantwortlich sind, diese anforderungskonform absichern. Hierzu wandeln sie die fachlichen Anforderungen unter Berücksichtigung von Bedrohungen und deren Eintrittswahrscheinlichkeiten in solche prozessuale, ressourcenspezifische und organisatorische *IKT-Sicherheitsmerkmale* um, die diese Anforderungen erfüllen. Diese Umsetzung bezeichne ich als Sicherheitstransformation (Safety, Security and Continuity Function Deployment).

Die nächste Ebene der Sicherheitspyramide enthält die *Sicherheitsarchitektur*. Sie beschreibt die prinzipiellen Sicherheitsanforderungen und Bedrohungen. Außerdem stellt sie die Sicherheitsstrategie und -prinzipien sowie die generellen Sicherheitselemente dar, die zur Umsetzung der Sicherheitsanforderungen und zum

Schutz vor Bedrohungen vorhanden sind. Die Sicherheitselemente beziehen sich auf Prozesse, Prozesselemente, Ressourcen und Organisation. Zu den Prozessen gehören hierbei Geschäfts-, Support- und Begleitprozesse. Die sicherheitsrelevante IKT-Ressourcenarchitektur erstreckt sich von Anwendungsarchitekturen über Systemarchitekturen bis hin zu Netztopologien und Verkabelungsplänen. Die Sicherheitsarchitekturebene beinhaltet neben den verfügbaren Sicherheitselementen auch die geplante und die realisierte Sicherheitsarchitektur. Wer die Prozesse und Ressourcen mit ihren Abhängigkeiten voneinander darstellt, erhält ein – wie ich es bezeichne – Interdependenznetz.

Um das Sicherheitsniveau zu vereinheitlichen und die Effizienz zu steigern, existiert die Ebene der allgemeinen, d. h. der prozess-, ressourcen- und auch plattform-, organisations-, produkt- und leistungsübergreifenden, aber unternehmensspezifischen *Sicherheitsrichtlinien*. Ressourcenübergreifende Richtlinien sind unabhängig von Herstellerspezifika, wie sie z. B. bei Systemen und Plattformen auftreten. In den Sicherheitsrichtlinien legt der Chief Information Security Officer (CISO) beispielsweise fest, wie Prozessbeschreibungen sowie Alarmierungspläne, Notfall-, Krisen- und Katastrophenvorsorgehandbücher strukturiert sind, die IKT und das Internet genutzt werden dürfen, wie E-Mails zu handhaben sind, welche Länge Passwörter haben sollen, wie häufig der Passwortwechsel erzwungen werden soll etc.

Diese Vorlagen und Richtlinien steigern zum einen die Effizienz, weil sich nicht jeder Verantwortliche Gedanken zur Struktur machen muss. Zum anderen schaffen sie Durchgängigkeit und unterstützen im Hinblick auf ein einheitliches Qualitätsniveau der entstehenden Konzepte und Unterlagen. Der CISO entscheidet über einzusetzende Werkzeuge im Hinblick auf Sicherheit, Kontinuität und Risiko. Die Werkzeuge fließen als Ressourcen ein in die Sicherheitsarchitektur.

Aufgrund der Komplexität der Interdependenzen sowie der Vielzahl zu erfassender und volatiler Informationen zu Prozessen und Ressourcen hat sich der Einsatz einer Datenbank mit benutzerfreundlicher Oberfläche in Kombination mit einem webbasierten Portal für die textuellen Beschreibungen bewährt. Bei der Auswahl eines Werkzeugs sind nicht nur die Aufwände für die Anfangsschulung und für die erstmalige Anfangserfassung, sondern insbesondere auch diejenigen für eventuelle Folge- oder Auffrischschulungen sowie für die kontinuierliche Pflege zu berücksichtigen. Hierbei spielt der Detaillierungsgrad eine wesentliche Rolle. Je detaillierter die Beschreibung, desto aufwändiger gestaltet sich oftmals die Pflege. Der Detaillierungsgrad sollte sich am Prinzip des sachverständigen Dritten ausrichten. Darüber hinaus sollte das Werkzeug für jene Nutzer gut geeignet sein, die das Werkzeug nur wenige Male im Jahr nutzen.

Die *Sicherheitskonzepte* bilden die Vorgaben der Sicherheitsrichtlinien spezifisch auf den jeweiligen Prozess und die jeweiligen Ressourcen, z. B. die jeweiligen Informations- und Kommunikationssysteme oder Plattformen ab. In der untersten Ebene, den *Sicherheitsmaßnahmen*, werden die Sicherheitskonzepte realisiert und die Umsetzung dokumentiert.

Die Frage nach den Themenfeldern, die im Sicherheitsmanagement zu behandeln sind, beantwortet die *zweite Dimension* der Pyramide. Sie beinhaltet die Themenfelder P̲rozesse, R̲essourcen und O̲rganisation (PRO) für das S̲icherheitsm̲anagement, weshalb sie hier *PROSim* heißt. PROSim ist in jeder Ebene der Sicherheitspyramide zu berücksichtigen.

Der Begriff Prozess umfasst hierbei Geschäfts-, Support- und Begleitprozesse. Hinter dem Begriff Ressource verbergen sich alle materiellen und immateriellen Ressourcen vom Gebäude mit seinen Räumlichkeiten und der haustechnischen Infrastruktur über Informations- und Kommunikationssysteme, Arbeitsmittel, Materialien, finanzielle Mittel, Methoden, Daten, Know-how, Image, Bekanntheitsgrad und Services bis hin zu Personal. Die Organisation umfasst die Linienorganisation, wie sie beispielsweise im Organigramm mit Geschäfts-, Bereichs-, Abteilungs- und Gruppenleitung sowie Stabsabteilungen in Form von Funktionen dargestellt ist, wozu z. B. auch die Funktion des CISO gehört, sowie Rollen, wie z. B. Notfallmanager, und nicht zuletzt Gremien.

Die *dritte Pyramidendimension* dient der Integration der Sicherheits-, Kontinuitäts- und Risikothematiken in den *Lebenszyklus* von Prozessen und Ressourcen, wie beispielsweise (Informations-)Systemen, sowie von Organisationsstrukturen und außerdem von Dienstleistungen und Produkten. Dadurch können Sicherheitsanforderungen bereits in einer sehr frühen Phase im Lebenszyklus berücksichtigt und in den folgenden Phasen weiter verfeinert werden. Hieraus ergibt sich schließlich eine lebenszyklus- sowie prozess- und ressourcen- und damit produkt-, leistungs- und systemimmanente Sicherheit.

Durch die *durchgängige und systematische Vorgehensweise* anhand der Sicherheitspyramide können Risiken und Schwachstellen präventiv verringert und frühzeitig erkannt sowie Sicherheitslücken geschlossen werden. Die Sicherheitspyramide bildet einen geordneten Kristallisationskeim, der bei kontinuierlicher Weiterentwicklung zielgerichtet wächst. Ihre Struktur unterstützt die Sicherung, Auffindbarkeit und Wiederverwendbarkeit von Wissen. Es entsteht ein Know-how-Speicher, der dem Unternehmen zur Wissenssicherung und -entwicklung dient.

Ein *Regelkreis* ermöglicht gezielt die Planung, den Aufbau, die Steuerung und die Weiterentwicklung des Sicherheitsmanagements, um diesbezüglich die Handlungsfähigkeit und das Image eines Unternehmens langfristig zu sichern und zu steigern.

Durch das *Reifegradmodell* lässt sich der aktuelle Status des Sicherheits-, Kontinui-
täts- und Risikomanagements ermitteln.

Der *Sicherheitsmanagementprozess* schließlich beschreibt, wie das Sicherheitsmanagement eines Unternehmens geplant, aufgebaut und in die Prozesse, die Ressourcen und die Organisation sowie deren Lebenszyklen integriert wird. Der Sicherheitsmanagementprozess schließt den Betrieb mit ein, in dem Monitoring,
Controlling, Reporting und Prüfung sowie die Sensibilisierung und Kommunikation zur frühzeitigen und gezielten Einbindung möglicher Betroffener und Beteiligter im Hinblick auf Sicherheit wichtige Themen sind. Aus dem Betrieb, der Auswertung von Beinahenotfällen (Near Miss) und externen Veränderungen, beispielsweise von Gesetzen und Bestimmungen, ergeben sich Änderungsanforderungen an die verschiedenen Ebenen der Sicherheitspyramide. Diese Änderungen
gelangen schließlich in die Lebenszyklen und in den Betrieb und ermöglichen so
eine kontinuierliche Weiterentwicklung des Sicherheitsmanagements.

3　Zehn Schritte zum Sicherheitsmanagement

Sie wollen sofort mit dem Aufbau des Sicherheits-, Kontinuitäts- und Risikomanagements beginnen, ohne das Buch vorher komplett gelesen zu haben? Dann
können Sie in folgenden 10 Schritten vorgehen, wobei Sie das jeweils dazugehörige
Kapitel mit den dortigen Hilfsmitteln und Beispielen nutzen sowie die Umsetzungstipps im Anschluss an die folgende Tabelle.

Nr.	Aktivität	In Kapitel Sicherheits-...	Hilfsmittel	Beispiel
1.	Definition und Verabschiedung der Sicherheits-, Kontinuitäts- und Risikopolitik	..., Kontinuitäts- und Risikopolitik	Checkliste	Sicherheits-, Kontinuitäts- und Risikopolitik
2.	Erhebung der Sicherheits- und Kontinuitätsanforderungen bzw. -ziele	...-ziele/-anforderungen	Tabelle Schadensszenarien, Prozessinformationsdatenbank	Schutzbedarfsanalyse, Schutzbedarfsklassen
3.	Transformation der Sicherheits- und Kontinuitätsanforderungen/-ziele auf Merkmale der Prozesse, der Ressourcen, der Organisation, der Dienstleistungen und der Produkte	...-merkmale	Safety, Security and Continuity Function Deployment	Praxisbeispiel
4.	Entwicklung der Sicherheits-, Kontinuitäts- und Risikoarchitektur und -strategie	...-architektur	Prinzipielle Anforderungen, Sicherheitskriterien und Bedrohungen, Sicherheitsprinzipien und -elemente, Sicherheitsschalenmodell	Sicherheits-, Kontinuitäts- und Risikoarchitekturmatrix

Nr.	Aktivität	In Kapitel Sicherheits-...	Hilfsmittel	Beispiel
5.	Entwicklung von Sicherheits- und Kontinuitätsricht-linien und -standards (generische Sicherheits- und Kontinuitätskonzepte)	...-richtlinien	Sicherheitsregeln, Prozessvorlagen, verschiedene Richtlinien, Tätigkeiten-Rollen-Matrix	Beispiele
6.	Entwicklung spezifischer Sicherheits- und Kontinuitätskonzepte	...-konzepte		Beispiele
7.	Umsetzung geplanter Sicherheits- und Kontinuitätsmaßnahmen	...-maßnahmen		Beispiel
8.	Integration der Sicherheit und Kontinuität in den Lebenszyklus	Lebenszyklus	Phasen-Ergebnistypen-Tabelle	
9.	Aufbau des Sicherheitsregelkreises, Prüfung des Sicherheitsmanagements	...-regelkreis / ...-regelkreis, Reifegradmodell	Sicherheitsregelkreis, Berichtswesen, Kennzahlen, Scorecard Sicherheitsstudie, IT-Sicherheitsfragen, Checkliste Reifegrad	Reifegradmodell: Praxisbeispiel
10.	Etablierung des Sicherheitsmanagementprozesses	...-managementprozess	Tabelle mit Aktivitäten, Eingangsinformationen, Methoden und Ergebnissen	

Tabelle 3-1: Zehn Schritte zum Sicherheitsmanagement

Um Vorgehensfehler möglichst zu vermeiden, sollten Sie das jeweilige Kapitel lesen und die Inhalte anschließend auf Ihre Thematik angepasst umsetzen. Hierbei helfen Ihnen die Beispiele, Checklisten und Hilfsmittel.

Die Vorgehensweise nach der Sicherheitspyramide ist auch für kleine und mittlere Unternehmen wichtig. Im Folgenden sind daher **Umsetzungstipps zum Sicherheitsmanagement für KMUs** angegeben: Auch kleine Unternehmen sollten alle hierarchischen Ebenen und die Dimensionen der Sicherheitspyramide sowie alle Elemente der Sicherheitsarchitektur lesen und auf Relevanz prüfen, da diese üblicherweise sowohl auf große und mittlere als auch auf kleine Unternehmen zutreffen. Nehmen wir als Beispiel das Kapazitäts- und das Lizenzmanagement. Fehlende Kapazität von IT-Systemen schränkt die Handlungsfähigkeit eines Unternehmens ein. Somit ist die Verfügbarkeit nicht mehr oder nur unzureichend gegeben. Fehlendes Lizenzmanagement kann zur Verletzung von Verträgen und Gesetzen führen. Im günstigsten Fall ist es aufgrund zu vieler Lizenzen nur unwirtschaftlich. Dies zeigt beispielhaft, dass auch weniger beachtete Sicherheitselemente für kleine Unternehmen erforderlich sind. Ihre Umsetzung gestaltet sich bei kleineren Unternehmen jedoch meist erheblich schlanker, indem auf umfangreiche Prozessbeschreibungen verzichtet werden kann und die entsprechenden Aufgaben „nur" in die Stellenbeschreibung des jeweils Verantwortlichen und seines Stellvertreters aufgenommen werden.

4 Gesetze, Verordnungen, Vorschriften, Anforderungen

Die folgenden Abschnitte geben *sicherheitsrelevante Gesetze, Grundsätze, Verordnungen, Vorschriften und Ausführungsrichtlinien* an. Bei zitierten, beschriebenen oder übersetzten Textpassagen, die aus Originaldokumenten stammen, gelten hier wie im gesamten Buch in Zweifelsfällen die Originaldokumente in ihrer aktuellen Fassung. Berücksichtigen Sie bitte gleichzeitig, dass das vorliegende Buch aus fachlicher, nicht aus juristischer Sicht geschrieben ist. Es stellt daher meine nicht-juristische, fachlich-persönliche Meinung als juristischer Laie dar. Dementsprechend stellen die Ausführungen weder eine Rechtsberatung dar noch können sie eine solche ersetzen. Fett- und Kursivdruck sowie Unterstreichungen in den folgenden Ausführungen bzw. Zitaten aus Originaldokumenten stammen ebenso wie Texte in eckigen Klammern in der Regel von mir, wobei [...] Auslassungen kennzeichnen.

Um den Umfang überschaubar zu halten und den Rahmen dieses Buchs einzuhalten, beschränke ich mich insgesamt auf sehr wenige beispielhafte und vorrangig deutsche Auszüge, die mir aufgrund meiner bisherigen Erfahrung, aber als juristischer Laie, wichtig erscheinen. Über das Folgende hinausgehende Informationen finden Sie im „Handbuch Unternehmenssicherheit".

Im Hinblick auf *Sorgfalt und Haftung der Geschäftsleitung* ergeben sich in Deutschland gesetzliche Anforderungen beispielsweise aus dem GmbH-Gesetz, § 43, *Haftung der Geschäftsführer*, und dem Aktiengesetz (AktG), § 93, *Sorgfaltspflicht und Verantwortlichkeit der Vorstandsmitglieder*. Auf *Schadensersatz wegen Pflichtverletzung* geht das Bürgerliche Gesetzbuch (BGB) in § 280 ein. Der dortige § 831 geht auf die *Haftung für den Verrichtungsgehilfen* ein.

Für Chief Executive Officers (CEOs) und Chief Financial Officers (CFOs) von Gesellschaften, die in den USA börsennotiert sind, ergeben sich durch den *Sarbanes-Oxley Act* (SOX) zusätzliche Risiken. Die dortige Section 302 fordert die eidesstattliche Beglaubigung von Quartals- und Jahresausweisen durch die CEOs und CFOs sowie deren Verantwortlichkeit für Errichtung und Durchführung des internen Kontrollsystems [7].

Gemäß Section 302 müssen CEO (principal executive officer or officers) und CFO (principal financial officer or officers) in jedem Quartals- und Jahresbericht bestätigen, dass er von ihnen geprüft wurde, keine unwahren Aussagen enthält und in jeder Hinsicht die finanzielle Situation und das operative Ergebnis für den Berichtszeitraum angemessen darstellt. Ferner bestätigen die Unterzeichner des Berichts, dass sie für Aufbau und Pflege der internen Kontrollen verantwortlich sind, die Effektivität der internen Kontrollen innerhalb von 90 Tagen vor dem Bericht evaluiert haben und ihre Schlüsse über die Effektivität ihrer internen Kontrollen zum Zeitpunkt dieser Evaluation dargestellt haben. Doch was hat dies alles mit der IKT zu tun?

Da die IKT die Daten für die Quartals- und Jahresberichte verarbeitet, muss dort sichergestellt sein, dass die **SOX-relevanten IKT-Systeme und Daten** identifiziert sind. Ihr Einfluss auf das Berichtswesen, der beispielsweise im Rahmen einer Geschäftseinflussanalyse erhoben wird, muss ebenso wie potenzielle Bedrohungen und die damit verbundenen Risiken bekannt sein. Dementsprechend sind für die relevanten Konten Kontrollen zu identifizieren und zu dokumentieren. Im Hinblick auf die Anwendbarkeit von COBIT® gibt es die Anleitung „IT Control Objectives for Sarbanes Oxley".

Am 17.5.2006 verabschiedeten das europäische Parlament und der Rat die Richtlinie 2006/43/EG über Abschlussprüfungen von Jahresabschlüssen und konsolidierten Abschlüssen. Diese Richtlinie heißt in Fachkreisen kurz **EuroSOX**. Eine der grundlegenden Erwägungen im dortigen Abschnitt 24 ist, dass „Prüfungsausschüsse und ein wirksames **internes Kontrollsystem**" einen Beitrag dazu leisten, „finanzielle und betriebliche Risiken sowie das Risiko von Vorschriftenverstößen auf ein Mindestmaß zu begrenzen und die Qualität der Rechnungslegung zu verbessern." Die Funktionen, die dem Prüfungsausschuss zugewiesen sind, können demzufolge der Verwaltungs- oder Aufsichtsrat als Ganzes ausüben.

Ausgehend u. a. von diesen Überlegungen sieht die Richtlinie in Artikel 41 vor, dass jedes Unternehmen von öffentlichem Interesse einen Prüfungsausschuss benötigt. Zu den Aufgaben des Prüfungsausschusses gehört u. a. die Überwachung des Rechnungslegungsprozesses, des internen Kontrollsystems und gegebenenfalls des internen Revisionssystems sowie des Risikomanagementsystems bis hin zur Überwachung des Jahresabschlusses. Um diese Aufgabe wahrnehmen zu können, muss es dafür geeignete Prozesse und Systeme im Unternehmen geben.

Deutschen Unternehmen sind Risikomanagementsysteme und Interne Kontrollsysteme (IKS) aufgrund gesetzlicher Vorgaben nicht fremd. Die teilweisen Parallelen zwischen SOX und dieser EU-Richtlinie, z. B. im Hinblick auf die korrekte Rechnungslegung bzw. Finanzberichterstattung, haben zur Bezeichnung EuroSOX geführt. In den Auswirkungen auf die IKT gelten die zuvor gemachten Ausführungen zum SOX in entsprechender Form.

Weitere **gesetzliche Anforderungen** ergeben sich aus dem Bürgerlichen Gesetzbuch (BGB) im Hinblick auf Verträge und dem Handelsgesetzbuch (HGB) hinsichtlich ordnungsmäßiger Buchführung. Das Gesetz zur Kontrolle und Transparenz im Unternehmensbereich (KonTraG), dessen Anforderungen in das AktG und in das HGB eingeflossen sind, stellt Anforderungen an das Überwachungs-, d. h. das Risikomanagementsystem.

Aus dem deutschen *Handelsgesetzbuch* (HGB), Stand 20.04.2013, ergeben sich wesentliche und auch für die IT relevante Anforderungen an die Buchführung. Hierzu gehören u. a. die **Grundsätze ordnungsmäßiger Buchführung,** die „**vollständig, richtig, zeitgerecht und geordnet"** vorgenommenen Eintragungen und Aufzeichnungen sowie die Verfügbarkeit der „**Daten während der Dauer der Aufbewahrungsfrist"** bei der Führung der Handelsbücher auf Datenträgern.

Die *Abgabenordnung* (AO), Stand 07.08.2013, fordert gemäß § 147 Abs. 2, Ziffer 2, dass „[...] die Daten [...] während der Dauer der Aufbewahrungsfrist **jederzeit verfügbar sind, unverzüglich lesbar** gemacht und **maschinell ausgewertet** werden können".

Diese Forderungen aus HGB und AO finden ihren Niederschlag in den *Grundsätzen* ordnungsmäßiger Buchführung (*GoB*), ordnungsmäßiger DV-gestützter Buchführungssysteme (*GoBS*) sowie für eine ordnungsmäßige Datenverarbeitung (*GoDV*) [8]. Darüber hinaus sind seit dem 1. Januar 2002 die Grundsätze zum Datenzugriff und zur Prüfbarkeit digitaler Unterlagen (*GDPdU*) des Bundesfinanzministeriums in Kraft.

Die GoBS, Stand 7.11.1995, fordert ein *Internes Kontrollsystem* (IKS). Das IKS muss u. a. die Programmidentität sicherstellen, d. h., dass die eingesetzte DV-Buchführung dem dokumentierten System entspricht. Dies erfordert Richtlinien für Programmierung, Programmtests, -freigaben und -änderungen, für die Änderung von Stamm- und Tabellendaten, für Zugriffs- und Zugangsverfahren, für den ordnungsgemäßen Einsatz von Datenbanken, Betriebssystemen und Netzwerken sowie für den Einsatz von Testdatenbeständen/-systemen und Programmeinsatzkontrollen.

Laut Anlage zur GoBS, Stand 7.11.1995, Kap. 5.5.2, umfasst die *Sicherung der Informationen vor Verlust* „die Maßnahmen, durch die für die gesicherten Programme/Datenbestände die Risiken hinsichtlich Unauffindbarkeit, Vernichtung und Diebstahl im erforderlichen Maß reduziert werden."

Zur Wiederauffindbarkeit sind demzufolge systematische Verzeichnisse der gesicherten Programme und Datenbestände zu führen. Zum *Schutz vor Vernichtung* sind für die Aufbewahrungsstandorte Bedingungen zu schaffen, die eine Vernichtung bzw. Beeinträchtigung der Informationen durch Feuer, Temperatur, Feuchtigkeit und Magnetfelder etc. weitestgehend ausschließen. Der Bedrohung des Datenträgerdiebstahls ist dadurch zu begegnen, dass die *Datenträger in Tresoren* aufbewahrt werden, oder in Räumen, die ausreichend gegen Einbruch gesichert sind. Die *Überprüfung der Lesbarkeit der Datenträger* ist in angemessenen Zeitabständen erforderlich.

Die Anlage zur GoBS fordert weiterhin ein *dokumentiertes Datensicherungskonzept*. Um die buchhalterisch relevanten Informationen während der Dauer der Aufbewahrungsfrist jederzeit lesbar machen zu können, umfasst das Datensicherungskonzept die *Sicherung der Daten und Software und gegebenenfalls auch der Hardware*.

Im Kapitel *Aufbewahrungsfristen* führt die GoBS aus, dass „Daten mit Belegfunktion grundsätzlich sechs Jahre, Daten und sonst erforderliche Aufzeichnungen mit Grundbuch- oder Kontenfunktion [...] grundsätzlich zehn Jahre aufzubewahren" sind. Wichtig in diesem Zusammenhang erscheint mir, dass die *„Verfahrensdokumentation zur DV-Buchführung* [...] zu den Arbeitsanweisungen und sonstigen Organisationsunterlagen im Sinne des § 257 Abs. 1 HGB bzw. § 147 Abs. 1 AO" gehört und „grundsätzlich *zehn Jahre aufzubewahren*" ist.

Die *deutschen Wirtschaftsprüfer* haben Stellungnahmen zur Rechnungslegung (RS) sowie Prüfungsstandards (PS) und Prüfungshinweise (PH) veröffentlicht. Zur *Prüfung der Informationstechnologie* hat das Institut der Wirtschaftsprüfer (IDW) beispielsweise die RS FAIT 1, die RS FAIT 2, die RS FAIT 3 und die RS FAIT 4 des Fachausschusses für Informationstechnologie (FAIT) sowie die Standards und Hinweise PS 330, PH 9.330.1, PH 9.330.2, PS 850 und PS 880 herausgegeben [9].

IDW RS FAIT 1, Stand 24.09.2002 [9], Absatz (3), konkretisiert die Anforderungen, die aus §§ 238, 239 und 257 HGB resultieren, für die *Führung der Handelsbücher mittels IT-gestützter Systeme*. Doch welche Sicherheitsanforderungen ergeben sich hieraus? FAIT 1, Absatz (23), führt u. a. aus, dass Maßnahmen zur Vertraulichkeit z. B. „Verschlüsselungstechniken" sind. Organisatorische Maßnahmen zur Integrität von IT-Systemen sind „geeignete Test- und Freigabeverfahren", technische Maßnahmen sind „z. B. Firewalls und Virenscanner". Im Hinblick auf Verfügbarkeit sind beispielsweise „geeignete Back-up-Verfahren zur Notfallvorsorge einzurichten". Entsprechend Absatz (85) sind Datensicherungen und Datenauslagerungen durchzuführen. Klar definiert sein müssen die Aufgaben, Kompetenzen und Verantwortlichkeiten der IT-Mitarbeiter (78). Das Verfahren zur Vergabe, Änderung, Entziehung und Sperrung von Berechtigungen sowie deren Protokollierung sind gemäß dortigem Absatz (84) festzulegen.

In Absatz (53) und (54) fordert FAIT 1 für die Nachvollziehbarkeit des Buchführungs- und Rechnungslegungsverfahrens eine *ordnungsgemäße Verfahrensbeschreibung, bestehend aus Anwender-, Betriebs- und technischer Systemdokumentation*.

In Kapitel 3.2.6 geht IDW RS FAIT 1 auf die *Aufbewahrungspflichten* ein.

Laut FAIT 1, (88), sind Vorkehrungen für einen *Notbetrieb* zu treffen. Weiter wird dort ausgeführt, dass „**ein Ausfall wesentlicher IT-Anwendungen** ohne kurz-

fristige Ausweichmöglichkeit [...] **einen wesentlichen Mangel der Buchführung"
darstellt.**

Die *RS FAIT 2*, Stand 29.09.2003 [9], „[...] verdeutlicht [...] die in IDW RS FAIT 1
dargestellten Ordnungsmäßigkeits- und Sicherheitsanforderungen im Bereich von
E-Commerce [...]". Sie geht insbesondere auch in Kapitel 4 auf die IT-Risiken und
in Kapitel 5 auf die Kriterien zur Beurteilung der Sicherheit und Ordnungsmäßigkeit beim Einsatz von E-Commerce-Systemen ein. Sie fordert u. a. eine Verfahrensdokumentation mit den Schwerpunkten **„Beschreibungen der eingesetzten Hard-
und Software", „der Schnittstellen", „der Netzwerkarchitektur", der verwendeten Übertragungsprotokolle und „Verschlüsselungsverfahren" sowie „Daten-
flusspläne".**

RS FAIT 3, Stand 11.07.2006 [9], konkretisiert die Anforderungen an die Archivierung jener aufbewahrungspflichtigen Unterlagen, die sich aus § 257 HGB ergeben.
FAIT 3 verdeutlicht die in IDW RS FAIT 1, Tz. 60ff. „dargestellten *Aufbewahrungspflichten bei Einsatz von elektronischen Archivierungssystemen"* [...]. Zu den dort
in Absatz (38) angeführten Sicherheitsanforderungen gehören beispielsweise Zu-
griffskontrollen für Speichermedien und während der gesamten Aufbewahrungsfrist die Verfügbarkeit auch von IT-Anwendungen und IT-Infrastruktur, mit denen
die Lesbarmachung möglich ist.

RS FAIT 4, Stand 08.08.2012, nennt die „Anforderung an die Ordnungsmäßigkeit
und Sicherheit IT-gestützter Konsolidierungsprozesse". FAIT 4 geht ein auf die
Risiken sowie die „Sicherheit und Ordnungsmäßigkeit IT-gestützter Konsolidierungsprozesse", auf die „Einrichtung eines konzernrechnungslegungsbezogenen
internen Kontrollsystems" sowie auf das „Outsourcing der IT-gestützten Konsolidierungsprozesse".

Im *IDW-Prüfungsstandard PS 880, „Die Prüfung von Softwareprodukten"*, Stand
11.03.2010, legt das IDW „die Berufsauffassung dar, nach der Wirtschaftsprüfer
[…] bei der Prüfung von Softwareprodukten und der Erteilung von Bescheinigun-
gen zu Softwareprodukten vorgehen". Der Absatz 2 des IDW PS 880 führt aus: zu
„den Ordnungsmäßigkeits- und Sicherheitsanforderungen beim Einsatz von IT
gelten die Regelungen des IDW RS FAIT 1". Im Hinblick auf den Prüfungsgegen-
stand führt Absatz 6 aus: zu „IT-Anwendungen mit engerem Bezug zur Rechnungslegung […] gehören neben Finanzbuchführungsprogrammen insb. ERP-
Systeme, die […] weitere Aufgabengebiete, wie etwa Anlagenbuchführung, Mate-
rialwirtschaft, Einkauf, Vertrieb und Personalwirtschaft abdecken". Mit den anzu-
legenden Beurteilungskriterien beschäftigt sich der dortige Absatz 18: „Bei Softwareprodukten mit Bezug zur Rechnungslegung oder dem internen Kontroll- bzw.
Risikomanagementsystem sind insb. anzuwenden: die Grundsätze ordnungsmäßiger Buchführung[,] […] regulatorische Vorschriften zur Rechnungslegung und

dem Internen Kontrollsystem sowie zum Risikomanagement (bspw. §25a KWG)".
Bei Softwareprodukten ohne Bezug zur Rechnungslegung oder dem Internen Kontrollsystem (IKS) bzw. dem Risikomanagementsystem kommen als Beurteilungskriterien „aufgabespezifische Normen und Standards oder spezifische Branchen-
und Industriestandards mit IT-Bezug" in Betracht. Zu spezifischen Branchen- und
Industriestandards mit IT-Bezug zählt der IDW PS 880 als typische Beispiele ISO-
und DIN-Normen sowie COBIT®. Die Verfahrensdokumentation muss den Anforderungen aus IDW RS FAIT 1 Tz. 52ff. entsprechen.

Das *Allgemeine Gleichbehandlungsgesetz* (AGG), Stand 05.02.2009, hat zum Ziel
„Benachteiligungen aus Gründen der Rasse oder wegen der ethnischen Herkunft,
des Geschlechts, der Religion oder Weltanschauung, einer Behinderung, des Alters
oder der sexuellen Identität zu verhindern oder zu beseitigen."

Die Anforderungen an den *Schutz personenbezogener Daten in Deutschland* sind
festgelegt im Bundesdatenschutzgesetz (BDSG, Federal Data Protection Act), und
in den Landesdatenschutzgesetzen (LDSG) sowie im Hinblick auf den Schutz der
Sozialdaten im Sozialgesetzbuch (SGB X). Ebenfalls datenschutzrechtliche Anforderungen stellt das Telekommunikationsgesetz (TKG), Stand 03.05.2012, in Teil 7,
Abschnitt 2, und das Telemediengesetz (TMG), Stand 31.05.2010, in Abschnitt 4.

In *Österreich* sind Datenschutzanforderungen im Datenschutzgesetz 2000 (DSG
2000) niedergelegt, das am 17. April 2013 mit der DSG-Novelle 2013 aktualisiert
wurde. In der *Schweiz* regeln das Bundesgesetz über den Datenschutz (Datenschutzgesetz, DSG) und die Datenschutzverordnung (VDSG) den Datenschutz.

Auf *EU-Ebene* existiert die Richtlinie 95/46/EG des Europäischen Parlaments und
des Rates vom 24. Oktober 1995 zum Schutz natürlicher Personen bei der Verarbeitung personenbezogener Daten und zum freien Datenverkehr.

Die *USA* verwenden im Datenschutz „einen sektoralen Ansatz, der auf einer Mischung von Rechtsvorschriften, Verordnungen und Selbstregulierung basiert", wie
es in der Entscheidung der Kommission der Europäischen Gemeinschaft vom
26. Juli 2000 über die Angemessenheit des von den Grundsätzen des „sicheren Ha-
fens" gewährleisteten Schutzes heißt. Dementsprechend existieren in den USA verschiedene Datenschutzgesetze (Privacy Act, Privacy Protection Act). Zu den Daten-
schutzgesetzen bzw. Gesetzen mit datenschutzrelevanten Anforderungen gehören
u. a. der Children's Online Privacy Protection Act (COPPA), der Electronic Communications Privacy Act, der Gramm-Leach-Bliley Act (GLBA) mit den Ausführungen der Federal Trade Commission (FTC) in den „Standards for Safeguarding
Customer Information", 16 CFR 314, der Privacy Act und der Social Security Act.

Darüber hinaus existieren *branchenspezifische Vorgaben*, aus denen sich ebenfalls
Anforderungen an die IKT ergeben. In Deutschland sind dies bei *Banken* z. B. die

Mindestanforderungen an das Risikomanagement *(MaRisk)* der Bundesanstalt für Finanzdienstleistungsaufsicht (BaFin). Ferner sind Basel II, die „Internationale Konvergenz der Kapitalmessung und Eigenkapitalanforderungen", und künftig Basel III, „A global regulatory framework for more resilient banks and banking systems" in Verbindung mit „International framework for liquidity risk measurement, standards and monitoring", sowie die „Grundsätze für eine wirksame Bankenaufsicht" des Basler Ausschusses für Bankenaufsicht zu berücksichtigen.

Grundsatz 25 der „Grundsätze für eine wirksame Bankenaufsicht", Stand September 2012, behandelt operationelle Risiken: „Die Aufsichtsinstanz prüft nach, ob die Banken über ein angemessenes Risikomanagementsystem für das operationelle Risiko verfügen, unter Berücksichtigung ihrer Risikobereitschaft, ihres Risikoprofils sowie des Markt- und Wirtschaftsumfelds."

Bei den zentralen Kriterien für das operationelle Risiko beschäftigt sich Punkt 4 mit der Notfallvorsorge: „Die Aufsichtsinstanz überprüft Qualität und Vollständigkeit der Notfallpläne und Vorkehrungen der Bank zur Aufrechterhaltung des Geschäftsbetriebs, um deren *Durchführbarkeit in plausiblen Szenarien schwerwiegender Geschäftsunterbrechungen* zu beurteilen. Dabei sorgt die Aufsichtsinstanz dafür, dass die Bank nach dem Prinzip der Fortführung des Geschäftsbetriebs geführt wird und Verluste, einschließlich möglicher Verluste aufgrund von Störungen der Zahlungsverkehrs- und Abrechnungssysteme, im Falle schwerwiegender Geschäftsunterbrechungen auf ein Minimum reduziert werden."

Punkt 5 widmet sich den technischen Risiken und deren Absicherung im Hinblick auf Sicherheit und Verfügbarkeit. Demzufolge sorgt die Aufsichtsinstanz „dafür, dass die Banken über geeignete IT-Grundsätze und -Verfahren zur Erkennung, Beurteilung, Überwachung und Steuerung von technischen Risiken verfügen. Die Aufsichtsinstanz sorgt zudem dafür, dass die Banken über eine geeignete und solide IT-Infrastruktur verfügen, um die aktuellen und voraussichtlichen Geschäftsanforderungen (unter normalen Bedingungen wie auch in Stressphasen) zu erfüllen; diese Infrastruktur muss die Stabilität, Sicherheit und Verfügbarkeit von Daten und Systemen gewährleisten und das integrierte und umfassende Risikomanagement unterstützen."

Gemäß MaRisk für Kreditinstitute und Finanzdienstleistungsinstitute in der Bundesrepublik Deutschland, Stand 14.12.2012, Kapitel AT 7.2, müssen IT-Systeme und dazugehörige IT-Prozesse die Integrität, Verfügbarkeit, Authentizität und Vertraulichkeit der Daten sicherstellen. Bei deren Ausgestaltung ist „auf gängige Standards abzustellen". „Prozesse für eine angemessene IT-Berechtigungsvergabe" sind einzurichten. „Die Eignung der IT-Systeme und der zugehörigen Prozesse ist regelmäßig [...] zu überprüfen." Test und Abnahme sind durchzuführen, Produktions- und Testumgebung voneinander zu trennen.

In der Anlage 1: Erläuterungen zu den MaRisk in der Fassung vom 14.12.2012, sind als Standards zur Ausgestaltung der IT-Systeme z. B. angegeben „der IT-Grundschutzkatalog des Bundesamtes für Sicherheit in der Informationstechnik (BSI) und der internationale Sicherheitsstandard ISO/IEC 2700X der International Organization for Standardization". Nicht als Beispiele angeführt sind die weiteren in diesem Buch genannten internationalen Standards und Practices bzw. die wegweisende, durchgängige und normenübergreifende Vorgehensweise anhand der dreidimensionalen Sicherheitspyramide.

Weitere Standards und Vorgehensweisen

Wer sich an bestehenden Standards, „Practices" und Vorgehensweisen ausrichten möchte, kann sich an jenen für ihn relevanten nationalen, europäischen und internationalen Standards und „Practices" orientieren, die in diesem Buch genannt sind, oder das systematische, integrative und wegweisende Vorgehensmodell anhand der dreidimensionalen Sicherheitspyramide wählen, deren konsistente und durchgängige Anwendung nach meiner Auffassung hilfreich ist.

Die Nutzung von bzw. Ausrichtung an Normen, „Practices" und Vorgehensweisen ist nützlich und zum einen insbesondere dann wesentlich, wenn sich für ein Unternehmen die Frage nach der Ordnungsmäßigkeit der Geschäftsorganisation stellt und Gutachter bei der Bestimmung des Standes der Technik auch Normen bzw. Standards einbeziehen. Zum anderen ist dies bei Auslagerungen relevant: Da die Verantwortung für die ausgelagerten Bereiche weiterhin beim Unternehmen verbleibt, kann es seine Risiken optimieren, indem es mit dem Auslagerungsunternehmen die Einhaltung derartiger Standards und Vorgehensweisen und die Überprüfung der Einhaltung vertraglich vereinbart.

Weiter fordert die MaRisk, Stand 14.12.2012, ein Notfallkonzept mit Geschäftsfortführungs- sowie Wiederanlaufplänen, dessen Wirksamkeit und Angemessenheit regelmäßig durch Notfalltests zu überprüfen ist, sowie „im Notfall zeitnah Ersatzlösungen". Das Notfallkonzept muss für die Reduzierung möglicher Schäden geeignet sein. „Die Ergebnisse der Notfalltests sind den jeweiligen Verantwortlichen mitzuteilen. Im Fall der Auslagerung von zeitkritischen Aktivitäten und Prozessen haben das auslagernde Institut und das Auslagerungsunternehmen über aufeinander abgestimmte Notfallkonzepte zu verfügen. [...] Die Wiederanlaufpläne müssen innerhalb eines angemessenen Zeitraums die Rückkehr zum Normalbetrieb ermöglichen."

Die MaRisk für *Investmentgesellschaften* (*InvMaRisk*), die die BaFin am 30.06.2010 veröffentlicht hat, fordert in Kapitel 1 „angemessene Kontroll- und Sicherheitsvorkehrungen für den Einsatz der elektronischen Datenverarbeitung [...]".

Gemäß dortigem Kapitel 7.2, technisch-organisatorische Ausstattung, hat die „Gesellschaft [...] angemessene Kontroll- und Sicherheitsvorkehrungen für den Einsatz der elektronischen Datenverarbeitung einzurichten." Wie bei den MaRisk für Banken müssen die „IT-Systeme [...] und die zugehörigen IT-Prozesse [...] die Integrität, die Verfügbarkeit, die Authentizität sowie die Vertraulichkeit der Daten sicherstellen." Bei deren Ausgestaltung ist auf gängige Standards abzustellen. „Prozesse für eine angemessene IT-Berechtigungsvergabe" sind einzurichten. „Die Eignung der IT-Systeme und der zugehörigen Prozesse ist regelmäßig [...] zu überprüfen." Test und Abnahme sind durchzuführen, Produktions- und Testumgebung voneinander zu trennen. Erläuternd sind dort als Standards zur technischen und organisatorischen Ausgestaltung der IT z. B. angegeben „der IT-Grundschutz-katalog des Bundesamtes für Sicherheit in der Informationstechnik (BSI) und der internationale Sicherheitsstandard ISO/IEC 27002 der International Standards Organization".

In Kapitel 7.3 fordert die InvMaRisk, ähnlich wie die MaRisk für Banken, ein *Notfallkonzept* mit „Geschäftsfortführungs- sowie Wiederanlaufpläne[n]", dessen Wirksamkeit und Angemessenheit regelmäßig durch Notfalltests zu überprüfen ist, sowie „im Notfall zeitnah Ersatzlösungen". Das Notfallkonzept muss „dazu geeignet sein, das Ausmaß möglicher Schäden zu reduzieren". „Im Fall der Auslagerung von zeitkritischen Aktivitäten und Prozessen haben die auslagernde Gesellschaft und das Auslagerungsunternehmen über aufeinander abgestimmte Notfallkonzepte zu verfügen."

Für *Wertpapierdienstleistungsunternehmen* hat die BaFin Mindestanforderungen an die Compliance-Funktion und die weiteren Verhaltens-, Organisations- und Transparenzpflichten nach §§ 31 ff. WpHG in den *MaComp*, Stand 07.06.2010, aufgestellt. In den MaComp II vom 10.12.2012 erläutert die BaFin die „§§ 31 f und 31 g WpHG, welche ausschließlich auf den Betrieb eines multilateralen Handelssystems Anwendung finden."

Das Kapitel AT 6, Allgemeine Anforderungen an Wertpapierdienstleistungsunternehmen nach § 33 Abs. 1 WpHG, der MaComp fordert in AT 6.2, Mittel und Verfahren des Wertpapierdienstleistungsunternehmens, Punkt 1.b. „**Vorkehrungen, um bei Systemausfällen und -störungen Verzögerungen bei der Auftragsausführung oder -weiterleitung möglichst gering zu halten**". Der dortige Punkt 3.a. stellt Anforderungen an **Vertraulichkeitsbereiche**, sogenannte **Chinese Walls**. „Als mögliche organisatorische Maßnahmen" zur Schaffung von Vertraulichkeitsbereichen sind „**die funktionale oder die räumliche Trennung**", „**Zutrittsbeschränkungen**" und der **Zugriffsschutz von Daten** angegeben. Gemäß 3.b. ist die „Informationsweitergabe auf das erforderliche Maß [...] (**Need-to-know-Prinzip**)" zu beschränken.

BT 1 beschreibt die Stellung und Aufgaben von Compliance. Gemäß BT 1.1.2, Wirksamkeit, ist den „Mitarbeitern der Compliance-Funktion [...] Zugang zu allen

für ihre Tätigkeit relevanten Informationen zu gewähren. Ihnen ist ein **uneinge-
schränktes Auskunfts-, Einsichts- und Zugangsrecht zu** sämtlichen Räumlichkeiten [...], **IT-Systemen** sowie weiteren Informationen, die für die Ermittlung
relevanter Sachverhalte erforderlich sind zu gewähren."

BT 1.2, **Aufgaben der Compliance-Funktion**, Punkt 1, führt aus: die „Compliance-
Funktion berät die operativen Bereiche und überwacht und bewertet die im Unternehmen aufgestellten Grundsätze und eingerichteten Verfahren sowie die zur Behebung von Defiziten getroffenen Maßnahmen." Laut dortigem Punkt 5 hat die
„Compliance-Funktion [...] die Geschäftsbereiche und die Mitarbeiter des Unternehmens im Hinblick auf die Einhaltung der gesetzlichen Bestimmungen sowie
der Organisations- und Arbeitsanweisungen zu beraten und zu unterstützen."

Die gemäß Pyramidenmodell® erforderliche **Lebenszyklusorientierung** spiegelt
sich wider in BT 1.2, Punkt 2: „Unbeschadet der Verantwortung der operativen Bereiche ist die **Compliance-Funktion** [...] **möglichst frühzeitig einzubeziehen**, um
darauf hinzuwirken, dass die Organisations- und Arbeitsanweisungen geeignet
sind, Verstöße gegen die gesetzlichen Bestimmungen zu verhindern", sowie in
Punkt 3: „Die **frühzeitige Einbindung der Compliance-Funktion** – etwa durch
Interventionsrechte bei Produktgenehmigungsprozessen – soll ihr ermöglichen,
ihre Überwachungs- und Bewertungshandlungen auf der Grundlage einer ordnungsgemäßen Geschäftsorganisation durchzuführen."

Ihre Mindestanforderungen für das Risikomanagement bei *Versicherungen*, die
MaRisk VA, veröffentlichte die BaFin mit dem Rundschreiben 3/2009 vom
22.01.2009. Gegenüber den MaRisk für Banken weist die MaRisk VA eine eigen-
ständige Struktur auf. Die MaRisk VA besteht aus 10 Kapiteln.

Kapitel 7.2.2.2, Betriebliche Anreizsysteme und Ressourcen, stellt in Absatz 3 und 4
Anforderungen an die Informationstechnologie. Wie bei den MaRisk BA müssen
„IT-Systeme und die zugehörigen IT-Prozesse [...] die Integrität, die Verfügbarkeit,
die Authentizität sowie die Vertraulichkeit der Daten sicherstellen." Bei deren
Ausgestaltung ist auf gängige Standards abzustellen. „Ihre Eignung ist regelmäßig
[...] zu überprüfen." Test und Abnahme sind durchzuführen, Produktions- und
Testumgebung voneinander zu trennen.

In den Erläuterungen zu Absatz 3 sind als Standards z. B. angegeben „das IT-
Grundschutzhandbuch des Bundesamtes für Sicherheit in der Informationstechnik
(BSI) und der internationale Sicherheitsstandard ISO/IEC 27002 der International
Standards Organization."

Gemäß Kapitel 9, *Notfallplanung*, haben Unternehmen „Vorsorge (Notfallplanung) zu treffen für Störfälle, Notfälle und Krisen". Ziel ist die „Fortführung der
Geschäftstätigkeit mit Hilfe von definierten Verfahren und der Schutz von Perso-

nen und Sachen sowie Vermögen [...]". In den diesbezüglichen Erläuterungen heißt es dort, dass wesentliche Elemente einer Notfallplanung das „Vorhalten eines Geschäftsfortführungs- bzw. Geschäftwiederaufnahmeplans" ist. Die Wirksamkeit und Angemessenheit der Notfallplanung ist regelmäßig zu prüfen.

Kapitel 10 beschäftigt sich mit dem Thema Information und *Dokumentation*. Es fordert in den diesbezüglichen Erläuterungen, dass die Dokumentation „einen systematischen Überblick über Risiken, Prozesse und Kontrollen geben" soll.

MaRisk BA und VA sowie InvMaRisk

Wenngleich sich die MaRisk BA und VA sowie die InvMaRisk mit vergleichbaren Themenstellungen beschäftigen, sind deren Struktur und Inhalte sowie Wortwahl und Formulierungen auch in gleichen Themenfeldern oftmals unterschiedlich. Deren von mir angeregte Synchronisierung, Vereinheitlichung, Separierung und Referenzierung könnten nach meiner Ansicht u. a. die Pflege und Weiterentwicklung sowie die Umsetzung standardisieren, effizienter gestalten und vereinfachen.

Im Bereich der chemischen und pharmazeutischen Industrie existiert die Gute Laborpraxis (Good Laboratory Practice {GLP}) und die Good Manufacturing Practice (GMP) sowie die Good Automated Manufacturing Practice (GAMP®) und das Good Electronic Records Management (GERM).

Das *deutsche Chemikaliengesetz* (ChemG), Stand 22.05.2013, fordert im Sechsten Abschnitt, in §19a, *Gute Laborpraxis* (GLP), (1): „Nicht-klinische gesundheits- und umweltrelevante Sicherheitsprüfungen [...] sind unter Einhaltung der Grundsätze der Guten Laborpraxis [...] durchzuführen [...]."

Der Anhang 1 des Gesetzes führt Details zu den *Grundsätzen der Guten Laborpraxis* auf und fordert in Abschnitt II, 1.1, Aufgaben der Leitung der Prüfeinrichtung, u. a.: „Die Leitung hat zumindest [...] Verfahren einzuführen, die sicherstellen, dass computergestützte Systeme für ihre vorgesehene Anwendung geeignet sind und in Übereinstimmung mit diesen Grundsätzen der Guten Laborpraxis validiert, betrieben und gewartet werden."

Gemäß Abschnitt II, 1.2, hat der Prüfleiter „sicherzustellen, dass im Verlauf einer Prüfung eingesetzte computergestützte Systeme validiert sind [...]". In 7, Standardarbeitsanweisungen (Standard Operating Procedures, SOPs), führt das ChemG aus, dass SOPs für computergestützte Systeme vorhanden sein müssen, beispielsweise im Hinblick auf „Validierung, Betrieb, Wartung, Sicherheit, kontrollierte Systemänderung (change control) und Datensicherung (back-up)".

Das dortige Kapitel 8.3 fordert in Punkt 5 von computergestützten Systemen die jederzeitige Verfügbarkeit eines „vollständigen audit trails" mit sämtlichen Datenänderungen „ohne die Originaldaten unkenntlich zu machen". Die Datenänderungen müssen sich mit der sie ändernden Person verknüpfen lassen, z. B. durch Verwendung elektronischer Unterschriften, die mit Datum und Uhrzeit versehen sind.

In den OECD Veröffentlichungen zur Umweltsicherheit und -hygiene (EHS), Schriftenreihe über Grundsätze der Guten Laborpraxis und Überwachung ihrer Einhaltung, Nummer 1, sind die *OECD-Grundsätze der Guten Laborpraxis* (Neufassung 1997) dargestellt. In der 1995 publizierten Nummer 10 der Schriftenreihe leitet die OECD daraus Anforderungen für *„Die Anwendung der GLP-Grundsätze auf computergestützte Systeme"* ab. Zur Liste der dort genannten sicherheitsrelevanten Anforderungen gehören u. a. eine geeignete Stromversorgung, geeignete Einrichtungen für die sichere Aufbewahrung elektronischer Speichermedien, Vorkehrungen für die Sicherheit und Systemintegrität im Lebenszyklus, dokumentierte Verfahren für die Wartung, Verfahren mit Maßnahmen für den teilweisen oder totalen Ausfalls des IT-Systems, dokumentierte Verfahren für die Sicherheit und den Schutz von Hardware, Software und Daten, Schutz vor der Verfälschung der Daten durch Viren oder sonstige Störfaktoren, physische Sicherheitsmaßnahmen zur Zutrittsbeschränkung zu Computerhardware, Kommunikationsausrüstung, peripheren Komponenten und elektronischen Speichermedien auf befugtes Personal (Zutrittsschutz), Zugangs- und Zugriffsschutz, Datensicherung (Back-up) sowie Dokumentation z. B. in Form von Standard-Arbeitsanweisungen (SOPs).

Die *Pharmaceutical Inspection Convention* (PIC), gegründet im Oktober 1970 von der EFTA (European Free Trade Association) unter der Bezeichnung „The Convention for the Mutual Recognition of Inspections in Respect of the Manufacture of Pharmaceutical Products" und PIC Scheme, arbeiten unter der Bezeichnung PIC/S auf dem Gebiet der *Good Manufacturing Practice (GMP)* zusammen.

Der Anhang 11 des „Guide to Good Manufacturing Practice for Medicinal Products, Annexes" [10], Stand 1. Januar 2013, fordert ein Risikomanagement für computergestützte Systeme und stellt sicherheitsrelevante Anforderungen. Hierzu gehören u. a. ein Inventar relevanter Systeme und deren GMP-Funktionalität, aktuelle Systembeschreibungen einschließlich Schnittstellen und Sicherheitsmaßnahmen, die Prüfung von Daten bei Eingang und Verarbeitung im Hinblick auf Korrektheit und Sicherheit, gegebenenfalls Genauigkeitschecks (check on accuracy) manuell eingegebener Daten, ein physischer und elektronischer Schutz der Daten vor Zerstörung, die Prüfung der Zugreifbarkeit, Lesbarkeit und Korrektheit gespeicherter Daten, regelmäßige Datensicherungen, gegebenenfalls der Einbau eines „Audit Trails" zur Nachvollziehbarkeit GMP-relevanter Änderungen und Löschungen, festgelegte Prozeduren für das Change und Configuration Management, die regelmäßige Prüfung auf GMP-Compliance, z. B. im Hinblick auf Incidents, Probleme, Zuverlässigkeit und Sicherheit, die Zutritts- und/oder Zugangskontrolle, die Aufzeichnung des Zeitpunkts sowie der Identität jener Operatoren, die Daten eingeben, ändern, freigeben oder löschen, das Incident Management, die Unterstützung der Business Continuity, z. B. durch Ersatzsysteme, angemessene Dokumentation und Test sowie die Datenarchivierung.

Der Anhang 20 des „Guide to Good Manufacturing Practice for Medicinal Products, Annexes" [10] behandelt das Quality Risk Management. Hierbei geht er ein auf den diesbezüglichen Prozess, auf das Risk Assessment mit Risikoidentifikation, -analyse und -bewertung, auf die Risikosteuerung durch Risikoreduzierung und Risikoannahme, auf die Risikokommunikation und auf das Risiko-Review sowie auf Werkzeuge für das Risikomanagement.

Die Leitlinie *„Good Practices for Computerised Systems in Regulated „GxP" Environments"* vom September 2007 [11] enthält umfangreiche Anforderungen, die den Systemlebenszyklus einschließen. Die Sicherheitsanforderungen beziehen sich auf Security sowie Back-up und Disaster Recovery. Die Sicherungsintervalle sind u. a. abhängig von der Risikobewertung eines Datenverlustes. Eine Beschreibung des Wiederanlaufs sollte vorhanden sein, die neben anderen Anforderungen eine regelmäßige Datensicherung und Auslagerung an einen sicheren Ort beinhaltet, alle GxP-relevanten Daten umfasst sowie Verfahren für reguläre und protokollierte Tests enthält.

Weitere Anforderungen ergeben sich aus dem *Code of Federal Regulations (CFR)*, Title 21, und seitens der US-amerikanischen *Food and Drug Administration (FDA)* sowie aus der *Good Manufacturing Practice (GMP)*. The *Good Automated Manufacturing Practice, GAMP® 5*: A Risk-Based Approach to Compliant GxP Computerized Systems, Stand Februar 2008 [12] stellt Leitlinien zur Validierung von Computersystemen bzw. automatisierten Systemen in der pharmazeutischen Industrie zur Verfügung. GAMP® 5 orientiert sich an regulatorischen Erwartungen und „guter Praxis". Der Lebenszyklusansatz von GAMP® 4 wurde in GAMP® 5 dahingehend erweitert, dass er nun den kompletten Lebenszyklus computerunterstützter Systeme umfasst [12]. Die Anhänge zum Betrieb (Operation Appendices) behandeln im Anhang O9 die Themen Backup und Restore, in O10 das Business Continuity Management und in O11 das Security Management.

Zusätzlich zu GAMP® 5 hat die ISPE, die International Society for Pharmaceutical Engineering, Good Practice Guides (GPG) für eine Vielzahl von Themen geschaffen. Der GAMP® 5 GPG „A Risk-Based Approach to Operation of GxP Computerized Systems – A Companion Volume to GAMP® 5" behandelt in Kapitel 13 die Themen Backup und Restore, in Kapitel 14 das Business Continuity Management und in Kapitel 15 das Security Management.

Weitere GAMP® 5 GPGs beschäftigen sich mit GxP-Compliance von Labor-Computersystemen (2. Auflage, Oktober 2012), mit einer risikobasierten Vorgehensweise für GxP-Prozesssteuerungssysteme (Process Control Systems) (zweite Auflage, Februar 2011), mit einer risikobasierten Vorgehensweise zu elektronischen Aufzeichnungen und Signaturen, mit einer risikobasierten Vorgehensweise zum Test von GxP-Systemen (2. Auflage, Dezember 2012) sowie mit der elektronischen Datenarchivierung und mit der „IT Infrastructure Control and Compliance".

Darüber hinaus stehen ISPE GPGs z. B. zu folgenden Themen zur Verfügung: zur Wartung (Mai 2009) und zu Heating, Ventilation and Air Conditioning (HVAC) (September 2009).

5 Standards, Normen, Practices

Die folgenden Unterkapitel geben einen kurzen Abriss einiger Standards, Normen und Practices, die in Bezug zum Sicherheits-, Kontinuitäts- und Risikomanagement stehen. Hierzu gehören die Standards und die IT-Grundschutzkataloge des BSI, die ISO/IEC-27000-Familie, die ISO/IEC 24762:2008, die ISO/IEC 20000 sowie ITIL® und COBIT®. Dies ermöglicht zum einen den überblicksartigen Vergleich des Vorgehensmodells und der Inhalte der Sicherheitspyramide mit Standards, Normen und Practices sowie zum anderen verschiedentlich die Herstellung von Bezügen von der Sicherheitspyramide auf Standards, Normen und Practices und das Aufzeigen von Entwicklungen. Darüber hinaus listet das entsprechende Verzeichnis am Buchende eine Vielzahl weiterer Standards, Normen und Practices auf. Bei zitierten, beschriebenen oder übersetzten Texten, die aus Originaldokumenten stammen, gelten hier wie im gesamten Buch in Zweifelsfällen die Originaldokumente.

5.1 BSI: Standards

5.1.1 Überblick

Ende 2005 hat das BSI das frühere IT-Grundschutzhandbuch (IT-GSHB) in zwei separate Dokumente überführt und durch diese abgelöst: Die IT-Grundschutz-Vorgehensweise wurde ausgegliedert und ist seitdem niedergelegt im BSI-Standard 100-2. Der umfangreiche verbleibende Teil wurde umbenannt in *IT-Grundschutz-kataloge* (IT-GSK). In den IT-GSK hat das BSI die verschiedenen Bausteine an das Schichtenmodell des IT-Grundschutzes angepasst, in eine einheitliche Form gebracht und aktualisiert sowie ein Glossar eingefügt.

Die *Standards der 100er Reihe des BSI* umfassen folgende Dokumente:

☐ Der BSI-Standard 100-1, Version 1.5 vom Mai 2008, legt Anforderungen an ein Informationssicherheitsmanagementsystem (ISMS) fest. Angabegemäß ist er vollständig kompatibel zur ISO 27001:2005 und berücksichtigt die Empfehlungen der ISO 27000 und der ISO 27002.

☐ Der BSI-Standard 100-2, Version 2.0 vom Mai 2008, beschreibt die Vorgehensweise nach IT-Grundschutz.

☐ Der BSI-Standard 100-3, Version 2.5, vom Mai 2008, erläutert die Risikoanalyse auf Basis von IT-Grundschutz.

☐ Der BSI-Standard 100-4, Version 1.0, vom November 2008, beschäftigt sich mit dem Notfallmanagement.

5.1.2   BSI-Standard 100-1, ISMS

Der *BSI-Standard 100-1, Managementsysteme für Informationssicherheit (ISMS)*, Version 1.5, Mai 2008, führt als Kernelemente eines ISMS die Managementprinzipien, die Ressourcen und die Mitarbeiter sowie den Sicherheitsprozess an und stellt dies graphisch dar. Zum Sicherheitsprozess sind folgende Unterthemen angegeben: „Leitlinie zur Informationssicherheit", „Sicherheitskonzept" und „Informationssicherheitsorganisation". Spätere Hauptkapitel gehen dementsprechend ein auf die Managementprinzipien, die „Ressourcen für Informationssicherheit" und die „Einbindung der Mitarbeiter in den Sicherheitsprozess". Es folgt das Hauptkapitel für den „Informationssicherheitsprozess" sowie ein Hauptkapitel zum „Sicherheitskonzept".

Die Autoren des Standards erläutern in Kapitel 2, dass sie den Begriff IT-Sicherheit beibehalten, weil er sich in der deutschen Literatur eingebürgert hat und kürzer ist. Sie weisen jedoch gleichzeitig darauf hin, dass Informationssicherheit der angemessenere Begriff wäre. Sie begründen dies – von mir verallgemeinert – damit, dass dieser Begriff unabhängig von den zugrunde liegenden Technologien und Medien ist.

5.1.3   BSI-Standard 100-2, IT-Grundschutz-Vorgehensweise

Die geeignete Anwendung der Standard-Sicherheitsmaßnahmen nach IT-Grundschutz des BSI soll – wie der *BSI-Standard 100-2, IT-Grundschutz-Vorgehensweise*, Version 2.0, Mai 2008 ausführt – ein IT-Sicherheitsniveau ermöglichen, das einem normalen Schutzbedarf entspricht. Die BSI-Standards in Kombination mit den IT-Grundschutzkatalogen beschreiben den IT-Sicherheitsprozess sowie eine Vorgehensweise für den Aufbau des IT-Sicherheitsmanagements. Die IT-Grundschutzkataloge enthalten Bausteinkataloge sowie umfangreiche Gefährdungs- und Maßnahmenkataloge.

Der IT-Sicherheitsprozess nach BSI-Standard 100-2, Version 2.0, besteht aus den folgenden Kernaktivitäten:

1. Informationssicherheitsprozess initiieren

2. Informationssicherheitskonzeption erstellen

3. Informationssicherheitskonzeption umsetzen

4. Informationssicherheit aufrechterhalten und verbessern

In der Initiierungsphase äußert sich die Leitungsebene zu ihrer Verantwortung. Außerdem legt sie fest, wie der Informationssicherheitsprozess zu planen und zu konzipieren ist. Die Initiierungsphase umfasst darüber hinaus die Erstellung der Leitlinie zur Informationssicherheit (IS), den Aufbau der IS-Organisation, die Bereitstellung der Ressourcen sowie die Einbindung der Mitarbeiter.

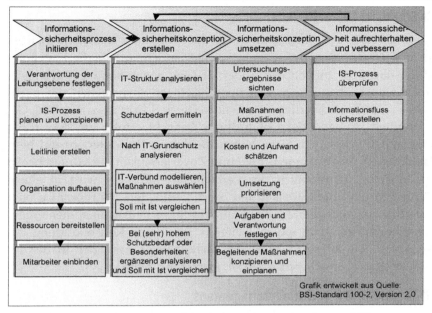

Abbildung 5-1: Informationssicherheitsprozess orientiert an BSI

Um im nächsten Schritt die Sicherheitskonzeption zu erstellen, sind die folgenden Aktivitäten vorgesehen:

1. IT-Struktur analysieren, bestehend aus Systemen und Anwendungen sowie deren Abhängigkeiten bis hin zu den Rahmenbedingungen organisatorischer und personeller Art

2. Schutzbedarf ermitteln für Anwendungen und IT-Systeme

3. Nach IT-Grundschutz analysieren, d. h. den IT-Verbund modellieren und die erforderlichen Grundschutzmaßnahmen auswählen sowie im Rahmen des Basis-Sicherheitschecks einen Soll-Ist-Vergleich durchführen

4. Ergänzende Sicherheitsanalyse durchführen, wenn ein hoher oder sehr hoher Schutzbedarf oder Besonderheiten vorliegen, z. B. Einsatzszenarien, die in den IT-Grundschutzkatalogen nicht adressiert sind, und Soll mit Ist vergleichen

Zur Umsetzung der Sicherheitskonzeption werden die Untersuchungsergebnisse gesichtet, Maßnahmen konsolidiert, Kosten- und Aufwandsschätzungen durchgeführt, Maßnahmen priorisiert, Aufgaben und Verantwortlichkeiten festgelegt sowie begleitende Maßnahmen konzipiert und eingeplant.

Zur Aufrechterhaltung und Verbesserung des Informationssicherheitsprozesses dienen Überprüfungen und der Informationsfluss.

5.1.4   BSI-Standard 100-3, Risikoanalyse

Der *BSI-Standard 100-3*, Version 2.5, vom Mai 2008, erläutert die *Risikoanalyse auf der Basis von IT-Grundschutz*. Ausgangspunkt ist demzufolge die Erstellung der Gefährdungsübersicht anhand der in den IT-GSK genannten Gefährdungen. Sollten Gefährdungen vorhanden sein, die über diejenigen hinausgehen, die in den IT-GSK genannt sind, werden diese in einem weiteren Schritt als zusätzliche Gefährdungen ermittelt. Anhand der Gefährdungsübersicht erfolgt die Bewertung der vorhandenen bzw. geplanten Sicherheitsmaßnahmen. Prüfkriterien sind hierbei die Vollständigkeit, Mechanismenstärke und Zuverlässigkeit der vorgesehenen Sicherheitsmaßnahmen. Hinsichtlich der verbleibenden Risiken wird in einem nächsten Schritt geprüft, ob die Risiken reduziert, vermieden, übernommen oder transferiert werden sollen. Sollten zu den Standard-Sicherheitsmaßnahmen ergänzende hinzukommen, erfolgt in einem weiteren Schritt die Konsolidierung des Sicherheitskonzepts. Anschließend wird der Sicherheitsprozess, der in der IT-Grundschutz-Vorgehensweise beschrieben ist, fortgeführt werden.

5.1.5   BSI-Standard 100-4, Notfallmanagement

Der *BSI-Standard 100-4, Notfallmanagement*, der in der ersten Version im November 2008 erschienen ist, beschäftigt sich mit dem Notfallmanagement. Den Autoren des Standards zufolge wird Notfallmanagement „auch als „Business Continuity Management" (BCM) oder „betriebliches Kontinuitätsmanagement" bezeichnet." Die Autoren führen aus, dass die Vorgehensweise des BSI-Standards 100-4 auf der IT-Grundschutz-Vorgehensweise aufbaut und dem Aufbau und der Aufrechterhaltung eines unternehmensweiten internen Notfallmanagements dient. Der Standard erläutert, dass das Notfallmanagement das IT-Notfallmanagement beinhaltet und eine ganzheitliche Betrachtung erforderlich ist. Den Autoren zufolge wird bei vollständiger Umsetzung „ein Notfallmanagement etabliert, das auch weniger technisch-orientierte Standards wie den British Standard BS 25999 Part 1 und 2 komplett erfüllt."

Der BSI-Standard gibt Erläuterungen für die Begriffe Störung, Notfall, Krise und Katastrophe. Darüber hinaus stellt der BSI-Standard 100-4 nationale und internationale Standards und Practices zum Business und IT Service Continuity Management vor.

Der dort vorgestellte *Notfallmanagement-Prozess* besteht nach der Initiierung des Notfallmanagements aus den Schritten Konzeption, Umsetzung, Notfallbewältigung, Tests und Übungen sowie schließlich der Aufrechterhaltung und kontinuierlichen Verbesserung des Notfallmanagement-Prozesses. In diesem Zusammenhang geht der Standard ein auf Mindestanforderungen zur Kennzeichnung von Dokumenten sowie deren Detailtiefe. Der BSI-Standard 100-4 verweist darauf, dass das

Notfallmanagement die Notfallvorsorge, die Notfallbewältigung und die Notfall-nachsorge beinhaltet.

Während der im dortigen Kapitel 4 beschriebenen *Phase der Initiierung* über-nimmt die Leistungsebene in einem ersten Schritt die Verantwortung für das Not-fallmanagement. Es folgt die Konzeption und Planung des Notfallmanagement-prozesses mit der Festlegung des Geltungsbereichs sowie rechtlicher Anforderun-gen und sonstiger Vorgaben und der Zielsetzung. Daran anschließend sind durch die Festlegung der benötigten Rollen und Teams die organisatorischen Voraus-setzungen zu schaffen. Es folgt die Erstellung der Notfallmanagementleitlinie des Unternehmens. Hierzu sind Mindestinhalte angegeben, die sich u. a. beziehen auf die Zielsetzung, Kernaussagen zur Notfallstrategie, den Geltungsbereich, das zu-grunde gelegte Vorgehensmodell, die Aufbauorganisation, die Verpflichtung der Unternehmensleitung zur Optimierung des Notfallmanagements und zur Über-nahme der Verantwortung sowie relevante Gesetze, Richtlinien und Vorschriften. Weiterhin sind Ressourcen bereitzustellen und die Mitarbeiter einzubinden. In diesem Kontext weisen die Autoren des BSI-Standards 100-4 darauf hin, dass es zwischen dem Notfallmanagement und z. B. dem ISM sowie dem IT-Risiko-management Überschneidungen gibt. Durch geeignete Zusammenarbeit lassen sich Synergien nutzen und die Ressourcennutzung optimieren. Weiterhin sprechen sie das Thema Risikokommunikation an, das sie als „pro-aktive" Kommunikation potenzieller Risiken sehen.

Die *Konzeptionsphase* beinhaltet die Business Impact Analyse (BIA), die Risiko-analyse, die Aufnahme des Ist-Zustands, die Entwicklung von Kontinuitätsstrate-gien sowie die Entwicklung des Notfallvorsorgekonzepts. Im Rahmen der BIA werden u. a. die Abhängigkeiten der Geschäftsprozesse erhoben sowie Kritikali-tätskategorien und die Kritikalität der Prozesse festgelegt. Ebenfalls ermittelt wer-den die genutzten Ressourcen und deren Kapazität im Normalbetrieb und im Not-betrieb sowie der maximal zulässige Datenverlust. Weiterhin festzulegen sind Schadens- und Schutzbedarfskategorien. Außerdem zu berücksichtigen ist die zeit-liche Entwicklung des Schadens sowie Abhängigkeiten der Prozesse und Ressour-cen. Bei der anschließenden Risikoanalyse werden Risiken identifiziert, bewertet und gruppiert sowie die Risikostrategie-Optionen festgelegt. Die Risikostrategie kann – wie üblich – bestehen in der Übernahme, Transferierung, Vermeidung oder Reduzierung von Risiken. Es folgt die Erhebung des Ist-Zustandes sowie die Ent-wicklung der Kontinuitätsstrategie, wobei Kosten-Nutzen-Aspekte berücksichtigt werden. Anschließend erstellen die Zuständigen das Notfallvorsorgekonzept, be-stehend aus vorbeugenden und reagierenden Maßnahmen.

Der Konzeptionsphase folgt gemäß BSI 100-4 die **Umsetzung der Notfallvorsorge-maßnahmen**. Dies beinhaltet die Planung, Durchführung, Begleitung und Überwachung, wobei eine Koordinierung mit dem ISM stattfinden sollte.

Im Notfallmanagement-Prozess folgen **Notfallbewältigung und Krisenmanagement**. Dies beinhaltet die Ablauforganisation mit Meldung, Alarmierung und Eskalation, dargestellt in einer Abbildung als Mischung aus Rollen, Aktivitäten und Ablauf. Es folgen die Sofortmaßnahmen und die Ausstattung des Krisenstabsraums. Ebenfalls zur Ablauforganisation gehören die Themen Geschäftsfortführung, Wiederanlauf und Wiederherstellung, die Rückführung und Nacharbeiten sowie die Analyse und Dokumentation der Notfallbewältigung. Zu berücksichtigen sind weiterhin psychologische Aspekte bei der Krisenstabsarbeit sowie die interne und externe Krisenkommunikation. Hinsichtlich des Notfallhandbuchs empfiehlt es sich, für die verschiedenen Teildokumente eine „gemeinsame Dokumentenvorlage und -struktur" zu erstellen.

Tests und Übungen dienen laut BSI 100-4, Version 1.0, dazu, die „Angemessenheit, Effizienz und Aktualität der Notfallvorsorgeplanung und der Notfall- und Krisenbewältigung" sicherzustellen. Dementsprechend verifizieren „Tests und Übungen [...] die dem Konzept zugrunde gelegten Annahmen." „Übungen zeigen auch, ob die Notfalldokumentation brauchbar ist [...]. Übungen trainieren die in den Plänen beschriebenen Abläufe, schaffen routinierte Handlungsabläufe und verifizieren die effiziente Funktionalität der Lösungen." Für Tests und Übungen sind Test- und Übungsarten zu definieren sowie Dokumente zu erstellen, wie z. B. Übungshandbücher, Übungspläne, Test- und Übungskonzepte und -protokolle. Ebenfalls festzulegen ist das Vorgehen bei der Durchführung von Tests und Übungen. Hierbei sind Grundsätze zu beachten sowie Rollen und Teams und der Ablauf festzulegen.

Die **Aufrechterhaltung und kontinuierliche Verbesserung** ist ein weiteres Element im Notfallmanagement-Prozess. Dies beinhaltet die fortlaufende Aktualisierung der Dokumente sowie die regelmäßige Überprüfung des Notfallmanagement-Prozesses auf Wirksamkeit und Effizienz, auch durch die Leitungsebene. „Ergebnisse und Beschlüsse müssen nachvollziehbar dokumentiert werden."

Weitere Kapitel des BSI-Standards widmen sich dem **Outsourcing und Notfallmanagement** sowie der **Tool-Unterstützung**.

5.1.6   Vergleich mit der Sicherheitspyramide

Der **BSI-Standard 100-1**, Version 1.5 vom Mai 2008, geht u. a. auf den IT-Sicherheitsprozess ein. Ähnlich wie ab der 2. Auflage von „IT-Sicherheit mit System" vom August 2005 dargestellt folgt er dem PDCA-Zyklus. In der Version 1.0 erwähnt der BSI-Standard erstmals den Lebenszyklus von IT-Systemen und in der Version 1.5 zusätzlich auch den von Geschäftsprozessen. Er greift damit das Thema Lebenszyklus auf, das in der Sicherheitspyramide[Dr.-Ing. Müller] seit Langem verankert ist.

Der BSI-Standard ist angabegemäß kompatibel zur ISO 27001:2005 und berücksichtigt Empfehlungen der ISO 27002:2005. Demgegenüber besitzt die normen-, standard- und Practices-übergreifende Sicherheitspyramide einen anschaulichen und durchgängigen hierarchischen Aufbau, integriert das Sicherheits-, Kontinuitäts- und Risikomanagement, was u. a. die Ebenen der Politik, der Anforderungen, der Merkmale, der Architektur etc. belegen, unterscheidet zwischen Geschäfts-, Support- und Begleitprozessen, verfügt über die Architekturebene und ein Interdependenznetz, einen ausgeprägten Lebenszyklus sowie das Monitoring, Controlling und Reporting mit Scorecard und ein Reifegradmodell.

Der *BSI-Standard 100-4*, Notfallmanagement, weist Parallelen zum Vorgehensmodell anhand der Sicherheitspyramide und deren Inhalten auf. So findet z. B. die Sicherheits- bzw. RiSiKo-Politik der Sicherheitspyramide ihre teilweise Entsprechung in der dort angegebenen Leitlinie. Diese Leitlinie enthält – wie bereits im Beispiel der 1. Auflage von „IT-Sicherheit mit System" vorgegeben – die Nennung des gewählten Vorgehensmodells. Die RiSiKo-Politik der Sicherheitspyramide integriert jedoch gleichzeitig die Aspekte Sicherheit und Risiko und enthält u. a. Angaben zur Risikotragfähigkeit, zu Mindest- und Grenzszenarien sowie zum Planungshorizont. Das Thema Risikokommunikation ist in der Sicherheitspyramide breitbandiger angelegt. Die üblichen Risikostrategie-Optionen finden sich im V-Quadrupel der Sicherheitspyramide.

Auch das laut BSI 100-4 zu berücksichtigende Zusammenspiel zwischen Notfallmanagement, ISM und (IT-)Risikomanagement ist bereits integriert, sofern Notfallmanagement – den Ausführungen in BSI 100-4 folgend – als Synonym für den von mir verwendeten umfassenderen Begriff Kontinuitätsmanagement betrachtet wird. So beinhalten die Elemente der Sicherheitspyramide – u. a. die Ebene der Anforderungen und die BIA sowie die Architekturebene – die Themen Sicherheit, Kontinuität und Risiko. Deren integrative Berücksichtigung ist u. a. deshalb zwingend erforderlich, weil die Sicherheitsanforderungen bei der Kontinuitätsplanung wesentlich sind. Dies spiegelt sich auch in Anforderungen der ISO 27001:2013 und der ISO 27002:2013 wider. Eine Klassifizierung findet im Vorgehensmodell der Sicherheitspyramide ebenfalls statt. Den Klassen sind unternehmensspezifisch standardisierte Maßnahmen zugeordnet bzw. lassen sich zuordnen. Die Thematik der Klassenbildung für Schutzobjekte, z. B. Ressourcen, der Sicherheitspyramide findet sich in ähnlicher Form in den Ressourcenklassen bzw. Klassen von Ressourcen des BSI 100-4 wieder.

Die Berücksichtigung der Abhängigkeiten von Prozessen und Ressourcen sind in Form des Interdependenznetzes seit Langem Bestandteil der Sicherheitspyramide sowie von „IT-Sicherheit mit System" und dem „Handbuch Unternehmenssicherheit". Die Unterscheidung von Test und Übung ist seit jeher in „IT-Sicherheit mit System" dokumentiert.

In der Richtlinienebene der Sicherheitspyramide sind u. a. Dokumentationsvorlagen (s. a. „Handbuch Unternehmenssicherheit") sowie die Vorlage zum Notfall-, Krisen- und Katastrophenvorsorgehandbuch angesiedelt, in denen auch umfangreiche grundsätzliche Anforderungen an die Dokumentation integriert sind. Diese Thematik bezeichnet der BSI-Standard 100-4 als „Mindestanforderungen" an die Kennzeichnung von Dokumenten. Die Themen Prävention (Vorsorge) und Postvention (Nachsorge) sowie der zeitlich gestaffelte Mindestgeschäftsbetrieb sind in der Sicherheitspyramide angesprochen. Die zeitliche Staffelung findet sich in ähnelnder Form im kaskadierten Wiederanlauf des BSI 100-4.

Die auszugsweise Sourcing-Richtlinie im „Handbuch Unternehmenssicherheit" beschreibt RiSiKo-relevante Anforderungen, die beim (Out-)sourcing zu berücksichtigen sind. Die separat ausgewiesene Richtlinienebene der Sicherheitspyramide steigert u. a. die Effizienz und die Qualität, verbessert die Vollständigkeit sowie die unternehmensweite und übergreifende Prüfbarkeit und Nutzungsfreundlichkeit, und führt zu Standardisierung und Vergleichbarkeit, da (zentrale) Vorgabedokumente erstellt werden, bevor deren (dezentrale) Erstellung durchgeführt wird.

Die integrative Sicherheits- bzw. RiSiKo-Pyramide verfügt darüber hinaus über eine durchgängige hierarchische Struktur, enthält grundlegende Prinzipien, wie das Redundanz- und das Distanzprinzip, unterscheidet in Geschäfts-, Support- und Begleitprozesse, berücksichtigt deren Zusammenspiel sowie den Lebens- und den PDCA-Zyklus, beinhaltet den Regelkreis mit Monitoring, Controlling und Reporting sowie Balanced (Pyramid) Scorecard und ein Reifegradmodell. Das Thema Lebenszyklus der Sicherheitspyramide gewinnt für Unternehmen durch externe Vorgaben an Bedeutung, z. B. durch die MaComp, die ISO 27001:2013 und die ISO 27002:2013.

Im Rahmen des Kontinuitätsmanagements relevante Begrifflichkeiten, u. a. Wiederanlauf, sind in einem späteren Kapitel dieses Buches – aus fachlicher Sicht teilweise abweichend von anderen Publikationen – definiert. Im „Handbuch Unternehmenssicherheit" erstreckt sich das Pyramidenmodell® im Hinblick auf das Thema RiSiKo darüber hinaus auf das gesamte Unternehmen.

5.2 BSI-IT-Grundschutzkataloge versus Sicherheitspyramide

Die IT-Grundschutzkataloge enthalten seit dem IT-GSHB 2005 fünf Bausteinkataloge. Die Bausteinkataloge orientieren sich an dem sogenannten *IT-Grundschutz-*

Schichtenmodell des BSI. Sie fassen verschiedene Bausteine zu einer Gruppe zusammen. Bis auf die Schicht 1, die übergreifende Aspekte betrachtet, handelt es sich bei den Schichten um Ressourcengruppen, und zwar für Infrastruktur, IT-Systeme, Netze und Anwendungen. Die Schichten im Einzelnen:

1. Übergreifende Aspekte der Informationssicherheit
   Hierunter sind IT-Sicherheitsthemen zu verstehen, die für das IT-Sicherheitsmanagement als Ganzes oder für mehrere IT-Komponenten gelten. Sie erstrecken sich vom IT-Sicherheitsmanagement u. a. über Organisation, Personal, Notfallmanagement, Datensicherung, Datenschutz, Outsourcing und Archivierung bis zu Sensibilisierung und Schulung. Im Jahr 2008 kam der Baustein zum Patch- und Änderungsmanagement hinzu, im November 2009 die Bausteine zum Löschen und Vernichten von Daten sowie zum Anforderungsmanagement.

2. Sicherheit der Infrastruktur
   Diese Schicht bietet Bausteine für die bauliche und infrastrukturelle Sicherheit, z. B. für Gebäude, Räume (Büroraum, Serverraum, Rechenzentrum, Datenträgerarchiv, Raum für technische Infrastruktur sowie häuslichen und mobilen Arbeitsplatz) und Verkabelung (elektrotechnisch und IT).

3. Sicherheit der IT-Systeme
   Diese Schicht enthält Bausteine für Clients, z. B. unter UNIX® oder Windows®, für Server, z. B. unter UNIX®, Windows® oder Novell®, für zSeries®-Mainframes sowie für Netzkomponenten, wie Sicherheitsgateways, Router und Switches, für Speichersysteme und Speichernetze, aber auch für TK-Anlagen, Faxgeräte, Anrufbeantworter, Mobiltelefone und PDAs, Drucker, Kopierer und Multifunktionsgeräte.

4. Sicherheit in Netzen
   In diese Schicht fallen Bausteine für heterogene Netze, Netz- und Systemmanagement, VPN, WLAN und VoIP.

5. Sicherheit in Anwendungen
   Diese Schicht beinhaltet u. a. Bausteine für den Datenträgeraustausch, für Webserver, Lotus Notes®, Workgroup- und E-Mail-Systeme, Datenbanken, SAP®-Systeme, mobile Datenträger und Verzeichnisdienste.

Im *Vergleich mit der Sicherheitspyramide* haben die ressourcenspezifischen Bausteine der IT-GSK ihre Entsprechung in einer der hierarchischen Ebenen der ressourcenspezifischen PROSim-Dimension der Sicherheitspyramide. Die Schicht 1, übergreifende Aspekte, der IT-GSK ist u. a. vergleichbar mit den Sicherheitsrichtlinien bzw. generischen Sicherheitskonzepten der Sicherheitspyramide.

In den Bausteinen der IT-Grundschutzkataloge hat das BSI erstmals im Jahr 2005 das Thema *„Lebenszyklus"* aufgenommen, das Lesern von „IT-Sicherheit mit System" und vom „Handbuch Unternehmenssicherheit" seit Längerem bekannt ist. Das Lebenszyklusmodell in den Bausteinen der IT-Grundschutzkataloge besteht aus folgenden Phasen:

- „Planung und Konzeption",
- „Beschaffung",
- „Umsetzung",
- „Betrieb",
- „Aussonderung" und
- „Notfallvorsorge".

Das BSI-Lebenszyklusmodell der Bausteine weist Parallelen zum seit Längerem bekannten Lebenszyklusmodell der Sicherheitspyramide auf, aber auch Unterschiede, indem es komprimierter ist und beispielsweise die Notfallvorsorge als eigene Phase des Lebenszyklus betrachtet.

Im IT-Grundschutzkatalog vom November 2006 taucht erstmals die Maßnahme M 2.378, *„System-Entwicklung"*, als eigenständiges Element auf. Angabegemäß orientiert sie sich am V-Modell sowie teilweise an den Vorgaben der ITSEC/CC. Sie besteht aus den Phasen Anforderungsdefinition, Architektur- oder Fach-Entwurf, Fein-Entwurf und Realisierung sowie den dort zu erreichenden Phasenergebnissen.

Den Mindestanforderungen an die Entwicklungsumgebung mit Themen wie Namenskonventionen, Verwaltung von Zwischen- und Endergebnissen, Festschreibung von Entwicklungsergebnissen sowie kontrollierte Bearbeitung von Änderungen folgt die Qualitätssicherung. Anschließend widmet sich das Kapitel den Themen Überführung in die Produktion und Software-Wartung sowie Problemmanagement.

Die Thematik „System-Entwicklung" kennen Leser von „IT-Sicherheit mit System" und von verschiedenen auch sehr frühen meiner Veröffentlichungen (z. B. [1], [4], [5], [13]) unter dem Begriff Lebenszyklus, angereichert um die Begleitprozesse, wie z. B. das Änderungs-, Konfigurations-, Problem- und Qualitätsmanagement, sowie u. a. um das Prinzip der Namenskonventionen und die Sicherheitsanforderungen an die Entwicklungsumgebung. Der Lebenszyklus von IT-Systemen beginnt bei der Sicherheitspyramide[Dr.-Ing. Müller] jedoch früher, ist umfangreicher und endet später. Ausgangspunkt ist die Beantragung und Planung, der die Anforderungsspezifikation sowie das technische Grob- und Feinkonzept folgen. Über Entwicklung, Test, Freigabe und weitere Phasen erstreckt sich der Lebenszyklus auf die Inbetriebnahme, den Betrieb und die Außerbetriebnahme. Phasen enden mit Ergebnissen in Form von Ergebnistypen und Qualitätssicherungsmaßnahmen. Zur kompakten Darstellung habe ich die Phasen-Ergebnistypen-Tabelle konzipiert.

Die *IT-Grundschutzkataloge des BSI* sind im Vergleich mit internationalen Normen und Practices sehr umfangreich. Mit den IT-GSK 2005 hat ein komprimierter und spezieller Lebenszyklus Eingang in die Bausteine gefunden. In den IT-GSK 2006 ist die System-Entwicklung als Maßnahme hinzugekommen. In der dreidimensionalen Sicherheitspyramide ist der Lebenszyklus einschließlich der sicherheitsorientierten Entwicklungsphase seit Längerem integriert. Er ist umfangreicher und fachlich bedingt auch unterschiedlich zum BSI. Ferner erstreckt er sich über die Ressourcen hinaus auch auf Prozesse und Organisation sowie Produkte und Dienstleistungen.

In der Ergänzungslieferung 2008 der IT-GSK ist der Baustein 1.14 Patch- und Änderungsmanagement hinzugekommen. In der Sicherheitspyramide ist das Änderungsmanagement zusammen mit weiteren Begleitprozessen enthalten.

Die dreidimensionale Sicherheitspyramide stellt darüber hinaus ein hierarchisches, umfassendes und durchgängiges Vorgehensmodell bereit, das sich auf das systematische Sicherheits-, Kontinuitäts- und Risiko- sowie Datenschutz- und Konformitätsmanagement von den Unternehmensanforderungen bis hin zu den Maßnahmen sowie über Prozesse, Personal und Ressourcen bis zur Organisation erstreckt, hierbei zwischen Geschäfts-, Support- und Begleitprozessen unterscheidet und Interdependenzen berücksichtigt. Zu den Ressourcen gehören auch IKT-Systeme. Die Sicherheitspyramide enthält außerdem Bedrohungskataloge sowie die Business und Operational Impact Analysis. Sicherheitsklassen und zugeordnete Sicherheitselemente sowie Architekturen runden sie ab. Zur Vereinheitlichung sowie zur Qualitäts- und Effizienzsteigerung unterscheidet die Sicherheitspyramide zwischen Richtlinien, Konzepten und Maßnahmen. Außerdem beinhaltet die Sicherheitspyramide den Sicherheitsregelkreis mit Kontrollelementen, Kennzahlen und Scorecard sowie ein Reifegradmodell.

5.3   ISO/IEC 19770, Software asset management (SAM)

Die ISO/IEC 19770, Software asset management (SAM), beschäftigt sich in Teil 1 aus dem Jahr 2012 mit den grundlegenden Prozessen für das Bestandsmanagement von Software. Sie enthält darüber hinaus die Konformitätsbewertung in vier Schichten (tiers). Die SAM-Prozesse sind in ein Rahmenwerk eingebettet, das aus den folgenden drei Hauptkategorien besteht:

☐   Organisatorische Managementprozesse für SAM

☐   SAM-Kernprozesse und

☐   Primäre Prozessschnittstellen für SAM.

Die SAM-Steuerungsumgebungsprozesse sowie die Planungs- und Implementierungsprozesse sind Managementprozesse. Der Planungs- und Implementierungsprozess orientiert sich am Plan-Do-Check-Act-Zyklus (PDCA-Zyklus) der ISO 9001.

Teil 2 der ISO/IEC 19770 aus dem Jahr 2009 enthält Spezifikationen zur Kennzeichnung von Software, um ihre Identifikation und ihr Management optimieren zu können. Teil 5, Overview and vocabulary, ist im Jahr 2013 erschienen. Er gibt einen Überblick über die ISO 19770 sowie über SAM und gibt Begriffe und Definitionen an, die für die ISO 19770 relevant sind. In Entwicklung befinden sich die Teile 3 und 7 der Norm. Teil 3 trägt den Titel „Software entitlement tag". Teil 7 beschäftigt sich mit dem „Tag management".

5.4 ISO 22301:2012, Business Continuity Management Systems

Die ISO 22301:2012, Societal security – Business continuity management systems – Requirements, beschreibt die Anforderungen an ein Business continuity management system (BCMS). Die ISO 22301:2012 nutzt ebenso wie die ISO 9001 und die ISO/IEC 20000-1 den Plan-Do-Check-Act-Zyklus (PDCA-Zyklus) für die Planung und den Aufbau (P), die Implementierung und den Betrieb (D), das Monitoring und die Prüfung (C), die Pflege und die kontinuierliche Verbesserung (A).

Das Verständnis der Organisation und ihres Kontextes bildet den Ausgangspunkt für das BCMS. Dementsprechend müssen zum einen das Unternehmen mit seinen Zielen, seinen Produkten und Leistungen, seinen Aktivitäten und Funktionen sowie seinen Partnern bekannt sein. Zum anderen müssen die Anforderungen des Unternehmens und externe Anforderungen, die sich aus Gesetzen und regulatorischen Vorgaben sowie von interessierten Parteien ergeben, berücksichtigt werden. Nicht zuletzt muss der Geltungsbereich des BCMS festgelegt werden, z. B. im Hinblick auf Standorte, Organisationseinheiten, Produkte und Leistungen. Gleichzeitig sollten Ausschlüsse genannt werden.

Die Geschäftsleitung soll ihre Führungsrolle und Verpflichtung für das BCM wahrnehmen. Hierzu dokumentiert und verabschiedet sie eine BC-Policy, stellt sicher, dass Ziele und Pläne ebenso wie Rollen und Verantwortlichkeiten sowie das Reporting festgelegt sind, und ernennt einen Verantwortlichen für das BCMS.

Auf Basis der internen und externen Anforderungen bewertet das Unternehmen in der Planungsphase Risiken und Chancen und plant Maßnahmen, um unerwünschte Auswirkungen zu vermeiden oder zu reduzieren.

Für das BCMS muss das Unternehmen zum einen die erforderlichen Ressourcen und Kompetenzen bestimmen und bereitstellen. Zum anderen muss die erforderliche Awareness im Hinblick auf die BC-Politik und die eigene Verantwortung hergestellt sowie Prozeduren für die interne und externe Kommunikation etabliert werden.

Für die Betriebsphase ist eine Business Impact Analysis (BIA) erforderlich. Sie beinhaltet die Identifikation von Aktivitäten sowie die Folgen deren Ausfalls. Im Hinblick auf einen Ausfall ist die Dauer festzulegen, innerhalb derer die Aktivitäten auf einem minimal akzeptablen Niveau wieder durchführbar sein müssen. Für die Aktivitäten sind Abhängigkeiten sowie genutzte Ressourcen zu ermitteln.

Im Rahmen einer Risikoanalyse (RA) sollen Unternehmen die Risiken ermitteln und analysieren, die bei einer Unterbrechung priorisierter Aktivitäten sowie unterstützender interner oder externer Ressourcen entstehen. Die Unternehmen sollen bewerten, ob eine Risikobehandlung unter Berücksichtigung der BC-Ziele und des Risikoappetits erforderlich sind.

BIA und RA bilden die Basis zur Festlegung der BC-Strategie im Hinblick auf den Schutz und die Stabilisierung priorisierter Aktivitäten sowie die Verringerung und Behandlung von Folgen. Anschließend legt das Unternehmen die Ressourcen zur Umsetzung der BC-Strategie fest. Ressourcen können Menschen, Gebäude, Finanzen, Daten, IKT-Systeme sowie Partner und Lieferanten sein.

Das Unternehmen legt fest, wie es Unterbrechungen behandelt, und definiert die Überwachung, Erkennung, Alarmierung und Kommunikation. Weiterhin entwickelt das Unternehmen BC-Pläne, beschreibt die Wiederherstellung, testet und übt die Pläne.

Zur Bewertung der Leistungsfähigkeit überwacht, misst, analysiert und bewertet das Unternehmen das BCMS, führt interne Audits und Management Reviews durch.

Zur Verbesserung des BCMS identifiziert das Unternehmen Abweichungen und ergreift Korrekturmaßnahmen.

5.5 ISO/IEC 24762:2008, ICT disaster recovery services

Die ISO/IEC 24762:2008, Guidelines for information and communications technology disaster recovery services (ICT DR services) beschreibt Praktiken zur Gestaltung von Wiederanlauf-Services für die Informations- und Kommunikationstechnologie (IKT) im Falle eines Notfalls oder einer Katastrophe. Die Wiederanlauf-Services können dabei sowohl in-house als auch von einem externen Dienstleister erbracht werden.

Die Norm geht ein auf den Wiederanlauf der IKT, auf Ausweichstandorte, deren Infrastruktur und Sicherheit, auf die Leistungsfähigkeit externer Notfalldienstleister, auf die Auswahl von Ausweichstandorten und auf die kontinuierliche Verbesserung. Als Grundlage verwendet die Norm das sogenannte ICT DR service provision framework.

Das ICT DR service provision framework besteht aus einem Fundament, drei Säulen und einem Dach. Die linke Säule enthält die Infrastruktur, während die rechte die Leistungsfähigkeit (service capability) darstellt. Beide Säulen werden von den Elementen Policies, Messung der Performance, Prozesse und Personen der mittleren Säule unterstützt. Das Fundament repräsentiert den kontinuierlichen Verbesserungsprozess.

5.6   ISO/IEC-27000-Familie zum ISM

5.6.1   Überblick

Das Informationssicherheitsmanagement (ISM) ist zentrales Thema der ISO/IEC-27000-Familie. Die ISO/IEC 27000:2009 gibt einen Überblick über die ISO/IEC-27000-Familie und stellt Definitionen zur Verfügung. Die ISO 27001:2013 beschreibt die Anforderungen an ein Informationssicherheitsmanagementsystem (ISMS). Die ISO 27002:2013 enthält eine Praxisanleitung für Kontrollelemente der Informationssicherheit. Einen Leitfaden zur Implementierung eines ISMS stellt die ISO 27003:2010 bereit. Die ISO 27004:2009 beschäftigt sich mit der Messung der Informationssicherheit und gibt diesbezügliche Beispiele. Dem Thema Risikomanagement widmet sich die ISO 27005:2011.

Besonders interessant ist die ISO/IEC 27013:2012. Sie gibt Anleitung für die integrierte Implementierung der ISO/IEC 27001:2005 und der ISO/IEC 20000-1, die die Spezifikation für das IT Service Management und damit für die IT-Prozesse enthält. Meiner Meinung nach schlägt die ISO damit erfreulicherweise einen vergleichbaren Weg ein, wie ihn die Sicherheitspyramide mit ihren IT-Begleitprozessen seit vielen Jahren aufzeigt.

Anleitung im Hinblick auf Konzepte und Prinzipien zur Informationssicherheitsgovernance (ISG) stellt die ISO/IEC 27014:2013 bereit.

Die ISO/IEC 27006:2011 spezifiziert Anforderungen an Auditierungs- und Zertifizierungsinstanzen von ISMS. Der Standard unterstützt in erster Linie die Akkreditierung von ISMS-Zertifizierern. Er enthält zusätzlich Hinweise zur Interpretation dieser Anforderungen.

Die ISO/IEC 27007:2011 enthält eine Anleitung zur Auditierung von ISM-Systemen und zum Management von Auditprogrammen für ISMS. Der technische Report ISO/IEC TR 27008:2011 gibt Anleitung für die Überprüfung der Implementierung und des Betriebs von ISM Kontrollelementen.

Die ISO/IEC 27010:2012 stellt ergänzende Richtlinien bereit, um ISM in Gemeinschaften zu implementieren, die Informationen miteinander teilen.

Branchenspezifische ISM-Richtlinien basierend auf der ISO 27002:2005 gibt die ISO/IEC 27011:2008 für Telekommunikationsunternehmen. Der ISO/IEC TR 27015 beinhaltet Richtlinien für Unternehmen, die Finanzdienstleistungen anbieten. Der technische Report ISO/IEC TR 27019 stellt Richtlinien für Prozesskontrollsysteme von Energieversorgungsunternehmen (EVU) bereit. Die ISO 27799:2008 beschreibt das ISM für das Gesundheitswesen.

Richtlinien im Hinblick auf die Bereitschaft der IKT für die Geschäftskontinuität (Business Continuity) stellt die ISO 27031:2011 auf. Die ISO/IEC 27032:2012 nennt Bedrohungen im Cyberspace und Kontrollelemente, um üblichen Internet-Risiken begegnen zu können. Die mehrteilige ISO/IEC 27033 befasst sich mit dem Thema Netzwerksicherheit. Teil 1 aus dem Jahr 2009 gibt einen Überblick über die geplanten Teile der Norm und stellt die Konzepte vor. Dem Thema Applikationssicherheit widmet sich die mehrteilige ISO 27034, deren Teil 1 bereits publiziert ist.

Die ISO/IEC 27035 beschäftigt sich mit dem Incident Management im Hinblick auf die Informationssicherheit. Die ISO/IEC 27037:2012 enthält Richtlinien im Hinblick auf die digitale Evidenz.

Zu verschiedenen Themenstellungen plant die ISO weitere Standards: Die ISO 27016 wird Organizational Economics behandeln, die ISO 27017 einen Leitfaden für IS-Kontrollelemente bei Cloud Computing Services bereitstellen. Die ISO 27018 soll einen Leitfaden für Kontrollelemente zum Datenschutz für öffentliche Cloud Computing Services enthalten. Die ISO 27036, deren Teil 3 im Jahr 2013 erschienen ist, soll sich mit der Sicherheit beim Outsourcing bzw. bei Lieferantenbeziehungen befassen. Die ISO 27038 soll eine Spezifikation zur digitalen Redaktion enthalten. Thema der ISO 27040 wird Storage Security sein. Die ISO 27041 wird sich mit Incident-Untersuchungsmethoden beschäftigen, die ISO 27042 mit der Analyse und Interpretation der digitalen Evidenz. Die ISO 27043 widmet sich Prinzipien und Prozessen zur Incident-Untersuchung. Die ISO 27044 soll Richtlinien für das Security Information und Event Management (SIEM) bereitstellen.

Die Abbildungen geben einen Überblick über die Planungen und Überlegungen der ISO. Die Angaben in den Abbildungen sind aus Gründen der Gruppierung nicht durchgängig in aufsteigender Folge angeordnet. Die Abbildungen stützen sich ebenso wie die vorangegangenen Ausführungen auf die bereits publizierten und die von der ISO angekündigten Normen. Die dargestellte Architektur und die hellen Bereiche der ISO-27000-Familie veranschaulichen die Vielfalt und das dynamische Wachstum der ISO-27000-Familie und damit die Bedeutung der Informations- bzw. IKT-Sicherheit und des Informations- bzw. IKT-Sicherheits-, -Kontinuitäts- und -Risikomanagements.

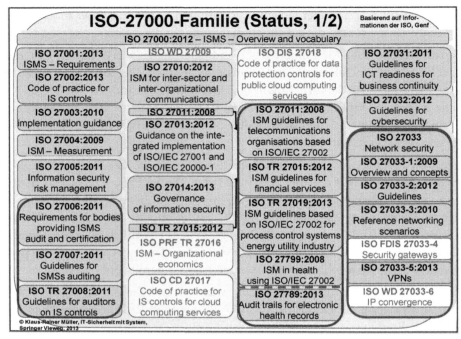

Abbildung 5-2:   ISO-27000-Familie (Teil 1/2)

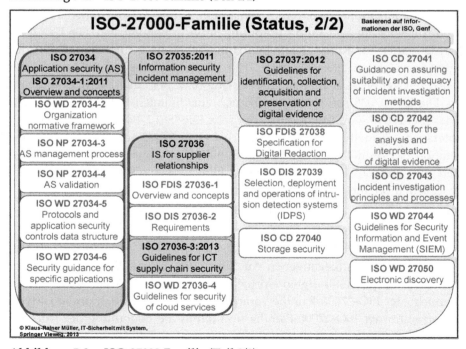

Abbildung 5-3:   ISO-27000-Familie (Teil 2/2)

5.6.2   ISO/IEC 27001:2013, ISMS – Requirements

Die zweite Auflage der ISO/IEC 27001 in Form der ISO/IEC 27001:2013, Information technology – Security techniques – Information security management systems – Requirements, enthält gegenüber der ersten Auflage eine neue Gliederungsstruktur. Sie nutzt die übergeordnete Struktur, die im Anhang SL der ISO/IEC Directives, Part 1, Consolidated ISO Supplement, festgelegt ist. Die übergeordnete Struktur entspricht der ISO 22301, Business continuity management systems – Requirements. Das Kapitel Begriffe und Definitionen ist zwar vorhanden, verweist jedoch auf die ISO/IEC 27000. Die ISO/IEC 27001:2013 behandelt auf überblicksartiger Ebene ab Kapitel 4 die Themen

1. Kontext der Organisation
2. Führungsrolle des Top Managements
3. Planung
4. Unterstützung
5. Betrieb
6. Leistungsbewertung
7. Verbesserung
8. Kontrollziele und Kontrollen (Anhang A)

Die Hauptkapitel der Norm lassen sich – analog zur ISO 22301:2012 – dem PDCA-Zyklus (Plan-Do-Check-Act) zuordnen. Die Kapitel von Kontext der Organisation bis zum Kapitel Unterstützung gehören zu „Plan", das Kapitel Betrieb repräsentiert „Do", das Kapitel Leistungsbewertung gehört zu „Check" und das Kapitel Verbesserung zu „Act".

Im Kapitel Geltungsbereich weist die ISO/IEC 27001:2013 sinngemäß darauf hin, dass es nicht akzeptabel ist, dass Organisationen, die Anforderungen aus den Kapiteln 4 bis 10 der Norm ausschließen, eine Konformität mit der ISO/IEC 27001:2013 für sich beanspruchen können.

Im Hinblick auf den *Kontext der Organisation* müssen eigene und externe Anforderungen sowie Anforderungen interessierter Dritter und der Geltungsbereich des ISMS beschrieben werden.

Das Top Management muss seine *Führungsrolle* darlegen, indem es u. a. eine dokumentierte Informationssicherheitspolitik erstellt und die Ziele für die Informationssicherheit vorgibt. Das Top Management soll sicherstellen, dass das ISMS die beabsichtigten Ergebnisse liefert und die Anforderungen an das ISMS in die Prozesse der Organisation integriert sind. Organisatorische Rollen und Verantwortlichkeiten sind zuzuweisen.

Bei der *Planung* soll die Organisation einen Prozess zur Risikobewertung und zur Risikobehandlung im Hinblick auf Informationssicherheit festlegen und anwenden. IS-Ziele sollen definiert und ihre Erreichung geplant werden.

Im Hinblick auf die *Unterstützung* soll die Organisation die benötigten Ressourcen und Kompetenzen für das ISMS identifizieren und bereitstellen sowie Awareness im Hinblick auf das ISMS schaffen. Interne und externe Kommunikationsbedarfe sind zu identifizieren. Von der ISO/IEC 27001:2013 geforderte Informationen sind zu dokumentieren, wobei die Erstellung, die Aktualisierung und die Dokumentensteuerung zu regeln sind.

Für den *Betrieb* sind Prozesse zu etablieren und zu überwachen, um die Anforderungen an die Informationssicherheit zu erfüllen. Risikobewertungen der Informationssicherheit sind durchzuführen.

Leistungsbewertungen sollen Überwachung, Messung, Analyse und Bewertung beinhalten. Dies dient der Bewertung der Leistungsfähigkeit der Informationssicherheit und der Effektivität des ISMS. Regelmäßige interne Audits und Management Reviews des ISMS sind durchzuführen.

Zur *Verbesserung* ist der Umgang mit Nicht-Konformität zu definieren und es sind Korrekturmaßnahmen zu ergreifen. Das ISMS ist kontinuierlich zu verbessern.

Zur Steuerung des ISMS gibt die ISO/IEC 27001:2013 im Anhang A *Kontrollziele und Kontrollen* an. Diese sind abgeleitet aus den Themen, die die ISO/IEC 27002:2013 behandelt und beziehen sich dementsprechend auf folgende Bereiche:

1. Policies zur Informationssicherheit
2. Organisation der Informationssicherheit intern und im Hinblick auf mobile Geräte und Telearbeit
3. Personelle Sicherheit vor und während sowie bei Beendigung oder Änderung der Beschäftigung
4. Management der Unternehmenswerte
5. Zugangs- und Zugriffskontrolle (Access control)
6. Verschlüsselung
7. Physische und Umgebungssicherheit
8. Betriebssicherheit
9. Kommunikationssicherheit
10. Beschaffung, Entwicklung und Wartung von Informationssystemen
11. Lieferantenbeziehungen
12. Management informationssicherheitsrelevanter Ereignisse
13. Aspekte der Informationssicherheit beim Management der Geschäftskontinuität
14. Konformität (Compliance)

Die Kontrollen sind gegenüber der ISO/IEC 27001:2005 teilweise geändert worden sowie insgesamt weniger geworden. Gleichzeitig sind neue Kontrollgruppen und Kontrollen hinzugekommen. Weggefallen ist beispielsweise das damalige Kontrollelement A.14.1.3, das die Entwicklung und Umsetzung von Plänen zur Sicherstellung des Geschäftsbetriebs forderte. Hinzugekommen ist u. a. die Forderung nach einer sicheren Entwicklungsrichtlinie.

Vergleich mit der Sicherheitspyramide: Die ISO 27001:2013 beschreibt auf überblicksartiger Ebene die Anforderungen an ein ISMS, wobei sie von den eigenen und den externen Anforderungen der Organisation sowie den Anforderungen interessierter Dritter ausgeht. Im Unterschied zur ersten Auflage der ISO/IEC 27001 ist über die Gliederung eine stärkere Vorgehensorientierung für den ISMS-Prozess erkennbar. Die Norm nennt anhand der Kapitel die Themenstellungen, die für ein ISMS von dem Verständnis des Kontextes einer Organisation bis hin zur kontinuierlichen Verbesserung erforderlich sind. Hierbei nutzt sie die gleiche Hauptkapitelstruktur sowie gleiche Textpassagen wie die ISO 22301:2012 und schafft auf dieser Ebene eine Synchronisierung zwischen Sicherheits- und Kontinuitätsmanagement.

Die Sicherheitspyramide stellt ein durchgängiges Vorgehensmodell bereit, das – gesteuert vom Kontext und den Anforderungen des Unternehmens sowie den expliziten und impliziten Anforderungen seiner Bezugsgruppen – das ISMS zum einen top-down aufbaut und zum anderen das Sicherheits-, das Kontinuitäts-, das Risiko-, das Datenschutz- und das Compliancemanagement und die weiteren IT-Prozesse sowie die Lebenszyklen integriert. Die dreidimensionale Sicherheitspyramide enthält den Sicherheitsmanagementprozess, der sich ebenfalls am PDCA-Zyklus orientiert.

Die Norm führt im Anhang Kontrollziele und Kontrollen an, die sich an der ISO/IEC 27002:2013 orientieren. Für die Entwicklung von Software und von Systemen sind demzufolge Regeln aufzustellen und anzuwenden. Die dreidimensionale Sicherheitspyramide verfügt durch das Reifegradmodell, die Hierarchieebenen und die Prozesse sowie den Sicherheitsregelkreis und den Lebenszyklus mit Entwicklungsrichtlinien über Kontrollen und Kennzahlen.

5.6.3 ISO/IEC 27002:2013, ISM – Code of practice for IS controls

Die zweite Auflage der ISO/IEC 27002 in Form der ISO/IEC 27002:2013, Information technology – Security techniques – Code of practice for information security controls, enthält eine überarbeitete und ergänzte Gliederungsstruktur. Sie behandelt u. a. die folgenden vierzehn Themenfelder und Themen, wobei je Thema bzw. Themenfeld ein Ziel angegeben ist und Kapitel gegliedert sind nach Kontrollelement, Implementierungsanleitung sowie weitere Informationen.

1. IS-Politik/-Leitlinie und IS-Richtlinien (Information security policies)
   Erstellung, Prüfung und Bekanntgabe der Informationssicherheitspolitik/-leit-
   linie auf höchster Ebene sowie weiterer darunter angesiedelter themenspezifischer Informationssicherheitsrichtlinien (policies) sowie deren Review

2. Organisation der Informationssicherheit (Organization of information security)
   Interne Organisation sowie mobile Geräte und Teleworking

3. Personelle Sicherheit (Human resource security)
   Verantwortlichkeiten und Sicherheitsaspekte vor und während des Beschäftigungsverhältnisses sowie bei Beendigung desselben oder bei Veränderungen.
   Während des Beschäftigungsverhältnisses sind angemessene Awareness zu erreichen sowie angemessene Schulung und Training durchzuführen.

4. Management der Unternehmenswerte (Asset management)
   Verantwortlichkeiten für Assets, Informationsklassifizierung, Umgang mit Speichermedien

5. Zugangs- und Zugriffskontrolle (Access control)
   Richtlinie zur Zugangs- und Zugriffskontrolle, Zugang zu Netzen und Netzwerkdiensten, Zugangs- und Zugriffsmanagement, Verantwortlichkeiten der
   Nutzer, Zugangsschutz für Systeme und Anwendungen einschließlich Pass-
   wortmanagement und Zugangsschutz für den Source Code.

6. Kryptographie (Cryptography)
   Kontrollelemente zum Schutz von Vertraulichkeit, Authentizität und/oder Integrität von Informationen durch Kryptographie

7. Physische und Umgebungssicherheit (Physical and environmental security)
   Sicherheitszonen einschließlich Perimeterschutz und Zutrittskontrolle sowie
   Absicherung von Räumlichkeiten und Schutz vor externen Bedrohungen,
   Schutz von Geräten vor Verlust, Zerstörung, Diebstahl oder Kompromittierung
   einschließlich Verkabelung, Wartung und Außerbetriebnahme, Clear desk und
   clear screen policy

8. Betriebssicherheit (Operations security)
   Betriebliche Verfahren und Verantwortlichkeiten mit Change und Kapazitätsmanagement, Trennung von Entwicklung, Test und Produktion, Schutz vor
   bösartigem Code, Backup, Logging und Monitoring, Schutz von Software auf
   produktiv genutzten Systemen, Management technischer Verwundbarkeiten,
   Überlegungen zu Audits von Informationssystemen

9. Kommunikationssicherheit (Communications security)
   Management der Netzsicherheit einschließlich sicherheitsbezogener Kontrollelemente, sicherer Netzdienste und Netzsegmentierung, gesicherter Informationsaustausch mit Richtlinien und Verfahren sowie Vereinbarungen mit Dritten

10. Beschaffung, Entwicklung und Wartung von Informationssystemen
    (System acquisition, development and maintenance)
    Sicherstellung, dass Informationssicherheit ein integraler Teil von Informationssystemen während ihres gesamten Lebenszyklus ist, IS-Anforderungsanalyse und IS-Anforderungsspezifikation, Sicherheit in Entwicklungs- und Supportprozessen zum Schutz des Entwicklungslebenszyklus einschließlich einer Richtlinie für die sichere Entwicklung sowie Verfahren zur Änderungskontrolle, ingenieurmäßige Prinzipien und Verfahren für sichere Systeme, Steuerung ausgelagerter Entwicklungen und Test von Sicherheitsfunktionen

11. Lieferantenbeziehungen (Supplier relationships)
    Richtlinien und Vereinbarungen zur Informationssicherheit sowie Berücksichtigung der Risiken aus Lieferantenketten, Management der erbrachten Leistungen

12. Management informationssicherheitsrelevanter Ereignisse
    (Information security incident management)
    Verantwortlichkeiten und Verfahren, Berichte zu sicherheitsrelevanten Ereignissen und Schwachstellen, Bewertung und Beantwortung sicherheitsrelevanter Ereignisse, Lernen aus sicherheitsrelevanten Ereignissen

13. Aspekte der Informationssicherheit im Hinblick auf Geschäftskontinuität
    (Information security aspects of business continuity management)
    Planung und Implementierung sowie Review der Informationssicherheit im Hinblick auf das Business Continuity Management sowie Schaffung von Redundanzen

14. Konformität (Compliance)
    Identifikation aller relevanten gesetzlichen, aufsichtsbehördlichen und vertraglichen Verpflichtungen sowie Definition der Vorgehensweise zu deren Einhaltung, Berücksichtigung des Urheberrechts, gesetzes-, aufsichts- und vertragskonformer Schutz von Informationen gegen Verlust, Zerstörung, Verfälschung sowie unberechtigtem Zugriff und unzulässiger Freigabe

Vergleich mit der Sicherheitspyramide: Die dreidimensionale Sicherheitspyramide enthält Themenstellungen, die auch die ISO 27002:2013 anspricht, wie u. a. Sicherheitspolitik mit der Nennung von Prinzipien, ingenieurmäßige Prinzipien, Redundanz, personelle Sicherheit und Richtlinien. Sie stellt darüber hinaus Zusammenhänge und die Verbindung zu den Prozessen her und integriert u. a. das Sicherheits-, Kontinuitäts-, Risiko-, Datenschutz- und Compliancemanagement im Lebenszyklus.

Die Sicherheitspyramide beinhaltet lebenszyklus- sowie prozess-, ressourcen- organisations-, produkt- und dienstleistungsimmanente Sicherheit. Die ISO 27002:2013 fordert in ähnlicher Weise, dass Informationssicherheit ein integraler Teil von Informationssystemen während ihres Lebenszyklus sein soll und Sicherheit zum Schutz des Entwicklungslebenszyklus in Entwicklungs- und Support-Prozessen enthalten sein soll. Bei der Sicherheitspyramide erstreckt sich der Lebenszyklus im Unterschied zur ISO 27002:2013 stets über den gesamten Lebenszyklus bis zur Außerbetriebnahme, d. h. über den Zeitraum der Entwicklung hinaus.

Die Sicherheitspyramide ergänzt, systematisiert und veranschaulicht unterschiedliche Themen. Beispiele hierfür sind die Sicherheitspyramide selbst und das damit verbundene durchgängige Vorgehensmodell sowie die Prinzipien, das Sicherheitsschalenmodell, der Sicherheitsregelkreis und der Lebenszyklus. In der Vorgehensweise der Sicherheitspyramide ist vorgesehen, was die ISO 27002:2013 in Kapitel 17.1.1 zur Reduzierung des Aufwands empfiehlt, nämlich die gemeinsame Erhebung von Sicherheits- und Kontinuitätsanforderungen.

5.6.4 ISO/IEC 27003:2010, ISM – Implementation Guidance

Die ISO/IEC 27003:2010, Information technology – Security techniques – Information security management system implementation guidance, gibt Anleitung zum Aufbau eines Informationssicherheitsmanagementsystems (ISMS). Die dort beschriebene Vorgehensweise unterteilt sich in die folgenden fünf Projektphasen:

1. Genehmigung der Geschäftsleitung zum Start des ISMS-Projekts

2. Festlegung des Geltungsbereichs und der Grenzen des ISMS sowie der ISMS-Politik

3. Durchführung einer Analyse der IS-Anforderungen

4. Ermittlung und Bewertung von Risiken sowie Planung der Risikobehandlung

5. Entwurf des ISMS

Die Kapitel zu den Projektphasen sind in einer einheitlichen Struktur aufgebaut und enthalten die Aktivität, den Input (Anfangsinformation), eine Anleitung, den Output (Ausgabe) und sonstige bzw. andere Informationen. Dies bezeichne ich auch als A-Quintupel.

Der dortige Anhang A gibt in Form einer Checkliste jene Aktivitäten an, die zum Aufbau und zur Implementierung eines ISMS erforderlich sind. Anhang B stellt eine beispielhafte Organisationsstruktur für das ISMS vor. Darüber hinaus enthält er eine Liste von Rollen und Verantwortlichkeiten für die Informationssicherheit. Anhang C gibt zusätzliche Informationen zu internen Audits.

Anhang D behandelt die hierarchische Struktur von Policies. Diese besteht aus drei Ebenen. Die Autoren der Norm verweisen jedoch darauf, dass weitere Policy-Ebenen erforderlich sein können. Auf oberster Ebene der dreistufigen Hierarchie befinden sich überblicksartige und allgemeine Policies, wie z. B. die Sicherheits-politik, die Datenschutzpolitik und die Marketingpolitik. In der nächsten Ebene folgen dann ebenfalls überblicksartige aber themenspezifische Policies, z. B. die Informationssicherheitspolitik. Die unterste Ebene bilden detaillierte Policies, z. B. in Form von Richtlinien zur Zugangskontrolle, zum „aufgeräumten" Arbeitsplatz und zum „leeren" Bildschirm, zur Nutzung von Netzwerkdiensten, zum unterneh-mensübergreifenden Datenaustausch, zur Datensicherung und zu kryptografi-schen Kontrollen.

Anhang E spricht die Themen Monitoring und Messung an. Messergebnisse die-nen der Unterstützung von Management Reviews. Nachdem die Assets identifi-ziert sind, die überwacht werden sollen, müssen die Messziele, die Aktivitäten, die Ergebnisse und das Berichtswesen für das Messprogramm der Informationssicher-heit aufgestellt und umgesetzt werden.

Vergleich mit der Sicherheitspyramide: Die Sicherheitspyramide besitzt einen an-schaulichen, strukturierten und durchgängigen Aufbau, der zusammen mit dem PDCA-Zyklus die Vorgehensweise zum Aufbau und zur Weiterentwicklung des integrativen Sicherheits-, Kontinuitäts- und Risikomanagements darstellt. Sie ver-fügt über eine Architekturebene mit Interdependenznetz. Ansätze zur Erhebung von Interdependenzen weist die ISO/IEC 27003 in Kapitel 7.3 auf, in dem sie für Prozesse die Erhebung der liefernden und abnehmenden Prozesse sowie der unter-stützenden IT-Anwendungen fordert.

Die Sicherheitspyramide zielt auf eine prozess-, organisations-, ressourcen-, pro-dukt- und dienstleistungsimmanente Sicherheit ab. Dieses Thema greift die ISO/IEC 27003 in Teilen in Kapitel 9.3 auf und fordert, dass Informationssicherheit in Prozesse und Vorgehensweisen integriert sein sollte. Die ISO/IEC 27003 behan-delt in Anhang D die Hierarchie von Policies. Im Pyramidenmodell® bildet die Spitze der Pyramide bzw. der hier sogenannten Sicherheitshierarchie je nach The-menstellung und Ausprägung u. a. die Unternehmens- oder die Informations-sicherheitspolitik. Detaillierte Policies finden sich in der Richtlinienebene der Si-cherheitspyramide. Monitoring und Messung sind bei der Sicherheitspyramide Bestandteile des Sicherheitsregelkreises.

5.6.5 ISO/IEC 27004:2009, ISM – Measurement

Die ISO/IEC 27004:2009, Information technology – Security techniques – Informa-tion security management – Measurement, beschreibt den Aufbau und die Nut-zung eines – von mir als IS-Messsystem bezeichneten – Messwesens zur Messung und Bewertung eines ISMS. Hierbei betont die Norm, dass sich der Umfang nach der Größe des Unternehmens und der Komplexität des Geschäfts richtet, so dass es für Kleine und Mittlere Unternehmen (KMUs) üblicherweise kompakter als für Großunternehmen ist.

Die ISO/IEC 27004 beschreibt in Kapitel 5 die Ziele eines Messsystems für ein ISMS, zu denen die Messung der Anforderungserfüllung ebenso gehört wie die Wirtschaftlichkeit und die Konformität mit externen Anforderungen. Das Kapitel geht ein auf das Messmodell und dessen Elemente, wie Messgrößen, Messmethoden, Messfunktionen, Indikatoren, analytische Modelle, Messergebnisse und Entscheidungskriterien. Anhand einer Abbildung stellt sie den Bezug zum PDCA-Zyklus und zur ISO/IEC 27001 her.

Zur Verantwortung des Managements gehört – wie üblich – die Festlegung eines Orientierungsrahmens im Sinne einer Politik für das Messprogramm zur Informationssicherheit, die Festlegung von Rollen und Verantwortlichkeiten und die Bereitstellung der erforderlichen finanziellen Mittel und des erforderlichen Personals. Schulung, Sensibilisierung und Kompetenz der Beteiligten sind weitere Themen.

Kapitel 7 beschäftigt sich mit dem Aufbau des Messsystems. Hierzu gehört u. a. die Identifikation des Informationsbedarfs, die Entwicklung eines Messkonstrukts, die Datensammlung und -analyse bis hin zum Berichtswesen. Es schließt sich das Kapitel zum Betrieb des Messsystems an, dem das Kapitel zur Datenanalyse und zum Reporting der Messergebnisse folgt. Kapitel 10 schließlich behandelt die Bewertung und Verbesserung des IS-Messsystems.

Der Anhang A stellt eine Vorlage, das sogenannte generische Messkonstrukt, bereit, mit der sich IS-Messverfahren beschreiben lassen. Anhang B enthält verschiedene Beispiele von Messkonstrukten, die diese Vorlage nutzen. Die Beispiele beziehen sich u. a. auf die Themen Schulung, Passwortpolicies, kontinuierliche Verbesserung und Zutrittskontrolle.

Vergleich mit der Sicherheitspyramide: Die Sicherheitspyramide enthält einen Sicherheitsregelkreis mit Kennzahlen und deren Charakteristika sowie mit einer Scorecard und mit dem Berichtswesen und Eigenschaften von Berichten, der bereits Lesern der 1. Auflage von „IT-Sicherheit mit System" bekannt ist. Darüber hinaus verfügt die Sicherheitspyramide über Kontrollelemente.

5.6.6   ISO/IEC 27005:2011, IS – Risk Management

Die ISO/IEC 27005:2011, Information technology – Security techniques – Information security risk management, befasst sich mit dem Risikomanagement im Hinblick auf Informationen. Hierfür verwende ich aufgrund meiner späteren Begriffsdefinition von Sicherheit und Risiko bzw. den entsprechenden Dreiklängen sowie deren Zusammenspiel (s. a. [14]) die Bezeichnung Informationsrisikomanagement anstelle von Informationssicherheitsrisikomanagement.

Der Risikomanagementprozess der ISO/IEC 27005 beginnt mit der Festlegung der Rahmenbedingungen, die sich z. B. auf den Geltungsbereich, die Vorgehensweise beim Risikomanagement und die grundlegenden Kriterien bei der Risikoevaluation beziehen. Es folgen die Risikobewertung (Risk Assessment) und die Risikobehandlung (Risk Treatment).

Die *Risikobewertung* setzt sich zusammen aus der Risikoidentifikation (Risk Identification), der Risikoanalyse (Risk Analysis) und der Risikoevaluierung (Risk Evaluation) gegen die unternehmensspezifischen Risikoevaluierungskriterien, wie z. B. die Kritikalität von Informationen, die Erwartung der Stakeholder sowie die Erfüllung gesetzlicher und regulatorischer Anforderungen.

Die *Risikoidentifikation* beinhaltet die Identifizierung von Werten, Bedrohungen und Schwachstellen sowie bereits ergriffener Sicherheitsmaßnahmen. Ebenfalls zu ermitteln sind die Folgen eines Ausfalls.

Die *Risikoanalyse* kann qualitativ oder quantitativ erfolgen. Quantitative Analysen nutzen Werteskalen für Eintrittswahrscheinlichkeit und Folgen. Ergebnis der Risikoanalyse sind ereignisbezogene Risikoniveaus.

Die *Risikoevaluierung* liefert als Ergebnis eine Liste ereignisbezogener Risiken, die entsprechend den Risikoevaluierungskriterien priorisiert sind.

An die Risikoevaluierung schließt sich die *Entscheidung* an, ob die vorliegenden Informationen ausreichend sind, um die folgende Risikobehandlung durchführen zu können.

Zur *Risikobehandlung* bestehen die Optionen, Risiken zu vermeiden, zu verändern, zu teilen oder zu akzeptieren. Hieran schließt sich die Entscheidung an, ob die ergriffenen Maßnahmen ausreichend sind.

Den Abschluss bildet die *Risikoannahme* (Risk Acceptance).

Umrahmt wird dieser Ablauf von den Elementen *Risikokommunikation und -konsultation sowie Risikomonitoring und -Review*.

Im Anhang A beschäftigt sich die Norm mit dem Geltungsbereich und den Grenzen des IS-Risikomanagementprozesses. In Anhang B unterscheidet sie zwischen primären und unterstützenden Assets. Zu den primären Assets zählt sie Geschäftsprozesse und Informationen. Anhand von Beispielen erläutert die Norm, dass hierunter solche Geschäftsprozesse und Informationen zu verstehen sind, die für das Unternehmen sinngemäß eine hohe bzw. entscheidende Bedeutung haben. Unterstützende Assets sind z. B. Hardware, Software, Personal, Standorte und Organisation. Anhang C gibt typische Bedrohungen an und Anhang D Beispiele für Schwachstellen. Der Anhang E geht ein auf die Vorgehensweise zur Risikobewertung (Risk Assessment).

Vergleich mit der Sicherheitspyramide: Die Sicherheitspyramide enthält das Risiko-management, das zusätzlich mit dem Sicherheits- und Kontinuitätsmanagement zusammengeführt ist (RiSiKo-Management) oder anhand der Risikomanagement-pyramide autark aufgebaut werden kann. Zusätzlich betrachtet die Sicherheits-bzw. RiSiKo-Managementpyramide drei Dimensionen und zwar in Form der Hierarchie, der Prozesse, Ressourcen und Organisation sowie des Lebenszyklus. Die Sicherheits- bzw. Risiko- bzw. RiSiKo-Pyramide unterscheidet in Kern-, Unterstüt-zungs- und Begleitprozesse. Sie kennt Prozesse auch bei unterstützenden Werten. Die unterstützenden Assets der Norm, wie z. B. Hardware, Software, Gebäude und Personal, finden sich im Pyramidenmodell® unter dem Begriff Ressourcen, das unterstützende Asset „Organisation" unter dem Begriff Organisation.

5.6.7 ISO/IEC 27010:2012, ISM for inter-sector and inter-organizational communications

Die ISO/IEC 27010:2012, Information technology – Security techniques – Informati-on security management for inter-sector and inter-organizational communications, stellt Richtlinien bereit, um ISM in Gemeinschaften zu initiieren, zu implementie-ren, zu pflegen und weiterzuentwickeln, die untereinander Informationen austau-schen. Die Norm konkretisiert Anforderungen der ISO-27000-Familie, z. B. im Hinblick auf die Informationssicherheitspolitik und -organisation. Insbesondere beim Asset Management ergeben sich zusätzliche Kontrollelemente, da z. B. die Glaubwürdigkeit von Informationen und die Anonymisierung der Informations-quelle sowie des Informationsempfängers eine wichtige Rolle spielen. Im Hinblick auf Sicherheitsvorfälle gilt es, Vereinbarungen in Bezug auf den Informationsaus-tausch und die Vertraulichkeit zu treffen. Bezogen auf das Business Continuity Management ist zu prüfen, ob der Informationsaustausch im Notfall erhalten blei-ben muss und wie dies gegebenenfalls zu erreichen ist.

Zur Organisation des Informationsaustauschs unterscheidet die Norm zwischen den beiden Organisationsmodellen TICE (Trusted Information Communications Entities) und WARP (Warning, Advice and Reporting Points). Bei TICE handelt es sich um eine autonome Organisation, die die zentrale Koordinations- und Kom-munikationsstelle zwischen den Mitgliedern der Gemeinschaft bildet und beson-ders für kritische Umgebungen mit schnellem Informationsaustauschbedarf geeig-net ist. WARP repräsentiert eine einfache Organisationsform, die über begrenzte finanzielle Mittel verfügt und bei der die zentrale Infrastruktur auf freiwilliger Basis zur Verfügung gestellt wird. Sie verfügt über einen Operator und eignet sich für die Zusammenarbeit von 20 bis 100 Mitgliedsorganisationen.

5.6.8 ISO/IEC 27013:2012, Guidance on the integrated implementation of ISO/IEC 27001 and ISO/IEC 20000-1

Die ISO/IEC 27013:2012, Information technology – Security techniques – Guidance on the integrated implementation of ISO/IEC 27001 and ISO/IEC 20000-1, geht auf die Vorgehensweise zur integrierten Einführung der beiden Standards ein. Die Autoren weisen in der Einleitung darauf hin, dass die Beziehung zwischen beiden Normen so eng ist, dass viele Unternehmen bereits die Vorteile, beide Normen einzuführen, erkannt haben. Eine integrierte Einführung reduziert den Zeitaufwand und die Kosten durch Vermeidung von Duplizitäten und durch die Durchführung eines übergreifenden Projektes anstelle von zwei autarken einzelnen.

In Kapitel 4 gibt die Norm einen Überblick über die Konzepte der beiden Standards und arbeitet Ähnlichkeiten und Unterschiede heraus. Spezifisch für die ISO ISO/IEC 27001:2005 ist die Sicherheitsklassifizierung von Informationen und das Management von Informationswerten (Information Assets). Budgetierung, das Management der Kundenbeziehungen, die Einführung neuer oder geänderter Services und das Service Level Management wiederum sind spezifisch für die ISO/IEC 20000-1. Die anderen Themenbereiche sind entweder unterschiedlich ausgestaltet oder identisch, wie hinsichtlich des PDCA-Zyklus, der kontinuierlichen Verbesserung, dem Dokumentenmanagement, der Compliance, dem Management Review sowie Schulung und Sensibilisierung.

In Kapitel 5 weist die Norm darauf hin, dass sich die gewählte Vorgehensweise für die integrierte Implementierung an der Ist-Situation orientieren sollte. Die Norm unterscheidet hierbei, ob ein Unternehmen bereits die Managementsysteme für beide Standards, für einen oder für keinen implementiert hat. Ist keiner der Standards implementiert, sollte sich die Entscheidung, mit welchem Standard begonnen wird, zum einen nach der Größe des Unternehmens und zum anderen nach der Priorität des Service Level Managements und des Informationssicherheitsmanagements für das Unternehmen richten.

Kapitel 6 geht auf Herausforderungen und Vorteile der integrierten Implementierung ein. Herausforderungen ergeben sich durch den unterschiedlichen Fokus der beiden Managementsysteme. So kann es zum einen Informationswerte geben, die zwar sicherheits- aber nicht servicerelevant und somit keine Konfigurationselemente (Configuration Items, CI) sind. Zum anderen gibt es CIs, die keinen Informationswert darstellen. Weiterhin behandeln beide Normen das Risikomanagement, aber jeweils unter einem anderen Fokus. Während sich die ISO/IEC 20000-1 mit Risiken für Services und für das Service Management System (SMS) beschäftigt, konzentriert sich die ISO/IEC 27001 auf Risiken, die sich auf die Informationssicherheit beziehen. Beim Incident Management hat die ISO/IEC 27001 das Information Security Incident Management im Blickfeld, während die ISO/IEC 20000-1 sich servicerelevanten Incidents widmet. So befinden sich von jeder Norm Teile in einer Schnittmenge beider Normen, Teile davon außerhalb.

Nutzen ergibt sich in Bereichen, in denen beide Standards Ähnliches fordern bzw. ähnliche Themenstellungen ansprechen, wie z. B. den PDCA-Zyklus, das Kontinuitäts- und Verfügbarkeitsmanagement, das Kapazitätsmanagement, das Supplier Management, das Konfigurationsmanagement und das Release Management.

Anhang A der Norm enthält eine Gegenüberstellung der Kapitel der ISO/IEC 27001:2005 und der ISO/IEC 20000-1 und weist Kapitel ohne Gegenstück aus. Anhang B stellt in ähnlicher Weise die Begriffe, die in den beiden Normen verwendet werden, gegenüber.

Vergleich mit der Sicherheitspyramide: Mit der Erstauflage der ISO 27013 im Jahr 2012 greift die ISO das Thema einer integrierten Implementierung eines ISMS und eines SMS auf. Die Sicherheitspyramide stellt eine integrierte Vorgehensweise für ein ISMS und SMS dar, indem sie Managementdisziplinen aus dem IT-Service-Management mit dem Sicherheits-, dem Kontinuitäts- und dem Risikomanagement verbindet. Zusätzlich integriert die Sicherheitspyramide das Qualitäts- und das Projektmanagement. Weiterhin betrachtet die Sicherheits- bzw. RiSiKo-Managementpyramide drei Dimensionen einschließlich des Lebenszyklus.

5.6.9   ISO/IEC TR 27015:2012, Information security management guidelines for financial services

Der ISO/IEC TR 27015:2012, Information technology – Security techniques – Information security management guidelines for financial services, gibt Anleitung für Finanzdienstleister. Sie ergänzt die IS-Kontrollelemente, die in der ISO/IEC 27002:2005 genannt sind und reflektiert den Stand der Technik. Die Norm widmet sich der Initiierung, Implementierung, Pflege und Verbesserung der Informationssicherheit bei Finanzdienstleistungen.

Umfangreiche Ergänzungen finden sich im Bereich der Organisation der Informationssicherheit. Hier weist die Norm darauf hin, dass Rollen und Verantwortlichkeiten stets sowohl die gesetzlichen und regulatorischen Anforderungen erfüllen müssen als auch die Anforderungen relevanter Rahmenwerke, wie z. B. des Payment Card Industry (PCI) Data Security Standard (DSS).

Sicherzustellen ist der Informationsfluss vom externen Dienstleister zum Auftraggeber, wenn sich Unterauftragnehmer ändern oder der Ort, an dem Daten gespeichert oder verarbeitet werden. Gegebenenfalls müssen derartige Änderungen vom Auftraggeber im Vorfeld genehmigt werden. Der Finanzdienstleister muss sowohl beim Auftragnehmer als auch bei dessen Unterauftragnehmern das Recht zur Prüfung haben.

In das Inventar sind branchenspezifische Assets, wie z. B. Geldausgabeautomaten, Selbstbedienungsterminals und Geräte am Point-of-Sale aufzunehmen.

Bei der Personalauswahl für sicherheitsrelevante Bereiche sind – sofern gesetzlich zulässig – vertiefende Sicherheitsprüfungen vorzusehen. In Schulungsmaßnahmen sind branchenspezifische Themenstellungen, wie z. B, Geldwäsche und Skimming aufzunehmen.

Ein Prozess zur Überwachung der Compliance in Bezug auf gesetzliche und regulatorische Vorgaben, vertragliche Vereinbarungen sowie das ISMS ist einzuführen.

5.6.10   ISO/IEC 27032:2012, Guidelines for cybersecurity

Die ISO/IEC 27032:2012, Information technology – Security techniques – Guidelines for cybersecurity, befasst sich mit der Sicherheit im Internet. Sie gibt technische Anleitung im Hinblick auf Risiken, die im Cyberspace üblich sind, wie z. B. Angriffe mittels social engineering, hacking und die Verbreitung von Schadsoftware. Um diesen Risiken begegnen zu können, nennt die ISO/IEC 27032 Kontrollelemente. Sie dienen dazu, auf Angriffe vorbereitet zu sein, sie zu entdecken und zu beobachten sowie ihnen zu begegnen.

Informationssicherheit sowie Anwendungs-, Netzwerk- und Internetsicherheit bilden die Grundpfeiler der Cyber-Sicherheit. Die Norm erläutert, dass Sicherheit (security) den Schutz von Werten (assets) vor Bedrohungen (threats) bedeutet. Sie betont, dass ein effektiver Umgang mit Risiken im Bereich der Cybersecurity mehrere Strategien erfordert, um die unterschiedlichen Stakeholder zu berücksichtigen. So müssen Best Practices umgesetzt, Konsumenten und Angestellte geschult und innovative Sicherheitslösungen eingesetzt werden.

Die ISO/IEC 27032 identifiziert Konsumenten und Anbieter als Stakeholder im Cyberspace. Die schutzbedürftigen Werte lassen sich entsprechend ihrer Art einteilen in Informationen, Soft- und Hardware, Services, Personen und immaterielle Werte, wie das Image. Hierbei unterscheidet die Norm zwischen personen- und organisationsbezogenen Assets.

Die Norm nennt Kontrollelementen für die Cyber-Sicherheit. Diese beziehen sich auf die Anwendungsebene, den Schutz von Servern, die Endbenutzer, auf Angriffe durch social engineering und auf die Technik. Auf Anwendungsebene gilt es, Eingaben zu validieren, um Angriffe durch SQL Injections zu vermeiden. Server müssen sicher konfiguriert und mit Antiviren-Software ausgestattet sein sowie Protokolle regelmäßig ausgewertet werden. Endbenutzer sollten aktuelle Sicherheits-Patches installiert haben, automatische Updates ermöglichen und ihre Systeme durch eine persönliche Firewall und durch Antiviren-Software schützen. Im Anhang A geht die ISO/IEC 27032 auf Darknet Monitoring, Sinkhole Operation und Traceback ein.

Zur Erhöhung der Sicherheit im Cyberspace dient das Darknet Monitoring. Darknet bezeichnet in diesem Kontext einen Satz von IP-Adressen, die zwar öffentlich bekannt sind, jedoch keinem Host zugeordnet sind. Stammen Datenpakete von einer Darknet-IP-Adresse, deutet dies auf bösartige Aktivitäten oder eine fehlerhafte Konfiguration hin. Für das Monitoring nennt die ISO/IEC 27032 drei Methoden: das Black Hole sowie das Low und High Interaction Monitoring.

Beim Black Hole Monitoring beobachtet das Monitoring-System den Datenverkehr von Darknet-IP-Adressen passiv, d. h. ohne darauf zu antworten. Demgegenüber reagieren Low und High Interaction Systeme auf verdächtige Datenpakete mit Darknet-IP-Adressen. Hierzu versuchen sie, eine Verbindung mit dem Absender herzustellen und auf das Datenpaket zu antworten. Ziel ist es, Informationen über das angreifende System zu erhalten. High Interaction Monitoring Systeme werden auch High Interaction Honeypot genannt.

Sinkhole Operation dient dazu, spezifische IP-Datenpakete auf ein Sinkhole System umzuleiten, um den Netzverkehr zu analysieren und zu absorbieren. Ein Einsatzgebiet hierfür ist die Umleitung des Netzverkehrs bei einer DDoS-Attacke.

Automatische Traceback-Techniken sollen die Rekonstruktion des Angriffspfades beschleunigen.

5.6.11   ISO/IEC 27033, Network security

Die mehrteilige ISO/IEC 27033, Information technology – Security techniques – Network security, behandelt das Thema Netzwerksicherheit. Sie soll detaillierte Implementierungsrichtlinien für jene netzwerkspezifischen Kontrollelemente beinhalten, die in der ISO/IEC 27002 auf einem standardisierten Basislevel beschrieben sind. Die ISO/IEC 27033 wird sukzessive Teile der ISO/IEC 18028 ablösen.

Als ersten Teil veröffentlichte die ISO im Dezember 2009 die *ISO/IEC 27033-1:2009, Overview and concepts*. Dieser Teil gibt einen Überblick über die geplanten Teile dieser internationalen Norm. Die ISO/IEC 27033-1 definiert netzwerkspezifische Begriffe und Abkürzungen und gibt einen Überblick über die Vielfältigkeit der Netzwerkumgebung. Sie geht ein auf die Informationssammlung und die darauf aufbauende Identifikation und Bewertung von Risiken sowie die Entwicklung sicherheitsbezogener Kontrollelemente. Überblicksartige Richtlinien sprechen den Entwurf und die Implementierung der Netzwerksicherheit an. Der dortige Anhang A behandelt die Risiken, Entwurfstechniken und Kontrollaufgaben im Hinblick auf unterschiedliche Netzwerktechnologien. Hierzu gehören LANs und WLANs, WANs, Funk- und Breitbandnetze, aber auch Sicherheitsgateways, VPNs, Sprachnetze und IP-Konvergenz sowie Web Hosting. (*Anmerkung: Unter den Überschriften „Security Risks" im dortigen Anhang A sind Bedrohungen genannt.*)

Die *ISO/IEC 27033-2:2012, Guidelines for the design and implementation of network security*, stellt Unternehmen Richtlinien zur Verfügung, um Netzwerksicherheit zu planen, zu entwerfen, zu implementieren und zu dokumentieren.

Teil drei der Norm, die *ISO/IEC 27033-3:2010, Reference networking scenarios – Threats, design techniques and control issues*, nennt für typische Netzwerkszenarien die spezifischen Bedrohungen und Designtechniken sowie Kontrollelemente, um Risiken zu mildern. Die dortigen Informationen sind insbesondere bei der Überprüfung und beim Entwurf der technischen Sicherheitsarchitektur und der Kontrollelemente nützlich. Die Norm unterstützt bei der umfassenden Festlegung und Implementierung der Netzwerksicherheit eines Unternehmens.

Die *ISO/IEC 27033-5:2013, Securing communications across networks using Virtual Private Networks (VPNs)*, enthält Richtlinien zur Auswahl, zur Implementierung und zum Monitoring technischer Kontrollelemente, um Netzwerksicherheit bei VPNs erreichen zu können.

Mit Bedrohungen und Entwurfstechniken sowie der Überwachung und Steuerung im Hinblick auf spezifische Netzwerkelemente, -themen sowie -arten sollen sich die von der ISO vorgeschlagenen folgenden Teile der ISO/IEC 27033 befassen: Teil 4 soll Sicherheits-Gateways, Teil 6 die Absicherung des drahtlosen IP Netzwerkzugangs behandeln.

5.6.12 ISO/IEC 27034, Application security

Die mehrteilige ISO/IEC 27034, Information technology – Security techniques – Application security, unterstützt Unternehmen dabei, Sicherheit in Prozesse des Applikationsmanagements zu integrieren. Die Norm besteht aus folgenden Teilen, wobei sich die Teile 2 bis 6 in Entwicklung befinden:

1. Überblick und Konzepte: (Teil 1)
   Definitionen, Konzepte, Prinzipien und Prozesse für die Anwendungssicherheit
2. Rahmenwerk der Unternehmensstandards (Teil 2):
   Rahmenwerk, Komponenten und organisatorische Steuerungsprozesse
3. Managementprozess für die Anwendungssicherheit (Teil 3):
   Prozesse in einem Anwendungsprojekt
4. Validierung der Anwendungssicherheit (Teil 4):
   Validierungs- und Zertifizierungsprozess zur Messung des aktuellen Vertrauensniveaus (level of trust) der Anwendung

5. Protokolle sowie Datenstrukturen von Kontrollelementen zur Anwendungssicherheit (Teil 5):
   XML-Schema für Application Security Controls (ASC)

6. Sicherheitsleitfaden für spezifische Anwendungen (Teil 6):
   Beispiele für ASCs

Teil 1, die *ISO/IEC 27034-1:2011, Overview and concepts*, gibt einen Überblick und
stellt Definitionen, Konzepte, Prinzipien und Prozesse für die Anwendungssicherheit vor. Sie lässt sich sowohl für selbst entwickelte und gekaufte Anwendungen als auch für die ausgelagerte Entwicklung oder den ausgelagerten Betrieb
von Anwendungen nutzen. Die Autoren der Norm führen aus, dass bei Unternehmen der Bedarf entsteht, sich auf Anwendungsebene zu schützen und das geforderte Risikoniveau nicht zu überschreiten.

Die Norm führt die Begriffe Organization Normative Framework (ONF) und Application Normative Framework (ANF) ein. Das ONF stellt das unternehmensspezifische Rahmenwerk für Anwendungssicherheit dar und enthält Prozesse und
Elemente. Das ANF ergibt sich als jene Untermenge des ONF, die für eine spezifische Anwendung ausgewählt wurde, um einen vorgegebenen „Level of Trust" zu
erreichen.

Die Subprozesse für das Management des ONF bildet die Norm auf den PDCA-
Zyklus des ISMS ab. Die vier Subprozesse heißen Entwurf, Implementierung,
Überwachung und Prüfung sowie kontinuierliche Verbesserung.

Der Prozess für das Management der Anwendungssicherheit besteht aus fünf
Schritten:

☐ Spezifikation der Anforderungen und der Umgebung der Anwendung

☐ Bewertung der sicherheitsbezogenen Anwendungsrisiken

☐ Erstellung und Pflege des ANF

☐ Bereitstellung und Betrieb der Anwendung

☐ Auditierung der Anwendungssicherheit

Die Norm betont, dass sowohl der geschäftliche als auch der regulatorische und
der technologische Kontext bei der Anwendungssicherheit zu berücksichtigen
sind. Die Norm führt aus, dass alle Akteure, die mit einer Anwendung während
ihres Lebenszyklus interagieren mit ihren Rollen, Verantwortlichkeiten und Qualifikationen ermittelt werden sollen. Für die Anwendungssicherheit ebenfalls wesentlich sind die Festlegung des angestrebten „Level of Trust" und der Kontrollelemente zur Anwendungssicherheit (Application Security Controls, ASCs).

Der Anhang A der Norm enthält eine Fallstudie. Sie stellt dar, wie sich ein vorhandener auf Sicherheit fokussierter Software-Entwicklungsprozess (Software Development Process, SDL) auf die ISO/IEC 27034 abbilden lässt.

Vergleich mit der Sicherheitspyramide: Mit der Erstauflage der ISO 27034 im Jahr 2011 greift die ISO das Thema Integration von Sicherheit in die Prozesse des Applikationsmanagements auf. Die 1995 erstmals vorgestellte Sicherheitspyramide stellt eine Vorgehensweise zur Integration von Sicherheit in den kompletten Lebenszyklus z. B. von Anwendungen, und deren Management dar. Das unternehmensspezifische Rahmenwerk repräsentieren insbesondere die hierarchischen Ebenen Architektur und Richtlinien sowie die beiden weiteren Dimensionen Prozesse, Ressourcen und Organisation zusammen mit dem Lebenszyklus. In der Architekturebene sind Prozesse, Ressourcen und Organisation ebenso angesiedelt wie die Prinzipien, die eingehalten werden sollen.

5.6.13 ISO/IEC 27035:2011, Information security incident management

Die ISO/IEC 27035:2011, Information technology – Security techniques – Information security incident management, befasst sich mit sicherheitsrelevanten Ereignissen. Sie stellt eine Vorgehensweise vor, um zum einen sicherheitsrelevante Ereignisse erkennen, berichten und bewerten sowie ihnen begegnen zu können. Zum anderen lassen sich damit Schwachstellen im Hinblick auf Informationssicherheit erkennen, bewerten und steuern sowie die Informationssicherheit und das Incident Management fortlaufend verbessern.

Der Standard erläutert das IS Incident Response Team (ISIRT) als Team aus vertrauenswürdigen Mitarbeitern, die IS-Vorfälle behandeln. Ein IS-Vorfall stellt ein einzelnes oder mehrere IS-Ereignisse dar, die mit erheblicher Wahrscheinlichkeit die Geschäftsabläufe kompromittieren oder die Informationssicherheit bedrohen. Ein IS-Ereignis ist ein erkannter System-, Netzwerk- oder Servicezustand, der sicherheitsrelevant sein kann.

Die Hauptkapitel der Norm beschreiben – ausgehend von einem Überblick – die Phasen bei der Behandlung von IS-Vorfällen:

- Überblick
- Planung und Vorbereitung
- Entdeckung und Meldung
- Beurteilung und Entscheidung
- Reaktion
- Auswertung und Verbesserung.

In den Anhängen A bis E behandelt die ISO/IEC 27035 folgende Themen:

☐   Kreuzreferenztabelle zwischen ISO 27001 und ISO 27035

☐   Beispiele für IS-Vorfälle und deren Ursachen

☐   Vorschläge zur Kategorisierung und Klassifizierung von IS-Vorfällen und -Ereignissen

☐   Beispielberichte und -formulare

☐   Gesetzliche und regulatorische Aspekte.

5.6.14   ISO/IEC 27037:2012, Guidelines for identification, collection, acquisition and preservation of digital evidence

Die ISO/IEC 27037:2012, Information technology – Security techniques – Guidelines for identification, collection, acquisition and preservation of digital evidence, enthält Richtlinien für spezifische Aktivitäten beim Umgang mit digitalen Nachweisen im Hinblick auf die Identifikation, die Sammlung, die Beschaffung und den Schutz potenzieller digitaler Nachweise. Die Norm soll Organisationen in Bezug auf disziplinarische Vorgehensweisen unterstützen und den Austausch potenzieller digitaler Beweise mit der Gerichtsbarkeit vereinfachen. Die Norm gibt Orientierung u. a. im Hinblick auf folgende Geräte und Sachverhalte:

☐   Digitale Speichermedien, die in Standardcomputern zum Einsatz kommen, wie z. B. Festplatten, optische Disks

☐   Mobiltelefone, Personal Digital Assistants (PDAs), Personal Electronic Devices (PEDs), Speicherkarten

☐   Mobile Navigationsgeräte

☐   Digitalkameras und digitale Videokameras (einschließlich Überwachungskameras (CCTV))

☐   Standardcomputer mit Netzanbindung.

5.7   ISO/IEC 20000, IT Service Management

Die ISO/IEC 20000, Information technology – Service management, besteht aus den Teilen 1 bis 5 sowie den in Entwicklung befindlichen Teilen 10 und 11. Sie beschreibt eine integrierte prozessorientierte Vorgehensweise für das Service Management. Teil 1, die *ISO/IEC 20000-1:2011, Service management system requirements*, spezifiziert die Anforderungen an Service Provider im Hinblick auf Planung, Implementierung, Betrieb, Überwachung, Überprüfung, Pflege und kontinuierliche Verbesserung des Service Management Systems (SMS), damit er Services in vereinbarter Qualität liefern kann.

Die ISO identifiziert folgende *SMS-Anforderungen und Prozessgruppen*:

☐ Allgemeine Anforderungen an das Service-Management-System

☐ Design und Überführung neuer oder geänderter Services

☐ Service-Delivery-Prozesse

☐ Beziehungsmanagement-Prozesse

☐ Resolution-Prozesse

☐ Steuerungsprozesse.

Bei den *allgemeinen Anforderungen an ein SMS* geht die Norm ein auf die Verantwortung des Managements, die Governance im Hinblick auf solche Prozesse, die von Dritten ausgeführt werden, sowie das Dokumenten- und Ressourcenmanagement. Als Grundlage für die Service-Management-Prozesse verwendet die ISO 20000-1 den Plan-Do-Check-Act-Zyklus. Dementsprechend folgen auf die Planung des SMS (Plan) die Implementierung und der Betrieb (Do), die Überwachung und die Überprüfung (Check) sowie die Pflege und die Verbesserung (Act).

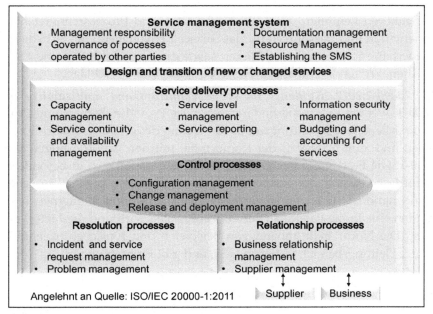

Abbildung 5-4:   ISO 20000-1 Service-Management-System

Design und Überführung beschäftigt sich mit der Planung, dem Design, der Entwicklung und der Einführung neuer oder geänderter Services.

Service Delivery enthält das Service-Level-Management und das Service Reporting, das Management der Informationssicherheit, der Servicekontinuität und der Verfügbarkeit, das Kapazitätsmanagement, die Budgetierung und die Buchführung. Beim Informationssicherheitsmanagement geht die Norm ein auf die Leitlinie und Kontrollelemente zur Informationssicherheit sowie auf sicherheitsrelevante Änderungen und Ereignisse. Beim Kontinuitäts- und Verfügbarkeitsmanagement von Services, spricht die Norm die diesbezüglichen Themen Anforderungen, Kontinuitäts- und Verfügbarkeitspläne sowie das Überwachen und Testen an.

Beziehungsmanagement-Prozesse behandeln sowohl das Business Relationshsip Management als auch das Supplier Relationship Management.

Zu den *Resolution-Prozessen* gehören das Incident-, das Service-Request- und das Problemmanagement.

Die *Steuerungsprozesse* umfassen das Konfigurations-, das Änderungs-, das Release- und das Deployment-Management.

Die *ISO/IEC 20000-2:2012, Guidance on the application of service management systems*, beschreibt die Umsetzung der Anforderungen aus der ISO/IEC 20000-1 für Service Management Systeme (SMS). Sie gibt Anleitung zu Planung, Entwurf, Transition, Lieferung und kontinuierlicher Verbesserung des SMS und von Services. Hierzu gehören Leitlinien, Ziele, Pläne, Prozesse und Prozessschnittstellen sowie Dokumentation und Ressourcen für das Service Management. Ein SMS dient dazu, eine dauerhafte Steuerung zu etablieren sowie größere Effektivität und Effizienz zu erreichen. Weiterhin enthält die Norm Beispiele und Vorschläge.

Die *ISO/IEC 20000-3:2012, Guidance on scope definition and applicability of ISO/IEC 20000-1*, wendet sich insbesondere an Service Provider, Berater und Prüfer. Sie gibt praxisbezogene Anleitungen zur Festlegung des Geltungsbereichs, zur Anwendbarkeit und zum Nachweis der Konformität mit den Anforderungen der ISO/IEC 20000-1. Die Festlegung des Geltungsbereichs gestaltet sich insbesondere dann herausfordernd, wenn die Service-Management-Prozesse organisatorische, gesetzliche und nationale Grenzen sowie Zeitzonen überschreiten, internen und externen Kunden eine breite Palette an Services angeboten wird und die Lieferkette komplex ist. Die Norm stellt anhand von Beispielen und typischen Szenarien dar, wie sich der Geltungsbereich festlegen lässt, und gibt Empfehlungen.

Teil 4 der Norm, der technische Report *ISO/IEC TR 20000-4:2010, Process reference model*, soll die Entwicklung eines Prozessbewertungsmodells entsprechend den ISO/IEC-15504-Prozessbewertungsprinzipien vereinfachen. Das Prozessreferenzmodell beschreibt die Service-Management-Prozesse auf einer abstrakten Ebene und nennt deren Zweck und Ergebnisse.

Der technische Report *ISO/IEC TR 20000-5:2010, Exemplar implementation plan for ISO/IEC 20000-1*, enthält einen beispielhaften Implementierungsplan für Service Provider, die ein SMS entsprechend den Anforderungen der ISO/IEC 20000-1 aufbauen möchten. Das phasenorientierte Vorgehensmodell beinhaltet ein Rahmenwerk, um die Implementierungsaktivitäten zu priorisieren und zu steuern. Hierzu gehören Hinweise zur Entwicklung eines Business Case, der Projektstart und eine Liste der hauptsächlichen Aktivitäten. Die Norm gibt Ratschläge und Anleitung, u. a. für die Entwicklung von Leitlinien und Zielen, die Dokumentation der Prozesse und das Dokumentenmanagement.

Der technische Report *ISO/IEC TR 20000-10:2013, Concepts and terminology*, beschreibt die ISO/IEC 20000 und die Zusammenhänge zwischen den verschiedenen Teilen der Norm im Überblick und definiert die relevanten Begriffe der verschiedenen Teile der ISO 20000 an dieser zentralen Stelle. Weiterhin nennt die Norm gemeinsame Bereiche anderer ISO-Standards sowie mögliche Schnittstellen, um die Nutzung und Zusammenführung verschiedener Standards in Unternehmen zu unterstützen.

Der geplante Standard *ISO/IEC 20000-7, Guidance on the application of ISO/IEC 20000-1 to the cloud*, soll die Anforderungen der ISO 20000-1 im Hinblick auf die Cloud ausprägen.

Der geplante technische Report *ISO/IEC TR 20000-11, Guidance on the relationship between ISO/IEC 20000-1:2011 and service management frameworks*, soll Anleitung zum Zusammenhang zwischen ISO/IEC 20000-1:2011 und relevanten Rahmenwerken, wie z. B. ITIL® geben.

Für das Informationssicherheitsmanagement merkt die Norm an, dass die ISO/IEC-27000-Familie hierzu Anleitung gibt. Die ISO/IEC 20000-1:2011 fordert, dass das Management eine Informationssicherheitspolitik freigibt und diese an relevante Personen bei Service Providern, Lieferanten und Kunden kommuniziert wird. Bei der Erstellung der Informationssicherheitspolitik sind Service-Anforderungen sowie gesetzliche und regulatorische Anforderungen zu berücksichtigen. Ferner sind ISM-Ziele festzulegen. Das Vorgehen für das IS-Risikomanagement ist zu etablieren, wobei Risikobewertungen zu planen und regelmäßig durchzuführen sind. Kriterien sind zu definieren, in welchen Fällen Risiken in Kauf genommen werden sollen. Regelmäßige Audits, deren Ergebnisse das Management einem Review unterzieht, überprüfen das ISM.

Die ISO/IEC 20000-1:2011 fordert dokumentierte physische, administrative und technische Kontrollelemente. Diese dienen dazu, die Anforderungen der Informationssicherheitspolitik und die ISM-Ziele einzuhalten sowie Informationswerte zu schützen und IS-Risiken zu steuern.

Change Requests sollen im Hinblick auf IS-Risiken und Auswirkungen bewertet werden. Ferner sollen sicherheitsrelevante Ereignisse entsprechend dem Incident Management gesteuert, analysiert und berichtet werden.

Zum Informationssicherheitsmanagement führt die ISO/IEC 20000-2:2012 ergänzend aus, dass ein Verzeichnis der Informationswerte vorhanden sein sollte und Informationswerte entsprechend ihrer Bedeutung, ihrer Vertraulichkeitsstufe oder ihren Auswirkungen kategorisiert sein sollten.

Weiterhin fordert sie regelmäßige und dokumentierte Bewertungen des dort als Sicherheitsrisiko bezeichneten Risikos. Die Risiken sollten entsprechend ihrer Art und ihren geschäftlichen Auswirkungen bewertet werden.

Die ISO/IEC 20000-2 fordert darüber hinaus die Festlegung von Rollen und Verantwortlichkeiten.

Vergleich mit der Sicherheitspyramide: Während die ISO/IEC 20000 überblicksartig, kurz und verschiedentlich stichpunktartig gestaltet ist, bietet die dreidimensionale Sicherheitspyramide ein durchgängiges Managementmodell für den Aufbau und die Weiterentwicklung eines systematischen und integrativen Sicherheits-, Kontinuitäts- und Risikomanagements unter Einbindung der anderen Begleitprozesse, wie z. B. Project, Incident, Problem, Change, Architecture und Contract Management, sowie der Lebenszyklen.

5.8   ITIL®

5.8.1   Überblick

Die frühere Version 2 der *IT Infrastructure Library (ITIL®)* des Office of Government Commerce (OGC), fasste verschiedene IT-Managementdisziplinen zu den Oberbegriffen Service Support und Service Delivery zusammen. *Service Support* umfasst die operativen Managementdisziplinen Change, Configuration, Release, Incident und Problem Management sowie die Funktion Service Desk. *Service Delivery* beinhaltet die taktischen Managementdisziplinen Financial, Service Level, Capacity, Availability und IT Service Continuity Management. Weitere Oberbegriffe sind *Security Management*, *Infrastructure Management* und *Applications Management*.

ITIL®, Version 2, unterscheidet zwischen Availability Management und IT Service Continuity Management (ITSCM). Das Availability Management beschäftigt sich hierbei mit der Planung, Implementierung, Messung und dem Management der IT-Services, so dass die Verfügbarkeitsanforderungen erfüllt werden. Es umfasst u. a. auch die Wartbarkeit und Zuverlässigkeit. ITSCM fokussiert sich demgegenüber darauf, vorgegebene minimale Geschäftsanforderungen nach einer Geschäftsunterbrechung bzw. einer größeren Katastrophe aufrechterhalten zu können. Hierzu gehört der Wiederanlauf (Recovery) IT-technischer Komponenten und Dienste innerhalb zuvor vereinbarter Zeiträume.

Im neueren ITIL®-Modell in der Version 3 aus dem Jahr 2007 hat ITIL® das Thema Lebenszyklus aufgegriffen und in Form des IT Service Lifecycle eingesetzt. ITIL® ist damit nicht mehr primär prozess-, sondern lebenszyklusbasiert und zwar bezogen auf IT-Services. Service Support und Service Delivery, die in ITIL®, Version 2, verschiedene IT-Managementdisziplinen zusammenfassten, sind dementsprechend in das Lebenszyklusmodell integriert.

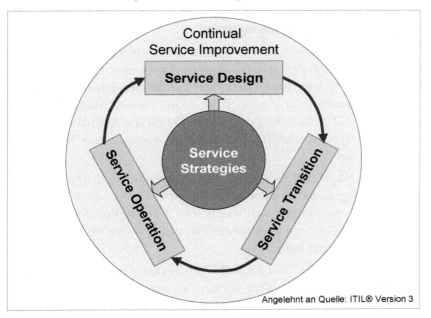

Abbildung 5-5: **ITIL® Service Life Cycle**

ITIL® V3 (s. a. [15], [16], [17]) besteht aus insgesamt 5 Titeln, die jeweils die gleiche Struktur aufweisen. Die ITIL®-V3-Werke haben eine neue Darstellung bekommen, die einem Rad ähnelt, das eine Nabe, Speichen und eine Felge besitzt. Das Kernelement bildet die Service Strategy. Sie ist verbunden mit den ineinandergreifenden Titeln Service Design, Service Transition und Service Operation. Continual Service Improvement (CSI) umrahmt diese Titel.

Service Strategy und Continual Service Improvement sind weitgehend neue Elemente. Die bisherigen ITIL®-Bücher der Version 2 finden ihren Niederschlag vorrangig in Service Design (SD), Service Transition (ST) und Service Operation (SO). SD enthält planerische Elemente der Service-Delivery-Prozesse. Hier gehen insbesondere die Prozesse Information Security Management, Service Continuity Management, Availability Management, Service Level Management und Capacity Management sowie Supplier Management ein. Das Thema Sourcing in Form von Out-, In- und Cosourcing ist ein weiteres Thema.

In ST finden sich Teile aus dem Change und Release Management sowie das Service Asset Management und das Knowledge Management. SO enthält viele Teile aus Service Support sowie die messungsrelevanten Teile der Begleitprozesse aus Service Delivery. Ferner behandelt SO die Themen Application Management, Infrastructure Management und IT Operations Management.

Im Jahr 2011 wurde ein Update von ITIL® V3 durchgeführt.

5.8.2 ITIL® Information Security Management

Nach ITIL®, der IT Infrastructure Library, Version 3, ist der *Informationssicherheitsmanagementprozess (ISM-Prozess)* Teil des Service Design. Er soll die Informationssicherheit mit der Unternehmenssicherheit synchronisieren und sicherstellen, dass die Informationssicherheit in allen Services und Service Aktivitäten effektiv gesteuert wird. Das ISM stellt sicher, dass die IS-Politik die Anforderungen der Unternehmenssicherheitspolitik erfüllt, und etabliert angemessene Kontrollelemente zur Sicherheit in der IT.

Zusätzlich zur Business Security Policy, die ich als Unternehmenssicherheitspolitik bezeichne, und zur übergreifenden Information Security Policy, die ich Informationssicherheitspolitik nenne, sollten sich spezifische Security Policies, die in der Sicherheitspyramide als Richtlinien bezeichnet sind, u. a. auf Passwortkontrolle, E-Mails, Internet und Virenschutz beziehen.

Das ISMS, in dessen Kontext ITIL® auf die ISO 27001 verweist, besteht aus der zentralen Steuerung (Control) sowie den Phasen Plan, Implement, Evaluate und Maintain, die dem PDCA-Zyklus ähneln. Ziel der Planungsphase sind Empfehlungen zu angemessenen Sicherheitsmaßnahmen, basierend auf den Anforderungen des Unternehmens. Dies beinhaltet die IS-Politik sowie Anforderungen aus Service Level Agreements (SLA), Operational Level Agreements (OLA) und Underpinning Contracts (UC) sowie gesetzlichen Vorgaben. Die Implementierungsphase dient der Sicherstellung, dass angemessene Verfahren, Werkzeuge und Kontrollelemente zur Umsetzung der IS-Politik vorhanden sind. Hierzu gehört die Festlegung von Verantwortlichkeiten für Assets sowie die Klassifizierung von Informationen. Die Evaluierungsphase beinhaltet interne und externe Audits. Ziel der Pflegephase ist es, Verbesserungen sowohl bei den Sicherheitsvereinbarungen als auch den Sicherheitsmaßnahmen und deren Überwachung zu erreichen.

Explizit weist ITIL® darauf hin, dass Sicherheit weder ein einzelner Schritt im Lebenszyklus eines Services oder eines Systems ist noch durch Technologie [alleine] gelöst werden kann. Als wesentliche Prozesse, zu denen das ISM Schnittstellen besitzt, nennt ITIL®

☐ das Incident und Problem Management im Hinblick auf sicherheitsrelevante Ereignisse,

☐ das IT Service Continuity Management in Bezug auf die Geschäftseinflussanalyse sowie den Test von Kontinuitätsplänen,

☐ das Service Level Management hinsichtlich der Ermittlung von Sicherheitsanforderungen,

☐ das Change Management bezüglich der Bewertung von Änderungen,

☐ das Configuration Management in Bezug auf die Sicherheitsklassifizierung,

☐ das Availability Management im Hinblick auf integrierte Risikoanalysen,

☐ das Capacity Management hinsichtlich der Auswahl neuer Technologien,

☐ das Financial Management bezüglich der Bereitstellung finanzieller Mittel und

☐ das Supplier Management im Hinblick auf sicherheitsrelevante Vertragsinhalte.

5.8.3 ITIL® IT Service Continuity Management

Gemäß ITIL®, der IT Infrastructure Library, Version 3, ist das *IT Service Continuity Management (ITSCM)* Teil des Service Design. ITSCM soll den Business Continuity Management (BCM) Prozess so unterstützen, dass die benötigten IT-Komponenten und IT-Services innerhalb der vereinbarten Zeitdauer wieder verfügbar sind.

Dem ITSCM soll ein Lebenszyklusmodell zugrunde liegen. Dessen vier Phasen bestehen aus der Initiierung, der Erhebung der Anforderungen und der Strategieentwicklung, der Implementierung und dem kontinuierlichen Betrieb. Die Phase der Initiierung beinhaltet die Erstellung einer Policy, die Festlegung des Anwendungsbereichs, die Bereitstellung von Ressourcen, die Festlegung der Projektorganisation sowie die Verabschiedung des Projektplans.

Die Erhebung der Anforderungen erfolgt im Rahmen einer Business Impact Analysis (BIA). Diese wird ergänzt durch eine Risikoanalyse. Die Festlegung der ITSC-Strategie soll im Hinblick auf präventive Risikoreduzierung und Wiederanlauf ausgewogen sein. Präventivmaßnahmen fokussieren sich hierbei insbesondere auf folgenschwere und kurzfristig benötigte Services. Zu den Präventivmaßnahmen gehören z. B. unterbrechungsfreie Stromversorgung, fehlertolerante Systeme und redundante Speichereinheiten. Als Wiederanlaufoptionen zu nennen sind z. B. manuelle Umgehungslösungen und Vereinbarungen auf Gegenseitigkeit.

In der Phase drei, der Implementierung, erfolgt die Erstellung von IT Service Continuity Plans (ITSCP). Darüber hinaus sind Pläne z. B. zur Schadensbewertung und zur Kommunikation sowie über überlebensnotwendige Informationen (Vital Records) erforderlich. Die Pläne sind zu testen.

Die Phase des kontinuierlichen Betriebs beinhaltet die Schulung, Sensibilisierung und Übung. Regelmäßige Reviews sollten durchgeführt und ein Testprogramm aufgestellt werden.

Wenngleich ITSCM Schnittstellen zu allen Prozessen besitzt, hebt ITIL® die folgenden als wesentlich heraus:

☐ das Change Management bezüglich der Bewertung von Änderungen,

☐ das Incident und Problem Management in Bezug auf Kriterien, bei deren Erfüllung ITSCM-Plänen aktiviert werden müssen,

☐ das Availability Management im Hinblick auf die Koordination von Risikominderungsmaßnahmen,

☐ das Service Level Management hinsichtlich der SLAs im Falle einer Katastrophe,

☐ das Capacity Management hinsichtlich der Ersatzkapazitäten nach einer Katastrophe,

☐ das Configuration Management in Bezug auf die bestehende Infrastruktur und die Abhängigkeiten der Komponenten sowie

☐ das Information Security Management bezüglich der Auswirkungen von Sicherheitsverletzungen, die zu einer Katastrophe führen können.

5.9   COBIT®, Version 5.0

Die Control Objectives for Information and related Technology (COBIT®) der Information Systems Audit and Control Association® (ISACA®) sind im Jahr 2012 in der Version 5 erschienen [18]. Sie setzen die Evolution der COBIT®-Rahmenwerke fort und sind auf die Governance und das Management der Enterprise IT ausgerichtet. COBIT® 5 integriert und konsolidiert die Rahmenwerke COBIT® 4.1, Val IT™ 2.0 sowie Risk IT und entwickelt sie weiter. Es betrachtet zudem das Business Model for Information Security (BMIS) und das IT Assurance Framework (ITAF).

COBIT® 5 stellt Unternehmen ein Rahmenwerk zur Verfügung, um ihre Ziele im Hinblick auf die Governance und das Management der Unternehmens-IT zu erreichen. Es soll Unternehmen darin unterstützen, ihre IT optimal zu nutzen, indem sie Vorteile, Risiken und Ressourcennutzung gegeneinander ausbalancieren.

Bei der Entwicklung von COBIT® 5 wurden relevante Standards und Rahmenwerke als Referenzmaterial und Input genutzt (s. [18], u. a. Anhang A). Mit Blick auf die IT orientiert sich COBIT® 5 an der ISO/IEC 38500:2008, Unternehmens-Governance der IT, der ISO/IEC 20000:2006 zum IT Service Management, ITIL® V3, 2011, der IT Infrastructure Library, der ISO/IEC 27005:2008 für Information Security Risk Management, TOGAF® 9, dem Architekturrahmenwerk der Open Group, PMBOK®, dem Project Management Body of Knowledge des Project Management Institute®, 2008, und PRINCE2 (PRojects IN Controlled Environments), 2009, des UK HM Government.

COBIT® 5 verwendet 5 Prinzipien und 7 Enabler. Die 5 Prinzipien lauten:

☐ Erfüllung der Stakeholder-Bedarfe durch Nutzung der sogenannten Zielkaskade (goals cascade) zur Ableitung von Zielen

☐ Ende-zu-Ende-Betrachtung des Unternehmens, um alles und jeden zu berücksichtigen

☐ Bereitstellung eines einzigen integrativen Rahmenwerks, das mit anderen Standards, Rahmenwerken und Best Practices zusammenpasst

☐ Ermöglichung eines ganzheitlichen Ansatzes durch Nutzung von 7 Enablern

☐ Trennung von Governance und Management, um Vorgaben und die Prüfung ihrer Einhaltung vom operativen Management zu separieren.

Als Enabler definiert COBIT® 5 folgende sieben Elemente:

☐ Prozesse

☐ Organisationsstrukturen

☐ Kultur, Ethik und Verhalten sowohl des Unternehmens als auch der Individuen

☐ Prinzipien, Richtlinien (policies) und Rahmenwerke

☐ Informationen

☐ Services, Infrastruktur und Applikationen

☐ Personen, Wissen und Kompetenzen

Das COBIT®-5-Prozessreferenzmodell (PRM) besteht aus den beiden übergreifenden Prozessdomänen Governance und Management. Die Prozessdomäne Governance enthält 5 Prozesse, die für die Governance der IT eines Unternehmens erforderlich sind. Die Managementdomäne besteht aus 4 Domänen mit insgesamt 32 Prozessen. Das Prozessmodell mit seinen 37 Prozessen ist wie folgt strukturiert und weist insbesondere im Bereich Management Parallelen zu ITIL® auf:

☐ Governance
  ☐ Evaluate, Direct and Monitor (EDM) (5 Prozesse)
☐ Management
  ☐ Align, Plan and Organise (API) (13 Prozesse)
  ☐ Build, Acquire and Implement (BAI) (10 Prozesse)
  ☐ Deliver, Service and Support (DSS) (6 Prozesse)
  ☐ Monitor, Evaluate and Assess (MEA) (3 Prozesse)

Das Management plant, gestaltet, steuert und überwacht (plan, build, run, monitor (PBRM)) Aktivitäten entsprechend den Governance-Vorgaben aus den EDM-Prozessen.

Welche Prozesse beinhalten die COBIT®-5-Domänen? Die Domäne „Evaluate, Direct and Monitor (EDM)" besteht aus 5 Prozessen. Hierzu gehören u. a. die Prozesse „Sicherstellung der Risikooptimierung" und „Sicherstellung der Ressourcenoptimierung".

Die Domäne „Align, Plan and Organise (API)" enthält 13 und damit die meisten der 37 Prozesse. Sie behandelt neben strategischen und architekturellen Themenstellungen u. a. die Themenkomplexe Management von Service Agrements und Lieferanten, Personal- und Qualitätsmanagement sowie Risiko- und Sicherheitsmanagement.

Die Domäne „Build, Acquire and Implement (BAI)" mit ihren 10 Prozessen umfasst das Programm- und Projekt- sowie das Anforderungsmanagement. Weitere Prozesse sind u. a. das Availability und das Capacity sowie das Change, das Asset und das Configuration Management, die aus ITIL® bekannt sind.

Die Domäne „Deliver, Service and Support (DSS) " enthält 6 Prozesse, zu denen die aus ITIL® bekannten Prozesse Incident, Problem und Continuity Management gehören.

Die Domäne „Monitor, Evaluate and Assess (MEA)" besteht aus 3 Prozessen, die sich u. a. auf die Themen Konformität und Compliance beziehen.

COBIT® 5 for Information Security beschäftigt sich aus dem Blickwinkel der Informationssicherheit mit den Konzepten, Enablern und Prinzipien von COBIT® 5. Es stellt sicherheitsspezifische Prozessziele, Metriken und Aktivitäten zur Verfügung. Es zielt darauf ab, ein übergreifendes Rahmenwerk zu sein, das sich mit anderen Rahmenwerken, Guten Praktiken und Normen zur Informationssicherheit verbindet. Die Anhänge bis G sind als detaillierte Anleitungen (Detailed Guidance) bezeichnet und beschäftigen sich mit Prinzipien und Policies, Prozessen, Organisationsstrukturen, Kultur und Ethik, Informationen, Infrastruktur, Anwendungen und Services, Personen und Kenntnissen. Anhang F geht verschiedentlich auf Technologien ein, die z. B. zur Bewertung der Sicherheit nützlich sind, u. a. Honeypots und Sniffer.

5.10   PCI Data Security Standard (DSS)

Die Payment Card Industry (PCI) Data Security Standard (DSS) Requirements and Security Assessment Procedures des PCI Security Standards Council LLC liegen seit Oktober 2010 in der Version 2.0 vor. Der PCI DSS richtet sich an alle Einheiten, die in die Abwicklung des bargeldlosen Zahlungsverkehrs per Karte eingebunden sind. Dies sind Händler, Abwickler (processors), Akquirer, Kartenausgeber (issuer) und Service Provider sowie Einheiten, die Daten von Karteninhabern speichern, bearbeiten oder übertragen. PCI DSS nennt 12 grundlegende technische und betriebliche Minimalanforderungen, um die Daten von Karteninhabern zu schützen.

5.11 Zusammenfassender Vergleich mit der Sicherheitspyramide

Die genannten Normen und Practices unterscheiden sich in ihrem Fokus und in den Abstraktionsebenen, die häufig jedoch überblicksartig sind. Dementsprechend weisen sie unterschiedliche Ansätze und Stärken auf. Die *Herausforderung für den Praktiker* besteht darin, diese verschiedenen Ansätze und Stärken zusammenzuführen.

Das hierfür erforderliche durchgängige, systematische und praxisorientierte Vorgehensmodell für das normenübergreifende und integrative Sicherheits-, Kontinuitäts- und Risikomanagement in Unternehmen bietet die 1995 von mir vorgestellte dreidimensionale Sicherheitspyramide. Deren Inhalte habe ich im Laufe der Jahre in „IT-Sicherheit mit System" zunehmend umfangreicher dargestellt. Die Sicherheitspyramide umfasst die Sicherheits-, Kontinuitäts- und Risikohierarchie, die Prozessarten Kern-, Unterstützungs- und Begleitprozess sowie insbesondere die IT-Prozesse einschließlich des Informations- bzw. IT-Sicherheits-, -Kontinuitäts- und -Risikomanagementprozesses, die Ressourcen und die Organisation bis hin zum gesamtheitlichen und detaillierten Lebenszyklus von Prozessen, Ressourcen, Organisation, Produkten und Dienstleistungen sowie das Monitoring, Controlling und Reporting mit entsprechenden Kontrollelementen und Kennzahlen.

Die Sicherheitspyramide vereinigt seit vielen Jahren ([4], [5], [6]) Vorgehenselemente und Themen, die in unterschiedlicher Tiefe, Ausprägung und Konkretisierung sowie verteilt auch in aktuellen Normen und Practices enthalten sind. Zu diesen Normen und Practices im IKT-Bereich gehören die ISO/IEC-27000-Familie, die ISO 20000, ITIL® und COBIT® sowie die BSI-Standards und die IT-GSK des BSI.

Ein weiteres Element der Sicherheitspyramide ist die Balanced Scorecard [19] bzw. inzwischen die Balanced Pyramid Scorecard. Die in diesem Buch auszugsweise dargestellten konkreten Richtlinien, Konzepte und Maßnahmen veranschaulichen den Praxisbezug der dreidimensionalen Sicherheitspyramide. Sie ist Vorreiter für systematisches, integratives, prozess-, ressourcen-, organisations-, produkt-, leistungs- und lebenszyklusimmanentes Sicherheits-, Kontinuitäts- und Risikomanagement. Sie ist im vorliegenden Buch mit ihrer Vorgehensweise sowie zahlreichen wichtigen Beispielen und Details beschrieben. Dennoch sind viele weitere Inhalte und Hilfsmittel der dreidimensionalen Sicherheits-, Kontinuitäts- und Risikomanagementpyramide hier nicht dokumentiert, da sie den Rahmen eines Buchs sprengen würden.

Durch die Methodik der dreidimensionalen Sicherheitspyramide können Sie die häufig unter dem Thema „Business-ICT-Alignment" angesprochene Konsistenz zwischen den Anforderungen des Unternehmens und seiner IKT, wofür ich den Begriff *geschäftszentrierte IT* geschaffen habe, im Hinblick auf Sicherheit, Kontinuität und Risiko herstellen und zwar sowohl für die IT als auch für die Non-IT (s. „Handbuch Unternehmenssicherheit"). Die Sicherheitspyramide ermöglicht hierbei den Aufbau einer umfassenden und durchgängigen Konsistenz zwischen den sicherheitsspezifischen Geschäftszielen des Unternehmens und all seinen Prozessen und Ressourcen, seinen Produkten und Dienstleistungen sowie seiner Organisation und den Lebenszyklen. Dies bezeichne ich umfassend als *Business-Safety-Security-Continuity-Risk-Alignment* (BSSCRA) bzw. BuSSeCoRA oder auch integrierend kurz: Business-Safety-Security-Alignment (BSSA {B, double S, A}) bzw. noch prägnanter Business-Security-Alignment (BSA).

Wer darüber hinaus die Ausrichtung des Gesamtunternehmens mit all seinen Prozessen, Ressourcen, Produkten, Dienstleistungen und Lebenszyklen sowie seiner Organisation auf die Geschäftsziele erreichen möchte, kann dies mit der von mir entwickelten Unternehmenspyramide bzw. Unternehmensmanagementpyramide. Dies bezeichne ich als Business-Process-Ressource-Organisation-Product-Service-and-Lifecycle-Alignment (BuPROPSeLiA). Als Kurzform habe ich den Begriff *Business Enterprise Alignment* (BEA, BEntA) bzw. Business Enterprise Linkage (BEL) geprägt.

Die folgende Liste ordnet den verschiedenen Themen der Sicherheitspyramide in der darunter liegenden Aufzählungsebene beispielhaft vorhandene, in Entwicklung befindliche und angekündigte sowie frühere Normen, Standards und Practices zu. Im Anschluss daran sind Entwicklungen bei Normen, Standards und Practices in Bezug zur Sicherheitspyramide gesetzt.

◻ Anschauliches, systematisches, durchgängiges und integratives Vorgehensmodell zum RiSiKo-Management

   ◻ Erfordernis, eine Vielzahl unterschiedlicher Normen und Normenfamilien zu kombinieren sowie in Teilen zu ergänzen.

◻ Sicherheitshierarchie

   ◻ Die ISO 27003:2010 im Anhang D und die BSI-IT-Grundschutzkataloge seit Ende 2005 (M 2.338) sprechen Teilbereiche einer Sicherheitshierarchie an. Die Maßnahme M 2.338 der BSI IT-GSK stellt einen rudimentären hierarchischen Aufbau aus drei Ebenen mit Unterebenen in Dreiecksform dar, der Parallelen zur Sicherheitshierarchie der Sicherheitspyramide aufweist.

◻ Sicherheits-, Kontinuitäts- und Risikopolitik, die RiSiKo-Politik u. a. mit der Nennung von Prinzipien

   ◻ Die ISO 27001:2013 fordert eine Informationssicherheitspolitik (Information security policy).

   ◻ Die ISO 27002:2013 geht ein auf die Informationssicherheitspolitik (Information security policy) und die dortige Nennung von Prinzipien.

   ◻ Die ISO 27003:2010 nennt im Anhang D die Sicherheitspolitik (Security Policy) und die Informationssicherheitspolitik (Information Security Policy) und verweist darauf, dass die ISO 27001:2005 sowohl eine ISMS-Politik als auch eine Information Security Policy fordert.

   ◻ Die ISO 22301:2012 verlangt eine BC-Politik.

   ◻ Die ISO/PAS 22399:2007 fordert eine IPOCM-Politik.

◻ sicherheits-, kontinuitäts- und risikobezogene Anforderungen einschließlich weiterer (architekturrelevanter) Informationen

   ◻ Der BSI-Standard 100-2 beschreibt ein Vorgehen zur Erhebung des Schutzbedarfs.

   ◻ Die ISO 22301:2012 beschreibt überblicksartig die Business Impact Analysis.

   ◻ Die ISO/IEC 27002:2013 empfiehlt aus Gründen der Effizienz, Sicherheitsaspekte bei der Business Impact Analysis für das BCM mitzuerheben.

◻ Transformation und Merkmale

   ◻ Die ISO/IEC 27005:2011 erläutert das Information security risk management und geht ein auf die Risikoidentifikation mit der Identifizierung von Bedrohungen und Schwachstellen sowie der Risikobehandlung.

◻ Architektur einschließlich prinzipiellen Anforderungen, prinzipiellen Bedrohungen, Prinzipien sowie Prozessen, Ressourcen und Organisation

   ◻ Die ISO/IEC 27003:2010 fordert die Erhebung der Prozesse einschließlich der Prozesse, die Input liefern und Output abnehmen sowie der ISMS-relevanten Assets.

   ◻ ISO/IEC 19770-1:2012 beschreibt die grundlegenden Prozesse für das Bestandsmanagement von Software und die Konformitätsbewertung in vier Schichten (tiers).

   ◻ Der BSI-Standard 100-2 behandelt mit der Modellierung des IT-Verbunds einen Teilbereich der Architekturebene.

   ◻ Die IT-Grundschutzkataloge des BSI, Stand 2013, enthalten umfangreiche Gefährdungs- und Maßnahmenkataloge.

- ☐ Die ISO/IEC 27002:2013 fordert eine clear desk und clear screen policy, bei denen es sich entsprechend der Nomenklatur der Sicherheitspyramide um Prinzipien handelt.

☐ Richtlinien, Konzepte und Maßnahmen

- ☐ Die ISO/IEC 27002:2013 geht u. a. ein auf die personelle Sicherheit (Human resources security), die physische und Umgebungssicherheit sowie die Zugangs- und Zugriffskontrolle.

- ☐ Die ISO 27003:2010 nennt im Anhang D detaillierte Policies (Detailed Policies), die vorrangig der Richtlinienebene der Sicherheitspyramide entsprechen.

- ☐ Die IT-Grundschutzkataloge des BSI, Stand 2013, beinhalten sehr umfangreiche Baustein-, Gefährdungs- und Maßnahmenkataloge.

☐ Konformitätsmanagement (Compliance Management)

- ☐ Die ISO 27002:2013 behandelt das Thema Compliance in einem eigenen Kapitel.

☐ Prozesse einschließlich IT-Prozesse und deren Sicherheitsanforderungen

- ☐ Die ISO/IEC 20000-1:2011 und ITIL® beschreiben IT-Prozesse sowie die Prozesse für das Information Security und IT Service Continuity Management und damit Teile jener IT-Prozesse, die in der Sicherheitspyramide enthalten sind.

- ☐ Die ISO 27002:2013 behandelt das Asset Management, das Änderungs- und das Kapazitätsmanagement sowie das Management informationssicherheitsrelevanter Ereignisse und informationssicherheitsrelevante Aspekte der Geschäftskontinuität. Außerdem spricht sie die personelle Sicherheit an (Personalmanagement).

- ☐ Die ISO 27013:2012 gibt Anleitung zur integrativen Implementierung der ISO/IEC 27001 und der ISO/IEC 20000-1. Die Autoren der ISO-27000-Familie schlagen damit einen ähnlichen Weg ein, wie ihn die Sicherheitspyramide vorgezeichnet hat.

- ☐ Die ISO 27031:2011 beinhaltet Richtlinien für die Bereitschaft der IKT im Hinblick auf die Geschäftskontinuität.

- ☐ Die ISO 27035:2011 widmet sich dem Prozess Information Security Incident Management.

- ☐ Die geplante ISO 27036, deren Teil 3 im Jahr 2013 erschienen ist, soll Richtlinien für die Sicherheit beim Outsourcing bzw. im Hinblick auf Lieferantenbeziehungen (supplier relationship) bereitstellen.

□ Die ISO/PAS 22399:2007 geht ein auf das Vorbereitetsein auf kontinuitäts-relevante Ereignisse (Incident Preparedness), wie Betriebsunterbrechungen, Notfälle und Krisen, und das Operational Continuity Management.

□ Die ISO 22301:2012 beschreibt die Anforderungen an Management Systeme für Business Continuity.

□ Der BSI-Standard 100-4, Version 1.0 vom November 2008 befasst sich mit dem Notfallmanagement.

□ Lebenszyklus von IT-Prozessen, IT-Ressourcen einschließlich IT-Systemen, IT-Produkten und IT-Leistungen (Services)

□ Die ITSEC/CC und die darauf basierende ISO 15408 enthalten ein Lebens-zyklusmodell für IT-Produkte und -Systeme.

□ Die ISO 13335-1 spricht im Jahr 2004 ansatzweise das Thema Lebenszyklus-Management an.

□ Die ISO 27002:2013 führt aus, dass Informationssicherheit über den gesam-ten Lebenszyklus ein Bestandteil von Informationssystemen sein sollte.

□ Die ISO/IEC 27034-1:2011, Overview and concepts, sowie die in Entwicklung befindlichen weiteren Teile der ISO 27034 sollen Sicherheit in Prozesse des Applikationsmanagements integrieren.

□ In den Bausteinen der IT-Grundschutzkataloge vom November 2005 hat das BSI erstmals das Thema Lebenszyklus mit BSI-spezifischen Phasen aufge-nommen.

□ Im BSI-Standard 100-1, Version 1.0 vom Dezember 2005 findet sich der Be-griff Lebenszyklus mit den BSI-spezifischen Phasen ebenfalls.

□ In den BSI-IT-Grundschutzkatalogen findet sich seit Ende 2006 in Form der Maßnahme M 2.378, System-Entwicklung, eine überblicksartige Beschrei-bung mit lebenszyklusorientierten Ausführungen, die sich angabegemäß am V-Modell sowie teilweise an den Vorgaben der ITSEC/CC orientieren.

□ ITIL®, Version 3, führt im Jahr 2007 einen IT-Service-Lebenszyklus {Lebens-zyklus Leistungen/Dienste} ein.

□ COBIT® 5 für Information Security sieht einen Lebenszyklus für jeden Enab-ler vor.

□ Sicherheitsregelkreis mit Prüfungen sowie Balanced Pyramid Scorecard

□ Die ISO 27001:2013 fordert die Bewertung der Leistungsfähigkeit und Effek-tivität des ISMS einer Organisation durch Monitoring, Messung und Analy-se sowie interne Audits und Management Reviews und spricht in Anhang A Kontrollziele und Kontrollen an.

- ☐ Die ISO 27004 gibt seit 2009 Anleitung zum Aufbau von Messverfahren für das Informationssicherheitsmanagement (ISM).

- ☐ COBIT® 5 benennt eine Vielzahl von Metriken.

- ☐ Die Balanced Scorecard beschreibt ein allgemeines mehrdimensionales Steuerungssystem mit Leistungskennzahlen {KPI}.

☐ PDCA-orientierter Sicherheits-, Kontinuitäts- und Risikomanagementprozess (SiKoRi- bzw. RiSiKo-Prozess)

- ☐ Die ISO 22301:2012 beschreibt ein PDCA-Modell für die Prozesse des Business Continuity Management Systems (BCMS).

- ☐ Die ISO 27001:2013 besitzt gegenüber der Ausgabe aus dem Jahr 2005 auf oberster Kapitelebene eine neue Gliederungsstruktur, die sich auf den PDCA-Zyklus abbilden lässt.

- ☐ Die ISO 27005:2011 ordnet die Elemente des Information Security Risk Management Prozesses den PDCA-Phasen des ISMS zu.

- ☐ Der BSI-Standard 100-2 beschreibt eine Vorgehensweise für den IT-Sicherheitsprozess und für den Aufbau des IT-Sicherheitsmanagements.

☐ integratives Sicherheits-, Kontinuitäts- und Risiko- sowie Datenschutz- und Compliancemanagement einschließlich weiterer Begleitprozesse

- ☐ Die ISO 27001:2013 behandelt das Informationssicherheitsmanagement sowie die Risikobewertung und -behandlung und enthält im Anhang A Kontrollen zum Sicherheitsmanagement, zu IS-Aspekten beim BCM und zu Compliance

☐ Berücksichtigung der gesetzlichen, aufsichtsbehördlichen, normativen und vertraglichen Konformität (Compliance)

- ☐ Die ISO 22301:2012 fordert die periodische Compliance-Bewertung in Bezug auf Gesetze und regulatorische Anforderungen.

- ☐ Die ISO 27001:2013 nennt Kontrollen im Hinblick auf Compliance.

- ☐ Die ISO 27002:2013 geht auf Compliance ein.

- ☐ Die ISO 27005:2011 streift verschiedentlich das Thema Compliance bzw. das Risiko der Non-Compliance.

In der Hierarchieebene Richtlinien wurden im Buch „IT-Sicherheit mit System" [3] im Jahr 2003 u. a. *beispielhafte Richtlinien* angegeben. Sie beziehen sich auf die E-Mail-Nutzung, den Virenschutz, die Datensicherung und die Notfall- und Katastrophenvorsorge.

Das deutsche Bundesamt für Sicherheit in der Informationstechnik (BSI) hat ein Jahr später, im Juni 2004, ebenfalls verschiedene **Beispielskonzepte** bzw. Sicherheitsrichtlinien für wichtige Sicherheitsthemen veröffentlicht. Diese beziehen sich u. a. auch auf die E-Mail-Nutzung, den Computervirenschutz, die Datensicherung und die Notfallvorsorge und dürften sich in der Praxis als ähnlich hilfreiche Basis erweisen, wie die in meinen Büchern.

Ähnlich wie Ende Juli 2003 in „IT-Sicherheit mit System" [3] veröffentlicht, hat es sich laut dem später veröffentlichten und im Internet zum Zeitpunkt der Einsichtnahme datumsfreien BSI-Dokument „Zielgruppengerechte Vermittlung von IT-Sicherheitsthemen" bewährt, einen hierarchischen Aufbau von Richtlinien zu wählen. Dieser beginnt bei der Sicherheitsleitlinie mit Sicherheitszielen und -strategie. In der nächsten Ebene finden sich Richtlinien, z. B. zur Internetnutzung oder zum Virenschutz, die – wie auch bei der Sicherheitspyramide – nicht auf konkrete Produkte eingehen, um – wie es dort heißt – „zunächst die grundlegenden Voraussetzungen zu erarbeiten und Vorgaben zu kennen". Die dritte und unterste Ebene bilden die konkreten Maßnahmen, technischen Details und produktspezifischen Einstellungen.

Diese drei Ebenen sind dort – ähnlich der hierarchischen Dimension der Sicherheitspyramide – dreiecksförmig und hierarchisch dargestellt. Diese drei Ebenen im zuvor genannte BSI-Dokument bestätigen nach meiner Auffassung durch ihre **deutlichen prinzipiellen Analogien** zu den Ebenen Sicherheitspolitik, -ziele, -richtlinien, -konzepte und -maßnahmen der dreidimensionalen Sicherheitspyramide das Vorgehensmodell der Sicherheitspyramide. Letzteres enthält allerdings noch viele weitergehende Aspekte und wurde bereits Mitte der 90er Jahre des vorigen Jahrhunderts in komprimierter Form veröffentlicht [4]. In den IT-Grundschutzkatalogen vom November 2006 befindet sich erstmals die Abbildung eines dreistufigen hierarchischen Aufbaus im Kapitel M 2.338 sowie die dazugehörige Beschreibung.

In diesem Kontext erscheint mir eine zunehmende **internationale Standardisierung empfehlenswert**, damit die historisch entstandene und anhaltende Vielfalt in Form teils branchenübergreifender teils branchenspezifischer nationaler und internationaler Normen, (de-facto-) Standards und Good bzw. Best Practices sich in Zukunft in einer internationalen Norm bzw. Normenfamilie wiederfindet, auf die andere Werke, wie z. B. Practices verweisen können. Ziel müsste es sein, eine konsistente, ganzheitliche, durchgängige, systematische und anschauliche Vorgehensweise für das Informationssicherheitsmanagement zu entwickeln, ähnlich wie sie die dreidimensionale Sicherheitspyramide[Dr.-Ing. Müller] bietet. Meiner Meinung nach zeigt die stetig wachsende Zahl der Standards in der ISO-27000-Familie, dass sich die ISO auf dieses Ziel zubewegt. Der Verweis der MaRisk auf Normen der ISO-27000-Familie statt der Nennung individueller Regelungen geht in diese Richtung.

Weiterhin erscheint mir die *Schaffung integrativer Managementsysteme empfeh-lenswert*. Eine einheitliche und integrative Vorgehensweise zum Aufbau von Managementsystemen bietet das Pyramidenmodell®. Die ISO zielt mit ihrem neu geschaffenen Annex SL der ISO/IEC Directives, Part 1, Consolidated ISO Supplement, darauf ab, Managementsystemstandards nach einer einheitlichen übergeordneten Struktur aufzubauen sowie identische Textpassagen und einheitliche Definitionen zu verwenden.

Eine überblicksartige Darstellung von mir aus dem Jahr 2007 zum Thema Standards und Practices findet sich in [20]. Standards, Normen und Practices nennt darüber hinaus das entsprechende Verzeichnis gegen Ende des Buches.

5.12   Risikoanalyse mittels OCTAVE® Approach

Der OCTAVE® Approach [21] beschreibt ein Vorgehen zur *Risikoanalyse für Informationssysteme*, den das Software Engineering Institute (SEI) der Carnegie Mellon University entwickelt hat. OCTAVE® steht für Operationally Critical Threat, Asset and Vulnerability Evaluation. Eine derartige Risikoanalyse betrachtet die drei Komponenten des Risikos (s. Risikodreiklang), d. h. Bedrohungen, Werte und Schwachstellen. Das Vorgehen unterteilt sich in drei Phasen mit insgesamt acht Prozessen. Diese Methode ist anwendbar auf große Unternehmen (z. B. mehr als 300 Mitarbeiter) sowie als OCTAVE®-S für kleine Organisationen. OCTAVE® Allegro schließlich ist eine gestraffte Variante, die sich auf die Informationswerte konzentriert [22].

In der *Phase 1* von OCTAVE®, die aus 4 Prozessen besteht, erstellt das Analyse-Team die Bedrohungsprofile der informationsbezogenen Werte. Es ermittelt zuerst die wichtigen informationsbezogenen Werte und die derzeitigen Schutzmaßnahmen. Diese Informationen erhebt es beim Senior Management (Prozess 1), bei den Managern der operativen Ebene (Prozess 2) und bei den Mitarbeitern (Prozess 3). Dann wählt es kritische Werte (Assets) aus und beschreibt deren Sicherheitsanforderungen (Schutzbedarf). Schließlich identifiziert es die jeweiligen Bedrohungen und erstellt für jeden Wert ein Bedrohungsprofil (Prozess 4).

In der *Phase 2* erhebt das Analyse-Team die Schwachstellen der Infrastruktur. Hierzu identifiziert es einen repräsentativen Satz von IT-Komponenten, die den kritischen Werten zugeordnet sind, und definiert ein Vorgehen zu deren Bewertung (Prozess 5). Dann ermittelt das Team, wie widerstandsfähig jede Komponentenklasse ist (Prozess 6).

In der *Phase 3* identifiziert das Analyse-Team die Risiken der kritischen Werte (Prozess 7) und entwickelt eine Schutzstrategie zur Risikoreduzierung (Prozess 8). Weiterführende Informationen finden Sie in [23].

OCTAVE® Allegro zielt darauf ab, ohne tiefgehende Kenntnisse der Risikobewertung robustere Ergebnisse zu erreichen. Im Unterschied zu den anderen OCTAVE®-Methoden fokussiert sie sich auf die Informationswerte, deren Nutzung, Speicherung, Transport und Verarbeitung sowie darauf, welchen Bedrohungen, Verwundbarkeiten und Unterbrechungen sie dadurch ausgesetzt sind.

OCTAVE® Allegro besteht aus 8 Schritten, die in 4 Phasen gruppiert sind. Zuerst stellt die Organisation jene Treiber (Driver) auf, mit denen die Auswirkungen von Risiken auf den Geschäftszweck und die Geschäftsziele bewertet werden sollen. Diese werden in Kriterien zur Risikomessung abgebildet. Hiermit soll eine Konsistenz bei den Risikominderungsmaßnahmen erreicht werden. In der zweiten Phase werden die kritischen Informationswerte klar und konsistent einschließlich der Sicherheitsanforderungen beschrieben. Außerdem werden die Orte, die Information Asset Container, identifiziert, an denen sie gespeichert, transportiert oder verarbeitet werden. Die dritte Phase ermittelt – bezogen auf diese Orte – Bedrohungen. Zum Schluss erfolgt die Identifizierung und die Bewertung der Risiken und die Entwicklung eines Vorgehens zur Abmilderung der Risiken.

5.13 Reifegradmodelle

Zur Bewertung des Sicherheitsmanagements, des Kontinuitätsmanagements und des Risikomanagements gibt es verschiedene Ansätze mit unterschiedlichem Fokus. Das Systems Security Engineering – Capability Maturity Model® (SSE-CMM) [24] konzentriert sich auf die Prozesse, die zur Erreichung der IT-Sicherheit erforderlich sind, sowie auf die 5 Reifegradstufen. Es betrachtet hierbei den kompletten Lebenszyklus sicherer Produkte und Systeme.

Das Software Assurance Maturity Model (SAMM), bietet ein Rahmenwerk zur Softwaresicherheit und kennt 12 Sicherheitspraktiken mit jeweils drei Reifegradebenen.

Das Federal Information Technology Security Assessment Framework [25] des NIST kennt ebenfalls fünf Level der IT-Sicherheit. Es betrachtet die Sicherheitspolitik, Prozeduren zu ihrer Implementierung, die Implementierung und Prüfung bis hin zu einem umfassenden und integralen Sicherheitsprogramm.

Die Control Objectives for Information and related Technology (COBIT® 5), geben für jeden Prozess ein – inklusive Level 0 – sechsstufiges Reifegradmodell (Maturity Model) an.

Die Unterkapitel behandeln folgende Themen:

1. Systems Security Engineering – Capability Maturity Model®
2. Software Assurance Maturity Model – SAMM

3. Federal Information Technology Security Assessment Framework

4. Maturity Model nach COBIT®

5.13.1 Systems Security Engineering – Capability Maturity Model®

Das Systems Security Engineering – Capability Maturity Model® [24] (SSE-CMM®) (s. a. ISO/IEC 21827) ist ein *Prozess-Referenzmodell*. Es fokussiert sich auf jene Anforderungen, die erforderlich sind, um Sicherheit in einzelne oder zusammenhängende IT-Systeme zu implementieren. Der Schwerpunkt liegt auf der Prozesssicht, d. h. den Prozessen, die zur Erreichung der IT-Sicherheit erforderlich sind, sowie auf deren Reifegrad. Hierbei liegt der komplette Lebenszyklus sicherer Produkte und Systeme von der Konzeptdefinition über die Anforderungsanalyse, Design, Entwicklung, Integration, Installation, Betrieb und Wartung bis hin zur Außerbetriebnahme im Fokus.

SSE-CMM® unterteilt den *Security-Engineering-Prozess* in drei Basisbereiche: Risiko-, Engineering- und Sicherungsprozess.

Im *Risikoprozess* werden Bedrohungen, Schwachstellen und deren Auswirkungen betrachtet. Der *Security-Engineering-Prozess* durchläuft die Phasen Konzept, Design, Implementierung, Test, Verteilung, Betrieb, Wartung und Außerbetriebnahme. Der *Sicherungsprozess* konzentriert sich auf das Vertrauen in die Wiederholbarkeit der Ergebnisse des Security-Engineering-Prozesses. Je reifer eine Organisation ist, desto wahrscheinlicher ist es, dass sie wieder zu den gleichen Ergebnissen gelangt. Außerdem stellt der Prozess das Vertrauen dafür her, dass die implementierten Kontrollen die erwarteten Risiken reduzieren.

Die *Architektur des SSE-CMM®* soll die Bestimmung des prozessualen Reifegrads einer Security-Engineering-Organisation ermöglichen. Ziel ist es hierbei, grundlegende Charakteristiken des Security-Engineering-Prozesses von Management- und Institutionalisierungs-Charakteristiken zu trennen. Daher besitzt das Modell die zwei Dimensionen Domäne/Gebiet (Domain) und Fähigkeit (Capability).

Die *Dimension Domäne* besteht aus all jenen Praktiken, die insgesamt das Security-Engineering definieren und für dieses spezifisch sind. Diese werden als Basispraktiken bezeichnet. Die Dimension Fähigkeit repräsentiert jene Praktiken, die Indizien für die Fähigkeit zum Prozessmanagement und zur Institutionalisierung darstellen. Diese Praktiken werden als generische Praktiken bezeichnet, da sie sich in einer Vielzahl von Bereiche anwenden lassen.

Das SSE-CMM® umfasst 129 *Basispraktiken*, die in 22 Prozessbereichen organisiert sind. 61 Basispraktiken in 11 Prozessbereichen umfassen die Hauptgebiete des Security-Engineering. Die verbleibenden 68 Basispraktiken, ebenfalls in 11 Prozessbereichen, adressieren die Gebiete Projekte und Organisation.

Generische Praktiken sind zu logischen Gebieten gruppiert, die in fünf Fähigkeits-
ebenen unterteilt sind. Im Gegensatz zu den Basispraktiken sind die generischen
Praktiken nach ihrem Reifegrad sortiert.

Die *fünf Reifegrad-Ebenen* lauten:

Level 1: „Performed informally"

Level 2: „Planned and Tracked"

Level 3: „Well Defined"

Level 4: „Quantitatively Controlled"

Level 5: „Continuously Improving"

5.13.2 Software Assurance Maturity Model

Das Software Assurance Maturity Model, SAMM 1.0, stellt ein Rahmenwerk dar,
mittels dessen Unternehmen ihre Strategie zur Softwaresicherheit festlegen und
umsetzen können. Es basiert auf einem Projekt der OWASP (The Open Web Application Security Project). Das Modell ist unabhängig von der Unternehmensgröße
und dem Entwicklungsvorgehen.

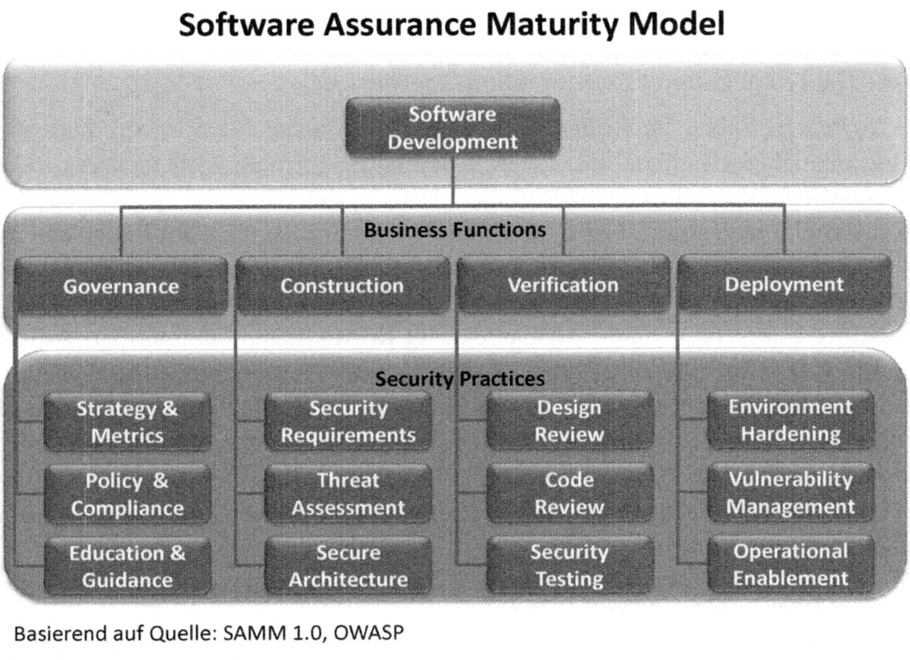

Basierend auf Quelle: SAMM 1.0, OWASP

Abbildung 5-6: Software Assurance Maturity Model

SAMM unterstützt bei:

☐ der Bewertung vorhandener Softwaresicherheitspraktiken

☐ dem Aufbau eines ausgewogenen iterativen Programms zur Softwaresicherheit

☐ dem Aufzeigen konkreter Verbesserungsmaßnahmen

☐ der Festlegung und Messung sicherheitsrelevanter Aktivitäten.

SAMM stellt darüber hinaus Vorlagen für Roadmaps für übliche Unternehmensarten bereit.

Das Modell geht von vier Geschäftsfunktionen aus, denen jeweils drei Sicherheitspraktiken zugeordnet sind, wie die Abbildung zeigt. SAMM legt für jede der 12 Sicherheitspraktiken drei Reifegradebenen fest.

5.13.3 Information Technology Security Assessment Framework

Das Federal Information Technology Security Assessment Framework [25] des NIST kennt die folgenden *5 Level*:

Level 1: Documented Policy

Level 2: Documented Procedures

Level 3: Implemented Procedures and Controls

Level 4: Tested and Reviewed Procedures and Controls

Level 5: Fully integrated Procedures and Controls.

Welche Inhalte haben diese Ebenen? Die Level-1-Kriterien beschreiben die Komponenten einer Sicherheitspolitik. Level 2 beinhaltet formale, vollständige und gut dokumentierte Prozeduren zur Implementierung der Sicherheitspolitik aus Level 1. Auf Level 3 sind die IT-Sicherheitsprozeduren und -kontrollen konsistent zueinander implementiert und trainiert. Level 4 des Rahmenwerks beinhaltet die regelmäßige Prüfung der Angemessenheit und Effektivität der Sicherheitspolitik, -prozeduren und -kontrollen sowie effektiver Korrekturmaßnahmen zur Adressierung identifizierter Schwachstellen. Zu Level 5 des Rahmenwerks gehört ein umfassendes Sicherheitsprogramm, das integraler Bestandteil der Organisationskultur ist. Entscheidungen basieren auf Kosten, Risiken und Auswirkungen. Es erfolgt eine Orientierung am Lebenszyklus. Best Practices werden kontinuierlich identifiziert und institutionalisiert. Metriken über den Status des Sicherheitsprogramms sind etabliert und erfüllt.

5.13.4 Maturity Model nach COBIT® 5

COBIT® 5 [18], das in einem vorangegangenen Kapitel bereits beschrieben wurde, ist auf die Governance und das Management der Enterprise IT ausgerichtet. Es stellt ein Prozessreifegradmodell (Maturity Model) bereit, das aus sechs Stufen besteht. Mit Ausnahme der Stufe 0 müssen zur Erreichung einer Stufe vorgegebene Performance-Attribute (PA) erfüllt sein. Die *sechs Reifegrad-Ebenen* lauten:

☐ Level 0: „Incomplete process"
In dieser Ebene ist der Prozess nicht vorhanden oder erfüllt seinen Zweck nicht. Darüber hinaus gibt es kaum Anzeichen dafür, dass der Zweck des Prozesses auf systematische Weise erreicht wird.

☐ Level 1: „Performed process"
Der Prozess erfüllt seinen Zweck, das Attribut Process Performance ist erfüllt.

☐ Level 2: „Managed Process"
Der in Level 1 genannte „Performed process" ist nun so implementiert, dass er durch Planung, Überwachung und Anpassung gesteuert werden kann. Die Prozessergebnisse sind angemessen, werden überwacht und gewartet. Die PAs Performance Management und Work Product Management sind erfüllt.

☐ Level 3: „Established Process"
Der zuvor genannte „Managed process" ist nun in Form eines festgelegten Prozesses so implementiert, dass er in der Lage ist, die Prozessergebnisse zu liefern.

☐ Level 4: „Predictable Process"
Der zuvor genannte „Established process" läuft nun innerhalb festgelegter Grenzen, um die Prozessergebnisse zu liefern.

☐ Level 5: „Optimising Process"
Der zuvor genannte „Predictable process" unterliegt einer kontinuierlichen Verbesserung, um aktuelle und geplante Geschäftsziele zu erreichen.

5.13.5 Zusammenfassung

Zur Reifegradbestimmung der IT-Sicherheit existieren u. a. das Systems Security Engineering – Capability Maturity Model® (s. a. ISO/IEC 21827), ein Prozess-Referenzmodell mit fünf Stufen, und das fünfstufige Reifegradmodell des NIST in Form des Federal Information Technology Security Assessment Framework. Das Software Assurance Maturity Model bietet für jede der 12 Sicherheitspraktiken drei Reifegradebenen.

Das COBIT®-5-Prozessreferenzmodell besteht aus den beiden übergreifenden Prozessdomänen Governance und Management sowie insgesamt 37 Prozessen. COBIT® 5 definiert zusätzlich zur Stufe 0 fünf Reifegradstufen. Zu den Prozessen gehören das Sicherheits-, das Kontinuitäts- und das Risikomanagement.

5.14   Federated Identity Management

Ende Dezember 2001 formierte sich die *„Liberty Alliance"*, der im Jahr 2009 weltweit mehr als 150 Unternehmen, Non-Profit-Organisationen und Regierungsstellen angehören. Sie entwickelt *offene Standards für ein föderiertes netzbasiertes Identitätsmanagement* (Federated Identity Management).

Basis des Konzepts [26] ist die *föderierte Netzidentität* (Federated Network Identity) und der Vertrauenszirkel (Circle of Trust). Die Identität [27] besteht aus Eigenschaften, Attributen und Präferenzen, auf deren Basis der Nutzer personalisierte Services über unterschiedliche Medien erhalten möchte.

Zu den Eigenschaften zählen behördliche Identitäten, wie Ausweis, Pass, Führerschein, Sozialversicherungsnummer, firmenspezifische Identitäten, wie Sign-in-Informationen, und biometrische Merkmale, wie Fingerabdrücke oder Retina-Scans. Zu Attributen und Präferenzen gehören u. a. Reisepräferenzen, wie z. B. Fensterplatz/Gangsitz, Raucher/Nichtraucher, Abteilwagen/Großraumwagen (sogenannte Gegenwörter), aber auch Hobbys, musikalische Präferenzen, z. B. Jazz oder Klassik, Einkaufsvorlieben, Geldanlagepräferenzen etc. Der Benutzer kann seine föderierte Netzidentität, d. h. sein dort gespeichertes persönliches Profil selbst konfigurieren und bestimmen, welchem Provider welche Informationen zugänglich sein sollen.

Service- und Identitäts-Provider [28] bilden auf Basis der Liberty-Technologie einen Vertrauenszirkel und haben Geschäftsvereinbarungen miteinander. Der Vertrauenszirkel ermöglicht den föderierten Austausch spezifischer Nutzerdaten und das Single Sign-on.

Was bedeutet die Umsetzung des Liberty-Konzepts in der Praxis (s. a. [29])? Angenommen, eine Fluggesellschaft, eine Bahnlinie, ein Autovermieter und ein Hotel bilden einen Vertrauenszirkel. Ein Kunde habe bei jedem dieser Unternehmen ein Benutzerkonto mit Benutzerkennung, Passwort und seinem persönlichen Profil. Dieser Kunde möchte nun eine Reise buchen, bei der er per Bahn zum Flughafen fährt, von dort zu seinem Zielort fliegt, für dort einen Wagen mieten und ein Hotel buchen möchte. Er meldet sich bei der Bahnlinie an und ordert ein Ticket. Auf der Webseite der Bahnlinie befinden sich Links zu den Webseiten der anderen Mitglieder des Vertrauenszirkels. Der Benutzer klickt den Link zur Fluggesellschaft an und meldet sich an. Die Fluggesellschaft weiß, dass er von der Website der Bahnlinie kommt und bietet an, sein Benutzerkonto mit dem der Bahnlinie zu verbinden, so dass er zukünftig nur noch ein einmaliges Sign-on benötigt. Der Kunde kann dies sowohl hier als auch bei den anderen Mitgliedern des Vertrauenszirkels durchführen. Außerdem soll er die Möglichkeit erhalten, festzulegen, wer auf welche Daten zugreifen kann. Für den Benutzer vereinfacht dies die Pflege seines persönlichen Netzprofils und ermöglicht ihm ein Single Sign-on.

Die Spezifikationsarchitektur [27] für das föderierte Identitätsmanagement der Liberty Alliance besteht aus den folgenden Rahmenwerken:

□ Liberty Identity Federation Framework (ID-FF) [28],

□ Liberty Identity Web Services Framework (ID-WSF) [30] [31],

□ Liberty Identity Services Interface Specifications (ID-SIS) [32].

Einen Überblick über ID-WSF und ID-SIS gibt der Liberty Web Services Overview [33].

Die Spezifikationsarchitektur baut auf bestehenden Standards auf, wie z. B. SAML, http, WSS, WSDL, XML, SSL/TLS, SOAP. Produkte für das föderierte Identitätsmanagement (Federated Identity Management) sind am Markt verfügbar.

Die Arbeiten und Unterlagen des Liberty Alliance Project sind im Jahr 2009 übergegangen auf die Kantara Initiative.

Die Mitglieder der Kantara Initiative verabschiedeten am 07.02.2013 die Version 3.0 des Identity Assurance Framework (IAF) [34], das aus sieben Dokumenten besteht. IAF ermöglicht es, die Vertrauenswürdigkeit der elektronischen Identitätsnachweise von Dritten auf Basis gemeinsamer Assurance Level einzuschätzen. IAF spezifiziert hierzu die Prüfungen, die Zertifikationsdienstleister (Credential Service Providers, CSPs) durchführen, und wie sie ihre Dienstleistungen erbringen und wie sie von akkreditierten Prüfern bewertet werden.

5.15 Architekturen

5.15.1 Serviceorientierte Architektur (SOA)

Die *serviceorientierte Architektur (Service Oriented Architecture {SOA})* [35] besteht aus modularen voneinander unabhängigen und lose miteinander gekoppelten Services, deren Eigentümer unterschiedlich sein können. Ihre Ausgestaltung orientiert sich an den Anforderungen der Geschäftsprozesse, also nicht an der IT, sondern an der Geschäftslogik.

Eine gewünschte Geschäftslogik bzw. Funktionalität realisiert SOA durch die *Orchestrierung*, d. h. die Zusammenstellung von Services und ihre Abfolge. Dies reduziert die Neuentwicklung. So sollen erfolgskritische Kernprozesse, die zum Erhalt des Innovationsvorsprungs kontinuierlich anpassbar und schnell änderbar sein sollen, zeitnäher in Produktion gehen können. Die Kunst besteht hierbei darin, die Dienste so festzulegen, dass sie sich als Bausteine zur Realisierung unterschiedlicher Geschäftslogiken bzw. Funktionalitäten nutzen lassen. Damit stellt sich eine vergleichbare Aufgabe wie in der Objektorientierung, bei der es um die Konzeption geeigneter Objekte geht.

Die Services lassen sich über standardisierte Schnittstellen, die Service Interfaces, miteinander verknüpfen. Die Kommunikation der Services untereinander heißt *Konversation*. Hierbei merkt sich der jeweilige Service den Status, in dem er sich innerhalb einer Interaktion beim Austausch mehrerer Nachrichten befindet.

Die *Choreografie* schließlich beschreibt die Abfolge der Nachrichten. Das World Wide Web Konsortium (W3C®) erläutert in seinem Web Services Glossary vom 11. Februar 2004, dass Transaktionen zwischen Web Services aus verschiedenen einzelnen Interaktionen zusammengesetzt sein können. Diese Komposition aus Interaktionen, ihre Nachrichtenprotokolle und Schnittstellen, ihre Reihenfolge und die damit verbundene Logik definiert das W3C® als Choreografie

Der Einsatz weitgehend vorhandener, erprobter, standardisierter und (hoffentlich) sicherer Services unterstützt die Agilität eines Unternehmens und erhöht dessen Flexibilität. Gleichzeitig verringern erprobte Services die Entwicklungszeiten und das potenzielle Fehlerrisiko gegenüber Neuentwicklungen. Darüber hinaus können Unternehmen als Service-Consumer jene Services nutzen, die von Service-Providern bereits angeboten werden. Außerdem reduziert die Mehrfachnutzung von Diensten die Entwicklungs- und Wartungskosten und erleichtert die Wartung. Andererseits können sich Sicherheitslücken in einem Dienst oder beim Nachrichtenaustausch gravierend auswirken, da er von einer Vielzahl anderer genutzt wird.

Nicht verloren gehen darf der *Überblick über die vorhandenen Services und deren Eigenschaften*. Hierzu ist zweierlei erforderlich: zum einen die Kenntnis der Services und ihrer Schnittstellen und zum anderen die genaue Beschreibung der Services einschließlich ihrer Sicherheitsniveaus je Sicherheitskriterium.

Einen Überblick über die Services und ihre Schnittstellen, wie er insbesondere auch zur Laufzeit in Produktion erforderlich ist, liefert beispielsweise eine Registry. Für detailliertere Informationen über die jeweiligen Dienste ist ein Repository notwendig, das die Dienste auch kategorisiert. Es unterstützt primär die Entwicklungsphasen von der Konzeption über die Implementierung bis zur Wartung.

Registries lassen sich durch UDDI (Universal Description, Discovery and Integration), einen Verzeichnisdienst, erstellen. UDDI repräsentiert einen Standard der OASIS®, der Organization for the Advancement of Structured Information Standards. UDDI spezifiziert Protokolle, mit denen sich ein Verzeichnis von Web-Services erstellen lässt, ferner Methoden zur Zugangs- und Zugriffsregelung. UDDI unterstützt darüber hinaus die digitale Signatur von UDDI-Daten mittels XML digital Signature. Mittels UDDI können Provider ihre angebotenen Dienste und deren technische Schnittstellen bekannt machen sowie potenzielle Nutzer diese finden.

Im Oktober 2006 hat OASIS® das *Referenzmodell für eine serviceorientierte Architektur (SOA)* in Form des „Reference Model for Service Oriented Architecture", Version 1.0, verabschiedet. Es stellt ein Rahmenwerk dar und dient dazu, die wesentlichen Entitäten und deren Beziehungen untereinander zu verstehen. Außerdem soll es als Grundlage für die Entwicklung konsistenter Standards oder Spezifikationen für diese Umgebung sowie zur Erklärung und zum Training von SOAs dienen. Architekten können das Referenzmodell verwenden, um serviceorientierte Architekturen zu entwickeln.

SOA nutzt in der Regel die Standards für Web-Services. Hierbei beschreibt die *Web Services Description Language des W3C®, kurz WSDL*, die Dienste. Das Simple Object Access Protocol (SOAP) des W3C® spezifiziert den Informationsaustausch zwischen den Diensten.

WSDL, Version 2.0, Stand 26. Juni 2007, spezifiziert die XML-Sprache zur Beschreibung sowohl der abstrakten Funktionalität als auch der konkreten Details von Web-Services. Zur abstrakten Beschreibung gehört die Art der gesendeten und empfangenen Nachrichten sowie deren Reihenfolge.

Das *Simple Object Access Protocol (SOAP)*, Version 1.2, 2. Ausgabe, vom 27. April 2007, ist ein Protokoll des W3C® zum Austausch strukturierter Informationen in einer dezentralen und verteilten Umgebung. Es spezifiziert ein erweiterbares Rahmenwerk zum Nachrichtenaustausch unter Nutzung von XML-Technologien.

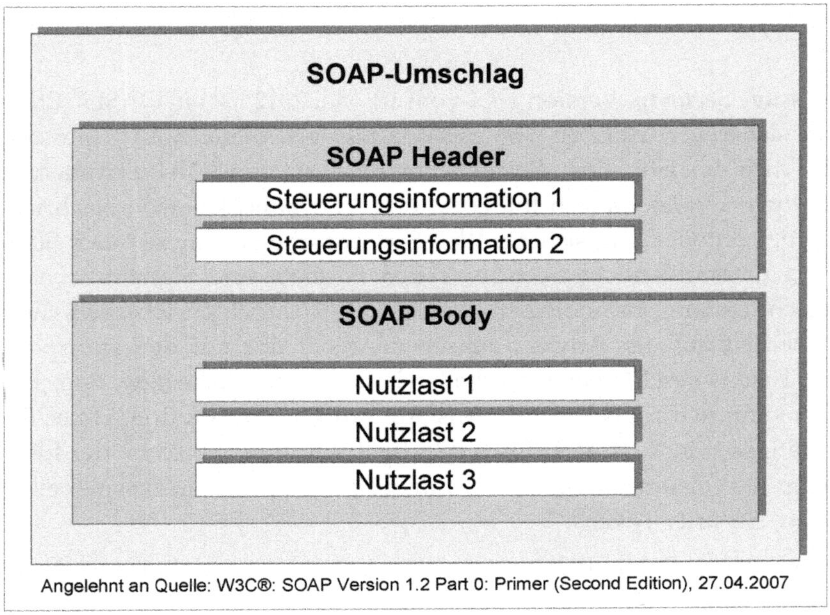

Angelehnt an Quelle: W3C®: SOAP Version 1.2 Part 0: Primer (Second Edition), 27.04.2007

Abbildung 5-7:   Struktur einer SOAP-Nachricht (Beispiel)

Teil 1 der Spezifikation definiert den SOAP-Umschlag (Envelope) und das Rahmenwerk. Der Umschlag setzt sich zusammen aus einem Header und einem Body. Die Nutzlast befindet sich im Body.

Der optionale Header kann Zusatzinformationen enthalten, die nicht zur Nutzlast gehören. Dies können Steuerungsinformationen an einzelne SOAP-Knoten, die sogenannten SOAP-Zwischenstationen (SOAP-Intermediaries), sein, die sich auf dem Pfad zwischen Sender und Empfänger befinden. SOAP-Zwischenstationen können auf diese Weise angeforderte Zusatzleistungen erbringen, die sich z. B. auf das Routing oder die Verschlüsselung beziehen. SOAP-Knoten können Header prüfen, einfügen, löschen oder weiterleiten.

Die Inhalte von Header und Body hängen zwar von der Applikation ab, jedoch beschreibt SOAP, wie diese zu verarbeiten sind. Das Rahmenwerk spezifiziert die Anbindung von SOAP an darunter liegende Protokolle.

SOAP Teil 2 definiert das Datenmodell für SOAP sowie ein Darstellungsschema für Datentypen. Außerdem konkretisiert er die Anbindung von SOAP an http entsprechend dem Rahmenwerk aus Teil 1.

Zum Schutz von Services untereinander und zum Schutz des Nachrichtenaustauschs zwischen Services hat OASIS® die *Web Services Security (WSS)* entwickelt. Diese beinhaltet die Core Specification (WSS: SOAP Message Security), das SOAP with Attachments Profile und verschiedene Token Profiles. Darüber hinaus hat OASIS® die Standards WS-Trust, WS-SecurityPolicy und WS-SecureConversation verabschiedet.

WSS SOAP Message Security, Version 1.1.1 vom 18. Mai 2012, ist ein OASIS®-Standard, der dem sicheren Austausch von SOAP Messages dient. SOAP Message Security ist eine XML-Spezifikation, die einen Standardsatz von SOAP-Erweiterungen definiert. Durch ihn lassen sich Integrität und Vertraulichkeit von Nachrichteninhalten bei der Entwicklung sicherer Web-Services implementieren. Der Standard unterstützt unterschiedliche Security Token Formate und Signaturen, verschiedene Verschlüsselungstechnologien sowie E2E-Nachrichtensicherheit, also Nachrichtensicherheit auf der Anwendungsebene, nicht nur auf der Transportebene. Security Tokens beschreiben sicherheitsrelevante Ansprüche bzw. Berechtigungen. Hierfür kann sich ein Dritter, eine Instanz (Authority), verbürgen bzw. die Richtigkeit bestätigen. Ein X.509-Zertifikat, das die Zuordnung zwischen der Identität einer Person und einem öffentlichen Schlüssel bestätigt, ist ein Beispiel eines „unterzeichneten" Security Token.

Folgende Token Profiles sind im Rahmen der WSS, Version 1.1.1, definiert:

☐ SOAP Messages with Attachments (SwA) Profile,
    beschrieben im gleichnamigen OASIS®-Standard, Version 1.1.1, 18.05.2012,

Spezifikation, wie ein Nutzer von Web Services SOAP Attachments vom Sender bis zum Empfänger (E2E) im Hinblick auf Integrität, Vertraulichkeit und Authentizität durch Nutzung von SOAP Message Security absichern kann und wie der Empfänger solche Nachrichten verarbeiten kann. Mit WSS SwA können Unternehmen Nicht-XML-Daten in Form von Attachments versenden und absichern.

☐ Username Token Profile,
beschrieben im gleichnamigen OASIS®-Standard, Version 1.1.1, 18.05.2012. Spezifikation des Username Tokens als Mittel zur Identifikation des Nutzers gegenüber dem Service Provider unter optionaler Verwendung eines Passwortes oder eines gemeinsamen Geheimnisses oder eines Passwort-Equivalents. Zum Schutz vor Replay-Attacken erstreckt sich die Spezifikation auch auf die optionale Nutzung einer Zufallszahl und eines ergänzenden Zeitstempels.

☐ Security Assertion Markup Language (SAML) Token Profile,
beschrieben im OASIS®-Standard „SAML Token Profile", Version 1.1.1, 18.05.2012.
Spezifikation von Mechanismen und Prozeduren zur Nutzung von SAML-Assertions als Security Token, insbesondere zur Verifizierung eines Subjekts und seiner Ansprüche.

☐ X.509 Certificate Token Profile,
beschrieben im gleichnamigen OASIS®-Standard, Version 1.1.1, 18.05.2012. Spezifikation der Syntax und Verarbeitungsregeln bei der Nutzung von X.509-Zertifikaten, einem ITU-T-Standard für eine Public-Key-Infrastruktur (PKI), einem Standard für digitale Zertifikate, mit WSS SOAP Message Security.

☐ Kerberos Token Profile
beschrieben im gleichnamigen OASIS®-Standard, Version 1.1.1, 18.05.2012. Spezifikation eines Profils zur Nutzung von Kerberos™, insbesondere zur Verschlüsselung von Kerberos™-Tokens (Service-Tickets und Authentisierungstickets), und deren Einbindung in SOAP Messages, so dass Dienste Tickets authentifizieren und mit bestehenden Kerberos™-Implementierungen zusammenarbeiten können.

☐ Rights Expression Language (REL) Token Profile,
beschrieben im gleichnamigen OASIS®-Standard, Version 1.1.1, 18.05.2012. Spezifikation von Syntax und Verarbeitungsregeln zur Nutzung der ISO/IEC 21000-5 Rights Expression Language zum Schutz geistigen Eigentums (Intellectual Property), d. h. Urheberrecht, mit WSS SOAP Message Security im Hinblick auf Nutzungsrechte (Lizenzen).

WS-Trust (WS-T), Version 1.4 vom 25. April 2012, ist ein OASIS®-Standard, der dazu dient, eine vertrauenswürdige Beziehung zwischen Kommunikationspartnern aufzubauen. Dieses Vertrauen basiert auf dem Austausch und der Vermittlung von Sicherheitstokens. Hierzu spezifiziert WS-Trust Erweiterungen zu den grundlegenden Mechanismen für den sicheren Nachrichtenaustausch des WSS im Hinblick auf die Ausgabe und Verteilung von Sicherheitstokens in unterschiedlichen Vertrauensbereichen. WS-Trust beschreibt das Verfahren zur Ausgabe (Issuing), Erneuerung (Renewing) und Validierung (Validating) dieser Tokens.

WS-SecurityPolicy (WS-SP), Version 1.3 vom 25. April 2012, definiert ein Rahmenwerk, mittels dessen Web Services ihre Einschränkungen und Anforderungen in Form von Policy Assertions festlegen können. Zu den Security Policy Assertions gehören Protection Assertions, Token Assertions, Security Binding Assertions, Supporting Tokens Assertions sowie Wss10, Wss11 und Trust13 Assertions.

Protection Assertions legen fest, welche Teile einer SOAP-Nachricht mit welchem Schutzniveau gesichert werden sollen. Protection Assertions unterteilen sich in Integrity, Confidentiality and Required Element Assertions. Token Assertions geben an, welche Token-Typen genutzt werden, um Tokens und Behauptungen zu schützen und an die Nachricht zu binden. Security Binding Assertions legen die geforderten Sicherheitsmechanismen fest, beispielsweise, dass ein asymmetrischer Token mit einer digitalen Signatur zum Schutz der Integrität genutzt wird. Supporting Tokens Assertions werden in den Security Header eingefügt und können optional zusätzliche Nachrichtenteile zur Signierung und/oder Verschlüsselung einfügen. Mittels der Wss10, Wss11 und Trust13 Assertions kann angegeben werden, welche Optionen von WSS 1.0 bzw. WSS 1.1 bzw. WS-T 1.3 unterstützt werden.

WS-SecureConversation (WS-SC), Version 1.4 vom 2. Februar 2009, ist ein OASIS®-Standard, der die sichere Kommunikation zwischen Kommunikationspartnern beim Austausch mehrerer Nachrichten vereinfacht. Hierzu ermöglicht er es den Kommunikationspartnern, einen Sicherheitskontext aufzubauen, der für die Dauer einer Sitzung gültig ist. Dadurch können die Kommunikationspartner mehrere Nachrichten austauschen, ohne sich jedes Mal aufwändig erneut gegenseitig authentifizieren zu müssen.

Um einen Sicherheitskontext aufbauen zu können, erweitert WS-SC die WSS um einen Security Context Token (SCT). Dieser kann auf drei Arten erzeugt werden: Im ersten Fall erstellt ein Security Token Service den SCT und verteilt ihn an die Kommunikationspartner. Im zweiten Fall erzeugt einer der beiden Kommunikationspartner den SCT und übermittelt ihn dem anderen. Dies setzt voraus, dass der Empfänger dem Sender vertraut. Im dritten Fall handeln die Kommunikationspartner den SCT untereinander aus.

Nachdem der Sicherheitskontext aufgebaut ist und ein Geheimnis zwischen den Beteiligten ausgetauscht ist, können die beteiligten Parteien nach spezifizierten Mechanismen sogenannte „abgeleitete Schlüssel" (Derived Keys) bilden.

Der Standard empfiehlt, innerhalb der Sitzung statt des Sitzungsschlüssels davon abgeleitete Schlüssel zur Signierung und Verschlüsselung einzusetzen. Beispielsweise können zwei beteiligte Parteien vier Schlüssel ableiten, um jeweils separat signieren und verschlüsseln zu können. Um möglichst wenig Angriffsfläche für Analysen zu bieten, können die Beteiligten weitere Schlüssel ableiten. Je Nachricht geben sie dann an, welchen der Schlüssel sie verwenden.

Zur Bildung abgeleiteter Schlüssel lassen sich unterschiedliche Algorithmen verwenden. Die Spezifikation beschreibt einen solchen Algorithmus. Er nutzt einen Subset jenes Mechanismus, der in RFC 2246 für TLS beschrieben ist, nämlich die P_SHA-1-Funktion. Hiermit lässt sich eine Bytefolge erzeugen, die sich zur Generierung weiterer Schlüssel nutzen lässt.

Die _**S**ecurity **A**ssertion **M**arkup **L**anguage (SAML)_, eine Auszeichnungssprache für Sicherheitsbestätigungen, ist ein XML-Rahmenwerk zum Austausch von Sicherheitsinformationen zwischen Einheiten, wie z. B. Onlinegeschäftspartnern. Die Version 2.0 dieses Standards hat OASIS® am 15. März 2005 verabschiedet. SAML beschreibt die Syntax und Verarbeitungsregeln für die Erzeugung und den Austausch von Authentisierungs- und Autorisierungsinformationen.

SAML nutzt zwei Parteien, die bestätigende Partei (Asserting Party bzw. SAML Authority) und die vertrauende Partei (Relying Party). Die SAML Authority ist ein System, das Informationen über ein Subjekt bestätigt. Die SAML Authority sichert beispielsweise zu, dass sie ein Subjekt, z. B. einen Benutzer, erfolgreich authentifiziert hat, dass sie das Subjekt mittels Passwort authentifiziert hat und dass das Subjekt bestimmte Attribute, wie z. B. die angegebene E-Mail-Adresse besitzt.

Die Relying Party ist ein System, das sich auf die Zusicherungen der SAML Authority verlässt. Das lokale System bestimmt selbst, auf welche Ressourcen es das so identifizierte Subjekt zugreifen lässt.

SAML 2.0 berücksichtigt Anforderungen der Liberty Alliance aus dem Liberty Identity Federation Framework ID-FF V1.2. Der funktionale Ansatz von SAML 2.0 ist hierbei gleichwertig, wird jedoch strukturell auf anderem Wege umgesetzt. Zusätzlich hat SAML 2.0 die Liberty-Funktionalitäten für mehr Anwendungsfälle verallgemeinert. Die Version 2.0 von Liberty's Identity Web Services Framework (ID-WSF) nutzt SAML 2.0 Assertions als Format für Sicherheitstoken, die Authentisierungs- und Autorisierungsinformationen zwischen Web Services austauschen.

SAML spezifiziert Assertions, Protokolle, Bindings und Profile. Assertions (Ansprüche, Rechte) beinhalten Informationen zur Authentifizierung und zu Attribu-

ten. Eine Assertion enthält drei Arten von Informationen: das Authentication State-
ment, das Attribute Statement und das Authorization Decision Statement. Das
Authentication Statement enthält die Authentifizierung eines Subjekts, wobei es
Authentifizierungsart und -zeit angibt. Dieses Statement erzeugt üblicherweise
eine SAML Authority, ein sogenannter Identity Provider, dessen Aufgabe darin besteht, Nutzer zu identifizieren und diesbezügliche Informationen bereitzustellen.
Das Attribute Statement enthält Details, die dem Subjekt zugeordnet sind, wie z. B.
Mitgliedschaft, Status oder E-Mail-Adresse. Das Authorization Decision Statement
schließlich enthält die Entscheidung einer Autorisierungsinstanz, ob und wenn ja,
wozu ein Subjekt berechtigt ist, z. B. ob und wie es auf eine spezifische Ressource
zugreifen darf.

Protokolle ermöglichen es, SAML Assertions mittels einer Anfrage anzufordern
und in Form einer Antwort zu übermitteln. Dadurch können Service Provider einen Identity Provider auffordern, z. B. einen Nutzer zu authentifizieren und die
dazugehörigen Assertions zu übermitteln, ein annähernd simultanes Logout („Single Logout") mehrerer Sitzungen durchzuführen, eine Namenskennung zu regis-
trieren oder deren Nutzung zu beenden.

Bindings legen im Detail fest, wie SAML Anfragen und Antworten in Standard-
Transport- und -Nachrichten-Protokolle einzubinden sind, z. B. in den SOAP Body
einer SOAP Message über http.

Profile schließlich ermöglichen es, Assertions, Protokolle und Bindings für spezielle Anwendungsfälle einzuschränken, zu erweitern und zusammenzustellen. So
lässt sich beispielsweise ein Single-Sign-on-Profil für einen Web-Browser spezifizieren, das angibt, wie ein Identity Provider und ein Service Provider SAML-
Authentifizierungs-Assertions austauschen, um einem Browser-Nutzer ein Single
Sign-on zu ermöglichen.

Die *eXtensible Access Control Markup Language (XACML)* ist ein OASIS®-Stan-
dard, der in der Version 3.0 im Januar 2013 verabschiedet wurde. XACML beschreibt sowohl ein XML-Schema für die „Security Policy" als auch eins zur Anfrage nach einer Zugriffserlaubnis und deren Beantwortung. Wer beispielsweise auf
eine Ressource, z. B. einen Web-Service, zugreifen möchte, richtet eine Anfrage an
das System, das diese Ressource schützt, z. B. einen Webserver oder ein Dateisystem. XACML bezeichnet das schützende System als Policy Enforcement Point,
kurz PEP. Der PEP seinerseits richtet die Anfrage mit den Attributen des Benutzers, der angefragten Ressource und der gewünschten Berechtigung sowie weiteren Informationen an den Context Handler. Dieser konstruiert den XACML-
Anfrage-Kontext und schickt ihn an den Policy Decision Point (PDP). Der PDP
fordert beim Context Handler weitere Attribute an, z. B. zum Benutzer und zur
Ressource. Der Context Handler fordert diese beim Policy Information Point (PIP)

an, erhält sie und sendet sie an den PDP. Dieser prüft die Anfrage gegen die Policy und antwortet, ob der Zugriff erlaubt werden kann. Auf Basis dieser Information gewährt der PEP den Zugriff oder lehnt ihn ab.

Für das Gesundheitswesen hat OASIS® im November 2009 und 2010 Standards für *Cross-Enterprise Security and Privacy Authorization (XSPA) Profiles* für SAML, XACML und WS-Trust verabschiedet. Das XSPA-Profil von SAML beschreibt das Vokabular, das minimal erforderlich ist, um eine Zugriffskontrolle innerhalb und zwischen Informationssystemen des Gesundheitswesens bereitstellen zu können. Hierbei verfügen sowohl der Dienstenutzer als auch der Diensteanbieter über einen Access Control Service (ACS). Der ACS beim Dienstenutzer erhält von ihm Anfragen nach Assertions und liefert diese. Der ACS auf der Seite des Diensteanbieters erhält Anfragen nach Entscheidungen, prüft diese gegen die Security und die Privacy Policy und meldet die getroffene Entscheidung zurück.

Das XSPA-Profil von XACML beschreibt Mechanismen zur Authentifizierung, Verwaltung und Erzwingung von Authorization Policies, die den Zugriff auf geschützte Informationen innerhalb eines Unternehmens oder über Unternehmensgrenzen hinweg steuern. Die Policies beziehen sich hierbei auf Security, Privacy und vereinbarte Richtlinien. Das Profil stellt eine einheitliche Semantik und ein einheitliches Vokabular für Policy Request/Response, Policy Lifecycle und Policy Enforcement bereit.

Das XSPA-Profil von WS-Trust ermöglicht das Senden von Anfragen an den ACS des Dienstenutzers. Der ACS beantwortet den Request Security Token (RST) des Dienstenutzers mit der Request Security Token Response (RSTR), die SAML Assertions mit sicherheitsrelevanten Nutzerinformationen enthält. Hierbei kann sich der ACS Zusatzinformationen beschaffen, die sich u. a. auf den Standort und die Rolle des Nutzers sowie den Nutzungszweck beziehen. Der ACS auf der Seite des Diensteanbieters erhält Anfragen nach Entscheidungen, prüft diese gegen die Security und die Privacy Policy und meldet die getroffene Entscheidung zurück.

Das *XML Security Framework* des World Wide Web Konsortiums (W3C®) für die Sicherheit von Web-Applikationen besteht aus folgenden Komponenten:

☐ XML Key Management System (XKMS)

☐ XML Signature Syntax and Processing (XML-Sig)

☐ XML Encryption Syntax and Processing (XML-Enc)

Im Hinblick auf die Identität zweier Dokumente und das Entfernen der digitalen Signatur sind die folgenden Standards relevant:

☐ Canonical XML

☐ Exclusive XML Canonicalization

XML Key Management Specification (XKMS) ist eine Empfehlung (Recommenda-
tion) des World Wide Web Consortiums (W3C®). Das W3C® verabschiedete XKMS
in der Version 2.0 am 28. Juni 2005. XKMS besteht aus der XML Key Information
Service Specification (X-KISS) und der XML Key Registration Service Specification
(X-KRSS). XKMS spezifiziert die Protokolle zur Registrierung und Verteilung von
Public Key Informationen und eignet sich für die Standards XML Signature und
XML Encryption. Die Nutzung des XKMS-Service entkoppelt die Anwendung von
der Komplexität und der Syntax der zugrunde liegenden Public-Key-Infrastruktur
(PKI).

Die XML Key Information Service Specification (X-KISS) definiert Protokolle, die
es einem Client-Rechner ermöglichen, alle oder einen Teil jener Aufgaben an einen
XKMS-Service zu delegieren, die zur Verarbeitung von XML-Signatur- oder XML-
Verschlüsselungselementen erforderlich sind. Wesentliches Ziel des Protokoll-
Designs ist die Minimierung der Komplexität von Anwendungen, die XML Signa-
ture nutzen wollen.

Die XML Key Registration Service Specification (X-KRSS) beschreibt das Protokoll
zur Registrierung und zum anschließenden Management von Public Key Informationen.

XML Signature Syntax and Processing (XML-Sig), 2. Ausgabe, Stand 10.06.2008,
des W3C® enthält die Spezifikation der Syntax und der Verarbeitungsregeln für
eine digitale XML Signatur (XML Digital Signature). Sie stellt damit Dienste im
Hinblick auf die Sicherstellung der Integrität sowie zur Authentifizierung von
Nachrichten und/ oder Unterzeichnern bereit.

XML Encryption Syntax and Processing (XML-Enc), Version 1.1, Stand 24.01.2013,
Proposed Recommendation, des W3C® spezifiziert den Verschlüsselungsprozess
für beliebige Daten, wie z. B. für Oktett-Datenströme oder für ein XML-Element
oder für den Inhalt eines XML-Elements sowie die Ergebnisdarstellung als XML
Encryption Element.

Canonical XML, Version 1.1, Stand 2.05.2008, des W3C®, spezifiziert eine Methode
zur Bestimmung, ob zwei Dokumente identisch sind oder ob ein Dokument von
einer Anwendung nicht geändert wurde. Als kanonische (normalisierte) Form
eines XML-Dokuments bezeichnet der Standard jene physische Darstellung, die
entsprechend der im Standard beschriebenen Methode erzeugt wurde. Grund für
die Kanonisierung ist, dass sich gleiche XML-Dokumente in ihrer physischen Darstellung unterscheiden können.

Exclusive XML Canonicalization, Version 1.0, Stand 18.07.2002, des W3C®, ermöglicht den Ausschluss des Vorgänger-Kontexts eines kanonischen (normalisierten)
Unterdokuments. Demgegenüber beschreibt kanonisches XML die Serialisierung

von XML, bei der das Einfügen eines Unterdokuments dessen Vorgänger-Kontext mit übernimmt, einschließlich der Namespace-Deklarationen und Attribute. Exklusive XML Kanonisierung ist beispielsweise dann gefordert, wenn ein digital signiertes Unterdokument in einer XML-Nachricht auch dann erhalten bleiben soll, wenn dieses Dokument aus der Originalnachricht entfernt und/oder in einen anderen Kontext eingefügt wird.

Digital Signature Services (DSS) ist ein Standard, den die OASIS® als „Digital Signature Service Core Protocols, Elements, and Bindings" in der Version 1.0 im April 2007 verabschiedet hat. Er nutzt XML und spezifiziert damit zwei Frage-Antwort-Protokolle für Services, die der Signierung von Dokumenten bzw. der Verifizierung von Signaturen durch einen Servicegeber dienen. Bei der Signierung schickt ein Client Dokumente bzw. deren Hashwerte an einen entsprechenden Server und bekommt sie unterschrieben zurück. Bei der Verifizierung schickt der Client Dokumente bzw. deren Hashwerte zusammen mit einer Signatur an einen Server und lässt die Signatur überprüfen.

Für unterschiedliche Anwendungsfälle existieren spezifische Profile, z. B.

☐ zur Erzeugung und Verifizierung von Zeitstempeln (Timestamps),
   beschrieben im OASIS®-Standard „XML Timestamping Profile of the OASIS Digital Signature Services", Version 1.0, Stand 11.04.2007.

☐ zur Erzeugung und Validierung elektronischer Signaturen,
   beschrieben im OASIS®-Standard „Advanced Electronic Signature Profiles of the OASIS Digital Signature Service", Version 1.0, Stand 11.04.2007.
   Der Standard bezieht sich auf elektronische Signaturen, die in „XML Advanced Electronic Signatures" (XAdES) sowie in „CMS-based Advanced Electronic Signatures" (CAdES) des W3C® definiert sind.

☐ zur Code-Signierung,
   beschrieben im OASIS®-Standard „Abstract Code-Signing Profile of the OASIS Digital Signature Services", Version 1.0, Stand 11.04.2007.
   Der Standard spezifiziert die digitale Signierung von Software-Programmen in Form von Quellcode oder in kompilierter Form.

☐ zur Erzeugung und Validierung qualifizierter Signaturen gemäß den Richtlinien des deutschen Signaturgesetzes (SigG) und der Signaturverordnung (SigV),
   beschrieben im OASIS®-Standard „German Signature Law Profile of the OASIS Digital Signature Service", Version 1.0, Stand 11.04.2007.
   Der EU zufolge entspricht das deutsche Signaturgesetz den gesetzlichen Vorgaben der EU. Dieses Profil kann daher europaweit als Vorlage für andere nationale Profile dienen.

☐ zum elektronischen Abstempeln von Post (Postmarking),
beschrieben im OASIS®-Standard „Electronic PostMark (EPM) Profile of the
OASIS Digital Signature Service", Version 1.0, Stand 11.04.2007.
Der Standard spezifiziert Dienste zur Erzeugung und Verifizierung digitaler
Signaturen, zum Zeitstempeln, zum Quittieren und zur nachweisbaren Aufzeichnung. Diese Dienste sind nutzbar von und zwischen Postverwaltungen
und ihren Kunden.

Die Application Vulnerability Description Language (AVDL) ist ein OASIS®-Stan-
dard, beschrieben in „Application Vulnerability Description Language", Version
1.0, vom Mai 2004. Er legt ein einheitliches Format fest, mit dem sicherheitsrelevante Schwachstellen von Anwendungen in XML beschrieben und dadurch diesbezügliche Informationen in einheitlichem Format ausgetauscht werden können.
AVDL konzentriert sich auf Schwachstellen beim Nachrichtenaustausch über http-
Protokolle auf der Anwendungsschicht und zwar zwischen Clients und Gateways
auf der einen und Internetsystemen sowie Hosts auf der anderen Seite.

Das Common Alerting Protocol (CAP), Version 1.2, Stand 1.07.2010, ist ein
OASIS®-Standard. Er beschreibt ein offenes XML-Nachrichtenformat zum Austausch von Alarmen und öffentlichen Warnungen über alle Arten von Netzen, das
unabhängig ist von Anwendungen und Kommunikationsmethoden. Es unterstützt
multilinguale und an verschiedene Zielgruppen gerichtete Nachrichten sowie digitale Signatur.

Die Emergency Data Exchange Language (EDXL) zielt darauf ab, den Informationsfluss zwischen unterschiedlichen Organisationen und Berufsgruppen (z. B.
Rettungskräften), die bei Notfällen zum Einsatz kommen, zu vereinfachen, indem
der Nachrichtenaustausch standardisiert wird. EDXL besteht aus folgenden Standards:

☐ Distribution Element (EDXL-DE)

☐ Hospital AVailability Exchange (EDXL-HAVE) und

☐ Resource Messaging (EDXL-RM)

Die Emergency Data Exchange Language – Distribution Element (EDXL-DE), Version 1.0, vom Mai 2006 ist ein OASIS®-Standard. Er beschreibt eine XML-basierte
Sprache, mit der sich Notfalldaten in standardisierter Form über beliebige Übertra-
gungsmedien, u. a. über SOAP und http, austauschen lassen. Er dient dazu, Not-
fallnachrichten, z. B. Alarme und Meldungen von Ressourcen zu verteilen, indem
Routing-Informationen mitgegeben werden. Diese betreffen z. B. den Nachrichten-
typ, wie Alarm, Aktualisierung, Bestätigung, Storno oder Fehler, das betroffene
Zielgebiet, das Ereignis und die Sender/Empfänger-ID. Ziel ist die gemeinsame
Nutzung von Notfallinformationen und deren Austausch zwischen lokalen, staatli-

chen, nationalen und Nicht-Regierungsorganisationen, insbesondere dann, wenn mehr als eine Berufsgruppe beteiligt ist.

Die Emergency Data Exchange Language – Hospital AVailability Exchange (EDXL-HAVE), Version 1.0, Stand 22.12.2009, ist ein OASIS®-Standard. Er beschreibt ein XML-Nachrichtenformat, über das der Status eines Krankenhauses übermittelt werden kann, z. B. dessen Leistungsangebot und seine Ressourcen. Diese Angaben beinhalten u. a. die Bettenkapazität und -verfügbarkeit sowie den Status der Notaufnahme.

Die Emergency Data Exchange Language – Resource Messaging (EDXL-RM), Version 1.0, Stand 22.12.2009, ist ein OASIS®-Standard. Er beschreibt ein XML-Nachrichtenformat, das als Nutzlast von EDXL-DE gedacht ist und dazu dient, Aktivitäten im Zusammenhang mit den Ressourcen zur Notfallbehandlung voranzutreiben. Eine Ressource Message enthält Angaben zur Nachricht, zur Partei, die eine wesentliche Rolle im Zusammenhang mit der Ressource spielt (Besitzer) sowie gegebenenfalls finanzielle Informationen. Die Nachricht kann eine Anfrage oder eine Antwort oder auch ein Bericht sein. Die Ressource besitzt eine Identität, eine Beschreibung und einen Status. Weitere Angaben können sich beispielsweise auf ihre Ankunftszeit und den Ort beziehen.

5.15.2 Open Grid Services Architecture® (OGSA®)

Das „*Open Grid Forum*[SM]" (OGF[SM]) hat *The Open Grid Services Architecture® (OGSA®)*, Version 1.5, vom 24. Juli 2006 entwickelt. Sie dient dazu, die Nutzung und das Management verteilter heterogener Ressourcen zu vereinfachen. OGSA® enthält Dienste, Schnittstellen, den Status von Ressourcen sowie die Interaktion zwischen den Diensten in einer SOA. Ferner spricht das Dokument das Thema Sicherheit an. Die Dienste bauen hierbei auf Standards für Web Services auf, die im Hinblick auf grid-relevante Aspekte erweitert oder verändert werden.

Die dortigen Autoren des Dokuments führen zum Thema *Grid Security* aus, dass zur sicheren Administration der Zugriff auf die Services durch robuste Sicherheitsprotokolle und gemäß einer entsprechenden Sicherheitsrichtlinie (Security Policy) zu steuern ist. Die dort genannten Sicherheitsanforderungen umfassen:

☐ Authentisierung und Autorisierung von Individuen und Diensten

☐ Integration und Interoperabilität unterschiedlicher Sicherheitsinfrastrukturen in Form von Architekturen und Modellen

☐ Sicherheitslösungen an den Schnittstellen bei unternehmensübergreifender Zusammenarbeit, z. B. in Form einer Firewall Policy und einer Intrusion Detection Policy

☐ Kapselung, beispielsweise von Nutzern

☐ Delegation von Zugriffsrechten von Dienstanfordernden (Service Requestor) auf Diensteanbieter (Service Provider) sowie der Schutz vor Missbrauch

☐ Austausch von Sicherheitsrichtlinien (Security Policies) zwischen Dienstanfordernden und Diensteanbietern

☐ Intrusion Detection und Protection sowie sichere Protokollierung.

Das OGSA® Basic Security Profile 2.0 vom 28. Juli 2008 definiert ein Basis-Sicherheitsniveau für OGSA®-Services. Hierzu führt es die beiden Profile „Secure Addressing" und „Secure Communications" zusammen. Alle drei Dokumente befinden sich im Status „Proposed Recommendation". Das Dokument OGSA® Secure Communications Profile 1.0 vom 13. Juni 2008 beschreibt ein Profil zur abgesicherten Kommunikation zwischen Web Services. Die dortigen Anforderungen beziehen sich auf Sicherheitsmechanismen, mit denen bei der Interaktion Authentisierungs-, Integritäts- und Vertraulichkeitseigenschaften sichergestellt werden sollen.

Die Spezifikation „Use of SAML to retrieve Authorization Credentials" des OGF definiert ein Protokoll zur Abfrage von Autorisierungsinformationen, basierend auf SAML. Weitere Spezifikationen beziehen sich auf „Use of XACML Request Context to Obtain an Authorisation Decision" und „Use of WS-TRUST and SAML to access a Credential Validation Service". Diese Spezifikationen vom 13. November 2009 befinden sich im Status „Proposed Recommendation".

5.15.3   OSGi™ Architecture

Die OSGi™ Alliance, gegründet im Jahr 1999, ist eine weltweite Non-Profit-Organisation, die einen Prozess zur Herstellung offener Spezifikationen etabliert hat, um Software, die in Java geschrieben wurde, modular zusammensetzen zu können. Hierzu stellt die OSGi™ Alliance Spezifikationen, Referenzimplementierungen und Test Suites zur Verfügung. Die komponentenbasierte Plattform reduziert aufgrund bereits erstellter und getesteter Module die Time-to-Market und die Entwicklungskosten. Die Kommunikation erfolgt über Services. Der OSGi™ Technologie liegt ein Schichtenmodell zugrunde, das auch über eine Security-Schicht verfügt.

5.16   Programmier-/Entwicklungsrichtlinien

5.16.1   C, C++ und Java

Zur *Entwicklung sicherheitskritischer Systeme (Safety Critical Systems)* wurde von MISRA (The Motor Industry Software Reliability Association) MISRA C, Guidelines for the use of the C language in critical systems, entwickelt. Ziel war es, einen solchen Subset der Programmiersprache C zu definieren, der Anforderungen des Safety Integrity Level (SIL) 2 oder höher erfüllt.

MISRA C wurde erstmals 1994 veröffentlicht, im Jahr 2004 als MISRA C2 (MISRA C:2004) aktualisiert und im Juni 2008 mit dem integrierten Technical Corrigendum vom Juli 2007 nachgedruckt. Im März 2013 ist MISRA C3 (MISRA C:2012) erschienen. MISRA C3 unterstützt sowohl C99 als auch C90. MISRA C3 enthält 16 Direktiven und 143 Regeln, die jeweils als zwingend erforderlich (mandatory), gefordert (required) oder beratend (advisory) gekennzeichnet sind. Die Regelkonformität lässt sich durch eine reine Source-Code-Analyse ermitteln. Die Konformität mit einer Direktive zu prüfen, kann u. a. den Bezug zur Anforderungsspezifikation und zu Konzepten erfordern.

MISRA C3 enthält darüber hinaus eine Kreuzreferenz zum Standard ISO 26262, der sich der funktionalen Sicherheit von Fahrzeugen des Straßenverkehrs widmet. Dessen Teile 1 bis 9 sind im Jahr 2011 und dessen Teil 10 ist im Jahr 2012 erschienen. Er erstreckt sich über den Lebenszyklus von der Konzeptphase über die Produktentwicklung auf System-, Hardware- und Software-Ebene bis hin zu Produktion und Betrieb, geht ein auf das Management der funktionalen Sicherheit, auf unterstützende Prozesse und auf die Automotive Safety Integrity Level (ASIL)- und Safety-orientierte Analyse.

Ursprünglich ist MISRA C für die Automobilindustrie entwickelt worden. Im Laufe der Zeit wurde es von anderen Industriezweigen, wie Bahn, Luftfahrt, Atomenergie, Militär und Medizin genutzt, aber auch für kritische Systeme im Finanzbereich. Darüber hinaus gibt es für C++ den Standard MISRA-C++:2008, Guidelines for the use of the C++ language in critical systems.

Die MISRA Safety Analysis Guidelines (MISRA SA) geben detaillierte Hinweise im Bereich Integritäts- und Sicherheitsanalyse (safety analysis) sowie für das Safety Management und den Safety Lifecycle.

Das SEI (Software Engineering Institute der Carnegie Mellon University) hat die CERT Secure Coding Standards für C und C++ publiziert.

Darüber hinaus hat ein Team von Forschern für Softwaresicherheit des CERT-Programms des SEI im Jahr 2011 „The CERT® Oracle® Secure Coding Standard for Java" publiziert.

5.16.2 Webanwendungen

OWASP, The Open Web Application Security Project, bietet zur Entwicklung sicherer Webanwendungen das OWASP Top Ten Cheat Sheet sowie eine Vielzahl detaillierter Sicherheitsmaßnahmen für spezifische Angriffe, u. a. SQL Injection und Cross Site Scripting (XSS). Das OWASP Top Ten Cheat Sheet enthält Informationen zu Design, Programmierung und Test zum Schutz vor den Top-Ten-Angriffen, die OWASP identifiziert hat. Das SQL Injection Prevention Cheat Sheet,

Stand 06.12.2012, beschreibt detailliert Sicherheitsmaßnahmen zur Abwehr von Angriffen mittels SQL Injection.

OWASP unterscheidet in primäre und ergänzende Sicherheitsmaßnahmen. Als primäre Sicherheitsmaßnahmen nennt OWASP folgende Optionen, wobei Option 3 anfällig für Sicherheitslücken ist:

☐ 1: Nutzung vorbereiteter SQL Statements (parametrisierbare Abfragen)

☐ 2: Nutzung von Stored Procedures

☐ 3: Entfernung unzulässiger Benutzereingaben

Als ergänzende Sicherheitsmaßnahmen führt OWASP an:

☐ Einhaltung des Prinzips der minimalen Rechte (Least Privileges) (siehe Kapitel „Prinzip der minimalen Rechte" in diesem Buch)

☐ Eingabevalidierung mittels White List (siehe Kapitel „Prinzip der Plausibilisierung" in diesem Buch)

In den IT-Grundschutzkatalogen des *BSI* beschäftigt sich der Baustein B 5.21 der 13. Ergänzungslieferung aus dem Jahr 2013 mit Webanwendungen und nennt eine Vielzahl von Gefährdungen. Für die Phase der Umsetzung verweist der Baustein auf die Maßnahmen M 2.363, Schutz gegen SQL Injection, M 4.392, Umfassende und restriktive Ein- und Ausgabevalidierung, sowie M 4.394, Session-Management.

5.17   Schutz vor Insider-Bedrohungen

Unternehmen sind sowohl externen als auch internen Bedrohungen ausgesetzt. Interne Bedrohungen gehen von bösartigen Mitarbeitern, Dienstleistern und Geschäftspartnern aus, die entweder aktuell oder ehemals für das Unternehmen oder die Organisation arbeiten oder gearbeitet haben. Dementsprechend sind die Prozesse und hierbei insbesondere auch das Personalmanagement, das Leistungsmanagement und das Vertragsmanagement sicher zu gestalten (s. a. spätere Kapitel in diesem Buch).

Die 4. Auflage des „Common Sense Guide to Mitigating Insider Threats", Stand Dezember 2012, stellt 19 Empfehlungen des CERT®-Programmes vor, das Teil des Software Engineering Institute (SEI) der Carnegie Mellon Universität ist. Diese Empfehlungen basieren auf über 700 Insider-Bedrohungen sowie fortlaufender Forschung und Analyse. Die 4. Auflage enthält eine Zuordnung zwischen den Best Practices und der ISO 27002:2005.

Zu den dort angegebenen Practices gehören beispielsweise

- ☐ Berücksichtigung der Bedrohungen durch Insider und Geschäftspartner beim Risiko-Assessment (s. a. Kapitel Prinzipielle Bedrohungen sowie Risiko- und Personalmanagement in diesem Buch)
- ☐ Beobachtung von und Reaktion auf verdächtiges Verhalten, beginnend mit dem Einstellungsprozess (s. a. Kapitel Personalmanagement in diesem Buch)
- ☐ Kenntnis der Assets (s. a. Kapitel Konfigurations- und Architekturmanagement in diesem Buch)
- ☐ Implementierung strikter Passwort- und Benutzerkontomanagement-Richtlinien und -Praktiken (s. a. Kapitel Sicherheitsrichtlinien in diesem Buch)
- ☐ Erzwingung von Funktionstrennung und minimalen Rechten (s. a. Kapitel Prinzipien in diesem Buch)
- ☐ Überwachung und Steuerung von Remote-Zugriffen von allen Endpunkten einschließlich mobiler Geräte (s. a. Kapitel Mobile Device Management Systeme in diesem Buch)
- ☐ Entwicklung einer umfassenden Vorgehensweise bei der Beendigung von Arbeitsverhältnissen (s. a. Kapitel Personalmanagement in diesem Buch)
- ☐ Implementierung sicherer Prozesse zur Datensicherung und zur Wiederherstellung (s. a. Kapitel Sicherheitsarchitektur: Kontinuitätsmanagement sowie Sicherheitsrichtlinien: Kontinuitätsmanagement: Datensicherungsrichtlinie in diesem Buch)
- ☐ Entwicklung eines formalisierten Insider-Bedrohungsprogramms
- ☐ Vermeidung unberechtigten Datenabflusses (s. a. Kapitel zum Thema Data Loss/Leakage Prevention/Protection in diesem Buch).

6 Definitionen

Begriffen werden oftmals unterschiedliche Bedeutungen zugeordnet. Um ein gemeinsames Verständnis zu den hier verwendeten spezifischen Fachbegriffen zu schaffen, enthalten die folgenden Unterkapitel diesbezügliche Erläuterungen. Im Kapitel Glossar und Abkürzungsverzeichnis finden Sie viele weitere Erklärungen. Sollten Sie darüber hinaus Stichwörter oder Abbildungen suchen, so helfen Ihnen das Sachwort- und das Abbildungsverzeichnis beim Finden.

Das vorliegende Kapitel erläutert in den folgenden Unterkapiteln diese Begriffe:

1. Unternehmenssicherheitsmanagementsystem
2. Informationssicherheitsmanagementsystem
3. Sicherheitsmanagement
4. IKT-Sicherheitsmanagement
5. Ingenieurmäßige Sicherheit (Safety, Security and Continuity Engineering)
6. Sicherheitspyramide
7. Sicherheitspolitik
8. Sicherheit im Lebenszyklus
9. Ressourcen, Schutzobjekte und -subjekte sowie -klassen
10. Sicherheitskriterien
11. Geschäftseinflussanalyse (Business Impact Analysis)
12. Geschäftskontinuität (Business Continuity)
13. Sicherheit und Sicherheitsdreiklang
14. Risiko und Risikodreiklang
15. Risikomanagement
16. IT-Sicherheits-, IT-Kontinuitäts- und IT-Risikomanagement
17. Zusammenfassung

6.1 Unternehmenssicherheitsmanagementsystem

Ein Unternehmenssicherheitsmanagementsystem (USMS), englisch Enterprise Occupational Health, Safety, Security, Continuity and Risk Management System (EHSSCRMS), dient dazu, die Einhaltung des Sicherheits-, Kontinuitäts- und Risikoniveaus eines Unternehmens anforderungsgerecht und kontinuierlich sicherzustellen. Um dies zu realisieren, müssen geeignete Prozesse, Verantwortlichkeiten,

Verfahren, Methoden, Ressourcen und Hilfsmittel sowie eine angemessene Aufbauorganisation festgelegt und nachweisbar umgesetzt sein. Dies erfordert eine durchgängige, strukturierte, ganzheitliche, transparente, anschauliche und in der Praxis erprobte sowie dokumentierte Methodik zur anforderungsgerechten, effizienten, überwachten, gesteuerten und kontinuierlichen Absicherung eines Unternehmens, unter angemessener Berücksichtigung interner und externer Vorgaben und Anforderungen, beispielsweise gesetzlicher, regulatorischer, normativer und vertraglicher.

Ein USMS umfasst den durchgängigen Top-down-Aufbau, die Prozess- und Strukturorganisation, die Implementierung, die Schulung, den Betrieb, das durch Kontrollelemente und Kennzahlen sowie Scorecards gestützte Monitoring, Controlling und Reporting sowie die Sensibilisierung, die Übung, die Prüfung, die Pflege und die Verbesserung sowie die Dokumentation. Es integriert das Sicherheits-, Kontinuitäts- und Risikomanagement sowie das Datenschutz- und das Konformitätsmanagement.

Ein USMS enthält einen Sicherheits-, Kontinuitäts- und Risikomanagementprozess. Es verfügt zum einen über ein standardisierendes Rahmenwerk und über Dokumentationen (Vorgabedokumente) sowie zum anderen über Aufzeichnungen aus dem operativen Betrieb (Nachweisdokumente), z. B. sicherheitsrelevante Protokolle und Berichte.

Das USMS beinhaltet Kern-, Unterstützungs- und Begleitprozesse. Es integriert Sicherheit in Prozesse, Ressourcen, Organisation, Produkte und Leistungen. So ermöglicht es die Realisierung von prozess-, ressourcen-, organisations-, produkt- und leistungsimmanenter (service-immanenter) Sicherheit und Kontinuität.

Ein USMS integriert Sicherheit in den Lebenszyklus von Prozessen, Ressourcen, Organisation, Produkten und Leistungen. So ermöglicht es die Realisierung von lebenszyklusimmanenter Sicherheit und Kontinuität.

Nach meiner Kenntnis integriert derzeit nur die dreidimensionale Sicherheitspyramide[Dr.-Ing. Müller], wie sie im „Handbuch Unternehmenssicherheit" beschrieben ist, diese Anforderungen an ein USMS.

6.2   Informationssicherheitsmanagementsystem

Ein Informationssicherheitsmanagementsystem (ISMS) dient dazu, die Einhaltung des Sicherheits-, Kontinuitäts- und Risikoniveaus von Informationen und damit auch den dazugehörigen Ressourcen, wie z. B. Anwendungen und Systemen, anforderungsgerecht und kontinuierlich sicherzustellen. Um dies zu realisieren müssen geeignete Prozesse, Verantwortlichkeiten, Verfahren, Methoden, Ressourcen und Hilfsmittel sowie eine angemessene Aufbauorganisation festgelegt und nachweisbar umgesetzt sein. Dies erfordert eine durchgängige, strukturierte, ganzheitliche, transparente, anschauliche und in der Praxis erprobte sowie dokumentierte Methodik zur anforderungsgerechten, effizienten, überwachten, gesteuerten und kontinuierlichen Absicherung des Informationsmanagements einer Organisation, z. B. eines Unternehmens, unter angemessener Berücksichtigung interner und externer Vorgaben und Anforderungen, beispielsweise gesetzlicher, regulatorischer, normativer und vertraglicher.

Ein ISMS umfasst den durchgängigen Top-down-Aufbau, die Prozess- und Strukturorganisation, die Implementierung, die Schulung, den Betrieb, das durch Kontrollelemente und Kennzahlen sowie Scorecards gestützte Monitoring, Controlling und Reporting sowie die Sensibilisierung, die Übung, die Prüfung, die Pflege und die Verbesserung sowie die Dokumentation. Es integriert das Sicherheits-, Kontinuitäts- und Risikomanagement sowie das Datenschutz- und das Konformitätsmanagement.

Ein ISMS enthält einen Sicherheits-, Kontinuitäts- und Risikomanagementprozess. Es verfügt zum einen über ein standardisierendes Rahmenwerk und über Dokumentationen (Vorgabedokumente) sowie zum anderen über Aufzeichnungen aus dem operativen Betrieb (Nachweisdokumente), z. B. sicherheitsrelevante Protokolle und Berichte.

Das ISMS beinhaltet Kern-, Unterstützungs- und Begleitprozesse. Es integriert Informationssicherheit in Prozesse, Ressourcen, Organisation, Produkte und Leistungen. So ermöglicht es die Realisierung von prozess-, ressourcen-, organisations-, produkt- und leistungsimmanenter (service-immanenter) Sicherheit und Kontinuität.

Ein ISMS integriert Informationssicherheit in den Lebenszyklus von Prozessen, Ressourcen, Organisation, Produkten und Leistungen. So ermöglicht es die Realisierung von lebenszyklusimmanenter Sicherheit und Kontinuität.

Nach meiner Kenntnis integriert derzeit nur die dreidimensionale Sicherheitspyramide[Dr.-Ing. Müller], wie sie im vorliegenden Buch beschrieben ist, diese Anforderungen an ein ISMS.

Verschiedene Teilbereiche bzw. Kernelemente eines ISMS finden sich in unterschiedlicher Ausprägung, Vollständigkeit, Detaillierung, Konkretisierung und Qualität sowie teilweise nach Erscheinen von Büchern oder Artikeln von mir in bestehenden Standards und Practices, z. B. in der im dynamischen Aufbau befindlichen Normenfamilie ISO/IEC 27000 zur Informationssicherheit sowie in den IT-Grundschutzkatalogen und Standards des BSI und im ITIL® Security und Continuity Management bzw. in den Prozessen der ISO/IEC 20000-1:2011.

6.3   Sicherheitsmanagement

Unter *Sicherheitsmanagement* (Occupational Health, Safety, Security, Continuity and Risk Management) wird im Folgenden der Prozess der Planung, der Konzeption, der Umsetzung sowie der kontinuierlichen Prüfung, Überwachung, Steuerung und Fortentwicklung des Sicherheitsniveaus eines Unternehmens oder einer Organisationseinheit verstanden.

Sicherheitsmanagement bezieht sich auf das Gesamtunternehmen mit all seinen personellen, materiellen und immateriellen Werten. Zu den materiellen Werten gehören u. a. Gebäude mit ihren Räumen und der haustechnischen Infrastruktur, Fertigungsstraßen, Produktionsanlagen, Maschinen, Informations- und Kommunikationssysteme, Arbeitsmittel, Materialien und finanzielle Mittel. Demgegenüber stellen Daten, Image und Know-how immaterielle Werte (Intangible Assets) dar.

Diese Werte (Assets) sind gleichzeitig *Schutzobjekte*, die es anforderungsgerecht abzusichern gilt. Sicherheitsmanagement erstreckt sich vom Objektschutz über sichere Geschäftsprozesse bis hin zum Schutz von Arbeitsmitteln und IKT-Systemen sowie von der Arbeitssicherheit bis hin zum Personenschutz.

Sicherheitsmanagement umfasst die Themenfelder *Prozesse, Ressourcen (von Technik über Methoden bis Personal) und Organisation sowie Produkte und Dienstleistungen*. Die Erfahrung zeigt, dass das Zusammenspiel dieser Aspekte ein entscheidender Erfolgsfaktor beim Aufbau und bei der Weiterentwicklung des Sicherheitsmanagements ist.

Ein weiterer Aspekt des Sicherheitsmanagements ist der *Lebenszyklus von Prozessen, Ressourcen (z. B. Systemen), Organisation, Dienstleistungen und Produkten*. Um einen sicheren Geschäftsbetrieb, sichere Systeme und sichere Produkte zu erreichen, müssen Sicherheitsaspekte frühzeitig berücksichtigt werden. Der Lebenszyklus beginnt beispielsweise mit einer Idee, der sich eine Machbarkeitsstudie und eine Konzeption anschließen. In diesen Phasen sind ebenso wie bei der späteren Entwicklung, dem Betrieb und schließlich der Außerbetriebnahme Sicherheits- und Kontinuitätsaspekte zu berücksichtigen.

Integrative Teilbereiche des Sicherheitsmanagements sind z. B. das Sicherheitsmanagement der Geschäftsprozesse oder der Informations- und Kommunikationstechnologie (IKT).

6.4   IKT-Sicherheitsmanagement

IKT- bzw. Informationssicherheitsmanagement beschreibt den Prozess der Planung, der Konzeption, der Umsetzung sowie der kontinuierliche Prüfung, Überwachung (Monitoring), Steuerung und Fortentwicklung des Sicherheitsniveaus im

Bereich der Informations- und Kommunikationstechnologie (IKT). Er erstreckt sich über alle IT-Prozesse, die Phasen des Lebenszyklus von Computersystemen sowie über alle Ressourcen, wie z. B. Hardware, Software – von Applikationen über Middleware, bis hin zu Betriebssystemen – Dataware, Processware (Prozesse), Knowledgeware (Wissen) und Paperware (Unterlagen und Dokumente).

Insbesondere in den letzten Jahren sind im IKT-Bereich *Normen und Standards sowie Good/Best Practices* entstanden oder haben sich deutlich weiterentwickelt. Hierzu gehören Normen wie die dynamisch wachsende ISO/IEC-27000-Familie, aber auch „Good/ Best Practices" à la ITIL®, die ISO/IEC 20000, die Maßnahmen der BSI-IT-Grundschutzkataloge, die Information Security Governance des IT Governance Institute® und die Control Objectives for Information and related Technology (COBIT®). Im Hinblick auf das Kontinuitätsmanagement zu nennen sind die Normen ISO/IEC 22301:2012, ISO/IEC 22313:2012 und die ISO/PAS 22399, die ISO/IEC 24762:2008, die ISO/IEC 27031:2011, der BSI-Standard 100-4 zum Notfallmanagement, die österreichischen Normen OENORM S 2400 – 2402 sowie die ONR 49002-3:2010.

Diese Normen und Practices konzentrieren sich auf unterschiedliche Themen und unterscheiden sich in den Abstraktionsebenen, die derzeit verschiedentlich noch überblicksartig sind. Dementsprechend weisen sie unterschiedliche Ansätze und Stärken auf. In der Praxis gilt es, diese verschiedenen Ansätze und Stärken zusammenzuführen oder das systematische, durchgängige und integrative Vorgehensmodell der Sicherheitspyramide [3] zu nutzen.

Die *dreidimensionale Sicherheitspyramide* [3], die Interesse und positive Resonanz in Wirtschaft und Lehre gefunden hat, ist ein Vorgehensmodell, das seit vielen Jahren Themen und Ansätze sowohl enthält als auch vereinigt, die – teilweise und in unterschiedlicher Tiefe und Ausprägung sowie verteilt und manche erst in neuerer Zeit – auch in Normen, Standards und Practices enthalten sind.

Die erste Dimension der Sicherheitspyramide bezieht sich auf die durchgängige hierarchische Struktur, die zweite Dimension auf Prozesse, Ressourcen und Personal sowie Organisation und die dritte Dimension auf den Lebenszyklus. Außerdem umfasst die dreidimensionale Sicherheitspyramide den Sicherheitsregelkreis mit Monitoring, Controlling und Reporting sowie Kennzahlen, ein Reifegradmodell und den Sicherheitsmanagementprozess. Weiterhin beinhaltet die Sicherheitspyramide u. a. auch die Themen Kontinuitätsmanagement (Service Continuity) und Risikomanagement. Daher bezeichne ich sie auch als R̲isiko-, S̲icherheits- und K̲ontinuitätsmanagementpyramide, kurz RiSiKo-(Management-)Pyramide.

Die hierarchische Struktur, d. h. die Sicherheitshierarchie der Sicherheitspyramide beginnt mit der RiSiKo-Politik, gefolgt von den Sicherheitsanforderungen. Eine Zwischenschicht transformiert die Anforderungen in Merkmale und Elemente zur

Erreichung des geforderten RiSiKo-Niveaus. Die Elemente finden ihren Niederschlag in der Architekturebene. Richtlinien machen übergreifende Vorgaben. Konzepte prägen diese spezifisch aus, z. B. für ein spezifisches IKT-System. Maßnahmen, die unterste Ebene der Sicherheitspyramide, setzen die Konzepte um.

Die Sicherheitspyramide beinhaltet die verschiedenen IT-Prozesse, wie z. B. das Incident-, das Problem-, das Änderungs-, das Konfigurations- und das Kapazitätsmanagement sowie weiterhin die Prozesse Datenschutz- und Compliance Management, berücksichtigt Ressourcen, Personal, Organisation, Produkte und Dienstleistungen.

6.5 Ingenieurmäßige Sicherheit – Safety, Security, Continuity Engineering

Unter *ingenieurmäßiger Sicherheit einschließlich Kontinuität* verstehe ich ein Sicherheits-, Kontinuitäts- und Risikomanagementsystem, das die Erhebung, Pflege und jederzeitige Erfüllung der Sicherheits- und Kontinuitätsanforderungen eines Unternehmens durch den durchgängigen und systematischen Aufbau und Betrieb sowie die systematische Pflege und Weiterentwicklung der Sicherheit und Kontinuität auf der Basis anerkannter Prinzipien, Methoden, Hilfsmittel und Werkzeuge beinhaltet. Ingenieurmäßige Sicherheit führt somit zur Festlegung prozessualer und methodischer, ressourcenspezifischer, technologischer und personeller sowie organisatorischer Elemente zur effizienten und zielgerichteten Erfüllung von Sicherheits- und Kontinuitätsanforderungen. Hieraus ergibt sich ein Sicherheits-, Kontinuitäts- und Risikomanagementsystem,

☐ dessen Aufbau einer systematischen Vorgehensweise folgt,

☐ das Rahmenbedingungen wie z. B. Gesetze, Regularien, Normen und Practices sowie Verträge berücksichtigt,

☐ das Methoden nutzt und Lebenszyklen berücksichtigt,

☐ das effizient, durchgängig, strukturiert, praxisorientiert und ganzheitlich ist.

Ganzheitlichkeit geht hierbei über die losgelöste Betrachtung einzelner Komponenten und die Schaffung von Insellösungen hinaus, indem sie das gesamte Unternehmen und sein Umfeld betrachtet. Sie berücksichtigt den Schutz gegenüber Angriffen (Security), die Betriebssicherheit (Safety) einschließlich des Schutzes vor Naturgewalten und vor Notfällen, Krisen und Katastrophen (Continuity). Außerdem erfordert ein ganzheitliches ingenieurmäßiges Vorgehen neben der Betrachtung technologischer Aspekte die Berücksichtigung prozessualer, ressourcenspezifischer und organisatorischer Elemente. Ein weiterer Aspekt ist der Lebenszyklus von Prozessen, Ressourcen und Organisation sowie Produkte und Dienstleistungen (Services), der ebenfalls in die Vorgehensweise zu integrieren ist.

In Anlehnung an den Begriff Security Engineering [36] bezeichne ich ingenieurmäßige Sicherheit [37] auch als Safety and Security Engineering bzw. *Safety, Security
and Continuity Engineering* (SSCE) bzw. Safety, Security, Continuity and Risk
Engineering (SSCRE).

Die *Sicherheitspyramide*[Dr.-Ing. Müller], die im folgenden Unterkapitel überblicksartig
dargestellt ist, verkörpert ein Vorgehensmodell vom Safety and Security Engineering bis hin zum Safety, Security, Continuity and Risk Engineering.

6.6   Sicherheitspyramide

Die dreidimensionale Sicherheitspyramide[Dr.-Ing. Müller], die auch als Sicherheitsmanagementpyramide[Dr.-Ing. Müller] bezeichnet werden kann, ist ein systematisches, ganzheitliches und praxisorientiertes Vorgehensmodell für den Aufbau, die Überprüfung und kontinuierliche Fortentwicklung des Sicherheits-, Kontinuitäts- und Risikomanagements eines Unternehmens. Sie dient gleichzeitig der transparenten Visualisierung der Vorgehensweise. Die fünfstufige Sicherheitspyramide [4] entwickelte ich inzwischen zur siebenstufigen Sicherheitspyramide fort und separierte
die Transformationsschicht. Die Sicherheitspyramide besitzt die drei Dimensionen
Sicherheitshierarchie, PROSim (Prozesse, Ressourcen und Organisation für das
Sicherheitsmanagement) und den Lebenszyklus von Prozessen, Ressourcen und
Organisation sowie Produkten und Dienstleistungen. Ein Regelkreis mit Scorecard
und der Sicherheitsprozess sowie das Reifegradmodell dienen der Steuerung und
Weiterentwicklung.

Die Sicherheitspyramide stellt somit ein ingenieurmäßiges Vorgehen im Sinne des
Safety and/or Security and/or Continuity and/or Risk Engineering dar.

*Doch beim Übergang auf das zuvor genannte ingenieurmäßige Vorgehen stehen
Unternehmen vor einem Dilemma:* Denn warum sollten sie in Anbetracht knapper
Budgets und wenig Personals die derzeitigen Insellösungen aufgeben? Weil die externen Anforderungen, z. B. durch EuroSOX, KonTraG, Basel II und künftig Basel III, Solvency II und durch die MaRisk für Banken und Versicherungen, steigen,
die Bedrohungen durch Angreifer, Viren, globalen Wettbewerb, Spionage und
Terrorismus zunehmen und gegebenenfalls das Risiko der persönlichen Haftung
besteht. Doch wie können sie das Dilemma zwischen knappen Budgets einerseits
und höheren Anforderungen und stärkeren Bedrohungen andererseits lösen?

Diese vielerorts anzutreffende Lage zeigt *Parallelen zur Software-Krise Ende der
60er Jahre*. Erst durch das Software-Engineering konnte hier ein Ausweg gefunden
werden. Dementsprechend ist jetzt in der Sicherheit ingenieurmäßiges Vorgehen
angesagt. Sicherheit sollte hierbei praxisorientiert, systematisch und wirtschaftlich
aufgebaut und weiterentwickelt werden. Anerkannte Standards, Methoden und

Werkzeuge geben dabei Orientierung. Hierzu gehören im IT- bzw. IKT-Bereich Normen wie die ISO/IEC-27000-Familie, aber auch Good/Best Practices à la ITIL®, die ISO/IEC 20000, die Maßnahmen der BSI-IT-Grundschutzkataloge und COBIT®. Das Ergebnis muss ganzheitlich und gleichzeitig schlank und praktikabel sein. Denn wer hat heutzutage noch die Zeit, dicke unternehmensspezifische Wälzer zu lesen?

Ganzheitlichkeit scheint da ein Widerspruch zu sein. Sie bedeutet eine Abkehr von der rein technischen Sichtweise. Prozessuale, ressourcenspezifische, technologische, methodische, personelle und organisatorische Elemente sind zusätzlich zu berücksichtigen. Die Budgetverantwortlichen sehen diese ergänzenden Elemente, assoziieren damit zusätzliche Kosten und stellen kritische Fragen. Wie lassen sie sich überzeugen?

Vielleicht durch einen *Vergleich mit der über Jahrhunderte bewährten Baukunst*: Können Sie sich vorstellen, einen Architekten mit einem Hausentwurf zu beauftragen, ohne ihm die Rahmenbedingungen zu nennen? Größe, Ausstattung, Lage, Zeitplan und Budget sollten zumindest erste Eckpunkte sein. Andernfalls verwerfen Sie einen Entwurf nach dem anderen. Das verschwendet Zeit und Geld. Sicherlich haben Sie auch Vorstellungen zur Sicherheit Ihres geplanten Hauses. Wollen Sie Standardfenster oder abschließbare, oder soll das Glas auch einbruchhemmend sein? Wollen Sie eine Einbruchmeldeanlage, Bewegungsmelder, Überwachungskameras, einen Safe? Je genauer Sie die Rahmenbedingungen vorgeben, desto zielgenauer und effizienter kann die Lösung ausfallen. Lassen Sie das Haus schließlich bauen, so erfolgt dies nach einem Zeitplan und unter ständiger Überwachung und Steuerung durch die Bauleitung. Doch selbst wenn Sie alle Ihre Sicherheitsanforderungen haben realisieren lassen, nützt das nichts, wenn die Fenster über Nacht offen stehen, weil die Hausbewohner sie zu schließen vergessen haben: Mangelndes Sicherheitsbewusstsein. Was zeigt uns das?

Vorgaben, Planung und Steuerung sowie eine ganzheitliche Betrachtung aller Sicherheitsaspekte vermeiden Doppelarbeiten und ermöglichen eine zielgerichtete und damit effiziente Steuerung. Die Sorge vieler Geschäftsleiter, dass sich Sicherheit verselbständigt und zu einem unkontrolliert teuren Etwas wird, wird so begrenzt.

Konkrete Beispiele bestätigen dies. So erarbeiteten und entwickelten in verschiedenen Unternehmen die Geschäftsbereiche ihre Notfall-, Krisen- und Katastrophenvorsorgepläne individuell. Eine Vorgabe zu Struktur und Inhalten sowie Begriffsdefinitionen gab es nicht. Aufgrund dessen erfanden die Geschäftsbereiche das „Rad" zu Lasten der Wirtschaftlichkeit immer wieder neu und zudem in unterschiedlicher Qualität und Vollständigkeit.

Ein anderes Beispiel lieferten sicherheitstechnisch miteinander vergleichbare IT-Systeme. Hier entwickelten die Verantwortlichen deren Schutzmaßnahmen nach bestem Wissen und Gewissen, aber individuell. In der Folge waren die IT-Systeme trotz gleicher Anforderungen unterschiedlich gut abgesichert. Dies führte zu Sicherheitsdefiziten und machte Nachbesserungen erforderlich.

6.7 Sicherheitspolitik

Den Begriff Sicherheitspolitik bzw. Sicherheitsleitlinie definieren verschiedene Normen, Standards und Publikationen unterschiedlich. Die folgenden Unterkapitel geben einen Auszug dieser Definitionen wieder, bevor die in diesem Buch verwendete Definition dargestellt wird.

6.7.1 ... nach IT-Grundschutzkatalogen

Seit der Ausgabe 2005 ist das IT-Grundschutzhandbuch (IT-GSHB) des BSI unterteilt in die Grundschutz-Vorgehensweise und die IT-Grundschutzkataloge (IT-GSK). Die IT-GSK 2013 erläutern in M 2.192, Erstellung einer *Leitlinie zur Informationssicherheit*, dass diese die „Leitaussagen zur Sicherheitsstrategie" zusammenfassen sollte. Sie soll die „Sicherheitsziele und das angestrebte Sicherheitsniveau für alle Mitarbeiter" dokumentieren. Gleichzeitig bekennt sich die Unternehmensleitung damit „sichtbar zu ihrer Verantwortung für die Informationssicherheit". Gemäß M 2.201 ist die Leitlinie zur Informationssicherheit eine Dokumentation im Rahmen des Sicherheitsprozesses.

Die Leitlinie zur Informationssicherheit soll laut IT-GSK 2013, M 2.192, „kurz und bündig formuliert sein" und u. a. folgende Themen ansprechen:

- Stellenwert der Informationssicherheit
- Sicherheitsziele und deren Bezug zu den Geschäftszielen
- Kernelemente der Sicherheitsstrategie
- Selbstverpflichtung der Leitungsebene und Leitaussagen zur Erfolgskontrolle
- Organisationsstruktur zur Umsetzung des Sicherheitsprozesses

Gemäß Glossar der IT-GSK 2013 betrachtet das BSI den Begriff *Sicherheitspolitik* als falsche Übersetzung von „Security Policy" und verweist auf *Sicherheitsrichtlinie* als Übersetzung von „Security Policy". Aus welchen Gründen der Begriff Sicherheitspolitik eine falsche Übersetzung sein soll, ist weder erläutert noch sprachwissenschaftlich belegt. Der DUDEN OXFORD, Großwörterbuch Englisch, 2. Auflage 1999, nennt als Übersetzung von Policy das deutsche Wort Politik und bringt das Beispiel der Firmenpolitik. Eine Unterscheidung und Verwendungsbegründung für die Begriffe Politik, Leitlinie und Richtlinie finden Sie in dem später folgenden Kapitel zur Sicherheitspolitik nach der Sicherheitspyramide[Dr.-Ing. Müller].

Die ISO/IEC 27002:2013 führt in Kapitel 5 „Information security policies", aus, dass es für die Informationssicherheit einen Satz von „Policies" geben sollte, dessen oberste Ebene die „information security policy" einnimmt. Die ISO/IEC 27003:2010 nennt – ähnlich wie u. a. die damalige ISO 13335-1 oder auch andere in den folgenden Kapiteln zum Thema Sicherheitspolitik angegebene Normen – eine Vielzahl von Policies auf unterschiedlichen hierarchischen Ebenen. Zudem verweist sie darauf, dass die ISO/IEC 27001:2005 unterscheidet zwischen ISMS-Policy und Information Security Policy.

Der selbst auferlegten Regelung folgend haben die Autoren der IT-GSK 2011 den Begriff Sicherheitspolitik in der Maßnahme M 2.39, die in der 3. Auflage von „IT-Sicherheit mit System" als ein in den IT-GSK vorhandenes Gegenbeispiel genannt wurde, dort ersetzt durch den Begriff Sicherheitsvorgaben. Verschiedene Maßnahmen verwenden den Begriff in den IT-GSK 2013 jedoch weiterhin, so z. B. M 2.17, Zutrittsregelung und -kontrolle, M 2.126, Erstellung eines Datenbanksicherheitskonzeptes, M 2.161, Entwicklung eines Kryptokonzepts, und M 5.66, Verwendung von TLS/SSL.

Der BSI-Standard 100-1, Version 1.5 vom Mai 2008, bietet – im Gegensatz zur Definition im Glossar der IT-GSK, wonach Security Policy als Sicherheitsrichtlinie zu übersetzen ist – als Übersetzung von „Information Security Policy" den Begriff Leitlinie zur Informationssicherheit an.

Ebenfalls im Glossar definieren die IT-GSK 2013 den Begriff „Risiko". Demzufolge ist Risiko „die [...] Vorhersage eines möglichen Schadens im negativen Fall (Gefahr) oder eines möglichen Nutzens im positiven Fall (Chance)." Dies unterscheidet sich von der detaillierten Definition, die die Sicherheitspyramide nutzt und die im Kapitel Risikodreiklang angegeben ist. Bei der dortigen ergänzenden Kategorisierung von Risiken ist im Gegensatz zu den IT-GSK 2013 angegeben, dass es Risiken gibt, die darin bestehen, dass Chancen aufgrund eines Ereignisses nicht wahrgenommen werden können.

6.7.2   ... nach ISO/IEC 13335-1:2004

Die im März 2010 zurückgezogene *ISO/IEC 13335-1:2004* unterscheidet zwischen vier Arten der Sicherheitspolitik:

☐ Unternehmensweite Sicherheitspolitik (Corporate Security Policy)

☐ Informationssicherheitspolitik (Information Security Policy)

☐ Unternehmensweite IKT-Sicherheitspolitik (Corporate ICT Security Policy)

☐ Sicherheitspolitik des IKT-Systems (ICT System Security Policy).

Diese sind in der ISO/IEC 13335-1:2004 prinzipiell wie folgt definiert:

„Die *unternehmensweite Sicherheitspolitik* kann die Sicherheitsprinzipien und -direktiven für die Organisation als Ganzes beinhalten. Die unternehmensweite Sicherheitspolitik sollte die breitbandigere Unternehmenspolitik widerspiegeln einschließlich der Elemente, die Persönlichkeitsrechte, gesetzliche Anforderungen und Standards adressieren."

„Die *Informationssicherheitspolitik* kann Prinzipien und Direktiven enthalten, die für den Schutz jener Informationen spezifisch ist, die sensibel oder wertvoll oder in anderer Hinsicht für die Organisation wichtig sind."

„Die *unternehmensweite IKT-Sicherheitspolitik* sollte sowohl die grundlegenden Sicherheitsprinzipien und -direktiven widerspiegeln, die sich aus der unternehmensweiten Sicherheitspolitik und der Informationssicherheitspolitik ergeben, als auch den generellen Einsatz von IKT-Systemen innerhalb der Organisation."

„Die *Sicherheitspolitik eines IKT-Systems* sollte jene Sicherheitsprinzipien und -direktiven widerspiegeln, die in der unternehmensweiten IKT-Sicherheitspolitik enthalten sind. Sie sollte darüber hinaus Details der spezifischen Sicherheitsanforderungen enthalten sowie der Schutzmaßnahmen (Safeguards), die implementiert werden müssen, einschließlich deren korrekte Nutzung, um eine adäquate Sicherheit zu erreichen. In jedem Fall ist es wichtig, dass der gewählte Ansatz im Hinblick auf die Geschäftsanforderungen der Organisation effektiv ist."

Die ISO/IEC 13335-1 nutzt einen hierarchischen Ansatz, der vier unterschiedliche Arten der Sicherheitspolitik definiert. Entscheidend ist, dass der Ausgangspunkt die Anforderungen des Unternehmens sind.

6.7.3   ... nach ISO/IEC 27001:2013

Die ISO/IEC 27001:2013 fordert eine *Informationssicherheitspolitik*, die entweder Ziele für die Informationssicherheit nennt oder ein Rahmenwerk für deren Aufstellung bereitstellt, die Verpflichtung zur Erfüllung der Anforderungen an die Informationssicherheit und zur Verbesserung enthält sowie vom Top Management etabliert wird.

6.7.4   ... nach ISO/IEC 27002:2013

In der ISO/IEC 27002 ist die Informationssicherheitspolitik wie folgt beschrieben:

Auf oberster Ebene sollen Unternehmen eine *Informationssicherheitspolitik* (Information security policy) definieren, die die Vorgehensweise zum Management der Informationssicherheitsziele darstellt und vom Management freigegeben ist. Sie soll u. a. gesetzliche, regulatorische und vertragliche Anforderungen ansprechen, Ziele und Prinzipien und Rollen benennen sowie Verantwortlichkeiten zuweisen.

6.7.5   ... nach ISO/IEC 27003:2010

Die ISO/IEC 27003:2010 unterscheidet in Anhang D drei Hierarchieebenen. Die oberste Ebene bilden die High Level General Policies, z. B. die Security Policy, gefolgt von den High Level Topic-specific Policies, wie z. B. der Information Security Policy oder der ISMS Policy. Dies bezeichne ich als Politikhierarchie bzw. Policy Hierarchy. Die unterste Ebene bilden die Detailed Policies, z. B. die Access Control Policy. Weitere Ebenen können in einigen Fällen hinzugefügt werden. Bei der Sicherheitspyramide bildet die Sicherheitspolitik bzw. die Sicherheitsleitlinie die oberste Ebene. Folgende Ebenen finden sich in Prinzipien und Richtlinien.

6.7.6   ... nach ITSEC

In den Kriterien für die Bewertung der Sicherheit von Systemen der Informationstechnik (ITSEC) [38] sind drei unterschiedliche Arten der Sicherheitspolitik prinzipiell wie folgt definiert:

Firmenspezifische Sicherheitspolitik: „Die Sammlung von Gesetzen, Regeln und Praktiken, die vorschreiben, in welcher Weise Vermögenswerte einschließlich sensitiver Informationen innerhalb einer Benutzerorganisation behandelt, geschützt und verteilt werden."

System-Sicherheitspolitik: „Die Sammlung von Gesetzen, Regeln und Praktiken, die vorschreiben, in welcher Weise sensitive Informationen und andere Betriebsmittel innerhalb eines bestimmten Systems behandelt, geschützt und verteilt werden."

Technische Sicherheitspolitik: „Die Menge der Gesetze, Regeln und Praktiken, die die Verarbeitung von sensitiven Informationen und die Nutzung von Betriebsmitteln durch die Hard- und Software eines IT-Systems oder -Produkts festlegen."

Die hier definierten Sicherheitspolitiken beinhalten demzufolge Gesetze, Regeln und Praktiken.

6.7.7   ... nach Common Criteria (ISO/IEC 15408)

Im Glossar der Common Criteria, Version 3.1, Revision 4, vom September 2012 [39], die der ISO/IEC 15408 [40] zur Nutzung vorliegen, wird in Teil 1 zwischen der organisatorischen Sicherheitspolitik und der funktionalen Sicherheitspolitik unterschieden.

Die *organisatorische Sicherheitspolitik* (Organisational Security Policy) umfasst „eine Menge von Sicherheitsregeln, Verfahren oder Richtlinien für eine Organisation". Die Regelung zur Passwortgestaltung kann Teil einer organisatorischen Sicherheitspolitik sein.

Die *funktionale Sicherheitspolitik* (Security Function Policy) ist definiert als eine „Menge von Regeln, die das spezifische Sicherheitsverhalten beschreiben, das durch Sicherheitsfunktionen des Evaluationsgegenstandes durchgesetzt wird, und die sich als Menge von Anforderungen an Sicherheitsfunktionen ausdrücken lassen".

6.7.8   ... nach der Sicherheitspyramide^{Dr.-Ing. Müller}

In der *Sicherheitspolitik*, genauer der *Sicherheits-, Kontinuitäts- und Risikopolitik*, eines Unternehmens legt die Geschäftsleitung gemäß Sicherheitspyramide in schriftlicher überblicksartiger Form fest, welche Bedeutung und Ausprägung das Thema Sicherheit einschließlich Kontinuität und Risiko für das Unternehmen haben soll. Hierbei spielen Aussagen zum Unternehmen und zu seinem Kontext, zum Geltungsbereich sowie zur Risikotragfähigkeit und Risikobereitschaft eine wesentliche Rolle. Die Sicherheitspolitik leitet sich aus der Unternehmenspolitik ab. Letztere beinhaltet die Vision, den Zweck, die Ziele und die Strategie des Unternehmens. Sie basiert auf den unterschiedlich gewichteten Anforderungen der Bezugsgruppen (Kunden, Anteilseigner, Mitarbeiter, Lieferanten, Öffentlichkeit, Staat {z. B. Gesetze, Vorschriften} etc.) sowie dem Selbstverständnis und der Strategie des Unternehmens.

In der Sicherheitspolitik verpflichtet sich das Management zur Übernahme seiner Verantwortung für die Unternehmenssicherheit. Dies beinhaltet die Festlegung eines Orientierungsrahmens und die anschließende Umsetzung und Einhaltung der selbst auferlegten Regularien, die Prüfung und Verbesserung sowie die Bereitstellung der erforderlichen Mittel und Ressourcen.

Die Sicherheitspolitik ist somit nicht spezifisch auf die IKT ausgerichtet, sondern im Sinne einer unternehmensweiten Sicherheitspolitik zu verstehen. Dies betont, dass der Ausgangspunkt jeglicher Sicherheit die Anforderungen des Unternehmens sind. Die Sicherheitsanforderungen der IKT leiten sich hieraus ab. Dies fördert das Business-Security-Alignment, genauer das Business-Safety-Security-Continuity-Risk-Alignment.

Darüber hinaus gibt es in der Sicherheitspyramide Sicherheitsrichtlinien.

Welche Parallelen zeigen sich zwischen der Sicherheitspyramide und den Normen, Standards und Practices? Die oberste Ebene der Sicherheitspyramide, die Sicherheitspolitik, findet ihre Analogie in der unternehmensweiten Sicherheitspolitik der ISO/IEC 13335-1 und der Informationssicherheitspolitik der ISO/IEC 27001:2013 und der ISO/IEC 27002:2013. Der hierarchische Ansatz der Sicherheitspyramide spiegelt sich im zwar prinzipiell hierarchischen, aber weniger detaillierten Ansatz der ISO/IEC 13335-1 sowie in der ISO/IEC 27003:2010 wider. Die Sicherheitspolitik der Sicherheitspyramide beinhaltet darüber hinaus die Themenfelder Kontinuität und Risiko und integriert damit diese miteinander verknüpften Themenfelder. Sie stellt somit eine Sicherheits-, Kontinuitäts- und Risikopolitik dar.

Die Sicherheitsrichtlinien der Sicherheitspyramide finden ihre Entsprechung in der – allerdings weniger vielfältigen – unternehmensweiten IKT-Sicherheitspolitik der ISO/IEC 13335-1 sowie in den information security policies der ISO/IEC 27001:2013 und der ISO/IEC 27002:2013 sowie den detailed policies der ISO/IEC 27003:2010. Die Sicherheitskonzepte der Sicherheitspyramide haben bei der ISO/IEC 13335-1 ihre Parallele in der Sicherheitspolitik des IT-Systems.

Ebenso wie bei der ISO/IEC 13335-1, der ISO/IEC 27002:2013 oder der ISO/IEC 27003:2010, Anhang D, gibt es aus meiner Sicht keine Beschränkungen in der Verwendung der Begriffe *Politik*, *Leitlinie* oder *Richtlinie* für das Unternehmen, seine Bereiche oder Ressourcen. Um im Deutschen Verwechslungen zwischen einer Leitlinie, die den Adressaten leiten soll, und einer konkreteren Richtlinie, nach der sich der Leser richten soll, zu vermeiden, empfehle ich die Verwendung des Begriffs Politik als oberste Ebene und des Begriffs Richtlinie als konkretere aber übergreifende Vorgabe. Die Verwendung des Begriffs Politik finden Sie neben Sicherheitspolitik z. B. auch in den Wörtern Risikopolitik, Unternehmenspolitik, Arbeitsmarktpolitik, Lohnpolitik etc. Laut DUDEN, Das große Fremdwörterbuch, 4. Auflage, 2007, ist „...politik" ein „Wortbildungselement mit der Bedeutung „Gesamtheit von Bestrebungen mit bestimmter Aufgabenstellung und Zielsetzung im Hinblick auf das im ersten Bestandteil der Zusammensetzung Genannte"".

6.7.9 Vergleich

Die unterschiedlichen Definitionen von Security Policies sind in der folgenden Tabelle überblicksartig vergleichend dargestellt:

Kategorisierung der Definitionen von Security Policies		
Quelle	Überblicksartige Unternehmens-/ Managementvorgaben	Richtlinien, Regeln, Praktiken
IT-GSK 2013	Leitlinie	Richtlinien
ISO/IEC 13335-1:2004	X	X
ISO/IEC 27001:2013	X	X
ISO/IEC 27002:2013	X	X
ISO/IEC 27003:2010	X	X
ITSEC		X
Common Criteria 3.1		X
Sicherheitspyramide[Dr.-Ing. Müller]	Politik/Leitlinie	Prinzipien, Richtlinien

Tabelle 6-1: Kategorisierung der Definitionen von Security Policies

6.8   Sicherheit im Lebenszyklus

Ziel der IKT-Sicherheit ist die Sicherheit des IKT-Betriebs, u. a. also des Betriebs von Anwendungen, Computersystemen, Netzen, Storage und Infrastruktur. Dies beinhaltet zum einen die Sicherheit der Prozesse, der Ressourcen und der Organisation und zum anderen der Produkte und Dienstleistungen (Services). Doch genau so, wie ein Produkt durch eine abschließende Qualitätskontrolle keine bessere Qualität erhält, verhält es sich auch mit der Sicherheit. Betrachten wir ein Beispiel: Kaum jemand käme bei einem Auto auf die Idee, Überlegungen zum Insassenschutz, z. B. in Form von Airbags oder der Knautschzone, anzustellen, nachdem das Auto gefertigt und eingesetzt worden ist. Dies muss bereits zum Zeitpunkt der Idee für das neue Modell erfolgen und in den folgenden Entwicklungs- und Fertigungsschritten weiter berücksichtigt werden.

Um einen sicheren IKT-Betrieb zu erreichen, genügt es dementsprechend nicht, nur den Betrieb als solches abzusichern und erst in der Betriebsphase Überlegungen zur Sicherheit und Kontinuität anzustellen bzw. Sicherheits- und Kontinuitätsmaßnahmen zu ergreifen. Als *Voraussetzungen für den sicheren IKT-Betrieb* müssen Sicherheit und Kontinuität in den gesamten Lebenszyklus jedes Prozesses, jeder Ressource und der Organisation sowie jedes Produkts und jeder Dienstleistung von der Idee über die Konzeption, die Entwicklung und den Betrieb bis hin zur Außerbetriebnahme verankert werden [5]. Dies betrifft auch begleitende Managementdisziplinen, wie z. B. das Änderungs-, Konfigurations- und Kontinuitätsmanagement.

Betriebssicherheit im Sinne von Ordnungsmäßigkeit sowie Schutz vor menschlichem und technischem Versagen sowie vor Naturgewalten und Katastrophen ist im gesamten Lebenszyklus zu berücksichtigen. Unter Ordnungsmäßigkeit verstehe ich hierbei Konformität zu gesetzlichen, aufsichtsbehördlichen, vertraglichen und normativen Vorgaben, Richtigkeit, Aktualität, Vollständigkeit, Verfügbarkeit, Integrität, Vertraulichkeit, Authentizität, Verbindlichkeit, Nachvollziehbarkeit und Nachweisbarkeit sowie Verlässlichkeit von Daten und Informationen, ferner Robustheit, Fehlerfreiheit und Zuverlässigkeit von Systemen. Höchstverfügbarkeit im Betrieb beispielsweise erfordert u. a. eine geeignete – meist redundante – System- und Infrastrukturarchitektur, die von Anfang an mit zu berücksichtigen ist.

Ähnlich verhält es sich mit der *Angriffssicherheit*, d. h. dem Schutz gegenüber Angriffen und kriminellen Handlungen. Auch hier müssen frühzeitig Maßnahmen ergriffen werden. Denn was nützt die beste Absicherung, wenn in einer Anwendung unzulässiger Programmcode enthalten ist, mit Hilfe dessen sich beispielsweise ein krimineller Programmierer Rundungsbeträge bei Zinsgutschriften auf sein eigenes Konto bucht oder nach seinem Ausscheiden aus dem Unternehmen das Programm über eine Hintertür aus der Ferne beeinflussen kann, oder wenn kriminelle Reinigungskräfte an Unternehmens-PCs Key Logger anbringen.

Die Integration von Sicherheitselementen in den Lebenszyklus von Prozessen, Ressourcen, Organisation, Produkten und Dienstleistungen sowie in die begleitenden Managementdisziplinen bzw. Begleitprozesse sowie in Produkte und Dienstleistungen führt zu *lebenszyklus-, prozess-, organisations- sowie produkt- und dienstleistungsimmanenter Sicherheit* [13].

Den Begriff Produkt verwende ich verschiedentlich als Oberbegriff für materielle und immaterielle Produkte. Dies beinhaltet also auch Dienstleistungen, z. B. IKT-Services.

6.9   Ressourcen, Schutzobjekte und -subjekte sowie -klassen

Prozesse nutzen Ressourcen. Eine Störung, Kompromittierung oder ein Ausfall dieser Ressourcen oder des Prozesses selbst kann die ordnungsmäßige Funktionsfähigkeit der Geschäftsprozesse beeinträchtigen oder sie komplett ausfallen lassen. Daher bezeichne ich alle **Ressourcen**, die von einem Prozess genutzt werden, sowie den **Prozess** selbst, als **Schutzobjekte**, die anforderungsgerecht abgesichert werden müssen. Schutzobjekte sind beispielsweise der Geschäftsprozess G, die ihn ausführenden Rollen bzw. Funktionen F1 bis F10, die von ihm genutzten Räume R1, R2 und R3 sowie die Informationssysteme I3 und I9. Diese konkreten Schutzobjekte – in der objektorientierten Terminologie würden wir von Instanzen reden – können zur einfacheren Handhabung in Schutzobjektklassen zusammengefasst werden.

Um Unternehmenswerte, d. h. Schutzobjekte, abzusichern, werden ebenfalls Ressourcen eingesetzt. Diese erstrecken sich u. a. von Identitäts- und Rechteverwaltungs- sowie -steuerungssystemen, Firewalls, Intrusion Detection und Prevention Systemen, Virenscannern und Spamfiltern sowie Web Application Firewalls und XML Security Gateways über Zufahrts- und Zutrittskontrollsysteme, Videoüberwachungs-, Gefahrenmelde- und Netzersatzanlagen sowie unterbrechungsfreie Stromversorgungen bis hin zu Wachdiensten. Diese schützenden Ressourcen und Schutzeinrichtungen sind dementsprechend **Schutzsubjekte**.

Auch diese Schutzsubjekte müssen geschützt werden, z. B. gegen Ausfall oder Manipulation. Somit sind die **Schutzsubjekte gleichzeitig Schutzobjekte**, die es ebenfalls abzusichern gilt. So schließt sich der Kreis.

Die konkreten Schutzobjekte und -subjekte, z. B. Ressourcen, eines bestimmten Typs lassen sich zur einfacheren Handhabung unter einem gemeinsamen Oberbegriff, einer **Klasse** zusammenfassen. Die Schutzobjektklassen und Schutzsubjektklassen umfassen u. a. solche aus den Kategorien Prozesse, Ressourcen, Produkte und Dienstleistungen. Schutzobjekte sowie Schutzsubjekte stellen somit die konkrete Ausprägung einer Schutzobjektklasse bzw. einer Schutzsubjektklasse dar. Das <Musterinformationssystem> ist z. B. eine konkrete Ausprägung (Instanz) der Schutzobjektklasse Informationssystem.

Zu den *materiellen und immateriellen Schutzobjektklassen bei Ressourcen* gehören u. a. Gebäude, Räumlichkeiten, räumliche und haustechnische Infrastruktur, Informations- und Kommunikationssysteme, Daten, Kundenlisten, Methoden und Verfahren, Hilfs- und Arbeitsmittel, Maschinen, Anlagen, Fertigungsstraßen, Materialien, finanzielle Mittel, interne und externe Services von Dienstleistern, Lieferanten und Versorgungsunternehmen, aber auch Image, Bekanntheitsgrad, Kundenzufriedenheit, Know-how und – nicht zuletzt – Menschen.

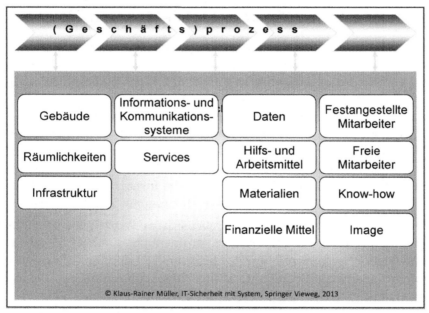

Abbildung 6-1:   Schutzobjektklassen

Da sich Schutzobjektklassen üblicherweise durch ähnliche Sicherheitsmaßnahmen einschließlich Kontinuitätsmaßnahmen schützen lassen und gleichen oder zumindest ähnlichen Bedrohungen ausgesetzt sind, vereinfacht und standardisiert dies das Repertoire an Sicherheits- und Kontinuitätsmaßnahmen.

6.10   Sicherheitskriterien (Grundwerte der IS)

Um Sicherheit näher zu charakterisieren, gibt es Sicherheitskriterien (Safety and Security Criteria). Hier unterscheide ich zwischen primären und sekundären Sicherheitskriterien. Zu den primären Sicherheitskriterien zähle ich Arbeitssicherheit, Konformität (Compliance) und Robustheit sowie V̲erfügbarkeit, I̲ntegrität, V̲ertraulichkeit, A̲uthentizität (VIVA) und Verbindlichkeit. Als sekundäre Sicherheitskriterien bezeichne ich Nachvollziehbarkeit, Nachweisbarkeit, Erkennungs-, Alarmierungs- und Abwehrfähigkeit.

Anstelle des Begriffes Sicherheitskriterien wird verschiedentlich der Begriff Grundwerte der Informationssicherheit (IS) verwendet, der in den IT-Grundschutzkatalogen (IT-GSK) des BSI definiert ist. Das BSI zählt gemäß den IT-GSK 2013 hierzu die Vertraulichkeit, die Verfügbarkeit und die Integrität. Den Anwendern ist es demzufolge jedoch freigestellt, weitere Grundwerte zu betrachten. Als Beispiele nennen die IT-GSK 2013 die Grundwerte Authentizität, Verbindlichkeit, Zuverlässigkeit und Nichtabstreitbarkeit.

6.11 Geschäftseinflussanalyse (Business Impact Analysis)

Geschäftseinflussanalysen (Business Impact Analysis {BIA}) bzw. Schutzbedarfsanalysen dienen dazu, die Sicherheitsanforderungen einschließlich der kontinuitäts- und risikorelevanten Anforderungen zu ermitteln. Sie werden je Sicherheitskriterium anhand von Schadensszenarien erhoben. Darüber hinaus sollten hierbei sämtliche Informationen erhoben werden, die für die Architektur relevant sind. Hierzu gehören u. a. Prozesse, Ressourcen, Organisation, Produkte und Dienstleistungen.

6.12 Geschäftskontinuität (Business Continuity)

Entscheidend für Unternehmen ist die jederzeitige ausreichende Handlungsfähigkeit sowie die Existenzsicherung – auch bei Notfällen, Krisen und Katastrophen. Dies bedeutet, dass das Unternehmen die geforderte Verfügbarkeit der Geschäftsprozesse mittels Geschäftseinflussanalysen (Business Impact Analysis) erheben und anschließend deren Einhaltung sicherstellen muss.

Das *Management der Geschäftskontinuität (Business Continuity Management {BCM})* hat hierbei die Aufgabe, die geforderte Verfügbarkeit der Geschäftsprozesse so zu erreichen, dass trotz eines Notfalls, einer Krise oder einer Katastrophe eine angemessene Handlungsfähigkeit des Unternehmens erhalten bleibt.

6.13 Sicherheit und Sicherheitsdreiklang

Sicherheit ergibt sich aus der Absicherung schützenswerter Werte bzw. Schutzobjekte gegen die potenzielle Möglichkeit, dass eine Bedrohung eine oder mehrere Schwachstellen ausnutzt und so ein materieller oder immaterieller Schaden entsteht. Sicherheit wird in diesem Buch nicht als „statisch" und „absolut" betrachtet, sondern kann – wie auch ein Risiko – Werte annehmen. Sicherheit entspricht somit dem jeweiligen Sicherheitsniveau.

Sicherheit setzt sich zusammen aus dem vorhandenen und zu schützenden Wertniveau, dem Bedrohungspotenzial sowie dem durch Sicherheitsmaßnahmen erreichten Schutzniveau. Dies bezeichne ich als „Sicherheitsdreiklang".

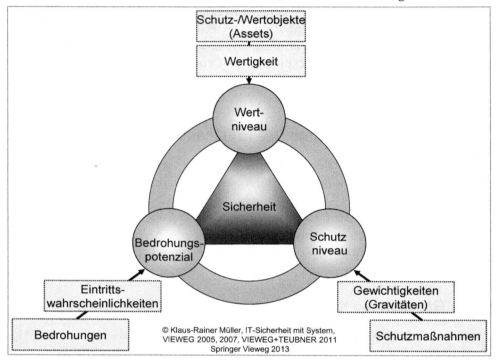

Abbildung 6-2: **Detaillierter Sicherheitsdreiklang**[Dr.-Ing. Müller]

Schutzmaßnahmen dienen dazu, das geforderte Sicherheitsniveau zu erreichen. Schutz- bzw. Sicherheitsmaßnahmen reduzieren üblicherweise entweder die Eintrittswahrscheinlichkeit einer Bedrohung oder deren Auswirkungen. Sie können soweit gehen, dass das Schutzobjekt durch ein weniger direkt bedrohtes ersetzt wird, wie der Wechsel vom Barzahlen zum bargeldlosen Zahlen zeigt. Allerdings zeigt sich auch beim Wechsel des Schutzobjekts, dass sich die kriminelle Energie in überschaubarer Zeit auf das neue Schutzobjekt verlagert, wie z. B. Skimming oder das mobile-TAN-Verfahren zeigen.

Die Eintrittswahrscheinlichkeit lässt sich beispielsweise bei kriminellen Handlungen verändern. So verringern Zutrittskontrollsysteme, gut gesicherte Fenster und Türen, Zugangs- und Zugriffsschutz, aber auch Firewalls bzw. Security Gateways, Virenscanner, Spamfilter und Verschlüsselung die Wahrscheinlichkeit, dass ein

Angriff Erfolg hat, in erster Linie jedoch nicht die Wahrscheinlichkeit, dass ein Angriff stattfindet. Die Abschreckungswirkung der ergriffenen Maßnahmen kann in zweiter Linie allerdings auch die Angriffswahrscheinlichkeit verringern.

Andere Sicherheitsmaßnahmen können die Eintrittswahrscheinlichkeit von Ereignissen, die primär einen nicht kriminellen Ursprung haben, senken, z. B. Sicherheitsabfragen und Plausibilitätsprüfungen.

Demgegenüber reduzieren Brandabschnitte ebenso wie Versicherungen die *Auswirkungen* unterschiedlicher unerwünschter Ereignisse. Monitoring- und Videoüberwachungssysteme sowie Brand-, Einbruch- und Wassermeldeanlagen ermöglichen die *Früherkennung* und damit die Schadensreduzierung durch zeitnahe Gegenmaßnahmen.

Eine *Kategorisierung der Sicherheit* nach unterschiedlichen Themenfeldern unterscheidet beispielsweise in Sicherheit gegenüber (direkten) Verlusten oder Schäden und die Sicherheit, Chancen wahrnehmen zu können anstatt durch nicht wahrgenommene Chancen (indirekte) Verluste zu erleiden. Weitere Unterteilungen sind möglich in

☐ die Betriebssicherheit, d. h. die Ordnungsmäßigkeit und Sicherheit gegenüber (unbeabsichtigtem) menschlichem und technischem Versagen sowie gegenüber Naturgewalten, wie z. B. Stürmen und Überschwemmungen, sowie

☐ die Angriffssicherheit, d. h. die Sicherheit gegenüber (beabsichtigtem) Fehlverhalten, z. B. in Form von kriminellen Handlungen und Hacker-Angriffen.

6.14 Risiko und Risikodreiklang

Für den Begriff „Risiko" (Risk) finden sich in der Literatur unterschiedliche Definitionen. Zwei gängige sind im Folgenden formuliert.

Die erste Definition lautet: Ein Risiko ergibt sich für ein Schutz- bzw. Wertobjekt aus der potenziellen Schadenshöhe (Schadenspotenzial) multipliziert mit deren Eintrittswahrscheinlichkeit [41] aufgrund einer latent vorhandenen Bedrohung. Das Schadenspotenzial bzw. das Ausmaß eines potenziellen finanziellen Schadens kann zur Vergleichbarkeit und Anschaulichkeit beispielsweise als prozentualer Anteil des Gewinns ausgedrückt werden.

Diese Sichtweise des Risikos gewichtet die Auswirkungen eines Schadensereignisses. Sie wird als *Brutto-Risiko* bezeichnet, weil sie die Wirkung getroffener Sicherheitsmaßnahmen nicht berücksichtigt.

Das Brutto-Risiko ermöglicht die Kosten-Nutzen-orientierte Priorisierung zu treffender Schutzmaßnahmen. Hierbei ist zu beachten, dass eine Bedrohung trotz einer sehr geringen Eintrittswahrscheinlichkeit dennoch sehr kurzfristig auftreten kann, d. h. morgen, in den nächsten Stunden oder auch im nächsten Augenblick.

Ebenfalls zu berücksichtigen ist, dass Eintrittswahrscheinlichkeiten oftmals retrospektiv ermittelt worden sind. D. h. sie basieren auf der Häufigkeit eines Ereignisses in der Vergangenheit. Dementsprechend können derartige Eintrittswahrscheinlichkeiten mehr oder weniger häufigen Veränderungen unterliegen. Beispielsweise können Klimaveränderungen zu häufigeren und stärkeren Stürmen, Schnee- oder Regenfällen und Überschwemmungen, aber auch höheren sommerlichen Außentemperaturen führen, als sie in der Vergangenheit beobachtet wurden. So entstehen Situationen, gegen die Ressourcen nicht immer ausreichend abgesichert sind.

Die zweite Definition des Risikos, die in diesem Buch zugrunde gelegt wird, kann demgegenüber als *Definition des Netto-Risikos* bezeichnet werden. Sie lautet: Ein Risiko ergibt sich aus der potenziellen Möglichkeit, dass eine Bedrohung die Schwachstelle(n) eines oder mehrerer schutzbedürftiger Wertobjekte (Assets) bzw. Schutzobjekte ausnutzt, sodass ein materieller und/oder immaterieller Schaden entsteht. Oder kurz gefasst: Das Netto-Risiko bezeichnet das Potenzial, dass eine Bedrohung aufgrund einer oder mehrerer Schwachstelle(n) einen Schaden anrichtet. Diesen Zusammenhang, den ich als „Risikodreiklang" bezeichne, stellt die folgende Abbildung in Form des „Detaillierten Risikodreiklangs" dar.

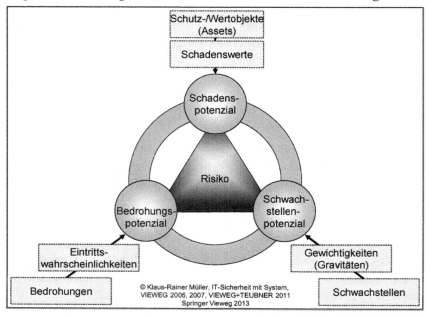

Abbildung 6-3:   Detaillierter Risikodreiklang[Dr.-Ing. Müller]

Um zu kennzeichnen, dass die Bedrohungen zwar latent vorhanden, aber noch nicht eingetreten sind, wird das Ergebnis aus Bedrohung und Eintrittswahrscheinlichkeit als Bedrohungspotenzial bezeichnet. Aus dem gleichen Grund heißt es Schadens- und Schwachstellenpotenzial.

Der Wert des Netto-Risikos ergibt sich aus dem Brutto-Risiko, d. h. aus der potenziellen Schadenshöhe multipliziert mit der Eintrittswahrscheinlichkeit einer latent vorhandenen Bedrohung, multipliziert mit dem Schwachstellenpotenzial. Das Brutto-Risiko fußt auf dem Schwachstellenpotenzial 100 %, d. h. es wurden keine Sicherheitsmaßnahmen ergriffen, um Schwachstellen zu reduzieren.

Darüber hinaus kann eine *Kategorisierung von Risiken* erfolgen, indem sie nach ihren Auswirkungen unterschieden werden in solche, die einen Schaden oder Verlust bewirken und solchen, die die Wahrnehmung von Chancen verhindern.

Weitere Unterteilungen sind möglich in

- Betriebsrisiken, die durch (unbeabsichtigtes) menschliches und technisches Versagen entstehen
- Naturgewaltenrisiken (Risiken durch Naturgewalten), wie Stürme und Überschwemmungen, sowie
- Angriffsrisiken, die durch (beabsichtigtes) Fehlverhalten, z. B. in Form krimineller Handlungen und Hacker- bzw. Cracker-Angriffe, entstehen.

Basel II, die überarbeitete Rahmenvereinbarung „Internationale Konvergenz der Kapitalmessung und Eigenkapitalanforderungen" [42], unterscheidet bei der Berechnung der Mindestkapitalanforderungen bei Banken zwischen den *Risikokategorien* Kreditrisiko, Marktrisiko und Operationelles Risiko.

Welcher Zusammenhang besteht nun zwischen Risiko und Sicherheit? Beide Begriffe charakterisieren zwei unterschiedliche Blickwinkel auf die gleichen Objekte, ähnlich wie ein halb gefülltes Glas als halb voll oder halb leer bezeichnet werden kann.

6.15 Risikomanagement

Unternehmen managen heißt Chancen wahrnehmen, aber auch Risiken eingehen. Das Management eines Unternehmens muss daher sowohl das strategische, dispositive und operative Geschäft steuern als auch die Handlungsfähigkeit, Existenz und Zukunft des Unternehmens gegen negative Ereignisse absichern. Um Schutzmaßnahmen zielorientiert ergreifen zu können, müssen die Risiken bekannt sein. Die Erhebung (Risikoinventur), Analyse, Bewertung, Justierung (Risikojustierung) bzw. Behandlung, Überwachung (Monitoring) und Früherkennung sowie die zielgerichtete und anforderungskonforme Steuerung, das Reporting und die Kommunikation von Risiken heißt Risikomanagement. Neben unternehmensspezifischen Anforderungen und Vorgaben sind in Deutschland diesbezüglich u. a. das Kontroll- und Transparenzgesetz (KonTraG) bzw. das Aktiengesetz (AktG) zu beachten sowie branchenspezifisch z. B. das Kreditwesengesetz (KWG), das Wertpapierhandelsgesetz (WpHG), das Kapitalanlagegesetzbuch (KAGB) und das Versicherungsaufsichtsgesetz (VAG).

Steuerung beinhaltet hierbei Maßnahmen zur Ausrichtung des Risikomanagements in Form der Risikopolitik sowie zur Vermeidung (Prevention/Avoidance), Verringerung (Reduction), Verlagerung (Transfer) oder Vereinnahmung (Collection/Acceptance) von Risiken. Hierfür habe ich den Begriff der vier Vs (4Vs) bzw. des V-Quadrupels des Risikomanagements oder auch des Risiko-V-Quadrupels geschaffen. Die englische Abkürzung lautet dann PRTC oder ARTA.

6.16 IT-Sicherheits-, IT-Kontinuitäts- und IT-Risikomanagement

Betrachten wir den Geschäftsbereich IKT-Services eines Unternehmens, so begegnen uns die Begriffe Informations- bzw. IKT-/IT-Sicherheits-, IT-Kontinuitäts- und IT-Risikomanagement. Während sich eine Abteilung um das IT-Risikomanagement kümmert, beschäftigt sich eine andere mit dem IT-Sicherheitsmanagement und eine dritte mit dem ICT bzw. IT Service Continuity Management (ICTSCM, ITSCM). Wie hängen diese Managementsysteme zusammen?

Während das Risikomanagement von den Risiken sowie dem geforderten Risikoniveau ausgeht und der Risikostrategie entsprechend entscheidet, wie mit welchen Risiken umzugehen ist, geht das Sicherheits- und Kontinuitätsmanagement von den Sicherheits- und Kontinuitätsanforderungen und dem geforderten Sicherheits- und Kontinuitätsniveau aus. Für das Risikomanagement bildet dabei das Schadenspotenzial den Ausgangspunkt der Analyse, beim Sicherheits- und Kontinuitätsmanagement das Wertniveau. Sowohl das Risiko- als auch das Sicherheits- und Kontinuitätsmanagement betrachten dann die Bedrohungen, denen das Objekt ausgesetzt ist, und deren Eintrittswahrscheinlichkeiten, um das Bruttorisiko bzw. die Bruttosicherheit zu ermitteln. Bei der weiteren Analyse fließen die ergriffenen Maßnahmen ein, um das Nettorisiko bzw. die Nettosicherheit zu ermitteln.

Themenvielfalt, Komplexität und kontinuierliche Veränderung sind Merkmale und ständige Herausforderungen des Sicherheits-, Kontinuitäts- und Risikomanagements bzw. des Risiko-, Sicherheits- und Kontinuitätsmanagements auch in der IKT. Für die Themen Sicherheit, Kontinuität und Risiko bzw. Risiko, Sicherheit und Kontinuität habe ich die prägnanteren Begriffe SiRiKo sowie den von mir bevorzugten assoziativ eingängigeren Begriff RiSiKo geprägt. Bezogen auf die IT heißen diese Begriffe dementsprechend IT- bzw. IKT-SiRiKo bzw. -RiSiKo.

Das IKT-SiRiKo- bzw. IKT-RiSiKo-Management erstreckt sich u. a. von der Arbeitssicherheit über die Ordnungsmäßigkeit des IKT-Geschäftsbetriebs bis hin zum Schutz vor Umfeldveränderungen, Angriffen und Ausfällen. Umfeldveränderungen können beispielsweise marktspezifischer, technologischer, gesetzlicher oder aufsichtsbehördlicher Natur sein. Darüber hinaus sind die Bezugsgruppen zu berücksichtigen, wie z. B. Mitarbeiter, Arbeitskräftemarkt, interne oder externe Kunden, gegebenenfalls Anteilseignern, Öffentlichkeit, etc. Stets müssen Risikomanager Risiken kontinuierlich identifizieren, analysieren, bewerten und steuern, indem sie entsprechend der Risikostrategie entscheiden, wie mit den Risiken umzugehen ist. Um den Risiken zu begegnen, sind Sicherheits- und Kontinuitätsmaßnahmen erforderlich, die über das Sicherheits- und Kontinuitätsmanagement entwickelt und gesteuert werden.

6.17 Zusammenfassung

Das *Sicherheits-, Kontinuitäts- und Risikomanagement* erstreckt sich über das gesamte Unternehmen und reicht vom Aufbau über die Einführung und den Betrieb sowie die Prüfung und Steuerung bis hin zur Weiterentwicklung. Wesentliches Element ist die frühzeitige *Integration der Sicherheit und Kontinuität sowie der Risikobetrachtung in den Lebenszyklus* von Prozessen, Ressourcen (z. B. Anlagen und IKT-Systeme), Organisation, Produkten und Dienstleistungen, um Sicherheitslücken, Diskontinuitäten und Risiken möglichst vorherzusehen und – wie auch Nachbesserungen – zu vermeiden.

Ingenieurmäßige Sicherheit in Form eines ganzheitlichen und durchgängigen Sicherheitsmanagements soll Sicherheitslücken verringern und das Dilemma zwischen knappen Budgets, wenig Personal, steigenden Bedrohungen und zunehmenden Sicherheitsanforderungen durch eine ingenieurmäßige Vorgehensweise ausbalancieren. Dies erfordert eine systematische Vorgehensweise, Methodennutzung und Praxisorientierung, wie sie die *3D-Sicherheitspyramide*[Dr.-Ing. Müller] bietet. Sie ist ein systematisches, durchgängiges, ganzheitliches und praxisorientiertes Vorgehensmodell für den Aufbau, die Überprüfung und kontinuierliche Fortentwicklung des Sicherheits-, Kontinuitäts- und Risikomanagements, d. h. des RiSiKo-Managements eines Unternehmens. Sie ist hierarchisch aufgebaut, berücksichtigt Prozesse, Ressourcen, Organisation, Produkte und Dienstleistungen sowie deren Lebenszyklen.

Die Gegenüberstellung verschiedener Definitionen zeigte, dass der Begriff *Sicherheitspolitik* unterschiedlich gebraucht wird und von überblicksartigen Unternehmens- bzw. Managementvorgaben bis hin zu spezifischen Regeln und Praktiken reicht. In diesem Buch verwende ich den Begriff Sicherheitspolitik bzw. *Sicherheits-, Kontinuitäts- und Risikopolitik*, kurz *SiRiKo- bzw. RiSiKo-*

(Management-)Politik, im Sinne von Unternehmens- bzw. Managementvorgaben, während ich übergreifende Regeln und Praktiken als Sicherheitsrichtlinien bezeichne.

Um einen sicheren IKT-Betrieb zu erreichen, muss Sicherheit in den gesamten *Lebenszyklus* eines Prozesses, einer Ressource, z. B. eines Systems oder einer Anwendung, und der Organisation sowie eines Produktes oder einer Dienstleistung von der Idee über die Konzeption, die Entwicklung und den Betrieb bis hin zur Außerbetriebnahme verankert sein [5]. Dies betrifft auch begleitende Managementdisziplinen, wie z. B. das Änderungs-, Konfigurations-, Beschwerde- und Konformitätsmanagement.

Die Integration von Sicherheitselementen in Prozesse, Ressourcen, Organisation, Produkte und Dienstleistungen sowie deren Lebenszyklen führt zu prozess-, ressourcen-, organisations-, produkt-, dienstleistungs- und lebenszyklusimmanenter Sicherheit.

Prozesse, Ressourcen und Organisation sowie Produkte und Dienstleistungen bezeichne ich auch als Schutzobjekte. Zu ihrem Schutz werden Ressourcen eingesetzt, wie z. B. Firewalls und Virenscanner, die ich als *Schutzsubjekte* bezeichne. Die Schutzobjekte, aber auch die Schutzsubjekte, müssen gemäß den Anforderungen des Unternehmens und seiner Geschäftsprozesse abgesichert werden. Ressourcen und so auch Schutzobjekte und Schutzsubjekte können in Klassen zusammengefasst werden. Zu den *Schutzobjekt- und Schutzsubjektklassen* gehören z. B. Menschen, Gebäude, Räumlichkeiten, haustechnische Infrastruktur, Informations- und Kommunikationssysteme, Daten, Arbeitsmittel, finanzielle Mittel, Prozesse, Produkte, Services und Know-how.

Den Oberbegriff Sicherheit konkretisieren die *Sicherheitskriterien.* Hier unterscheide ich zwischen den primären Sicherheitskriterien Arbeitssicherheit, Konformität (Compliance), Robustheit, Verfügbarkeit, Integrität, Vertraulichkeit, Authentizität und Verbindlichkeit sowie den sekundären Sicherheitskriterien Nachvollziehbarkeit, Nachweisbarkeit, Erkennungs-, Alarmierungs- und Abwehrfähigkeit.

Geschäftseinflussanalysen (Business Impact Analysis {BIA}) bzw. Schutzbedarfsanalysen ermitteln die Sicherheitsanforderungen einschließlich der Kontinuitätsanforderungen.

Sicherheit, genauer das Sicherheitsniveau, setzt sich zusammen aus dem Bedrohungspotenzial, dem erreichten Schutzniveau sowie dem zu schützenden Wertniveau. Diese Kombination veranschaulicht der *Sicherheitsdreiklang*.

Der Begriff *Risiko* kann als Brutto- oder Netto-Risiko betrachtet werden. Das Brutto-Risiko ergibt sich aus der potenziellen Schadenshöhe multipliziert mit der Eintrittswahrscheinlichkeit einer latent vorhandenen Bedrohung. Das Netto-Risiko berücksichtigt zusätzlich das tatsächlich vorhandene Schwachstellenpotenzial. Dazu wird das im Brutto-Risiko als 100 % angenommene Schwachstellenpotenzial um ergriffene Sicherheitsmaßnahmen reduziert. Das Netto-Risiko besteht dementsprechend aus Schadens-, Bedrohungs- und Schwachstellenpotenzial. Der detaillierte *Risikodreiklang* veranschaulicht die Zusammenhänge.

Die Begriffe Risiko und Sicherheit stellen zwei Seiten derselben Medaille dar, ähnlich wie ein halb gefülltes Glas als halb voll oder halb leer bezeichnet werden kann.

7 Die Sicherheitspyramide – Strategie und Vorgehensmodell

Vorhandene Sicherheitskonzepte und -maßnahmen sind oft *Insellösungen* oder Ad-hoc-Maßnahmen mit unterschiedlichem Sicherheitsniveau. Hieraus ergibt sich eine latente Bedrohung für die Handlungsfähigkeit und das Image eines Unternehmens. Hinzu kommen oftmals hohe Abhängigkeiten vom Know-how einzelner Mitarbeiter.

Ursache von Sicherheitsdefiziten ist des Öfteren einerseits die Unkenntnis der Anforderungen und andererseits die zu späte oder nicht durchgängige Berücksichtigung dieser Anforderungen im Lebenszyklus eines Prozesses, einer Ressource, der Organisation, eines Produktes oder einer Dienstleistung. Fragen danach, wie umfänglich Sicherheitsmaßnahmen sein sollen oder was sie wie stark und wogegen schützen sollen, können häufig nicht oder nur unzureichend beantwortet werden.

Die *Sicherheitspyramide* oder genauer, die *Sicherheitsmanagementpyramide* bietet ein anschauliches, strukturiertes, strategisches und praxisorientiertes Top-down-Vorgehensmodell zum ganzheitlichen Aufbau und zur Weiterentwicklung des Sicherheits-, Kontinuitäts- und Risikomanagements. Durch die integrative Berücksichtigung von Sicherheit in Prozessen, Ressourcen, Organisation, Produkten und Dienstleistungen sowie deren Lebenszyklen kann eine prozess-, ressourcen-, organisations-, produkt- und leistungs- sowie lebenszyklusimmanente Sicherheit erreicht werden.

Die folgenden Unterkapitel behandeln die Themen:

1. Überblick über die Sicherheitspyramide
2. Sicherheitshierarchie
3. PROSim (Prozesse, Ressourcen und Organisation für das Sicherheitsmanagement)
4. Lebenszyklus von Prozessen, Ressourcen, Organisation, Produkten und (Dienst-)Leistungen (Services)
5. Sicherheitsregelkreis für den Aufbau, die Steuerung und die Weiterentwicklung des Sicherheitsmanagements
6. Sicherheitsmanagementprozess
7. Zusammenfassung

7.1 Überblick

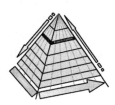 Die *Sicherheits(management)pyramide*[Dr.-Ing. Müller], kurz SiPyr ge-
nannt, basiert auf dem Pyramidenmodell®. Sie besteht aus 7
Ebenen und der Transformationsschicht, hat 3 Dimensionen,
beinhaltet einen Regelkreis und einen Sicherheitsmanagementprozess. Die Sicherheitspyramide stellt ein anschauliches,
durchgängiges, ganzheitliches und systematisches Vorgehensmodell für den Aufbau und die Weiterentwicklung eines prozess-, ressourcen-,
organisations-, produkt- und leistungs- sowie lebenszyklusimmanenten R̲isiko-,
S̲icherheits- und K̲ontinuitätsmanagements dar, weshalb ich sie auch als RiSiKo-
(Management-)Pyramide[Dr.-Ing. Müller] bezeichne. Hierzu verbindet sie den hierarchischen Aufbau mit Prozessen, Ressourcen und Organisation sowie den Lebenszyklen von Prozessen, Ressourcen, Organisation, Produkten und Dienstleistungen. Die
Sicherheitspyramide integriert seit langem Themenbereiche und Aspekte, die in
unterschiedlichem Umfang und Detaillierungsgrad sowie als Teilperspektiven in
Normen, Standards und Practices vorkommen bzw. inzwischen aufgenommen
wurden.

Bestehende Normen, Standards, Good und Best Practices zum Thema Sicherheit
und Sicherheitsmanagement unterscheiden sich im Vorgehensmodell, der Ganzheitlichkeit, Detaillierungstiefe und den betrachteten Sicherheitsdimensionen (z. B.
Hierarchie, Prozesse, Lebenszyklus). Sie haben unterschiedliche Schwerpunkte
und fokussieren sich primär auf einzelne Themenbereiche. Insbesondere die ISO-
Normen bewegen sich dabei häufig auf einem überblicksartigen Niveau.

*Die Sicherheitspyramide V beinhaltet das durchgängige Vorgehensmodell für das
Sicherheits-, Kontinuitäts- und Risiko- sowie Datenschutz- und Compliancemanagement.* Sie enthält die hierarchische Struktur, die Prozesse, die Ressourcen und
die Organisation, die Lebenszyklen und schließlich den Sicherheits-, Kontinuitäts-
und Risikomanagementprozess sowie den Controlling-Prozess in Form des Sicherheitsregelkreises. Die Sicherheitspyramide wurde 1995 auf den Datensicherheitstagen [1] erstmals einem breiteren Publikum vorgestellt. Die weiterentwickelte zweite Version erschien 1996 in der Zeitschrift KES [4]. Hier wie auch in verschiedenen
Artikeln [5], [6] sowie im Buch „IT-Sicherheit mit System" [3], in dem die Sicherheitspyramide erstmals in detaillierterer Form dreidimensional und im Hinblick
auf die Sicherheit der EDV dargestellt ist, erfolgte der Hinweis, dass der gesamte
Prozess der Softwareerstellung auch unter Berücksichtigung der Sicherheitskriterien zu betrachten ist. Dies gilt analog für die Neu- oder Weiterentwicklung auch
anderer Entwicklungs-, Geschäfts-, Produktions- und Fertigungsprozesse und die
daraus resultierenden Produkte, Systeme und Leistungen (Services) sowie die genutzten Ressourcen.

Wie erwähnt [3] lässt sich die dreidimensionale Sicherheitspyramide für die gesamte Palette von Sicherheitshemen eines Unternehmens nutzen, wozu auch das Kontinuitäts- und Risikomanagement gehört. Während sich die oben genannten Veröffentlichungen primär auf das Sicherheitsmanagement in der Informations- und Kommunikationstechnik (IKT) bezogen und so auch das vorliegende Buch, richtet das „Handbuch Unternehmenssicherheit" sein Augenmerk auf das Gesamtunternehmen und seine Geschäftsprozesse, von dem die Informations- und Kommunikationstechnik ein Teil ist.

Die Elemente der Sicherheitspyramide sind ausgerichtet auf die primären Sicherheitskriterien Konformität, Robustheit, Kontinuität und Verfügbarkeit, Integrität, Vertraulichkeit, Authentizität und Verbindlichkeit sowie die sekundären Sicherheitskriterien Nachvollziehbarkeit, Nachweisbarkeit, Erkennungs-, Alarmierungs- und Abwehrfähigkeit.

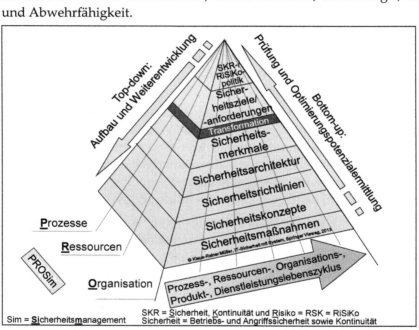

Abbildung 7-1:   Sicherheitspyramide[Dr.-Ing. Müller]**, Version V, bzw. Sicherheitsmanagementpyramide** [Dr.-Ing. Müller]**, Version V**

Die Sicherheitspyramide veranschaulicht die teilweise komplexen und vielfältigen Zusammenhänge des Sicherheitsmanagements. Sie schafft eine durchgängige und strukturierte Basis zum systematischen Erfassen der Anforderungen und deren Abbildung in Form von Sicherheitsmaßnahmen. So können fehlende Sicherheitselemente erkannt werden.

Die erste Dimension der Sicherheitspyramide bildet die Sicherheitshierarchie. Sicherheit ist hierbei im Sinne von Betriebs- und Angriffssicherheit sowie Kontinuität und Risiko zu verstehen. Die Ebenen der Sicherheitspyramide leiten sich top-down voneinander ab und enthalten die Transformationsschicht. So ergeben sich die Ebenen Sicherheits- bzw. genauer Sicherheits-, Kontinuitäts- und Risiko-...

☐ ...politik

☐ ...ziele bzw. -anforderungen

☐ ...transformationsprozess

☐ ...merkmale

☐ ...architektur

☐ ...richtlinien – Generische Sicherheits-, Kontinuitäts- und Risikokonzepte

☐ ...konzepte, spezifische

☐ ...maßnahmen

Für englischsprachige Unternehmen lauten die entsprechenden Bezeichnungen: *safety, security, continuity and risk ...*

☐   ... policy

☐   ... objectives / requirements

☐   ... function deployment procedure

☐   ... characteristics

☐   ... architecture

☐   ... guidelines

☐   ... specification

☐   ... measures (safeguards)

Diese Hierarchieebenen unterteilen sich jeweils in folgende Unterebenen:

☐ Vorbeugung (Prävention),
   Planung
   Konzeption
   Pflege,
   Test
   Übung und
   Überprüfung (Verifikation)

☐ Beobachtung (Monitoring),
   Erkennung (Detektion),
   Meldung/Alarmierung

☐ Bewertung und Entscheidung

☐ Erwiderung (Reaktion), z. B. Abwehr

☐ Beurteilung (Evaluation) des Schadens

☐ Wiederherstellung (Restauration)

☐ Nachsorge mit Nacharbeit (Postvention)

☐ Nachbetrachtung und Verbesserung (Emendation)

Die *zweite Dimension* beinhaltet die folgenden Themen:

☐ Prozesse,

☐ Ressourcen
z. B. Gebäude, haustechnische Infrastruktur, Anlagen, Systeme {u. a. IKT-Systeme}, Material, finanzielle Mittel, Methoden, Know-how, Daten, Image, Hilfsmittel und Tools und nicht zuletzt Personal,

☐ Organisation,

die je hierarchischer Ebene im Hinblick auf das Sicherheitsmanagement zu berücksichtigen sind. Diese Themenstellungen fasse ich unter der Bezeichnung PROSim zusammen.

Im Vergleich zur Bezeichnung ProTOPSi bei der Sicherheitspyramide III sind die Begriffe Technologie und Personal sowie alle weiteren Schutzobjekte zum Oberbegriff Ressource zusammengeführt. Alternativ kann auch die Bezeichnung PROMSim verwendet werden, um „Menschen" ihrer Bedeutung entsprechend nicht unter Ressourcen, sondern separat einzugruppieren.

Die dritte Dimension behandelt die einzelnen Phasen im Lebenszyklus des jeweiligen Prozesses, der jeweiligen Ressourcen, der Organisation sowie der Produkte oder Dienstleistungen und orientiert sich am zugrunde liegenden Phasenmodell.

Umrahmt wird die Sicherheitspyramide von einem Regelkreis und dem Sicherheitsmanagementprozess, über den der Aufbau, die Prüfung, Steuerung und Weiterentwicklung sowie das Berichtswesen erfolgen.

Vor dem Aufbau des Sicherheitsmanagements existieren in manchen Unternehmen nur fragmentarische Ansätze zum Thema Sicherheit. Eine gesamtheitliche Struktur, durchgängige, vollzählige und vollständige Konzepte, Prozessorientierung etc. fehlen.

Wer auf die Sicherheitspyramide übergeht, kann die vorhandenen Sicherheits-, Kontinuitäts- und Risikobausteine seines Unternehmens nutzen, indem er sie den jeweiligen hierarchischen Ebenen der Sicherheitspyramide zuordnet. Hierbei prüft er, welchen Einfluss diese Bausteine auf die höheren Hierarchieebenen haben. Der IT-Sicherheitsverantwortliche stellt sich beispielsweise die Frage, welche Sicherheitskonzepte für Betriebssysteme sich so abstrahieren und konsolidieren lassen, dass sie in der Folge als betriebssystemübergreifende Sicherheitsrichtlinien zur Verfügung gestellt werden können. Anschließend baut er die Sicherheitspyramide top-down auf, wobei er die im Unternehmen vorhandenen Bausteine zur Sicherheit entsprechend anpasst.

7.2   Sicherheitshierarchie

Die Sicherheitspyramide besitzt einen hierarchischen Aufbau. Dieser ermöglicht
es, ausgehend vom Unternehmenszweck und der darin begründeten Sicherheits-,
Kontinuitäts- und Risikopolitik, ein strukturiertes und nutzenorientiertes Sicher-
heits-, Kontinuitäts- und Risikomanagement aufzubauen.

7.2.1   Sicherheits-, Kontinuitäts- und Risikopolitik

Die oberste Ebene, nämlich die Sicherheits-, Kontinuitäts- und Risikopolitik, kurz
die RiSiKo-Politik, ist der Ausgangspunkt für den Aufbau der Sicherheitspyramide. In ihr beschreibt die Geschäftsleitung, abgeleitet von der Unternehmenspolitik
und dem Umfeld des Unternehmens sowie seinen Bezugsgruppen, welche Bedeutung die Themen Sicherheit, Kontinuität und Risiko für das Unternehmen haben
und welche übergreifenden Ziele es zu erreichen gilt. Zu den übergreifenden Zielen gehören u. a. die Einhaltung von Gesetzen sowie der Schutz von Personen und
Unternehmenswerten. Die Geschäftsleitung bestimmt den Geltungsbereich des
RiSiKo-Managements und legt dar, welche Risikostrategie das Unternehmen verfolgt und welche Risikotragfähigkeit es besitzt. Sie stellt sich selbst im Sinne einer
Vorbildfunktion an die Spitze des Sicherheits-, Kontinuitäts- und Risikomanagements und verpflichtet sich, die erforderlichen Mittel und Ressourcen bereitzustellen. Die RiSiKo-Politik beschreibt darüber hinaus die Verantwortlichkeiten, das
Vorgehensmodell und die prinzipielle Struktur des RiSiKo-Managements im Unternehmen und nennt einzuhaltende Prinzipien.

7.2.2   Sicherheitsziele / Sicherheitsanforderungen

Ausgehend von der Sicherheits-, Kontinuitäts- und Risikopolitik legen die Verantwortlichen die Sicherheitsziele bzw. -anforderungen je Prozess bzw. Organisationseinheit fest. Hierzu müssen die Produkte und Leistungen sowie die dafür erforderlichen Kerngeschäfts- und Supportprozesse bzw. die Organisationseinheiten
und ihre Aufgaben sowie ihr Zusammenspiel bekannt sein. Außerdem muss erhoben worden sein oder erhoben werden, welche dieser Prozesse bzw. Organisationseinheiten welche Ressourcen nutzen. Zu den Ressourcen gehören beispielsweise Gebäude, Räumlichkeiten und deren Infrastruktur, Anlagen, Informations- und
Kommunikationssysteme, Materialien, finanzielle Mittel, Methoden, Know-how,
Daten, Arbeitsmittel, Services von Dienstleistern, Lieferanten und – nicht zuletzt –
Menschen.

Die Sicherheitsanforderungen – genauer die RiSiKo-spezifischen Anforderungen –
werden z. B. anhand einer Geschäftseinflussanalyse (Business Impact Analysis
{BIA}) bzw. Schutzbedarfsanalyse ermittelt. Hierbei kann der Schutzbedarf je Sicherheitskriterium unterschiedlich sein.

Anhand allgemeiner Szenarien, z. B. Ausfall oder Datenmanipulation, ermitteln die Prozess- oder Ressourcenverantwortlichen die Folgen von Sicherheitsverletzungen und definieren den Schutzbedarf der Prozesse und der von ihnen genutzten IKT-Systeme. Die Prozesse und die Informationssysteme werden in Schutzbedarfsklassen – auch als Sicherheits-, Kontinuitäts-, Risiko- oder Kritikalitätsklassen oder kurz und integrativ von mir als RiSiKo-Klasse bezeichnet – eingeordnet.

7.2.3   Sicherheitstransformation und Sicherheitsmerkmale

Die Sicherheitsziele bzw. -anforderungen sind aus Sicht des Unternehmens bzw. der Geschäftsprozesse formuliert. Beispiele derartiger Anforderungen können die Geheimhaltung von Daten oder der Rund-um-die-Uhr-Betrieb für ein Informationssystem sein. Die Angabe Rund-um-die-Uhr-Betrieb bezieht sich hierbei auf die Rahmenbedingungen, die in der Sicherheits-, Kontinuitäts- und Risikopolitik angegeben sind. *Doch wie lässt sich der Rund-um-die-Uhr-Betrieb eines Informationssystems vom Geschäftsbereich IKT-Services realisieren?*

Hierzu ordnen die IKT-Verantwortlichen den Anforderungen aus Geschäftsprozesssicht in einem Transformationsprozess die Möglichkeiten der IKT zu, die *Sicherheitsmerkmale*. Diese ergeben sich aus der Realisierung der gestellten Anforderungen in der IKT. Dies beinhaltet Sicherheitselemente zur Behandlung von Bedrohungen, z. B. in Form von Ausfällen von Gebäuden, IT-Systemen, Dienstleistern oder Personen, sowie Verletzungen der Verfügbarkeit, Integrität, Vertraulichkeit oder Authentizität. Für einen Rund-um-die-Uhr-Betrieb sind u. a. die genutzten Ressourcen doppelt auszulegen, d. h. redundant zu gestalten, die Daten zu spiegeln, Konzepte zur Notfall-, Krisen- und Katastrophenvorsorge zu erstellen, Prozesse zu definieren und Mitarbeiter zu schulen. Zu den Sicherheitsmerkmalen gehören weiterhin z. B. hinreichend voneinander entfernt gelegene duplizierte Rechenzentren mit duplizierten Computersystemen, gespiegelten Speichereinheiten und ausfallgeschützter Infrastruktur, Schichtbetrieb, Rufbereitschaft, Verantwortlichkeiten, Stellvertreterregelungen etc.

Es erfolgt somit eine Transformation der Anforderungen, die die Geschäftsprozesse bzw. Nutzer stellen, auf die unterstützenden bzw. genutzten Prozesse, Ressourcen, Produkte und Dienstleistungen sowie die Organisation der IKT. Diese Transformation bezeichne ich als Sicherheitstransformation bzw. in Analogie zum Quality Function Deployment (QFD) als *Safety, Security and Continuity Function Deployment* (SSCFD).

Das Ergebnis des Transformationsprozesses sind die Sicherheitsmerkmale. Sie bilden die nächste hierarchische Ebene der Sicherheitspyramide. Darüber hinaus ergeben sich verbleibende Risiken.

7.2.4   Sicherheitsarchitektur

Die Sicherheitsarchitektur baut auf den Sicherheitsanforderungen und den daraus abgeleiteten Sicherheitsmerkmalen sowie der Prozess-, Ressourcen- und Organisationsarchitektur des Unternehmens auf. Die Ressourcenarchitektur umfasst z. B. die Anlagen- und die IT-Systemarchitektur, die Netztopologie sowie Gebäude-, Verkabelungs- und Verrohrungspläne.

Die Sicherheitsarchitektur enthält die prinzipiellen Sicherheitsanforderungen und die prinzipiellen Bedrohungen sowie die Sicherheitsprinzipien und -strategien. Sie stellt ferner die prinzipiellen Sicherheitselemente auf, mittels derer die Sicherheitsanforderungen und damit das gewünschte Sicherheitsniveau erreicht werden sollen. Die Sicherheitselemente beziehen sich auf die Prozesse, die Ressourcen und die Organisation, auf die Produkte und Leistungen sowie deren Lebenszyklen. Beispiele für den Ressourcenlebenszyklus sind der Software- und der IKT-Systemlebenszyklus.

Die genutzten Sicherheitselemente finden sich in der Ist-Darstellung, die geplanten in der Soll-Darstellung der Prozess-, Ressourcen- und Organisationsarchitektur, sowie in den Produkt- und Leistungsarchitekturen. Da die Themen Sicherheit, Kontinuität und Risiko sämtliche Unternehmenswerte betreffen – seien es Schutzobjekte oder Schutzsubjekte – repräsentiert die RiSiKo-Architektur gleichzeitig die Architektur aller Prozesse, Ressourcen, Produkte und Dienstleistungen sowie der Organisation eines Unternehmens, also die Unternehmens-(RiSiKo-)Architektur. Dies ist einer der Gründe dafür, dass die später unter Architektur genannten Begleitprozesse, wie z. B. das Konfigurationsmanagement eng miteinander und mit dem RiSiKo-Management vernetzt sein müssen, um Lücken oder Doppelarbeit zu vermeiden.

7.2.5   Sicherheitsrichtlinien

Die *Sicherheitsrichtlinien* (Safety, Security, Continuity and Risk Guidelines bzw. Policies), von mir auch als unternehmensspezifische Sicherheitsstandards oder *generische Sicherheitskonzepte* bezeichnet, beinhalten alle Sicherheitsregeln, -richtlinien und -standards eines Unternehmens, die zur Erreichung des gewünschten Sicherheitsniveaus beitragen. Sie sind sozusagen der übergreifende Know-how-Speicher, den das Unternehmen nutzt und kontinuierlich überprüft und weiterentwickelt.

Die Veränderungsgeschwindigkeit von Richtlinien ist nicht sehr stark, da hier vorwiegend übergreifende und nicht prozess-, ressourcen-, plattform-, organisations-, produkt- oder leistungsspezifische Elemente enthalten sind. Die generischen Sicherheitskonzepte bzw. Richtlinien sind somit weitgehend unabhängig von Standorten, Organisationseinheiten, Geschäftsprozessen oder zugrunde liegenden Anlagen, Systemen oder Plattformen, z. B. Rechnerplattformen, Anwendungen etc. Sie machen übergreifende Vorgaben.

Richtlinien existieren beispielsweise für die (lokationsunabhängige) Infrastruktur von Gebäuden und sicherheitsrelevanten Räumlichkeiten sowie für den Zutrittsschutz. Für Geschäftsprozesse bestehen z. B. Standards für die sichere Gestaltung von Geschäftsprozessen, für die Gliederungsstruktur und die prinzipiellen Inhalte von Schutzbedarfsanalysen sowie von Notfall-, Krisen- und Katastrophenvorsorgeplänen. Für die IKT sind z. B. übergreifende Regeln zum Zugangs- und Zugriffsschutz sowie für den Einsatz und die Konfiguration von Firewalls und Access Points vorhanden. Für die Gestaltung der Architektur – auch im Hinblick auf Sicherheit und Kontinuität – existieren Architekturrichtlinien.

Die Richtlinien, Standards und Regeln sind unabhängig von der späteren konkreten Realisierung, z. B. durch das Zutrittskontrollsystem eines spezifischen Herstellers. Sie liefern jedoch die sicherheitsrelevanten Anforderungen, die dieses System erfüllen muss und geben die Richtung und den Rahmen vor für die Entwicklung hersteller- bzw. plattformspezifischer Konzepte. Damit schaffen Richtlinien die Basis für ein weitgehend einheitliches unternehmensweit gültiges und zentral steuerbares Sicherheitsniveau, wie es insbesondere auch für Konzerne und international aufgestellte Unternehmen erforderlich ist. Diese übergreifenden Sicherheitsrichtlinien geben die Richtung vor für die anschließende Entwicklung entsprechender plattformspezifischer Konzepte.

7.2.6 Spezifische Sicherheitskonzepte

Spezifische Sicherheitskonzepte setzen die generischen Sicherheitsregeln, d. h. die Sicherheitsrichtlinien und -standards, auf konzeptioneller sowie prozess-, system-, produkt- oder plattform- sowie organisationsspezifischer Ebene um. Hier können sich häufiger Änderungen ergeben, da sich die Märkte, Produkte und Verfahren sowie die angebotenen Technologien und Systeme kontinuierlich weiterentwickeln. Beispielsweise können sich generische Standards, die sich in einem Betriebssystemrelease nicht realisieren ließen, im nächsten Release umsetzen lassen. Das Betriebssystem kann dann möglicherweise für Anwendungen eingesetzt werden, die ein höheres Sicherheitsniveau benötigen.

Ein spezifisches Sicherheits- bzw. Kontinuitätskonzept ist beispielsweise der Notfall-, Krisen- und Katastrophenvorsorgeplan (NKK-Plan) für ein spezifisches IKT-System. Er basiert auf den Vorgaben der übergreifenden Richtlinie zur Erstellung von NKK-Plänen. Dadurch lässt sich eine einheitliche Struktur und die geforderte Vollständigkeit der Inhalte erreichen.

7.2.7 Sicherheitsmaßnahmen

Sicherheitsmaßnahmen stellen die reale und dokumentierte Umsetzung spezifischer Sicherheitskonzepte in Form konkreter und überprüfbarer Prozesselemente, Technologien, Verfahren, Mechanismen, Prozeduren, organisatorischer oder personeller Maßnahmen dar.

Wurde beispielsweise ein Sicherheitskonzept erstellt, in dem eine spezifische Vereinzelungsanlage eines bestimmten Herstellers sowie deren Einbau und Konfiguration beschrieben wurden, so stellt die Realisierung dieses Konzepts eine Sicherheitsmaßnahme dar. Eine andere Sicherheitsmaßnahme ist die Implementierung des vorgeschriebenen Zugriffsschutzes mittels eines Zugriffssteuerungssystems durch das Setzen der entsprechenden Parameter.

7.3 PROSim

Zur Etablierung der geforderten Sicherheit sind Sicherheitsmaßnahmen erforderlich, die sich auf die P̲rozesse, die R̲essourcen und die O̲rganisation im Hinblick auf das S̲icherheitsm̲anagement beziehen. Dies kürze ich mit PROSim ab.

Der Begriff *Prozess* umfasst hierbei Kern-, Support- und Begleitprozesse.

Der Begriff *Ressource* ist bewusst sehr weit gefasst. Hierunter verstehe ich alle materiellen und immateriellen und nicht zuletzt personellen Ressourcen. Sie reichen vom Gebäude mit seinen Räumlichkeiten und der haustechnischen Infrastruktur über Fertigungsstraßen, Produktionsanlagen, Maschinen, Informations- und Kommunikationssysteme, Hilfs- und Arbeitsmittel, Materialien, finanzielle Mittel, Methoden, Daten, Know-how, Image und Services bis hin zu Personal.

Zur haustechnischen Infrastruktur zählen beispielsweise Stromversorgung und Zutrittskontrollsystem, zu den Informations- und Kommunikationssystemen Computerequipment, d. h. Hardware und Software sowie Schnittstellen, aber auch Paperware (Dokumentation) und Knowledgeware (Wissen).

Unter Personal sind neben den festangestellten Mitarbeitern auch externe Mitarbeiter und Mitarbeiter von Dienstleistern (Service-Geber) zu berücksichtigen.

Die *Organisation* umfasst die Linienorganisation, wie sie beispielsweise im Organigramm mit Geschäfts-, Bereichs-, Abteilungs- und Gruppenleitung sowie Stabsabteilungen dargestellt ist. An der Spitze der Linienorganisation steht die Geschäftsleitung. Darüber hinaus existieren oftmals projektspezifische Organisationen sowie Rollen, wie z. B. Projektmanager und -leiter.

Im Hinblick auf das RiSiKo-Management ist eine geeignete Organisation erforderlich, repräsentiert beispielsweise durch den Chief Security Officer, den Chief Information Security Officer, Sicherheitsbeauftragte, Sicherheitsadministratoren, den

Chief Business Continuity Officer und den Chief Risk Officer. Im Hinblick auf die Geschäftskontinuität sind Stellvertreterregelungen erforderlich. Ebenfalls erforderlich sind Gremien und Teams, z. B. das Informationssicherheitskomitee oder der Krisenstab.

Damit eine ganzheitliche, *prozess-, ressourcen-, organisations-, produkt-, leistungs- und lebenszyklusimmanente Sicherheit* entsteht, muss PROSim je Hierarchieebene der Sicherheitspyramide und je Lebenszyklusphase berücksichtigt, beschrieben und integriert werden.

7.4   Lebenszyklus von Prozessen, Ressourcen, Organisation, Produkten und (Dienst-)Leistungen (Services)

Sicherheit – genauer das Sicherheits-, Kontinuitäts- und Risikoniveau – ist ebenso wie Qualität das Ergebnis von Maßnahmen, die im Vorfeld eingeführt worden sind. Betrachten wir zum Vergleich die Qualitätskontrolle am Ende eines Produktionsprozesses eines Autos. Sie kann letztlich nur feststellen, ob die geforderte Qualität erreicht wurde oder nicht. Veränderungen sind nur noch in Form von Nachbesserungen möglich. Entscheidend ist daher, Qualitätssicherungsmaßnahmen bereits zu einem sehr frühen Zeitpunkt einzuführen. Dies beginnt bei der Ermittlung der Kundenanforderungen, muss in technische Eigenschaften transformiert und bei der Entwicklung berücksichtigt werden. Ebenfalls einzubeziehen sind die Fertigungsmöglichkeiten.

Diese Aussagen gelten analog für das Thema Sicherheit. Sicherheitsanforderungen an eine Dienstleistung oder ein Produkt, an die dazu erforderlichen Kern-, Support- und Begleitprozesse sowie die genutzten Ressourcen, z. B. IKT-Systeme, und die Organisation müssen, beginnend mit dem Zeitpunkt der ersten Idee in allen Phasen des Lebenszyklus berücksichtigt werden. Dies bezeichne ich als *lebenszyklusimmanente Sicherheit*.

7.4.1   Geschäfts-, Support- und Begleitprozess-Lebenszyklus

Ein Unternehmen besitzt eine Vielzahl von Kerngeschäftsprozessen und unterstützenden Geschäftsprozessen (Supportprozesse), denen Begleitprozessen zur Seite stehen. Kerngeschäftsprozesse sind dadurch gekennzeichnet, dass sie vom externen Kunden ausgehen und beim externen Kunden enden, d. h. ihr Ergebnis an den externen Kunden liefern. Supportprozesse unterstützen die Kerngeschäftsprozesse, indem in ihnen Teilaufgaben durchgeführt werden. Begleitprozesse laufen entlang dem Lebenszyklus parallel zu diesen Prozessen. Diese bezeichne ich auch als Managementdisziplinen. Beispiele hierfür sind das Änderungs-, Konfigurations- und

Problemmanagement, aber auch das Kapazitäts-, Kontinuitäts- und Datensicherungsmanagement.

Bei der Gestaltung all dieser Prozesse sind Sicherheitsaspekte zu berücksichtigen. Diese müssen bereits bei der Idee und der Konzeption der Prozesse mit betrachtet werden. Sie finden anschließend ihren Niederschlag in der Umsetzungs-, Test-, Pilotierungs-, Einführungs- und Betriebsphase bis hin zum Zeitpunkt ihrer Außerbetriebnahme. Sicherheit ist also während aller Phasen eines Prozesses, d. h. während des gesamten Lebenszyklus zu berücksichtigen und z. B. durch die Revision zu prüfen.

Ähnlich wie es beim Qualitätsmanagement an verschiedenen Stellen des jeweiligen Prozesses präventive, begleitende und postventive Qualitätssicherungsmaßnahmen gibt, müssen in die Prozesse und deren Lebenszyklen sicherheitsrelevante Maßnahmen integriert werden. Dadurch lässt sich eine *prozess- und lebenszyklusimmanente Sicherheit* erreichen.

Sicherheitsmaßnahmen können beispielsweise Funktionstrennungen, die Einführung des Vier-Augen-Prinzips und unterschiedliche Berechtigungsstufen (Vollmachten) sein.

7.4.2 Ressourcen-/Systemlebenszyklus

Die Ressourcen reichen – wie wir gesehen haben – von Gebäuden über Infrastruktur, Anlagen und Systeme bis hin zu Services. Sie alle besitzen einen Lebenszyklus, d. h. eine Entstehungsphase, eine Nutzungsperiode und eine Außerbetriebnahmephase. In allen Phasen des Lebenszyklus sind Sicherheitsaspekte zu berücksichtigen. Das folgende Beispiel veranschaulicht dies an einem IKT-System.

Im Bereich der IKT existiert eine Vielzahl von Vorgehensmodellen für die Entwicklung eines Systems. Handelt es sich um ein Anwendungssystem, bestehend aus Hardware, Software und Dokumentation, so sind häufig Phasenmodelle für die Entwicklung vorhanden.

Wer *lebenszyklusimmanente IKT-Systemsicherheit* erreichen will, muss in diesen Entwicklungsprozess Sicherheitselemente integrieren, u. a. Entwicklungsrichtlinien sowie Tools, z. B. zur Code-Analyse. Hierdurch lassen sich Sicherheitsprobleme im Betrieb präventiv reduzieren oder vermeiden.

7.4.3 Organisationslebenszyklus

Für eine *lebenszyklusimmanente Organisationssicherheit* sind die Themen Sicherheit, Kontinuität und Risiko in den Lebenszyklus der Organisation zu integrieren. So müssen Um- oder Neuorganisationen die Anforderungen an Sicherheit, Kontinuität und Risiko erfüllen, z. B. im Hinblick auf Funktionstrennung und Vier-Augen-Prinzip.

7.4.4   Produkt- und Dienstleistungslebenszyklus

Nicht zuletzt aufgrund des Produkthaftungsgesetzes spielt die Sicherheit von Produkten eine wesentliche Rolle. Aber auch die Erbringung von IT-Dienstleistungen erfordert die Einhaltung gesetzlicher und vertraglicher Sicherheitsanforderungen. Zur Erreichung einer *lebenszyklusimmanenten Produkt- und Dienstleistungssicherheit* sind daher zu Beginn des Lebenszyklus die Sicherheitsanforderungen Teil der Anforderungsspezifikation. Sie werden über die verschiedenen Entwicklungsschritte weiter verfeinert, umgesetzt und getestet, bevor die Dienstleistung erbracht oder das Produkt verkauft wird.

Beispiel: Erbringt ein IT-Dienstleister Outsourcing-Leistungen für Banken, so sollten diese von Anfang an so entworfen und umgesetzt werden, dass sie die im Bankbereich geltenden gesetzlichen und aufsichtlichen Bestimmungen nachweislich erfüllen.

7.5   Sicherheitsregelkreis

Die Sicherheitspyramide bietet eine systematische Vorgehensweise, um das Sicherheits-, Kontinuitäts- und Risikomanagement eines Unternehmens aufzubauen und zu strukturieren. Wäre dies das Ende der Aktivitäten, so ergäbe sich ein „statisches" Ergebnis. Die Erkenntnisse und das Umfeld verändern sich jedoch dynamisch. Außerdem ist eine Überwachung und Steuerung des Sicherheitsmanagements notwendig. Demzufolge muss auch das Sicherheits-, Kontinuitäts- und Risikomanagementsystem kontinuierlich überwacht, gesteuert und weiterentwickelt werden. Der Sicherheitspyramide muss daher noch „Leben eingehaucht" werden.

Dies erfolgt durch einen Steuerungsmechanismus, den *Sicherheitsregelkreis*. Zu Beginn werden Ziele in Bezug auf Sicherheit, Kontinuität und Risiko festgelegt, vereinbart und in eine Planung umgesetzt. Anschließend verfolgen die Verantwortlichen den Ist-Zustand kontinuierlich. Sie erstellen Prognosen über die Zielerreichung, führen Abweichungsanalysen durch und leiten gegebenenfalls Korrekturmaßnahmen ein. Ein regelmäßiges Berichtswesen schafft Transparenz.

Zu den Elementen im Sicherheitsregelkreis gehören ein Internes Kontrollsystem (IKS) sowie Safety-Security-Continuity-Risk-Prüfungen oder -Audits, die von internen oder externen Sicherheitsauditoren durchgeführt werden.

7.6 Sicherheitsmanagementprozess

Der Sicherheitsmanagementprozess, der den Kontinuitäts- und Risikomanagementprozess beinhaltet bzw. beinhalten kann, leitet sich aus der Sicherheitspyramide ab. Er orientiert sich am *PDCA-Zyklus* (Plan-Do-Check-Act) und beschreibt, wie das Sicherheitsmanagement eines Unternehmens geplant, aufgebaut und in die Prozesse, die Ressourcen, die Organisation, die Produkte und Dienstleistungen sowie deren Lebenszyklen integriert wird. Der Sicherheitsmanagementprozess schließt die Umsetzung (Do) in Form des Betriebs mit ein, in dem Monitoring und Controlling wichtige Themen sind. Prüfungen (Check) – einschließlich regelmäßiger sowie ereignis- und bedarfsabhängiger interner Audits und Management Reviews – liefern Informationen über den Status des Sicherheitsmanagements. Die letzte Phase der Verbesserung (Act) wertet die Ergebnisse aus. Hieraus ergeben sich Verbesserungsmaßnahmen für den Einstieg in die Planung und den nächsten PDCA-Durchlauf.

7.7 Zusammenfassung

Die Sicherheitspyramide V ist dreidimensional. Die erste Dimension, die Sicherheitshierarchie, verläuft vertikal und beinhaltet die hierarchisch aufeinander aufbauenden Ebenen des Sicherheits-, Kontinuitäts- und Risikomanagements, da Sicherheit bei mir Kontinuität und Risiko umfasst. Die zweite Dimension beschreibt die dazugehörigen Elemente P̲rozesse, R̲essourcen und O̲rganisation für das Si̲cherheitsm̲anagement (PROSim). Die dritte Dimension berücksichtigt den Prozess-, Ressourcen-, Organisations-, Dienstleistungs- und Produktlebenszyklus.

1. Dimension: Sicherheitshierarchie: Die oberste Ebene und damit den Ausgangspunkt der Sicherheitspyramide bilden die geschäftspolitischen Sicherheitsanforderungen des Unternehmens, die in der Sicherheits-, Kontinuitäts- und Risikopolitik ihren Niederschlag finden. Auf diesen bauen die Sicherheitsziele bzw. -anforderungen der Geschäfts-, Support- und Begleitprozesse auf. Ziel der Geschäfts- bzw. Produktionsprozesse ist die Erbringung einer Dienstleistung oder die Herstellung eines Produktes unter Berücksichtigung definierter Sicherheitsanforderungen.

Um die Sicherheitsanforderungen der Prozesse erfüllen zu können, müssen diese auf jene Ressourcen abgebildet werden, die für die ordnungsmäßige Funktionsfähigkeit des jeweiligen Prozesses erforderlich sind. Dieser Vorgang ist in der Sicherheitspyramide durch den Schritt der „Transformation" dargestellt, der in Sicherheitsmerkmalen von Prozessen, Ressourcen und Organisation sowie von Produkten und Dienstleistungen mündet. Hieraus leiten sich die Sicherheitsarchitektur, -richtlinien, -konzepte und -maßnahmen ab. Risiken und Schwachstellen werden transparent, Sicherheitslücken können geschlossen werden.

2. Dimension: PROSim: Die zweite Dimension der Sicherheitspyramide berücksichtigt die erforderlichen Themen Prozesse, Ressourcen und Organisation für das Sicherheitsmanagement (PROSim).

3. Dimension: Lebenszyklus: Die dritte Dimension behandelt die einzelnen Phasen im jeweiligen Prozess-, Ressourcen-, Organisations-, Dienstleistungs- oder Produktlebenszyklus, wobei Ressourcen z. B. Systeme sein können. Abhängig vom zugrunde liegenden Phasenmodell und der jeweiligen Ressource reichen die Phasen von der Idee über die Machbarkeitsstudie, die Anforderungsanalyse, die Konzeption, die Entwicklung, den Test, die Abnahme, die Inbetriebnahme und den Betrieb bis hin zur Außerbetriebnahme und Entsorgung. In jede Phase und in jedes PROSim-Element sind Sicherheitselemente integriert, um eine PROSim- und lebenszyklusimmanente Sicherheit zu erreichen.

Der **Sicherheitsregelkreis** umrahmt die Sicherheitspyramide. Er steuert den Aufbau, die Überwachung, die Prüfung, die gezielte Weiterentwicklung sowie das Berichtswesen. Hierdurch lassen sich die Handlungsfähigkeit und das Image eines Unternehmens langfristig verbessern.

Der **IKT-Sicherheitsmanagementprozess** einschließlich des IKT-Kontinuitäts- und IKT-Risikomanagementprozesses ermöglicht – aufbauend auf der Sicherheitspyramide – den Aufbau und Betrieb sowie die kontinuierliche Überwachung, Steuerung, Prüfung und Verbesserung der Sicherheit und Kontinuität der IKT im Unternehmen sowie der Risiken.

Manch einen mag es wundern, wenn ich von der dreidimensionalen Sicherheitspyramide oder beim Pyramidenmodell® von dessen Dreidimensionalität, u. Ä. „spreche", wo Pyramiden doch bekanntermaßen dreidimensional sind. Es handelt sich also um einen Pleonasmus, eine sprachliche Redundanz. Sie soll explizit darauf hinweisen, dass sich hinter dem Begriff „Sicherheitspyramide" ein Vorgehensmodell verbirgt, das – im Unterschied zu anderen Abbildungen, die von ihren Autoren als Pyramide bezeichnet werden – tatsächlich drei Dimensionen besitzt.

8 Sicherheits-, Kontinuitäts- und Risikopolitik

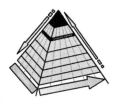Die Kosten für Sicherheit und Kontinuität sind ein immer wiederkehrendes leidiges Thema. Argumentationen laufen oftmals ins Leere, weil keine Transparenz über den Nutzen der Investitionen in die Sicherheit und Kontinuität vorhanden ist sowie die aktuellen und zukünftigen Anforderungen und Risiken des Unternehmens nicht bekannt sind. Diese sind jedoch die Basis für Kosten-Nutzen-Betrachtungen.

Die sicherheits-, kontinuitäts- und risikospezifischen Anforderungen hängen ab von Gesetzen, vom Unternehmenszweck, von der mittel- und langfristigen Ausrichtung, vom Umfeld und von der strategischen Positionierung des Unternehmens. Möchte das Unternehmen im Vergleich zu Wettbewerbern Klassenbester („best of class"), d. h. risikoscheu, sein, oder ist es risikofreudig und begnügt sich beim Sicherheitsniveau unter Berücksichtigung seiner Risikotragfähigkeit mit einem der hinteren Plätze? Diese generelle Ausrichtung des Unternehmens bildet den Ausgangspunkt für die weiteren sicherheitsspezifischen Überlegungen. Die Geschäftsleitung legt sie in der Sicherheits-, Kontinuitäts- und Risikopolitik und/oder in entsprechenden Leitsätzen bzw. Leitlinien fest.

Gesetzliche Anforderungen zu Sorgfaltspflicht und Haftung sowie Beweislast

Im Aktiengesetz § 93, Stand 04.07.2013, heißt es: „Die Vorstandsmitglieder haben bei ihrer Geschäftsführung die Sorgfalt eines ordentlichen und gewissenhaften Geschäftsleiters anzuwenden. [...] Vorstandsmitglieder, die ihre Pflichten verletzen, sind der Gesellschaft zum Ersatz des daraus entstehenden Schadens als Gesamtschuldner verpflichtet. Ist streitig, ob sie die Sorgfalt eines ordentlichen und gewissenhaften Geschäftsleiters angewandt haben, so trifft sie die Beweislast."

Das GmbH-Gesetz, Stand 23.07.2013, führt in § 43, Haftung der Geschäftsführer aus: „Die Geschäftsführer haben in den Angelegenheiten der Gesellschaft die Sorgfalt eines ordentlichen Geschäftsmannes anzuwenden. [...] Geschäftsführer, welche ihre Obliegenheiten verletzen, haften der Gesellschaft solidarisch für den entstandenen Schaden."

Die folgenden Unterkapitel beschäftigen sich mit diesen Aspekten der Sicherheits-, Kontinuitäts- und Risikopolitik bzw. der Risiko-, Sicherheits- und Kontinuitätspolitik, kurz der RiSiKo-Politik:

1. Zielsetzung
2. Umsetzung
3. Inhalte
4. Checkliste
5. Praxisbeispiele
6. Zusammenfassung

8.1   Zielsetzung

Wozu benötigt ein Unternehmen ein Sicherheits-, Kontinuitäts- und Risikomanagement und welche Ziele verfolgt es damit? Die Notwendigkeit ergibt sich im Hinblick auf die Einhaltung von Gesetzen, aufsichtsbehördlichen Vorgaben, Normen und Verträgen sowie aus der Absicherung des Unternehmens, seiner Mitarbeiter und der Unternehmenswerte gegenüber den vielfältigen Bedrohungen, die von kriminellen Handlungen über infrastrukturelle, technische und personelle Ausfälle sowie Ausfälle der Lieferkette (Supply Chain) bis hin zu höherer Gewalt reichen. Hieraus ergeben sich als Ziele die Einhaltung von Gesetzen und vergleichbaren Vorgaben sowie die Erfüllung der unternehmensspezifischen Anforderungen.

Art und Umfang des Sicherheits-, Kontinuitäts- und Risikomanagements sowie die damit verbundenen Investitionen haben hierbei eine große Bandbreite. Um diese einzuschränken und das Unternehmen dementsprechend auszurichten, müssen die aktuellen und zukünftigen geschäftspolitischen Anforderungen des Unternehmens an das Sicherheits-, Kontinuitäts- und Risikomanagement festgelegt und kommuniziert werden.

Weiterhin ist es notwendig, das Management und alle Mitarbeiter für das Thema Sicherheit zu sensibilisieren und sie in das Sicherheits-, Kontinuitäts- und Risikomanagement einzubinden. Das Management und hierbei insbesondere die Geschäftsleitung soll darin eine Führungsrolle und Vorbildfunktion übernehmen und die benötigten Mittel und Ressourcen bereitstellen.

8.2   Umsetzung

Diese Ziele werden dadurch anvisiert, dass sich das Unternehmen eine *unternehmensweite Sicherheits-, Kontinuitäts- und Risikopolitik (RiSiKo-Politik; Safety, Security, Continuity and Risk Policy)* gibt. In ihr stellt die Unternehmensleitung – abgeleitet vom Unternehmenszweck, vom Unternehmensumfeld und den Bezugsgruppen sowie von der Unternehmensstrategie sowie unter Berücksichtigung gesetzlicher und aufsichtsbehördlicher Anforderungen – in schriftlicher überblicksartiger Form dar, welche Bedeutung die Themen Sicherheit, Kontinuität und Risiko sowie die Sicherheitskriterien für das Unternehmen kurz-, mittel- und langfristig haben und wie die Sicherheits-, Kontinuitäts- und Risikopolitik umgesetzt werden soll. Ebenfalls dargelegt werden der Geltungsbereich, die Risikotragfähigkeit des Unternehmens sowie seine Risikobereitschaft und seine risikopolitische Aufstellung (Risikostrategie), d. h. ist es eher risikofreudig oder risikoscheu, setzt es eher auf Prävention oder auf Postvention, versucht es Trends und Ereignisse zu antizipieren oder auf sie zu reagieren? Die konkrete Risikotragfähigkeit befindet sich in einem vertraulichen Teil der RiSiKo-Politik.

Die Geschäftsleitung bringt in der Sicherheits-, Kontinuitäts- und Risikopolitik zum Ausdruck, dass sie sich selbst an die Spitze des Sicherheitsmanagements stellt und dass jeder Mitarbeiter seinen Beitrag zur Sicherheit leisten muss. Das Management und hierbei insbesondere die Geschäftsleitung übernehmen eine Führungsrolle und Vorbildfunktion im Sicherheits-, Kontinuitäts- und Risikomanagement und stellen die benötigten Mittel und Ressourcen bereit.

Die vorangegangenen Ausführungen zur unternehmensweiten Sicherheits-, Kontinuitäts- und Risikopolitik gelten auch für Unternehmen in der IT-Branche, wie z. B. IT-(Full-)Service-Provider. Sie lassen sich aber auch für Geschäftsbereiche, z. B. den Geschäftsbereich IKT-Services, eines Unternehmens anwenden, die sich als professioneller interner Dienstleister, sozusagen als „Unternehmen im Unternehmen" verstehen. Das Pyramidenmodell® zeigt hier einen seiner weiteren Vorteile: es lässt sich schachteln, vergleichbar mit den ineinander gesetzten Puppen, den Matroschkas.

Argumente für eine Sicherheits-, Kontinuitäts- und Risikopolitik

Eine fehlende Sicherheits-, Kontinuitäts- und Risikopolitik kann – wie mehrfach erlebt – dazu führen, dass jeder Verantwortliche sich selbst die fehlenden Vorgaben definiert. Diese sind im Unternehmen dann verstreut innerhalb einer Vielzahl von Dokumenten zu finden. Die individuellen Vorgaben sind üblicherweise inkonsistent zueinander und weichen von den Vorstellungen der Unternehmensleitung ab. Ohne Sicherheits-, Kontinuitäts- und Risikopolitik fehlt den Mitarbeitern darüber hinaus eine Orientierung, ein diesbezüglicher Verhaltenskodex und die erforderliche Sensibilisierung. Dies kann dazu führen, dass der Fokus auf der kurzfristigen Gewinnoptimierung liegt und die angemessene Absicherung für das mittel- und langfristige Überleben des Unternehmens in den Hintergrund tritt.

Ohne Vorgaben entwickeln die jeweils Verantwortlichen für ihr Aufgabengebiet individuell beispielsweise Gliederungsstrukturen und generelle Inhalte von Prozessbeschreibungen, von Notfall-, Krisen- und Katastrophenvorsorgehandbüchern, von Wiederanlaufplänen usw. Dies bedeutet Doppelarbeit und ist damit ineffizient. Außerdem sind die einzelnen Beschreibungen, Handbücher und Pläne unterschiedlich aufgebaut und haben einen voneinander abweichenden Detaillierungs- und Vollständigkeitsgrad. Dies führt   zu Nacharbeiten, die zusätzliches Budget erfordern und die Motivation der Mitarbeiter senken können.

Nicht zuletzt fordern nationale und internationale Standards und Practices eine Sicherheits- und/oder Kontinuitäts- und/oder Risikopolitik.

Die Darstellungen in der Sicherheits-, Kontinuitäts- und Risikopolitik geben einen *Orientierungsrahmen* vor, enthalten somit noch kaum detaillierte Angaben. Hierdurch erreicht die Geschäftsleitung, dass die Sicherheits-, Kontinuitäts- und Risikopolitik, die von ihr selbst unterschrieben wird, mittel- bis langfristig Bestand hat.

Neben der Sicherheits-, Kontinuitäts- und Risikopolitik, die auf wenigen Seiten zusammengefasst sein sollte, empfiehlt sich ein *„sicherheitspolitischer Leitsatz"*. Er bringt die Sicherheits-, Kontinuitäts- und Risikopolitik kurz, prägnant und eingängig auf den Punkt.

8.3   Inhalte

Nachdem die Geschäftsleitung den Rahmen für die Sicherheits-, Kontinuitäts- und Risikopolitik festgelegt hat, stellt sich die Frage, welche konkreten *Themen* sie dort direkt oder referenziert ansprechen sollte. Diese Themen sind im Folgenden überblicksartig angegeben:

☐ Geltungsbereich

☐ Aufgabe bzw. Mission (Unternehmenszweck) sowie Vision und Strategie des Unternehmens

☐ Informationen über interne und externe Bezugsgruppen (Interested Parties), z. B. Kunden, Mitarbeiter, Partner und Anteilseigner, sowie deren explizite und implizite Anforderungen (Erwartungen)

☐ externe Sicherheits-, Kontinuitäts- und risikospezifische Anforderungen durch Gesetze, Vorschriften, Ausführungsbestimmungen, Prüfungsrichtlinien, Normen und Standards

☐ Risikotragfähigkeit und Risikobereitschaft sowie Risikostrategie

☐ allgemeine Sicherheits-, Kontinuitäts- und Risikoziele, d. h. die Bedeutung der Themen Sicherheit, Kontinuität und Risiko für das Unternehmen

☐ Bedeutung der verschiedenen Sicherheitskriterien für das Unternehmen (kurz-, mittel- und langfristig)

☐ übergreifende Ziele und Vorgaben zur Sicherheit und Kontinuität (was soll erreicht werden), welche die Basis für die Ableitung der Sicherheits- und Kontinuitätsanforderungen innerhalb des Unternehmens bilden

☐ abzusichernde Mindest- und Grenzszenarien und zu betrachtender Planungshorizont für die Notfall-, Krisen- und Katastrophenvorsorgeplanung

☐ Sicherheitsklassen, die Kontinuität und Risiko beinhalten, und zugeordnete Schadenshöhen. Dies bezeichne ich integrativ als RiSiKo-Klasse

☐ Vorgehensmodell inklusive Sicherheits-, Kontinuitäts- und Risikomanagementprozess

☐ übergreifende Prinzipien, z. B. Vier-Augen-Prinzip, Prinzip des generellen Verbots, des minimalen Bedarfs sowie der minimalen Rechte und Dienste, der Funktionstrennung, der Abwesenheitssperre und des „aufgeräumten" Arbeitsplatzes, der Sicherheitszonen und der Immanenz sowie das Distanzprinzip

☐ Hinweise zu den Beteiligten, deren Aufgaben und Verantwortlichkeiten

- ☐ Hinweise zu Sensibilisierung, Sicherheits-, Kontinuitäts- und Risikokommunikation, Schulung und Übung
- ☐ Hinweise zur Prüfung, z. B. interne Audits und Management Reviews, Aktualisierung, Pflege und Weiterentwicklung
- ☐ Angaben zur Bereitstellung der erforderlichen Mittel und Ressourcen durch die Geschäftsleitung
- ☐ Verpflichtung der Geschäftsleitung und der Mitarbeiter auf die Einhaltung und Fortentwicklung des Regelwerks zum RiSiKo-Management
- ☐ Messbarkeit und Nachweisfähigkeit
- ☐ Transparenz, Durchgängigkeit und Systematik
- ☐ Wirtschaftlichkeit

Planungshorizont und Mindestszenarien

Laut einer Umfrage von Gartner planen knapp 60 % der Unternehmen beim Business Continuity Management (BCM) und Disaster Recovery (DR) mit einer längstmöglichen Ausfalldauer von 7 Tagen. Regionale Ereignisse, Ausfälle von Dienstleistern und Pandemien können jedoch länger dauern. Ausgereiftere BC-Planungen erstrecken sich daher über *mindestens 30 Tage*. Der Studie zufolge haben 77 % der befragten Unternehmen einen Notfallplan für *Stromausfall und Feuer*, 72 % für *Naturkatastrophen*, wie Hochwasser oder Orkan, sowie mindestens die Hälfte für *IT-Ausfälle, Computervirenattacken* und den *Ausfall kritischer Dienstleister*. [Gartner, Press Release, Gartner Says Most Organizations Are Not Prepared For a Business Outage Lasting Longer Than Seven Days, 9.1.2008]

Wie die computerwoche berichtet, verfügen einer Studie zufolge nur etwa 43 % der deutschen Unternehmen über einen Kontinuitätsplan für die IT, nur 30 % haben einen dedizierten Beauftragten für das Kontinuitätsmanagement. [computerwoche.de, Planlos im K-Fall, 19.10.2011]

Bei der *Gestaltung der Sicherheits-, Kontinuitäts- und Risikopolitik* spielen die Branche, die Mission des Unternehmens und seine strategische Positionierung im Markt eine wesentliche Rolle. Bei Banken bestehen insbesondere im Zahlungsverkehr, aber auch beim Wertpapierhandel im Hinblick auf die Positionsführung der Bank höchste Anforderungen an die Verfügbarkeit, die Integrität und die Vertraulichkeit der Daten. Extrem hohe Anforderungen an Kontinuität und Verfügbarkeit, aber auch hohe Anforderungen an die Integrität und Vertraulichkeit der Daten stellen Kreditkartenprozessoren im Rahmen des Online-Transaction-Processing (OTP).

Bei gesetzlichen Krankenversicherungen ist neben dem Bundesdatenschutzgesetz (BDSG) der Sozialdatenschutz (SGB X) ein wichtiges Element der Sicherheit.

Vergleich zur ISO/IEC 27001:2013: Die ISO/IEC 27001:2013 fordert zum einen die Festlegung des Kontextes einer Organisation. Dies schließt die Bestimmung der interessierten Parteien (Interested Parties) und ihrer Anforderungen ein. Anforderungen können gesetzlicher, aufsichtsbehördlicher und vertraglicher Natur sein. Zum anderen soll der Geltungsbereich des ISMS festgelegt und dokumentiert werden, wobei Schnittstellen und Abhängigkeiten zu berücksichtigen sind. Darüber hinaus ist die IS-Politik zu dokumentieren.

Im Gegensatz zur ISO/IEC 27001:2013 beinhaltet die Sicherheits-, Kontinuitäts- und Risikopolitik der Sicherheitspyramide den Kontext einer Organisation in Form von Unternehmenszweck, Vision und Strategie sowie Bezugsgruppen und deren Anforderungen sowie ferner den Geltungsbereich. Zudem betrachtet sie als integratives Managementsystem Aspekte des Kontinuitäts- und des Risikomanagements, wie z. B. Mindest- und Grenzszenarien und Planungshorizont sowie Risikotragfähigkeit und Risikobereitschaft. Konkrete Angaben dazu befinden sich in einem vertraulichen Teil der RiSiKo-Politik.

Ähnlich der ISO/IEC 27001:2013 berücksichtigt die Sicherheitspyramide gesetzliche und aufsichtsbehördliche Anforderungen und nennt sie in einer Anlage. Außerdem führt sie in Anlagen darüber hinaus z. B. relevante Ausführungsbestimmungen, Prüfungsrichtlinien, Normen und Standards auf. Die RiSiKo-Politik der Sicherheitspyramide beschreibt ferner den RiSiKo-Management-Prozess und das zugrunde gelegte Vorgehensmodell sowie die regelmäßigen Reviews durch die Geschäftsleitung.

Die RiSiKo-Politik der Sicherheitspyramide berücksichtigt üblicherweise weder konkrete Verträge noch konkrete Schnittstellen und Abhängigkeiten zu Bezugsgruppen. Diese ergeben sich in späteren Ebenen der Sicherheitspyramide, beispielsweise bei der Erhebung der Sicherheitsanforderungen, und finden ihren Niederschlag unter anderem in der Ebene der Sicherheitsmerkmale, in der Architekturebene und in der Ebene der spezifischen Sicherheitskonzepte.

Wer sich im Hinblick auf die Dokumentation stärker an der ISO/IEC 27001:2013 orientieren möchte, kann die Sicherheits-, Kontinuitäts- und Risikopolitik der Sicherheitspyramide in unterschiedliche Dokumente aufteilen, die jedoch nach wie vor in der obersten Ebene der Sicherheitspyramide angesiedelt bleiben.

8.4   Checkliste

Checkliste mit Kontrollen (Controls) zur Sicherheits-, Kontinuitäts- und Risikopolitik (RiSiKo-Politik)	Zwingend/ Optional	Ja (✓) / Nein (-)
Verfügt das Unternehmen über eine Sicherheits-, Kontinuitäts- und Risikopolitik (RiSiKo-Politik)?	Z	
Verfügt das Unternehmen über einen sicherheitspolitischen Leitsatz?	O	

Checkliste mit Kontrollen (Controls) zur Sicherheits-, Kontinuitäts- und Risikopolitik (RiSiKo-Politik)	Zwingend/ Optional	Ja (✓) / Nein (-)
Erfolgt die <u>Freigabe der RiSiKo-Politik</u> vom Top Management?	Z	
Ist der <u>Geltungsbereich</u> angegeben?	Z	
Leitet sich die RiSiKo-Politik aus dem <u>Unternehmenszweck, der Vision und der Strategie des Unternehmens ab</u>?	Z	
Sind Informationen über die <u>internen und externen Bezugsgruppen</u>, wie z. B. Kunden, Mitarbeiter, Partner und Anteilseigner, sowie deren <u>explizite und implizite Anforderungen</u> enthalten?	Z	
Enthält die RiSiKo-Politik eine Anlage mit Hinweisen zu Sicherheits- und Kontinuitäts- sowie risikospezifischen Anforderungen durch <u>Gesetze, Vorschriften, Ausführungsbestimmungen, Prüfungsrichtlinien, Normen und Standards</u>?	Z	
Stellt die RiSiKo-Politik die <u>Bedeutung des Themas Sicherheit einschließlich Kontinuität</u> für das Unternehmen dar?	Z	
Geht die RiSiKo-Politik des Unternehmens auf die kurz-, mittel- und langfristige <u>Bedeutung der verschiedenen Sicherheitskriterien</u> Konformität, Robustheit, Verfügbarkeit, Integrität, Vertraulichkeit, Authentizität und Verbindlichkeit und sowie Nachvollziehbarkeit, Nachweisbarkeit, Erkennungs-, Alarmierungs- und Abwehrfähigkeit ein?	Z	
Nennt die RiSiKo-Politik <u>übergreifende Ziele und Vorgaben</u> zur Sicherheit, aus denen sich im Unternehmen die Sicherheits- und Kontinuitätsanforderungen ableiten lassen?	Z	
Enthält die RiSiKo-Politik Aussagen zur <u>Risikotragfähigkeit, Risikobereitschaft und Risikostrategie</u>? – Sind diese als vertraulich gekennzeichnet und in einer separaten Anlage enthalten?	Z	
Hat die Geschäftsleitung <u>die abzusichernden Mindest- und Grenzszenarien und den abzusichernden Mindestzeitraum</u> (Planungshorizont) für die Notfall-, Krisen- und Katastrophenvorsorge definiert? – Sind diese als vertraulich gekennzeichnet und in einer separaten Anlage enthalten?	Z	
Hat die Geschäftsleitung die <u>Sicherheits- bzw. RiSiKo-Klassen mit den damit verbundenen Schadenshöhen</u> verabschiedet? – Sind diese als vertraulich gekennzeichnet und in einer separaten Anlage enthalten?	Z	
Enthält die RiSiKo-Politik Informationen zum RiSiKo-<u>Managementprozess sowie zum Vorgehensmodell</u> für das RiSiKo-Management?	Z	
Nennt die Politik <u>übergreifende Prinzipien</u>, z. B. Vier-Augen-Prinzip, Prinzip des generellen Verbots, des minimalen Bedarfs und der minimalen Rechte und Dienste, der Funktionstrennung, der Abwesenheitssperre und des „aufgeräumten" Arbeitsplatzes, der Sicherheitszonen und der Immanenz sowie das Distanzprinzip?	Z	

Checkliste mit Kontrollen (Controls) zur Sicherheits-, Kontinuitäts- und Risikopolitik (RiSiKo-Politik)	Zwingend/ Optional	Ja (✓) / Nein (-)
Enthält die RiSiKo-Politik Hinweise auf Sensibilisierung, RiSiKo-Kommunikation, Schulung und Übung?	Z	
Gibt die RiSiKo-Politik Hinweise zur regelmäßigen sowie zur bedarfs- und ereignisabhängigen Prüfung, z. B. interne Audits und Management Reviews, sowie zur Aktualisierung, Pflege und Weiterentwicklung des RiSiKo-Managements?	Z	
Enthält die RiSiKo-Politik überblicksartige Angaben zu den Beteiligten, deren Aufgaben und Verantwortlichkeiten sowie zu deren Rang?	Z	
Erklärt sich die Geschäftsleitung bereit, die erforderlichen Mittel und Ressourcen für das RiSiKo-Management bereitzustellen?	Z	
Ist eine Verpflichtung der Geschäftsleitung und der Mitarbeiter hinsichtlich Sicherheit und Kontinuität enthalten?	Z	
Sind Messbarkeit und Nachweisfähigkeit gefordert?	Z	
Enthält die RiSiKo-Politik die Forderung nach Transparenz, Durchgängigkeit und Systematik?	Z	
Spricht die Geschäftsleitung in der RiSiKo-Politik das Thema Wirtschaftlichkeit an?	Z	

Checkliste 8-1: Kontrollen zur Sicherheits-, Kontinuitäts- und Risikopolitik

8.5   Praxisbeispiele

Wie kann ein sicherheitspolitischer Leitsatz oder die Sicherheits-, Kontinuitäts- und Risikopolitik in der Praxis aussehen? Die folgenden auszugsweisen Beispiele geben Ihnen Anregungen.

8.5.1   Sicherheits-, kontinuitäts- und risikopolitische Leitsätze Versicherung

Sicherheits-, kontinuitäts- und risikopolitische Leitsätze

Wir, die <Musterversicherung>, bieten unseren Kunden eine breite Palette von Versicherungsleistungen an. Unsere Versicherten erwarten eine vertrauliche Behandlung ihrer Daten, zeitnahe Auskunftsfähigkeit über ihre Versicherungen, gute Erreichbarkeit und schnelle Schadensregulierung. Unsere Außendienstorganisation erwartet eine tägliche Verfügbarkeit der IKT-Systeme.

Unsere Kunden, Anteilseigner und Mitarbeiter setzen auf die Zukunftssicherheit unseres Unternehmens und damit auf die jederzeitige Handlungsfähigkeit und Wirtschaftlichkeit sowie Gesetzeskonformität. Transparenz über die Risikosituation ist eine weitere Forderung.

Unser unternehmensweites Risiko-, Sicherheits- und Kontinuitätsmanagement (RiSiKo-Management) verfolgt folgende Ziele:

1. Schutz von Personen
2. Schutz von Unternehmenswerten
3. Existenzsicherung des Unternehmens
   - Erhalt der Handlungs- und Überlebensfähigkeit des Unternehmens auch in Notfällen, bei Krisen und Katastrophen.
   - Erhalt und Ausbau des Unternehmenserfolgs
   - Erhalt und Ausbau des Images
4. Einhaltung von Gesetzen und vergleichbaren Vorgaben, wie z. B. durch Aufsichtsbehörden und Wirtschaftsprüfer
5. Erfüllung von Verträgen
6. Nachweisfähigkeit
7. Transparenz, Durchgängigkeit und Systematik
8. Wirtschaftlichkeit, d. h. die ökonomisch angemessene Erfüllung der relevanten Anforderungen unserer Zielkunden, Anteilseigner und Mitarbeiter.

Unser Ziel ist es, Bedrohungen und Risiken vorausschauend zu erkennen und angemessen abzusichern. Bei vergleichbarer Kosten-Nutzen-Situation geben wir der Vermeidung durch Prävention den Vorrang vor Wiederherstellung.

Im Hinblick auf sicherheits- und kontinuitätsrelevante Ereignisse betrachten wir folgende Themen: Vorbeugung, Beobachtung, Erkennung, Meldung/Alarmierung, Erwiderung, Beurteilung, Wiederherstellung, Verbesserung, Nachvollziehbarkeit, Nachweisbarkeit, Sensibilisierung und Übung.

Um die genannten Ziele zu erreichen, ermitteln wir die sicherheits-, kontinuitäts- und risikospezifischen Anforderungen unserer Geschäftsprozesse entsprechend ihrer Bedeutung für das Unternehmen. Diesen Anforderungen gemäß klassifizieren wir sie und die von ihnen benötigten Ressourcen. Wir berücksichtigen hierbei Anforderungen von Gesetzen, Verordnungen, Vorschriften und Vorgaben der Aufsichtsbehörden.

Wir verschaffen uns einen Überblick über die potenziellen Bedrohungen und Risiken. Die Risiken fassen wir in einem Risikoinventar zusammen.

In Abhängigkeit von den sicherheits-, kontinuitäts- und risikospezifischen Anforderungen entwickeln wir für die Geschäftsprozesse und ihre Ressourcen RiSiKo-spezifische Richtlinien und Konzepte. Diese setzen wir in Form von Maßnahmen um. Wir prüfen, verfolgen und steuern das Sicherheits-, Kontinuitäts- und Risikomanagement und entwickeln es kontinuierlich anforderungsgerecht und wirtschaftlich weiter.

Wir wollen ein – unter Kosten-Nutzen-Aspekten – optimiertes RiSiKo-Niveau erreichen. Hierzu gehört, dass die Einhaltung vorgegebener Sicherheitsregeln weitestgehend automatisch bewirkt und überprüft wird.

Weiterhin wenden wir in allen Bereichen das Prinzip des generellen Verbots an, das besagt, dass alles verboten ist, was nicht explizit erlaubt ist.

Durch die Minimalitätsprinzipien in Form der Prinzipien des minimalen Bedarfs, der minimalen Rechte und der minimalen Dienste, gewähren wir Zufahrt, Zutritt, Zugang und Zugriff sowie Dienstenutzung nur in dem Umfang, wie dies zur Erfüllung der Aufgaben mindestens erforderlich ist.

Mitarbeiter halten das Prinzip der Abwesenheitssperre und des „aufgeräumten Arbeitsplatzes" ein, sodass für Unberechtigte weder Systeme noch Daten noch Unterlagen frei zugänglich sind.

Für die Aufgabenerfüllung wird stets nur die vom Unternehmen bereitgestellte Infrastruktur (z. B. Hard- und Software) genutzt.

Wir schützen unsere Mitarbeiter und Unternehmenswerte durch die Bildung von Sicherheitszonen.

Alle Mitarbeiter verpflichten sich, auf sicherheitsrelevante Ereignisse zu achten und sie zu melden, sich jederzeit sicherheits- und risikobewusst zu verhalten sowie die hier genannten Anforderungen und die Sicherheitsregelungen der <Musterversicherung> einzuhalten.

<Musterort>, <Musterdatum>

< Mustergeschäftsleitung >

Beispiel 8-1: Sicherheits-, kontinuitäts- und risikopolitische Leitsätze Versicherung

8.5.2   Sicherheits-, Kontinuitäts- und Risikopolitik

Das folgende prinzipielle und auszugsweise Beispiel einer Sicherheits-, Kontinuitäts- und Risikopolitik für ein Unternehmen ist im Sinne einer knappen und fortlaufenden Beschreibung aufgebaut. Alternativ lässt sich die RiSiKo-Politik durch eine Gliederung und einzeln identifizierbare Unterpunkte stärker formalisieren und detaillieren. Wichtig bei der Formulierung der Sicherheits-, Kontinuitäts- und Risikopolitik sowie ihrem Umfang und Inhalt sind die Zielgruppen, deren Interessen und Sprachgebrauch. Wenngleich in diesem Buch das Thema Sicherheit über das Sicherheitskriterium Verfügbarkeit den Themenkomplex Kontinuität enthält, ist er in dieser Politik im Hinblick auf deren Leser an verschiedenen Stellen zusätzlich explizit ausgewiesen.

Sicherheits-, Kontinuitäts- und Risikopolitik

Die vorliegende Risiko-, Sicherheits- und Kontinuitätspolitik (RiSiKo-Politik) legt fest,

1.   welchen Unternehmenszweck wir verfolgen,
2.   wer unsere Zielkunden und Bezugsgruppen sind,
3.   welche Anforderungen und Ziele sich daraus für das Sicherheits-, Kontinuitäts- und Risikomanagement ergeben und
4.   wie wir das Sicherheits-, Kontinuitäts- und Risikomanagement aufbauen, einführen, pflegen und weiterentwickeln, um diese Anforderungen kontinuierlich zu erfüllen.

Unternehmenszweck

Wir, die <Musterbank>, bieten unseren Kunden weltweit eine breite Palette von Finanz-dienstleistungen an. Für unsere Zielkunden sind wir die „erste Adresse" und wollen diese Position für die Zukunft weiter ausbauen.

Zielkunden

Unsere Zielkunden sind vermögende Privatkunden und anspruchsvolle Großunterneh-men. Sie erwarten von uns absolute Diskretion (*Vertraulichkeit*), korrekte Auftragsab-wicklung (*Integrität und Verbindlichkeit*) und die Möglichkeit, ihre Finanztransaktionen über unterschiedliche Kommunikationskanäle (Multi-Channel-Processing) sicher (*Ver-traulichkeit, Integrität und Verbindlichkeit*) und jederzeit (*Verfügbarkeit und Kontinuität*) durchführen zu können.

Bezugsgruppen

Unsere Bezugsgruppen, wie z. B. Kunden, Anteilseigner und Mitarbeiter, fordern Zu-kunftssicherheit der <Musterbank>, d. h. die Einhaltung von Gesetzen und Vorgaben sowie die jederzeitige angemessene Handlungsfähigkeit und Existenzsicherung. Gleich-zeitig erwarten sie jederzeitige Transparenz über unsere Risikosituation.

Sicherheitsziele/Sicherheitsanforderungen

Aus diesen Anforderungen leiten wir folgende Ziele für unser integratives Sicherheits-, Kontinuitäts- und Risikomanagement (RiSiKo-Management) ab:

1. Einhaltung relevanter Gesetze und vergleichbarer Vorgaben, wie z. B. durch Auf-sichtsbehörden und Wirtschaftsprüfer. An den verschiedenen Standorten des Un-ternehmens berücksichtigen wir die jeweiligen bundesland- und landesspezifi-schen Gesetze und Vorschriften. Relevante Gesetze und vergleichbare Vorgaben sind in der Anlage 1 auszugsweise und überblicksartig zusammengestellt.

2. Schutz von Personen

3. Schutz von Unternehmenswerten

4. Existenzsicherung des Unternehmens
   - Erhalt der Handlungs- und Überlebensfähigkeit des Unternehmens auch in Notfällen, bei Krisen und Katastrophen.
   - Erhalt und Ausbau des Unternehmenserfolgs
   - Erhalt und Ausbau des Images
   - Handeln zum Wohle des Unternehmens auf Basis angemessener Informationen und ohne Eigeninteressen, ohne Interessenkonflikte und ohne Fremdeinflüsse sowie in gutem Glauben

5. Erfüllung von Verträgen

6. Früherkennung und kontinuierliches Monitoring

7. Messbarkeit und Nachweisfähigkeit

8. Transparenz, Durchgängigkeit und Systematik

9. Sicherheitsfördernde Unternehmenskultur

10. Wirtschaftlichkeit, d. h. die ökonomisch angemessene Erfüllung unserer Anforde-rungen sowie der relevanten Anforderungen unserer Zielkunden, Anteilseigner und Mitarbeiter

Aufgrund unseres Unternehmenszwecks und Selbstverständnisses positionieren wir uns im Sicherheits- und Kontinuitätsniveau als Klassenbester und streben ein entsprechend niedriges Risikoniveau an. Dennoch nehmen wir bei entsprechenden Chancen auch angemessene Risiken auf uns. Wir stellen jederzeit sicher, dass wir keine existenzgefährdenden Risiken eingehen. Als Risikostrategie vermeiden, verringern, verlagern oder vereinnahmen wir Risiken, soweit dies sinnvoll und wirtschaftlich angemessen ist. Bei vergleichbarer Kostensituation ziehen wir Prävention der Postvention vor.

Unsere Risiken sind im Risikoportfolio zusammen mit Risikogrenzwerten dargestellt, die wir in der Risikolandkarte (Risk Map) visualisieren. Wir haben einen Risikomanagementprozess etabliert und steuern unser Risikoniveau.

Den Anforderungen unserer Zielkunden entsprechend haben Vertraulichkeit, Integrität, Verbindlichkeit und Verfügbarkeit, aber auch Nachvollziehbarkeit und Nachweisbarkeit einen sehr hohen Stellenwert.

Wenn erforderlich oder ökonomisch sinnvoll, berücksichtigen wir nationale und internationale Normen, Standards und Practices (s. Anlage 2).

Verantwortung der Geschäftsleitung
Aus den Unternehmensanforderungen, den Gesetzen und Vorschriften sowie unseren unternehmensspezifischen Zielen leitet die Geschäftsleitung die Sicherheitskriterien und deren Wichtigkeit für das Unternehmen ab.

Sie definiert die Sicherheits-, Kontinuitäts- und Risikopolitik, deren Geltungsbereich, die Risikogrenzwerte, die abzusichernden Mindest- und Grenzszenarien und den Zeithorizont der Notfall-, Krisen- und Katastrophenvorsorgeplanung. Die Geschäftsleitung verabschiedet den Sicherheits-, Kontinuitäts- und Risikomanagementprozess, die Vorgehensweise sowie die integrativen RiSiKo-Klassen einschließlich der damit verbundenen Schadenshöhen. Darüber hinaus stellt sie die erforderlichen Mittel und Ressourcen für das Sicherheits-, Kontinuitäts- und Risikomanagement bereit und fördert eine jederzeit faire, partnerschaftliche und leistungsorientierte Unternehmenskultur.

Geltungsbereich
Die Sicherheits-, Kontinuitäts- und Risikopolitik gilt für das Gesamtunternehmen für Deutschland. Ausländische Standorte liegen außerhalb des Geltungsbereichs. Sie orientieren sich jedoch am jeweils aktuellen Stand dieser Sicherheits-, Kontinuitäts- und Risikopolitik und passen sie soweit erforderlich an die landesspezifischen Anforderungen an.

Vorgehensmodell
Als strukturierten, durchgängigen, effizienten und strategischen Ansatz für das Sicherheits-, Kontinuitäts- und Risikomanagement einschließlich des Datenschutz- und Konformitätsmanagements haben wir das Pyramidenmodell® in Form der RiSiKo-(Management-)Pyramide[Dr.-Ing. Müller] (RiSiKo = Risiko, Sicherheit und Kontinuität) gewählt. Dies ermöglicht es uns, das Sicherheits-, Kontinuitäts- und Risikomanagement ganzheitlich und integrativ top-down aufzubauen, zu steuern und weiterzuentwickeln, die Themenfelder Prozesse, Ressourcen und Organisation sowie Produkte und Leistungen zu berücksichtigen sowie produkt-, leistungs-, prozess-, ressourcen-, organisations- und lebenszyklusimmanente Sicherheit zu erreichen.

Sicherheits-, Kontinuitäts- und Risikomanagementprozess

Unser Sicherheits-, Kontinuitäts- und Risikomanagementprozess bzw. RiSiKo-(Management-)Prozess orientiert sich am Plan-Do-Check-Act-Zyklus. Die Planungsphase dient dem erstmaligen und später dem weiterentwickelnden Aufbau des RiSiKo-Managements gemäß dem Pyramidenmodell® einschließlich entsprechender Kontrollen. In der Durchführungsphase schulen, kommunizieren und testen wir das RiSiKo-Management-System. Diese Phase enthält weiterhin das Monitoring, Controlling und Reporting ausgerichtet am RiSiKo-Regelkreis der RiSiKo-Pyramide sowie Pflege, regelmäßige Sensibilisierung und Übung. In der Prüfungsphase (Check) führt die Geschäftsleitung jährlich mindestens ein Review durch. Außerdem finden unterjährig geplante sowie bedarfs- und ereignisabhängige Prüfungen, interne und externe Audits, Analysen und Bewertungen des RiSiKo-Managements statt. In der Aktionsphase identifizieren wir Verbesserungspotenziale sowie präventive und korrigierende Aktivitäten. Diese priorisieren wir und genehmigen sie unter Kosten-Nutzen-Aspekten.

sicherheits-, kontinuitäts- und risikospezifische Anforderungen

Das RiSiKo-Niveau soll unsere und die Anforderungen unserer Zielkunden sowie relevanter Bezugsgruppen in gesetzeskonformer und ökonomischer Weise nachvollziehbar erfüllen. Um dies zu erreichen, definieren wir je Sicherheitskriterium Sicherheitsklassen und deren Charakteristika sowie je Risikokategorie Risikoklassen und deren Charakteristika. Kontinuitätsklassen entsprechen den Verfügbarkeitsklassen. Sicherheits-, Kontinuitäts- und Risikoklassen verknüpfen wir miteinander bzw. integrieren sie in Form von RiSiKo-Klassen.

Basis für die Produkte und Leistungen unseres Unternehmens sind die Geschäftsprozesse. Diese sind in der Geschäftsprozessarchitektur dokumentiert. Für jeden Geschäftsprozess erheben wir die RiSiKo-spezifischen Anforderungen mittels einer Geschäftseinflussanalyse. Hierbei beachten wir die Vorgaben aus der Sicherheits-, Kontinuitäts- und Risikopolitik (RiSiKo-Politik).

Wir definieren RiSiKo-Klassen und klassifizieren die Geschäftsprozesse gemäß ihren RiSiKo-spezifischen Anforderungen. Da die Geschäftsprozesse Unterstützungs- und Begleitprozesse sowie Ressourcen, z. B. Räumlichkeiten und Computersysteme, nutzen, leiten wir deren RiSiKo-Klasse aus den Anforderungen des jeweiligen Geschäftsprozesses ab. Die Aufrechterhaltung der Geschäftsprozesse erfordert den Schutz dieser Prozesse und Ressourcen. Wir nennen diese daher Schutzobjekte.

Da sich gleichartige Schutzobjekte auf ähnliche Weise absichern lassen, bilden wir Schutzobjektklassen. Schutzobjektklassen sind z. B. Personen, Gebäude, Räumlichkeiten, haustechnische Infrastruktur, Informations- und Kommunikationssysteme, Materialien, finanzielle Mittel, interne und externe Services sowie Know-how.

In diesem Zusammenhang legen wir den Planungshorizont für die Notfall-, Krisen- und Katastrophenvorsorge sowie für jeden Geschäftsprozess den zeitlich gestaffelten und unternehmensweit aufeinander abgestimmten Mindestgeschäftsbetrieb fest, der in Notfällen, bei Krisen und Katastrophen zur Aufrechterhaltung unserer Handlungsfähigkeit erforderlich ist.

Sicherheits-, Kontinuitäts- und Risikotransformation (RiSiKo-Transformation),
Sicherheits- und Kontinuitätsmerkmale

Durch eine Transformation bilden wir die RiSiKo-spezifischen Anforderungen der Geschäftsprozesse auf Sicherheits- und Kontinuitätsmerkmale für die Prozesse, für die
Ressourcen und für die Organisation ab. Hierbei ermitteln und behandeln wir Bedrohungen und unterscheiden Merkmale und Maßnahmen dahingehend, ob sie vorbeugend, beobachtend, erkennend, meldend, abwehrend, schadensbeurteilend und
wiederherstellend sind. In entsprechender Weise transformieren wir die Risikoziele.

Sicherheits-, Kontinuitäts- und Risikoarchitektur, -richtlinien, -konzepte und -maßnah-
men

In der Risiko-, Sicherheits- und Kontinuitätsarchitektur (RiSiKo-Architektur) stellen wir
das Spektrum an Risiko-, Sicherheits- und Kontinuitätselementen strukturiert dar und
definieren die relevanten Prozesse. Wir visualisieren die bestehende RiSiKo-Architektur, definieren Richtlinien und setzen diese in Form von spezifischen Konzepten und
Maßnahmen um. Die Sicherheits- und Kontinuitätsrichtlinien, -konzepte und -maßnah-
men entsprechen den jeweiligen risikomindernden Ebenen der Risikomanagementpyramide[Dr.-Ing. Müller].

Lebenszyklusimmanentes Sicherheits-, Kontinuitäts- und Risikomanagement

Wir integrieren Risiko-, Sicherheits- und Kontinuitätsaspekte (RiSiKo-Aspekte) in den
Lebenszyklus von Produkten, Dienstleistungen, Prozessen, Organisation und Ressourcen, wie z. B. Anlagen und Systemen. So können wir RiSiKo-Aspekte von Anfang an
mit betrachten und in den folgenden Lebenszyklusphasen weiter verfeinern. Elemente
des Risikomanagements integrieren wir zudem so in den Lebenszyklus, dass eine frühzeitige Risikoerkennung sowie eine gezielte Steuerung möglich sind.

Prozess-, ressourcen-, organisations-, produkt- und dienstleistungsimmanentes Sicher-
heits-, Kontinuitäts- und Risikomanagement

Wir definieren und gestalten unsere Prozesse so, dass sie durch ihr Vorhandensein und
in ihrem Ablauf sowie in den genutzten Verbindungsstellen und Ressourcen sowie ihrer strukturellen Organisation in Form von Funktionen und Rollen die erforderlichen
Elemente für das RiSiKo-Management enthalten. So entsteht eine prozess-, ressourcen-,
organisations-, produkt- und dienstleistungsimmanente Sicherheit und Kontinuität.
Dementsprechend verfügen wir u. a. über die Begleitprozesse Konformitäts- und Datenschutzmanagement sowie Leistungsmanagement. Diese stellen sicher, dass das Ri-
SiKo-Management sowie das Konformitäts- und Datenschutzmanagement auch bei der
Auslagerung von Leistungen von Anfang an berücksichtigt werden.

Sicherheitsschalenmodell

Zum Schutz der Personen und der Unternehmenswerte nutzen wir das Sicherheitsschalenmodell[Dr.-Ing. Müller]. Ausgehend vom Objektschutz als äußerster Schale, sichern wir
die Zufahrt ab sowie über den Zutrittsschutz den Zutritt zu unserem Gebäude und den
Räumlichkeiten. Den Zugang zu Informationssystemen und Netzen sichert der Zugangsschutz. Der Zugriffsschutz reglementiert den Zugriff auf Daten. Durch den Leseschutz verbergen wir Informationen vor Unbefugten. Vor der anderweitigen Verwendung oder Entsorgung von Datenträgern löschen wir diese oder vernichten sie. Abzu-

sendende Objekte, Unterlagen und Daten prüfen wir auf die Zulässigkeit des Versands und schützen sie durch die angemessene Absicherung des Transports bzw. der Datenübertragung. Den Abgang und die Abfahrt von Daten und Objekten prüfen wir bei Bedarf auf Zulässigkeit.

Sicherheitsprinzipien
Wir wenden das Prinzip des generellen Verbots an. Es besagt, dass alles verboten ist, was nicht explizit erlaubt ist.

Wir nutzen die Minimalitätsprinzipien. Basis ist das Prinzip des minimalen Bedarfs. Dieses erfüllen wir, indem wir Subjekten, z. B. Personen, nur jene Ressourcen und nur in dem Umfang zur Verfügung stellen, wie sie sie zur Erfüllung ihrer Aufgaben mindestens benötigen. Ist der minimale Bedarf festgelegt, erfolgt die Umsetzung, indem das Prinzip der minimalen Rechte und der minimalen Dienste umgesetzt werden. Dem Prinzip der minimalen Rechte folgend gewähren wir Zufahrt, Zutritt, Zugang und Zugriff nur entsprechend dem minimalen Bedarf. Die Rechte ordnen wir Rollen zu, denen Aufgaben zugewiesen sind. Mitarbeiter können eine oder mehrere Rollen wahrnehmen. Durch das Prinzip der minimalen Dienste stehen z. B. Mitarbeitern nur jene Dienste zur Verfügung, die sie zur Erfüllung ihrer Aufgaben mindestens benötigen.

Mitarbeiter halten die Prinzipien der Abwesenheitssperre und des „aufgeräumten Arbeitsplatzes" ein, sodass für Unberechtigte Systeme, Daten, Informationen und Unterlagen nicht frei zugänglich sind.

Durch Funktionstrennung sorgen wir für eine Trennung zwischen den ausführenden sowie den prüfenden, testenden oder genehmigenden Rollen und Funktionen im Unternehmen.

Bei besonders kritischen Aufgaben wenden wir das Vier-Augen-Prinzip und das Prinzip der Plausibilisierung an, um Fehler zu vermeiden.

Das Prinzip der Sicherheitszonen ermöglicht es uns, das Sicherheitsniveau konsistent zu den RiSiKo-Klassen umzusetzen, so dass die sicherheitskritischsten Zonen am stärksten geschützt sind.

Zur Absicherung gegen Notfälle, Krisen und Katastrophen beachten wir das Prinzip der Redundanz und das Distanzprinzip.

Durch das Prinzip der Immanenz sorgen wir dafür, dass Anforderungen im Hinblick auf Sicherheit, Kontinuität und Risiko sowohl in Prozesse, Ressourcen und Organisation sowie Produkte und Dienstleistungen als auch in deren Lebenszyklen integriert sind.

Organisation
Unsere interne Organisation mit Beteiligten, Aufgaben und Verantwortlichkeiten berücksichtigt die sicherheits-, kontinuitäts- und risikospezifischen Aktivitäten. Oberste Verantwortung für das Sicherheits-, Kontinuitäts- und Risikomanagement trägt die Geschäftsleitung. Sie legt die Organisation des RiSiKo-Managements fest und ernennt kompetente und angemessen ranghohe Mitarbeiter als operativ Verantwortliche. Dies beinhaltet die Ernennung eines Chief Information Risk Officers (CIRO), eines Chief Information Security Officers (CISO) und eines Chief ICT Services Continuity Officers (CICO) sowie eines Datenschutzbeauftragten.

Sicherheits-, Kontinuitäts- und Risikokommunikation, Sensibilisierung, Schulung und Übung

Wir kommunizieren unsere RiSiKo-Politik sowie die dazugehörige Strategie im Unternehmen und erzeugen das erforderliche Sicherheits-, Kontinuitäts- und Risikobewusstsein (RiSiKo-Bewusstsein). Mittels Sicherheits-, Kontinuitäts- und Risikokommunikation (RiSiKo-Kommunikation), Sensibilisierung, Schulung und Übung schaffen wir Bewusstsein und Routine im Hinblick auf die Unternehmenssicherheit und erhalten diese.

Reviews, Assessments und Tests

Durch Reviews, Assessments und Tests verifizieren wir die entwickelten Konzepte und getroffenen Maßnahmen.

Monitoring, Controlling, Berichtswesen, Prüfung

Als Basis des Monitorings, Controllings und Reportings definieren wir Kontrollelemente und Kennzahlen. Durch Überwachung, Analyse und Auswertung sowie Prüfungen steuern wir unser RiSiKo-Management und entwickeln es anforderungsgerecht weiter.

Aktualisierung, Pflege und Weiterentwicklung

Aktualisierung, Pflege und Weiterentwicklung sind in Form etablierter und umgesetzter Prozesse elementarer Bestandteil unseres RiSiKo-Managements.

Sanktionen

Wir behalten uns vor, Verletzungen dieser RiSiKo-Politik sowie sicherheits-, kontinuitäts- und risikorelevanter Regelungen zu ahnden und die Verantwortlichen haftbar zu machen, wenn uns dadurch nachweisbar finanzielle oder andere Schäden entstanden sind. Konsequenzen können straf-, zivil- oder arbeitsrechtlicher Natur sein.

Verpflichtung aller

Die Geschäftsleitung und alle Mitarbeiter verpflichten sich, die sicherheits-, kontinuitäts- und risikorelevanten Regelungen zu beachten, auf sicherheits- und kontinuitätsrelevante Ereignisse zu achten und sie zu melden, sich jederzeit sicherheits-, kontinuitäts- und risikobewusst zu verhalten und potenziellen Bedrohungen angemessen und vorausschauend entgegenzuwirken.

<Musterort>, <Musterdatum>

< Mustervorstand>

Anlage 1

In Deutschland berücksichtigen wir insbesondere folgende gesetzliche Regelungen, Vorgaben durch die Aufsichtsbehörden und Ausführungsrichtlinien:

- Gesetze im Bereich der Arbeitssicherheit, z. B. Arbeitsschutzgesetz (ArbSchG), Arbeitssicherheitsgesetz (ASiG)
- Allgemeines Gleichbehandlungsgesetz (AGG)
- Bürgerliches Gesetzbuch (BGB)
- Handelsgesetzbuch (HGB), Aktiengesetz (AktG)

- Kreditwesengesetz (KWG), Geldwäschegesetz (GwG), Wertpapierhandelsgesetz (WpHG)
- Bundesdatenschutzgesetz (BDSG)
- Telekommunikationsgesetz (TKG), Telemediengesetz (TMG)
- Urheberrechtsgesetz (UrhG)
- Markengesetz (MarkenG)
- Patentgesetz (PatG)
- Arbeitsstättenverordnung (ArbStättV)
- Brandschutzordnung
- Berufsgenossenschaftliche Vorschriften (BGV), z. B. BGV C9, Kassen, bekannt als Unfallverhütungsvorschrift (UVV) Kassen
- Abgabenordnung (AO), Bankgeheimnis sowie Grundsätze zum Datenzugriff und zur Prüfbarkeit digitaler Unterlagen (GDPdU)
- Grundsätze ordnungsmäßiger Buchführung {GoB}, Grundsätze ordnungsmäßiger DV-gestützter Buchführungssysteme {GoBS} und Grundsätze für eine ordnungsmäßige Datenverarbeitung {GoDV}
- Stellungnahmen zur Rechnungslegung des Instituts der Wirtschaftsprüfer in Deutschland e.V. (IDW), z. B. Grundsätze ordnungsgemäßer Buchführung ... bei Einsatz von Informationstechnologie (FAIT 1), ... bei Einsatz von Electronic Commerce (FAIT 2), ... beim Einsatz elektronischer Archivierungsverfahren (FAIT 3), Anforderung an die Ordnungsmäßigkeit und Sicherheit IT-gestützter Konsolidierungsprozesse (FAIT 4)
- Abschlussprüfung bei Einsatz von Informationstechnologie (PS 330)
- Vorgaben der Aufsichtsbehörde (BaFin), z. B. die Mindestanforderungen an das Risikomanagement für Banken (MaRisk BA)

Anlage 2

Zu folgenden Themen orientieren wir uns an folgenden Normen, Standards, Methoden und „Practices" in der jeweils aktuellen Fassung:

...

Im Bereich des Business Continuity Managements:

- ISO 22301, Societal security – Business continuity management systems – Requirements
- ISO 22313, Societal security – Business continuity management systems – Guidance
- ISO/PAS 22399, Guideline for incident preparedness and operational continuity management (IPOCM)

Im Bereich der Informations- und Kommunikationstechnologie, u. a. als unternehmensspezifische Orientierung bei der Umsetzung der MaRisk-Anforderungen:

- ISO/IEC 38500, Corporate governance of information technology
- Control Objectives for Information and related Technology (COBIT®)
- Information Security Governance des IT Governance Institute®

- ISO/IEC 18028-Standards, Information technology – Security techniques – IT network security
- ISO/IEC 20000-Standards, Information technology – Service management
- ISO/IEC 27000, Information technology – Security techniques – Information security management systems – Overview and vocabulary
- ISO/IEC 27001, Information technology – Security techniques – Information security management systems – Requirements
- ISO/IEC 27002, Information technology — Security techniques — Code of practice for information security controls
- ISO/IEC 27003, Information technology — Security techniques —Information security management system implementation guidance
- ISO/IEC 27004, Information technology — Security techniques — Information security management — Measurement
- ISO/IEC 27005, Information technology — Security techniques — Information security risk management
- ISO/IEC 27031, Information technology — Security techniques — Guidelines for information and communication technology readiness for business continuity
- ISO/IEC 27033-Standards, Information technology — Security techniques — Network security
- ISO/IEC 27034-Standards, Information technology – Security techniques – Application security
- IT-Grundschutzkataloge und Standards des BSI
- IT Infrastructure Library (ITIL®).

Beispiel 8-2: Sicherheits- Kontinuitäts- und Risikopolitik

In vertraulichen Anlagen sind z. B. konkrete Mindest- und Grenzszenarien, die konkrete Risikotragfähigkeit, die RiSiKo-Klassen sowie Details zum Geltungsbereich hinterlegt. RiSiKo-relevante Passagen aus externen Vorgaben, wie z. B. Gesetzen, Vorschriften, aufsichtsbehördlichen Regelungen, Grundsätzen und Prüfungsbestimmungen, sind in ergänzenden Tabellen angegeben.

8.6 Zusammenfassung

Um das Sicherheits-, Kontinuitäts- und Risikomanagement (RiSiKo-Management) zielgerichtet aufbauen, steuern und weiterentwickeln zu können, ist eine *Sicherheits-, Kontinuitäts- und Risikopolitik (RiSiKo-Politik)* für das Gesamtunternehmen erforderlich. Sie leitet sich aus dem Unternehmenszweck, den relevanten Anforderungen der Bezugsgruppen sowie der Vision und Strategie des Unternehmens ab. Sie wird von der Geschäftsleitung verabschiedet, die sich zur Bereitstellung der Mittel und Ressourcen verpflichtet.

Die RiSiKo-Politik stellt die Bedeutung der Sicherheit und spezieller Sicherheitskriterien für das Unternehmen sowie die Aufgaben des Unternehmens dar. Sie nimmt

Bezug auf relevante Gesetze, Ausführungsrichtlinien, Normen, Standards und Good/Best Practices. Ferner erläutert sie generelle Sicherheitsziele, -strategien, -elemente und -prinzipien.

Zur Erreichung einer *prozess-, ressourcen-, organisations-, produkt- und dienst-leistungs- sowie lebenszyklusimmanenten Sicherheit und Kontinuität* erfolgt die integrative Berücksichtigung sicherheits-, kontinuitäts- und risikospezifischer Aspekte in Prozessen, Ressourcen, Organisation, Produkten und Dienstleistungen sowie deren Lebenszyklen. Die RiSiKo-Politik spricht die Beteiligten und ihre Aufgaben überblicksartig an.

Die RiSiKo-Politik thematisiert über die Sensibilisierung, die Sicherheits-, Kontinuitäts- und Risikokommunikation, die Schulung und die Übung hinaus die Prüfung, den Test, die Aktualisierung, die Pflege und die Weiterentwicklung sowie die Messbarkeit des RiSiKo-Managements. Die Verpflichtung der Geschäftsleitung und aller Mitarbeiter auf Sicherheit und Kontinuität ist ebenfalls Bestandteil der RiSiKo-Politik.

9 Sicherheitsziele / Sicherheitsanforderungen

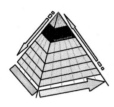 Die Sicherheits-, Kontinuitäts- und Risikopolitik des vorangegangenen Kapitels legte die generellen Anforderungen und die Ausrichtung des Unternehmens im Hinblick auf Sicherheit Kontinuität und Risiko fest. Ausgangspunkt waren hierbei der Unternehmenszweck, die Unternehmensziele sowie die erzeugten Produkte und/oder erbrachten Leistungen. Nun gilt es, die Sicherheits- und Kontinuitätsanforderungen zu konkretisieren, um sie später in Form von Richtlinien, Konzepten und Maßnahmen umsetzen zu können.

Ausgangsbasis sind die Kerngeschäfts-, Unterstützungs- und Begleitprozesse des Unternehmens, für die es einen Überblick, z. B. in Form einer Prozessarchitektur geben sollte. In dieser sind die Prozesse und ihre Bedeutung für das Unternehmen sowie ihr Zusammenwirken dargestellt. Für jeden Prozess sind Eckdaten (Prozesscharakteristika bzw. Prozessstammdaten) sowie die von ihm genutzten Ressourcen, wie z. B. Informations- und Kommunikationssysteme und Hilfsmittel, aber auch die erforderlichen Rollen bzw. Funktionen angegeben. Sollte das Unternehmen nicht prozessual organisiert sein, so kann alternativ von den Organisationseinheiten, den dort bearbeiteten Aufgaben und dem Zusammenspiel der verschiedenen Organisationseinheiten ausgegangen werden.

Die Prozessstammdaten beinhalten funktionale und nicht-funktionale Daten. Zu den funktionalen Stammdaten gehören z. B. die Aufgaben, die ein Prozess bearbeiten kann, aber auch die Ergebnisse, die er liefert. Zu den nichtfunktionalen zählen z. B. Mengen- und Leistungsgerüste in Form von Umsatz, Wertschöpfung, Durchlaufzeiten, maximaler Durchsatz und Durchsatz pro Zeiteinheit, Stückzahlen, aber auch die Anforderungen an Sicherheit und Kontinuität. Sicherheit und Kontinuität sind somit Teil der Anforderungsanalyse (Requirements Analysis, RA), genauer der nicht-funktionalen Anforderungsanalyse (Non Functional Requirements Analysis, NoFuRA). Letztere ist insofern wichtig, als nicht oder unzureichend erhobene nicht-funktionale Anforderungen, wie z. B. im Hinblick auf die Kapazität, zu einer Beeinträchtigung des Geschäftsbetriebs und/oder der IKT-Systeme bis hin zu deren Ausfall führen kann, wodurch deren Kontinuität in Mitleidenschaft gezogen wird.

Dessen ungeachtet ist es – mit den oben genannten potenziellen Folgen – verschiedentlich üblich, die Sicherheitsziele bzw. Sicherheitsanforderungen und oftmals auch die Kontinuitätsanforderungen separat zu erheben. Die Erfassung der Sicherheitsanforderungen, also des Schutzbedarfs, wird hierbei Schutzbedarfsanalyse

genannt, die der Kontinuitätsanforderungen der Geschäftsprozess als Geschäftseinflussanalyse (Business Impact Analysis). Da zum einen das Thema Verfügbarkeit zur Sicherheit gehört und zum anderen die Sicherstellung der Kontinuität die
Einhaltung von Sicherheitsanforderungen erfordert, empfehle ich eine integrative
Betrachtungsweise von Sicherheit und Kontinuität. Ein derartiges Verständnis –
angereichert um die Erhebung weiterer relevanter nicht-funktionaler Anforderungen – liegt den folgenden Kapiteln und der Sicherheitspyramide zugrunde. Eine
vergleichbare Empfehlung – allerdings nur in Bezug auf die gemeinsame Erhebung der Anforderungen zu Sicherheit und Kontinuität – ist in die
ISO/IEC 27002:2013 eingeflossen.

Die Zusammenstellung der Sicherheitsziele bzw. Sicherheitsanforderungen erfolgt
anhand der Schutzbedarfsanalyse (Geschäftseinflussanalyse, Business Impact Analysis). Im ersten Schritt erheben die Prozessverantwortlichen den Schutzbedarf des
jeweiligen Geschäftsprozesses insgesamt. Anschließend ermitteln sie den Schutzbedarf der einzelnen Prozessschritte, gefolgt von der Erhebung des Schutzbedarfs
der genutzten Ressourcen (Schutzobjekte) im Rahmen einer Betriebseinflussanalyse (Operational Impact Analysis). Die folgenden Unterkapitel beschreiben die Erhebung der Sicherheitsziele bzw. -anforderungen:

1. Schutzbedarfsklassen

2. Schutzbedarfsanalyse (Prozessarchitektur, externe Sicherheitsanforderungen,
   Geschäfts- und Betriebseinflussanalyse)

3. Akteursanalyse

4. Umgebungs-/Umfeldanalyse

5. Tabelle Schadensszenarien

6. Praxisbeispiel

7. Zusammenfassung

9.1 Schutzbedarfsklassen

Um sich die Arbeit zu erleichtern, die Effizienz zu steigern und Vergleichbarkeit
herzustellen, sollten Sie Schutzbedarfsklassen festlegen, bevor Sie mit der Schutzbedarfsanalyse beginnen. Diese lassen sich in der Folge bei Bedarf nachjustieren.
Der Schutzbedarf der verschiedenen Geschäfts- und Supportprozesse sowie der
Schutzobjekte, wie z. B. der IKT-Systeme, ist üblicherweise unterschiedlich. Dementsprechend wären individuelle Sicherheitskonzepte und -maßnahmen erforderlich. Für jeden Geschäfts- und Supportprozess sowie für jedes IKT-System müssten
individuelle Sicherheitskonzepte entwickelt, implementiert, gepflegt und geprüft
werden. Durch die Vielzahl von Konzepten und Maßnahmen entstünde eine kaum
mehr überschaubare Vielfalt: die Komplexität würde steigen, die Effizienz sinken.

Um diesen Effekten entgegenzusteuern und eine Vereinheitlichung und damit Industrialisierung der IT zu erreichen, werden für jedes Sicherheitskriterium *Schutzbedarfsklassen* geschaffen. Ihre Anzahl und Ausprägung orientiert sich an den unternehmensspezifischen Gegebenheiten, den Sicherheitsanforderungen und an Kosten-Nutzen-Aspekten. Dieses Vorgehen orientiert sich an den später genannten Prinzipien der Standardisierung und der Konsolidierung.

In jeder Schutzbedarfsklasse ist festgelegt, welche Sicherheitsanforderungen sie erfüllt bzw. welche Auswirkungen von Sicherheitsverletzungen sie abdeckt.

Nun gilt es, Prozesse, Ressourcen, Produkte oder Dienstleistungen einer Schutzbedarfsklasse zuzuordnen. Hierzu konzentrieren wir uns auf die Auswirkungen, die sich aus der angenommenen Verletzung eines Sicherheitskriteriums ergeben. Zur Veranschaulichung und Inspiration können die vielfältigen prinzipiellen Bedrohungen u. a. aus dem Kapitel Sicherheitsarchitektur dienen, z. B. eine Datenmanipulation, ein Ausfall oder eine Blockade. Aus den erhobenen Auswirkungen leiten wir die Sicherheitsanforderungen, d. h. den Schutzbedarf, ab.

9.2   Schutzbedarfsanalyse

Wie können Sie den Schutzbedarf erheben? Zuerst verschaffen Sie sich einen Überblick, welchen Zweck Ihr Unternehmen hat, welche Ziele es verfolgt, welche Produkte und/oder Leistungen es anbietet, welche Bezugsgruppen es besitzt und in welchem Umfeld es agiert und wie es sich hinsichtlich Sicherheit, Kontinuität und Risikobereitschaft positioniert. Die Informationen hierzu finden Sie z. B. in der Unternehmensmission (Mission Statement) sowie in der zuvor behandelten Sicherheits-, Kontinuitäts- und Risikopolitik.

Im nächsten Schritt veranschaulichen Sie sich anhand der Prozessarchitektur, wie Ihr Unternehmen funktioniert. Für jeden Geschäftsprozess ermitteln Sie seine Bedeutung, d. h. seine Geschäftskritikalität (Mission Criticality). Die Bedeutung und damit der Schutzbedarf ergibt sich, indem Sie die Folgen prinzipieller Sicherheitsverletzungen erheben, wie z. B. einer Störung, einer Unterbrechung, eines Ausfalls, aber auch einer Fehlbedienung, Verfälschung oder unberechtigten Einsichtnahme. Zusätzlich gilt es, die genutzten Schutzobjekte einschließlich der zuliefernden und abnehmenden zu erfassen, da der Geschäftsprozess von diesen abhängig ist. Entsprechend den hierfür erforderlichen Schritten untergliedert sich dieses Kapitel in

1. Prozessarchitektur und Prozesscharakteristika,

2. Externe Sicherheitsanforderungen (z. B. Gesetze und Verordnungen),

3. Geschäftseinflussanalyse (Business Impact Analysis) und

4. Betriebseinflussanalyse (Operational Impact Analysis).

Praxistipp: Architekturdatenbank

Die Ergebnisse der Schutzbedarfsanalyse werden so festgehalten, dass berechtigte Personen jederzeit auf sie zugreifen können. Es bietet sich an, diese Ergebnisse in einer Architekturdatenbank oder – wenn nicht vorgesehen – in einer Schutzbedarfsdatenbank abzulegen, auf die berechtigte Personen über ein Portal im Intranet zugreifen können. Dieses sollte Informationen über Prozesse, ihre Prozessschritte und die genutzten Schutzobjekte sowie über die Interdependenzen enthalten. Hier empfiehlt es sich, auch die Schutzobjektverantwortlichen, z. B. für Prozesse, Anwendungen und Daten, einzutragen. (s. a. Anforderungen der ISO 27001:2013 zu Assets)

Je Sicherheitskriterium sollte neben der Sicherheitsklasse des Prozesses auch die der Prozessschritte und der Schutzobjekte aufgenommen werden. Bei Ausfall eines Schutzobjekts, wie z. B. eines Servers, kann auf diesem Wege festgestellt werden, welche Informationssysteme und welche Geschäftsprozesse davon betroffen sind, und welche Sicherheitsanforderungen erfüllt werden müssen. Analog gilt dies für den Ausfall eines Schutzobjektes in Form eines Supportprozesses oder eines zuliefernden Prozesses. Hierzu muss die Verfügbarkeit der Architekturdatenbank ihrerseits sichergestellt sein.

9.2.1 Prozessarchitektur und Prozesscharakteristika

Voraussetzung für die Erhebung der Sicherheitsziele bzw. Sicherheitsanforderungen, d. h. der RiSiKo-spezifischen Anforderungen der Geschäftsprozesse ist ein Überblick über die vorhandenen Kerngeschäfts-, Unterstützungs- und Begleitprozesse, z. B. in Form einer *Prozessarchitektur* oder Prozesslandschaft. In dieser sind die Prozesse und ihr Zusammenspiel sowie die genutzten Ressourcen überblicksartig dargestellt. Die Prozessarchitektur ist beim Pyramidenmodell® in der Architekturebene angeordnet und somit für unterschiedliche Zwecke zentral auffindbar.

Die Ermittlung der *Prozesscharakteristika* erfolgt für jeden Prozess in gleicher und standardisierter Form. Hierbei werden folgende Informationen erhoben:

☐ Stammdaten, z. B. Kerngeschäfts-, Unterstützungs- oder Begleitprozess, Umsatz/Budget, Deckungsbeitrag oder Gewinn, strategische Bedeutung, Alleinstellungs- oder Abgrenzungsmerkmale zum Wettbewerb, Anzahl Mitarbeiter, Außenwirkung/Image, Prozesseigentümer und dessen Stellvertreter

☐ externe Rahmenbedingungen und Anforderungen, z. B. Gesetze, Vorschriften, Ausführungsbestimmungen, Standards, Normen sowie Verträge

☐ Prozessablauf (Detaillierungsgrad gemäß Prinzip des „sachverständigen Dritten" und dem Qualifikationsniveau der Beteiligten)

☐ Verbindungsstellen (Schnittstellen) zu vorgelagerten, unterstützenden und nachgelagerten internen und externen Prozessen (Erhebung z. B. anhand einer Interdependenzanalyse)

☐ Art der genutzten bzw. bearbeiteten Daten, z. B. personenbezogene Daten, Sozialdaten oder Unternehmensdaten

☐ genutzte Ressourcen (Schutzobjekte) und deren Ausprägung, wie z. B. Anzahl und Qualifikationsprofil der Mitarbeiter, Größe und Lage der Gebäude sowie deren Infrastruktur, Größe und Anzahl der Räumlichkeiten und deren Infrastruktur, Ausstattung und Lage der Arbeitsplätze, genutzte Hilfs- und Arbeitsmittel, Anzahl und Leistungsfähigkeit eingesetzter Maschinen und Anlagen, Materialien, finanzielle Mittel, Art sowie Anzahl und Leistungsfähigkeit von Informations- und Kommunikationssystemen, interne und externe Services, Lieferanten, Versorgungsunternehmen und Know-how

☐ Nutzungsinformationen, z. B. Nutzungszeitraum täglich von ... bis ..., Anzahl Transaktionen, Durchsatz.

Jeder Prozess wird im Hinblick auf seine Bedeutung für das Unternehmen klassifiziert. Die Bedeutung dient der Priorisierung der weiteren Vorgehensweise nach dem Prinzip „Das Wichtigste zuerst". Sie ergibt sich beispielsweise aus dem Gewinn, der strategischen Relevanz, der Anzahl eingebundener Mitarbeiter und der Außenwirkung.

9.2.2   Externe Sicherheitsanforderungen – Überblick

> **Leges et pacta sunt servanda.**
>
> **(Gesetze und Verträge sind einzuhalten.)**

Welche *Anforderungen* werden von externer Seite an Sicherheit, Kontinuität und Risiko sowie an das Sicherheits-, Kontinuitäts- und Risikomanagement gestellt? Zuallererst sind hier Gesetze, Verordnungen, Vorschriften und Ausführungsbestimmungen sowie aufsichtsbehördliche Anforderungen zu nennen, die in einem vorangegangenen Kapitel angesprochen wurden. Hinzu kommen Normen, Standards und Practices, denen sich ebenfalls bereits ein Kapitel widmete.

Aber auch Bezugsgruppen, wie z. B. Kunden und Anteilseigner, sowie die eigene Geschäftsleitung haben *implizite oder explizite Anforderungen* an das Sicherheits-, Kontinuitäts- und Risikomanagement. In impliziten Anforderungen spiegelt sich die unausgesprochene Erwartungshaltung des Kunden wider. Auch sie können bei Bedarf und entsprechendem Know-how der Auftragnehmer zumindest teilweise erfragt und in explizite umgewandelt werden. So erwarten Kunden oftmals Produkte, die dem Stand der Technik entsprechen sowie Nutzungs- und Zulassungsbestimmungen erfüllen. Die implizite Erwartungshaltung eines Neuwagenkäufers ist beispielsweise die Annahme, dass das Fahrzeug eine Straßenverkehrszulassung besitzt, mängelfrei und fahrtüchtig ist. Explizite sind über schriftliche Verträge, Absprachen und Service-Vereinbarungen dokumentiert.

Zu den Gesetzen gehören beispielsweise das HGB, das GmbHG, das AktG und das BDSG, aber auch branchenspezifische wie das KWG, das WpHG, das KAGB oder das VAG. Darüber hinaus existieren branchenübergreifende nationale und internationale *Standards, Normen und Good bzw. Best Practices.* Diese erstrecken sich von der IT-Governance bis hin zu den IKT-Managementdisziplinen Service-, Sicherheits-, Kontinuitäts- und Risikomanagement. Hierzu gehören die ISO/IEC 38500, die ISO/IEC-27000-Familie, die ISO/IEC 20000, die ISO/IEC 18028, die DIN EN ISO 9001, die IT-GSK und die Standards des BSI, ITIL®, die Information Security Governance des IT Governance Institute® und COBIT®. Doch wie lässt sich dies alles zusammenführen?

Durch die *dreidimensionale Sicherheitspyramide*. Sie ist ein durchgängiges und integratives Vorgehensmodell für das Sicherheits-, Kontinuitäts- und Risikomanagement. Sie enthält eine Vielzahl von Sicherheitsaspekten und -elementen, die sich zum Teil und sowohl mehr oder weniger vollständig als auch mehr oder weniger detailliert auch in verschiedenen Normen und Practices finden, und geht über sie hinaus: Gesetzliche, aufsichtliche und normative Elemente finden sich in der Sicherheits-, Kontinuitäts- und Risikopolitik sowie im Datenschutz- und Konformitätsmanagement (Compliance Management). Der hierarchische Aufbau zeigt Parallelen zur früheren ISO/IEC 13335 und zur ISO/IEC 27003 aus dem Jahr 2010. Die Prozessarchitektur ähnelt ITIL® und der ISO/IEC 20000, enthält aber weitere Prozesse und zusätzliche Themen. Die Sicherheitspyramide verfügt über Sicherheitselemente, die auch in der ISO/IEC 27001:2013, der ISO/IEC 27002:2013, den IT-Grundschutzkatalogen des BSI sowie den GxP-Forderungen aus der chemischen und pharmazeutischen Industrie angesprochen werden. Kontrollen und Kennzahlen ermöglichen die Überwachung und Steuerung, ein Aspekt, auf den auch COBIT® eingeht. Der Sicherheitsmanagementprozess der Sicherheitspyramide orientiert sich am PDCA-Zyklus.

Manch ein Unternehmen möchte noch einen Schritt weiter gehen und nicht nur die IKT und auch nicht nur die Sicherheit, sondern das Gesamtunternehmen in einem durchgängigen und integrativen Vorgehensmodell und einem integrierten Managementsystem organisieren. Dies bietet die eingangs bereits erwähnte *dreidimensionale Unternehmens(management)pyramide*Dr.-Ing. Müller, die sich nicht zuletzt für IT-Dienstleister eignet. Sie unterstützt auch jene Unternehmen, die entweder ein Zertifikat anstreben, z. B. nach der DIN EN ISO 9001 oder nach der ISO/IEC 20000, oder einen AICPA SOC-2-Report (Service Organization Control (SOC) Report) oder einen Prüfungsbericht nach IDW PS 951, Typ B. In unserer Beratungstätigkeit nutzen meine Kollegen und ich hierfür ein eigenes Tool, das auch das Vorgehen nach dem Pyramidenmodell® unterstützt.

9.2.3   Geschäftseinflussanalyse (Business Impact Analysis)

Das vorangegangene Unterkapitel skizzierte auszugsweise die vielfältigen externen Anforderungen an Sicherheit, Kontinuität und Risiko. Zu diesen kommen die unternehmensspezifischen Anforderungen hinzu. Nun stellt sich die Frage, wie sich hieraus die konkreten RiSiKo-relevanten Anforderungen der einzelnen Geschäftsprozesse erheben lassen. Hierzu dient die Schutzbedarfs- bzw. Geschäftseinflussanalyse (Business Impact Analysis {BIA}). Während BIAs oftmals unter dem Aspekt der Verfügbarkeit bzw. Kontinuität betrachtet werden, empfehle ich, die BIA ganzheitlicher zu sehen und die Auswirkungen potenzieller Verletzungen jeglicher Sicherheitskriterien zu betrachten, wie dies auch die ISO/IEC 27002:2013 in ähnlicher Form anregt.

In diesem Fall erfolgt im Rahmen der BIA die Erhebung der Sicherheitsanforderungen für jedes Sicherheitskriterium. Die Anforderungen ergeben sich anhand der Auswirkungen, die sich bei einer Beeinträchtigung des jeweiligen Sicherheitskriteriums ergeben. Beispielsweise ermitteln die Geschäftsprozessverantwortlichen mittels der BIA zum einen die Bedeutung des Prozesses für das Unternehmen und zum anderen welche Auswirkung der Ausfall oder die gravierende Beeinträchtigung eines Geschäftsprozesses durch Eintritt eines Ereignisses, z. B. eines Notfalls, einer Krise oder einer Katastrophe, auf die Geschäftätigkeit und Handlungsfähigkeit des Unternehmens hat. Nach der Ermittlung der Schadenshöhe erfolgt je Sicherheitskriterium die Einstufung in eine Sicherheitsklasse, wozu auch Verfügbarkeit, Kontinuität und Risiko zählen, d. h. eine RiSiKo-Klasse. Im Rahmen der Schutzbedarfsanalyse wird auch der zeitlich gestaffelte Mindestgeschäftsbetrieb samt den zuliefernden und abnehmenden Prozesse erhoben.

Folgende *Sicherheitskriterien* zu betrachten empfehle ich:

Primäre Sicherheitskriterien und Sicherheitsverletzungen:	
Sicherheitskriterium	*Sicherheitsverletzung (Beispiel)*
Konformität	Gesetzes-/Normenverstöße
Robustheit	Fehlfunktion durch Fehlbedienung oder technische Fehler
Verfügbarkeit	Unterbrechung, Ausfall
Integrität	Verfälschung, Manipulation
Vertraulichkeit	unberechtigte Einsichtnahme
Verbindlichkeit	Unverbindlichkeit
Authentizität	Unechtheit

Sekundäre Sicherheitskriterien und Sicherheitsverletzungen:	
Sicherheitskriterium	*Sicherheitsverletzung (Beispiel)*
Nachvollziehbarkeit	Keine oder unzureichende Ordnungsmäßigkeit
Nachweisbarkeit	Keine oder unzureichende Beweisbarkeit
Erkennungsfähigkeit	Keine oder unzureichende Ereigniserkennung
Alarmierungsfähigkeit	Keine oder zu späte Alarmierung
Abwehrfähigkeit	Keine oder unzureichende Abwehrfähigkeit

Tabelle 9-1: Primäre und sekundäre Sicherheitskriterien

Für jedes Sicherheitskriterium werden die quantitativen und qualitativen *Auswirkungen potenzieller Verletzungen von Sicherheitsanforderungen* erhoben. Die Ursachen derartiger Verletzungen sind an dieser Stelle weitgehend irrelevant, da die Bedrohungsszenarien praktisch unbegrenzt sind und sich kontinuierlich verändern. Die Betrachtung konkreter Bedrohungen erfolgt daher zu einem späteren Zeitpunkt im Hinblick auf deren Absicherung. Um Abstraktionsprobleme während der BIA zu vermeiden, bietet es sich an, Bedrohungen und Schadensszenarien zur Veranschaulichung parat zu haben.

Bei den Auswirkungen von Sicherheitsverletzungen sollte deren zeitlicher Verlauf berücksichtigt werden. Aus den Folgen lassen sich die konkreten Sicherheitsanforderungen je Sicherheitskriterium ableiten. Diese führen schließlich zur Sicherheitsklassifizierung des Geschäftsprozesses im Hinblick auf das jeweilige Sicherheitskriterium, d. h. die Zuordnung des Prozesses in eine Schutzbedarfs-, Sicherheits- oder RiSiKo-Klasse, die auch als Kritikalitätsklasse bezeichnet wird. Wie läuft eine derartige Erhebung im Einzelnen ab?

Die *Geschäftseinflussanalyse* erfolgt z. B. über fragenkataloggestützte Interviews mit den verantwortlichen Bereichsleitern. Die Fragen beziehen sich auf die Prozesscharakteristika sowie externe und interne Sicherheitsanforderungen im Hinblick auf jedes primäre und sekundäre Sicherheitskriterium sowie auf die zeitlich gestaffelten Auswirkungen bei Verletzung dieser Anforderungen. Grundlegende Anforderungen ergeben sich z. B. aus relevanten gesetzlichen, aufsichtsbehördlichen oder vergleichbaren Festlegungen, aus Verträgen sowie aus Normen und Standards, aber auch aus Anforderungen des Unternehmens. Beispiele für Anforderungsarten sind die Ordnungsmäßigkeit, die Verfügbarkeit von Prozessen und Ressourcen, der Datenschutz sowie Aufbewahrungsfristen. Auswirkungen können beispielsweise Verletzungen gesetzlicher, aufsichtsbehördlicher, normativer oder vertraglicher Bestimmungen, finanzielle Schäden, immaterielle Verluste und Imageschäden, aber auch Personenschäden sein.

Aus dem Ziel, potenzielle Auswirkungen von Sicherheitsverletzungen zu begrenzen, ergeben sich die spezifischen Sicherheitsanforderungen.

Aus der *Erhebung der sicherheitsrelevanten Prozess- bzw. Betriebsanforderungen* ergeben sich konkrete Sicherheitsziele, die sowohl qualitativer als auch quantitativer und damit messbarer Natur sein können. Bezogen auf die Ordnungsmäßigkeit können Sicherheitsanforderungen z. B. das Vier-Augen-Prinzip, Funktionstrennung, Vollmachtenregelungen und elektronischer Workflow mit Berechtigungskonzept sein. Im Hinblick auf die Verfügbarkeit sind dies z. B. die Betriebszeit, die maximal tolerierbare Ausfalldauer eines Schutzobjekts, die maximale Anzahl von Ausfällen und die minimale Zeit zwischen zwei Ausfällen.

Die Geschäftseinflussanalyse schließt ferner die *Ermittlung des zeitlich gestaffelten Mindestgeschäftsbetriebs* ein. Er beschreibt, mit welcher minimalen „Leistung" des Geschäftsprozesses und dementsprechend mit welchen minimalen Ressourcen sich die Handlungsfähigkeit des Unternehmens im Notfall, bei einer Krise oder Katastrophe noch aufrechterhalten lässt. Auch hier ist die *zeitliche Perspektive* zu berücksichtigen, da der tolerierbare Mindestgeschäftsbetrieb zu Anfang üblicherweise niedriger ist und im Laufe der Zeit wieder zunimmt. Für den Zeitraum des Mindestgeschäftsbetriebs kann der Prozesseigentümer beispielsweise definieren, mit welcher Priorität der Prozess welche Leistungen erbringt. Die höchste Priorität haben beispielsweise Aufträge oder Anfragen von A-Kunden etc.

Aus dem maximal tolerierbaren Verlust von Daten und Informationen ergeben sich *Sicherungsanforderungen*, z. B. welche Daten, Unterlagen und Arbeitsmittel müssen in welchem Rhythmus wie gesichert und wie aufbewahrt werden. Messkriterium hierfür ist der Wiederherstellungszeitpunkt, der auch als Recovery Point Objective (RPO) bezeichnet wird. Der RPO kennzeichnet den Zeitpunkt in der Vergangenheit, für den die Daten nach einer Störung vollständig und korrekt wieder herstellbar sind. Für korrekte arbeitstägliche Datensicherungen beträgt der Wiederherstellungszeitpunkt dementsprechend einen Arbeitstag. Die Wahl des RPO hängt davon ab, welche Daten, z. B. durch Nacherfassung, wiederhergestellt werden können, welche Kosten dadurch entstehen und wie stark die Nutzung des Schutzobjekts und des Geschäftsprozesses dadurch beeinträchtigt wird.

Insbesondere von externer Seite bestehen längerfristige *Archivierungsanforderungen*, z. B. bezüglich der Aufbewahrungsdauer von Buchungsbelegen, Verträgen, Analyseergebnissen und Produktbeschreibungen. Die BIA ermittelt die entsprechenden Aufbewahrungszeiträume.

Nachdem die Sicherheitsanforderungen erhoben worden sind, erfolgt die *Sicherheits- bzw. RiSiKo-Klassifizierung* der Prozesse. Da einzelne Prozessschritte des jeweiligen Gesamtprozesses einen geringeren Schutzbedarf haben können, z. B. weil sie länger verzichtbar sind, wird dies zusätzlich betrachtet. Die Geschäftseinflussanalyse nimmt die entsprechenden Einstufungen auf. Diese gegebenenfalls niedrigeren Einstufungen führen bei der folgenden Betriebseinflussanalyse zu entsprechend geringeren Anforderungen an das jeweilige Schutzobjekt.

9.2.4 Betriebseinflussanalyse (Operational Impact Analysis)

Im nächsten Schritt erfolgt für jedes Schutzobjekt, das für die Funktions- und Handlungsfähigkeit eines Prozesses, eines Prozessschrittes bzw. einer Organisationseinheit erforderlich ist, eine standardisierte *Betriebseinflussanalyse* (Operational Impact Analysis {OIA}). Ist das Schutzobjekt ein Informationssystem, so wird dies auch als IKT-Schutzbedarfsanalyse bezeichnet. Die OIA umfasst je Schutzobjekt folgende Elemente:

☐ Bezeichnung des Schutzobjekts, z. B. des Informationssystems, des Gebäudes, des Raums, des Arbeitsmittels oder des Services,

☐ Standort des Schutzobjekts

☐ Schutzobjektverantwortlicher, Service-Geber, Service-Nehmer

☐ Verweis auf die Prozesscharakteristika des nutzenden Prozesses und Prozessschrittes (Stammdaten, rechtliche Rahmenbedingungen, Schnittstellen zu anderen Prozessen und Prozessschritten, zeitlich gestaffelter Mindestgeschäftsbetrieb, zeitlich gestaffelte Folgen von Sicherheitsverletzungen, maximal tolerierbare Ausfalldauer, minimaler Abstand zwischen zwei Ausfällen, Sicherheitsanforderungen, Sicherheitsklasse je Sicherheitskriterium)

☐ Verbindungsstellen (Schnittstellen) des Schutzobjekts zu anderen Schutzobjekten, wie z. B. Anwendungen, Plattformen, Datenbanken, Ein-/ Ausgabemedien

☐ Genutzte/beteiligte Ressourcen (Schutzobjekte) und deren Ausprägung, wie z. B. Kapazität, Anzahl und Qualifikationsprofil der Mitarbeiter, Lokation, Größe und Anzahl der Räumlichkeiten und deren Infrastruktur, Ausstattung der Arbeitsplätze, genutzte Arbeitsmittel, Informationssysteme und Services

☐ Nutzungsinformationen, z. B. Anzahl der Nutzer, Zeitpunkt bzw. Zeitraum der Nutzung sowie Nutzungsintensität, Datenvolumina und Prognose der Nutzung

☐ Sicherheitsrelevante Prozess- bzw. Betriebsanforderungen

☐ Monitoring (welches System stellt welche Informationen auf Basis welcher Informationsquellen in welcher Form und welcher Qualität für wen wo bereit)

☐ Berichtswesen (wer stellt wann welche Informationen auf Basis welcher Informationsquellen in welcher Form und welcher Qualität für wen wo bereit)

☐ zeitlich gestaffelte quantifizierte Folgen der Verletzungen von Sicherheitskriterien, z. B. im Hinblick auf die Unversehrtheit von Menschen, die Aufgabenerfüllung, die Handlungsfähigkeit, Finanzen, Strafen, Wettbewerbsfähigkeit, Unternehmensstrategie, Nacharbeit und Restaurierbarkeit sowie das Image

☐ zeitlich gestaffelter Mindestbetrieb

- ☐ Sicherheitsanforderungen je Sicherheitskriterium
- ☐ Sicherheitsklasse bzw. integrative RiSiKo-Klasse je Sicherheitskriterium
- ☐ Wiederanlaufzeit
- ☐ weitere Informationen.

9.3 Akteursanalyse

Im Rahmen der Geschäftseinflussanalyse und der Betriebseinflussanalyse erheben die Verantwortlichen die Akteursgruppen, z. B. Mitarbeiter, Kunden, Kooperationspartner, Dienstleister, Lieferanten und Interessenten, im Lebenszyklus. Diese besitzen unterschiedliche Vertrauensstufen und unterschiedliche Rechte. Dementsprechend gehen von ihnen unterschiedliche potenzielle Bedrohungen aus.

Die Akteursanalyse verschafft einen Überblick über die Akteure im Lebenszyklus u. a. von Prozessen und IKT-Systemen. Sie ermöglicht es, potenzielle Bedrohungen, die von den Akteuren ausgehen können, zu erkennen und zu bewerten, um in der Folge frühzeitig und entsprechend der Risikostrategie geeignete Maßnahmen auszuwählen und zu ergreifen.

Im Lebenszyklus eines IKT-Systems kann es beispielsweise folgende generische Akteure/Akteursgruppen geben:

- ☐ Beantragung
    - ☐ Antragsteller
- ☐ Systemrealisierung
    - ☐ Projektleiter
    - ☐ Einkäufer
    - ☐ Designer
    - ☐ Architekt
    - ☐ Entwickler
    - ☐ Tester
    - ☐ Freigebender
    - ☐ Inbetriebnehmender
- ☐ Betrieb / Nutzung
    - ☐ Business
        - ☐ Nicht-Kunden („Rest der Welt")
        - ☐ Kunden
        - ☐ Mitarbeiter des Unternehmens
        - ☐ Mitarbeiter von Partnern
        - ☐ Mitarbeiter von Dienstleistern
    - ☐ IKT
        - ☐ Operator
        - ☐ Systemadministrator

□ Datenbankadministrator

□ Netzwerkadministrator

□ Storage-Administrator

Die Akteursgruppen sind durch Rollen weiter zu verfeinern. So haben Mitarbeiter zum einen Zugang zu unterschiedlichen Anwendungen und zum anderen unterschiedliche Rechte. Mitarbeiter des Rechnungswesens können beispielsweise Zugang zu einem ERP-System und Zugriff auf bestimmte Daten haben, Mitarbeiter der Personalabteilung können Zugang zu einem HR-System und Zugriff auf die Daten der von ihnen betreuten Mitarbeiter haben, Führungskräfte können ebenfalls Zugang zu einem HR-System jedoch Zugriff nur auf die Daten der ihnen unterstellten Mitarbeiter haben, Vertriebsmitarbeiter können Zugang zu einem CRM-System und Zugriff auf die ihnen zugeordneten Kundenunternehmen haben, Kundenbetreuer können Zugriff auf die Daten der ihnen zugeordneten Privatkunden haben.

Potenziell gehen von allen Akteursgruppen Bedrohungen aus. Bereits während der Softwareentwicklung entscheiden Designer und Architekten, aber auch Entwickler über die Sicherheit, Stabilität und Kontinuität des künftigen Systems. Dementsprechend müssen sie im Thema Sicherheit qualifiziert sein sowie allgemeine und unternehmensspezifische Standards zum sicheren Entwurf, zur sicheren Architektur und zur sicheren Softwareentwicklung anwenden können.

9.4 Umgebungs-/Umfeldanalyse

Die Umgebungs- bzw. Umfeldanalyse liefert Informationen zum Umfeld eines IKT-Systems bzw. einer IKT-Anwendung im Lebenszyklus. Derartige Informationen beziehen sich z. B. darauf, ob es sich um ein System handelt, das nur innerhalb einer Abteilung oder innerhalb des Unternehmens genutzt werden soll oder das im Internet zur Verfügung steht. Die Umfeldanalyse schließt z. B. das Entwicklungs-, das Test-, das Betriebs- und das Außerbetriebnahmeumfeld ein. Das Betriebsumfeld kann z. B. eine Abteilung, ein Geschäftsbereich, ein oder mehrere Standorte, das gesamte Unternehmen oder auch das Internet sein.

Die Ergebnisse der Akteursanalyse und der Umgebungsanalyse können gegeneinander auf Vollständigkeit geprüft und plausibilisiert werden.

9.5 Tabelle Schadensszenarien

In der folgenden Tabelle sind auszugsweise Beispiele zu Auswirkungen von Bedrohungen in Form von Schadensszenarien für die Schutzobjektklasse Informationssysteme angegeben, die bei der Ermittlung der Folgen von Sicherheitsverletzungen nützlich sind. Aus Platzgründen wurden die rechts liegenden Zeilen in der Folge zusammengefasst, müssen jedoch stets vollständig berücksichtigt werden.

Szenario	Folge	nach Anzahl Stunden					Bemer-kung
Welche Folgen hat ...		1h	4h	24h	48h	120h	
... der Ausfall des Informationssystems?	M						
	A						
	H						
	F						
	I						
	S						
	W						
	U						
	N						
... eine Fehlfunktion des Informations-systems?	s. o.						
	...						
... eine Fehlbedienung des Informations-systems?	s. o.						
	...						
... eine Datenverfälschung durch Manipu-lation?	s. o.						
	...						
... eine Datenverfälschung durch technische Fehler?	s. o.						
	...						
... die Einsichtnahme Unberechtigter in ver-trauliche Daten, z. B. Unternehmensstrate-gie, Forschungsergebnisse, neue Produkte?	s. o.						
	...						
... die Einsichtnahme Unberechtigter in ver-trauliche Daten, u. a. personenbezogene Daten z. B. aufgrund nicht vertraulich ver-nichteter Datenträger?	s. o.						
	...						
... die Veröffentlichung personenbezogener Daten, z. B. aufgrund nicht vertraulich ver-nichteter Datenträger?	s. o.						
	...						
... „unechte" Daten, z. B. durch Vorspiege-lung einer falschen Identität?	s. o.						
	...						
...	s. o.						
	...						
Legende:	I	= Image					
M = Unversehrtheit von Menschen	S	= Strafen					
A = Aufgabenerfüllung	W	= Wettbewerbsfähigkeit					
H = Handlungsfähigkeit	U	= Unternehmensstrategie					
F = Finanzen	N	= Nacharbeit und Restaurierbarkeit					

Tabelle 9-2: Schadensszenarien

Für andere Schutzobjektklassen können Sie die Schadensszenarien analog hierzu aufbauen. Ein Standardszenario für Schutzobjektklassen ist deren Ausfall. Weitere Schadensszenarien für Arbeitsmittel, wie z. B. Tabellenkalkulationen, die einzelne

Mitarbeiter für sich erstellt haben, oder für Dokumente, können die unberechtigte Einsichtnahme oder Veröffentlichung beinhalten.

9.6 Praxisbeispiele

Die folgenden Beispiele zeigen, wie sich der Schutzbedarf von Prozessen und IKT-Systemen erheben, klassifizieren und darstellen lässt.

9.6.1 Schutzbedarf der Geschäftsprozesse

Die Ergebnisse der Erhebung und Klassifizierung der Prozesse mit ihren Abhängigkeiten von Schutzobjekten im Rahmen einer Schutzbedarfsanalyse lassen sich als Schutzbedarfslandkarte je Schutzobjekt überblicksartig darstellen. Die folgende Tabelle zeigt dies prinzipiell, auszugsweise und beispielhaft für das Schutzobjekt Informationssysteme.

Prozess	Unterstützende IKT-Systeme und Schutzbedarfs-klassen			
	IKT-System 1	IKT-System ...	IKT-System n	Sonstiges
Prozess A	V1, I1, T1, A1	/	/	
...	...	...	...	...
Prozess M	/	/	V4, I2, T2, A3	
Legende: / = Informationssystem unterstützt den Geschäftsprozess nicht V1 ... V4 = Verfügbarkeitsklassen, I1 ... I4 = Integritätsklassen, T1 ... T4 = Vertraulichkeitsklassen, A1 ... A4 = Verbindlichkeitsklassen				

Beispiel 9-1: Tabelle Schutzbedarf der Geschäftsprozesse

9.6.2 IKT-Schutzbedarfsanalyse

Das folgende auszugsweise Beispiel zeigt das *Ergebnisformular* einer standardisierten IKT-Schutzbedarfsanalyse.

Stammdaten	
Service-Nehmer:	Beauftragende Organisationseinheit
Ansprechpartner:	Ansprechpartner auf Seiten des Service-Nehmers einschließlich Standort, Telefonnummer(n) und E-Mail-Adresse
Organisationseinheit:	Organisationseinheit, welcher der Ansprechpartner angehört
Service-Geber:	Ausführende Organisationseinheit

IKT-System:	Bezeichnung und gegebenenfalls Release des IKT-Systems
Inbetriebnahmetermin:	Termin, zu dem das IKT-System in Betrieb geht
Geschäftsprozess(e):	Geschäftsprozess(e), der/die durch das IKT-System unterstützt wird/werden
Geschäftsprozess-schritt(e):	Geschäftsprozessschritt(e), der/die durch das IKT-System unterstützt wird/werden

Rechtliche Rahmenbedingungen

Gesetze, Vorschriften, Normen, Standards und Verträge:	Angabe der Gesetze und Paragraphen, Vorschriften, Normen, Standards oder Verträge, die für das Informationssystem relevant sind. (z. B. AGG, AktG, AO, ArbSchG, ASiG, Basel II, Basel III, BDSG, BGB, BGR, BGV, EuroSOX, FAIT 1, FAIT 2, FAIT 3, FAIT 4, GDPdU, GCP, GLP, GMP, GoB, GoBS, GoDV, GwG, HGB, InvMaRisk, KAGB, KWG, LDSG, MaComp, MaRisk, MaRisk VA, PS 330, SGB VII, SGB X, Solvency II, SOX, TKG, TMG, WpHG)

Nutzungsumfeld

Akteure:	Beschreibung der Akteure, die mit dem System interagieren können, z. B. Mitarbeiter, Dienstleister, Partner, Kunden, Interessenten, Administratoren
Umfeld:	Beschreibung des Umfelds, in dem das System genutzt wird

Nutzungsinformationen

Anzahl Nutzer:	
Nutzungsintensitätsprofil:	Transaktionsaufkommen über den Tages- und Jahresverlauf, ggf. auch Wochen- und Monatsverlauf
Nutzergruppenprofil:	Angabe der Nutzergruppen und Rollen, die über welche Funktionen/ Transaktionen des Informationssystems mit welchen Rechten (lesen, schreiben, ...) auf welche Daten oder Datenwerte zugreifen dürfen. Bei vielen oder umfangreichen Rollen kann hierzu eine Anlage beigefügt werden.

Rolle	Aufgaben	Funktion/Transaktion, Daten und Recht
...	...	...
...	...	...

Aktuelles Datenvolumen:	Anzahl, Umfang und Art der Datensätze, z. B. Stammdaten, Bewegungsdaten, sowie aktuelles Datenvolumen
Veränderung des Datenvolumens:	Zu-/Abnahme der Anzahl der Datensätze pro Monat und prognostizierte zeitliche Entwicklung des Datenvolumens
Art der Daten:	Personenbezogene Daten
	Sozialdaten
	Unternehmensdaten
	– Vertraulichkeitsgrad
	– öffentlich (ö), intern (i), vertraulich (v), geheim (g)
Sicherungsintervall:	Zeitpunkte, an denen Datensicherungen durchgeführt werden sollen, z. B. arbeitstäglich einmal, nach 20:00 Uhr. Orientierung geben hier die Möglichkeit und der Aufwand für die Neuerfassung der Daten bei Verlust.
Letzter wieder herstellbarer Zeitpunkt (maximal tolerierbarer Datenverlust):	Der letzte wieder herstellbare Zeitpunkt gibt an, wie groß der maximale zeitliche Abstand zu jenem System- und Datenzustand sein darf, der z. B. nach einer Rückspeicherung der Daten wiederherstellbar ist.
Sicherungsfenster:	Zeitraum, der für die Sicherung zur Verfügung steht mit Angabe des jeweiligen Arbeitstages
Archivierungs-anforderungen:	Vorgaben zum Archivierungszeitpunkt und zur Archivierungsdauer, gegebenenfalls Hinweis auf z. B. gesetzliche Anforderungen

Sicherheitsrelevante Betriebsanforderungen

Betriebszeit:	Tage und Zeitraum, z. B. bundesweit arbeitstäglich 7:00 – 19:00
Support-Zeit:	Tage und Zeitraum, z. B. bundesweit arbeitstäglich 8:00 – 18:00
Antwortzeitverhalten:	Prozentuale Angaben, z. B. bezogen auf Transaktionen: 90 %: <= 1sec, 5 %: 1-2sec, 5 %: 2-5sec
Max. tolerierbare Ausfall-dauer während der täglichen Betriebszeit:	z. B.: 4h

| Max. tolerierbare Ausfall-dauer pro Monat: | z. B.: 16h |
| Minimaler zeitlicher Aus-fallabstand: | Maximal tragbarer minimaler zeitlicher Abstand zwischen zwei Ausfällen, z. B. Arbeitstage |

Berichtswesen

| Berichtsrhythmus: | Angabe des Zeitpunkts und zeitlichen Abstands der Berichte, z. B.: Jeweils am 5. Arbeitstag eines Monats |
| Berichtsinhalte: | Management Summary über die Erfüllung/Nicht-erfüllung der Anforderungen Kurve des Antwortzeitverhaltens mit Grenz-geraden je Antwortzeitbereich Tortendiagramm über den prozentualen Anteil je Antwortzeitbereich Kurve über Anzahl und Dauer der Ausfälle mit Grenzgerade ... |

Folgen von Sicherheitsverletzungen je Sicherheitskriterium

Konformität:	Beschreibung der Folgen und des Ausmaßes
Robustheit:	Beschreibung der Folgen und des Ausmaßes
Verfügbarkeit:	Beschreibung der Folgen und des Ausmaßes
Integrität:	Beschreibung der Folgen und des Ausmaßes
Vertraulichkeit:	Beschreibung der Folgen und des Ausmaßes
Verbindlichkeit:	Beschreibung der Folgen und des Ausmaßes
...	

Resultierende Sicherheitsklassen

Konformität:	Angabe der Konformitätsklasse
Robustheit:	Angabe der Robustheitsklasse
Verfügbarkeit:	Angabe der Verfügbarkeitsklasse
Integrität:	Angabe der Integritätsklasse
Vertraulichkeit:	Angabe der Vertraulichkeitsklasse
Verbindlichkeit:	Angabe der Verbindlichkeitsklasse
...	

Weitere Informationen

| ... | |

Systeminformationen

| Standort(e): | Ort, Straße, Gebäude, Geschoss, Raum |
| Rechner: | Bezeichnung des/der Computer, auf dem/denen das IKT-System läuft/laufen soll (Hersteller, Mo- |

		dell, Konfiguration, sowie technische Daten wie z. B. Abmessungen, Stromverbrauch, Abwärme)
	Betriebssystem:	Bezeichnung des Betriebssystems, unter dem das IKT-System läuft/laufen soll
	Architektur:	Bezeichnung der Architektur, die das IKT-System nutzt/nutzen soll, z. B. Grid, Cluster, Virtuelle Maschinen, aktiv-aktiv-/aktiv-passiv-Lösung
	Datenbank:	Bezeichnung der Datenbank, die das IKT-System nutzt/nutzen soll
	...:	

IKT-Umfeld

	Akteursgruppenprofile:	Angabe der IKT-Akteursgruppen und -Rollen, die im Lebenszyklus welche Aktivitäten mit welchen Rechten ausführen sollen. Für den Betrieb beinhaltet dies z. B. die Angabe, über welche Funktionen/Transaktionen des Informationssystems welche Akteure mit welchen Rechten (lesen, schreiben, ...) auf welche Daten oder Datenwerte zugreifen dürfen. Bei vielen oder umfangreichen Rollen kann hierzu eine Anlage beigefügt werden.

Rolle	Aufgaben	Funktion/Transaktion, Daten und Recht
...		...

	Umfeld:	Angabe des Umfelds, in dem sich das IKT-System bzw. seine Teile in der jeweiligen Phase seines Lebenszyklus befindet

IKT-Schnittstellen

	Schnittstellenbezeichnung und -typ sowie Anwendung:	Angabe der Schnittstellen zu anderen unternehmensinternen oder -externen Informationssystemen einschließlich des Schnittstellentyps, z. B. Datei, Datenbank, ...

Datensicherung

	Sicherungsdauer:	Errechnete und verifizierte Dauer der Datensicherung und prognostizierte zeitliche Steigerung auf Basis des Datenvolumens und dessen prognostizierter Veränderung (mit Input vom Geschäftsbereich Informationsservices)

Sicherungstool:	Werkzeug, das zur Datensicherung eingesetzt werden soll (mit Input vom Geschäftsbereich Informationsservices)
Sicherungsmethode:	Komplett, differenziell, inkrementell, selektiv (mit Input vom Geschäftsbereich Informationsservices)
Weitere IKT-spezifische Informationen	
...	

Beispiel 9-2: IKT-Schutzbedarfsanalyse

9.6.3   Schutzbedarfsklassen

Die Schutzbedarfsklassen bzw. die integrativen RiSiKo-Klassen orientieren sich an den Anforderungen und Möglichkeiten des jeweiligen Unternehmens. Für kleinere Unternehmen sind beispielsweise bereits finanzielle Schäden nicht mehr tragbar, die für ein Großunternehmen unerheblich sind. Daher müssen die Inhalte und Folgen, die in der Tabelle auszugsweise und beispielhaft angegeben sind, unternehmensspezifisch überprüft, angepasst und quantifiziert werden. Diese Art der Darstellung lässt sich für Prozesse, Ressourcen, Produkte, Dienstleistungen nutzen.

Sicherheitskriterium	
Schutzbedarfsklasse und Folge einer Sicherheitsverletzung	
Verfügbarkeit	
V1	Eine Ausfalldauer von bis zu 5 Arbeitstagen hat keinerlei nennenswerte negative Auswirkungen auf den betroffenen Geschäftsprozess. Die maximale Ausfallzeit pro Jahr darf 10 Arbeitstage nicht überschreiten. Personenschäden können nicht auftreten. Der gesamte finanzielle Schaden liegt bei weniger als 1.000 EUR. Auswirkungen auf Image, Strategie, Nacharbeit oder andere Themenbereich sind vernachlässigbar.
V2	Eine Ausfalldauer von bis zu 3 Arbeitstagen kann toleriert werden. Die maximale Ausfallzeit pro Jahr darf 4 Arbeitstage nicht überschreiten. Personenschäden können nicht auftreten. Bei Überschreiten der Ausfallzeit können folgende Konsequenzen auftreten: ...
V3	Eine Ausfalldauer von bis zu 1 Arbeitstag kann toleriert werden. Die maximale Ausfallzeit pro Jahr darf 2 Arbeitstage nicht überschreiten. Personenschäden können nicht auftreten. Bei Überschreiten der Ausfallzeit können folgende Konsequenzen auftreten: ...
V4	Eine Ausfalldauer von bis zu maximal 4 Stunden kann toleriert werden. Die maximale Ausfallzeit pro Jahr darf 8 Stunden nicht überschreiten. Bei Überschreiten der Ausfallzeit kann eine der folgenden Konsequenzen auftreten:

- Personenschäden
- potenzielle finanzielle Schäden von mehr als 1 Mio. EUR
- nachhaltige Imageschädigung mit potenziellen Umsatzverlusten von mehr als 10 Mio. EUR

...

Vertraulichkeit		
T1	Die Informationen sind öffentlich. Eine Verbreitung hat keinerlei negative Konsequenzen.
T2	Die Informationen sind zur unternehmensinternen Nutzung bestimmt. Eine Verletzung der Vertraulichkeit kann nur geringe negative Folgen nach sich ziehen.
T3	Die Daten sind als vertraulich eingestuft und dürfen nur einem definierten Personenkreis zugänglich sein. Eine Verletzung der Vertraulichkeit kann strafrechtliche, finanzielle oder imagebeeinträchtigende Konsequenzen nach sich ziehen.
T4	Die Daten sind als geheim eingestuft und dürfen nur einem eng begrenzten Personenkreis zugänglich sein. Eine Verletzung der Vertraulichkeit kann für das Unternehmen existenzbedrohend sein. Hierzu zählen beispielsweise geheime Forschungsergebnisse, geheime Strategien etc.

...

Beispiel 9-3: Schutzbedarfsklassen

9.7 Zusammenfassung

Ausgangsbasis der IKT-Schutzbedarfsanalyse sind die Kerngeschäfts-, Unterstützungs- und Begleitprozesse des Unternehmens. Sie sind in der *Prozessarchitektur* überblicksartig dargestellt. Diese enthält neben den Prozessen und deren Zusammenwirken Angaben zur Bedeutung des jeweiligen Prozesses für das Unternehmen. Für jeden Prozess sind die genutzten Schutzobjekte, z. B. IKT-Systeme und deren Schnittstellen angegeben.

Zur Reduzierung der Komplexität und Steigerung der Effizienz empfiehlt es sich, standardisierte *Schutzbedarfs- bzw. RiSiKo-Klassen* zu definieren, ähnlich wie sie das vorangegangene Beispiel enthält.

Den Schutzbedarf von IKT-Systemen ermitteln die Ressourcenverantwortlichen mittels der *IKT-Schutzbedarfsanalyse* und dokumentieren sie ähnlich dem vorangegangenen Beispiel. Hierbei werden nicht nur die Folgen von Sicherheitsverletzungen und Ausfällen erhoben, sondern auch die sicherheitsrelevanten Anforderungen, die Abhängigkeiten, das Mengengerüst und die Benutzerrollen. Die Schutzbedarfsanalyse umfasst die Geschäfts- und die Betriebseinflussanalyse. Dementsprechend hat sie Verbindungen zu allen Elementen der Architektur.

10 Sicherheitsmerkmale

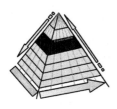 Die Sicherheitsanforderungen eines Unternehmens sind übergreifend und überblicksartig über die Ebene der Sicherheits-, Kontinuitäts- und Risikopolitik sowie konkret über die Ebene der Sicherheitsziele bzw. -anforderungen definiert. Die Sicherheitsanforderungen müssen auf die Kerngeschäftsprozesse selbst abgebildet werden sowie auf all jene Ressourcen (z. B. IKT-Systeme) und Prozesse, die ein Kerngeschäftsprozess nutzt, bis hin zu den Leistungen (Services), die er erbringt, und den Produkten, die er erzeugt.

Als Ergebnis der Abbildung bzw. Transformation stehen den Anforderungen schließlich entsprechende Sicherheitsmerkmale (RiSiKo-Merkmale) bzw. -charakteristika gegenüber, beispielsweise für die genutzten Ressourcen. Bei der Transformation sind auch Kosten-Nutzen-Aspekte zu berücksichtigen. Wie lässt sich diese Transformation zielorientiert durchführen?

Gemäß [5], [6] und laut ISO/IEC 25000 ist Sicherheit ein Qualitätsmerkmal. Es liegt daher nahe, für die Abbildung der Sicherheitsanforderungen Methoden zu verwenden, die aus dem Qualitätsmanagement stammen. Dort lassen sich Kundenanforderungen auf Produkt- und Prozessmerkmale transformieren, indem das Quality Function Deployment [43] und das House of Quality [43] genutzt werden.

In vergleichbarer Form kann ein Safety and Security Function Deployment (SSFD) bzw. ein Safety, Security and Continuity Function Deployment (SSCFD) unter Zugrundelegung des House of Safety and Security (HoSS) bzw. des House of Safety, Security and Continuity (HoSSC) durchgeführt werden. Dieser schrittweise methodische Ansatz ist insbesondere für größere Unternehmen und komplexere IKT-Installationen interessant. Wer ein anderes Vorgehen wählt, muss darauf achten, dass der Transformationsvorgang in den Lebenszyklus von Prozessen, Ressourcen, z. B. IKT-Systemen, Produkten und Dienstleistungen sowie der Organisation integriert ist.

Folgende Unterkapitel behandeln diese Themen:

1. Haus zur Sicherheit – House of Safety, Security and Continuity (HoSSC)
2. Safety, Security and Continuity Function Deployment (SSCFD)
3. Schutzbedarfsklassen
4. Praxisbeispiele
5. Zusammenfassung

10.1 Haus zur Sicherheit – House of Safety, Security, Continuity (HoSSC)

Das House of Safety, Security and Continuity hat folgendes Aussehen:

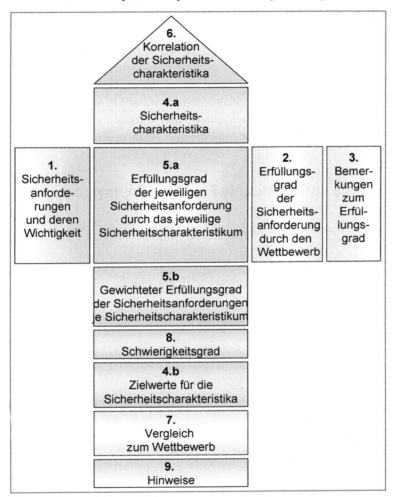

Abbildung 10-1: House of Safety, Security and Continuity (HoSSC)

Ausgangspunkt im House of Safety, Security and Continuity (HoSSC) sind die fachlich geprägten Sicherheitsanforderungen (1.) der Nutzer. *Ziel* ist deren Transformation in entsprechende Sicherheitsmerkmale bzw. -charakteristika (4.), der Erfüllungsgrad (5.), mit dem das jeweilige Sicherheitsmerkmal die Anforderungen erfüllt und die gegenseitige Beeinflussung (6.) der Sicherheitsmerkmale untereinander. Die Transformation wandelt also das „was" gefordert ist in ein „wie" um, d. h. durch welche Sicherheitsmerkmale es zu realisieren ist.

Bei der Anwendung des HoSSC ist zu berücksichtigen, dass es sich mit der Transformation „nur" der <u>Sicherheits</u>anforderungen auf <u>Sicherheits</u>merkmale befasst. Wenngleich Sicherheit hier im Sinne von Betriebs- und Angriffssicherheit sowie Kontinuität zu verstehen ist, geraten hierdurch *andere Aspekte des gesamten Anforderungsspektrums* in den Hintergrund. Daher ist sicherzustellen, dass die Sicherheitscharakteristika mit anderen Anforderungen hinreichend verträglich sind. Beispielsweise kann ein sehr sicher konzipiertes System dazu führen, dass seine Nutzbarkeit im Hinblick auf das Antwortzeitverhalten reduziert wird, oder umfangreiche zusätzliche organisatorische Maßnahmen den Nutzen des Systems in Frage stellen. Daher empfiehlt es sich, diese Aspekte von Anfang an mit zu berücksichtigen.

10.2 Safety, Security and Continuity Function Deployment (SSCFD)

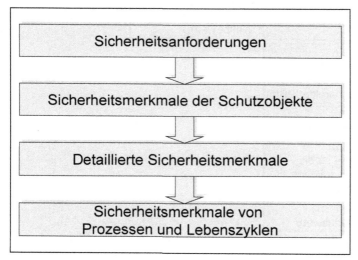

Abbildung 10-2: Safety, Security and Continuity Function Deployment (SSCFD)

Die Transformation der Sicherheitsanforderungen, das Safety, Security and Continuity Function Deployment, erfolgt – ausgehend vom Haus zur Sicherheit – in folgenden Schritten:

1. Transformation der Anforderungen auf Sicherheitsmerkmale

2. Detaillierung der Sicherheitsmerkmale

3. Abbildung der Sicherheitsmerkmale auf Prozesse und Lebenszyklen.

10.2.1 Transformation der Anforderungen auf Sicherheitsmerkmale

Der *Transformationsvorgang* der fachlich geprägten Sicherheitsanforderungen der Nutzer in Sicherheitsmerkmale des jeweiligen Schutzobjektes erfolgt über die Elemente des House of Safety, Security and Continuity.

Den Ausgangspunkt bilden die Sicherheitsanforderungen (1.) und ihre Wichtigkeit. Bei der Wichtigkeitseinstufung können gegebenenfalls auch die Folgen von Sicherheitsverletzungen und die Eintrittswahrscheinlichkeit von Bedrohungen betrachtet werden.

Da sich die Eintrittswahrscheinlichkeiten von Bedrohungen, z. B. durch Stürme oder Hochwasser, kurzfristig ändern können, und die Wahrscheinlichkeit nichts darüber aussagt, ob diese Bedrohungen nicht vielleicht schon morgen eintreten, ist hier Vorsicht angebracht. Für unternehmenskritische Szenarien kann es sich durchaus empfehlen, bestimmte Bedrohungen als „sicher vorhanden", d. h. mit der Eintrittswahrscheinlichkeit 1, anzunehmen. Hierdurch vermeiden Sie, dass diese Bedrohungen und damit die Sicherheitsanforderungen durch die Gewichtung so in den Hintergrund treten, dass ein Eintreten der Bedrohung das Unternehmen vernichtet.

Optional lässt sich in das Haus zur Sicherheit eintragen, inwieweit Sicherheitsanforderungen derzeit im Vergleich zum Wettbewerb erfüllt werden (2.). Dies spielt bei Entscheidungen auf Managementebene oftmals eine wesentliche Rolle. Zusätzlich können Bemerkungen dokumentiert werden, die z. B. Quellen oder Gründe für diese Bewertung angeben.

Die *Transformation der Sicherheitsanforderungen* erfolgt, indem Sicherheitsmerkmale (4.a) angegeben werden, mittels derer die Sicherheitsanforderungen unter Berücksichtigung der Bedrohungen erfüllt werden können. Die Sicherheitsmerkmale werden in Gruppen zusammengefasst. Diese orientieren sich zum einen daran, welchem Themenfeld von PROSim sie zugeordnet sind, und zum anderen, welchen Zweck sie verfolgen, nämlich vorbeugend, beobachtend, erkennend, meldend, erwidernd, (schadens-)beurteilend, wiederherstellend und verbessernd. Dies macht unvollständig transformierte Anforderungen sichtbar. Die Ermittlung von Merkmalen lässt sich beispielsweise durch die Nutzung der IT-Grundschutzkataloge des BSI unterstützen.

Unternehmen müssen gesetzliche oder aufsichtsbehördliche Anforderungen entweder komplett oder teilweise eigenständig transformieren, wenn diese z. B. seitens der Behörden oder relevanter Dritter nicht oder nicht ausreichend detailliert transformiert wurden. Zur Transformation der Anforderungen in den §§ 238, 239 und 257 des HGB auf die IT lässt sich beispielsweise der IDW RS FAIT 1 nutzen. Um die Anforderungen des BDSG auf die IT zu transformieren, macht die dortige Anlage zu § 9, Technische und organisatorische Maßnahmen, im Hinblick auf den

Einsatz von Datenverarbeitungssystemen Vorgaben. Zur Anwendung, d. h. Transformation der GLP-Grundsätze auf computergestützte Systeme existieren die cGLP.

Die Anforderung nach höchster Geheimhaltung führt z. B. zu einem eng begrenzten Nutzerkreis, Rechteverwaltung, Zufahrts-, Zutritts-, Zugangs-, Zugriffs- und Leseschutz, Wiederaufbereitung von Datenträgern, Absendekontrolle, Übertragungssicherung, Alarmierung, Protokollierung und Protokollauswertung.

Für jedes Sicherheitsmerkmal wird darüber hinaus festgelegt, welcher *Zielwert* erreicht werden muss (4.b).

So führt die Kundenanforderung nach einer maximalen Ausfalldauer eines Services am Arbeitsplatz von 1 h pro Jahr für diesen Service zum Zielwert „Verfügbarkeit 99,99 % p.a.". Die Anforderung nach höchster Geheimhaltung beschränkt den Zugriff für derartige Dokumente und Daten auf einen kleinen Leserkreis, z. B. auf den fünfköpfigen Vorstand, d. h. der Zielwert ist dort fünf.

Im nächsten Schritt (5.a) erfolgt die *Bewertung, wie stark das jeweilige Sicherheitsmerkmal welche Sicherheitsanforderung unterstützt*. Nach diesen Einzelbewertungen wird je Feld das Produkt aus Wichtigkeit der Sicherheitsanforderung und Erfüllungsgrad der Sicherheitsanforderung durch das Sicherheitsmerkmal errechnet. Die Summe dieser Werte (5.b) je Sicherheitsmerkmal gibt an, wie stark das jeweilige Sicherheitsmerkmal alle Sicherheitsanforderungen erfüllt.

Die Sicherheitsmerkmale können sich gegenseitig mehr oder weniger stark positiv oder negativ beeinflussen. Diese *Korrelation der Sicherheitsmerkmale* zueinander spiegelt sich im Dach des HoSSC (6.) wider.

Die Bewertung der Sicherheitsmerkmale im *Vergleich zum Wettbewerb* lässt sich ebenfalls erfassen (7.). Angaben zum Schwierigkeitsgrad der Realisierung (8.) und Kommentare bzw. Hinweise (9.) zu den Sicherheitsmerkmalen vervollständigen das HoSSC.

Als *Ergebnis* sind die Sicherheitsmerkmale identifiziert und bewertet. Die Detaillierung der kritischen und wichtigen Sicherheitsmerkmale erfolgt in der nächsten Phase.

10.2.2 Detaillierung der Sicherheitsmerkmale

Die ermittelten kritischen und wichtigen Sicherheitsmerkmale des vorangegangenen Schrittes müssen für ihre spätere Umsetzung weiter detailliert bzw. konkretisiert werden. Hierzu ist ein weiterer „abgespeckten" HoSSC (1., 5.a, 4.a, 4.b) erforderlich, das die Sicherheitsmerkmale mit ihrer Gewichtung als Anforderungen auflistet und mit den erhobenen Zielwerten versieht. Zusätzlich werden Maßnahmen aufgenommen, die zwar nicht explizit gefordert, aber implizit erwartet werden.

Beispielsweise kann eine geforderte Verfügbarkeit von 99,99 % umgesetzt werden durch u. a. zwei hochverfügbare Rechnersysteme in zwei Rechenzentren an 10km voneinander entfernt liegenden Standorten und eine synchrone standortübergreifende Plattenspiegelung. Zu berücksichtigen ist hierbei, dass die Transformation unter den Rahmenbedingungen der Sicherheits-, Kontinuitäts- und Risikopolitik erfolgt, d. h. z. B. unter Berücksichtigung der dort angegebenen Mindest- und Grenzszenarien.

10.2.3   Abbildung der Merkmale auf den Lebenszyklus

Zur Umsetzung der ermittelten Sicherheitsmerkmale sind jedoch oftmals entsprechende Prozesse erforderlich. Z. B. zieht die Anforderung nach einer unterbrechungsfreien Stromversorgung nach sich, dass diese geplant, beschafft, installiert, betrieben, gewartet und irgendwann einmal ersetzt werden muss. Ähnlich verhält es sich bei Informationssystemen. Auch hier müssen die Anwendungen, Rechner, Speichereinheiten, Ein- und Ausgabemedien, Netze, etc. geplant, beschafft oder entwickelt, aufgebaut, betrieben und später außer Betrieb genommen und gegebenenfalls ersetzt werden.

Diese Beispiele, die sich verallgemeinern lassen, zeigen, dass eine weitere Abbildung erforderlich ist. Hierzu entwickeln Sie aus den zuvor näher spezifizierten Sicherheitsmerkmalen entsprechende (sicherheitsrelevante) Anforderungen für den Lebenszyklus eines Prozesses, einer Ressource, z. B. eines IKT-Systems, der Organisation, eines Produktes oder einer Dienstleistung. Der Lebenszyklus erstreckt sich von der ersten Idee über die Planung, Konzeption, Beschaffung bzw. Entwicklung, Prüfung, den Test, die Inbetriebnahme bzw. Inkraftsetzung und den Betrieb bis hin zur Außerbetriebnahme. Den Lebenszyklus begleiten weitere Prozesse, wie z. B. das Leistungs-, Änderungs-, Konfigurations-, Problem-, Datenschutz-, Sicherheits- und Kontinuitätsmanagement, für die ebenfalls sicherheitsrelevante Anforderungen abgeleitet werden. Auch hier lässt sich wieder ein „abgespecktes" HoSSC nutzen.

Beispiel: Führte die Anforderung nach einem hochverfügbaren Informationssystem zum Einsatz doppelter Rechnersysteme und Plattenspiegelung sowie zu zwei infrastrukturell abgesicherten Standorten, so hat dies zum einen Auswirkungen auf den Lebenszyklus des Informationssystems: Diese Anforderungen fließen dort u. a. in die Kosten-Nutzen-Betrachtung, die technische Spezifikation, die Entwicklung und den Test ein. Zum anderen folgen hieraus Anforderungen an die IKT-Prozesse, die z. B. beim System- und Netzmanagement sowie dem Kapazitäts- und Kontinuitätsmanagement der IKT-Systeme zu berücksichtigen sind und ebenfalls in die Kosten-Nutzen-Betrachtung eingehen.

Weitere Auswirkungen ergeben sich auf das Facility Management, da jetzt zwei Standorte zu betreuen, mit der erforderlichen Haustechnik zu versehen und zu betreiben sind. Aufgrund der infrastrukturellen Absicherung, z. B. durch eine Netzersatzanlage, beinhaltet der Betriebsprozess daher, dass diese zu warten und regelmäßig nachvollziehbar auf Funktionsfähigkeit zu prüfen ist.

Für die Prozesse und Begleitprozesse, beispielsweise in der IKT und im Facility Management, führt dies zu Sicherheitsanforderungen. Die Erhebung der Sicherheitsanforderungen erfolgt ebenfalls im Rahmen einer Schutzbedarfsanalyse. Dem Ergebnis folgend werden die Prozesse in *Sicherheitsklassen bzw. RiSiKo-Klassen* eingeteilt.

10.3 Schutzbedarfsklassen

Die Transformation der Sicherheitsanforderungen auf entsprechende Sicherheitsmerkmale und -maßnahmen ist ein umfangreicher Vorgang. Wer daher statt frei definierbarer Sicherheitsanforderungen die im vorangegangenen Hauptkapitel erwähnten Schutzbedarfs- bzw. RiSiKo-Klassen verwendet, kann jeweils spezifische Transformationen weitgehend vermeiden und auf standardisierte Ergebnisse zurückgreifen. Dies steigert die Effizienz der Transformation und reduziert die Komplexität im Betrieb, schränkt andererseits aber – oftmals gewünscht – die Individualität ein.

Die unterste geforderte Schutzbedarfsklasse stellt das mindestens erforderliche Sicherheitsniveau dar, den unternehmensspezifischen Grundschutz. Hierbei kann es durchaus sein, dass das Unternehmen später im Rahmen einer Überprüfung einen höheren als diesen anfangs ermittelten Grundschutz erreichen möchte. Dies hat dann Rückwirkung auf die Sicherheits-, Kontinuitäts- und Risikopolitik. Sie legt u. a. den Grundschutz fest, der für die gesamte IKT gültig ist.

10.4 Praxisbeispiele

Als Beispiel für die Praxis zeigt der folgende Auszug die prinzipielle Detaillierung des Sicherheitskriteriums Verfügbarkeit für ein Informationssystem.

Die Sicherheitstransformation kann auf die verschiedenen Sicherheitsklassen angewandt werden. Dadurch entstehen je Klasse standardisierte Sicherheitsmerkmale. Dies vereinfacht in der Folge die Umsetzung der fachlichen Sicherheitsanforderungen und die Abschätzung der entstehenden Aufwände.

Bedrohung			Ausfall								...
Schutzobjekt			Rechner		Speicher			Standort		Netz	...
		Merk-mal Wich-tigkeit	Verfügbarkeit	Redundanz	Verfügbarkeit	Redundanz	Synchrone Spiegelung	Anzahl RZ-Standorte	RZ-Distanz	⋮	⋮
Max. tolerierbare Ausfalldauer	1h	10	9	10	10	10	9	10	9	...	...
Maximal tolerierbarer Datenverlust	1 min	9	9	9	9	9	10	9	9	...	...
...	...	...	...	...	...	...		...	...	...	...
Erfüllungsgrad insgesamt			...	...	...	...		...	...	...	...
Zielwert			99,999%	100%	99,995%	100%	100 %	2	10km	...	...

Beispiel 10-1: Sicherheitskriterium Verfügbarkeit: Einflussfaktoren (Auszug)

Die folgende vereinfachte Tabelle zeigt auszugsweise ein prinzipielles Beispiel von Mindest-Sicherheitsmaßnahmen für Prozesse und Ressourcen, z. B. ein Informationssystem, das unternehmensspezifisch überprüft und angepasst werden muss. Sicherheitsmaßnahmen umfassen Prozesse, Ressourcen und Organisation sowie Produkte und Dienstleistungen. Die von mir konzipierte *Maßnahmen-Klassen-Matrix (MKM)* bzw. *Klassen-Maßnahmen-Matrix (KMM)* wird nach ihrer Fertigstellung Teil der Sicherheitsarchitektur. Dementsprechend ergeben sich aus Maßnahmen der MKM Elemente der später behandelten Sicherheitsarchitektur und sind den jeweiligen Unterebenen zuzuordnen, wie in den Unterkapiteln der Sicherheitsarchitektur dargestellt.

Maßnahmen-Klassen-Matrix (MKM)	Verfügbarkeitsklasse			
Mindest-Sicherheitsmaßnahmen	V1	V2	V3	V4
Ersatzressourcen, z. B. Komponenten, Systeme, Räumlichkeiten, Personal, sind einsatz-/betriebsbereit innerhalb von ...	168 h	72 h	24 h	4 h
Vollständige Redundanz der Ressourcen, z. B. der Arbeitsplätze, IKT-Systeme und Infrastruktur an zwei räumlich ausreichend voneinander entfernt gelegenen sicheren Standorten	Nein	Nein	Ja	Ja
Gesicherte Infrastruktur je Standort (s. a. Kapitel Sicherheitsarchitektur, Ressourcen, Infrastruktur)	Nein	Ja	Ja	Ja
Zwei räumlich ausreichend voneinander entfernt gelegene sichere Standorten	Nein	Ja	Ja	Ja
Tägliche Datensicherung und Auslagerung	Ja	Ja	Ja	Ja

Maßnahmen-Klassen-Matrix (MKM)	Verfügbarkeitsklasse			
Mindest-Sicherheitsmaßnahmen	V1	V2	V3	V4
Beschreibung des Datensicherungsverfahrens aktuell, getestet, geübt und für einen sachverständigen Dritten verständlich	Ja	Ja	Ja	Ja
Synchrone oder asynchrone Spiegelung der Daten auf das Back-up-System	Nein	Nein	Nein	Ja
Parallelbetrieb der Original- und Ausweichsysteme	Nein	Nein	Nein	Ja
Pfadanalyse hinsichtlich SPoFs durchgeführt	Nein	Nein	Ja	Ja
Betriebsunterbrechungsversicherung abgeschlossen	Nein	Nein	Nein	Ja
Anforderungsgerechte Verträge mit Dienstleistern/ Herstellern abgeschlossen	Ja	Ja	Ja	Ja
Planung für den Übergang in den Notbetrieb vorhanden, aktuell, getestet und geübt sowie für sachverständige Dritte verständlich	Nein	Ja	Ja	Ja
Notbetriebsplan vorhanden, aktuell, getestet und geübt sowie für sachverständige Dritte verständlich	Nein	Ja	Ja	Ja
Wiederherstellungspläne vorhanden, aktuell, getestet und geübt sowie für sachverständige Dritte verständlich	Nein	Ja	Ja	Ja
Planung für die Rückkehr in den regulären Betrieb vorhanden, aktuell, getestet und geübt sowie für sachverständige Dritte verständlich	Nein	Ja	Ja	Ja
Mitarbeiter zur Betriebskontinuität, z. B. Übergang in den Notbetrieb, Notbetrieb, Wiederherstellung, Rückkehr in den regulären Betrieb, geschult	Ja	Ja	Ja	Ja
Übungsplan aufgestellt und umgesetzt mit:				
Übungsintervall alle … Jahre	4	2	1	1
Übungsart: Schreibtisch {S}, Simulation (I), Life (L); Szenario {S}: Teil {T}/Komplett {K} Übungsdokumentation	S S: T Nein	S S: T Ja	I/L S: T Ja	I/L S: K Ja
…				
	Vertraulichkeitsklasse			
Mindest-Sicherheitsmaßnahmen	T1	T2	T3	T4
…				

Beispiel 10-2: Maßnahmen-Klassen-Matrix (MKM)

10.5   Zusammenfassung

Zur Abbildung der Sicherheitsanforderungen auf entsprechende Sicherheitsmaßnahmen dient das *„House of Safety, Security and Continuity"* (HoSSC). Das HoSSC fokussiert sich auf den Teilaspekt Sicherheit des „House of Quality". Es stellt transparent dar, inwieweit die Sicherheitsmerkmale die Sicherheitsanforderungen erfüllen. Optional ermöglicht es die grafische Darstellung der Position von Wettbewerbern. Teilaspekte betrachten das „House of Safety and Security" (Haus zur Sicherheit) und das „House of Continuity" (Haus zur Kontinuität).

Das HoSSC bildet die Grundlage des *„Safety, Security and Continuity Function Deployment"*. In seinem Verlauf werden die Sicherheitsanforderungen erfasst, zu erreichende Zielwerte festgelegt und die Bedeutung der Anforderung gewichtet.

Den Sicherheitsanforderungen werden *Sicherheitsmerkmale* gegenübergestellt. Beispielsweise kann die Anforderung nach max. 1 Stunde Ausfall pro Jahr für einen Service in den Zielwert Verfügbarkeit 99,99 % p.a. für diesen Service übersetzt werden. Für jedes Sicherheitsmerkmal wird bewertet, in welchem Maß es die Sicherheitsanforderung erfüllt. Je Sicherheitsmerkmal ergibt sich abschließend eine Summe. Sie gibt an, wie stark ein Sicherheitsmerkmal die gestellten Sicherheitsanforderungen abdeckt.

Hierauf aufbauend und unter Berücksichtigung auch nicht sicherheitsrelevanter Anforderungen erfolgt die Entscheidung, welches die kritischen und wichtigen Merkmale sind.

Der nächste Schritt besteht in der *Detaillierung und Konkretisierung* der Sicherheitsmerkmale. Aus der Verfügbarkeitsanforderung ergeben sich z. B. Anforderungen an ein fehlertolerantes Rechnersystem, Plattenspiegelung und zwei voneinander entfernt liegende Standorte.

Aus den detaillierten Sicherheitsmerkmalen ergeben sich *Anforderungen an den Lebenszyklus von Prozessen, Ressourcen, z. B. eines IKT-Systems, Organisation, Produkten und Dienstleistungen*. Sie müssen u. a. in der Kosten-Nutzen-Analyse, der technischen Spezifikation, dem Test und dem Betrieb berücksichtigt werden sowie in den Prozessen, wie z. B. dem Kapazitätsmanagement.

Durch die Bildung von *Schutzbedarfsklassen bzw. integrativen RiSiKo-Klassen* kann auf standardisierte Sicherheitslösungen zurückgegriffen werden.

11 Sicherheitsarchitektur

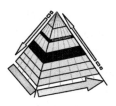 Wie wir bisher gesehen haben, gibt die Sicherheits-, Kontinuitäts- und Risikopolitik den Rahmen für das Management dieser Themenfelder vor. Die zweite Ebene der Sicherheitspyramide spezifiziert die Sicherheitsziele bzw. Sicherheitsanforderungen. Die Sicherheitstransformation leitet hieraus Sicherheitsmerkmale für die Schutzobjekte in Form der jeweiligen Prozesse, der Ressourcen und der Organisation sowie für jedes Sicherheitskriterium ab.

Die nächste Stufe der Sicherheitspyramide ist die Sicherheitsarchitektur, genauer die RiSiKo-Architektur. Sie stellt u. a. die Sicherheitsmerkmale in Form prinzipieller Sicherheitsmaßnahmen als eine Art „Baukasten" von Sicherheitselementen zur Verfügung. Die Sicherheitsarchitektur bildet somit die Basis für die später beschriebenen Sicherheitsrichtlinien, -konzepte und -maßnahmen. Sie enthält ferner die aktuelle und zukünftige Architektur für alle PROSim-Elemente.

Die Sicherheitsarchitektur unterteilt sich ihrerseits in drei weitere Ebenen. Gemäß dem Sicherheitsdreiklang repräsentiert die erste Ebene die prinzipiellen und erhobenen Sicherheitsanforderungen, d. h. das geforderte Sicherheits- bzw. Schutzniveau, und die zweite die prinzipiellen bzw. generischen Bedrohungen. Die dritte Ebene unterteilt sich in allgemein nutzbare Sicherheitsprinzipien und -strategien sowie in Sicherheitselemente zur Absicherung des regulären Betriebs, zur Kontinuität und zum Schutz vor Angriffen. Aus diesen Ebenen ergeben sich die Anforderungs- und die Bedrohungs- sowie die Sicherheits- und Kontinuitätsarchitektur.

Betrachten wir diese drei Zwischenebenen aus der Sicht des Risiko- statt des Sicherheitsdreiklangs, so korrespondieren sie mit dem Schadens-, Bedrohungs- und Schwachstellenpotenzial. Hieraus ergeben sich die Schadens- und die Bedrohungs- sowie die Schwachstellenarchitektur und insgesamt die Risikoarchitektur.

Entsprechend der zweiten Dimension der Sicherheitspyramide besteht die Architekturebene zudem aus der Prozess-, Ressourcen- und Organisationsarchitektur. Hinzu kommt die Produkt- und Dienstleistungsarchitektur.

Da die Schutzobjekte mehr oder weniger stark miteinander vernetzt sind, sind die Abhängigkeiten (Interdependenzen) in der Architekturebene aufzunehmen und zu berücksichtigen.

Hieraus ergeben sich folgende Unterkapitel:

1. Überblick
2. Prinzipielle Sicherheitsanforderungen
3. Prinzipielle Bedrohungen

4. Sicherheitsstrategien und -prinzipien

5. Sicherheitselemente für Betriebs- und Angriffssicherheit sowie Kontinuität unter Berücksichtigung von Prozessen (Kern-, Support-, Begleitprozesse {Managementdisziplinen}), Ressourcen und Organisation (PROSim)

6. Hilfsmittel RiSiKo-Architekturmatrix

7. Zusammenfassung

11.1 Überblick

Wie gelangen Sie nun zu Ihrer unternehmensspezifischen Sicherheitsarchitektur? Hierzu empfiehlt sich folgendes Vorgehen, das sich an den drei Dimensionen der Sicherheitspyramide orientiert, wobei im Folgenden Sicherheit auch Kontinuität einschließt: Aus der ersten Dimension, den hierarchischen Ebenen, haben wir – ausgehend von der RiSiKo-Politik – die Sicherheitsziele bzw. -anforderungen erhoben. Um diese in Sicherheitselemente der Architektur zu überführen, können Sie in folgenden Schritten vorgehen:

1. Zusammenführung der Sicherheitsanforderungen, die sich aus den Schutzbedarfsanalysen ergeben haben, zu Sicherheitsklassen bzw. RiSiKo-Klassen

2. Erhebung prinzipieller Bedrohungen und deren Eintrittswahrscheinlichkeit

3. Aufstellung von Strategien und Prinzipien zur Erhöhung des Sicherheitsniveaus

4. Entwicklung von Sicherheitselementen zur Vermeidung, Verringerung und Verlagerung potenzieller Schwachstellen im Betrieb und gegenüber Angriffen, d. h. zur Risikoreduzierung bzw. zur Erhöhung des Sicherheitsniveaus.

Nachdem die Sicherheitselemente entwickelt worden sind, werden sie entsprechend der zweiten Dimension im Hinblick auf folgende sicherheitsrelevanten Themenfelder betrachtet:

☐ Prozesse bzw. Prozesselemente

☐ Ressourcen und

☐ Organisation.

Diese sind ausgerichtet auf das Sicherheitsmanagement, weshalb ich sie im Folgenden auch als *PROSim* bezeichne.

Die Sicherheitselemente innerhalb dieser Themenfelder können nach ihrer Charakteristik in folgende *Kategorien* weiter unterteilt werden:

☐ vorbeugend, pflegend, übend und überprüfend

☐ beobachtend, erkennend, meldend/alarmierend

☐ erwidernd, abwehrend

□ (schadens-)beurteilend, diagnostizierend

□ wiederherstellend

□ nachsorgend und

□ verbessernd.

Die Sicherheitselemente und PROSim-Themenfelder können im Lebenszyklus eines Prozesses, einer Ressource, z. B. eines IKT-Systems, der Organisation, eines Produktes oder einer Dienstleistung Einfluss haben auf einzelne Prozessschritte bzw. Phasen oder auf den kompletten Ablauf bzw. alle Phasen. Dementsprechend gibt es *phasenspezifische und phasenübergreifende Elemente*.

Weiterhin sollten sowohl Elemente für die *Betriebssicherheit* (Safety) und die *Kontinuität* (Continuity) vorgesehen werden als auch zur *Angriffssicherheit*, d. h. der Sicherheit vor Angriffen (Security), um gegen die verschiedenartigen Bedrohungen gerüstet zu sein.

Die Sicherheitsarchitektur gibt somit einen Rahmen vor und verschafft einen Überblick über die möglichen, erforderlichen und vorhandenen Sicherheitselemente. Um diesen Überblick – angereichert um die übrigen Ebenen der Sicherheitspyramide – graphisch darzustellen, wird die Sicherheitspyramide entlang der PROSim-Elemente in einzelne pyramidenförmige Teile geschnitten. Für die so entstandenen Teilpyramiden kann für jede Hierarchieebene der Sicherheitspyramide, unterteilt nach vorbeugend, erkennend, abwehrend und prüfend, sowie für jede Phase des Lebenszyklus gekennzeichnet werden, welche Elemente erforderlich und welche vorhanden sind. Es ist leicht erkennbar, an welchen Stellen es „weiße Flecken" gibt.

Eine weitere Verfeinerung ergibt sich, wenn der *Status der einzelnen Elemente jeder Teilpyramide in Ampelfarben und/oder mit einem Symbol dargestellt* wird. Grün (☺) sind beispielsweise die vorhandenen und umgesetzten Elemente, gelb (☺) die in Entwicklung befindlichen und rot (☹) diejenigen, die noch erstellt werden müssen.

Entsprechend den Elementen des Sicherheitsdreiklangs beschäftigen sich die folgenden Kapitel mit

□ prinzipiellen Sicherheitsanforderungen

□ prinzipiellen Bedrohungen

□ Sicherheitsstrategien und -prinzipien sowie

□ Sicherheitselementen.

Sicherheitselemente beziehen sich auf die Prozesse, Ressourcen und die Organisation (PROSim), zu denen jeweils ein Überblick gegeben wird. Die Prozesse ihrerseits unterteilen sich in Kern-, Support- und Begleitprozesse. Wegen der Bedeutung der Begleitprozesse sind diese auf der gleichen Ebene wie der Überblick angesiedelt.

11.2 Prinzipielle/generische Sicherheitsanforderungen

Im ersten Schritt auf dem Weg zur Sicherheitsarchitektur fassen wir die erhobenen Sicherheitsanforderungen zu prinzipiellen Sicherheitsanforderungen der Prozesse, der Ressourcen, z. B. der eingesetzten IKT-Systeme, und der Organisation sowie der Produkte und Dienstleistungen zusammen und konsolidieren sie. Die Sicherheitsanforderungen berücksichtigen u. a. gesetzliche, kunden- und unternehmensspezifische Vorgaben.

Zur Ermittlung der prinzipiellen Anforderungen ordnen wir die individuellen Sicherheitsanforderungen der Informationssysteme den *primären Sicherheitskriterien* Konformität, Robustheit, Verfügbarkeit, Vertraulichkeit, Integrität, Verbindlichkeit und Authentizität zu. Je Sicherheitskriterium lassen sich Klassen bilden, die bei zukünftigen Schutzbedarfsanalysen genutzt werden.

In gleicher Weise führen wir die Anforderungen hinsichtlich der *sekundären Sicherheitskriterien*, z. B. Nachvollziehbarkeit, Nachweisbarkeit, Alarmierungs-, Erkennungs- und Abwehrfähigkeit zusammen.

Ein Überblick in Form der Anforderungsarchitektur (Requirements Architecture) fasst die so erhobenen Sicherheitsanforderungen zusammen.

11.3 Prinzipielle/generische Bedrohungen

Die möglichen Auslöser und Bedrohungen, z. B. durch Angreifer, Feuer, Flüssigkeit und technischen Defekt sind vielfältig. Durch Abstraktion einerseits und Konzentration auf die Auswirkungen andererseits können diese eingeschränkt und überschaubar gestaltet werden. Zur Früherkennung, Vermeidung oder Wiederherstellung müssen sie zwar ebenso wie bei den Sofortmaßnahmen individuell betrachtet werden, sollten jedoch durch Abstraktion zu *Bedrohungsgruppen* zusammengefasst werden, gegen die gleiche oder weitestgehend gleiche Maßnahmen ergriffen werden können. Die auf unterschiedlichen Auslösern und/oder Bedrohungen basierenden Auswirkungen bezeichne ich als *prinzipielle bzw. generische Bedrohungen*. Sie sind in der folgenden Aufzählung beispielhaft dargestellt:

☐ Ausfall oder Einschränkung von Ressourcen

   ☐ (ext.) Versorgungseinrichtungen, z. B. Strom, Gas, Wasser, Kommunikation (Ursache z. B. Beschädigung bei Bauarbeiten, technische Defekte, Flugzeugabsturz, Sturm, Sabotage, Terrorismus, Verseuchung/Verunreinigung)

- □ externe Dienstleister, z. B. Lieferanten, Software-Häuser, Service-Geber (Outsourcing, Managed Services)
  (Ursache z. B. Insolvenz, Ausfall der IKT-Infrastruktur oder Haustechnik, Streik, Service-Defizite, Terrorismus)
- □ Gebäude oder Räumlichkeiten
  (Ursache z. B. Brand, Rohrbruch, geplatzter Sprinklerkopf, Kühlflüssigkeit der Klimaanlage, Überflutung {Fluss, See, Schneeschmelze, Grundwasser}, Flugzeugabsturz, Sturm, Erdbeben, Terrorismus)
- □ Gebäude-, Raum-Infrastruktur und Haustechnik (z. B. Strom oder Klima)
  (Ursache z. B. Brand, Explosion, Rohrbruch, geplatzter Sprinklerkopf, Kühlflüssigkeit der Klimaanlage, Abwasser, Überflutung {Fluss, See, Schneeschmelze, Grundwasser}, Überspannung, Beschädigung, Wartungsfehler)
- □ IKT-Infrastruktur
  (Ursache, z. B. Brand, Explosion, Feuchtigkeit, Fehlbedienung, Fehler in der Software {von Anwendungen über Middleware bis zu Firmware}, technischer Defekt, Stromausfall, Überspannung, Staub, Rauch, Vibrationen, Beschädigung, Wartungsfehler, Überlastung)
- □ Personal
  (Ursache z. B. Lebensmittelvergiftung, Krankheit (auch gemäß Infektionsschutzgesetz § 7 meldepflichtige wie z. B. Hepatitis-A/B/C/D/E-Virus, Masern-, Mumps-, Rotavirus, Norwalk-ähnliches Virus (z. B. Norovirus), Salmonellen), Pandemie, Unfall, Tod, blockierte Anfahrt zur Arbeit {gesperrte Autobahnen, wegen Oberleitungsschaden, Triebkopf- oder Stellwerksausfall stehende Bahnen})
- □ Blockade
  - □ Gebäudezufahrt
    (Ursache z. B. Sturmschäden, Bauarbeiten, technische Defekte)
  - □ Gebäudezutritt
    (Ursache z. B. Streik, Demonstration, Ausfall des Zutrittskontrollsystems)
  - □ Kommunikationsanbindung (Ursache z. B. „Denial-of-Service"-Attacken)
- □ Beschädigung oder Verlust von Ressourcen, z. B. von Einrichtungsgegenständen, Computer-Equipment, Akten, Verträgen, Dokumenten, Dateien, Datenbeständen
  (Ursache z. B. Einbruch, Vandalismus, Diebstahl, Brand, Wasser, bei Materialien und Waren aber z. B. auch Alterung oder falsche Lagerung, bei selbst hergestellten Produkten physikalische oder technologische Alterung)
- □ Verfälschung/Manipulation, z. B. von Daten, Informationen, Systemen
  (Ursache z. B. Fehleingabe aufgrund von Tippfehlern oder Medienbrüchen,

Software-Fehler, fehlende Plausibilisierung von Daten, inkonsistente redundante Datenhaltung, direkte Manipulation, Computerviren)

☐ Täuschung durch Vorspiegelung einer falschen Identität
(Ursache z. B. Fälschung einer Unterschrift oder eines Dokuments, Vortäuschung einer falschen Benutzeridentität, Vortäuschung einer falschen IP-Absenderadresse {IP-Spoofing})

☐ unzulässige Informationsgewinnung und/oder -nutzung und/oder -weitergabe, z. B. im Hinblick auf Betriebsgeheimnisse, geheime Forschungsergebnisse, personenbezogene Daten (z. B. Kunden-, Patienten-, Versichertendaten), Lieferkonditionen
(Ursache z. B. Abhören von drahtgebundener oder drahtloser Übertragung oder von Räumen, Ausspähen, Spionage {z. B. durch Vertrauenserschleichung und Social Engineering}, aber auch Phishing, Spyware und Adware sowie unzulässiger Zugang zu und Zugriff auf vertrauliche bzw. geheime Daten und Informationen sowie deren Nutzung, z. B. Insiderhandel oder Erpressung, oder deren Weitergabe, z. B. Verkauf von Daten bzw. Informationen)

☐ unzulässige Nutzung der Unternehmensinfrastruktur, z. B. von IKT-Systemen, Telefonen (für teure Auslandstelefonate, kostenintensive Services), Kopierern

☐ ...

Als Beispiel für Bedrohungen kann die unzulässige Informationsgewinnung bei unverschlüsselt übertragenen Texten dienen. Der Angreifer hört die unverschlüsselten Datenpakete ab.

Einen Überblick über die prinzipiellen Bedrohungen, ihre Ursachen und die jeweils betroffenen Objekte erhalten Sie durch eine Matrixdarstellung. Den Objekten werden die prinzipiellen Bedrohungen bzw. Szenarien gegenübergestellt und in den Schnittpunkten der Matrix die dazugehörigen Auslöser eingetragen. Es entsteht eine Bedrohungslandkarte.

In dieser oder einer separaten Matrix können Sie eintragen, wie hoch Sie die Eintrittswahrscheinlichkeit des jeweiligen Ereignisses einschätzen. Sie erhalten dadurch das *Bedrohungspotenzial* der jeweiligen Bedrohung. Das entsprechende Feld der Matrix kann dann gemäß der Eintrittswahrscheinlichkeit farblich hinterlegt werden. Bei einer dreistufigen Einteilung können Sie beispielsweise die Ampelfarben rot, gelb, grün verwenden.

Eine alternative Darstellung der Bedrohungen und ihrer Eintrittswahrscheinlichkeit zeigt das *Bedrohungsprofil*. Hierbei enthält eine Tabelle in der ersten Spalte die Liste der Bedrohungen. In den folgenden Spalten sind Bereiche von Eintrittswahrscheinlichkeiten angegeben. Die Spalte mit der zutreffenden Eintrittswahrscheinlichkeit wird angekreuzt. Die Verbindungslinie der Eintrittswahrscheinlichkeiten visualisiert das Bedrohungsprofil.

Bedrohungslandkarte					
Bedrohungs- kategorie Objekt und Klasse	Ausfall, Ein- schränkung	Blockade	Beschädi- gung, Verlust	Unzulässige Gewinnung, Nutzung von Informationen	...
Externe Versor- gungseinrichtun- gen, z. B. - Strom - Gas - Wasser - Kommunikation	Beschädigung, Sabotage, Terrorismus, ...	...	...	...	...
Externe Dienstleis- ter, Lieferanten, Service-Geber	Insolvenz, ...	...	...	Insiderhandel	...
Gebäude	...	...	...	...	...
Räumlichkeiten	...	...	...	...	...
Gebäude- Infrastruktur	...	...	...	...	...
IKT-Infrastruktur	...	...	...	...	...
Personal	...	...	...	Insiderhandel	...
...	...	...	...	...	...

Tabelle 11-1: Bedrohungslandkarte (beispielhafter Auszug)

Da Absicherungen üblicherweise nicht gegen alle denkbaren Bedrohungen erfolgen, ist die Eintrittswahrscheinlichkeit ein Indiz dafür, mit welcher Priorität Schutzmaßnahmen unter Kosten-Nutzen-Erwägungen ergriffen werden sollten. Hierbei ist zu beachten, dass eine Bedrohung trotz einer sehr geringen Eintrittswahrscheinlichkeit dennoch sehr kurzfristig auftreten kann, d. h. morgen, in den nächsten Stunden oder auch im nächsten Augenblick. Ebenfalls zu berücksichtigen ist, dass Eintrittswahrscheinlichkeiten oftmals retrospektiv sind. D. h. sie basieren auf der Häufigkeit eines Ereignisses in der Vergangenheit. Dementsprechend können derartige Eintrittswahrscheinlichkeiten mehr oder weniger häufigen Veränderungen unterliegen.

Es empfiehlt sich, eine unternehmensweit geltende *standardisierte prinzipielle bzw. generische Bedrohungsmatrix* zu erstellen. Sie gibt zum einen an, welche Bedrohungen berücksichtigt werden sollen. Zum anderen enthält sie die jeweilige Einschätzung der Eintrittswahrscheinlichkeit, sofern diese innerhalb des Unternehmens allgemeingültig ist. Gilt eine Bedrohung als „gesetzt", d. h. soll sie unabhängig von der Eintrittswahrscheinlichkeit berücksichtigen werden, so wird die Eintrittswahrscheinlichkeit auf 1 gesetzt. Bei prinzipiellen Bedrohungen, die individuell eingeschätzt werden müssen, wird das entsprechende Feld der Matrix leer gelassen. Die Eintrittswahrscheinlichkeiten sollten aus Gründen der Effizienz und der Komplexitätsreduktion in Klassen eingeteilt werden.

Diese zentrale Bedrohungsmatrix, die ich als Bedrohungsarchitektur bezeichne, erspart den Prozess- und Ressourcenverantwortlichen eines Unternehmens in vielen Fällen die individuelle Einschätzung der verschiedenen Bedrohungen und stellt dadurch einen *Effizienzgewinn* dar. Gleichzeitig erhöht dies die Konsistenz der Eintrittswahrscheinlichkeiten sowie die Durchgängigkeit und zielgerichtete Vollständigkeit der Bedrohungen. Es verbleiben dann jene für den jeweiligen Geschäftsprozess oder die jeweilige Ressource spezifischen Bedrohungen und die Prüfung der Bedrohungsmatrix auf Angemessenheit hinsichtlich der individuellen Gegebenheiten. So kann der Ausfall eines Rechnersystems oder Gebäudes als „gesetzt" gelten, während die Bedrohung durch Hochwasser bei mehreren Standorten eines Unternehmens lokationsabhängig zu bewerten ist.

Je kleiner und weniger verteilt ein Unternehmen ist, desto kompakter gestaltet sich die Bedrohungsmatrix bzw. das Bedrohungsprofil üblicherweise.

Zur möglichst umfassenden Identifizierung potenzieller Bedrohungen bietet es sich an, diese aus unterschiedlichen Blickwinkeln zu betrachten. Die folgende Aufzählung listet Ursachengruppen auf und ordnet diesen Bedrohungen zu:

☐ Kriminelle Handlungen (Untreue, Einbruchdiebstahl, Geiselnahme, Bombendrohung, Sabotage, Spionage, Terrorismus, Computerviren, ...)

☐ Technische Ausfälle (Strom, Klima, Heizung, IKT, Produktionsanlagen, Fertigungsstraßen, Gebäude, ...)

☐ Personelle Ausfälle (Tod, Unfall, Krankheit, Kündigung, ...)

☐ Menschliches Versagen (Fahrlässigkeit, Fehlverhalten, Fehlbedienung, Fehleinschätzung, Fehlentscheidung, ...)

☐ Höhere Gewalt (Brand, Schäden durch Flüssigkeiten {z. B. Rohrbruch}, ...)

☐ Naturereignisse (Erdbeben, Hochwasser, Sturm, ...)

☐ Politische Veränderungen (Gesetzgebung, z. B. bei Steuern und Sozialabgaben, Krieg, Putsch, Verstaatlichung, ...)

☐ Technologiewechsel oder technologische Entwicklungen, z. B. der Übergang zu mobilen IKT-Endgeräten (Mobile Devices)

☐ Gesellschaftliche Veränderungen, z. B. Flexibilisierung von Arbeitsort und -zeit, Bereitstellung von Arbeitsmitteln durch Mitarbeiter (Bring Your Own Device)

☐ ...

Technologischer Wandel

Die Fähigkeit von Unternehmen, auf technologische Veränderungen frühzeitig zu reagieren, oder besser noch, sie zu antizipieren, ist ein wesentlicher Faktor für ihre Existenzsicherung. Dementsprechend stellt die verspätete Reaktion auf relevanten technologischen Fortschritt eine Bedrohung und bei hohem Schadenspotenzial ein entsprechend hohes Risiko dar.

Die Beispiele für den technologischen Wandel sind vielfältig: Der Übergang vom Plattenspieler zum CD-Spieler gehört hier ebenso dazu wie der Wandel vom Kathodenstrahlröhren- zum LCD- und zum Plasmabildschirm. Auch der Wandel bei Sofortbild- und Standardkameras, der sich von filmbasierten Kameras zu Digitalkameras verändert, erfordert bei den betroffenen Herstellern frühzeitige Anpassungen bzw. hätte dies erfordert. Die Einführung von Smartphones erfordert deren Absicherung gegen Angriffe und das Management dieser Endgeräte (Mobile Device Management).

11.4 Strategien und Prinzipien

Für den zielgerichteten und wirtschaftlichen Aufbau des Sicherheitsmanagements einschließlich Kontinuitäts- und Risikomanagement ist es wesentlich, das Spektrum der einsetzbaren Strategien (Strategieoptionen) im Hinblick auf Sicherheit, Kontinuität und Risiko sowie der Sicherheitsprinzipien bzw. der Grundsätze der Sicherheit zu kennen. Hierdurch können einseitige Entscheidungen im Interesse einer ausgewogenen, gesamtheitlichen und wirtschaftlichen Lösung vermieden werden.

Die Strategieoptionen öffnen den Blick für die unterschiedlichen Lösungsansätze. Die Prinzipien machen Vorgaben, die über die folgenden hierarchischen Ebenen der Sicherheitspyramide konkretisiert und umgesetzt werden. Die folgenden Unterkapitel geben einen Überblick zu folgenden Prinzipien bzw. Grundsätzen und Strategien:

1. Risikostrategie
2. Sicherheits- und Kontinuitätsstrategie
3. Prinzip der Wirtschaftlichkeit
4. Prinzip der Abstraktion
5. Prinzip der Klassenbildung
6. Poka-Yoke-Prinzip
7. Prinzip der Namenskonventionen

8. Prinzip der Redundanz
9. Prinzip des „aufgeräumten" Arbeitsplatzes
10. Prinzip der Abwesenheitssperre
11. Prinzip der Eigenverantwortlichkeit
12. Vier-Augen-Prinzip
13. Prinzip der Funktionstrennung
14. Prinzip der Sicherheitsschalen
15. Prinzip der Pfadanalyse
16. Prinzip der Ge- und Verbotsdifferenzierung
17. Prinzip des generellen Verbots
18. Prinzip der Ausschließlichkeit
19. Prinzip des minimalen Bedarfs
20. Prinzip der minimalen Rechte
21. Prinzip der minimalen Dienste
22. Prinzip der minimalen Nutzung
23. Prinzip der Nachvollziehbarkeit und Nachweisbarkeit
24. Prinzip des „sachverständigen Dritten"
25. Prinzip der Sicherheitszonen und des Closed-Shop-Betriebs
26. Prinzip der Sicherheitszonenanalyse
27. Prinzip der Immanenz
28. Prinzip der Konsolidierung
29. Prinzip der Standardisierung
30. Prinzip der Plausibilisierung
31. Prinzip der Konsistenz
32. Prinzip der Untergliederung
33. Prinzip der Aufteilung
34. Prinzip der Pseudonymisierung
35. Prinzip der Vielfältigkeit
36. Distanzprinzip
37. Prinzip der Vererbung
38. Prinzip der Subjekt-Objekt- bzw. Aktiv-Passiv-Differenzierung

11.4.1 Risikostrategie (Risk Strategy), Risikolandkarte, Risikoklassen

Um die Risikolage zu verbessern und das Risikoniveau zu optimieren bzw. die Sicherheit, genauer das Sicherheits- und Kontinuitätsniveau zu erhöhen, gibt es für die verschiedenen Risiken folgende Strategien (Risk Strategy), für die ich die Begriffe 4Vs bzw. V-Quadrupel des Risikomanagements geschaffen habe:

▫ Vermeidung

▫ Verringerung/Verminderung (z. B. Verteilung, Risikomix)

▫ Verlagerung (z. B. durch Versicherung, geeignete Vertragsgestaltung mit Kunden und Lieferanten oder Outsourcing)

▫ Vereinnahmung, d. h. Übernahme verbleibender, neuer oder bisher abgesicherter Risiken, auch als Risikoakzeptanz bezeichnet.

Für jedes Risiko ist abzuwägen, welche Strategie oder Strategiekombination unter Kosten-Nutzen-Aspekten verfolgt werden soll. Hierbei kann die Risikoklassifizierung gemäß der Abbildung Orientierung geben.

Die dortigen Begriffe „existenzgefährdend" bis „gering" zur Klassifizierung des Schadenspotenzials sowie „unwahrscheinlich" bis „sehr häufig" zur Klassifizierung der Eintrittswahrscheinlichkeit bedürfen der unternehmensspezifischen Quantifizierung. So kann bei einem spezifischen Unternehmen „existenzgefährdend" mit einem Schadenswert von > 10 Mio. EUR quantifiziert sein, während dies für ein anderes nur eine „Kleinigkeit" ist, und „unwahrscheinlich" mit einer Eintrittswahrscheinlichkeit von seltener als alle 1.000 Jahre festgelegt sein. Die Anzahl der Klassifizierungsstufen lässt sich entsprechend den unternehmensspezifischen Anforderungen verändern.

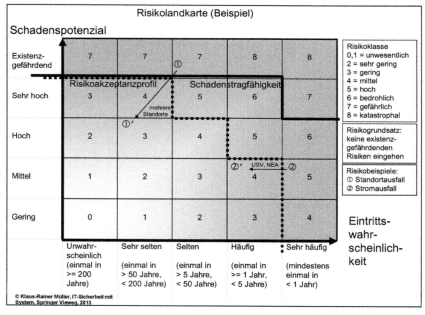

Abbildung 11-1: Risikolandkarte und Risikoklassen (Beispiel)

Anstelle von absoluten können auch relative Risikowerte genutzt werden, wenngleich ich aus Gründen der Anschaulichkeit auf Managementebene zu absoluten

Angaben tendiere. Zur Ermittlung des relativen Risikowertes je Schutz- bzw. Wertobjekt lässt sich beispielsweise eine Risikoskala von 1 ... 100 definieren. Der Wert folgt gemäß Risikodreiklang aus dem Schadens-, dem Bedrohungs- und dem Schwachstellenpotenzial.

11.4.2 Sicherheits- und Kontinuitätsstrategie (Safety, Security and Continuity Strategy)

Die Sicherheits- und Kontinuitätsstrategie legt fest, welche Maßnahmenfolge zur Vermeidung oder Verringerung eines Risikos ergriffen werden sollte. Die einzelnen Elemente der Sicherheits- und Kontinuitätsstrategie bestehen aus Maßnahmen zur

☐ Vorbeugung (Prävention), Pflege, Übung und Überprüfung (Verifikation)

☐ Beobachtung (Monitoring), Erkennung (Detektion), Meldung/ Alarmierung

☐ Erwiderung (Reaktion), z. B. Abwehr

☐ Beurteilung (Evaluation) des Schadens

☐ Wiederherstellung (Restauration)

☐ Nachsorge und Nacharbeit (Postvention)

☐ Verbesserung (Emendation).

Ein *Beispiel* für die Anwendung der Sicherheitsstrategie zum Schutz vor Angriffen ist die Anbindung des Unternehmensnetzes an das Internet. Als Präventivmaßnahme installiert das Unternehmen eine Firewall, die das zu schützende Netz vor Übergriffen aus dem unsicheren Netz schützt. Gleichzeitig hat die Firewall die Aufgabe, sicherheitsrelevante Zugangsversuche bzw. Ereignisse zu erkennen, abzuwehren und zu melden. Das Intrusion-Detection-System dient der Erkennung von Angriffen und der Alarmierung, das Intrusion-Response-System leitet die zeitnahe Reaktion ein, indem beispielsweise die Firewall umkonfiguriert wird.

Im Falle eines Angriffs wird darüber hinaus versucht, den Eigentümer der IP-Adresse ausfindig zu machen und die Angriffsroute zurückzuverfolgen.

Der Information Security Officer (ISO) nimmt eine Beurteilung des Schadensausmaßes und der aktuellen Situation vor. Dementsprechend leitet er Maßnahmen ein. Zum frühestmöglichen Zeitpunkt beginnt die Wiederherstellung für den regulären Betrieb. Arbeitseinschränkungen oder -ausfälle werden durch Nacharbeit kompensiert. Der ISO wertet den Vorfall aus, um eventuelle neue Erkenntnisse zu sammeln und für Verbesserungen zu nutzen.

Die ergriffenen Maßnahmen werden kontinuierlich gepflegt und ihre Wirksamkeit in regelmäßigen Abständen überprüft.

11.4.3 Prinzip der Wirtschaftlichkeit

Definition: Das Prinzip der Wirtschaftlichkeit fordert, dass bei jedem Thema und so auch bei den Themen Sicherheit, Kontinuität und Risiko die Aspekte Kosten, Nutzen, Chancen und Risiken zu berücksichtigen sind.

Ziel des Prinzips ist es, themenspezifische Anforderungen so zu stellen und umzusetzen, dass sie den Unternehmenszweck und die Unternehmensziele effizient unterstützen.

Erläuterungen: Die Einhaltung des Prinzips erfordert einerseits die Kenntnis der Anforderungen, der Bedrohungen und der Auswirkungen sowie andererseits des Aufwands für die Realisierung und den Betrieb der entsprechenden Lösung.

11.4.4 Prinzip der Abstraktion

Definition: Das Prinzip der Abstraktion fordert übergreifende Vorgaben.

Ziel des Prinzips ist es, durch übergreifende Vorgaben Einheitlichkeit, Effektivität und Effizienz zu erreichen.

Beispiel(e): An unterschiedlichen Standorten eines Unternehmens und bei den verschiedenen IKT-Systemen ergreifen die jeweiligen Verantwortlichen nach bestem Wissen und Gewissen Sicherheitsmaßnahmen. *Fehlende Vorgaben führen jedoch zu unterschiedlichen Sicherheitsniveaus.* Die Vernetzung der Systeme kann dann dazu führen, dass alle Systeme auf das niedrigste Sicherheitsniveau heruntergezogen werden.

Dem kann der Chief Information Security Officer (CISO) entgegenwirken, indem er im Vorfeld *Vorgaben für bestimmte Ressourcentypen* macht, z. B. für Abläufe, Anwendungen, Middleware und Betriebssysteme. Alternativ kann er auf bereits existierenden Sicherheitsmaßnahmen aufbauen und diese abstrahieren (Prinzip der Abstraktion), sodass sie zukünftig unternehmensweit für diesen spezifischen Ressourcentyp gelten. Hierdurch erreicht der CISO zum einen eine Standardisierung und zum anderen eine Know-how-Sicherung. Die abstrahierten Vorgaben dokumentiert er in Form von Sicherheitsrichtlinien. Bei jeder neuen Ressource bilden sie die Grundlage für die Auswahl und die spezifische Konfiguration. Das Unternehmen verfügt so über ein wirtschaftliches Mittel, um bei neuen technologischen Entwicklungen auf bereits erprobtem Wissen aufsetzen zu können.

Das Prinzip der Abstraktion lässt sich auch auf das Management von Systemen übertragen, sei es auf das Benutzerverwaltungssystem, das von Betriebssystem zu Betriebssystem unterschiedlich ist, oder sei es auf das Management von Kommunikations- und Speichernetzwerken. Sie alle fordern spezifische Kenntnisse im Management jedes einzelnen Systems. Solange die IKT-Landschaft klein oder der Geschäftsbereich IKT-Services in der Lage ist, eine unternehmensweit einheitliche

Plattformstrategie durchzusetzen, ist durchgängige Abstraktion weniger wichtig. Bei großen heterogenen Installationen jedoch steigen die Komplexität und das erforderliche Wissensspektrum enorm an. Abstrahierende bzw. *plattformübergreifende Managementsysteme*, wie z. B. plattformübergreifende Systeme zur Benutzerverwaltung, zur Netzüberwachung und zum Speichermanagement, vereinfachen diese Aufgaben durch Vereinheitlichung, reduzieren die Komplexität und helfen dadurch, Bedienungsfehler und Sicherheitslücken zu vermeiden.

11.4.5 Prinzip der Klassenbildung (Principle of Classification)

Definition: Das Prinzip der Klassenbildung fordert die Definition unernehmensspezifischer themenbezogener Klassen.

Ziel des Prinzips ist die Reduzierung der Komplexität und die Steigerung der Effizienz durch Vermeidung einer Vielzahl individueller Anforderungen und Lösungen.

ISO/IEC 27001:2013: siehe dortiges Kontrollelement zur Klassifizierung von Informationen

Beispiel(e): Themen können u. a. Sicherheit, Kontinuität und Risiko sein.

Die Sicherheitsanforderungen der Geschäftsprozesse eines Unternehmens und daraus abgeleitet die der Informationssysteme sind üblicherweise unterschiedlich. Den verschiedenen Anforderungen entsprechend ergibt sich eine Vielzahl mehr oder weniger unterschiedlicher Sicherheitsmaßnahmen. Diese Lösungen müssen jeweils individuell entwickelt und anschließend verwaltet und gepflegt werden. *Der im Einzelfall optimalen maßgeschneiderten Lösung stehen deren Vielzahl, die daraus resultierende Komplexität sowie die Wirtschaftlichkeit einer unternehmensspezifisch standardisierten prozess- und ressourcenübergreifenden Lösung gegenüber.*

Es empfiehlt sich daher, unternehmensspezifisch geeignete *Sicherheitsklassen* zu bilden, um die Menge individueller Lösungen auf eine überschaubare, standardisierte und wirtschaftliche Anzahl von Lösungen zu reduzieren.

Beispielsweise gibt es hinsichtlich der Verfügbarkeit von IKT-Systemen in der Regel unterschiedliche Anforderungen. Diese gilt es in geeigneten *Verfügbarkeitsklassen* zusammenzuführen, um ihre Anzahl zu reduzieren sowie überschaubar und effizient zu machen. Die Verfügbarkeitsklassen richten sich nach der maximal zulässigen Ausfalldauer eines IKT-Systems. Sie können beispielsweise folgendermaßen definiert sein:

□   max. Ausfalldauer: 0 h, d. h. unterbrechungsfreier Rund-um-die-Uhr-Betrieb

□   max. Ausfalldauer: 4 h

□   max. Ausfalldauer: 24 h

- ☐ max. Ausfalldauer: 48 h
- ☐ max. Ausfalldauer: 5 Arbeitstage.

Da sich die Verfügbarkeitsklassen aus den Sicherheitsanforderungen ergeben haben, müssen in der Architektur Sicherheitselemente vorhanden sein, durch welche sich die Anforderungen der jeweiligen Klasse realisieren lassen. Diese Sicherheitselemente bilden die Grundlage für die später zu entwickelnden Sicherheitsrichtlinien, -konzepte und -maßnahmen.

Ähnliches gilt für die anderen Sicherheitskriterien, z. B. auch für das Sicherheitskriterium Vertraulichkeit. Anforderungsabhängig können verschiedene *Vertraulichkeitsstufen* gebildet werden, beispielsweise „öffentlich", „unternehmensintern", „vertraulich", „geheim". Die Klassenbildung empfiehlt sich u. a. auch für Bedrohungen, Eintrittswahrscheinlichkeiten, Schwachstellen und Risiken. Schwachstellen lassen sich beispielsweise klassifizieren nach dem Schwierigkeitsgrad, sie ausnutzen zu können, d. h. wie versiert muss ein Angreifer sein, um sie ausnutzen zu können.

Das Prinzip der Klassenbildung begegnet Ihnen auch in der *Normung*, z. B. in DIN-Normen. Sie finden hier u. a. Sicherheitsstufen für die Vernichtung von Informationsträgern. Diese lassen sich bei der Bildung unternehmensspezifischer Klassen berücksichtigen. Beispielsweise kann jeder Vertraulichkeitsstufe eine entsprechende Sicherheitsstufe bei der Vernichtung der Informationsträger zugeordnet werden.

Ebenfalls bekannt ist die Klassenbildung aus der objektorientierten *Softwareentwicklung*. Doch auch außerhalb der Objektorientierung lassen sich Softwaremodule, -komponenten oder ganze Anwendungen in Sicherheitsklassen einteilen und ihnen abgestufte Sicherheitsmaßnahmen, z. B. hinsichtlich anzuwendender Entwicklungsstandards und Testintensität, zuordnen.

11.4.6 Poka-Yoke-Prinzip

Definition: Das Prinzip fordert „*narrensichere" Mechanismen* (Poka-Yoke) [44].

Ziel des Prinzips ist die Vermeidung (Yoke) unbeabsichtigter Fehler (Poka) bei menschlichem Handeln im Vorhinein.

Beispiel(e): Müssen beispielsweise Bauteile zusammengesetzt werden, so lassen sich Fehler präventiv vermeiden, wenn die Verbindungen so gestaltet sind, dass sie nur auf eine einzige Art zusammenpassen und zusammengehörende Verbindungen die gleiche Farbe besitzen. Ein anderer Weg zur Fehlervermeidung besteht darin, die Aufmerksamkeit von Personen zu erlangen, z. B. durch akustische oder visuelle Signale. Weitere Beispiele sind die gegenseitige Verriegelung unvereinbarer Aktivitäten und die Sperrung nicht zulässiger Aktivitäten.

Gegenbeispiel: Notausschalter

Das Rechenzentrum eines Unternehmens ist in einem nachträglich umgerüsteten Raum untergebracht. Hierzu wurde auf dem vorhandenen Boden ein Doppelboden aufgebaut, auf dem sich die Computeranlagen befinden. Nach dem Eintritt in das Rechenzentrum führt gleich rechts eine Rampe auf diesen Doppelboden. An der Wand neben der Rampe befindet sich in Schulterhöhe der offen liegende und unbeschriftete Notausschalter, der im Vorbeigehen mit der Schulter ausgelöst werden kann.

Gegenbeispiel: Datenschutz

Die Darmstädter Polizei veröffentlichte laut Darmstädter Echo vom 16. Januar 2007 aufgrund eines „einmaligen, bedauerlichen" Versehens 41 Einsatzberichte aus dem Zeitraum vom 6. bis zum 12. Februar 2006 im Internet. Dem Zeitungsbericht zufolge listeten diese neben Namen, Geburtsdatum und Adresse auch Automarke, Kennzeichen und Gesetzesverstoß sowie eventuelle Vorstrafen auf. Eine Bestätigungsabfrage, ob die Dateien wirklich ins Internet gestellt werden sollen, existierte dem Bericht zufolge jedoch nicht.

Notausschalter, z. B. für Anlagen, Systeme, Technikräume oder Rechenzentren, sollten so gekennzeichnet, gestaltet und angebracht sein, dass sie leicht erkennbar und sofort auslösbar sind, aber gleichzeitig nicht versehentlich betätigt werden.

Im Hinblick auf den *Zutritt* zu Technikräumen oder zum Rechenzentrum oder den *Zugang* zu Informationssystemen und den *Zugriff* auf Daten bedeutet das Poka-Yoke-Prinzip, dass nur jene Personen eine entsprechende Berechtigung erhalten, die diese Berechtigung benötigen und entsprechend qualifiziert sind. Letzteres setzt gegebenenfalls eine entsprechende Schulung oder Weiterbildung voraus.

Bei Informationssystemen bedeutet das Poka-Yoke-Prinzip, dass z. B. die *Benutzeroberfläche* leicht verständlich und einheitlich gestaltet sein muss, sodass sie intuitiv bedienbar ist. Einheitlichkeit äußert sich z. B. in der Anordnung gleicher Oberflächenelemente, in der Farbgebung und in der Durchgängigkeit der verwendeten Nomenklatur, die gleichzeitig auf die Kenntnisse und den Sprachgebrauch des Anwenders zugeschnitten sein sollte.

Darüber hinaus sollten dem Benutzer nur die Funktionen angeboten werden, für die er berechtigt ist und die in dem aktuellen Kontext auch ausführbar sind. Die Vermeidung unzulässiger Eingaben und frühzeitige *Plausibilitätsprüfungen* dienen ebenfalls dazu, ein Informationssystem „narrensicher" zu gestalten. Bei potenziellen Fehlbedienungen oder risikoreichen Funktionen erhält der Benutzer eine Warnung (z. B. beim Löschen von Datensätzen oder Dateien).

Fehlermeldungen sollten spezifisch auf eine konkrete Fehlersituation eingehen und nicht universell für eine Vielzahl möglicher Fehler zum Einsatz kommen. Sie sollten – anstatt Fehlercodes auszugeben – selbsterklärend und auf die Kenntnisse des Anwenders zugeschnitten sein. Fehler sollten Hinweise auf das weitere Vorgehen geben. Onlinehilfe und kontextsensitive Hilfe sind erforderlich.

11.4.7 Prinzip der Namenskonventionen (Principle of Naming Conventions)

Definition: Das Prinzip der Namenskonventionen fordert für die Vergabe von Identifikatoren von Objekten einheitliche Schemata, die eineindeutig, d. h. umkehrbar eindeutig sind.

Ziel des Prinzips ist die geregelte und nachvollziehbare Identifikation von Objekten.

Beispiel(e): Häufig vergeben Unternehmen Bezeichnungen zur Identifikation von Objekten. Diese gehorchen üblicherweise einer Namenskonvention. Ein Beispiel hierfür ist die Inventarisierung von Mobiliar, IKT-Hardware, Datensicherungsbändern etc. Bezeichnungen gibt es darüber hinaus zur eineindeutigen, d. h. umkehrbar eindeutigen, Identifikation von Servern, Netzkomponenten, Programmen, Projekten, Mitarbeitern, Benutzerkennungen, Dokumenten etc.

11.4.8 Prinzip der Redundanz (Principle of Redundancy)

Definition: Das Prinzip der Redundanz fordert das mehrmalige Vorhandensein von Objekten.

Ziel des Prinzips ist der Schutz vor Nichtverfügbarkeit eines Objekts.

ISO/IEC 27001:2013: siehe dortiges Kontrollelement zu Redundanzen

Erläuterung: Objekte können beispielsweise räumliche, technische oder personelle Ressourcen, Dienstleister bzw. Provider oder Dienste sein.

Redundanz (Redundancy) bezeichnet die Überfülle von Objekten, d. h. deren Duplizität bzw. mehrmaliges Vorhandensein. Beispielsweise können Daten, Informationssysteme, Gebäude, Räumlichkeiten und/oder Arbeitsplätze redundant, also doppelt bzw. mehrfach bzw. mehr als benötigt, vorhanden sein, so dass bei Ausfall eines Objektes ein Ersatzobjekt zur Verfügung steht. Den Bedrohungen durch Ausfall lässt sich häufig durch Redundanz begegnen, indem „Single Points of Failure" vermieden werden. Redundanz lässt sich durch folgende Kriterien charakterisieren:

1. Redundanzkategorien

2. Strukturelle Redundanz

3. Redundanzgrad (Redundanzquantität)

4. Redundanzgeschwindigkeit

5. Redundanzqualität

Überlegungen zur Redundanz beziehen sich auf eine Vielzahl von Objekten, z. B. eine Telefonanlage, einen speziellen Computer und Anwendungssoftware. Diese Objekte fasse ich nach ihrem Typus in *Redundanzkategorien* zusammen. Redundanzkategorien repräsentieren die Prozesse sowie alle Ressourcen, die von Prozessen genutzt werden, d. h. die Schutzobjekte.

Redundanz wird häufig im Hinblick auf *strukturelle Redundanz* betrachtet. Diese erreichen Sie durch Hinzufügen weiterer gleichartiger Objekte, z. B. durch „Duplizierung" eines Gebäudes, einer Anlage oder eines Rechners. Strukturelle Redundanz ist also dann vorhanden, wenn alle Elemente eines Schutzobjektes, d. h. seine Struktur, doppelt bzw. mehrfach ausgelegt sind.

So verringert eine zweite räumlich hinreichend getrennte Netzanbindung die lokale Bedrohung durch Beschädigung eines Stromversorgungskabels bei Bauarbeiten. Dasselbe gilt für andere Versorgungseinrichtungen, wie z. B. Wasser, Gas und Kommunikation. Dies kann auf weitere Objekte ausgedehnt werden, indem beispielsweise das Rechenzentrum dupliziert und an zwei Standorten betrieben wird, redundante räumlich ausreichend getrennte Arbeitsplätze zur Verfügung stehen, Hardware dupliziert wird, Stellvertreter vorhanden und Ersatzprozesse festgelegt sind.

Bei speziellen fehlertoleranten Rechnern führt das Redundanzprinzip dazu, dass Komponenten sich selbst prüfen und bei Fehlern automatisch auf die alternative funktionsfähige Komponente umschalten. Wird Redundanz durch das Hinzufügen weiterer Komponenten, z. B. durch Duplizierung, erreicht, handelt es sich um eine strukturelle Redundanz.

Um eine *vollständige strukturelle Redundanz* zu erreichen, müssen alle beteiligten Elemente redundant gestaltet sein, sodass kein „Single Point of Failure" mehr vorhanden ist.

Beispiel Stromversorgung

Eine geforderte und unter Kosten-Nutzen-Aspekten vertretbare Redundanz der Stromversorgung kann folgendermaßen hergestellt werden: Es wird eine redundante unterbrechungsfreie Stromversorgung (USV) und eine Netzersatzanlage (NEA) installiert, alle Kabel werden redundant und in räumlich hinreichend getrennten Brandabschnitten verlegt, Komponenten, wie z. B. Trafos, werden redundant gestaltet, usw.

Je nach Umfang der Redundanz lassen sich verschiedene *Redundanzgrade* unterscheiden. Dies bezeichne ich auch als *Redundanzquantität*. Besitzt ein Objekt eine 100 %ige Redundanz, so ist es um 100 % überdimensioniert und daher im regulären Betrieb nur zur Hälfte ausgelastet bzw. belastet. Bei gleichzeitig vorliegender struktureller Redundanz bedeutet 100 %ige Redundanz, dass das Objekt gegen einen einfachen Ausfall geschützt ist, bei 200 %iger Redundanz ist es gegen zwei Ausfälle geschützt. Da in diesen Fällen 100 % bzw. 200 % der Kapazität im regulären Betrieb zuviel vorhanden sind, ist diese Vorgehensweise wirtschaftlich meist nicht vertretbar.

Rechenzentren können aus Wirtschaftlichkeitsgründen beispielsweise auf 50 %ige Redundanz ausgelegt sein. Bei gleichzeitiger struktureller Redundanz ersetzen sich hierbei zwei räumlich getrennte und im regulären Betrieb parallel betriebene Rechenzentren bei Ausfall eines Rechenzentrums gegenseitig, wobei jedes im regulären Betrieb auf 75 % der benötigten Leistung bzw. Kapazität dimensioniert ist. Bei Ausfall eines Rechenzentrums muss das andere somit dessen Aufgaben mit übernehmen.

Selbst bei einem Redundanzgrad von 0 % lässt sich das Ausfallrisiko eines Standortes, eines Gebäudes, unternehmenskritischer IKT-Systeme und Services reduzieren, indem das *Double-Source-Konzept*, also strukturelle Redundanz, genutzt wird. Statt das Gesamtunternehmen oder das Rechenzentrum beispielsweise an einem Standort zu konzentrieren, befinden sich jeweils 50 % an zwei Standorten. Bei Ausfall der einen Hälfte sind somit weiterhin 50 % verfügbar. Auch derartige Lösungen erfordern üblicherweise Zusatzinvestitionen und beeinflussen die unternehmensinterne Zusammenarbeit und Kommunikation.

In Fachkreisen üblich ist der Begriff *N+1-Redundanz* bzw. das N+1-Prinzip. Hierbei werden im Betrieb N von N+1 gleichartigen Komponenten parallel betrieben, z. B. Server, USVs, Transformatoren und Klimaanlagen. Server können beispielsweise in einem Cluster mit einem redundanten Server, also einem Spare Server, betrieben werden. Fällt eine dieser Komponenten aus, so steht eine weitere bereit, um deren Aufgabe zu übernehmen. Somit stehen insgesamt N+1 Komponenten zur Verfügung, obwohl ohne Redundanz nur N benötigt würden. Dieses Prinzip lässt sich bei höheren Redundanzanforderungen zum *N+x-Prinzip* bzw. zur *N+x-Redundanz* erweitern. Das N+1- bzw. N+x-Prinzip deutet gleichzeitig auf prinzipielle Skalierbarkeit hin.

Ein weiteres Charakteristikum für die Redundanz ist die *Redundanzlatenz*, d. h. die Zeit, die verstreicht, bis das redundante Objekt nutzungsbereit ist. Diese Angabe ist dann ausreichend, wenn das Objekt nur als Ganzes zum Einsatz kommt. Kommt das Objekt oder eine Gruppe gleichartiger Objekte erst nach und nach zum Einsatz, so wird die maximal erreichbare Zielredundanz erst im zeitlichen Verlauf erreicht. Es ergibt sich somit eine Zunahme aktivierter redundanter Objekte pro Zeiteinheit. Dies bezeichne ich als *Redundanzgeschwindigkeit*.

Dementsprechend lassen sich folgende Redundanzlatenzen bzw. Redundanzgeschwindigkeiten unterscheiden: aktive oder „heiße" Redundanz, semiaktive oder „warme" Redundanz sowie passive oder „kalte" Redundanz.

Bei aktiver oder „heißer" Redundanz läuft der Betrieb bei Ausfall einer Komponente quasi unbemerkt und unterbrechungsfrei weiter, die Latenzzeit ist annähernd 0, die Redundanzgeschwindigkeit nahe unendlich.

Bei semiaktiver oder „warmer" Redundanz ist ein überschaubarer Zeitraum erforderlich, um auf das redundante Objekt überzugehen. In diesem Fall ist das redundante Objekt üblicherweise in Betrieb, z. B. ein Gebäude, eine Anlage oder ein Computersystem. Um es als Ersatz nutzen zu können, sind jedoch beispielsweise laufende Anwendungen zu stoppen und gegebenenfalls Daten zu sichern sowie andere Daten einzuspielen und andere Anwendungen zu starten.

Passive oder „kalte" Redundanz bedeutet, dass eine Ersatzlösung vorhanden ist, dass bis zu ihrer Inbetriebnahme aber einige Zeit vergeht. Dies können Ersatzanlagen oder -systeme sein, die erst zusammengebaut, installiert, konfiguriert und in Betrieb genommen werden müssen oder auch Aushilfskräfte, die einzustellen und einzuarbeiten sind. Im Falle eines Ersatzservers muss der Systembetreuer beispielsweise diesen oder die erforderlichen Komponenten erst aus dem Lager holen, Hardware zusammenbauen und konfigurieren, Software installieren und konfigurieren sowie Daten einspielen, etc. Sind mehrere Server betroffen, so geht im Zeitverlauf einer nach dem anderen in Betrieb. Ähnliches gilt, wenn das Unternehmen an einem anderen Standort sukzessive Ersatzarbeitsplätze aufbaut.

Bei sehr hohen Verfügbarkeitsanforderungen gerät ein weiteres Kriterium der Redundanz ins Visier, die *Redundanzqualität*. Was ist hierunter zu verstehen? Zur Erreichung einer Redundanz werden Komponenten häufig dupliziert. So lässt sich z. B. der alterungs- oder umfeldbedingte Ausfall einer Ressource abfangen, nicht jedoch ein Ausfall, der auf einem prinzipbedingten Fehler in der Ressource selbst basiert. Aufgrund der Duplizität würden beide Ressourcen dann das gleiche Verhalten zeigen und ausfallen. Ressourcenbedingte Fehler oder Mängel, z. B. in Hardware- oder Software-Komponenten (von Anwendungen über Middleware bis hin zu Betriebssystemen und Firmware sowie Computervirenscannern), können dann zusätzlich abgefangen werden, wenn die zweite Ressource die gleiche Funktionalität wie das Original aufweist, aber z. B. von einem anderen Hersteller stammt, so dass der gleiche ressourcenbedingte Fehler wahrscheinlich nicht auftritt. Die Redundanzqualität ist in diesem Fall höher. Diese Ausführungen gelten in analoger Form für alle Ressourcen, z. B. auch für externe Dienstleister.

Bei extrem hohen Sicherheitsanforderungen kann dies dazu führen, dass verschiedene Teams dieselbe Software für unterschiedliche Computer mit unterschiedlichen Betriebssystemen, Datenbanken etc. entwickeln. Dem prinzipiellen qualitativen Sicherheitsgewinn durch den Einsatz funktional gleicher Systeme verschiedener Hersteller oder Entwicklungsteams steht der Nachteil prinzipiell höherer Kosten in der Entwicklung und im Betrieb gegenüber.

11.4.9 Prinzip des „aufgeräumten" Arbeitsplatzes (Clear Desk Policy)

Definition: Das Prinzip des „aufgeräumten" Arbeitsplatzes (Clear Desk Policy) verpflichtet Mitarbeiter, ihren Arbeitsplatz „aufgeräumt" zu hinterlassen. Dies beinhaltet auch, dass der Zugang z. B. zu Geräten, Datenträgern und Unterlagen für Unbefugte gesperrt ist.

Ziel des Prinzips ist der Schutz von Objekten, wie beispielsweise von Geräten, u. a. mobilen Endgeräten und Datenträgern, sowie von Daten und Informationen vor unbefugter Nutzung, Einsichtnahme oder Veränderung oder vor Entwendung.

ISO/IEC 27001:2013: siehe dortiges Kontrollelement

11.4.10 Prinzip der Abwesenheitssperre

Definition: Dieses Prinzip verpflichtet Personen, die von ihnen genutzten Ressourcen, u. a. IKT-Geräte, z. B. PC, Notebook, Tablet und Smartphone bei Abwesenheit zu sperren, so dass z. B. der Einblick in Daten sowie der Zugang zu Informationssystemen und Daten für Dritte gesperrt ist. Teilaspekte hiervon werden auch als Prinzip des „gesperrten" Bildschirms oder Clear Screen Policy bezeichnet. Abwesenheitssperre bezieht sich darüber hinaus u. a. auch auf das Sperren von Behältnissen, wie Schränken, oder von Räumen bei Abwesenheit.

Ziel des Prinzips ist der Schutz von Objekten, wie Diensten, Anwendungen, Daten und Informationen, vor unbefugter Nutzung, Einsichtnahme oder Veränderung sowie vor der Vorspiegelung einer falschen Identität aufgrund unberechtigter Nutzung.

ISO/IEC 27001:2013: siehe dortiges Kontrollelement bezogen auf die Clear Screen Policy

11.4.11 Prinzip der Eigenverantwortlichkeit

Definition: Das Prinzip der Eigenverantwortlichkeit fordert, dass jeder Mitarbeiter für die von ihm durchgeführten Aktivitäten selbst verantwortlich ist. Dies bezieht sich u. a. auch auf Aktivitäten, die mit seinem Wissen oder von ihm grob fahrlässig veranlasst unter seiner Identität durchgeführt werden.

Ziel des Prinzips sind die Schärfung des Verantwortungsbewusstseins und die Awareness.

11.4.12 Vier-Augen-Prinzip (Confirmed Double Check/Dual Control Principle)

Definition: Das Vier-Augen-Prinzip fordert die Hinzuziehung einer zweiten Person zur gegenseitigen Kontrolle. Im Englischen finden sich für dieses Prinzip die Bezeichnungen Confirmed Double Check, Dual Control, Four-Eyes, Two-Person Rule/ Control und Two-Man Rule/Control.

Ziel des Prinzips ist die Vermeidung von Fehlern durch gegenseitige Kontrolle und gemeinsame Übernahme von Verantwortung.

Beispiel(e): Das Pair Programming, das z. B. bei Extreme Programming (XP) zum Einsatz kommt, ist ein Beispiel für das Vier-Augen-Prinzip.

11.4.13 Prinzip der Funktionstrennung (Segregation of Duties Principle)

Definition: Das Prinzip der Funktionstrennung (Segregation of Duties) fordert, Funktionen oder Rollen, die nicht miteinander vereinbar sind, voneinander unabhängigen Personen und Organisationseinheiten zuzuweisen, d. h. ein und dieselbe Person oder Organisationseinheit dürfen nicht miteinander unvereinbare Funktionen bzw. Rollen innehaben bzw. ausführen.

Ziel des Prinzips ist die Vermeidung von Interessenskonflikten und von Betrug.

ISO/IEC 27001:2013: siehe dortiges Kontrollelement

Beispiel(e): Personen einer genehmigenden oder einer prüfenden Funktion, wie z. B. die Revision, die Qualitätssicherung oder ein Testteam, dürfen nicht gleichzeitig auch der geprüften Funktion angehören. So dürfen Personen der Revision nicht der zu prüfenden Rechteverwaltung (Administration) angehören, Mitglieder des Testteams oder des IT-Betriebs nicht in der Programmierung tätig sein. Umgekehrt formuliert fordert die Funktionstrennung somit eine Trennung von Entwicklung, Test und Produktion sowie Revision. Hierdurch können Interessenskonflikte vermieden werden.

Das Prinzip der Funktionstrennung sollte bereits in einer frühen Phase, z. B. während der Konzeption eines Informationssystems oder eines Rechenzentrums berücksichtigt werden. Dies ermöglicht es, Funktionalitäten oder Räumlichkeiten entsprechend den Anforderungen der Funktionstrennung vorzusehen.

11.4.14 Prinzip der Sicherheitsschalen (Safety and Security Shell Principle)

Definition: Das Prinzip der Sicherheitsschalen (Safety and Security Shell Principle) fordert, dass zu sichernde Werte in Abhängigkeit vom Schutzbedarf über eine definierte Anzahl von Sicherheitsbarrieren zu schützen sind.

Ziel des Prinzips ist der mehrstufige Schutz von Werten. Zu sichernde Werte sollten in Abhängigkeit von ihrem Schutzbedarf nur über mehrere Sicherheitsbarrieren erreichbar sein.

Erläuterung: Diese Sicherheitsbarrieren sollten die zu schützenden Werte wie Zwiebelschalen umgeben. Es entsteht das Schalenmodell[Dr.-Ing. Müller], u. a. mit den Schalen aus Objekt-, Zufahrts-, Zutritts-, Zugangs-, Zugriffs- und Leseschutz.

In Abhängigkeit vom Schutzbedarf kann jede dieser Sicherheitsschalen für sich in weitere Schalen unterteilt sein oder eine unterschiedliche Stärke besitzen. Beispielsweise ist der Zutritt zum Gebäude eines Unternehmens durch ein Zutrittskontrollsystem in Form eines chipkartengesteuerten Drehkreuzes und durch die Beobachtung seitens des Sicherheitspersonal gesichert. Wer anschließend Zutritt zum hausinternen Rechenzentrum erhalten möchte, muss eine Vereinzelungsschleuse durchschreiten, die über Chipkarte und Handvenenscanner gesichert ist.

11.4.15 Prinzip der Pfadanalyse (Path Analysis Principle)

Definition: Das Prinzip der Pfadanalyse (Path Analysis Principle) dient der durchgängigen Analyse eines vordefinierten Pfades nach vorgegebenen Themenstellungen und/oder Kriterien.

Ziel des Prinzips ist es, definierte Themenstellungen und/oder Kriterien an allen bzw. definierten Stellen des Pfades im geforderten Umfang einzuhalten.

Erläuterung: Themenstellungen können beispielsweise Sicherheit, Kontinuität oder Risiko sein.

Bei der Pfadanalyse wird das betrachtete Objekt in den Mittelpunkt gestellt und alle Pfade zu ihm z. B. im Hinblick auf Betriebs- und Angriffssicherheit sowie Kontinuität analysiert. Bei Nutzung des Schalenmodells[Dr.-Ing. Müller] kann für jede Schale untersucht werden, ob alle Pfade zum Schutzobjekt auf vergleichbarem Sicherheitsniveau abgesichert sind. Zur Darstellung der Verbindungsstellen durch die einzelnen Sicherheitsschalen kann z. B. die Symbolik der Strukturierten Analyse verwendet werden, die von Tom DeMarco 1978 in seinem Buch „Structured Analysis and System Specification" beschrieben wurde [45].

Beispiel(e): Durch eine Pfadanalyse lässt sich z. B. ermitteln, welche Angriffspunkte und „Single Points of Failure" existieren, welche Akteure dort vorhanden sind, welche Folgen ein dortiger Angriff oder Ausfall hat und welche Absicherungsmöglichkeiten bestehen. Auf dieser Basis lassen sich unter Berücksichtigung von Kosten-Nutzen-Überlegungen Entscheidungen gegen oder für eine Risikominderung sowie deren Umfang treffen. So lässt sich beispielsweise aufzeigen, an welcher Stelle Plausibilisierungen von Schnittstellendaten, die Identifizierung, die Authentifizierung und die Autorisierung sowie Konsistenzprüfungen stattfinden. Schnittstellendaten können von Benutzereingaben oder von Anwendungen bzw. IKT-Systemen stammen, die ihrerseits unterschiedlichen Sicherheitszonen, d. h. „trusted zones" (Vertrauensbereichen) angehören können.

Bei einer Pfadanalyse kann z. B. zutage treten, dass der Ausfallschutz durch gespiegelte Platten aufgrund eines singulären Platten-Controllers reduziert ist.

Die Pfadanalyse der Telekommunikationsanbindung zeigt beispielsweise, dass sich ein hohes Maß an prinzipieller Versorgungssicherheit durch redundante räumlich ausreichend getrennte Trassenführung, redundante Netzanbindung, unterschiedliche Netze (z. B. Fest- und Mobilfunknetz) sowie getrennte Vermittlungsstellen und unterschiedliche Provider erreichen lässt.

11.4.16 Prinzip der Ge- und Verbotsdifferenzierung

Definition: Das Prinzip der Ge- und Verbotsdifferenzierung fordert den zielangepassten Einsatz von Ge- und Verboten unter Berücksichtigung der Stärken und Schwächen von Ge- und Verboten.

Ziel des Prinzips ist es, unerwünschte Regelungslücken zu vermeiden.

Erläuterung: Gebote und Verbote haben unterschiedliche Effekte. Deren Stärken und Schwächen zu kennen und zu berücksichtigen ist bei der Auswahl wesentlich. Während ein Gebot eine konkrete Anforderung stellt, schließt ein Verbot eine konkret verbotene Thematik aus. In beiden Fällen handelt es sich jedoch um jeweils nur eine konkrete Thematik. Gerade bei Verboten kann dadurch die Schwierigkeit entstehen, dass das gewünschte bzw. zumindest ein gewünschtes Resultat, das durch ein Gebot vorgebbar wäre, nicht erreicht wird, weil außer dem konkret Verbotenen alles andere zulässig ist. Diese Enge eines Verbots lässt sich allerdings durch das Wörtchen „alles" verschiedentlich ausweiten, wie das folgende „Prinzip des generellen Verbots" zeigt. Diese Ausweitung durch „alles" gilt jedoch auch für Gebote, wenn es beispielsweise heißt, dass „alle relevanten Gesetze einzuhalten" seien.

11.4.17 Prinzip des generellen Verbots (Deny All Principle)

Definition: Das Prinzip des generellen oder auch grundsätzlichen Verbots (Deny-All-Prinzip) besagt, dass alles verboten ist, was nicht explizit erlaubt ist.

Ziel des Prinzips ist es, die Kontrolle über jegliche Berechtigungen zu behalten.

Potenzielle Einschränkung(en)/Bedrohung(en): Je nach Anwendung dieses Prinzips kann der Geschäftsbetrieb behindert werden.

Beispiel(e): Das generelle Verbot sollte beispielsweise vor der Vergabe von Zufahrts-, Zutritts-, Zugangs- oder Zugriffsberechtigungen oder von Berechtigungen zur Nutzung von Diensten sowie zur Installation von Ressourcen gelten. Firewalls setzen dieses Prinzip über die Default Deny Policy um.

11.4.18 Prinzip der Ausschließlichkeit

Definition: Das Prinzip der Ausschließlichkeit hat Anweisungscharakter. Es besagt, dass

☐ zur jeweiligen Aufgabenerfüllung die Nutzung ausschließlich jener Ressourcen und Services erlaubt ist, die das Unternehmen dafür zur Verfügung stellt,

☐ die bereitgestellten Ressourcen und Services nur so genutzt werden dürfen, wie es das Unternehmen vorschreibt,

☐ alle vom Unternehmen bereitgestellten Ressourcen, z. B. IKT-Systeme, Telefone, Faxgeräte, Drucker, Anlagen, Systeme, Werkzeuge, Arbeits- und Hilfsmittel sowie finanzielle Mittel und Services ausschließlich zur jeweiligen Aufgabenerfüllung genutzt werden dürfen.

Ziel des Prinzips ist es, missbräuchliche und/oder falsche Nutzung von Ressourcen und Services zu verhindern.

Beispiele für missbräuchliche Nutzung können nicht dienstlich veranlasste Telefonate, Faxe, Ausdrucke, Kopien, Geräte-, System- oder Anlagennutzungen sein.

11.4.19 Prinzip des minimalen Bedarfs (Need to Know/Use Principle)

Definition: Das Prinzip des minimalen Bedarfs oder „Need-to-Know/Use"-Prinzip besagt, dass Subjekten, z. B. Personen, nur in dem Umfang jene Objekte (Ressourcen) zur Verfügung gestellt werden bzw. für sie erreichbar und nutzbar sind, die sie zur Erfüllung ihrer Aufgaben mindestens benötigen.

Ziel des Prinzips ist der Schutz von Objekten, wie z. B. Anwendungen, Daten und Informationen vor unbefugten bzw. bedarfsüberschreitenden Aktivitäten, wie unbefugter Nutzung oder Einsichtnahme, Veränderung oder Vernichtung.

Beispiel(e): Das BDSG, Stand 14.08.2009, fordert Datensparsamkeit.

11.4.20 Prinzip der minimalen Rechte (Least/Minimum Privileges Principle)

Definition: Das Prinzip der minimalen Rechte (Least/Minimum Privileges) zur Umsetzung des „Need-to-Know/Use"-Prinzips dient dazu, Subjekten, z. B. Personen, nur die Rechte, z. B. für Zufahrt, Zutritt, Zugang und Zugriff, auf jene Objekte (Ressourcen) zu geben, die sie zur Erfüllung ihrer Aufgaben mindestens benötigen.

Ziel des Prinzips ist der Schutz von Objekten, wie z. B. Anwendungen, Daten und Informationen vor unbefugten bzw. bedarfsüberschreitenden Aktivitäten, wie unbefugter Nutzung oder Einsichtnahme, Veränderung oder Vernichtung.

ISO/IEC 27002:2013: siehe dortige Anforderungen zur Software-Installation

Beispiel Zutrittsberechtigung: Nur entsprechend autorisierte Personen erhalten das Recht, das Rechenzentrum, die Technikräume oder andere sicherheitsrelevante

Räumlichkeiten zu betreten. Dieses Recht kann darüber hinaus noch genauer spezifiziert werden, indem diese Berechtigung nur für bestimmte Tageszeiten und Tage, z. B. Werktage, erteilt wird.

Beispiel Zugangsberechtigung: Ähnliches gilt für den Zugang zu Ressourcen, z. B. IKT-Systemen. Der Zugriff auf Daten wird durch entsprechende Rechte, z. B. Lesen, Schreiben, Löschen etc. näher festgelegt.

In der IKT setzen Rechteverwaltungs- und -steuerungssysteme die Berechtigungen um, die anhand des Prinzips der minimalen Rechte definiert wurden.

11.4.21 Prinzip der minimalen Dienste (Minimum Services Principle)

Definition: Das Prinzip der minimalen Dienste besagt, dass den Nutzern (Personen oder (IKT-)Systeme) von Ressourcen nur die Dienste zur Verfügung gestellt werden, die sie tatsächlich benötigen.

Ziel des Prinzips ist der Schutz von Diensten vor unbefugter bzw. bedarfsüberschreitender Nutzung.

Beispiel(e): Bei Informationssystemen bedeutet dies, dass zum einen insgesamt und zum anderen in Bezug auf den Nutzer (Personen oder (IKT-)Systeme) nur die Funktionalität bzw. die Services angeboten werden, die erforderlich sind. Firewalls und aktive Netzkomponenten werden dementsprechend so konfiguriert, dass sie nur jene Dienste anbieten, die benötigt werden. Ähnliches gilt für die Nutzung von Services, die in einer SOA bereitgestellt werden, von Remote Function Calls (RFC), von USB-Schnittstellen, von entgeltpflichtigen Rufnummern von Mehrwertdiensten sowie für die Rufumleitung auf Handys, für Roaming und für Auslandstelefonate. Das Prinzip der minimalen Dienste ermöglicht es darüber hinaus, Alarme und damit Frühwarnungen zu erzeugen, wenn die Nutzung bzw. der Aufruf nicht zugelassener Dienste versucht wird.

11.4.22 Prinzip der minimalen Nutzung (Minimum Usage Principle)

Definition: Das Prinzip der minimalen Nutzung besagt, dass Nutzer (Personen oder andere Systeme) Ressourcen und Berechtigungen stets nur in dem Umfang nutzen dürfen, wie es Ihnen erlaubt ist.

Ziel des Prinzips ist die eigenverantwortliche Vermeidung unberechtigter Nutzung von Objekten oder Berechtigungen durch Nutzer.

Beispiel(e): Dieses Prinzip bezieht sich u. a. auf Informations- und Kommunikationssysteme und Anlagen, aber auch auf Zufahrts-, Zutritts-, Zugangs- und Zugriffsrechte.

11.4.23 Prinzip der Nachvollziehbarkeit und Nachweisbarkeit

Definition: Das Prinzip der Nachvollziehbarkeit und Nachweisbarkeit fordert, dass alle sicherheitsrelevanten Aktivitäten, Ergebnisse und Ereignisse im erforderlichen Umfang nachvollziehbar sein müssen. Aufzeichnungen über sicherheitsrelevante Ereignisse dürfen nicht veränderbar sein.

Ziel des Prinzips ist die jederzeitige Nachvollziehbarkeit und Nachweisbarkeit sicherheitsrelevanter Aktivitäten, Ergebnisse und Ereignisse.

11.4.24 Prinzip des „sachverständigen Dritten" (Principle of Third Party Expert)

Definition: Das Prinzip des „sachverständigen Dritten" besagt, dass Dokumentationen stets so gestaltet sein müssen, dass ein sachverständiger, aber unternehmensfremder Dritter innerhalb eines vorgegebenen Zeitraums die vorgesehenen Tätigkeiten nachvollziehen oder durchführen kann.

Ziel des Prinzips ist die angemessene Dokumentation sowie die Vermeidung von kritischen personellen Abhängigkeiten.

Erläuterung: Das Prinzip dient als Orientierung für den Dokumentationsumfang und die Dokumentations- und Detaillierungstiefe.

Beispiel(e): Beim Plattentausch bei mehreren RAID-Arrays muss ein Dritter wissen, welche Disks zu dem RAID-Array gehören und wie sicherheitskritisch das RAID-Array für den IT-Betrieb ist. Bei Wartungsarbeiten an der Stromversorgung und der USV müssen Dokumentationen beschreiben, wie vorzugehen ist, um unbeabsichtigte Ausfälle zu vermeiden.

11.4.25 Prinzip der Sicherheitszonen und des Closed-Shop-Betriebs

Definition: Das Prinzip der Sicherheitszonen fordert, dass Bereiche gebildet werden, die gegenüber anderen Bereichen durch Sicherheitsmaßnahmen abgesichert sind.

Ziel des Prinzips ist die Erreichung eines vordefinierten Sicherheitsniveaus nach dem Übergang in die Sicherheitszone.

ISO/IEC 27001:2013: siehe dortiges Kontrollelement zu Netzwerken

ISO/IEC 27002:2013: siehe dortige Anforderungen zur Entwicklungs-, Test- und Produktionsumgebung

Erläuterung: Als Charakteristika einer Sicherheitszone sehe ich die Bezeichnung der Sicherheitszone, das Ziel und das Sicherheitsniveau bzw. den Vertrauensbereich (trust level), die durch die Sicherheitszone erreicht werden sollen, die Sicherheitsvorgaben und die Sicherheitsmaßnahmen sowie die Ressourcen, die zur Umsetzung einzusetzen sind.

Sicherheitszonen können sicher hintereinander oder nebeneinander befinden oder ineinander geschachtelt sein. Letzteres ähnelt einer Festung mit äußeren und inneren Burgmauern und unterschiedlichen Schutzzonen oder geschachtelten Matroschkas.

Das Prinzip der Sicherheitszonen bezieht sich sowohl auf *räumliche* als auch auf *logische* und *zeitliche Zonen* und hierbei auf eine Vielzahl unterschiedlicher Themenstellungen. Übergänge zwischen Sicherheitszonen unterschiedlicher Sicherheitsklassen müssen angemessen geschützt sein. Zwei Sicherheitszonen unterschiedlicher Sicherheitsklassen sollten sich am Übergang in maximal einer Sicherheitsklasse unterscheiden. In der Folge wird das Prinzip der Sicherheitszonen am Beispiel von Zutrittszonen, Kabelführungszonen, Brandabschnitten, Grob- und Feintechnikzonen, Netzsegmenten und Speicherbereichen, aber auch architekturellen und zeitlichen Sicherheitszonen beschrieben.

Der Geschäftsbereich Informationsservices eines Unternehmens sollte die sicherheitskritischen IT-Produktionsbereiche bzw. den IT-Produktionsbetrieb abschotten und als „Closed-Shop" betreiben. Den Produktionsbereich selber sollte der Leiter des IT-Betriebs bei Bedarf in weitere Sicherheitszonen in Form von *Zutrittszonen* unterteilen, sodass eine gezielte Zutrittssteuerung möglich ist sowie die Bildung von Brandabschnitten. Separate Sicherheitszonen können beispielsweise eingerichtet werden für den Großrechner, die Speichereinheiten, die Drucker, das Archiv und das Operating.

Kabelführungen sollten nur innerhalb von Sicherheitszonen derselben Sicherheitsstufe verlaufen (*Kabelführungszonen*). Darüber hinaus sollten sich die Kabeltrassen innerhalb des eigenen Hoheitsgebiets befinden, d. h. weder durch öffentliche Bereiche, wie ein öffentliches Parkhaus u. Ä., noch durch fremde Hoheitsgebiete geführt sein.

Die Unterteilung eines Gebäudes in *Brandabschnitte* erschwert Bränden die Ausbreitung und stellt eine Form von Sicherheitszonen dar.

Bei einem Rechenzentrum oder bei Serverräumen empfiehlt sich ebenfalls eine Unterteilung und zwar in *Grob- und Feintechnikzonen*. Dementsprechend ist die Feintechnik, z. B. die Komponenten der IKT, getrennt von der Grobtechnik, wie z. B. der Klimaanlage, der USV und den Batterien, unterzubringen. Ein Auslaufen der Klimaanlage oder ähnliche Störungen der Grobtechnik haben so keinen unmittelbaren Einfluss auf die Feintechnik.

Eine Aufteilung nach Sicherheitszonen in Abhängigkeit von der Sicherheitsklassifikation empfiehlt sich auch für Netze. Hier besteht die Möglichkeit, das physische

Netz durch Switche in *logische Netzsegmente*, so genannte virtuelle LANs (Virtual LAN, VLAN), mit unterschiedlichem Sicherheitsniveau zu unterteilen.

Ein weiteres gängiges Beispiel für die *Trennung von Netzen mit unterschiedlichen Sicherheitsklassen* ist der Übergang zwischen Internet und Unternehmensnetz und dessen Absicherung durch eine (mehrstufige) Firewall.

Die übliche Trennung der Entwicklungs-, Test- und Produktionsumgebung ist ebenso wie die Trennung zwischen Netzsegmenten mit Datenbanken, mit Applikationen und mit Web-Services eine weitere Anwendung des Prinzips der Sicherheitszonen.

Speicherbereiche des Computers sollte das Betriebssystem dynamisch in Zonen (*Speicherbereichszonen*) aufteilen und klassifizieren. Durch eine Kennzeichnung der Daten- und Programmbereiche des Speichers und dessen Verwaltung durch das Betriebssystem lassen sich Schreibvorgänge in den Programmbereich und Befehlsausführungen im Datenbereich verhindern. Speicherbereiche können also zu gegebener Zeit entweder beschrieben werden oder die dortigen Befehle ausgeführt werden, nicht aber beides. Diese Möglichkeit heißt „Write XOR Execute".

In der Architektur sollten – wie ich es bezeichne – *architekturelle Sicherheitszonen* bzw. *Architektursicherheitszonen* gebildet werden. Z. B. im Hinblick auf das Netzwerk wird definiert, welche Sicherheitsmaßnahmen auf welcher Ebene des OSI-Schichtenmodells am Übergang zu der Sicherheitszone (Netzsegment) zu ergreifen sind. Auf Anwendungsebene sollten – wie ich es bezeichne – *Anwendungssicherheitszonen* (application level security zone) gebildet werden.

Für die Sicherheitszonen ist festzulegen, welches Sicherheitsniveau, d. h. welchen trust level, sie erreichen sollen. Die Sicherheitszone muss dann die Maßnahmen umsetzen, die für das zugeordnete Sicherheitsniveau definiert sind. Festzulegen ist u. a., an der Grenze welcher Sicherheitszone bzw. welchen Sicherheitsniveaus welche eingehenden Daten strukturell und an welcher Stelle im Hinblick auf die zulässigen Wertebereiche plausibilisiert werden, an welcher Stelle und in welcher Form die Identifizierung und die Authentifizierung erfolgen, sowie an welcher Stelle die Autorisierung erfolgt, z. B. die Prüfung der Datenanforderungen gegen die Rechte des Anfragenden. Zudem ist festzulegen, an welcher Stelle Quell- oder Ziel-IP-Adressen durch Network Address Translation (NAT) maskiert werden und an welcher Stelle die Verschlüsselung terminiert wird, z. B. SSL-Terminierung.

Umgekehrt können bei einer bestehenden IKT-Architektur Sicherheitszonen anhand der vorhandenen Sicherheitsmaßnahmen erkannt und anschließend die trust level definiert und vereinheitlicht werden. Ein Paktefilter, eine Web Application Firewall, ein XML Security Gateway, aber auch ein Zugangskontrollsystem kennzeichnen beispielsweise den Übergang zu einer Sicherheitszone. Bei der Ermittlung der Sicherheitszonen in einer bestehenden IKT-Architektur, empfiehlt es sich, eine Matrix zu erstellen. Hierbei werden die Sicherheitszonen in vertikaler Richtung und die Sicherheitsmaßnahmen in horizontaler Richtung aufgetragen.

Sicher-heits-zone	Paketfilter	SSL-Termi-nierung	(Reverse) Proxy	Proxy	Input-Plausibili-sierung	Identifi-zierung	Authen-tifizierung	Autori-sierung	...
1									
2									
3									
4									
5									
...									

Tabelle 11-2: Sicherheitszonen-Maßnahmen-Matrix

Zeitliche Sicherheitszonen lassen sich unterscheiden in Zeitzonen innerhalb eines Tages und Zeitzonen über einen Zeitraum. Bei Zeitzonen innerhalb eines Tages sind die Berechtigungen vom jeweiligen Tag und von der Tageszeit abhängig. So kann der Zutritt zu Räumlichkeiten oder der Zugang zu einem Computersystem für Mitarbeiter tagsüber erlaubt sein, während er nachts gesperrt ist. Bei Zeitzonen über einen Zeitraum hängt das Sicherheitsniveau von einem zeitlichen Parameter ab. Beispielsweise kann eine aktuelle Sicherheitswarnung das Sicherheitsniveau einer Sicherheitszone für einen bestimmten Zeitraum erhöhen.

11.4.26 Prinzip der Sicherheitszonenanalyse

Definition: Das von mir geschaffene Prinzip der Sicherheitszonenanalyse dient der Aufteilung einer Architektur in Sicherheitszonen sowie deren Überprüfung.

Ziel des Prinzips ist die Ermittlung von Sicherheitszonen und deren Sicherheitsmaßnahmen sowie die Überprüfung deren Schlüssigkeit, Konsistenz und Vollständigkeit sowie das Aufzeigen von Sicherheitslücken.

Erläuterung: Wer sich einen Überblick über die Sicherheitszonen im Unternehmen verschaffen möchte, kann eine Sicherheitszonenanalyse durchführen. Hierzu kennzeichnet er Bereiche, die durch Sicherheitsmaßnahmen von anderen getrennt sind. Sicherheitselemente sind beispielsweise Vereinzelungsanlagen, um den Zutritt einzuschränken, sowie Firewalls, Identifizierung und Authentifizierung, um die Zugangsmöglichkeiten zu steuern. Die Darstellung der Sicherheitszonen und der dort ergriffenen Sicherheitsmaßnahmen zeigt, inwieweit alle erforderlichen Maßnahmen ergriffen wurden und inwieweit einheitliche Sicherheitsniveaus erreicht werden. Dies verschafft einen Überblick über Sicherheitsmaßnahmen und zeigt eventuelle Sicherheitslücken.

Beispiel(e): Eine Vereinzelungsanlage beim Zutritt zum Rechenzentrum kennzeichnet eine Sicherheitszone. Identifizierung und Authentifizierung schützen den Zugang zu einer Anwendung und schaffen daher eine Sicherheitszone. Gibt es andere Zutritts- bzw. Zugangspfade, so müssen deren Sicherheitsmaßnahmen gleichwertig sein.

11.4.27 Prinzip der Immanenz (Principle of Immanence)

Definition: Das Prinzip der Immanenz (Principle of Immanence) fordert die Integration themenspezifischer Elemente in Objekte.

Ziel des Prinzips ist es, überall und jederzeit sicherzustellen, dass die genannten Themen integrale Bestandteile der genannten Objekte sind.

ISO/IEC 27002:2013: siehe dortige Anforderung, dass Informationssicherheit ein integraler Teil von Informationssystemen während ihres gesamten Lebenszyklus sein soll

Beispiel(e): Sicherheit, Kontinuität und Risiko sind Beispiele für Themen. Zu den Objekten gehören u. a. Prozesse, Ressourcen, Organisation, Produkte, Dienstleistungen und Lebenszyklen.

Damit die Themen Sicherheit, Kontinuität und Risiko integrale Bestandteile des Unternehmens und somit auch der IKT sind, müssen in alle betroffenen Prozesse und Ressourcen sowie die Organisation des Unternehmens Sicherheits- und Kontinuitäts- sowie risikospezifische Elemente integriert und in den Prozessen Sicherheits-, Kontinuitäts- und Risikoaspekte verankert werden. Ist dies der Fall, so spreche ich von *prozess- bzw. ressourcen- bzw. organisationsimmanenter Sicherheit und Kontinuität sowie Risikobehandlung.* Prozesse können dabei z. B. die Erbringung eines IKT-Services beschreiben.

Diese Prozesse, deren Ressourcen, wie z. B. IKT-Systeme, die Organisation, sowie Produkte und Dienstleistungen durchlaufen vor dem Betrieb verschiedene Entwicklungsphasen von der Idee über die Konzeption und die Realisierung bis hin zum Test. An die Inbetriebnahme bzw. Inkraftsetzung schließt sich der Betrieb an, dem später die Außerbetriebnahme bzw. Außerkraftsetzung folgt. Diese Phasen von der Idee bis zur Außerbetriebnahme bezeichne ich als Lebenszyklus. Software und IKT-Systeme besitzen beispielsweise einen Lebenszyklus.

Damit Prozesse und Systeme in der Phase des Betriebs sowie Dienstleistungen in der Phase der Erbringung und Produkte in der Nutzungsphase über die erforderlichen Sicherheits- und Kontinuitätselemente und -merkmale verfügen, werden in den gesamten Lebenszyklus Sicherheits- und Kontinuitätsaspekte sowie Sicherheits- und Kontinuitätselemente integriert. Sicherheitsanforderungen müssen dabei über alle Phasen des Lebenszyklus eines Prozesses, einer Ressource, einer Dienstleistung und eines Produkts definiert, verfeinert, verfolgt und gesteuert sowie in diese integriert werden. So lässt sich eine *lebenszyklusimmanente Sicherheit und Kontinuität* erreichen.

Insgesamt ergibt sich so eine *lebenszyklus-, prozess-, ressourcen- und organisa-tionsimmanente Sicherheit, Kontinuität und Risikobehandlung* (s. a. [13]), die sich in einer *produkt- bzw. dienstleistungsimmanenten Sicherheit, Kontinuität und Risikobehandlung* fortsetzt. Das zugrundeliegende Prinzip bezeichne ich daher als Prinzip der Immanenz (Innewohnen).

In Analogie zu dem von Mark Weiser geprägten Begriff der ubiquitären, d. h. all-gegenwärtigen Datenverarbeitung (Ubiquitous Computing), bezeichne ich dies auch als *allgegenwärtige bzw. ubiquitäre Sicherheit bzw. Kontinuität* (Ubiquitous Occ. Health, Security, Safety and Continuity). Wer den Fokus eher auf den Weg zu diesem visionären Endzustand der Sicherheit bzw. Kontinuität richten möchte, dem biete ich den Begriff *pervasive, d. h. alles durchdringende Sicherheit bzw. Kontinuität* (Pervasive Security, Safety and Continuity) an. Wer den Fokus stärker auf das Management legt, erhält das ubiquitäre bzw. pervasive RiSiKo-Manage-ment.

11.4.28 Prinzip der Konsolidierung (Principle of Consolidation)

Definition: Das Prinzip der Konsolidierung fordert in angemessenen Zeitabstän-den Überprüfungen und Maßnahmen zur Vereinheitlichung und Bereinigung von Prozessen, Ressourcen und Technologien, Schnittstellen, Daten, Dokumentationen, Wissen, Organisation, Produkten und Dienstleistungen.

Ziel des Prinzips ist die Prüfung und die anschließende Komplexitätsreduktion, um kontinuierlichen Veränderungen und Weiterentwicklungen der Märkte, Pro-zesse und Technologien Rechnung zu tragen, Wildwuchs zu vermeiden, mehr Transparenz zu schaffen und weniger Fehlbedienungen oder Fehlhandlungen zu erreichen sowie die Wirtschaftlichkeit zu erhöhen.

Potenzielle Einschränkung(en)/Bedrohung(en): Der reduzierten Komplexität steht oftmals eine gesteigerte Abhängigkeit von der Sicherheit und Kontinuität der einge-setzten konsolidierten Objekte gegenüber.

Erläuterung: Die Wirtschaftlichkeit nimmt durch Konsolidierung üblicherweise zu, nicht nur wegen Skaleneffekten, sondern auch durch ein geringeres vorzuhaltendes Know-how-Spektrum. Konsolidierungen beziehen sich auf Prozesse, verschiedene materielle und immaterielle Ressourcen sowie die Organisation, wie die folgende Auflistung zeigt:

1. Prozesse (Processware)

2. Technologien (Hardware, Software, Middleware)

3. Schnittstellen (Interfaces)

4. Daten (Dataware)

5. Wissen (Knowledgeware) und

6. Organisation (Orgware)

7. Produkte (Prodware)

8. Dienstleistungen (Servware).

Bei der *Konsolidierung von Prozessen* werden im Unternehmen vorhandene Prozesse mit gleichen Aufgabenstellungen ermittelt und vereinheitlicht. Hierzu gehören beispielsweise auch unterschiedliche Prozesse jeweils innerhalb des Themenbereichs Projekt-, Qualitäts- und Sicherheitsmanagement einschließlich Kontinuitäts- und Risikomanagement. Dies ermöglicht die Optimierung und Effizienzsteigerung der betroffenen Prozesse. Die Konsolidierung von Geschäftsprozessen kann schließlich zu Shared Services führen, die ihrerseits einen SPoF bilden können.

Technologiekonsolidierung beschäftigt sich mit der Vereinheitlichung technologischer Komponenten. Beispiele hierfür sind die Server-, Netz- und Speicherkonsolidierung sowie die Konsolidierung von Betriebssystemen, Datenbanken und Anwendungen, z. B. für Textverarbeitung, Tabellenkalkulation und HTML-Seiten-Erstellung. Bei Anlagen, Systemen und Produkten können die verwendeten Komponenten konsolidiert werden.

Schnittstellen zwischen Prozessen sowie zwischen Prozessen und Ressourcen sind oftmals durch Medienbrüche sowie fehlende oder unzureichende Standardisierung oder Abstimmung geprägt. Dies macht sie anfällig für Bedrohungen und Fehler und gefährdet dadurch Sicherheitskriterien, wie die Verfügbarkeit und Integrität. Technologischer Fortschritt und Standards ermöglichen die *Konsolidierung der Schnittstellen* durch Vermeidung von Medienbrüchen und Vereinheitlichung der Schnittstellen. Hierdurch lassen sich gegebenenfalls zusätzlich Einsparungen erzielen.

Ein Beispiel für die Schnittstellenkonsolidierung ist die serviceorientierte Architektur (Service Oriented Architecture {SOA}) [35]. Sie ersetzt komplexe monolithische IT-Anwendungen durch modulare Services mit standardisierten Schnittstellen.

Die *Datenkonsolidierung* beschäftigt sich damit, die im Laufe der Zeit an verschiedenen Stellen und in unterschiedlichen Anwendungen entstandenen Daten und Datenformate in geeigneter Form zusammenzuführen und zu speichern. So lassen sich die Ordnungsmäßigkeit positiv beeinflussen und die Transparenz verbessern.

Bei der *Wissenskonsolidierung* gilt es, vorhandenes Wissen, das sich beispielsweise in unterschiedlichen Richtlinien, Regelwerken und Methoden äußert, oder nur in Köpfen vorhanden ist, zusammenzuführen und den Beteiligten verfügbar zu machen. Wissensdefizite lassen sich so verringern und sicherheitsrelevantes Knowhow erhöhen.

Die *Organisationskonsolidierung* ergibt sich aus den Folgen von Veränderungen in Märkten, Prozessen und Technologien. Beispiele hierfür sind Fusionen, Kooperationen und Auslagerungen bis hin zum Business Process Outsourcing. Diesen Entscheidungen liegen in der Regel strategische und finanzielle Überlegungen zugrunde. Dadurch können spezialisierte Dienstleister Services mit dem geforderte Sicherheitsniveau beispielsweise zu günstigeren Preisen erbringen. Unter Sicherheitsgesichtspunkten entscheidend ist die Evaluierung potenzieller Dienstleister oder Partner im Vorfeld sowie die Vereinbarung des Sicherheitsniveaus, z. B. hinsichtlich der Verfügbarkeit und Vertraulichkeit, sowie die Prüfung der Einhaltung dieser Vereinbarungen.

Die *Produkt- und die Servicekonsolidierung* zielen darauf ab, das Produkt- und das Leistungsportfolio zu bereinigen und auf dem Stand der Technik zu halten. Die Produktbereinigung kann beispielsweise zu Auslaufmodellen und Produktabkündigungen sowie zum Wartungsende führen. Dieser Aspekt gilt auch in umgekehrter Richtung, d. h. Produkte müssen auf einen neuen Release-Stand migriert oder aus dem Betrieb genommen werden, weil ein Hersteller das Produkt abkündigt oder das Wartungsende angekündigt hat. In der Folge liefert der Hersteller beispielsweise keine Updates und Sicherheitspatches mehr und Störungen im laufenden Betrieb, z. B. aufgrund von Fehlern in Firmware, Betriebssystem oder Middleware, werden nicht mehr untersucht und behoben.

11.4.29 Prinzip der Standardisierung (Principle of Standardization)

Definition: Das Prinzip der Standardisierung (Principle of Standardization) dient der Vereinheitlichung von Objekten.

Ziel des Prinzips ist die Effizienzsteigerung und Fehlervermeidung.

Potenzielle Einschränkung(en)/Bedrohung(en): Standardisierung kann dazu führen, dass bei einem spezifischen Sicherheitsleck oder Fehler des standardisierten Objekts alle Nutzer davon betroffen sind. Übermäßige Standardisierung kann zudem Inflexibilität zur Folge haben.

Erläuterung: Zu den Objekten gehören u. a. Prozesse, Ressourcen, Organisation, Produkte, Dienstleistungen und Lebenszyklen.

Beispiel(e): Vereinheitlichen lassen sich u. a. Sicherheits-, Kontinuitäts- und Risikoklassen, eingesetzte Hardware und Software sowie Releasestände.

Je mehr unterschiedliche Abläufe und Hilfsmittel ein Unternehmen bzw. der Geschäftsbereich Informationsservices einsetzt, desto aufwändiger ist die Schulung der Mitarbeiter, desto komplexer und intransparenter wird die IKT und desto leichter können Fehler passieren. Um dem entgegenzuwirken, sollte der Geschäftsbereich Informationsservices seine Abläufe und Hilfsmittel standardisieren.

Bei Informationssystemen bedeutet dies, dass es rollenspezifisch standardisierte Ausstattungsvarianten der IKT-Endgeräte, wie z. B. PCs, Notebooks, Tablets und Smartphones, gibt und dass alle PCs z. B. den gleichen Browser erhalten. Hierdurch müssen Benutzer und Administration nur für diesen Browser geschult werden. Administratoren müssen Sicherheitpatches nur für diesen Browser einspielen, gegebenenfalls sind auch die Lizenzkosten aufgrund der größeren Anzahl der Nutzer günstiger.

11.4.30 Prinzip der Plausibilisierung (Principle of Plausibleness)

Definition: Das Prinzip der Plausibilisierung (Principle of Plausibleness) fordert die Überprüfung von Daten an Übergabepunkten im Hinblick auf deren Zulässigkeit, Sinnhaftigkeit und formale Korrektheit.

Ziel des Prinzips ist die frühzeitige Vermeidung absehbarer Verarbeitungsfehler aufgrund unzulässiger Datenübergaben, die unbeabsichtigt oder beabsichtigt (Angriff) sein können.

Beispiel(e): Schnittstellen jeglicher Art stellen potenzielle Fehlerquellen dar und bieten Angriffspunkte. Derartige Schnittstellen befinden sich beispielsweise innerhalb eines Schutzobjektes oder zwischen Schutzobjekten, z. B. zwischen Systemen und Anwendung sowie zu angrenzenden Systemen und Anwendungen. Um diese abzusichern, plausibilisieren Systeme die Daten, die sie von diesen Schnittstellen bekommen. Hierzu prüfen sie beispielsweise, ob Eingabe- oder Übergabewerte das richtige Format einschließlich der erwarteten Länge besitzen und im zulässigen Wertebereich liegen. XML Security Gateways prüfen z. B. die Einhaltung des XML-Schemas und von Wertebereichen.

Auf diese Weise lassen sich unbeabsichtigte Eingabefehler berechtigter Benutzer ebenso abfangen wie absichtliche Fehleingaben unberechtigter Dritter, z. B. in Form von SQL Injections und von XML-spezifischen Angriffen, wie z. B. in Form extrem langer XML-Nachrichten und/oder in sich hochgradig geschachtelter oder rekursiver XML-Dokumente. Das Prinzip der Plausibilisierung   findet darüber hinaus Anwendung z. B. bei der Überprüfung des Kommunikationsflusses. Ein so ausgestattetes System prüft, ob eingehende Datenpakete von einem Absender stammen, mit dem eine Kommunikationsbeziehung besteht oder zulässig ist, ob das Datenpaket das richtige Format hat, ob es im Kommunikationsablauf zulässig ist, etc.

Bei der Überprüfung des Sicherheitsniveaus ist das Prinzip der Plausibilisierung ebenfalls nützlich. So darf eine Anwendung nur auf einem Computer laufen, der mindestens das gleiche Sicherheitsniveau besitzt und der sich seinerseits in einem Raum mit mindestens dem gleichen Sicherheitsniveau befindet, von Personen betreut wird, die mindestens das gleiche Sicherheitsniveau besitzen, etc.

11.4.31 Prinzip der Konsistenz (Principle of Consistency)

Definition: Das Prinzip der Konsistenz fordert die Überprüfung der Widerspruchslosigkeit, z. B. zwischen Eingangs- und Ausgangsdaten oder eingegangenen, gespeicherten und versandten Daten. Das Prinzip der Konsistenz ist – ähnlich dem Energieerhaltungssatz – sozusagen ebenfalls ein „Erhaltungssatz".

Ziel des Prinzips ist die Sicherstellung des fehlerfreien Datenaustauschs und der fehlerfreien Verarbeitung.

Beispiele: Telekommunikationsunternehmen erhalten eine Vielzahl von Abrechnungsdaten aus ihren technischen Systemen, die sie den verschiedenen Kunden verursachergerecht zuordnen und nach unterschiedlichen Tarifen abrechnen. Die Zahl der abzurechnenden Einheiten sollte hierbei mit der Zahl der tatsächlich abgerechneten Einheiten übereinstimmen, also konsistent zueinander sein.

Ähnlich verhält es sich bei Banken mit eingehenden Finanztransaktionen, die in ihrer Summe ordnungsgemäß verbucht sein wollen. In Produktion und Fertigung sollten eingehende Materialien und Komponenten in einer entsprechenden Anzahl von Produkten münden, wobei eventueller Ausschuss zu berücksichtigen ist.

11.4.32 Prinzip der Untergliederung (Principle of Compartmentalization)

Definition: Das Prinzip der Untergliederung bzw. Unterteilung fordert die Zerlegung von Schutzobjekten zwecks individueller Absicherung der Teilobjekte.

Ziel des Prinzips ist es, die Sicherheit eines Schutzobjekts zu erhöhen.

Erläuterung: Die Zuständigen zerlegen das jeweilige Schutzobjekt in einzelne Komponenten, für die sie separate Schutzmaßnahmen vorsehen. Ein erfolgreicher Angriff auf eine Komponente betrifft dann nicht das Gesamtsystem und kann dadurch gezielter behandelt werden. Gleichzeitig lassen sich so die Auswirkungen begrenzen.

Das Prinzip ist weitgehend identisch mit dem Prinzip der Sicherheitszonen, indem das Rechenzentrum beispielsweise unterteilt wird in separate Sicherheitszonen für den Großrechner, die Speichereinheiten, die Drucker, das Archiv und das Operating. Ein Angreifer gelangt so stets nur zu einem Teil der Schutzobjekte. Die Unterteilung in Sicherheitszonen lässt sich außerdem zum Schutz gegen Brand etc. verwenden.

11.4.33 Prinzip der Aufteilung

Definition: Das Prinzip fordert die Aufteilung geheimer oder vertrauliche Informationen und Kommunikationswege.

Ziel des Prinzips ist die Absicherung geheimer oder vertrauliche Informationen und Kommunikationswege.

Beispiel(e): Online-Transaktionen, die ein Nutzer vom PC aus initiiert, werden beispielsweise abgesichert, indem auf einem zweiten Kommunikationsweg einen Authentisierungsinformation, z. B. eine TAN oder ein Passwort übermittelt werden. Erstpasswörter werden mancherorts aufgeteilt und über unterschiedliche Kanäle an den Nutzer übermittelt. Geheime Informationen können aufgeteilt und in unterschiedlichen separat geschützten Systemen abgelegt werden, wobei nur die Kombination aus diesen Informationen die Herstellung der geheimen Information ermöglicht.

Eine Aufteilung kann auch dadurch erfolgen, dass Rollen so gebildet werden, dass sie zur Erfüllung ihrer Aufgaben stets nur einen Teil der geheimen Information benötigen. In manchen Fällen bietet sich dies von vornherein an, z. B. wenn ein Produkt zu seiner Herstellung eine spezifische Technologie, spezifische Produktions- oder Fertigungsverfahren, spezifische Rohstoffe, spezifische Lieferanten, spezifische Vorprodukte, spezifische Komponenten und/oder spezifische Rezepturen, z. B. in der chemischen oder pharmazeutischen Industrie, benötigt.

11.4.34 Prinzip der Pseudonymisierung bzw. Maskierung

Definition: Das Prinzip fordert die Pseudonymisierung bzw. Maskierung zu schützender Objekte.

Ziel des Prinzips ist die Vermeidung von Rückschlüssen auf das Ursprungsobjekt.

Beispiel(e): Auf dem Gebiet der IKT sind die Network Address Translation (NAT) und Proxy Server (Proxies) Beispiele für dieses Prinzip. Im Bereich des Datenschutzes können personenbezogene Daten, Sozialdaten oder biometrische Daten z. B. einer Personennummer zugeordnet sein, die nach dem Zufallsprinzip erzeugt wurde, während die Zuordnung zwischen Personennummer und Person in einem anderen System erfolgt. In ähnlicher Form lassen sich Spezifikationen von Komponenten, Vorprodukten, Rohstoffen oder Mixturen maskieren bzw. pseudonymisieren.

11.4.35 Prinzip der Vielfältigkeit (Principle of Diversity)

Definition: Das Prinzip der Vielfältigkeit fordert voneinander unabhängige und verschiedenartige Sicherheitsmaßnahmen statt einer sehr mächtigen.

Ziel des Prinzips ist es, die Sicherheit dadurch zu erhöhen, dass ein Angreifer nicht nur eine, sondern mehrere Hürden mit unterschiedlichen Technologien überwinden muss, um an sein Ziel zu gelangen.

11.4.36 Distanzprinzip (Distance Principle)

Definition: Die Distanzanforderung[Dr.-Ing. Müller] bzw. das Distanzprinzip[Dr.-Ing. Müller] (Distance Principle) fordert, dass Ausweichprozesse und -ressourcen, z. B. Gebäude, Räume, Anlagen und Systeme, aber auch Stellvertreter soweit von jenem Ort entfernt sein müssen, an dem sich das zu schützende Objekt befindet, dass sie nicht während des gleichen Zeitraums von solchen gleichen oder miteinander zusammenhängenden Bedrohungen betroffen sind, gegen die sie durch räumliche Distanz abgesichert werden sollen.

Diese Definition orientiert sich an [46], Section 4030.1, S. 1, „Alternate Operating Headquarters" sowie an „Sound Practices for the Management and Supervision of Operational Risk" [47].

Ziel des Prinzips ist die Erhöhung der Sicherheit einschließlich Kontinuität durch angemessene räumliche Entfernung zwischen Standorten.

Beispiel(e): Die Umsetzung des Distanzprinzips bedeutet zum einen, dass sich beispielsweise ein Ausweichrechenzentrum entsprechend weit vom Originalstandort entfernt befinden muss, aber auch, dass Personen und ihre Stellvertreter sich nicht am gleichen Standort und, z. B. bei Dienstreisen, nicht im gleichen Verkehrsmittel befinden sollten.

Entfernung zwischen redundanten Räumlichkeiten

Im Zusammenhang mit Präventionsmaßnahmen stellt sich die Frage, welche Entfernung bzw. welcher Abstand zwischen redundanten Räumlichkeiten liegen sollte. Die Antwort hierauf ist zuallererst abhängig von den gestellten Sicherheitsanforderungen und den Rahmenbedingungen.

Für den, der nur die Bedrohung durch Feuer absichern will, kann bei Technikräumen die Nutzung separater Brandabschnitte ausreichend sein. Wer jedoch die RAID-Definitionen beispielsweise auf Räumlichkeiten anwendet, erhält für den Level DTDS für Katastrophentoleranz eine Entfernung von 1 km, für den Level DTDS+ eine von 10 km.

Das deutsche BSI hat sich in einer datumsfreien Unterlage [48], die nach dem Stromausfall im Münsterland, der sich im November 2005 ereignete, entstanden ist, zum Thema Entfernung bei Rechenzentren geäußert. Das BSI führt hierin bei seinen Grundüberlegungen aus, dass RZs so liegen sollten, „dass sie möglichst nicht gleichzeitig durch das gleiche Schadensereignis betroffen sein können". Diese Formulierung ähnelt dem Distanzprinzip aus dem „Handbuch Unternehmenssicherheit", das im Oktober 2005 erschienen ist, wenngleich sie nur einen Teil davon anspricht.

Unter Berücksichtigung eines Sperr-Radius von 1,5 km um einen Standort bei realistischen Bedrohungsszenarien nennt das BSI-Dokument einen Minimalabstand von 5 km. Den Maximalabstand bestimmen demzufolge „meist übertragungstechnische Aspekte", die „typischerweise ab ca. 10 bis 15 km" beginnen. Das BSI sieht kaum realistische Schadensereignisse, die bei einer solchen Entfernung beide RZs gleichzeitig nicht mehr betreibbar machen.

11.4.37 Prinzip der Vererbung

Definition: Das Prinzip der Vererbung besagt, dass ein primäres Schutzobjekt seine Sicherheits- und Kontinuitätsanforderungen bzw. die entsprechende Klassifizierung vom Prinzip her als Minimum auf alle jene Schutzobjekte vererbt, von denen es abhängt (s. a. Interdependenznetz).

Ziel des Prinzips ist die Sicherstellung des geforderten Sicherheitsniveaus eines primären Schutzobjekts, indem jene Schutzobjekte, von denen es zur Einhaltung des Sicherheitsniveaus abhängt, das gleiche Sicherheitsniveau besitzen.

Beispiel(e): Dem Prinzip folgend darf sich beispielsweise ein Computer mit hoher Sicherheitsklasse nur in einem Raum befinden, der mindestens über die gleiche Sicherheitsklasse verfügt. Sind mehrere primäre Schutzobjekte von demselben Schutzobjekt abhängig, so bestimmt dementsprechend dasjenige primäre Schutzobjekt mit den höchsten Sicherheits- und Kontinuitätsanforderungen das minimal erforderliche Sicherheits- und Kontinuitätsniveau des genutzten Schutzobjekts.

Das Prinzip der Vererbung von Anforderungen wende ich ebenfalls an auf die Vererbung von Schutzmaßnahmen, die aus Anforderungen resultierten. Wird beispielsweise die Wirkung der Identifizierung, Authentifizierung und Autorisierung eines Systems dadurch wesentlich außer Kraft gesetzt, dass ein technischer User sehr umfangreiche Rechte besitzt, so muss das System des technischen Users die Identifizierung, Authentifizierung und Autorisierung auf gleichem Niveau sicherstellen.

11.4.38 Prinzip der Subjekt-Objekt- / Aktiv-Passiv-Differenzierung

Definition: Das Prinzip der Subjekt-Objekt- bzw. Aktiv-Passiv-Differenzierung, das von mir geschaffen wurde und das sich beispielsweise auch in der Unterscheidung von Schutzsubjekten und -objekten widerspiegelt, besagt Folgendes: Sicherheitsmaßnahmen einschließlich Vorgehensweisen, Vorgaben, Richtlinien, Konzepten und Planungen müssen berücksichtigen, ob es sich um ein aktives Subjekt oder ein passives Objekt handelt. Während Subjekte aktiv mitwirken, sind Objekte passiv.

Ziel des Prinzips ist der fallbezogen angemessene Schutz durch z. B. Vorgehensweisen, Vorgaben, Richtlinien, Konzepte und Planungen.

Beispiele: Ein Beispiel hierfür ist die Kriminalistik und die Biometrie. In der Kriminalistik ist der Täter das Objekt einer Ermittlung, hat aber selbst ein hohes Interesse daran, nicht identifiziert zu werden. Bei der Spurensuche und Recherche sind die Ermittler daher darauf angewiesen, solche biometrischen Merkmale zu nutzen, die der Täter „unfreiwillig" hinterlässt. Diese sind dementsprechend „oberflächlich" – bzw. gegebenenfalls auch von Kameras – wahrnehmbar. Beispiele hierfür sind die Iris, das Aussehen bzw. die Gesichtsgeometrie, aber auch Finger-, Handflächen- und Ohrabdrücke, die Stimme, die DNA und die Unterschrift.

Umgekehrt ist die Situation, wenn Personen die Subjekte sind und ein aktives Interesse daran haben, sich zu identifizieren und zu authentisieren. Dies ist beispielsweise dann der Fall, wenn sich berechtigte Personen für die Zufahrt oder den Zutritt zu einem geschützten Bereich, für den Zugang zu einem System, an der Grenze oder gegenüber Behörden, am Geldausgabeautomat oder an einer Kasse im Supermarkt legitimieren. Hinzu kommt, dass diese Personen gleichzeitig vermeiden wollen, dass Dritte unberechtigter Weise ihre Identität annehmen können.

Unter diesen Gesichtspunkten scheiden hierfür biometrische Merkmale wie der Fingerabdruck, das Gesicht oder die Iris prinzipbedingt aus. „Stattdessen bieten sich verdeckte biometrische Merkmale an, die ohne Mitwirkung der Betroffenen schwerer zu ermitteln sind. Hierzu gehören die Netzhaut, die Venen oder auch die Unterhautcharakteristika, die beim multispektralen Imaging des Fingerabdrucks genutzt werden." ([49])

11.4.39 Prinzipien versus Sicherheitskriterien (Grundwerte der IS)

Die folgende Matrix gibt an, welche Prinzipien primär auf welche Sicherheitskriterien (Grundwerte der IS) ausgerichtet sind:

Prinzip	Vertrau-lichkeit	Integrität	Verbind-lichkeit	Authen-tizität	Verfüg-barkeit
Prinzip der Wirtschaftlichkeit	X	X	X	X	X
Prinzip der Abstraktion	X	X	X	X	X
Prinzip der Klassenbildung	X	X	X	X	X
Poka-Yoke-Prinzip	X	X	X	X	X
Prinzip der Namenskonventionen	X	X	X	X	X
Prinzip der Redundanz					X
Prinzip des „aufgeräumten" Arbeitsplatzes	X	X			X

Prinzip	Vertrau-lichkeit	Integrität	Verbind-lichkeit	Authen-tizität	Verfüg-barkeit
Prinzip der Abwesenheitssperre	X	X		X	
Prinzip der Eigenverantwortlichkeit	X	X	X	X	X
Vier-Augen-Prinzip		X			
Prinzip der Funktionstrennung		X			
Prinzip der Sicherheitsschalen	X	X			
Prinzip der Pfadanalyse	X	X	X	X	X
Prinzip der Ge- und Verbotsdifferenzierung	X	X			
Prinzip des generellen Verbots	X	X	X	X	
Prinzip der Ausschließlichkeit	X	X			
Prinzip des minimalen Bedarfs	X	X	X	X	
Prinzip der minimalen Rechte	X	X	X	X	
Prinzip der minimalen Dienste	X	X	X	X	
Prinzip der minimalen Nutzung	X	X	X	X	
Prinzip der Nachvollziehbarkeit und Nachweisbarkeit	X	X	X	X	X
Prinzip des „sachverständigen Dritten"	X	X	X	X	X
Prinzip der Sicherheitszonen und des Closed-Shop-Betriebs	X	X	X	X	
Prinzip der Sicherheitszonenanalyse	X	X	X	X	
Prinzip der Immanenz	X	X	X	X	X
Prinzip der Konsolidierung	X	X	X	X	X
Prinzip der Standardisierung	X	X	X	X	X
Prinzip der Plausibilisierung		X			
Prinzip der Konsistenz		X			
Prinzip der Untergliederung	X	X	X		
Prinzip der Aufteilung	X				
Prinzip der Pseudonymisierung bzw. Maskierung	X				
Prinzip der Vielfältigkeit	X	X	X		
Distanzprinzip					X
Prinzip der Vererbung	X	X	X	X	X
Prinzip der Subjekt-Objekt- bzw. Aktiv-Passiv-Differenzierung				X	

Tabelle 11-3: Prinzipien versus Sicherheitskriterien

11.5   Sicherheitselemente

Bisher wurden die prinzipiellen Sicherheitsanforderungen und Bedrohungen sowie die Sicherheitsprinzipien und -strategien zusammengestellt. Im nächsten Schritt werden hierfür Sicherheitselemente entwickelt, welche die Bausteine der Sicherheitsarchitektur bilden.

Die Sicherheitselemente sollen zum einen die *Betriebssicherheit* (Safety), d. h. den sicheren und ordnungsmäßigen Betrieb der Schutzobjekte, wie z. B. der Informations- und Kommunikationssysteme, sowie die *Kontinuität* (Continuity) entsprechend den Anforderungen fördern. Optimal wäre hier das Wort „sicherstellen" anstelle von „fördern". Dies ist jedoch nicht angebracht, denn 100 %ige Sicherheit oder Kontinuität gibt es nicht und die letzten Prozente auf dem Weg zu ihr sind erfahrungsgemäß die teuersten.

Zum anderen haben die Sicherheitselemente die Aufgabe, vor kriminellen Handlungen sowie böswilligen internen und externen Angriffen zu schützen, d. h. die *Angriffssicherheit* (Security) zu erhöhen.

Basis der Sicherheitselemente sind Prozesse. Sie definieren, welche Aufgaben in welchem Ablauf wie wahrzunehmen sind. Ressourcen u. a. in Form von Anlagen, Systemen, Hilfsmitteln und Tools, aber auch Materialien und nicht zuletzt Personen unterstützen die Prozesse. Rollen übernehmen die Verantwortung für die Prozesse, für einzelne Prozessschritte oder Aufgaben, aber auch für andere Schutzobjekte, wie Anlagen und Systeme. Dies erfordert eine entsprechende Organisation. Den Rollen werden Personen zugeordnet, die über die erforderliche Qualifikation verfügen müssen.

Dementsprechend gliedert sich die Sicherheitsarchitektur PROSim-orientiert in folgende Cluster:

☐ Prozesse,

☐ Ressourcen und

☐ Organisation.

Die *Sicherheitselemente* sind in der Architektur überblicks- und schlagwortartig dargestellt. Es gibt sie für jedes Themen-Cluster in PROSim. Prozesse, u. a. für das Security-, Kontinuitäts- und Datenschutzmanagement, sowie deren Unterthemen wie Identifikation, Authentisierung, Autorisierung, Datensicherung und Notfall-, Krisen- und Katastrophenvorsorge, sind Beispiele für Sicherheitselemente.

Jedes Sicherheitselement, das in der Architektur im ersten Schritt schlagwortartig angeführt ist, wird in der Folge verfeinert und detaillierter beschrieben. Für das Sicherheitselement Datensicherung sind beispielsweise

☐ der Prozess der Datensicherung,

☐ die genutzten Ressourcen in Form von Technologien, Materialien (z. B. Datenträger) und Methoden, die personelle Qualifikation und erforderliche Kapazität sowie

☐ die organisatorische Verantwortlichkeit für die Datensicherung festzulegen.

Von den verfügbaren prinzipiellen Sicherheitselementen in der Sicherheitsarchitektur werden diejenigen ausgewählt, die zur Erfüllung der Sicherheitsanforderungen eines Schutzobjekts, z. B. eines IKT-Systems notwendig sind. Daher enthält die Sicherheitsarchitektur als ein unternehmensspezifisches Rahmenwerk alle Elemente, die zur Erreichung des höchsten geforderten Sicherheitsniveaus erforderlich sind. Bei Nutzung vordefinierter Sicherheitsklassen bzw. integrativer RiSiKo-Klassen sind Standardzuordnungen zwischen Sicherheitsklasse und hierfür benötigten Sicherheitselementen möglich. Dies vereinfacht und vereinheitlicht das weitere Vorgehen je Schutzobjekt und macht es effizienter.

Die jeweilige konkrete aktuelle Ausprägung der PROSim-basierenden unternehmensspezifischen Sicherheitsarchitekturfelder findet sich in der Prozess-, Ressourcen-, Produkt- und Dienstleistungsarchitektur sowie der Organisationsstruktur. Beispiele sind die Anwendungsarchitektur sowie die Netztopologie. Entsprechen diese nicht den Zielvorstellungen, so bilden sie den Ausgangspunkt zur Entwicklung einer Strategie und eines Migrationsplans zur Erreichung des Zielzustands.

Wie stellt sich die weitere Gliederungsstruktur dieses Kapitels dar? Entsprechend PROSim sind die folgenden Unterkapitel gegliedert in die Überblicke über Prozesse, Ressourcen und Organisation sowie den Lebenszyklus. Aufgrund der Bedeutung der Prozesse und zur leichteren Auffindbarkeit im nur dreistufigen Inhaltsverzeichnis habe ich in der Kapiteluntergliederung ein wenig „geschummelt". Sie finden daher hinter dem Unterkapitel mit dem Überblick über die Prozesse, aber auf der gleichen Kapitelebene, die verschiedenen Begleitprozesse bzw. Managementdisziplinen. Erst anschließend folgen die Überblickskapitel für Ressourcen und Organisation sowie das Kapitel zum Lebenszyklus.

11.5.1 Prozesse im Überblick

Jedes Unternehmen hat einen Zweck, d. h. eine Mission. Um den Unternehmenszweck zu erreichen, sind *Kernprozesse* erforderlich. Diese beschreiben, wie beispielsweise Produkte hergestellt oder Leistungen erbracht werden. Die Kernprozesse nutzen zur Leistungserbringung gegebenenfalls *Unterstützungsprozesse (Supportprozesse)*. Das Facility Management ist ein solcher Supportprozess, aber auch der IKT-Betriebsprozess bzw. die IKT-Produktion, die den Betriebsprozess (Operations Management) der Informations- und Kommunikationssysteme beschreiben.

Parallel zu den Kern- und Unterstützungsprozessen sind *Begleitprozesse* erforderlich. Diese werden von mir auch als *Managementdisziplinen* bezeichnet. Die Begleitprozesse berücksichtigen u. a. die kontinuierlichen Veränderungen der Prozesse und der von ihnen genutzten Ressourcen. Zu den Begleitprozessen gehören u. a. das Konformitäts-, Datenschutz-, Kapazitäts-, Änderungs- und Konfigurationsmanagement. Die Begleitprozesse haben hinsichtlich des jeweiligen Themas, das sie bearbeiten, Verbindungen zu allen Kern- und Supportprozessen und deren Ressourcen, Produkten und Dienstleistungen sowie zusätzlich in unterschiedlicher Stärke themenspezifische Verbindungsstellen zu anderen Begleitprozessen.

Die bisherigen Darstellungen dieses Kapitels bezogen sich auf die Phase des Betriebs eines Prozesses. Wie wir in vorangegangenen Kapiteln gesehen haben, sind für einen sicheren Betrieb jedoch bereits ab dem Beginn des *Lebenszyklus* eines jeden Prozesses, sei es ein Kern-, Support- oder Begleitprozess, Sicherheits-, Kontinuitäts- und Risikoaspekte sowie sicherheits-, kontinuitäts- und risikospezifische Elemente zu berücksichtigen. Zusätzlich dazu, dass die Begleitprozesse selbst einen Lebenszyklus besitzen, erstrecken sie sich dementsprechend auch über den gesamten Lebenszyklus anderer Prozesse sowie über den Lebenszyklus von Ressourcen, Organisation, Dienstleistungen (Services) und Produkten. Durch die Integration RiSiKo-spezifischer Elementen in den Lebenszyklus lässt sich eine *lebenszyklusimmanente Sicherheit, Kontinuität und Risikobehandlung* erreichen.

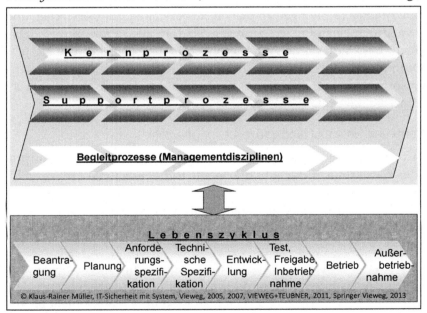

Abbildung 11-2: Kern-, Support- und Begleitprozesse im Lebenszyklus

Sind Sie aufgrund des gerade Gelesenen von der bevorstehenden Vielfalt der Prozesse und Vorgehenstiefe erschlagen? Fürchten Sie ein zeit- und kostenaufwändiges kaum handhabbares Mammutwerk? Prinzipiell kann dieser Eindruck entstehen, doch beachten Sie bitte Folgendes: *Je kleiner ein Unternehmen ist*, desto kleiner und weniger heterogen sollten die genutzten Ressourcen sein. Entsprechend gering sollte die Anzahl der Schutzobjekte sein. Oftmals sind zusätzlich die Anforderungen an Sicherheit und Kontinuität niedriger. Dementsprechend schlanker werden die Prozesse, so dass sie teilweise in kurze Anweisungen und Checklisten übergehen.

Bei mittleren bis größeren Unternehmen sollten sich die Prozesse ebenfalls auf das Wesentliche beschränken, so dass ein sachverständiger Dritter, z. B. in Form eines neuen Mitarbeiters, sie verstehen und ordnungsgemäß anwenden kann. Damit die unternehmensspezifischen Prozesse, Hilfsmittel, Tools, Systeme und Verantwortlichkeiten leicht auffindbar sind, empfiehlt sich ein zentrales browserorientiertes Informations-, Kommunikations- und Steuerungsportal (z. B. integriert in das Intranet des Unternehmens), das nach meiner Erfahrungen bei Unternehmen auf Akzeptanz stößt.

Die beiden folgenden Unterkapitel geben Ihnen einen Überblick zum einen über die Kern- und Supportprozesse und zum anderen über die Begleitprozesse bzw. Managementdisziplinen. Die Bezeichnung Managementdisziplin verdeutlicht, dass in ihr bestimmte Aufgabenstellungen zu planen, zu verwalten, zu überwachen und zu steuern sowie durch einen Prozess zu regeln sind. In allen Prozessen ist dabei darauf zu achten, dass sie externe Anforderungen berücksichtigen, wie sie u. a. hinsichtlich Ordnungsmäßigkeit, Arbeitssicherheit, Archivierung, Datensicherung und Notfallvorsorgeplanung existieren. Außerdem ist das Thema Marktbeobachtung für alle Prozesse relevant.

11.5.1.1   Kern- und Unterstützungsprozesse im Überblick

Einen ersten Überblick über die Kern- und Unterstützungsprozesse (Supportprozesse) sowie deren Zusammenspiel gibt die bereits früher erwähnte Prozessarchitektur. Kernprozesse sind auf den Kunden ausgerichtet. Sie verfügen meist über Abgrenzungs- oder Alleinstellungsmerkmale zum Wettbewerb, sind innovativ und erfolgkritisch, müssen gut abgesichert sein und erfordern angemessen flexible Ressourcen.

Supportprozesse und ihre Ressourcen unterstützen die Kernprozesse. Sie sind in der Regel für den Geschäftsbetrieb erforderlich, stabil und in verschiedenen Unternehmen prinzipiell gleich, wie z. B. das Human Resources Management bis hin zur Gehaltsabrechnung, die Buchführung oder das Management der IKT.

Der Schutzbedarf jedes einzelnen Prozesses bestimmt, welche *Sicherheitsmerkmale* er erhält. So sichern beispielsweise das Vier-Augen-Prinzip und die Funktionstrennung sicherheitskritische Stellen in Prozessen ebenso ab, wie Vollmachtenregelungen und Rechtekonzepte. Zu den Rechten gehören beispielsweise Zutrittsrechte zu Räumlichkeiten, Zugangsrechte zu Anwendungen sowie Zugriffsrechte auf Daten, Dokumente und Informationen.

Im Geschäftsbereich Informationsservices ist insbesondere daran zu denken, dass der Betrieb von Informations- und Kommunikationssystemen nicht nur Anforderungen an die Sicherheit und Kontinuität der eingesetzten Systeme stellt, sondern auch an die dazugehörigen Prozesse. So bedeutet die Hochverfügbarkeit eines Systems zum einen dessen anforderungsgerechte Redundanz und die Redundanz der von ihm genutzten Ressourcen, wie z. B. der Stromversorgung. Zum anderen müssen die *IKT-Betriebsprozesse* dementsprechend abgesichert sein, so dass ein Ausfall von Personal, Gebäude oder genutzten Ressourcen, wie z. B. Steuerungswerkzeugen, nicht zu einer Betriebsunterbrechung führt.

Zum IKT-Betriebsprozess gehört u. a. das Monitoring, Erkennen, Aufzeichnen (Logging), Auswerten und Melden von Ereignissen, das Alarmieren sowie die Steuerung der IKT und das Reporting. Dies schließt sicherheitsrelevante Ereignisse ein. Weitere Aktivitäten bestehen beispielsweise in der Installation, Deinstallation, Konfiguration, Aktivierung und Deaktivierung von Komponenten (Managed Objects), im Sichern und Rückspeichern von Daten, in der Datenbank-Administration und -Reorganisation, in der Durchführung von Konfigurationsänderungen und Tuning-Maßnahmen, in der Lastverteilung, in der Planung (Scheduling) und Durchführung von Batch-Verarbeitungsläufen und Datensicherungen sowie in der Überwachung und Steuerung der CPU-, Netz-, Speicher- und Drucker-Auslastung.

11.5.1.2 Begleitprozesse (Managementdisziplinen) im Überblick

Im Folgenden finden Sie einen Überblick über die Begleitprozesse der Kern- und Unterstützungsprozesse. In den anschließenden Einzelkapiteln sind die Begleitprozesse und ihr Zusammenspiel detaillierter erläutert. Wer das Sicherheitsmanagement nach der Sicherheitspyramide aufbaut, erstellt in der Architekturebene ein Architekturschaubild der Prozesse und ihres Zusammenwirkens auf oberer Ebene. Die detailliertere Darstellung der Prozesse in den anschließenden Einzelkapiteln dienen hier der näheren Erläuterung für den Leser.

Zu beachten ist, dass sowohl diese Prozesse als auch die von ihnen genutzten Ressourcen, wie z. B. Überwachungstools, Sicherheitsanforderungen unterliegen. Diese Sicherheitsanforderungen leiten sich aus den dazugehörigen Kern- und Supportprozessen ab.

Bei den Begleitprozessen machen sich die Größenunterschiede von Unternehmen meist besonders bemerkbar. Während bei Großunternehmen jeder einzelne Begleitprozess aufgrund seiner Komplexität, der Vielzahl der Beteiligten und der verteilten Verantwortlichkeiten umfangreich beschrieben ist, kann er bei kleinen Unternehmen aus wenigen knapp gefassten Aufgaben und Checklisten bestehen. Das dementsprechende angemessene Komprimieren dieser Managementdisziplinen erscheint mir sinnvoll und zielführend, sie wegzulassen nicht. Letzteres führt zu leicht zu Defiziten, die die Handlungsfähigkeit des Unternehmens gefährden können.

Welche Begleitprozesse gibt es nun? Ausgangspunkt für die sicherheitsspezifische Gestaltung von Prozessen, Ressourcen, Organisation, Produkten und Dienstleistungen sind gesetzliche, vergleichbare und vertragliche Anforderungen. Häufig spielen sicherheitsrelevante Anforderungen – wozu auch die Anforderungen an Ordnungsmäßigkeit, Kontinuität und Risikomanagement gehören – des Handelsgesetzbuches (HGB), des Aktiengesetzes (AktG) einschließlich der Elemente des Gesetzes zur Kontrolle und Transparenz im Unternehmensbereich (KonTraG) sowie des Gesetzes zur Unternehmensintegrität und Modernisierung des Anfechtungsrechts (UMAG) und des Urheberrechts (Lizenzen, Darstellungen) eine wesentliche Rolle. Darüber hinaus gibt es Gesetze und Regelungen, die branchenspezifisch zu berücksichtigen sind. Hierzu zählen z. B. bei Gesetzlichen Krankenversicherungen das Sozialgesetzbuch (SGB) mit dem Schutz der Sozialdaten (SGB X), bei Banken das Bankgeheimnis und das Meldewesen sowie in der chemischen bzw. pharmazeutischen Industrie das deutsche Chemikaliengesetz (ChemG) bzw. die Arzneimittel- und Wirkstoffherstellungsverordnung (AMWHV) sowie die verschiedenen Guten Praktiken (Good Practices {GxP}). Der *Begleitprozess des Konformitätsmanagements (Compliance Management)* hat die Aufgabe, die Kenntnis, Aktualität und Erfüllung (Konformität {Compliance}) der externen und internen Anforderungen sicherzustellen.

Der Datenschutz besitzt aufgrund der Datenschutzgesetze, wie z. B. des Bundesdatenschutzgesetzes (BDSG), einen besonderen Stellenwert und erfordert spezifische Verantwortlichkeiten. Dies bildet der Begleitprozess *Datenschutzmanagement* ab.

Mit dem Betrieb eines Unternehmens sowie der Erfüllung gesetzlicher, aufsichtsbehördlicher, vertraglicher und unternehmensspezifischer Anforderungen gehen Risiken einher. In der Risikopolitik legt das Unternehmen seine Risikobereitschaft fest und definiert, welche Risiken noch tragbar sind und welche abgesichert werden müssen. Darauf aufbauend gilt es, Risiken zu identifizieren, zu analysieren, zu bewerten, zu justieren und zu steuern. Hierzu ist ein Prozess erforderlich, das *Risikomanagement*.

Ausgangspunkt für die Gestaltung von Prozessen, Systemen, Produkten und Dienstleistungen (Services) sowie der Organisation in der IKT sind der Unternehmenszweck und die Anforderungen der Nutzer bzw. Kunden. Sie bilden die Grundlage für die Leistungsvereinbarungen (Service Level Agreements), die im Rahmen der Aufbewahrungsfristen jederzeit in ihrem aktuellen Stand und in ihrer Historie nachvollziehbar verfügbar sein müssen. Ihnen gegenüber stehen die tatsächlich erbrachten Leistungen. Die Verwaltung, Verfolgung, Überwachung und Steuerung der Leistungsvereinbarungen und -erbringung erfolgt durch das *Leistungsmanagement (Service und Service Level Management)*.

In die Erbringung dieser Leistungen sind meist interne und oftmals auch externe Auftragnehmer eingebunden. Die Vereinbarungen mit den internen Dienstleistern sowie mit den externen müssen durch das interne Leistungsmanagement sowie das *Dienstleistermanagement (Provider Management)*, das Teil des Leistungsmanagements ist, verwaltet und gesteuert werden. Hierzu gehört auch das Management eventuell abgeschlossener Versicherungen.

Für die selbst zu erbringenden und die eingekauften Leistungen sowie für deren Absicherung stehen die mit den Kunden vereinbarten finanziellen Mittel bereit. Diese müssen erfasst, eingeplant und durch ein entsprechendes Controlling verfolgt und gesteuert werden. Diese Aufgabe obliegt dem *Finanzmanagement*.

Für die Sicherheit entscheidend ist die fehlerfreie Funktionsfähigkeit aller Systemkomponenten im Betrieb. Dies erfordert ein ausgereiftes *Projekt- und Qualitätsmanagement* über alle Phasen des Lebenszyklus eines Prozesses, einer Ressource, der Organisation, eines Produktes oder einer Leistung.

Informationssysteme sind meist hoch komplex. In der Betriebsphase treten daher erfahrungsgemäß Ereignisse auf, die den regulären Betrieb und damit z. B. die Ordnungsmäßigkeit und Verfügbarkeit stören. Sie sind u. a. auf Fehlbedienungen, technische Defekte oder Fehlfunktionen, aber auch Überlastung zurückzuführen. Darüber hinaus können Nutzer Bedienungsprobleme haben.

Aus Gründen der Effizienz und Sicherheit empfiehlt es sich, für die Entgegennahme von Ereignismeldungen, seien es Fragen, Schwierigkeiten, Störungen oder Probleme, und deren möglichst sofortige Lösung eine zentrale Anlaufstelle („Single Point of Contact"), in Form des zentralen Benutzerservice (User Help Desk {UHD} bzw. Service Desk) festzulegen.

Der Service Desk nutzt zur Ereignisbearbeitung den Prozess *Ereignismanagement*. Ziel dieses Prozesses ist die kurzfristige Unterstützung bei Fragen oder Schwierigkeiten sowie die Lösung von Störungen, z. B. durch eine Umgehung (Workaround) oder das Rücksetzen (Reset) und den Neustart (Restart) eines Informationssystems, PCs oder Druckers. Demgegenüber konzentriert sich das anschließende *Problem-*

management neben der Entgegennahme und Verfolgung primär auf die ursachen-orientierte und damit endgültige Behebung von Problemen, um die Qualität und Sicherheit zu steigern.

Insbesondere die Informationsverarbeitung unterliegt einem kontinuierlichen Wandel und kurzen Veränderungszyklen. Prozesse werden geändert und standardisiert, Schwachstellen erkannt, gemeldet und sollen behoben werden, zugrunde-liegende Technologien verändern sich und erfordern einen Austausch. Der heute gekaufte PC, das heute gekaufte Betriebssystem, die heute gekaufte Anwendung ist „morgen" schon veraltet. Diese Veränderungen müssen verfolgt und hinsicht-lich der Auswirkungen auf das eigene Unternehmen und die IKT bewertet wer-den. Sie führen auf Seiten der Kunden und auch der Anwender oftmals zu neuen Anforderungen.

Aus dem Problemmanagement resultieren Änderungsanforderungen für die Behe-bung von Fehlern und Schwachstellen, z. B. für Prozesse oder IKT-Systeme. Aber auch technologische Änderungen und Neuentwicklungen aufgrund neuer Kun-denanforderungen führen zu Änderungsanforderungen (Change Request) an be-stehenden Systemen und Systemlandschaften. Diese Änderungen müssen doku-mentiert, priorisiert, geplant und verfolgt sowie ihre potenziellen Risiken im Vor-feld untersucht und abgesichert werden. Erst dann sollten Fehler behoben, Soft-ware-Patches eingespielt, Software-Updates vorgenommen und Systemkomponen-ten oder ganze Systeme ausgetauscht werden. Hierzu dient das *Änderungsmanage-ment*.

Die Bündelung von Änderungen zu Releases sowie das Verfahren und die Steue-rung zur Einführung neuer Releasestände beschreibt das *Releasemanagement*.

Aufgrund der vielfältigen Änderungen geht schnell der Überblick verloren, in wel-cher Konfiguration aus Patch-Leveln und Releaseständen der einzelnen Kompo-nenten sich ein Informationssystem befindet. Um dem entgegenzusteuern, ist das *Konfigurationsmanagement* erforderlich. Es verschafft den Überblick über aktuelle und frühere Konfigurationen von Prozessen und Ressourcen, wie z. B. Systemen und Dokumenten, sowie Produkten und Dienstleistungen. So unterstützt es die zügige und zielgerichtete Bearbeitung von Störungen oder Problemen.

Für den ordnungsmäßigen IKT-Betrieb ist sicherzustellen, dass für jene Systeme und Verfahren, die lizenzrechtlichen Bestimmungen unterliegen, die erforderli-chen Lizenzen vorhanden sind. Der dazugehörige Prozess heißt *Lizenzmanage-ment*.

Änderungen und funktionale Erweiterungen der Software, aber auch die reguläre Nutzung durch die Anwender führen in der Regel zu einer Zunahme der Daten-bestände und der CPU-Belastung. Dies zusammen mit einer steigenden Anzahl der

Nutzer kann sich auf die Performance auswirken und zu Kapazitätsengpässen führen. Diese Entwicklung muss beobachtet und die Kapazität der Systeme rechtzeitig geplant und angepasst werden. Diese Aufgaben erfüllt das *Kapazitätsmanagement*.

Alle diese Managementdisziplinen sind Bausteine für einen sicheren Betrieb der IKT unter primär störungsfreien Bedingungen („Schönwetterflug"). Doch was passiert bei gravierenden Störungen, wie z. B. dem längerfristigen Ausfall unternehmenskritischer Ressourcen, oder in Notfällen, die ja zum Arbeitsalltag gehören? Diese müssen durch das *Kontinuitätsmanagement* den jeweiligen Anforderungen entsprechend angemessen abgesichert werden.

Die bisher genannten Begleitprozesse konzentrierten sich auf die Betriebssicherheit, d. h. den regulären Betrieb und dessen Absicherung. Nun gilt es, sich vor kriminellen Handlungen, wie Diebstahl, Ressourcenmissbrauch und Spionage, sowie böswilligen Angriffen zu schützen. Spätestens das Internet hat hier zu einem weltumspannenden Angriffspotenzial geführt. Mit diesen Themen beschäftigt sich das *Securitymanagement*. Dessen Anforderungen beeinflussen die Kern-, Unterstützungs- und Begleitprozesse.

Damit Unternehmen mit den Umfeldveränderungen Schritt halten können, sollte ihre Sicherheitsarchitektur dokumentiert, kontinuierlich angepasst und weiterentwickelt werden. Hierzu dient das *Architekturmanagement*.

Märkte und Technologien verändern sich kontinuierlich. Dies hat Auswirkungen auf das Unternehmen und seine Prozesse. Die Aufgabe, Chancen und Risiken derartiger Innovationen rechtzeitig zu erkennen, zu bewerten und Maßnahmen zu ergreifen, liegt beim *Innovationsmanagement*.

Um den Überblick über Verträge und Dokumente zu bewahren und auf sie jederzeit in der aktuellen Version oder auf vergangene Versionen zugreifen zu können, dienen *das Vertragsmanagement und das Dokumentenmanagement*.

Um den IKT-Betrieb einschließlich Entwicklung und Wartung aufrecht halten zu können, sind Personen erforderlich. Diese müssen – auch unter Sicherheitsaspekten – ausgewählt und betreut werden. Die hieraus resultierenden Sicherheitsanforderungen müssen im *Personalmanagement* berücksichtigt werden.

Kennzahlen für Begleitprozesse finden sich im Kapitel Sicherheitsregelkreis sowie im Buch „IT für Manager – Mit geschäftszentrierter IT zu Innovation, Transparenz und Effizienz", 1. Auflage.

Aus den vorangegangenen Schilderungen ergibt sich der Bedarf an folgenden Begleitprozessen bzw. Managementdisziplinen:

☐ Konformitätsmanagement (Compliance Management)

☐ Datenschutzmanagement (Privacy Management)

☐ Risikomanagement (Risk Management)

☐ Leistungsmanagement (Service und Service Level Management)
  (Prozessauslagerung / Sourcing)

☐ Finanzmanagement (Financial Management)

☐ Projektmanagement (Project Management)

☐ Qualitätsmanagement (Quality Management)

☐ Ereignismanagement (Incident Management)

☐ Problemmanagement (Problem Management)

☐ Änderungsmanagement (Change Management)
  einschließlich Patchmanagement

☐ Releasemanagement (Release Management)

☐ Konfigurationsmanagement (Configuration Management)

☐ Lizenzmanagement (Licence Management)

☐ Kapazitätsmanagement (Capacity Management)
  (Infrastruktur-, Rechner-, Speichermanagement
  {Speicherhierarchie, -medien, -topologie})

☐ Wartungsmanagement (Maintenance Management)

☐ Kontinuitätsmanagement (Continuity Management)
  (Prävention, Unterlagen- und Datensicherung, Versicherung, Notfall-, Krisen-
  und Katastrophenvorsorge)

☐ Securitymanagement (Security Management)
  (Sicherheitsschalenmodell, Rechtevergabe, -dokumentation, -steuerung, -ver-
  waltung, Identifikation und Authentisierung {Token, Single Sign-on, Identitäts-
  management}, Zufahrts-, Zutritts-, Zugangs-, Zugriffs-, Leseschutz {Verschlüs-
  selung}, Wiederaufbereitung, Absendekontrolle, Übertragungssicherung, Abgangskontrolle, Transportsicherung, Abfahrtskontrolle, Alarmierung, Protokollierung, Beweissicherung, Protokollauswertung, Berichtswesen)

☐ Architekturmanagement (Architecture Management)

☐ Innovationsmanagement (Innovation Management)

☐ Vertragsmanagement (Contract Management)

☐ Dokumentenmanagement (Document Management)

☐ Personalmanagement (Human Resources Management).

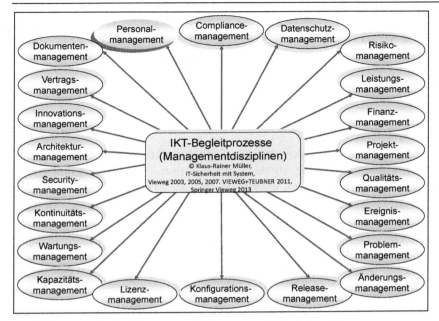

Abbildung 11-3: Begleitprozesse (Managementdisziplinen)

Wem die *IT Infrastructure Library (ITIL®)* des Office of Government Commerce (OGC) bekannt ist, der findet zwischen den hier genannten Managementdisziplinen bzw. Begleitprozessen und den dortigen Parallelen, ebenso wie zur ISO 20000. Dies ist insofern nachvollziehbar, als ITIL® Best bzw. Good Practices beschreibt. ITIL®, Version 2, stellt den dortigen Ausführungen zufolge einen Satz von Best Practices bereit, basierend auf der kollektiven Erfahrung kommerzieller und öffentlicher Praktiker weltweit. Außerdem weist ITIL® darauf hin, dass die ITIL®-Vorgehensweise sich zu einem de-facto-Standard entwickelt, der von einigen der weltweit führenden Unternehmen eingesetzt wird.

Die zuvor genannten Begleitprozesse bzw. Managementdisziplinen der Sicherheitspyramide begleiten den gesamten Lebenszyklus von Prozessen, Ressourcen, z. B. Informationssystemen, Organisation, Produkten und Dienstleistungen (Services). Sie sind Elemente der *Prozessarchitektur* zur Betriebs- und Angriffssicherheit.

ITIL® hat das Thema Lebenszyklus hinsichtlich der IT-Services erkannt und im Jahr 2007 in der Version 3 von ITIL® in Form des IT Service Lifecycle aufgegriffen.

Je nach Größe, Anforderungen und Entwicklungsstatus definieren Unternehmen die Begleitprozesse der Sicherheitspyramide in Form eigenständiger *Prozesse* nur für den Betrieb oder als integrale Bestandteile des Lebenszyklus. Die Prozesse erhalten entsprechende Verbindungsstellen untereinander und zum Lebenszyklus, um einen ausreichenden Informationsfluss zu erreichen. Die Prozesse werden im Hinblick auf die verschiedenen Sicherheitskriterien klassifiziert. Die Verfügbarkeitsklasse eines Prozesses beispielsweise hängt von seiner Bedeutung zur Erfüllung der Service-Vereinbarungen ab.

In den verschiedenen Prozessen sind *Aktivitäten* zu definieren. Beispielsweise muss der Kapazitätsbedarf geplant und verfolgt oder die Konfiguration der Systeme aktuell gehalten werden.

Für die Prozessschritte sind Ressourcen bzw. Schutzobjekte erforderlich, wie z. B. Gebäude und Räumlichkeiten, Infrastruktur, Informationssysteme und Hilfsmittel bzw. Werkzeuge. Diese werden beim jeweiligen Prozessschritt definiert und in der Ressourcen-Architektur abgebildet. Die Schutzobjekte werden ebenfalls im Hinblick auf die Sicherheitskriterien klassifiziert.

Die Aktivitäten müssen von Personen wahrgenommen und daher über *Funktionen und Rollen* in der *Organisation* abgebildet werden. Um je Aktivität eine direkte namentliche Zuordnung mit den entsprechend häufigen Änderungen zu vermeiden, sollten Sie Aktivitäten zu Rollen zusammenfassen und schließlich in einer zentralen Rollen-Mitarbeiter-Matrix Mitarbeitern zuordnen. Für die Aktivitäten des Konfigurationsmanagements beispielsweise entsteht so die Rolle des Konfigurationsmanagers und seines Stellvertreters.

Der Umfang und die Zeitintensität für die Aktivitäten in den Prozessen korrelieren oftmals mit der *Unternehmensgröße*. Dementsprechend kann ein Mitarbeiter bei einem kleineren Unternehmen mehrere Rollen wahrnehmen, während eine Rolle in einem größeren Unternehmen unter- und auf mehrere Mitarbeiter verteilt wird.

Für die verschiedenen Begleitprozesse existieren – überwiegend für die IKT – Normen, Standards und Practices, die Sie im diesbezüglichen Verzeichnis im hinteren Teil dieses Buches angegeben finden.

11.5.2 Konformitätsmanagement (Compliance Management)

Die Kenntnis und Einhaltung gesetzlicher, aufsichtsbehördlicher und vergleichbarer sowie normativer und vertraglicher Vorgaben und Anforderungen ist Ausgangspunkt für die sicherheits- und kontinuitätsspezifische sowie risikoangepasste Gestaltung von Prozessen, Ressourcen, Organisation, Produkten und Dienstleistungen. Das Konformitätsmanagement (Compliance Management; Compliance = Übereinstimmung, Einhaltung) hat die Aufgabe, diese Anforderungen bzw. Vorgaben in ihrer jeweils aktuellen Form sowie die diesbezüglichen Entwicklungen zu kennen, Mitarbeiter zum Thema Konformität (Compliance) zu beraten sowie die Erfüllung der Compliance-Anforderungen sicherzustellen, d. h. die Gesetzes- und Vertragskonformität sowie die Einhaltung von Standards und Bestimmungen. Dies schließt die Überwachung ein. Demzufolge hat das Konformitätsmanagement direkt oder indirekt Verbindungsstellen zu sämtlichen Kern-, Unterstützungs- und Begleitprozessen, zu den Ressourcen, Produkten und Dienstleistungen sowie zur Organisation des Unternehmens. Die Sicherheitsmanagementpyramide stellt ein integratives und ganzheitliches Vorgehensmodell zur systematischen Umsetzung auch konformitätsbezogener Anforderungen dar.

Vorgaben zum Compliance Management ergeben sich insbesondere aus Gesetzen und darauf aufbauenden Ausführungsbestimmungen sowie dementsprechenden Prüfungsstandards der Wirtschaftsprüfer und ferner aus aufsichtsbehördlichen Vorgaben. Ebenfalls zu beachten sind Normen und De-facto-Standards sowie Good und Best Practices. Ein Teilthema der Konformität bzw. Compliance ist die IT- bzw. IKT-Compliance. Im Folgenden sind einige wenige Anforderungen auszugsweise und überblicksartig zusammengestellt.

Anforderungen stellen beispielsweise das Handelsgesetzbuch (HGB), die Abgabenordnung (AO), die Grundsätze ordnungsmäßiger Buchführung (GoB), die Grundsätze ordnungsmäßige DV-gestützter Buchführungssysteme (GoBS) und die Grundsätze zum Datenzugriff und zur Prüfbarkeit digitaler Unterlagen (GDPdU). Hinzu kommen die Stellungnahmen zur Rechnungslegung des Instituts der Wirtschaftsprüfer in Deutschland e.V. (IDW), z. B. die Grundsätze ordnungsgemäßer Buchführung bei Einsatz von Informationstechnologie (FAIT 1), die Grundsätze ordnungsgemäßer Buchführung bei Einsatz von Electronic Commerce (FAIT 2), die Grundsätze ordnungsmäßiger Buchführung beim Einsatz elektronischer Archivierungsverfahren (FAIT 3), die Anforderung an die Ordnungsmäßigkeit und Sicherheit IT-gestützter Konsolidierungsprozesse (FAIT 4) sowie der Prüfungsstandard PS 330, Abschlussprüfung bei Einsatz von Informationstechnologie.

Ferner sind das Bundesdatenschutzgesetz (BDSG) mit seinen Anforderungen an Datenverarbeitungssysteme und an die Datenverarbeitung im Auftrag sowie die technischen und organisatorischen Maßnahmen im Hinblick auf den Einsatz von Datenverarbeitungssystemen, die Landesdatenschutzgesetze (LDSG) sowie das Telekommunikationsgesetz (TKG) und das Telemediengesetz (TMG) einzuhalten.

Die Einhaltung des Urheberrechts und die Einhaltung von Lizenzbestimmungen sind weitere Themen im Compliancemanagement.

Im Bereich der *Finanzwirtschaft* sind u. a. das Kreditwesengesetz (KWG), das Wertpapierhandelsgesetz (WpHG) und das Kapitalanlagegesetzbuch (KAGB) zu beachten. Die Bundesanstalt für Finanzdienstleistungsaufsicht (BaFin) stellt Mindestanforderungen an das Risikomanagement (MaRisk) der Banken. Im Stand vom 14.12.2012 beinhalten diese die Sicherheit der IT-Systeme sowie die Notfallvorsorgeplanung. In den InvMaRisk, Stand 30.06.2010 stellt die BaFin Mindestanforderungen an das Risikomanagement für *Investmentgesellschaften* und bezieht die

Themen Sicherheit der IT-Systeme sowie die Notfallvorsorgeplanung ebenfalls mit ein.

Auch die MaRisk für *Versicherungen* im Stand vom 22.01.2009 stellen Anforderungen an die Sicherheit der IT-Systeme sowie die Notfallplanung.

Im *Bereich der chemischen bzw. pharmazeutischen Industrie* stellen – wie bereits angesprochen – beispielsweise das deutsche Chemikaliengesetz (ChemG), das Arzneimittelgesetz (AMG) sowie die Arzneimittel- und Wirkstoffherstellungsverordnung (AMWHV) Anforderungen. Nicht zuletzt sind eine Vielzahl Guter Praktiken (GxP) festgelegt, wie beispielsweise GLP, GMP, aber auch GAMP® und GERM.

Internationale und nationale Normen und Practices beschäftigen sich mit den Themen Sicherheits-, Kontinuitäts- und Risikomanagement. Im Hinblick auf die IT und die Informationssicherheit gibt es die ISO/IEC-27000-Familie für Informationssicherheitsmanagementsysteme, die ISO/IEC 20000 zum IT-Service-Management sowie ITIL® und COBIT®, die sich jeweils auch mit dem Thema Security Management befassen, und ferner die BSI-Standards 100-1, Managementsysteme für Informationssicherheit (ISMS) und 100-2, IT-Grundschutz-Vorgehensweise sowie die IT-Grundschutzkataloge des BSI.

Zum Thema Risikomanagement mit dem Fokus IT existiert die ISO 27005 und der BSI-Standard 100-3 mit dem Thema Risikoanalyse auf der Basis von IT-Grundschutz.

Das Thema Kontinuitätsmanagement behandeln mit unterschiedlichen Schwerpunkten und Ausprägungen beispielsweise die ISO 22301:2012, die ISO/IEC 22313:2012, die ISO/PAS 22399, die ISO/IEC 24762:2008, der BSI-Standard 100-4, Notfallmanagement, die österreichischen Normen OENORM S 2400 – 2402 und die ONR 49002-3:2010 sowie hinsichtlich der IT die entsprechenden Teile in der ISO/IEC 20000, in ITIL® und in COBIT®. Dem Thema IT-Governance widmet sich die ISO 38500.

Checkliste mit Kontrollen (Controls) zum Konformitätsmanagement	Zwingend/ Optional	Ja (✓) / Nein (-)
Verfügt das Unternehmen über ein <u>Konformitätsmanagement</u>?	Z	
Sind die relevanten <u>Gesetze, Vorschriften, Ausführungsbestimmungen, Prüfungsrichtlinien, Normen und Standards bzw. die relevanten Passagen daraus sowie vertragliche Verpflichtungen</u> identifiziert, dokumentiert und aktuell?	Z	
Stellt das Konformitätsmanagement sicher, dass es über <u>konformitätsrelevante Entwicklungen</u> so frühzeitig informiert ist, dass es die Konsequenzen bewältigen und effizient in das Unternehmen integrieren kann?	O	
Stellt das Konformitätsmanagement die jederzeite zeitnahe <u>Infor-</u>	Z	

Checkliste mit Kontrollen (Controls) zum Konformitätsmanagement	Zwingend/ Optional	Ja (✓) / Nein (-)
mation aller Verantwortlichen über die sie betreffenden Konformitätsanforderungen sicher?		
Besitzt das Konformitätsmanagement einen Überblick über die im Unternehmen ergriffenen prozessualen, ressourcenspezifischen und organisatorischen Elemente, welche die Konformitätsanforderungen erfüllen sollen?	Z	
Führt das Konformitätsmanagement selbst oder durch Dritte eine angemessene Verifikation durch, dass die ergriffenen prozessualen, ressourcenspezifischen und organisatorischen Elemente die Anforderungen erfüllen?	Z	
Besitzt das Konformitätsmanagement einen Prüfungsplan (Auditplan)?	Z	
Stellt das Konformitätsmanagement sicher, dass Auditwerkzeuge weder den Betrieb von Systemen stören noch missbräuchlich nutzbar sind?	Z	
...		

Checkliste 11-1: Kontrollen zum Konformitätsmanagement (Compliance Management)

11.5.3 Datenschutzmanagement (Privacy Management)

Zur Vermeidung von Datenschutzverletzungen müssen die gesetzlichen Regelungen eingehalten werden. Diese ergeben sich je nach Anwendungsfall aus dem Bundesdatenschutzgesetz (BDSG), den jeweiligen Landesdatenschutzgesetzen (LDSG), dem Telekommunikationsgesetz (TKG), dem Telemediengesetz (TMG), dem Sozialgesetzbuch (SGB) etc. Um die Einhaltung des Datenschutzes sicherstellen zu können, hat das Datenschutzmanagement Verbindungsstellen zu sämtlichen Prozessen, Ressourcen, Produkten und Dienstleistungen sowie zur Organisation.

Das BDSG, Stand 14.08.2009, fordert in der Anlage zu § 9, Satz 1, im Hinblick auf den Einsatz von Datenverarbeitungssystemen u. a. **Zutritts-, Zugangs-, Zugriffs-, Weitergabe-, Eingabe-, Auftrags- und Verfügbarkeitskontrolle.** Weiter heißt es dort: „Eine Maßnahme [...] ist insbesondere die Verwendung von dem Stand der Technik entsprechenden Verschlüsselungsverfahren."

§ 9 des BDSG führt aus, dass Maßnahmen nur erforderlich sind, „wenn ihr **Aufwand in einem angemessenen Verhältnis zu dem angestrebten Schutzzweck** steht." Doch was ist verhältnismäßig?

Als Kriterien bieten sich aus meiner Sicht beispielsweise an:

◻ die Sensibilität der personenbezogenen Daten

◻ das Schadenspotenzial bei einer Verletzung des Datenschutzes

◻ das Bedrohungspotenzial, bestehend aus Bedrohungen und deren Eintrittswahrscheinlichkeit

◻ das Schwachstellenpotenzial sowie die Kosten und der Aufwand zur Reduzierung der Schwachstellen

◻ die Attraktivität der Daten für Unbefugte.

Dementsprechend sind die Daten einer Sicherheitsklasse zuzuordnen. Es empfiehlt
sich, den verschiedenen Sicherheitsklassen standardmäßig entsprechende Sicherheitselemente zuzuordnen.

Zur Erhebung, Verarbeitung oder Nutzung personenbezogener Daten im Auftrag
führt § 11 des BDSG aus:

1. „Werden personenbezogene Daten im Auftrag durch andere Stellen erhoben,
   verarbeitet oder genutzt, ist der Auftraggeber für die Einhaltung der Vorschriften dieses Gesetzes und anderer Vorschriften über den Datenschutz verantwortlich."

2. „Der Auftragnehmer ist unter besonderer Berücksichtigung der Eignung der
   von ihm getroffenen technischen und organisatorischen Maßnahmen sorgfältig
   auszuwählen. Der Auftrag ist schriftlich zu erteilen [...]". Hierbei sind u. a. festzulegen: „der Gegenstand und die Dauer des Auftrags", „der Umfang, die Art
   und der Zweck der vorgesehenen Erhebung, Verarbeitung oder Nutzung von
   Daten", die „Pflichten des Auftragnehmers" und die „Kontrollrechte des Auftraggebers".

In Anlehnung an das BDSG spiegeln sich *wesentliche Ziele des Datenschutzes* aus
fachlicher Sicht und unabhängig von rechtlichen Gegebenheiten in jenen Kontrollen wider, die in der folgenden Tabelle angegeben sind und sich im Wesentlichen am Sicherheitsschalenmodell orientieren. Hierbei setzt sich die oben genannte
Weitergabekontrolle zusammen aus Leseschutz, Wiederaufbereitung, Absende-,
Übertragungs-, Abgangs- und Transportkontrolle. Die Tabelle lässt sich als überblicksartige Checkliste zum Datenschutz verwenden.

Kontrolle	Ziel
Zutrittskontrolle	damit Unbefugte keinen Zutritt zu IKT-Systemen haben, mit denen personenbezogene Daten verarbeitet oder von denen personenbezogene Daten genutzt werden *Bei der Berechtigungsvergabe sind die Prinzipien des minimalen Bedarfs sowie der minimalen Rechte und Dienste einzuhalten.*
Zugangskontrolle	damit IKT-Systeme nicht von Unbefugten genutzt werden können *Bei der Berechtigungsvergabe sind die Prinzipien des minimalen Bedarfs sowie der minimalen Rechte und Dienste einzuhalten.*
Zugriffskontrolle	damit die zur Benutzung eines IKT-Systems Berechtigten ausschließlich auf die ihrer Zugriffsberechtigung entsprechenden personenbezogenen Daten mit den vergebenen Rechten zugreifen können *Bei der Berechtigungsvergabe sind die Prinzipien des minimalen Bedarfs sowie der minimalen Rechte und Dienste einzuhalten.* *Organisationen, bei denen die Mitarbeiter gleichzeitig Kunden sein können und deren personenbezogene Daten einen hohen Schutzbedarf besitzen, müssen sicherstellen, dass diese Daten nur für einen kleinen vertrauenswürdigen Kreis von Mitarbeitern zugreifbar sind. Gleiches gilt für Kunden, die in der Öffentlichkeit stehen, sogenannte Very Important Persons (VIP) und Politisch Exponierte Personen (PEP). Zu derartigen Unternehmen und öffentlichen Institutionen gehören insbesondere Finanzinstitute, Kranken- und Lebensversicherungsunternehmen sowie Finanzämter.*
Lesekontrolle	damit personenbezogene Daten bei der Übertragung oder Speicherung nicht unbefugt gelesen werden können
Wiederaufbereitungskontrolle	damit Speichermedien, die personenbezogene Daten enthalten, vor ihrer anderweitigen Verwendung so gelöscht sind, dass keine Rückschlüsse auf ihren ursprünglichen Inhalt möglich sind
Absendekontrolle	damit personenbezogene Daten nur befugter Weise abgesendet werden können
Übertragungskontrolle	damit personenbezogene Daten bei der Übertragung nicht unbefugt gelesen, kopiert, verändert, gelöscht, entfernt oder fehlgeleitet werden können und überprüft werden kann, an wen eine Übermittlung in welcher Form auf welchem Weg von wem für wann vorgesehen ist und in der Folge durchgeführt wurde
Abgangskontrolle	damit personenbezogene Daten nur befugter Weise und nachweisbar abgehen, d. h. das Unternehmen verlassen können
Transportkontrolle	damit personenbezogene Daten auf dem Transport nicht unbefugt gelesen, kopiert, verändert, gelöscht, entfernt oder fehlgeleitet werden können und überprüft werden kann, an wen ein Transport in welcher Form auf welchem Weg von wem für wann vorgesehen ist und in der Folge durchgeführt wurde *Dies gilt sowohl für den Transport außerhalb als auch innerhalb der Organisation*

Empfänger-kontrolle	damit Personen oder Organisationen, denen Daten übermittelt werden, eindeutig und nachvollziehbar identifiziert und bewertet sind
Quellenkontrolle	damit Personen oder Organisationen, von denen Daten stammen, eindeutig und nachvollziehbar identifiziert und bewertet sind
Eingabekontrolle	damit nachträglich überprüft und festgestellt werden kann, ob und von wem personenbezogene Daten wann in Datenverarbeitungssysteme eingegeben, verändert oder entfernt worden sind
Auftragskontrolle	damit personenbezogene Daten, die im Auftrag verarbeitet werden, nur entsprechend den Weisungen des Auftraggebers verarbeitet werden können
Verfügbarkeits-kontrolle	damit personenbezogene Daten gegen zufällige Zerstörung oder Verlust geschützt sind
Zweckkontrolle	damit Daten, die zu unterschiedlichen Zwecken erhoben wurden, getrennt verarbeitet werden können

Tabelle 11-4: Datenschutzkontrollen

11.5.4 Risikomanagement (Risk Management)

Risikomanagement (Risk Management) bezeichnet den Prozess zur Festlegung der Risikopolitik und -strategie, zur Ermittlung und Einhaltung der Risikotragfähigkeit, zur Erhebung bzw. Identifizierung, Analyse und Bewertung von Risiken, zur Risikojustierung bzw. -behandlung, zur Überwachung (Monitoring) der Risiken einschließlich einem Früherkennungs- und Frühwarnsystem sowie einem Internen Kontrollsystem (IKS) und einer internen Revision, zur Steuerung (Controlling) der Risiken und zu deren Reporting sowie zur Kommunikation der Risiken.

Da Risiken jederzeit entstehen und überall auftreten können, sei es z. B. im IKT-Betrieb, bei der Softwareentwicklung, bei Dienstleistungen oder in gefertigten Produkten, besitzt das Risikomanagement Verbindungsstellen zu sämtlichen Kern-, Unterstützungs- und Begleitprozessen sowie zu allen Ressourcen, Produkten und Dienstleistungen sowie zur Organisation.

Das Risikomanagement selbst trägt ebenfalls ein Risiko in sich: Wird eine Bedrohung von den Verantwortlichen nicht erkannt bzw. als extrem niedrig eingeschätzt, so ergibt sich auch kein bzw. ein nur sehr geringes Risiko. Tritt nun eine unvorhergesehene Bedrohung für ein Schutzobjekt mit hohem Wertniveau bzw. Schadenspotenzial ein, so kann die Risikotragfähigkeit des Unternehmens schnell überschritten und seine Existenz gefährdet sein. Dementsprechend ist die Betrachtung des Schadenspotenzials – unabhängig von möglichen Bedrohungen, die diesen Schaden verursachen könnten – ein wesentlicher Aspekt im Risikomanagement.

Aufgrund *gesetzlicher und aufsichtsbehördlicher Anforderungen* gewinnt das Thema Risikomanagement zunehmend an Bedeutung, wie die Ausführungen zur Ri-

SiKo- bzw. RiSiKo-Management-Politik gezeigt haben. In Deutschland ergeben sich diese aufgrund des Gesetzes zur Kontrolle und Transparenz im Unternehmensbereich (KonTraG), dessen Anforderungen, u. a. zum Risikomanagement, in das Aktiengesetz (AktG) und das Handelsgesetzbuch (HGB) eingeflossen sind. Für *Banken und Investmentgesellschaften* gelten ebenso wie für *Versicherungen* die jeweiligen Mindestanforderungen an das Risikomanagement (MaRisk).

Internationale und nationale Normen und Regeln, wie die ISO/IEC 31000-Reihe sowie die österreichische ONR 49000-Reihe beschäftigen sich mit der Ausprägung des *Risikomanagements.* Die ONR 49000:2004 definiert eine Vielzahl risikospezifischer Begriffe, u. a. Risikomanagement, Risikopolitik, Risikobereitschaft. Verschiedentlich bezieht sie sich dabei auf den ISO Guide 73:2002. Die Definition des Begriffes Risiko ist – verglichen mit der konkreten Definition in diesem Buch – allgemein gehalten. Im Hinblick auf die *Informationstechnologie* widmet sich die ISO/IEC 27005 dem Thema Risikomanagement, COBIT® der Messbarkeit und dem Reifegrad sowie der BSI-Standard 100-3 der Risikoanalyse auf der Basis von IT-Grundschutz. Die IEC 300-3-9 beschäftigt sich mit der *Risikoanalyse technischer Systeme.*

Dementsprechend wurde und wird in Unternehmen der Prozess des Risikomanagements etabliert. Hierbei ist teilweise zu beobachten, dass das Risikomanagement, das Sicherheitsmanagement und das Kontinuitätsmanagement als separate Disziplinen angesehen und als solche organisatorisch abgebildet und gering vernetzt sind. Da das Risiko-, das Sicherheits- und das Kontinuitätsmanagement sowohl intensive Abhängigkeiten voneinander aufweisen als auch Überlappungsbereiche, gilt es zu beachten, dass das Sicherheits-, Kontinuitäts- und Risikomanagement Hand in Hand gehen müssen, z. B. um Doppelarbeiten und -erhebungen sowie Inkonsistenzen zu vermeiden.

So müssen das Sicherheits- und das Kontinuitätsmanagement z. B. die Risiken, die Risikotragfähigkeit und -bereitschaft sowie die Risikoeinstufungen kennen, um wirtschaftlich angemessene Maßnahmen ergreifen zu können und konsistente Sicherheits- und Kontinuitätsklassen festzulegen. Dem Risikomanagement seinerseits müssen die ergriffenen Maßnahmen bekannt sein, um das Netto-Risiko zu ermitteln. Alle Managementdisziplinen erfordern die Kenntnis der externen und internen Anforderungen sowie der Prozess-, Ressourcen-, Organisations-, Produkt- und Leistungsarchitektur. Zusätzlich sind das Sicherheits-, das Kontinuitäts- und das Risikomanagement mit allen anderen Managementdisziplinen eng verknüpft, beispielsweise mit dem Konformitäts-, dem Datenschutz- und dem Konfigurationsmanagement.

Diesen Ausführungen folgend empfiehlt sich für das Sicherheits-, Kontinuitäts- und Risikomanagement eine integrative Lösung, wie sie die dreidimensionale Sicherheitspyramide bietet, in der das Risikomanagement einen der Begleitprozesse repräsentiert. Inhalte und Aufbau entsprechen der folgenden Beschreibung für den Aufbau eines autarken Risikomanagements. Bei der integrativen Lösung sind Erhebungen und Festlegungen jedoch mit den anderen Managementdisziplinen synchronisiert, wie die folgenden beispielhaften Erläuterungen zeigen. Der zusammenfassende Ansatz führt zu einer integrativen und in sich konsistenten Risiko-, Sicherheits- und Kontinuitätspolitik, die ich kurz als RiSiKo-(Management-)Politik bezeichne, statt zu drei unterschiedlichen Ausarbeitungen mit gegebenenfalls redundanten und inkonsistenten Inhalten. Bei der Erhebung der Prozesse, der Ressourcen und der Organisation sowie deren Anforderungen erfolgt von vorneherein die Berücksichtigung von Sicherheits-, Kontinuitäts- und Risikoaspekten.

Die Transformation der Anforderungen auf entsprechende Merkmale der unterstützenden und begleitenden Prozesse sowie der genutzten Ressourcen und der Organisation erfolgt unter der integrativen Sichtweise Sicherheit, Kontinuität und Risiko. Bei der Erhebung der Architektur werden sowohl Risiko- als auch Sicherheits- und Kontinuitätsaspekte berücksichtigt, wodurch sich Doppelerhebungen vermeiden lassen. Diese Effizienz pflanzt sich beim Pyramidenmodell® von Ebene zu Ebene und über seine drei Dimensionen fort.

Wer jedoch trotz der intensiven Abhängigkeiten zum Sicherheits- und Kontinuitätsmanagement anstelle einer integrativen Sicherheits-, Kontinuitäts- und Risikomanagement-Lösung ein *autarkes Risikomanagement* schaffen möchte, kann dies – basierend auf dem Pyramidenmodell® – in Analogie zur dreidimensionalen Sicherheitspyramide über die *dreidimensionale Risiko(management)pyramide*[Dr.-Ing. Müller] aufbauen. Hierbei sind die hierarchische Dimension, die Dimension der Prozesse, Ressourcen und Organisation für das Risikomanagement (PRORim) sowie die Dimension der Lebenszyklen zu berücksichtigen. Es stehen also auch hier die gleichen Themenfelder an, wie beim Sicherheits- und Kontinuitätsmanagement, nur aus einem anderen Blickwinkel.

Die *Risikopolitik* bildet den Ausgangspunkt für den hierarchischen Aufbau eines autarken Risikomanagements entsprechend der Risiko(management)pyramide. In ihr legt die Geschäftsleitung in schriftlicher überblicksartiger Form fest, welche Bedeutung und Ausprägung das Thema Risikomanagement für das Unternehmen haben und wie es umgesetzt werden soll.

Die Risikopolitik leitet sich aus der Unternehmenspolitik ab. Die Unternehmenspolitik beinhaltet die Vision, den Zweck (Mission), die Ziele und die Strategie des Unternehmens. Sie berücksichtigt die unterschiedlich gewichteten Anforderungen der Bezugsgruppen (Kunden, Anteilseigner, Mitarbeiter, Lieferanten, Öffentlichkeit, Staat {z. B. Gesetze, Vorschriften} etc.) sowie das Selbstverständnis und die

Strategie des Unternehmens. Darüber hinaus enthält sie Informationen zur kurz-, mittel- und langfristigen Bedeutung von Produkten und Leistungen.

In der Risikopolitik verpflichtet sich das Management zur Übernahme seiner Verantwortung für das Risikomanagement des Unternehmens. Dies beinhaltet die Festlegung des Geltungsbereichs, eines Orientierungsrahmens einschließlich der Vorgehensweise und der Verantwortlichkeiten sowie die anschließende Umsetzung und Einhaltung der selbst auferlegten Regularien bis hin zur Bereitstellung der erforderlichen Mittel und Ressourcen.

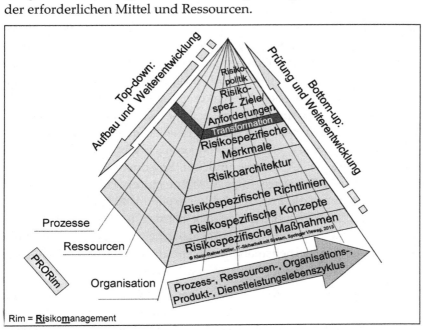

Abbildung 11-4: Risiko(management)pyramide V nach Dr.-Ing. Müller

Die Risikopolitik geht ein auf die externen und unternehmensspezifischen Vorgaben, die Risikotragfähigkeit und -strategie sowie die Mindest- und Grenzszenarien, die betrachtet werden sollen. Sie enthält Aussagen zur risikopolitischen Aufstellung und legt dar, ob sich das Unternehmen als risikofreudig, risikoneutral oder risikoscheu positioniert, ob es eher auf Prävention oder auf Postvention setzt, ob es Trends und Ereignisse zu antizipieren versucht oder auf sie reagiert und wie es mit Risiken und Chancen umgehen möchte. Die Risiko-, die Sicherheits- und die Kontinuitätspolitik sollten aufgrund der Abhängigkeiten und Verknüpfungen aus Effizienzgründen in einem gemeinsamen Dokument festgelegt sein.

Aus der Risikopolitik und der dort formulierten prinzipiellen Risikostrategie leiten sich *die risikospezifischen Ziele und Anforderungen* – bzw. umgekehrt betrachtet – die sicherheitsspezifischen Ziele und Anforderungen der Geschäftsprozesse ab.

Hierzu ermitteln die Prozesseigentümer die Prozesse bzw. Teilprozesse ihres Verantwortungsbereichs sowie deren Charakteristika und klassifizieren diese hinsichtlich ihrer Bedeutung bzw. ihres Schadenspotenzials für das Unternehmen. Die Prozesse und Teilprozesse finden – wie auch bei der Sicherheitspyramide – zusammen mit dem Prozess des Risikomanagements ihren Niederschlag in der später folgenden Architekturebene. Aus den ermittelten Daten und der Klassifizierung ergibt sich eine erste Priorisierung für die weitere Vorgehensweise.

Anschließend erfolgt die Erhebung der risikospezifischen Ziele und Anforderungen (s. a. Kapitel Sicherheitsziele/-anforderungen). Hierzu führen die Prozesseigentümer zuerst eine Schadenspotenzialanalyse durch, in der sie das Schadenspotenzial bzw. die Schadenspotenzialklasse der Prozesse, also der Schutzobjekte (Werte), je Sicherheitskriterium erheben, jedoch noch ohne Berücksichtigung einzelner konkreter Bedrohungen. An den Auswirkungen der Bedrohungen orientierte „Was-wenn-Szenarien" (Schadensszenarien), z. B. Gebäude-, IKT-, Dienstleister-, Personalausfall, veranschaulichen hierbei die potenziellen materiellen und immateriellen Schäden, die für Prozesse entstehen können. Es ergibt sich die Schadenspotenzialarchitektur bzw. die Geschäfts- und bei Ressourcen die Ressourceneinflussarchitektur (Business/Resource Impact Architecture). Hierauf aufbauend ordnen die Prozesseigentümer die Prozesse Schadenspotenzialklassen und Risikokategorien zu. Nach der Schadenspotenzialanalyse können der Prozesseigentümer und der Risikomanager – ähnlich wie auch beim Sicherheitsmanagement nach der Schutzbedarfsanalyse der Sicherheitsmanager – entscheiden, wie kritisch bzw. risikoreich oder auch unkritisch bzw. risikoarm der Prozess ist.

Auf dieser Basis priorisieren die Prozesseigentümer das weitere Vorgehen: zum einen betrachten sie zuerst die Prozesse mit dem größten Schadenspotenzial. Zum anderen entscheiden sie unter Kosten-Nutzen-Aspekten, inwieweit sie die einzelnen Prozessschritte bzw. Geschäftsprozessteile einer weiteren Klassifizierung unterziehen. Eine Überprüfung der Klassifizierung ist insbesondere dann von Interesse, wenn ein Prozessschritt verhältnismäßig wenig zum Schadenspotenzial des Gesamtprozesses beiträgt.

Nun gilt es, die genutzten Schutzobjekte, z. B. Unterstützungsprozesse und Ressourcen zu ermitteln, die für den jeweiligen Geschäftsprozess bzw. seine Prozessschritte relevant sind. Die Schutzobjekte erhalten in einem ersten Schritt die gleiche Schadenspotenzialklasse wie der Prozess bzw. Prozessschritt, dem sie zugeordnet sind, d. h. die Schadenspotenzialklasse wird vererbt. Diese sollte anschließend unter Berücksichtigung von Kosten-Nutzen-Aspekten verifiziert werden, weil die genutzten Schutzobjekte für einen Prozess unterschiedliche Wichtigkeit haben können. Die Geschäfts- und Unterstützungsprozesse sowie die Ressourcen sind Teil der Prozess- und Ressourcenarchitektur des Unternehmens.

Anschließend erfolgt die *Transformation* der risikospezifischen Anforderungen auf die Schutzobjekte in Form von Prozessen und Ressourcen, wie z. B. Personen, Informationssysteme, Telekommunikationsanlagen, Gebäude und Anlagen, sowie Organisation. Hierbei ist zu beachten, dass die Gesamtheit der Schutzobjektrisiken so gestaltet sein muss, dass das geforderte Risikoniveau für den Geschäftsprozess eingehalten wird. Ähnlich wie bei der Sicherheitstransformation ordnen die Schutzobjektverantwortlichen hierbei den risikospezifischen Anforderungen die Schwachstellen je Bedrohungsklasse und Schutzobjekt zu. Zur Ermittlung der Bedrohungen können Sie die Bedrohungsarchitektur, zur Ermittlung der Schwachstellen die Schwachstellenarchitektur aus der später behandelten Architekturebene nutzen, sofern diese bereits befüllt sind. Andernfalls liefern die hier ermittelten Bedrohungen und Schwachstellen die Grundlage für die Bedrohungs- und Schwachstellenarchitektur. In diesem Fall sind Bedrohungs- und Schwachstellenpotenzialanalysen durchzuführen.

Vor der Erhebung des Bedrohungs- und Schwachstellenpotenzials empfiehlt es sich, sowohl die Schadenspotenzialklassen als auch die Risikokategorien zu verifizieren und gegebenenfalls zu konsolidieren, damit eine solide Basis für das weitere Vorgehen entsteht.

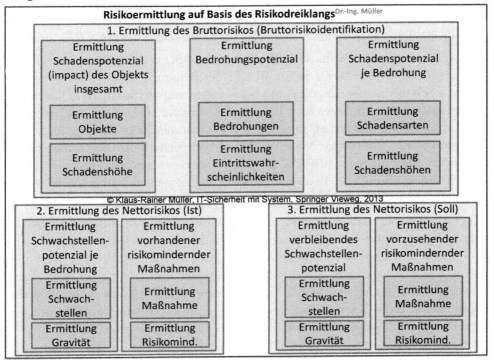

Abbildung 11-5: Risikoermittlung auf Basis des Risikodreiklangs[Dr.-Ing. Müller]

Die Bedrohungspotenzialanalyse (Threat Assessment, Threat Analysis) dient der Ermittlung von Bedrohungen und ihrer Eintrittswahrscheinlichkeit sowie des Bedrohungspotenzials. Die erhobenen Bedrohungen liefern die Informationen zur Erstellung der Bedrohungsarchitektur (Threat Architecture).

Die Schwachstellenpotenzialanalyse (Vulnerability Assessment) liefert als Ergebnis das Schwachstellenpotenzial. Hierzu identifizieren die Beteiligten die Schwachstellen und ihre Gewichtigkeit. Zusammenfassend dargestellt bilden die gewichteten Schwachstellen die Schwachstellenarchitektur (Vulnerability Architecture). Hierbei ist zu unterscheiden zwischen Schwachstellen, die bereits erkannt und durch Sicherheitsmaßnahmen abgefangen sind und solchen, die noch vorhanden sind.

Die nächste Ebene der Risikopyramide bildet die *Risikoarchitektur*. Dem Risikodreiklang folgend setzt sich das Nettorisiko (Nettorisikoidentifikation) zusammen aus den Wertobjekten mit Schadenswerten, den Bedrohungen und dem Bedrohungspotenzial sowie den Schwachstellen und dem Schwachstellenpotenzial. Dies stellt somit die komplementäre Sichtweise zum Sicherheits- und Kontinuitätsmanagement dar.

Die Kombination aus Schadens- und Bedrohungspotenzial stellt das Bruttorisikoinventar (Gross Risk Inventory) dar. Die Kombination aus Schadens- und Bedrohungsarchitektur dementsprechend die Bruttorisikoarchitektur.

Die Kombination aus Schadens-, Bedrohungs- und Schwachstellenpotenzial stellt das Nettorisikoinventar dar. Die Ermittlung des Risikoinventars (Risk Inventory) durch die Schadens-, Bedrohungs- und Schwachstellenpotenzialanalyse kann auch als Nettorisikoinventur bezeichnet werden. Entsprechend den bereits abgesicherten Schwachstellen und jenen, für die noch Maßnahmen ergriffen werden sollen, ergibt sich das Nettorisikoinventar als Ist und Soll. Sicherheitsmaßnahmen bewirken eine Absenkung vom Bruttorisiko zum Nettorisiko Ist und zum Nettorisiko Soll. Die Investitions- und Betriebskosten für Sicherheitsmaßnahmen lassen sich der jeweils erzielten Risikoabsenkung gegenüberstellen.

Erfolgt die Risikoklassifizierung auf Basis der Eintrittswahrscheinlichkeit einer Bedrohung multipliziert mit dem erwarteten Schadensausmaß sowie gegebenenfalls multipliziert mit dem Schwachstellenpotenzial in Prozent, so ist zu beachten, dass das Ereignis trotz niedriger Eintrittswahrscheinlichkeit kurzfristig eintreten kann. Deswegen kann es sich empfehlen, Schutzobjekte, deren Schadenspotenzial einen vorgegebenen Wert überschreitet, unabhängig von möglichen Bedrohungen und deren Eintrittswahrscheinlichkeit in die höchste Risikoklasse einzustufen.

Die Nettorisikoarchitektur (Net Risk Architecture) bildet sich aus der Schadensarchitektur, der Bedrohungsarchitektur und der Schwachstellenarchitektur. Die Risikoarchitektur schafft Transparenz sowohl für das Management als auch gegebenenfalls gegenüber Dritten, wie z. B. Aufsichtsrat, Anteilseignern und Kapitalgebern. Zur Reduzierung der Risiken existieren risikomindernde Strategien, Prinzipien und Elemente (s. a. Sicherheitsstrategien, -prinzipien und -elemente), die ihren Niederschlag in der Risikominderungs- bzw. Sicherheitsarchitektur finden. Zu den risikomindernden Strategien gehören die Vermeidung, die Verminderung und die Verlagerung von Risiken. Dies beinhaltet beispielsweise die Risikodiversifikation (Risikostreuung).

Objekt bzw. Objektgruppe	Sicherheitskriterium	Potenzielle Schadenshöhe (Impact), ggf. Aufteilung je Schadensart, bzw. Sicherheitsklassen	Bedrohung (aus Bedrohungsarchitektur)	Eintrittshäufigkeit (einmal in n Jahren)					Potenzielle Schadenshöhe, ggf. Aufteilung je Schadensart	Bruttorisiko (Fettschrift: Risiko ist zu reduzieren)	Schwachstellen (aus Schwachstellenarchitektur)	Vorhandene Maßnahmen	Nettorisiko (Ist)	Geplante Maßnahmen	Nettorisiko (Soll)
				1	1-5	5-50	50-200	>200							
Objekt/-gruppe 1	Verfügbarkeit	sehr hoch	Bedrohung 01	x					hoch	bedrohlich					
			Bedrohung 02		x				gering	gering					
			Bedrohung 03			x			hoch	mittel					
			Bedrohung 04					x	sehr hoch	gering					
			Bedrohung 05				x		mittel	sehr gering					
	Vertraulichkeit	hoch	Bedrohung 10	x					hoch	bedrohlich					
			Bedrohung 11	x					hoch	bedrohlich					
			Bedrohung 14		x				hoch	hoch					
			Bedrohung 15			x			mittel	gering					
			Bedrohung 18			x			mittel	gering					
Objekt/-gruppe 2	Verfügbarkeit	existenzgefährdend	Bedrohung 01	x					mittel	hoch					
			Bedrohung 02		x				hoch	hoch					
			Bedrohung 03			x			sehr hoch	hoch					
			Bedrohung 07					x	mittel	unwesentlich					
			Bedrohung 09					x	existenzgef.	mittel					

Tabelle 11-5: Risikoinventar (auszugsweises Beispiel)

Zum Monitoring und Controlling erfolgt die Festlegung von Kontrollen, die sich in der Kontrollarchitektur wiederfinden. Sie kommt später in einem Risikoregelkreis (s. a. Sicherheitsregelkreis) zur Anwendung, der sich an der Balanced Scorecard [19] bzw. der Balanced Pyramid Scorecard® orientieren kann.

Eine Risikominderung kann an jedem der drei Elemente des Risikodreiklangs ansetzen. So reduziert der Übergang vom bargeldbehafteten auf den bargeldlosen Zahlungsverkehr aufgrund der kleineren Bargeldmenge das diesbezügliche Schadenspotenzial. Auf der Bedrohungsseite entfällt gleichzeitig die Bedrohung durch Geldfälschung. Der Schwachstelle, Falschgeld anzunehmen, kann durch Prüfung der Sicherheitsmerkmale von Geldscheinen entgegengewirkt werden.

In der folgenden hierarchischen Ebene der Risikomanagementpyramide legt der Risikomanager *risikospezifische und -mindernde Richtlinien* (Sicherheits- und Kontinuitätsrichtlinien) fest. Derartige Richtlinien beziehen sich u. a. auf Vorgaben, in welchen Fällen welche Risikostrategie anzuwenden ist.

Die Prozess- und Ressourcenverantwortlichen berücksichtigen diese Vorgaben bei der *Entwicklung risikospezifischer sowie risikomindernder Konzepte* (Sicherheits- und Kontinuitätskonzepte) und setzen diese durch *Maßnahmen* (Sicherheits- und Kontinuitätsmaßnahmen) um. Hierzu gehört auch die Allokation von Risikokapital zur Absicherung verbleibender Risiken.

Die Ermittlung des Gesamtrisikos eines Unternehmens aufgrund verschiedener Einzelrisiken erfolgt mittels der *Risikoaggregation*. Bei der Monte-Carlo-Simulation bilden die Auswirkungen der jeweiligen Einzelrisiken, die Eintrittswahrscheinlichkeit und die Schadenshöhe die Basis verschiedener Simulationsläufe. So lässt sich das Gesamtrisiko und der relative Anteil der Einzelrisiken in verschiedenen Szenarien ermitteln. Einzelrisiken können beispielsweise steigende Materialpreise, steigende Personalkosten, Änderungen der Wechselkurse, Rückgang der Nachfrage und der Ausfall von Produktionsanlagen sein.

In allen Ebenen der Risikopyramide sind die *Prozesse, die Ressourcen und* die *Organisation für das Risikomanagement (PRORim)* sowie die Lebenszyklen zu berücksichtigen, so dass beispielsweise die Risikoanalyse von Anfang an in den Lebenszyklus von Geschäftsprozessen, Ressourcen, Produkten und Dienstleistungen integriert ist.

Entsprechend dem später beschriebenen Sicherheitsregelkreis dient der Risikoregelkreis der *Überwachung und Steuerung des Risikomanagements.* Er beinhaltet ein Früherkennungs- und Frühwarnsystem, ein Internes Kontrollsystem (IKS), Risikoanalysen, Risikomanagementaudits, Risikocontrolling und Risikoreporting. Intervalle, Formen und Inhalte der Risikoberichte orientieren sich am Empfänger, ähnlich wie bei Sicherheitsberichten. Allgemeine Indikatoren zur Früherkennung von Risiken sind beispielsweise Umsatz, Gewinn, Produktabsatz, Auftragsbestand, Produktfehlerquote, Ausfallzeiten von Anlagen und Systemen und Arbeitsunfälle sowie deren zeitliche Entwicklung und der Plan-Ist-Vergleich.

Der *Risikomanagementprozess* nutzt den Deming- bzw. PDCA-Zyklus, der aus dem Qualitätsmanagement bekannt ist [50]. PDCA steht für die vier Phasen Plan-Do-Check-Act. In der Planungsphase (Plan) erfolgt die Konzeption und Organisation sowie der Aufbau des Risikomanagements entsprechend der Risikomanagementpyramide. In der nächsten Phase folgt die Einführung und das Betreiben des Risikomanagements (Do). Dies beinhaltet zum einen die Identifizierung, Analyse und Bewertung von Risiken im Rahmen eines Risiko-Assessments. Hieran schließt sich die Justierung bzw. Risikobehandlung an, d. h. die Ermittlung, Bewertung, Auswahl und Priorisierung konkreter Handlungsoptionen unter Berücksichtigung des V-Quadrupels, sowie die Planung, Konzeption und Umsetzung der ausgewählten Optionen. Anschließend erfolgt die Überwachung (Monitoring) und die Steuerung (Controlling) der Risiken. Hinzu kommt deren Kommunikation zur frühzeitigen und gezielten Einbindung möglicher Betroffener und Beteiligter sowie das Reporting mit Soll-Ist-Vergleich einschließlich der zeitlichen Entwicklung von Risiken und der Prognose.

Die *Justierung*, d. h. das Ergreifen bzw. die Implementierung geeigneter Maßnahmen, richtet sich an der Risikotragfähigkeit und der Risikostrategie des Unternehmens aus. Die Überwachung – basierend auf dem Risikoregelkreis beinhaltet ein *Früherkennungs- und Frühwarnsystem* und ein *Internes Kontrollsystem* (IKS). Die Überprüfung (Check) berücksichtigt Änderungen des Umfeldes sowie externer und interner Anforderungen. Ferner erfolgt die Auswertung der Ergebnisse externer und interner Prüfungen sowie von Meldungen. In der letzten Phase schließlich identifiziert der Risikomanager Änderungsbedarfe, bewertet und priorisiert sie und erstellt eine Umsetzungsplanung.

Die *Dokumentation* umfasst – wie üblich – alle Elemente des Risikomanagements. Sie muss für einen sachverständigen Dritten verständlich und nachvollziehbar sein. Die Dokumentation, u. a. des Risikomanagementhandbuchs, kann beispielsweise über ein berechtigungsgesteuertes Portal im Intranet des Unternehmens erreichbar ist.

Die *Sensibilisierung* der verschiedenen Bezugsgruppe – von Mitarbeitern über Behörden und Anteilseigner bis hin zu Kunden, Lieferanten, Medien und Öffentlichkeit – für Risiken und deren angemessene, objektivierende und zielgerichtete Kommunikation, die *Risikokommunikation*, sind weitere essentielle Themen des Risikomanagements. Doch warum hat die Risikokommunikation einen so hohe Stellenwert?

Wesentliche Gründe sind die *unterschiedliche Wahrnehmung von Risiken* sowie die verschiedenartigen Interessenlagen. Wird über Risiken gar nicht gesprochen, entstehen sehr leicht Gerüchte, die sich immer stärker hochschaukeln können und schließlich fernab jeglicher Realität landen. Beispiele für unterschiedliche Risikowahrnehmung sind uns allen bekannt: So bewertet manch einer die Risiken des Rauchens niedriger als die chemischer Nahrungsmittelrückstände. Die Risiken des Motorrad- oder Autofahrens schätzen die Fahrer aufgrund der eigenen Steuerungsmöglichkeit häufig geringer ein, als es der Realität entspricht. Oftmals treffen wir hier auf eine unterschiedliche Wahrnehmung zwischen Fahrer und Beifahrer. Manch ein Patient schätzt die Risiken und Nebenwirkungen von Medikamenten geringer ein, weil ihm der Nutzen größer erscheint als der Aufwand zur Umstellung seiner eigenen Lebensgewohnheiten. Durch welche Informationen und welche Kommunikationsstrategie lassen sich derart unterschiedliche Wahrnehmungen objektivieren und verschiedenartige Interessenlagen berücksichtigen?

Die Antwort liefert eine *Kommunikationsstrategie*, die sich über den gesamten Lebenszyklus des betrachteten Objektes, wie z. B. Informationssysteme, Flughäfen, Fabriken, chemische Produktionsanlagen, Raffinerien, Müllverbrennungsanlagen, Kernkraftwerke, Justizvollzugsanstalten und Medikamente erstreckt, die Bezugsgruppen einbindet und ihre Interessen angemessen berücksichtigt. Dies bedeutet, dass risikorelevante Informationen bereits in der Planungsphase zu ermitteln und weiterzugeben sowie die Bezugsgruppen in den Dialog einzubeziehen sind. Lebenszyklusimmanente Risikokommunikation spielt ihren Nutzen insbesondere bei der Planung sowie bei Notfällen und in Krisensituationen aus.

Risikorelevante Informationen beziehen sich auf identifizierte Bedrohungen und deren Bewertung unter Berücksichtigung der Eintrittswahrscheinlichkeit, auf deren Auswirkungen, auf die geplanten oder ergriffenen Maßnahmen zur Risikoreduzierung sowie auf die akzeptierten Risiken. Bedrohungen können beispielsweise Ausfälle, Störungen, Explosionen und damit verbundener Trümmerflug sowie Austritt und Ausbreitung toxischer Stoffe sein. Mögliche Schäden sind z. B. Personen-, Sach-, Umwelt-, finanzielle, strafrechtliche und Imageschäden. Die Risikokommunikation sollte in Art und Form auf die Beteiligten, deren Interessenlage, Verständnisniveau und Sprachgebrauch zugeschnitten sein. Der Vergleich unterschiedlicher Risikooptionen veranschaulicht und unterstützt die Entscheidungsfindung.

Betrachten wir als *Beispiel* aus dem Alltag eine Reise und die Entscheidung für ein Verkehrsmittel. Prinzipiell gibt es die Optionen, die Reise zu Lande, zu Wasser oder durch die Luft durchzuführen. Verkehrsmittel reichen vom Motorrad über das Auto und die Bahn bis hin zu Schiffen und Flugzeugen, die jeweils unterschiedliche Risiken, Kosten und Zeitbedarfe aufweisen. Die Kenntnis dieses Spektrums vereinfacht die Diskussion und die anschließende Entscheidung.

Einen Überblick über die Risikosituation verschafft die Bruttorisikomatrix, die in der Tabelle prinzipiell, auszugsweise und beispielhaft dargestellt ist. Sie basiert auf einer standardisierten Bedrohungslandkarte mit einheitlichen Eintrittswahrscheinlichkeiten für die betrachteten Schutzobjekte und festen Schadenspotenzialklassen je Schutzobjekt.

Bruttorisikomatrix								
		Bedrohungen						
		Wasser-einbruch	Feuer	Ein-bruch	⋮	⋮	⋮	⋮
Eintrittswahrscheinlichkeit ->		N	N	M	...	...	...	...
Schutzobjekt	**Schadenspotenzial**							
IT-System 1	H	M	M	H	...	...	...	...
IT-System 2	N	N	N	N	...	...	...	...
...	...	...	...	...	...	...	...	...
Legende: H = Hoch, M = Mittel, N = Niedrig								

Tabelle 11-6: Bruttorisikomatrix

Die bisherigen Ausführungen zum Aufbau des Risikomanagements zeigen, dass sich in wesentlichen Bereichen direkte inhaltliche Überlappungen zwischen der Risiko- und der Sicherheitspyramide ergeben, wenn diese sich jeweils nur dem Thema Risiko oder nur dem Thema Sicherheit widmen würden. Daher empfiehlt es sich, den zuvor geforderten integrativen Ansatz in Form der integrativen Sicherheits(management)pyramide bzw. der Sicherheits-, Kontinuitäts- und Risikomanagementpyramide (RiSiKo-(Management-)Pyramide) zu verfolgen.

Die folgenden Aufzählungen zeigen Strukturierungsbeispiele nach Risikokategorien und Risikogruppen, für welche die jeweiligen Bedrohungen, deren Eintrittswahrscheinlichkeit sowie die Auswirkungen und gegebenenfalls bereits ergriffene Schutzmaßnahmen zu erheben sind:

Beispiel 1:

☐ Unternehmensspezifische Risiken, z. B. operationelle Risiken u. a. bei Prozessen, Ressourcen und Organisation, Liquiditätsrisiken, Fehlanpassungsrisiko von Aktivwerten (Werten {Assets}) und Passivwerten (Verpflichtungen {Liabilities}), sogenanntes Asset and Liability Mismatch Risk, Übernahmerisiko

☐ Branchenspezifische Risiken, z. B. aufgrund von Gesetzgebung, aufsichtsbehördlicher und sonstiger Vorschriften sowie Normung und Standardisierung, Marktveränderungen durch die Bezugsgruppen, wie z. B. Kunden, Lieferanten, Anteilseigner, Wettbewerber

☐ Gesamtwirtschaftliche Risiken, z. B. Inflation, Währungsschwankungen, gesamtwirtschaftliche, soziale, politische, normative und technologische Veränderungen.

Beispiel 2:

☐ Forschungsrisiko (Bedrohungen z. B. schnellere Wettbewerber, entgegenstehende Patente, veränderte Marktnachfrage, Spionage, Abwerbung, Know-how-Abfluss)

☐ Projektrisiko (Bedrohungen z. B. Termin- oder Budgetüberschreitung, technischer oder personeller Ausfall, Qualitätsdefizite)

☐ Prozessrisiko (Bedrohungen z. B. Prozessfehler, Qualitätsdefizite, Ausschuss)

☐ Personalrisiko (Bedrohungen z. B. Fluktuation, kriminelle Handlungen)

☐ Produktionsrisiko (Bedrohungen z. B. Ausfall von Produktionsanlagen und Fertigungsstraßen, Zerstörung durch Explosion, Ausschuss)

☐ Produktrisiko (Bedrohungen z. B. Funktionsuntüchtigkeit oder Fehlfunktion, Produkthaftung)

☐ Lagerungsrisiko (Bedrohungen z. B. Alterung, Wertverfall, Diebstahl, Beschädigung)

☐ Transportrisiko (Bedrohungen z. B. Zerstörung, Verlust oder Beschädigung von Produkten oder Veröffentlichung geheimer/vertraulicher Informationen)

☐ Finanzielles Risiko (Bedrohungen z. B. Geldentwertung, Inflation, Währungs-, Devisenschwankungen, Preisschwankungen bei Rohstoffen und Vorprodukten, Preisverfall der eigenen Produkte, Aktienkursschwankungen, Zinsschwankungen, Kreditausfall {sogenanntes Adressenausfallrisiko, d. h. der vollständige oder teilweise Ausfall eines Geschäftspartners oder die Verschlechterung seiner Bonität}, Immobilienwertschwankungen, Terminverzögerungen bei Zahlungen {Liquiditätsrisiko}...)

☐ Nicht-Konformitätsrisiko (Non Compliance Risk) (Bedrohungen z. B. Verletzung von Gesetzen, aufsichtsbehördlichen Bestimmungen oder Verträgen)

☐ Rechtsrisiko (Bedrohung z. B. Verlust strittiger Patente, potenzielle Verpflichtung zu Geldstrafen, Konventionalstrafen, Schadenersatzzahlungen)

☐ ...

11.5.5 Leistungsmanagement (Service / Service Level Management)

Das Leistungsmanagement (Service und Service Level Management {SLM}) umfasst den Service-Katalog (Service Catalogue) und die Leistungsvereinbarungen (Service Level Agreements {SLA}) mit den externen Kunden. Hieraus leiten sich die Vereinbarungen mit internen Dienstleistern (Operational Level Agreements {OLA}) und externen Dienstleistern (Underpinning Contracts {UC}) ab. Ebenfalls zum SLM gehören die erforderlichen Absicherungen der Dienstleistungen sowie die Überwachung und Steuerung der Leistungserbringung. Die Überwachung und Steuerung der externen Leistungserbringer durch den Auftraggeber ist ein wichtiger Prozess, der kompetentes internes Personal erfordert. Er wird als Provider-Management bezeichnet.

Das Leistungsmanagement beginnt mit der Ermittlung der kurz-, mittel- und langfristigen *Kundenanforderungen* (Service Level Requirements {SLR}) durch die Service Manager. Diesen Anforderungen steht das eigene *Leistungsspektrum* gegenüber, das gegebenenfalls weiterzuentwickeln ist. Die Service Manager verhandeln mit den Kunden Verträge, stimmen sie intern ab und schließen sie ab bzw. bereiten den Abschluss vor.

Im Rahmen der Leistungsvereinbarungen müssen die Anforderungen der Kunden konkretisiert und messbar gestaltet werden. Hierzu gehört beispielsweise die Erhebung des Schutzbedarfs bzw. der *Sicherheitsanforderungen* in Form einer Geschäftseinflussanalyse einschließlich der genutzten Schutzobjekte, des Mindestgeschäftsbetriebs und seines zeitlichen Verlaufs, des Mengengerüsts mit seiner prognostizierten Entwicklung und der Archivierungsanforderungen. Dies macht die Verbindung z. B. zu den Prozessen Sicherheits- und Kontinuitätsmanagement sowie Architektur- und Kapazitätsmanagement, deutlich.

Zu den messbaren *Service-Parametern* und klar definierten Kennzahlen gehören unter Sicherheitsaspekten u. a. die Dauer zwischen der Bereitstellung von Sicherheitspatches durch Hersteller und deren geordneter Produktivsetzung, die maximal tolerierbare Ausfalldauer (MTA), englisch Maximum Tolerable Period of Disruption (MTPD) oder Maximum Acceptable Outage (MAO), die minimale Verfügbarkeit pro Monat, der maximal tolerierbare Datenverlust, englisch Recovery Point Objective (RPO), die mittlere Zeitspanne zwischen zwei Ausfällen und die von der Schwere der Störung bzw. des Problems abhängige Störungs- bzw. Problembehebungszeit. Hieraus ergeben sich Verbindungsstellen zum Ereignis- und zum Problemmanagement.

Besonderes Augenmerk sollte darüber hinaus auf der Erfassung jener zu erfüllender Anforderungen des Gesetzgebers, von Aufsichtsbehörden und Normierungsorganisationen liegen, die der Kunde eventuell implizit erwartet. Hierzu sind Verbindungsstellen zum Konformitäts- und zum Datenschutzmanagement erforderlich. Reports, deren Inhalte, Termine und Intervalle sind zusammen mit dem Monitoring ein weiteres Thema für SLAs.

Aus den Anforderungen der Kunden leiten die Service Manager die eigenen Leistungsangebote und deren Sicherheits- und Kontinuitätsniveau ab. Die Leistungsangebote können grundsätzlich sowohl intern erbracht als auch extern eingekauft werden. Was ist hierbei zu beachten?

Aufgrund des zunehmenden Wettbewerbs und Kostendrucks, aber auch der Unzufriedenheit mit internen Dienstleistungen lagern Unternehmen Prozesse im Rahmen des **Business Process Outsourcing (BPO)** ganz oder teilweise aus, beispielsweise den Objektschutz, Sicherheitsdienste, Gehaltsabrechnungen, Call-Center, User Help bzw. Service Desks, PC-Services mit Install, Move, Add, Change, Remove, Dispose (IMAC/R/D), Web Hosting und den Betrieb von Rechenzentren und Anwendungen. Im Bankenbereich sind Transaktionsbanken und Kreditfabriken entstanden. Versicherungen nutzen Call Center und Application Service Provider (ASP) für Bestandsführungssysteme.

Den **Chancen** des Outsourcing stehen jedoch auch vielerlei **Risiken** gegenüber: bei Kosten, Leistung, Qualität, Sicherheit und Datenschutz. Im Hinblick auf Sicherheit und Datenschutz betrifft dies zum einen den Service des Dienstleisters und zum anderen die Kommunikation zwischen auslagerndem Unternehmen und dem Dienstleister, z. B. einem Housing- oder Hosting-Provider.

Datenschutz bei Auslagerungen

Die umfangreiche Internetüberwachung durch Nachrichtendienste, wie z. B. durch die NSA im Rahmen von PRISM oder durch den britischen Geheimdienst im Spionageprogramm Tempora, werfen bei Internet-Services und der elektronischen Kommunikation, z. B. über das Internet, die Frage nach dem Grad der Vertraulichkeit auf. Dies bezieht sich insbesondere auf den Datenaustausch und die Sprachkommunikation z. B. mittels VoIP.

Ladar Levison, Gründer des texanischen Mailanbieters Lavabit, empfiehlt Nutzern, niemals Unternehmen Daten anzuvertrauen, die „physisch mit den Vereinigten Staaten verbunden sind". Lavabit, das seinen Nutzern die verschlüsselte Speicherung ihrer E-

Mails anbot, stellte seine Dienste ein, nachdem es anscheinend mehrere Wochen lang unter erheblichem Druck amerikanischer Behörden stand. Nach 9/11 ermöglichen der „Patriot Act" und weitere Ermächtigungen dem FBI und der NSA den Zugriff auf Kommunikationsanbieter und Internetdienstleister. Bei Lavabit speicherte auch Edward Snowden seine Mails. [FAZ, Internetanbieter erhöhen Sicherheit sowie Die neuen Krypto-Kriege, 10.08.2013]

Auslagerungen bei Banken

Die BaFin hat die Auslagerungen bei Banken in einem Quervergleich analysiert und festgestellt, dass ein Schwerpunkt in der IT-Auslagerung liegt. Hierbei stellte die BaFin auch Konzentrationen auf einzelne Dienstleister fest, was deshalb kritisch ist, weil gleich mehrere Institute von einem Ausfall eines solchen Dienstleisters betroffen wären. „Die Überprüfung dieser Konzentrationen soll daher verstärkt in den Fokus der BaFin rücken". Im Bereich der Wertpapierabwicklung hat die BaFin eine Auslagerungsfokussierung auf nur einen Dienstleiter festgestellt. [Thomas Konschalla: Outsourcing: BaFin vergleicht Auslagerungen bei Instituten, BaFin, 01.08.2013]

Aus gutem Grund fordert die BaFin in den Mindestanforderungen an das Risikomanagement für Banken, Stand 14.12.2012, in AT 9, Outsourcing, Absatz 7, „die Ausführung der ausgelagerten Aktivitäten und Prozesse ordnungsgemäß zu überwachen. Dies umfasst auch die regelmäßige Beurteilung der Leistung des Auslagerungsunternehmens anhand vorzuhaltender Kriterien."

In ähnlicher Form heißt es im Rundschreiben 3/2009 der Versicherungsaufsicht in den MaRisk VA für Versicherungen, Kapitel 8, Funktionsausgliederungen und Dienstleistungen im Sinne des § 64a Abs. 4 VAG, Absatz 3: „Zur Überwachung zählt auch die regelmäßige Beurteilung der Leistung des Unternehmens, auf das ausgegliedert wird, anhand vorzuhaltender Kriterien." Erkennbar ist, dass die Anforderungen der beiden MaRisk zu diesem Thema in Teilen ähnlich, allerdings nicht identisch formuliert sind.

Wer sich aufgrund von Ad-hoc-Entscheidungen – und damit ohne hinreichende Planung und sorgfältige Auswahl des Outsourcing-Unternehmens – für das Outsourcing entscheidet, um Kosten zu sparen und zu flexibilisieren, oder Qualitätsverbesserungen zu erreichen, sieht sich so manches Mal übersehenen Zusatzkosten für die Steuerung der Outsourcing-Unternehmen oder auch verlorenen Kernkompetenzen gegenüber.

Doch trotz vermeintlich sorgfältiger Auswahl und Vorbereitung kommt es verschiedentlich zu Schwierigkeiten, vor allem in der Übergangsphase und im Betrieb. Die Folge sind Performance-Engpässe, Störungen und in ungünstigen Fällen Betriebsunterbrechungen. Die Reputation und Handlungsfähigkeit, gegebenenfalls sogar die Existenz des Unternehmens stehen auf dem Spiel. Was ist zu tun?

Risiken sollten durch eine systematische Vorgehensweise auf ein vertretbares Maß reduziert werden. Die Entscheidung für „make or buy" sollte professionell getroffen werden, z. B. anhand der **dreidimensionalen Sourcing-Pyramide**$^{Dr.-Ing. \, Müller}$. Sie bietet ein wegweisendes und praxisorientiertes Vorgehensmodell und basiert auf dem Pyramidenmodell®. In ihrer kompakten Form wurde sie im Sommer 2004 publiziert [51]. In ausführlicherer Form einschließlich der Richtlinie Sourcing findet sie sich im „Handbuch Unternehmenssicherheit".

Seine **Sourcing-Ziele und -Anforderungen** sollte das Unternehmen klar und unter Berücksichtigung aller erforderlichen Sicherheitskriterien und -aspekte unter Berücksichtigung von Kontinuität und Risiko formulieren. Geeignete Rahmenwerke zu Service-Vereinbarungen stellen sicher, dass gesetzliche, aufsichtsbehördliche, normative, juristische, formale, prozessuale, ressourcenspezifische und organisatorische sowie lebenszyklusbezogene Aspekte angemessen berücksichtigt und über Kennzahlen nachgewiesen werden. Derartige Service-Vereinbarungen enthalten u. a. Sicherheitsvorgaben, z. B. zum sicheren Betrieb, zur Genehmigung von Changes sowie zur sicheren System- und Softwareentwicklung.

Richtlinien zur **Auditierung, Prüfung und Bewertung** potenzieller Dienstleister im Vorfeld der Auftragsvergabe beziehen sich auf deren Leistungsfähigkeit, Qualität, Sicherheit und Marktstärke sowie ihre Referenzen. Die Eigentümerstruktur sollte im Hinblick auf mögliche Interessenkonflikte durchleuchtet werden. Risiken, wie z. B. die Insolvenz eines Dienstleisters, sind zu bewerten und gegebenenfalls abzusichern. Insbesondere bei der Prüfung vor Ort und der Entwicklung der Checkliste zu sicherheitsrelevanten Aspekten empfiehlt sich der Einsatz erfahrener externer Berater.

Das Bewertungsteam sollte das Auslagerungsunternehmen nach vorliegenden Zertifizierungen abfragen bzw. diese einfordern, z. B. nach ISO/IEC 27001, ISO/IEC 20000 und ISO 9001. Weiterhin sollte es ermitteln, ob anderweitige Prüfungsbescheinigungen vorliegen, z. B. ein AICPA Service Organization Control (SOC) Report oder ein Report nach IDW PS 951. In derartigen Reports äußern sich Wirtschaftsprüfer zu den Kontrollaktivitäten eines Dienstleistungsunternehmens. Wenn Kunden dieser Bericht ausreichend erscheint und sie ihn akzeptieren, lassen sich die jährlich anfallenden vielfältigen Prüfungen der verschiedenen Kunden im Idealfall auf eine jährliche Prüfung des Wirtschaftsprüfers reduzieren. Dadurch können sowohl der Dienstleister als auch die Kunden Prüfungszeiten einsparen. Was sagen diese Prüfungsbescheinigungen aus?

Die **SOC-Reports** lösen den Prüfungsstandard Statement on Auditing Standards (SAS) No. 70, Service Organizations, des AICPA (American Institute of Certified Public Accountants) ab und bieten weitergehende Prüfungsthematiken. SAS 70 war für jene Kunden interessant, die Aspekte, die für die Rechnungslegung relevant sind, an Dienstleister ausgelagert hatten. Dies traf insbesondere auch dann zu, wenn die Kunden hinsichtlich der Rechnungslegung dem Sarbanes-Oxley Act (SOX) unterlagen.

SOC-1-Reports führen Wirtschaftsprüfer gemäß Statement on Standards for Attestation Engagements (SSAE) 16, Reporting on Controls at a Service Organization durch. SSAE 16 ähnelt dem International Standard for Assurance Engagements, ISAE 3402, Assurance Reports on Controls at a Service Organization.

SOC-1-Reports haben nur jene Kontrollaktivitäten eines Dienstleisters im Fokus, die bei einem Audit der Rechnungslegung des auftraggebenden Unternehmens relevant erscheinen. Da auslagernde Unternehmen zunehmend Bedenken in Bezug auf Risiken außerhalb der Rechnungslegung hatten, schuf die AICPA die Prüfmöglichkeiten entsprechend SOC 2 und SOC 3, die sich auf Kontrollaktivitäten des Dienstleisters im Hinblick auf Betrieb und Compliance beziehen.

SOC 1 unterscheidet zwischen zwei Berichtstypen: Der SOC-1-Report vom Typ 1, äußert sich zur Beschreibung des Kontrollsystems des Dienstleisters und zur Eignung der entworfenen Kontrollaktivitäten im Hinblick auf die Erreichung der Kontrollziele zu einem bestimmten Datum. Typ-2-Reports gehen zusätzlich auf die Betriebseffektivität ein und betrachten dementsprechend einen spezifizierten Zeitraum.

SOC-2-Reports beziehen sich auf die Kontrollaktivitäten eines Dienstleisters, die für die fünf grundlegenden Kontrollsystemattribute Sicherheit, Verfügbarkeit, Integrität der Verarbeitung, Vertraulichkeit und Datenschutz (Privacy) relevant sind. Für SOC 2 nutzen Wirtschaftsprüfer sowohl die vordefinierten Kriterien in „Trust Services Principles, Criteria and Illustrations", als auch die Anforderungen und Richtlinien in AT Section 101, Attest Engagements (AICPA, Professional Standards, Vol. 1). Ein Bericht nach SOC 2 ähnelt einem nach SOC 1. SOC 2 unterscheidet zwischen einem Typ-1- und einem Typ-2-Report. Ein SOC-2-Bericht beinhaltet eine Beschreibung des Kontrollsystems des Diensteisters. Ein SOC-2-Typ-2-Bericht enthält zusätzlich eine Beschreibung der Tests, die der Auditor durchgeführt hat, und deren Ergebnisse. Ein SOC-2-Bericht kann sich auf eins oder mehrere der fünf grundlegenden Kontrollsystemattribute beziehen.

Der SOC-3-Report ist ein Trust Services Report for Service Organization. Er nutzt wie SOC 2 die vordefinierten Kriterien in „Trust Services Principles, Criteria and Illustrations". Der wesentliche Unterschied zu SOC 2 besteht darin, dass ein SOC-2-Report grundsätzlich ein vertraulicher Bericht ist. Er beinhaltet zum einen eine detaillierte Beschreibung der Tests von Kontrollaktivitäten und deren Ergebnisse und zum anderen die Meinung des Auditors im Hinblick auf die Beschreibung des Kontrollsystems des Dienstleisters. Demgegenüber ist ein SOC-3-Report für die allgemeine Nutzung gedacht. In ihm führt der Auditor aus, ob das Kontrollsystem die Trust-Services-Kriterien erfüllt. Tests und deren Ergebnisse sowie die Meinung des Auditors zur Beschreibung des Systems sind nicht enthalten. Außerdem kann der Dienstleister das SOC-3-Prüfzeichen auf seiner Webseite nutzen.

Das IDW hat sich den Prüfungsstandard IDW PS 951 geschaffen, dessen Neufassung seit dem 16.10.2013 vorliegt. Er behandelt die Prüfung des internen Kontrollsystems beim Dienstleistungsunternehmen und liefert als Ergebnis einen Prüfungsbericht vom Typ 1 oder Typ 2.

Die Überwachung und Steuerung des oder der Auslagerungsunternehmen benötigt erfahrene eigene Mitarbeiter. Der Aufbau eines *Provider-Managements* mit Prozessen, Ressourcen und geeigneter Organisation ist erforderlich. Darüber hinaus müssen die Service-Vereinbarungen messbar sein. Service-Manager müssen durch vertragliche Vereinbarungen in die Lage versetzt sein, die Leistungserbringung auch im Hinblick auf Sicherheit, Kontinuität und Risiko durch ein kontinuierliches Monitoring verfolgen zu können. Diese Aspekte sind bei der Bewertung der Wirtschaftlichkeit, Qualität und Strategiekonformität von Outsourcing-Projekten sowie der SLA-Gestaltung wesentlich.

Insbesondere der Einsatz mehrerer Provider durch das Unternehmen erhöht die Komplexität der Steuerung und des Zusammenspiels der Provider, die vom *Multi-Provider-Management* des auslagernden Unternehmens zu leisten ist. Dies hat so manche Tücken. Betrachten wir ein – im Vergleich zu mancher erlebten Konstellation – „einfaches" Beispiel: das auslagernde Unternehmen hat Verträge mit drei Providern. Es greift über das Weitverkehrsnetz des Providers 1 auf die Anwendungen des Providers 2 zu, die vom Provider 3 gehostet werden. Plötzlich sind keine Eingaben mehr möglich. Es stellt sich die Frage: wo liegt der Fehler? Im eigenen LAN, im WAN, in der Anwendung oder ist der Host ausgefallen?

Je nach Provider und dessen Professionalität erhalten Sie hierzu entweder sofort die entsprechende Benachrichtigung und Information oder Sie erfahren von Ihren Providern, dass alles in Ordnung ist. Dann müssen Sie sich selbst auf die manchmal aufwändige Suche nach der Fehlerursache machen. *Hilfe leisten Ihnen dabei ein übergreifendes Monitoring mit aktuellen und korrekten Daten all Ihrer Provider sowie idealerweise zusätzliche providerübergreifende SLAs.* In diesen verpflichten sich die Provider zur Kommunikation und Kooperation mit den anderen beteiligten Providern sowie zur Erfüllung der Service- und Performance-Anforderungen der anderen Provider.

Unabhängig von der Entscheidung für „make or buy" gilt es, den Überblick zu wahren über die Verträge mit Kunden, internen Bereichen und externen Dienstleistern. Hierzu dient das später behandelte Vertragsmanagement.

11.5.6 Finanzmanagement (Financial Management)

Die verfügbaren finanziellen Mittel sowie deren Zuordnung zu und deren Abrechnung nach Kostenarten, Kostenträgern und Kostenstellen spielen im Lebenszyklus von Prozessen, Ressourcen, z. B. IKT-Systemen, Produkten und Dienstleistungen eine entscheidende Rolle. Die Kostenarten geben Antwort auf die Frage, was für Kosten entstehen. Zu den Kostenarten gehören z. B. Personalkosten, externe Dienstleistungs- und externe Materialkosten, Raum-, Wartungs- und Kapitalkosten. Die Kostenträger beantworten die Frage wofür die Kosten anfallen, z. B. für ein Produkt oder einen Service. Die Kostenstelle schließlich gibt an, in welchem organisatorischen Verantwortungsbereich, z. B. einer Abteilung oder einem Geschäftsbereich, die Kosten entstehen. So ergibt sich prinzipiell eine Struktur, bei der den Kostenstellen in Form von Organisationseinheiten die Kostenträger in Form von gefertigten Produkten oder erbrachten Leistungen zugeordnet sind, die sich aus Kostenarten zusammensetzen.

Unnötige Mehrkosten

Eine Fachabteilung eines Unternehmens beantragte ein neues Informationssystem. Im Projektantrag berücksichtigte sie nur die Hardware- und Entwicklungskosten, nicht jedoch die späteren Betriebskosten. Deren Berücksichtigung hätte anstelle einer Vielzahl in der Anschaffung günstiger kleinerer Server zur Auswahl eines größeren, leichter abzusichernden und kostengünstiger zu betreuenden Rechners geführt.

Leistungserfassung, Leistungsnachweis, Leistungsabrechnung und Controlling sind wesentliche Aktivitäten im Finanzmanagement. Unternehmen müssen die finanziellen Mittel für das Sicherheits-, Kontinuitäts- und Risikomanagement berücksichtigen und geplante Investitionen im Vorfeld über den ganzen Lebenszyklus und unter Berücksichtigung von Sicherheits-, Kontinuitäts- und Risikoaspekten betrachten, um Fehlentscheidungen zu vermeiden.

11.5.7 Projektmanagement (Project Management)

**Planung schafft Sicherheit,
Planlosigkeit birgt Risiken.**

Nur Genies beherrschen das planlose Chaos – manchmal.

(© Klaus-Rainer Müller, 3. Februar 2007)

Damit die Sicherheitsthematik im Lebenszyklus eines Prozesses, einer Ressource, z. B. eines Informationssystems, eines Produktes oder einer Dienstleistung sowie der Organisation von Anfang an berücksichtigt wird, muss sie in deren Lebenszyklus verankert sein. In den Anfangsphasen des Lebenszyklus bis zur Inbetriebnahme wird die Entwicklung neuer Prozesse, Ressourcen, Produkte oder Dienstleistungen (Services) in der Regel als Projekt durchgeführt. Demzufolge muss in den Projektmanagementstandards eines Unternehmens festgelegt oder referenziert sein, wie und anhand welcher Kriterien die Sicherheits- bzw. RiSiKo-Einstufung eines Projektes erfolgt sowie am Ende welcher Entwicklungsphase welche sicherheits- bzw. RiSiKo-relevanten Ergebnisse in welcher Form geliefert werden müssen. Die Sicherheitseinstufung orientiert sich z. B. am Schutzbedarf, an der Sicherheitszone, in der das Projektergebnis betrieben werden soll, am Umfeld und an den Akteuren. Als Ergebnisse z. B. der fachlichen Spezifikation müssen u. a. der Schutzbedarf, die Akteure und das Umfeld dokumentiert sein, jeweils basierend auf einer entsprechenden Analyse. Darüber hinaus unterliegen Projekte selbst dem Risikomanagement.

ISO/IEC 27001:2013: siehe dortiges Kontrollelement

11.5.8 Qualitätsmanagement (Quality Management)

Das *Qualitätsmanagement* begleitet – wie auch die anderen Managementdisziplinen – alle Phasen des Lebenszyklus eines IT-Prozesses, einer Ressource, z. B. eines Informationssystems, eines Produktes oder einer Dienstleistung. Dementsprechend legen der Sicherheits-, der Kontinuitäts-, der Risiko- und der Qualitätsmanager fest, wie die geforderte Qualität auch der RiSiKo-relevanten Ergebnisse erreicht und geprüft wird. Für die Schutzbedarfsanalyse entwickelt der Sicherheitsmanager beispielsweise eine standardisierte Vorlage, sodass die erforderliche Vollständigkeit erreicht werden kann. In einem Review prüft der Sicherheitsmanager die Inhalte auf die geforderte Vollständigkeit, Korrektheit, Konsistenz und Plausibilität. Außerdem verifiziert er sie unter Kosten-Nutzen-Aspekten.

Das *Testmanagement* kann entweder als Teil des Qualitätsmanagements angesehen oder als separater Prozess definiert werden. Wesentlich ist, dass in ihm Tests vorgesehen sind, welche die Einhaltung der Sicherheits- und Kontinuitätsanforderungen sowie des geforderten RiSiKo-Niveaus überprüfen. Dies erfordert beispielsweise Last-, Performance-, Ausfall-, Ende-zu-Ende- (E2E), Fehlbedienungs- und Angriffstests. Für andere Schutzobjekte, wie Produkte oder Dienstleistungen, sind ähnliche Testkategorien vorzusehen. Die Tests sind nachvollziehbar zu dokumentieren sowie Fehler zu kennzeichnen und deren Bearbeitung und Nachtests zu verfolgen. Notfall-, Krisen- und Katastrophenvorsorgeplanungen sind ebenfalls zu testen.

Bei der Lieferung ausführbarer Programme und des Quellcodes sollte der Empfänger über einen Generierungslauf sicherstellen, dass das ausführbare Programm auf dem gelieferten Quellcode basiert. Quellcode und ausführbare Programme sollten eine digitale Signatur besitzen, um prüfen zu können, ob sie unverändert sind.

Diese Ausführungen zeigen, dass das Qualitätsmanagement intensive Verbindungsstellen mit anderen Begleitprozessen besitzt. Hierzu gehören die obligatorischen Verbindungsstellen zum Sicherheits-, Kontinuitäts-, Risiko-, Konformitäts-, Datenschutz-, Konfigurations- und Architekturmanagement, aber z. B. auch die zum Kapazitätsmanagement.

11.5.9 Ereignismanagement (Incident Management)

Im laufenden Betrieb der IKT treten in der Regel immer wieder neue Anforderungen und Bedarfe (Service Request), Fragen, Schwierigkeiten, Störungen und Probleme auf. Um Beeinträchtigungen des Geschäftsbetriebs zu minimieren und die Geschäftskontinuität aufrechtzuerhalten, muss der Umgang mit derartigen Ereignissen definiert sein. Ziel ist es, das jeweilige Ereignis kurzfristig einer Lösung zuzuführen und sei es auch nur durch einen Restart oder in Form einer Umgehung (Workaround). Es geht also um Schnelligkeit und nicht um Ursachenforschung und -behebung. Hiermit beschäftigt sich das Ereignismanagement.

Die neutrale Bezeichnung „Ereignis" verwende ich deshalb, weil nicht alle gemeldeten „Ereignisse" tatsächlich eine Störung oder ein Problem darstellen. In der Informationsverarbeitung sitzt das Problem auch manchmal vor dem Bildschirm ☺, allerdings häufig wegen Verletzung des Poka-Yoke-Prinzips durch die IKT ☹.

Aus Gründen der Effizienz und Sicherheit empfiehlt es sich, eine (zentrale) Anlaufstelle („Single Point of Contact" {SPoC}) bzw. zentrale Ansprechpartner festzulegen. Im Bereich der IKT ist dies oftmals der zentrale Benutzerservice (User Help Desk {UHD}, Service Desk).

Für Unternehmen, die in den USA börsennotiert sind, ergibt sich ein weiterer Grund für die Einrichtung eines Service Desks. Für sie gilt der Sarbanes-Oxley Act (SOX). Die dortige Section 409 fordert, dass wesentliche Änderungen der finanziellen Situation oder im Geschäftsbetrieb umgehend zu veröffentlichen sind. („Each issuer [...] shall disclose to the public on a rapid and current basis such additional information concerning material changes in the financial condition or operations of the issuer [...].“). Da die IKT die Daten für die Quartals- und Jahresberichte verarbeitet, müssen die SOX-relevanten IKT-Systeme und Daten identifiziert sein. Hieraus ableitbar ist, dass Störungen, die das Erkennen wesentlicher Änderungen der finanziellen Situation oder die umgehende Veröffentlichung behindern, vermieden bzw. schnellstmöglich behoben werden müssen. Hier kommt auch der Service Desk ins Spiel, dessen Aufgabe die Minimierung von Beeinträchtigungen des Geschäftsbetriebs ist.

COBIT®, das Wirtschaftsprüfer zur Prüfung der IKT heranziehen, fordert in der Version 5 in DSS02 (Delivery, Service, Support) das „Managen von Service-Anfragen und Störungen". Der Prozess dient gemäß COBIT® dazu, zeitnah und effektiv Benutzeranforderungen zu behandeln sowie Störungen zu beheben. Zu den wichtigen Managementpraktiken gehört hierbei das Aufzeichnen, Klassifizieren und Priorisieren von Anforderungen und Störungen bis hin zu deren abschließender Erfüllung bzw. Behebung. Ferner nennt COBIT® Metriken für die jeweiligen Prozessziele.

Die folgende Aufzählung nennt Beispiele von Leistungskennzahlen (Key Performance Indicator {KPI}) für den Service Desk, die dieser messen, analysieren und berichten sollte:

□ Zufriedenheit der Benutzer mit dem Service Desk
□ Schulungstage pro Service Agent und Jahr
□ Anzahl von Anrufen und E-Mails
□ Erreichbarkeit
□ Sofortlösungsquote
□ Eigenlösungsquote
□ Antwortzeiten in Abhängigkeit von der Dringlichkeit
□ durchschnittliche Bearbeitungsdauer von Störungen in Abhängigkeit von ihrem Schweregrad bzw. ihrer Dringlichkeit
□ durchschnittliche Anzahl bearbeiteter Anrufe pro Mitarbeiter und Stunde
□ Anzahl sicherheitsrelevanter Anfragen
□ Anzahl kontinuitätsrelevanter Anfragen
□ Anzahl offener Anfragen insgesamt und je Kategorie sowie bisherige Bearbeitungsdauer
□ Anzahl nach Abschluss erneut geöffneter Anfragen
□ Anzahl wiederkehrender Anfragen
□ Einhaltung der Service Level.

Zum Zwecke der kontinuierlichen Verbesserung kann der Service Desk diese Informationen unter Berücksichtigung von Kosten-Nutzen-Aspekten im Hinblick auf folgende Punkte auswerten und berichten:

□ ihre Verläufe pro Tag, Monat und Jahr sowie im Vergleich zu Vorjahren
□ ihr Typ, wie z. B. Passwortrücksetzung
□ ihre Korrelation zu den zugrunde liegenden Ereignissen, wie z. B. Releasewechsel, Konfigurationsänderung oder Roll-out einer neuen Anwendung
□ ihr Bezug zu den jeweiligen Konfigurationselementen, wie Druckern oder Anwendungen, sowie
□ Trends.

Der Service Desk stellt den 1st Level Support dar. Er löst Störungen entweder selbst oder koordiniert die Störungsbehebung. Seine Aufgabe besteht dabei darin, den regulären Betrieb im Rahmen der vereinbarten Service Level und konform mit den Geschäftsanforderungen wiederherzustellen. Hierzu gehört u. a. die Unterstützung der Nutzer bei Bedienproblemen, der Restart von Systemen und die Behebung von Papierstaus in Druckern. Je nach unternehmensspezifischer Aufgabenstellung bearbeitet bzw. koordiniert er darüber hinaus Leistungsanforderungen (Service Requests), wie den Toner-Wechsel, das Zurückspeichern (Restore) von Daten bis hin zur Beschaffung eines PCs oder Druckers u. Ä.

Der 2nd Level Support mit seinen Spezialisten, z. B. für Datenbanken oder Netz, unterstützt ihn in schwierigeren Fällen. Der 3rd Level Support schließlich ist meist beim Hersteller oder der internen Entwicklungsabteilung angesiedelt.

Der Prozess *Ereignismanagement* beschreibt den Umgang mit den genannten Ereignissen. Der Ablauf enthält die Entgegennahme einschließlich Kategorisierung und Klassifizierung der Ereignisse, deren anschließende Bearbeitung, die Verfolgung und gegebenenfalls Eskalation sowie die Erfassung des Bearbeitungsaufwands. Ebenfalls genannt werden die im Prozess genutzten Hilfsmittel und Werkzeuge. Welche sind dies?

Zu den *Hilfsmitteln* gehören beispielsweise Definitionen von Ereignisklassen und -kategorien. Als *Tools* kommen üblicherweise die automatische Anrufzuordnung zu zuständigen und freien Mitarbeitern (Agenten) des Service Desks (Automated Call Distribution {ACD}) sowie die Konfigurationsdatenbank und ein „Trouble-Ticket-System" (TTS) zum Einsatz. Die Konfigurationsdatenbank aus dem Prozess Konfigurationsmanagement dient als Informationsquelle. Im TTS erfassen die Service-Desk-Mitarbeiter die Ereignisse und dokumentieren die Bearbeitungsschritte und den Bearbeitungsstatus. Das TTS verfolgt den Status (tracking) und eskaliert gegebenenfalls nach vorgegebenen Regeln. Dadurch, dass die Beteiligten die Bearbeitung der Störungsbehebung im TTS beschreiben, lässt es sich bei geeigneter Funktionalität später als Wissensbasis nutzen. Bei wiederkehrenden oder vergleichbaren Ereignissen greifen die Service-Desk-Mitarbeiter hierauf zurück und können so die Bearbeitungsdauer senken und die Effizienz steigern.

Die Service-Desk-Mitarbeiter sollten darüber hinaus über anstehende und aktuell durchgeführte Änderungen an Systemen, Produkten und Leistungen in ihrem Zuständigkeitsbereich informiert sein, da sich in diesem Zusammenhang leicht Störungen ergeben können. Die Kenntnis dieser Änderungen erleichtert und beschleunigt gegebenenfalls die Bearbeitung gemeldeter Ereignisse.

Die *Kategorisierung der Ereignisse und deren regelmäßige Auswertung* ermöglichen Trendanalysen sowie proaktive und effizienz- sowie sicherheits- und kontinuitätssteigernde und risikomindernde Maßnahmen. Übergreifende Kategorien können z. B. Hardware und Software sein. Spezifische Kategorien beziehen sich auf Passwörter, Computer, Anwendungen, Drucker, Schredder, Dienstleister, etc.

Ein häufig auftretendes Ereignis ist das Vergessen des Passwortes und dessen Rücksetzung durch die Administration. Der hierfür verbrauchte Aufwand kann aufgrund der Auswertung beispielsweise in Relation zu den Kosten für ein Single-Sign-on-System oder einen Self-Service z. B. mit Stimmerkennung gesetzt werden und gegebenenfalls dessen Anschaffung begründen, sofern die Anforderungen, u. a. an Sicherheit und Kontinuität, erfüllt sind.

Ähnlich verhält es sich mit technischen Geräten. Häufige verfügbarkeitseinschränkende Störungen an technischen Geräten, wie z. B. Druckern, PCs, Servern, Netzkomponenten und Firewalls, aber auch an Software etc. können genutzt werden, um zukünftige Kaufentscheidungen zu beeinflussen oder das Gespräch mit dem Hersteller zu suchen. Wiederkehrende Schwierigkeiten bei der Bedienung einzelner Informationssysteme lassen sich als Auslöser für deren Weiterentwicklung oder zu verbesserten Schulungsangeboten nutzen.

Die *Klassifizierung* eines Ereignisses dient dessen Priorisierung und bestimmt die Vorgehensweise und die zugesicherte Behebungsdauer. Die genauest mögliche Klassifizierung ist unter Sicherheitsaspekten unumgänglich, um schnelle und zielgerichtete Maßnahmen einzuleiten. Hierbei ist der Zugriff auf die Konfigurationsdatenbank auch deshalb entscheidend, damit der Service-Desk-Mitarbeiter die Sicherheitsklasse der betroffenen Ressource, die dazugehörigen SLAs sowie die abhängigen Ressourcen und Prozesse ermitteln und die Auswirkungen abschätzen kann.

Der Service Desk ist erste Anlaufstelle für die Meldung sicherheits- und kontinuitätsrelevanter Störungen. Damit er solche Ereignisse erkennen kann (Security/Continuity Incident Detection), sollten diese spezifiziert sein. Zu sicherheitsrelevanten Ereignissen gehören beispielsweise der Verlust oder Diebstahl einer Ressource, wie z. B. eines PCs, eines Notebooks, eines PDAs, eines Memory Sticks oder einer Chipkarte für den Zugang zu Computersystemen und Anwendungen, aber auch Hackerangriffe sowie der Befall durch Computerviren. Zu kontinuitätsrelevanten Ereignissen zählen u. a. der Ausfall unternehmenskritischer Anlagen, Systeme, Anwendungen oder Computer sowie kritische Netzausfälle, die z. B. einen Standort lahm legen.

Je Ereignistyp ist die anschließende *Vorgehensweise* des Service Desks festzulegen, also die Reaktion bzw. Antwort auf das jeweilige sicherheits- oder kontinuitätsrelevante Ereignis (Security/Continuity Incident Response). Hierzu gehört auch die Benennung der zuständigen Abteilung bzw. Rolle, die zu informieren oder hinzuzuziehen ist oder an welche die weitere Bearbeitung zu leiten ist. So kann für einen berechtigten Mitarbeiter aufgrund fehlerhafter IT-technischer Umstellungen z. B. der Zugriff auf Anwendungen oder Daten geblockt sein, für die er zuvor berechtigt war. Der Service Desk leitet die Anfrage an die zuständige Stelle, z. B. den

Sicherheitsbeauftragten oder Ressourcenverantwortlichen, zur Prüfung und Bearbeitung weiter.

Zu kritischen Ereignistypen gehören ferner Eskalationspläne, in denen niedergelegt ist, wer in welcher Reihenfolge zu informieren ist, beispielsweise der Service Desk Manager, der Chief Information Security Officer (CISO) und ein eventuelles internes CERT (Computer Emergency Response Team) bzw. CSIRT (Computer Security Incident Response Team) oder – bei kontinuitätsrelevanten Ereignissen – der Chief Business Continuity Officer (CBCO). Darüber hinaus sind auf revisionssichere und gerichtsfest nachvollziehbare Weise bei Sicherheitsvorfällen gegebenenfalls Festplattenimages für spätere forensische Untersuchungen zu erstellen. Bei geschäftskritischen Ausfällen sind beispielsweise Mitarbeiter und externe Dienstleister zu informieren und präventiv in Bereitschaft zu versetzen.

Das Rücksetzen des Passwortes wegen Vergessens ist mit geschätzten ca. 20 % bis 30 % des Call-Aufkommens ein recht häufiges sicherheitsrelevantes Ereignis. Hierbei treten Call-Spitzen insbesondere nach der Urlaubszeit auf. Für das Rücksetzen des Passwortes muss ein Vorgehen definiert sein, das mit dem Sicherheitsbeauftragten und der Revision abgestimmt ist. Zu achten ist hierbei u. a. darauf, dass der Anfordernde zweifelsfrei identifiziert ist, die Übermittlung des Passwortes sicher ist und die Änderung des zurückgesetzten Passwortes innerhalb kurzer Zeit erfolgen muss. Findet die Änderung nicht innerhalb der vorgegebenen Zeitspanne statt, sollte das Benutzerkonto automatisch gesperrt werden.

Im Rahmen des Reporting sollte der Service Desk auf das Call-Volumen und Call-Häufungen eingehen und diese analysieren. Die Analyse bezieht sich hierbei zum einen auf den verursachten Aufwand und die entstandenen Kosten für den Service Desk und zum anderen auf Aufwand, Kosten und entgangenen Gewinn der betroffenen Geschäftsprozesse und Mitarbeiter. Der Bericht des Service Desk sollte aus der Analyse Handlungsempfehlungen ableiten. Hinsichtlich der Passwort-Rücksetzung könnten dies beispielsweise Single-Sign-on-Systeme und Self-Service-Funktionen zur Passwort-Rücksetzung sein.

Damit die Mitarbeiter des Service Desks in der Lage sind, angemessen auf sicherheits- und kontinuitätsrelevante Ereignisse zu reagieren, sind Schulungen, kontinuierliche Information über aktuelle und neue Bedrohungen sowie Sensibilisierungsmaßnahmen und themen- und kritikalitätsbezogen Übungen erforderlich. Außerdem ist die Kenntnis der IKT-Architektur sowie der Kritikalität ihrer Komponenten notwendig.

Die Verantwortlichkeit für die *interne und externe Kommunikation* gravierender Ereignisse ist ebenfalls festzulegen. Hierzu gehört die Angabe, in welcher Reihenfolge wer über welches Medium und in welcher Form zu informieren ist. Außerdem ist festzulegen, ob das sicherheitsrelevante Ereignis vertraulich zu handhaben ist, um negative Außenwirkungen zu begrenzen und/oder eigene Nachforschungen und Gegen- und Abwehrmaßnahmen nicht durch frühzeitige Information des Angreifers zu beeinträchtigen. Die bisherigen Ausführungen zeigen die enge Verbindung des Ereignismanagements z. B. mit dem Sicherheits- und Kontinuitätsmanagement.

Je nach *Unternehmen und Unternehmensgröße* unterscheiden sich der Prozess des Ereignismanagements und die unterstützenden Tools. Insbesondere kleinere Unternehmen erfassen gegebenenfalls nur solche Ereignisse, die ein tatsächliches Problem darstellen oder deren Bearbeitung kompliziert und/oder aufwändig ist.

Der Service Desk bzw. das Ereignismanagement stellen, wie viele andere Begleitprozesse auch, Anforderungen an andere Begleitprozesse und unterstützende Ressourcen bis hin zu externen Dienstleistern. Diese Anforderungen ergeben sich aus den expliziten Service-Vereinbarungen des Service Desks mit seinen Kunden hinsichtlich Servicezeiten und maximal tolerierbarer Ausfalldauer. Dementsprechend vereinbart der Service Desk *Operational Level Agreements (OLAs)* mit seinen internen bzw. *Underpinning Contracts (UCs)* mit seinen externen Servicegebern.

Zu den Vereinbarungen gehören z. B. die Anforderungen, dass Tools, wie das Trouble Ticket System, die Konfigurationsdatenbank bzw. Configuration Management Database (CMDB), E-Mail, Automated Call Distribution (ACD) und ein gegebenenfalls genutztes CTI-System (Computer Telephone Integration) innerhalb der Service-Zeiten des Service Desks im geforderten Umfang verfügbar sein müssen. Entsprechendes gilt für die erforderlichen Ansprechpartner außerhalb des Service Desk. Verbindungen bestehen hierbei z. B. zur Anwendungsbetreuung, zur IT-Infrastruktur, zur IT-Sicherheit, zum IT-Notfallbeauftragten und zu externen Dienstleistern.

Darüber hinaus stellt der Service Desk Anforderungen, die für eine professionelle Abwicklung seiner Aufgaben erforderlich sind. Hierzu gehört seitens des Änderungsmanagements die rechtzeitige Information über anstehende Änderungen, aus denen sich potenzielle Störungen des Betriebs ergeben können. Beispiele hierfür sind Hard- oder Software-Änderungen. Dies schließt Patches ein. Ein weiteres Thema ist die frühzeitige Information des Service Desk, z. B. durch den Sicherheitsbeauftragten, über neue Bedrohungen, deren Auftreten und Auswirkungen sowie die dazugehörige Vorgehensweise seitens des Service Desk.

Damit aus dem SPoC („Single Point of Contact"), kein SPoF („Single Point of Failure") wird, behandelt der Service Desk auch für sich selbst das Thema *Kontinuitätsmanagement*. Hierzu erstellt er Notfallpläne für den Ausfall jener Prozesse und Ressourcen, die er zur Erfüllung seiner Aufgaben benötigt. Beispiele hierfür sind der Ausfall der ACD-Anlage, des CTI-Systems oder des Trouble Ticket Systems. Als Workaround bietet sich das Arbeiten des Service Desks ohne CTI über eine

Sammelrufnummer an sowie die Nutzung einer lokalen vorstrukturierten Datenbank oder eines Tabellenkalkulationsprogramms für die Entgegennahme und Bearbeitung der Calls. Die Service-Desk-Mitarbeiter müssen diese Einträge bei Verfügbarkeit des Trouble Ticket Systems dann entsprechend nachpflegen. Diese Nacharbeiten sind einzuplanen.

Kontinuitätsanforderungen ziehen üblicherweise Kosten nach sich, die begründet sein wollen. Abgesehen von rechtlichen Anforderungen, beispielsweise aufgrund von SOX, behindert fehlende Unterstützung durch den Service Desk die Mitarbeiter bei der Durchführung ihrer Arbeiten und verursacht somit Ausfälle oder auch Unzufriedenheit bei deren Kunden. Schon die häufig erforderliche Passwortrücksetzung kann bei Nichtverfügbarkeit zu erheblichen zeitlichen Arbeitsausfällen der Mitarbeiter führen. Dies kann manch einen Betriebs- oder Personalrat auf den Plan rufen, der daraus zusätzlichen Stellenbedarf ableitet.

Der Service Desk sollte *monatliche Berichte mit Kennzahlen* liefern. Diese dienen zum einen dazu, eine Bewertung der Leistungsfähigkeit des Service Desk selbst möglich zu machen. Zum anderen sollten sie Aussagen zum Mengengerüst, dem Call-Aufkommen, sowie Informationen zu Verbesserungspotenzialen liefern. Unter dem Blickwinkel von Sicherheit und Kontinuität geht es um diesbezügliche Ereignisse, d. h. wie viele sicherheits- und/oder kontinuitätsbezogene Ereignisse welcher Kategorie und welchen Schweregrades gab es im zurückliegenden Monat und wie sieht die Entwicklung der zurückliegenden zwölf Monate aus.

Beispiele: Im IKT-Bereich gehören zu derartigen Ereignissen Virenangriffe, zurückgewiesene Zugangs- und Zugriffsversuche, Denial of Service bzw. Distributed Denial of Service Attacken, Ausfälle sicherheitsrelevanter Komponenten wie Firewalls, Intrusion Detection and Response Systeme oder Single-Sign-On-Systeme, Anzahl von Ausfällen von IKT-Systemen wie Anwendungen, Rechner, Speichereinheiten, Netzen sowie Imaging und Druckstraßen.

11.5.10 Problemmanagement (Problem Management)

Probleme treten erfahrungsgemäß im Lebenszyklus von Prozessen, Ressourcen, wie z. B. IKT-Systemen, von Produkten oder Dienstleistungen immer wieder auf. Bereits in den Spezifikationsphasen können Review-Teams Probleme in Form von Fehlern, Sicherheitsmängeln oder potenziellen Risiken entdecken. In späteren Phasen, beispielsweise in der Testphase oder im Betrieb treten Probleme in Form von Beeinträchtigungen, Störungen, Fehlern und Sicherheitsmängeln auf. Sie zu erfassen, zu untersuchen und einer langfristigen Lösung zuzuführen, ist Aufgabe des Problemmanagements. Das Problemmanagement wird hierbei u. a. gespeist von denjenigen Ereignissen im Ereignismanagement, die ein tatsächliches Problem darstellen.

Der *Prozess* des Problemmanagements beschreibt, wie Probleme – insbesondere auch sicherheits- und kontinuitätsbezogene – erfasst, kategorisiert, klassifiziert, untersucht, behoben, verfolgt (Tracking) und eskaliert werden. Problemkategorien sind beispielsweise Hardware, Software und Paperware, die nutzenorientiert jeweils weiter unterteilt werden können, z. B. Hardware in Computer, Speicher, Drucker, Kommunikationseinheiten. Fehlerklassen legen die Schwere von Fehlern sowie die Priorisierung und die Zeitdauer für die Reaktion und Behebung fest.

Darüber hinaus ist zu definieren, wie die Problemlösung getestet, freigegeben und wieder in Betrieb genommen wird. Hierbei bestehen Verbindungen z. B. zum Änderungs-, Release-, Konfigurations- und Qualitätsmanagement. Fehler und deren Lösung werden zur jederzeitigen Nutzung in einer Datenbank festgehalten. Idealerweise ist diese Teil einer Anwendung, die über ein standardisiertes Berichtswesen und Eskalationsprozeduren verfügt.

Auswertungen der Probleme geben Auskunft darüber, wann und in welcher Lebenszyklusphase eines Schutzobjekts wer welches Problem mit welchem Schweregrad gemeldet hat, wie viele Probleme sich in welchem Status befinden, wie lange die Problembehebung dauerte, wie sich die Probleme auf die Problemkategorien und die einzelnen Konfigurationselemente verteilen etc. Hieraus ergeben sich Trends und Erkenntnisse, die für die effiziente und zielgerichtete Steuerung z. B. der Prozesse und IKT-Systeme nützlich sind. Die Auswertungen können beispielsweise zur Bewertung und Weiterentwicklung der internen Prozesse, z. B. des Projekt- und Qualitätsmanagements, und der Dienstleister herangezogen werden. Problemhäufungen können seitens des Leistungsmanagements zum Wechsel des Dienstleisters bzw. Lieferanten oder der Hardware führen.

Probleme erst im Betrieb

Die Entwicklung von IKT-Systemen ist bekanntermaßen ein komplexer, risikobehafteter und nicht immer erfolgreicher Prozess. Neben einer Vielzahl gescheiterter Projekte gehen aus Termingründen durchaus auch instabile, unzureichend getestete und mit Sicherheitsmängeln behaftete Informationssysteme in Betrieb. Die Auswertung der Problemmeldungen (Problem Records) und die Bewertung der Projektmanager auch anhand der im Betrieb aufgetretenen Probleme lässt sich als weiteres Anreiz- und Steuerungselement im Personalbereich nutzen.

11.5.11 Änderungsmanagement (Change Management)

Probleme oder neue Anforderungen führen zu *Änderungsanfragen (Change Request {CR})*. Diese können sich u. a. auf Prozesse und Ressourcen, wie z. B. Informationssysteme, sowie auf Produkte und Dienstleistungen beziehen. Änderungsanforderungen enthalten eine Begründung, Angaben zu den betroffenen Ressourcen (Konfigurationselemente) sowie gegebenenfalls den Bezug zu Service Anforderungen oder Problemen, die durch die Änderung gelöst werden sollen. Dadurch ergeben sich Verbindungsstellen zum Problem-, Konfigurations- und Leistungsmanagement. Die Bearbeitung, Genehmigung oder Ablehnung von Änderungsanfragen erfolgt nach einem unternehmensspezifisch definierten Verfahren des Änderungsmanagements.

Das *Änderungsmanagement (Change Management)* erfasst die anliegenden Änderungsanforderungen, kategorisiert sie nach Schutzobjektklasse sowie nach Sicherheits- bzw. RiSiKo-Klasse und nach dem Trust Level der Sicherheitszone, in der sich das Schutzobjekt befindet, priorisiert sie nach Dringlichkeit und klassifiziert sie nach den potenziellen – auch sicherheits- und kontinuitätsbezogenen – Auswirkungen. Hierbei berücksichtigt es die Service Level Agreements und die maximal tolerierbare Ausfalldauer.

Die Auswirkungen der beantragten Änderungen sowie deren Interdependenzen werden analysiert, um anschließend vom Änderungsmanager selbst – oder bei risikoreichen Änderungen von einem Gremium (Change Advisory Board, CAB) – abgelehnt oder genehmigt, priorisiert und geeignet terminiert zu werden. Das Änderungsgremium umfasst neben dem Änderungsmanager kompetente Vertreter der Nutzer, der Entwicklung und des IT-Betriebs, beispielsweise aus den Bereichen Datenbank, Netzwerk, Arbeitsvorbereitung und Service Desk, ferner den Sicherheits-, den Kontinuitäts- und den Risikomanager sowie bedarfsorientiert bei architekturbezogenen Änderungen (Architectural Changes) den Architekturmanager. Änderungspläne halten die geplante Reihenfolge der durchzuführenden Änderungen fest.

Der Änderungsmanager beauftragt anschließend die genehmigten Änderungen und entwickelt in Abhängigkeit von deren potenziellen Auswirkungen Rückfallpläne. Nach Realisierung, Test und erfolgreicher Abnahme gibt er die Änderungen frei. Eine Änderungshistorie (Change History) hält die durchgeführten Änderungen nachvollziehbar fest.

Das Änderungsmanagement schafft somit einen *geordneten Änderungsprozess*, der das Risiko von Fehlern oder Ausfällen aufgrund von Änderungen proaktiv verringern hilft. Eine Verbindung zum Ereignismanagement ist wesentlich, damit dort Informationen über aktuelle oder anstehende Änderungen bei der Bearbeitung von Ereignissen und Störungen genutzt werden können.

Wie bereits früher erwähnt, erstrecken sich die Begleitprozesse über den gesamten Lebenszyklus. Für das Änderungsmanagement bedeutet dies, dass es in allen Phasen des Lebenszyklus wirksam ist und somit beispielsweise auch Änderungen an Fachkonzepten sowie technischen Grob- und Feinkonzepten dem Änderungsmanagement unterliegen.

Phänomen der „alten" Fehler

Nutzer stellen hin und wieder fest, dass bereits behobene Fehler in einem neuen Release unerklärlicherweise wieder auftauchen. Eine Ursache liegt in einem unzureichenden Änderungsverfahren. Während ein Entwickler ein Software-Modul beispielsweise in Kopie „ausleiht" und um neue Funktionen erweitert, führt ein anderer Entwickler im Original kurzfristig erforderliche Korrekturen (Hot Fixes) durch. Wird eine Synchronität nicht erzwungen, so können beide Versionsstände mit dem genannten Effekt auseinander laufen.

„Single-Author"-Konzept

Durch ein „Single-Author"-Konzept, verbunden mit einer geeigneten *„Check-out-check-in"-Prozedur*, die beim „Check-in" eine Konsolidierung der Modulvarianten erzwingt, kann diesem Problem entgegengewirkt werden.

Änderungen in Software-Modulen sollten außerdem mit einer Referenz zur Änderungsanforderung und gegebenenfalls dem auslösenden Problem versehen sein, damit die erfolgten Änderungen jederzeit nachvollziehbar sind.

GAU durch Software-Update

Laut Zeitschrift CIO spielte das britische Department for Work and Pensions (DWP) am 22. November 2004 ein Routine-Upgrade von Windows® auf, als das gesamte System kollabierte. 80 % der 100.000 Rechner der Verwaltung waren in der Folge nicht mehr nutzbar. Angenommen wird, dass der Crash durch die Installation eines inkompatiblen Systems verursacht wurde. [Zeller, Thomas: Update führt zum IT-Super-Gau, CIO – News & Meinungen, 29.11.2004, 17:07]

Ein Spezialfall des Änderungsmanagements ist das *Patchmanagement*. Seit Anfang der 2000er Jahre gewinnt es an Bedeutung aufgrund der zunehmenden Angriffe durch bösartigen Code und der immer wieder auftretenden Schwachstellen z. B. in Betriebssystemen. Gleichzeitig hat sich die Zeit zwischen dem Erkennen einer Sicherheitslücke und deren Ausnutzung immer weiter verringert. Verschärft wird die Situation durch die zunehmende Mobilität der IT-Nutzer und deren Equipment. Was ist zu tun?

Absturz durch fehlenden Patch

Laut Zeitschrift CIO fiel das Check-in-System einer Fluggesellschaft am 2. Dezember 2004 morgens um 4:30 Uhr aus. Das Bodenpersonal musste die Bordkarten von Hand ausfüllen. Im innereuropäischen Linienverkehr wurden 60 Flüge gestrichen, Fluggäste mussten mehrere Stunden warten. Bei der Umstellung der Plattentechnologie auf Glasfaser entstand beim letzten Change, bei dem auch das Check-in-System beteiligt war, ein Totalausfall. Das Zurückversetzen in den Ursprungszustand scheiterte, weil ein Patch für die fehlerhafte Software-Routine fehlte.

[Möhler, Tanja: Abstürze vermeiden, CIO, 12/2004, S. 54ff.]

Je nach Unternehmen übernimmt eine Person oder ein Team die Aufgabe, sicherheitsrelevante Informationen der Produkthersteller sowie deren Informationen zu Patches zu sichten. Eine weitere Aufgabe besteht darin, vertrauenswürdige Webseiten mit sicherheitsrelevanten Informationen kontinuierlich zu sichten bzw. sich über Mailings informieren zu lassen. Der Verantwortliche entscheidet in Abhängigkeit von der Schwere der Schwachstelle und der Kritikalität der Anwendung und Daten über die Priorität des jeweiligen Patches. Bei Relevanz stellt der Patchmanager eine Änderungsanforderung, die den Prozess des Änderungsmanagements mit entsprechender Priorität und Schnelligkeit durchläuft.

Parallel hierzu werden die Software-Updates, die eingespielt werden sollen, beschafft. Dies beinhaltet die Verifizierung, dass der Software-Update integer ist, also nicht absichtlich oder versehentlich verändert wurde. Dies kann über eine digitale Signatur oder geeignete Prüfsummen erfolgen.

Weiterhin ist es Aufgabe der Verantwortlichen, bei Updates für Arbeitsplätze die Verteilung (Roll-out) des Patches so zu planen, dass Komplettausfälle vermieden und der Service Desk nicht überlastet werden.

Unter Kosten-Nutzen-Aspekten ist zu bewerten, ob die Anschaffung und der Einsatz eines geeigneten *Patchmanagement-Tools* wirtschaftlich ist. Das Tool sollte den detaillierten Patch-Level der Zielgeräte ermitteln, die Verteilung vornehmen und den Status verfolgen. Für nicht angeschlossene mobile Endgeräte sollte der Patch bereitgestellt werden können. Außerdem sollte ein Rollback auf einen früheren stabilen Zustand möglich sein, falls der neu eingespielte Patch trotz erfolgreicher Abnahme Fehler oder Ausfälle verursacht. Das Tool sollte Berichte erzeugen, die den detaillierten Patch-Level der Zielgeräte dokumentieren.

11.5.12 Releasemanagement (Release Management)

Das Releasemanagement beschreibt, wie und wann (zeit- und ereignisgesteuert) Releases, d. h. Pakete zusammengehöriger geänderter bzw. neuer Ressourcen, erstellt werden und welche Voraussetzungen für den Einsatz erforderlich sind. Dies beinhaltet die Zusammenstellung der Releasekomponenten, z. B. einer geänderten Hardware in Kombination mit einer neueren Middleware und einer geänderten Anwendung, sowie die Aktualisierung der Architektur. Ebenfalls zu berücksichtigen sind die Auswirkungen des Release auf die Sicherheit, Kontinuität und Stabilität der IKT-Architektur sowie auf Compliance und Datenschutz.

Wesentliche Prozessschritte sind der Test – auch von Sicherheit und Kontinuität –, die Freigabe und gegebenenfalls die (zuvor getestete) sichere Verteilung des Release in genutzte Ressourcen, wie z. B. IKT-Systeme oder Produkte. Im Vorfeld der Einführung sind darüber hinaus Überlegungen zum spätesten Rückfallzeitpunkt und zu den Rückfallmöglichkeiten erforderlich, falls Probleme auftreten. Das „Einfrieren" (Frozen Zone) und sichere Archivieren der Konfigurationselemente, die dem Release zugrunde liegen, ist ebenfalls darzustellen.

Dies zeigt, dass das Releasemanagement neben den obligatorischen Verbindungsstellen zum Sicherheits-, Kontinuitäts-, Risiko-, Konformitäts-, Datenschutz-, Konfigurations- und Architekturmanagement weitere z. B. zum Änderungsmanagement besitzt.

Ein wesentliches Thema beim Release Management ist zudem die Sicherstellung, dass Releases von Standardprodukten, Middleware oder Betriebssystemen auf einem möglichst einheitlichen und unter Sicherheitsaspekten aktuellen Stand gehalten werden.

11.5.13 Konfigurationsmanagement (Configuration Management)

Eine Voraussetzung für den geordneten und damit in dieser Hinsicht sicheren Betrieb der IKT ist der Überblick über die vorhandenen Schutzobjekte, z. B. die eingesetzten Ressourcen. Hierzu dient das Konfigurationsmanagement. Es umfasst u. a. die Prozesslandschaft und die genutzten Prozesse (Processware), die Ressourcen, wie Systeme und Produkte, bestehend aus Hardware und Software, sowie die Dokumente und Dokumentationen (Paperware). Konfigurationsmanagement ist darüber hinaus auch bei der Verwaltung der Personalprofile gefordert.

Beispiele für Konfigurationselemente (Configuration Item, CI) zu verschiedenen Oberbegriffen finden Sie in der folgenden Liste:

☐ Hardware (Anlagen, Systeme, Computer, Speichereinheiten, Netzkomponenten, Firewalls, Appliances, Drucker)

☐ Software (jeweiliger Release von Anwendungen, Datenbanken, Betriebssystemen, Tools)

☐ Processware (Prozessbeschreibungen von Kern-, Unterstützungs- und Begleitprozessen)

☐ Paperware (Konzepte, Spezifikationen, Handbücher und Pläne z. B. von Gebäuden, haustechnischer Infrastruktur, Anlagen, Systemen, Rechnern, Entwicklungssystemen und -werkzeugen, Datenbanken, Kommunikationssoftware und Betriebssystemen sowie gegebenenfalls Quellcode. Ferner Verträge {Dienstleistung, Leasing, Wartung, Lizenz, Versicherung}, Service und Operational Level Agreements, Vollmachtenregelungen, Dienstleistungs- und Produktdaten, bis hin zu Weiterbildungsmaßnahmen und Qualifikationsprofilen von Mitarbeitern)

Durch entsprechende Prozesse, Verantwortlichkeiten, Hilfsmittel und Werkzeuge verschafft das Konfigurationsmanagement den Überblick über die Konfigurationselemente und ihren aktuellen Versions- und Releasestand. Doch wie lässt sich die

Vielzahl der Konfigurationselemente und deren kontinuierliche Veränderung erfassen und für die Beteiligten zugreifbar gestalten?

Hier helfen Inventarisierungstools, manuelle Inventarisierung und eine historisierende *Konfigurationsdatenbank*, in ITIL® als Configuration Management Database, CMDB bezeichnet, weiter.

Jedes Konfigurationselement muss dabei nach einer vorgegebenen *Namenskonvention* eindeutig identifiziert sein. Für jedes Konfigurationselement müssen dessen Konfiguration, dessen Sicherheitsklasse je Sicherheitskriterium einschließlich Kontinuität sowie die Beziehungen zu anderen Konfigurationselementen (Interdependenzen) während des gesamten Lebenszyklus angegeben sein. Weitere Informationen beschreiben die aktuelle Version des Elements, das Datum und den Verantwortlichen (Owner). Über einen Bezug zu einer Änderungsanforderung kann auf die Beschreibung der vorgenommenen Änderung zugegriffen werden.

Anhand dieser Informationen lässt sich ermitteln, aus welchen Konfigurationselementen sich z. B. ein Informationssystem zusammensetzt und welche Version die einzelnen Elemente haben. Bei Hardware, z. B. einem Notebook, lassen sich die installierten Hardware- und Softwarekomponenten sowie deren Releasestand herausfinden. Dies ermöglicht zielgerichtete Problemanalysen.

Es empfiehlt sich, den verschiedenen Funktionen und Rollen eines Unternehmens zuzuordnen, welche Software und Hardware, d. h. welche Konfigurationselemente, zur Aufgabenerfüllung erforderlich sind. So ergeben sich Standardkonfigurationen für Rollen und Arbeitsplätze, sogenannte *Konfigurationscluster*, z. B. für den Arbeitsplatz eines Sachbearbeiters in der Personalabteilung und in der Kreditbearbeitung, eines Administrators, eines Devisenhändlers, etc. Insbesondere beim Wechsel des Arbeitsplatzes innerhalb des Unternehmens ist aus Gründen der Sicherheit und Wirtschaftlichkeit (z. B. Lizenzkosten) darauf zu achten, dass die Konfiguration der neuen Rolle entsprechend angepasst wird. Zusätzlich ist die Aktualität der Konfiguration für das Kontinuitätsmanagement wichtig.

11.5.14 Lizenzmanagement (Licence Management)

Der Geschäftsbereich Informationsservices eines Unternehmens betreibt eine Vielzahl von Informationssystemen und Büroanwendungen, deren Nutzung lizenzrechtlichen Bestimmungen unterliegt. Kontinuierlich verändert sich die Zahl der Nutzer, neue kommen hinzu, andere verlassen das Unternehmen oder wechseln in andere Bereiche mit anderen Aufgabenstellungen. Um den Überblick zu wahren, müssen die vorhandenen, die aktuell benötigten und die zukünftig erforderlichen Lizenzen und ihre Nutzungsbestimmungen bekannt sein. Das Lizenzmanagement stellt daher einen wesentlichen Bestandteil des ordnungsmäßigen Betriebs der Informationsverarbeitung dar.

Für den Aufbau des Lizenzmanagements sind u. a. folgende Informationen erforderlich: Produktname, Release, Anzahl der Lizenzen, Lizenznummern, Lizenzvertrag, Lizenzbedingungen. Diese müssen in Beziehung gesetzt werden zu den Geräten, auf denen sie installiert sind, sowie zu den Benutzern.

Der Überblick über die eingesetzte Software, beispielsweise für Textverarbeitung, Tabellenkalkulation, Präsentationen und zur HTML-Seitenerstellung, ermöglicht es, diese bei Bedarf zu konsolidieren und gegebenenfalls Einsparpotenziale zu heben. Die Gegenüberstellung von installierten und erworbenen Lizenzen erlaubt ebenfalls Einsparungen, wenn mehr Lizenzen vorhanden als installiert sind, so dass Bedarf und Bestand aneinander angeglichen werden.

Der Geschäftsbereich Informationsservices sollte zum Erhalt der Gesetzeskonformität und Ordnungsmäßigkeit die eingesetzten Rechnersysteme in regelmäßigen Abständen überprüfen, um sicherzustellen, dass nur lizenzierte Software-Produkte im Einsatz sind. Die Prüfungen sollte er nachvollziehbar dokumentieren.

Mit den Nutzern sollte er eine Vereinbarung treffen, z. B. im Rahmen einer IKT-Benutzerordnung, die es ihnen untersagt, selbst Software auf geschäftlichen Systemen zu installieren.

Nutzungsanalysen geben Auskunft darüber, in welchem Umfang Software-Produkte an welchem Arbeitsplatz genutzt werden. Dies kann der Geschäftsbereich Informationsservices zu Optimierungen im Lizenzmanagement nutzen.

In diesem Zusammenhang wichtig erscheint der Umgang mit Freier Software und mit Open Source Software (FOSS), wobei die Unterschiede in der Bedeutung der beiden Begriffe oftmals gering sind. Freie Software zeichnet sich dadurch aus, dass sie auch kommerziell genutzt, verändert, weiterentwickelt und verbreitet werden darf. Es gibt Freie Software mit und ohne „Copyleft", das es zu beachten gilt. Die Wortschöpfung „Copyleft" konstruiert einen Gegensatz zum Copyright, dem Urheberrecht.

Unternehmen sollten daher über ein Verfahren verfügen, mit dem sie sicherstellen, dass die Nutzung von Freier oder Open Source Software für sie unbedenklich und risikofrei ist. Hierfür müssen sie klären, ob es legal zulässig ist und sie technisch in der Lage sind, den Programmcode zu ändern, weiterzuentwickeln und zu pflegen. Rechtzeitig im Vorfeld ist zu prüfen, dass FOSS die Anforderungen an Kompatibilität und Interoperabilität mit der bestehenden und für die Zukunft geplanten IT-Architektur des Unternehmens erfüllt sowie dessen Anforderungen an die Skalierbarkeit und Qualität. Außerdem benötigen Unternehmen Kontrollmechanismen, um sicherzustellen, dass für den Einsatz vorgesehene oder im Einsatz befindliche FOSS über akzeptable Lizenzbedingungen verfügt sowie weder Copyright-Bestimmungen noch Patente verletzt und aus einer vertrauenswürdigen Quelle stammt.

Ein bekanntes Beispiel für die Copyleft-Lizenzbedingungen stellt die GNU General Public Licence (GPL) der Free Software Foundation dar. Bekannte Beispiele für FOSS sind der Webbrowser Firefox, die Büroanwendung OpenOffice, die Projektmanagementsoftware OpenProj™, das TYPO3 Content Management System (CMS), das Verschlüsselungs- und Signierungstool GnuPG sowie Gpg4win, das Datenlöschtool Eraser und MANTIS, ein Programm zur Fehlererfassung und -verfolgung. Noch IT-nähere Beispiele sind das Betriebssystem LINUX, der Apache Web Server und die mySQL-Datenbank, Programme zur Überwachung von IT-Systemen, wie Nagios, sowie zur Netzwerküberwachung und -diagnose und zum Test auf Schwachstellen, wie das Network Intrusion Detection System Snort und das darauf bezogene Web-Frontend BASE (Basic Analysis and Security Engine) sowie der WLAN-Sniffer Kismet oder der Security Scanner Nmap. Bitte beachten Sie, dass diese Beispiele eine Momentaufnahme darstellen.

11.5.15 Kapazitätsmanagement (Capacity Management)

Um die Leistungs- und Kontinuitäts- bzw. Verfügbarkeitsanforderungen eines Unternehmens und seiner IKT zu erfüllen, müssen für den Betrieb die benötigten Geschäfts-, Support, Produktions- und Begleitprozesse sowie die Ressourcen im erforderlichen Umfang und mit der geforderten Leistungsfähigkeit (Performance) zur Verfügung stehen. Hiermit beschäftigt sich das Kapazitäts- und Performancemanagement.

Engpässe beim Durchsatz von Anlagen, in der Energieversorgung, in der IKT u. Ä. stellen zwar keinen Ausfall im Sinne des Kontinuitätsmanagements dar, aber eine gegebenenfalls massive Einschränkung. Diese wirkt sich auf die Leistungsfähigkeit des Unternehmens aus und damit auf das Niveau der Leistungserbringung und schränkt somit deren Kontinuität ein. Der Übergang vom uneingeschränkten Betrieb bis zum Ausfall ist dabei fließend.

Ausgangspunkt des Kapazitäts- und Performancemanagements sind die *Anforderungen der Kunden* des Unternehmens. Aus ihnen leitet sich der jeweilige *Kapazitäts- und Leistungsbedarf der Geschäfts-, Support- und Begleitprozesse sowie der genutzten Ressourcen* im regulären Betrieb und im Notbetrieb ab. Die Kapazität und Performance der Prozesse und Ressourcen ergibt sich in der IKT z. B. aus der Anzahl von Transaktionen und aus dem Datenaufkommen sowie aus dem geforderten Durchsatz, der Durchlauf-, Antwort- und Reaktionszeit.

Diese Kapazitäts- und Leistungsanforderungen werden in den Leistungsvereinbarungen festgehalten und anschließend auf die IKT-Dienste, -Prozesse und die erforderlichen Ressourcen abgebildet. Zu den Ressourcen gehören folgende Objekte:

☐ IKT-Hardware (Kapazität und Leistungsfähigkeit)
   ☐ Computer, z. B. Thin Clients, Notebooks, PCs, Server, Großrechner

- Netzkomponenten: aktive (z. B. Brücken, Router und Gateways) und passive (z. B. Verkabelung für LANs, SANs und WANs)
- Peripherie
  - Eingabemedien, z. B. Scanner
  - Speichermedien, z. B. Cache, RAM, Festplatten, Bandbibliotheken
  - Ausgabemedien, z. B. Drucker, Druckstraßen und Kuvertiersysteme
- Software, z. B. Anzahl und Leistungsfähigkeit der Computer- und Betriebssysteme, der Datenbanken und der gekauften Anwendungen, wie z. B. Office-Pakete sowie die Anzahl an Lizenzen, aber auch die Leistungsfähigkeit selbst entwickelter Anwendungen
- Personal, z. B. für den Geschäftsbereich Informationsservices
- Externe Dienstleistungen bis hin zum Umfang von Versicherungen
- Externe Produkte
- (externe, aber auch interne) Versorgung, z. B. Strom, Gas, Wasser.

Das Kapazitäts- und Performancemanagement umfasst entlang dem Lebenszyklus eines Prozesses oder einer Ressource die folgenden Elemente:

- Regelmäßige Erhebung und Pflege der aktuellen und zukünftigen Anforderungen (Requirements)
- Beobachtung und Abschätzung technologischer Entwicklungen und Erfahrungen sowie Simulation der Auswirkungen
- Planung
- Konzeption (Anforderungsspezifikation, technische Spezifikation)
- Realisierung, Entwicklung
- Test, Freigabe und Abnahme
- Inbetriebnahme
- Überwachung (Monitoring), Analyse und Optimierung (Tuning) der Auslastung und des Durchsatzes, z. B. CPU-, Speicher- und Netzwerkauslastung sowie -Durchsatz
- Berichtswesen (Reporting).

Nach der Festlegung, wer das Kapazitätsmanagement verantwortet, welche Aufgaben dazu gehören und welches Wissen dafür erforderlich ist, definiert der dafür ernannte Kapazitätsmanager, welche Tools zum Einsatz kommen, z. B. zum Monitoring.

Zur Früherkennung von Engpässen legt der Kapazitätsmanager Schwellwerte für Warn- und Alarmgrenzen fest, z. B. hinsichtlich der Auslastung von Prozessen und Ressourcen, wie CPU, Speichereinheiten, Drucker und Netzwerk.

11.5.15.1 Rechnermanagement

Für den anforderungsgerechten Betrieb müssen die Rechner im Hinblick auf Antwortzeitverhalten und Kapazität ausreichend dimensioniert sein. Nach der Planung und Inbetriebnahme sollten das Antwortzeitverhalten und die Auslastung kontinuierlich überwacht, analysiert und optimiert werden.

11.5.15.2 Speichermanagement (Storage Management)

Daten sind ein zentraler Bestandteil der Betriebssicherheit. Dementsprechend müssen ihre anforderungsgerechte Verfügbarkeit sichergestellt und ausreichende Speicherkapazität bereitgestellt werden. Hierzu dient das Speichermanagement. Es erfordert Kenntnisse der verschiedenen Speichermöglichkeiten und ihrer Vor- und Nachteile. Detailliertere Ausführungen hierzu finden Sie im vorliegenden Kapitel Sicherheitsarchitektur, Unterkapitel Sicherheitselemente unter IKT-Hardware und Software.

Ähnlich wie beim Datenschutz, aber aus Gründen der Wirtschaftlichkeit, empfiehlt sich die Datensparsamkeit. Hierzu dient beispielsweise die rollenabhängige Limitierung des Speicherplatzes pro Nutzer sowie das Verbot der privaten Nutzung betrieblicher Infrastruktur, z. B. für die Speicherung privater Fotos oder Filme. Nicht zuletzt aufgrund des Datenaustauschs per E-Mail sind Dateien in Organisationen, wie z. B. Unternehmen, in identischer Form mehrfach abgelegt. Entsprechende Werkzeuge dienen der Identifikation derartiger Duplikate. Diese können daraufhin gelöscht werden, um so den Speicherbedarf ohne inhaltliche Verluste zu optimieren. Dieses Verfahren wird als Deduplizierung bezeichnet.

11.5.16 Wartungsmanagement (Maintenance Management)

Das Wartungsmanagement beschreibt den Prozess der Wartung von Ressourcen, wie z. B. Anlagen, Systemen, technischen Einrichtungen oder Produkten. Hierbei werden die Wartungsobjekte (Konfigurationselemente) identifiziert und zusammen mit ihren Wartungsintervallen, Wartungsfenstern, Verantwortlichen und gegebenenfalls den Wartungsunternehmen erfasst. Je nach Sicherheitsanforderungen und Komplexität des jeweiligen Wartungsobjekts ist das Verfahren für die Wartung angemessen detailliert zu beschreiben, damit Fehler während der Wartung möglichst vermieden werden. In der Beschreibung ist zu berücksichtigen, dass das Wartungsobjekt, z. B. eine USV, während des Wartungsfensters nicht zur Verfügung steht. Ein Stromausfall während der Wartung hat somit direkte Auswirkungen, wenn die USV nicht redundant ausgelegt und mit geeigneter Umschaltung versehen ist.

Sicherheitstechnisch relevante Wartungsobjekte sind u. a. Gefahrenmeldeanlagen, die NEA und die USV einschließlich der Batterien. Die NEA beispielsweise sollte regelmäßig gewartet und monatlich nachvollziehbar auf Funktionsfähigkeit getestet werden. Hierzu gehört auch die Sicherstellung, dass für den Notfall ausreichend Brennstoff zur Verfügung steht. Regelmäßige Wartung und Prüfung sind auch für die USV, die Batterie und deren Leistung relevant.

Ein weiterer Aspekt im Wartungsmanagement ist die *präventive Wartung* (Preventive/Preemptive Maintenance), bei der z. B. Sicherungsdatenbänder und -disketten vor Ablauf ihrer durchschnittlichen Lebenserwartung präventiv ausgewechselt werden. Ein geeignetes IT-System kann auf anstehende Wartungen und Abhängigkeiten bei fehlschlagenden Wartungen aufmerksam machen sowie die Ergebnisse, d. h. die Wartungsprotokolle, verwalten. Die Wartungsprotokolle enthalten Angaben darüber, wer wann welche Wartungstätigkeiten mit welchem Ergebnis durchgeführt hat und wann die nächste Wartung ansteht.

Als wesentliche und für die Sicherheit wichtige Elemente des Wartungsprozesses sind ferner die Auswahl der Wartungsunternehmen, die Vertragsgestaltung und die Einweisung der Mitarbeiter des Wartungsunternehmens anzusehen. Hierzu gehört auch die Erteilung von Berechtigungen, z. B. für Zufahrt und Zutritt sowie ggf. für Zugang und Zugriff. Diese müssen jeweils das Prinzip der minimalen Rechte erfüllen und angemessen protokolliert werden. Bei einem Wechsel des Wartungsunternehmens ist darauf zu achten, dass nicht mehr benötigte Berechtigungen entzogen werden.

11.5.17 Kontinuitätsmanagement (Continuity Management)

Die *Geschäftskontinuität*, also die jederzeitige Aufrechterhaltung der Handlungsfähigkeit und eines angemessenen Geschäftsbetriebs trotz eines Notfalls, einer Krise oder einer Katastrophe, ist Ziel des Managements der Geschäftskontinuität, des Business Continuity Managements (BCM). Dies beinhaltet den – auch präventiven – Schutz von Menschen sowie von materiellen und immateriellen Werten.

BCM beschreibt das Vorgehen zur Sicherstellung der geordneten, aufeinander abgestimmten, vereinheitlichten, effizienten und jederzeit ausreichenden Handlungsfähigkeit des Unternehmens auch in Not-, Krisen- und Katastrophenfällen, das das Überleben des Unternehmens sichert. Dies beinhaltet die Verpflichtung der Unternehmensleitung, die Prozess- und Strukturorganisation, das Vorgehensmodell samt Rahmenwerk, die Erhebung der externen und internen Anforderungen sowie potenzieller Bedrohungen und deren Eintrittswahrscheinlichkeit, die Ermittlung des Schadenspotenzials für den Fall, dass die Bedrohungen eintreten, die angemessene Absicherung vor diesen Bedrohungen, das Testen, Monitoring, Controlling und Reporting sowie die kontinuierliche bzw. regelmäßigen Pflege, Prüfung und Weiterentwicklung einschließlich Schulung, Sensibilisierung und Übung. Die Integration des BCM in die Lebenszyklen sowie in die Prozesse, die Ressourcen, die

Organisation, die Dienstleistungen und Produkte ist ein weiterer wesentlicher Bestandteil des BCM. Deren Umsetzung führt – wie ich es nenne – zu lebenszyklus-, prozess-, ressourcen-, organisations-, dienstleistungs- und produktimmanenter Kontinuität.

Das deutsche *Handelsgesetzbuch* (HGB), Stand 20.04.2013, und die *Abgabenordnung* (AO), Stand 07.08.2013, verlangen im Hinblick auf die Führung der Handelsbücher und „der sonst erforderlichen Aufzeichnungen auf Datenträgern" während der Dauer der Aufbewahrungsfrist die (jederzeitige) Verfügbarkeit und (unverzügliche) Lesbarkeitsmachung der Daten. Zusätzlich zu berücksichtigen sind die Anforderungen der verschiedenen Grundsätze in Form der GoB, GoBS und GDPdU.

Die *Anforderungen der deutschen Wirtschaftsprüfer an die IKT*, die sich aus §§ 238, 239 und 257 HGB für die Führung der Handelsbücher mittels IT-gestützter Systeme ergeben, sind in IDW RS FAIT 1 [9] gemäß dortigem Kapitel 1, Absatz 3, konkretisiert. Laut FAIT 1, (88), sind Vorkehrungen für einen **Notbetrieb** zu treffen. Weiter wird dort ausgeführt, dass **ein Ausfall wesentlicher IT-Anwendungen** ohne kurzfristige Ausweichmöglichkeit **einen wesentlichen Mangel der Buchführung darstellt.**

Von *Banken, Investmentgesellschaften und Versicherungen* fordert die *BaFin* in den jeweiligen Mindestanforderungen an das Risikomanagement (MaRisk) Notfallkonzepte bzw. Notfallplanungen zur Fortführung der Geschäftstätigkeit sowie deren regelmäßige Tests. Die MaRisk, Stand 14.12.2012, fordern „Die Geschäftsfortführungspläne müssen gewährleisten, dass im Notfall zeitnah Ersatzlösungen zur Verfügung stehen. Die Wiederanlaufpläne müssen innerhalb eines angemessenen Zeitraums die Rückkehr zum Normalbetrieb ermöglichen."

Seitens des Baseler Ausschusses stellen Basel II [42] sowie die „Principles for the Sound Management of Operational Risk", Stand Juni 2011, Anforderungen. In Letzteren heißt es in Prinzip 10 „Banks should have business resiliency and continuity plans in place to ensure an ability to operate on an ongoing basis and limit losses in the event of severe business disruption". Aussagen zum Umfang der Notfallvorsorge und den zu betrachtenden Notfallszenarien finden sich in „Grundsätze für eine wirksame Bankenaufsicht" des Baseler Ausschusses. Dort heißt es in der deutschsprachigen Fassung im Grundsatz 25, Operationelles Risiko, beim 4. zentralen Kriterium: „Die Aufsichtsinstanz überprüft Qualität und Vollständigkeit der Notfallpläne und Vorkehrungen der Bank zur Aufrechterhaltung des Geschäftsbetriebs, um deren Durchführbarkeit in plausiblen Szenarien *schwerwiegender Geschäftsunterbrechungen* zu beurteilen. Dabei sorgt die Aufsichtsinstanz dafür, dass die Bank nach dem Prinzip der Fortführung des Geschäftsbetriebs geführt wird und Verluste [...] im Falle schwerwiegender Geschäftsunterbrechungen auf ein Minimum reduziert werden." The Joint Forum hat „High-level principles for business continuity" zusammengestellt. In Amerika hat sich das FFIEC im IT Examination Handbook mit dem Thema Business Continuity Planning beschäftigt.

Für die *chemische und pharmazeutische Industrie* existieren eine Vielzahl guter Praktiken, die auch das Thema Kontinuität ansprechen. Im Hinblick auf die IT zu nennen sind u. a. die Publikation „Die Anwendung der GLP-Grundsätze auf computergestützte Systeme" der OECD, der Anhang 11 des „Guide to Good Manufacturing Practice for Medicinal Products, Annexes" des PIC/S, sowie dessen Leitlinie „Good Practices for Computerised Systems in Regulated „GxP" Environments" und außerdem „The Good Automated Manufacturing Practice", GAMP® 5.

Verschiedene *Normen, Standards und Practices* – sowohl internationale als auch nationale – beschäftigen sich mit dem Kontinuitätsmanagement. Hierzu gehören beispielsweise die ISO 22301:2012, Societal security – Business continuity management systems – Requirements, die ISO/IEC 22313:2012, Societal security – Business continuity management systems – Guidance, die ISO/PAS 22399, Societal security – Guideline for incident preparedness and operational continuity management und die österreichischen Normen OENORM S 2400 – 2403, Business Continuity und Corporate Security Management, sowie der BSI-Standard 100-4, Notfallmanagement. Weiterhin relevant ist die ONR 49002-3:2010, Risikomanagement für Organisationen und Systeme, Teil 3: Leitfaden für das Notfall-, Krisen- und Kontinuitätsmanagement – Umsetzung von ISO 31000 in die Praxis.

Unter dem *Fokus IKT* zu nennen sind die kontinuitätsbezogenen Teile der ISO/IEC 27001:2013, 27002:2013, 20000-1:2011 und 20000-2:2012 sowie von ITIL® und COBIT®. Ebenfalls relevant sind die 27031:2011, Guidelines for information and communication technology readiness for business continuity und die ISO/IEC 24762:2008, Guidelines for information and communications technology disaster recovery services.

Geschäfts- bzw. Betriebsunterbrechungen oder -diskontinuitäten sowie Ausfälle und gravierende Störungen von Produkten basieren üblicherweise auf dem Ausfall oder der Fehlfunktion einer oder mehrerer genutzter Ressourcen, den Schutzobjekten. Fällt beispielsweise eine Kommunikationskomponente aus, so ist das daran angebundene IT-System für den betroffenen Nutzer nicht erreichbar und für ihn damit nicht verfügbar, obwohl es durchaus betriebsbereit sein kann. Zündet in einem Auto der Airbag ungewollt oder fällt das Bremssystem aus, so führt dies ebenfalls zu einer Störung bzw. einem Ausfall des „Produkts" Auto.

Ursachen für Ausfälle und Störungen der Informations- und Kommunikationsinfrastruktur sind vielfältig: Der Ausfall einer Festplatte infolge eines Headcrashs, der Ausfall einer Kommunikationseinrichtung oder der Brand eines Rechenzentrums oder Serverraums führen – ohne entsprechende Absicherungen – zu einem

Ausfall der Informationsverarbeitung. Auch das versehentliche Auslösen des ungeschützten RZ-Notausschalters hat diese Folgen.

Gleiches gilt für den Ausfall von Mitarbeitern, deren Spezialwissen nicht oder nicht ausreichend dokumentiert ist und die keinen gleich kompetenten Vertreter haben. Derartige Ausfälle schränken die Handlungsfähigkeit des Unternehmens oder einer Organisationseinheit ohne entsprechende Absicherung mehr oder weniger stark ein. Auch Produkte oder Dienstleistungen können durch die Störung einer genutzten Ressource ausfallen.

Um dies den Kontinuitätsanforderungen entsprechend zu vermeiden oder abzumildern, müssen die Verantwortlichen Maßnahmen ergreifen, die dem Eintreten und/oder den Auswirkungen eines Notfalls, einer Krise oder einer Katastrophe entgegenwirken. Derartige Maßnahmen sollen einerseits präventiver Natur sein, indem sie von vorneherein Ausfälle z. B. durch menschliches Versagen so weit wie möglich verhindern. Außerdem müssen so genannte „Single Points of Failure" vermieden werden, d. h. Stellen, bei deren Ausfall es keine Ausweich-/Ersatzmöglichkeit gibt. Positiv formuliert bedeutet dies, dass für jede unverzichtbare Ressource und Leistung mindestens ein Ersatz oder eine Ausweichmöglichkeit vorhanden sein muss, d. h. dass diese Elemente in geeigneter Form redundant sein müssen.

Andererseits sind geeignete Maßnahmen erforderlich, um bei einem Notfall, einer Krise oder einer Katastrophe in vordefinierter Zeit den – idealerweise – regulären Betrieb wieder aufzunehmen oder in den – üblicherweise reduzierten – Notbetrieb überzugehen und erst später in den regulären Betrieb zurückkehren zu können. Dies beinhaltet den Übergang in den Notbetrieb, den Notbetrieb, die Wiederherstellung (Regeneration) der betroffenen Ressourcen und Dienste sowie die Rückkehr aus dem Notbetrieb in den regulären Betrieb samt Nacharbeiten (Postvention).

Die Maßnahmen zur *Prävention, Regeneration und Postvention* kürze ich ab als *PRP-Maßnahmen.*

Zur Aufrechterhaltung der Geschäftskontinuität wurde und wird in Unternehmen der Prozess des Kontinuitätsmanagements etabliert. Hierbei ist teilweise zu beobachten, dass das Kontinuitätsmanagement sowie das Sicherheitsmanagement und das Risikomanagement als separate Disziplinen angesehen und als solche organisatorisch abgebildet sind und gering vernetzt sind. Da das Kontinuitäts-, das Sicherheits- und das Risikomanagement sowohl Abhängigkeiten voneinander aufweisen als auch Überlappungsbereiche, gilt es zu beachten, dass das Kontinuitäts-, Sicherheits- und Risikomanagement Hand in Hand gehen müssen, z. B. um Doppelarbeiten und -erhebungen sowie Inkonsistenzen zu vermeiden.

So ist es für das Kontinuitätsmanagement unabdingbar, die Sicherheitsanforderungen und -maßnahmen zu kennen, da diese bei kontinuitätsbezogenen Konzepten und Maßnahmen zu berücksichtigen sind. Weiterhin müssen das Kontinuitäts- und das Sicherheitsmanagement z. B. die Risiken, die Risikotragfähigkeit und -bereitschaft sowie die Risikoeinstufungen kennen, um wirtschaftlich angemessene Maßnahmen ergreifen zu können und konsistente Sicherheits- und Kontinuitätsklassen festzulegen. Dem Risikomanagement seinerseits müssen die ergriffenen Maßnahmen bekannt sein, um das Netto-Risiko zu ermitteln. Alle Managementdisziplinen erfordern die Kenntnis der externen und internen Anforderungen sowie der Prozess-, Ressourcen-, Organisations-, Produkt- und Leistungsarchitektur. Zusätzlich sind das Sicherheits-, das Kontinuitäts- und das Risikomanagement mit allen anderen Managementdisziplinen eng verknüpft, z. B. mit dem Konformitäts-, Arbeitsschutz-, Datenschutz- und dem Konfigurationsmanagement.

Bei einer ganzheitlichen Betrachtungsweise ist erkennbar, dass Geschäftskontinuität mehr umfasst als nur Ausfälle von Prozessen, Ressourcen, Produkten oder Dienstleistungen, nämlich auch den Schutz vor Angriffen, internen und externen kriminellen Handlungen, Fehlverhalten, menschlichem Versagen etc. Alle diese Bedrohungen können nach einer anfänglichen Einschränkung oder Störung einzelner oder mehrerer Geschäftsprozesse und des regulären Geschäftsbetriebs oder auch sofort zur Handlungsunfähigkeit des Unternehmens führen. So können Erpressung, entwendete oder manipulierte Daten oder Systeme die Ordnungsmäßigkeit und Handlungsfähigkeit beeinträchtigen. Auch sie erfordern dementsprechend Notfallpläne. Somit umfasst das Management der Geschäftskontinuität alle primären und sekundären Sicherheitskriterien von Konformität (Compliance) über Robustheit, Verfügbarkeit, Integrität, Vertraulichkeit, Authentizität und Verbindlichkeit bis hin zu Nachvollziehbarkeit, Nachweisbarkeit, Erkennungs-, Alarmierungs- und Abwehrfähigkeit.

Damit entspräche das Management der Geschäftskontinuität (Business Continuity Management) jedoch dem unternehmensweiten Sicherheits- und Risikomanagement. Dementsprechend ist die Sicherheits- bzw. RiSiKo-Pyramide, bei der das Kontinuitäts- und das Risikomanagement integrale Bestandteile sind, ein Vorgehensmodell zum Aufbau eines – wie ich es nenne – ganzheitlichen Business Continuity Managements. Der in diesem Buch verwendet Begriff Sicherheitsmanagement deckt somit die Anforderungen an ein *ganzheitliches Business Continuity Management* (holistic Business Continuity Management {hBCM}) ab. Dennoch taucht an verschiedenen Stellen des Buchs zusätzlich zum Begriff Sicherheit, der verschiedentlich nur mit Integrität, Vertraulichkeit und Authentizität assoziiert wird, der Begriff Kontinuität auf. In diesen Fällen möchte ich noch einmal explizit in Erinnerung rufen, dass auch das Thema Kontinuität mit enthalten ist. Insbeson-

dere in den Kapiteln zum Kontinuitätsmanagement nutze ich den Begriff Kontinuitätsmanagement und Business Continuity Management jedoch dem derzeitigen
häufigen Sprachgebrauch entsprechend nur für den Teilaspekt Kontinuität und
Verfügbarkeit und nicht im Sinne eines hBCM.

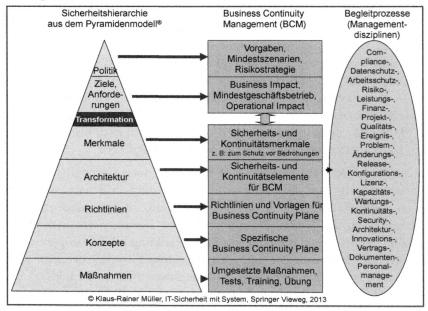

Abbildung 11-6: Business Continuity Management mit der Sicherheitspyramide V

Diesen Ausführungen folgend empfiehlt sich für das Kontinuitäts-, Sicherheits-
und Risikomanagement eine integrative Lösung, wie sie die dreidimensionale Sicherheitspyramide bietet, in der das Kontinuitätsmanagement einen der Begleitprozesse repräsentiert. Inhalte und Aufbau entsprechen der folgenden Beschreibung für den Aufbau eines autarken Kontinuitätsmanagements. Bei der integrativen Lösung sind Erhebungen und Festlegungen jedoch mit den anderen Managementdisziplinen synchronisiert, wie die folgenden beispielhaften Erläuterungen
zeigen.

Der integrative Ansatz führt zu einer integrativen und konsistenten Risiko-, Sicher-
heits- und Kontinuitätspolitik, der RiSiKo-Politik, statt zu drei unterschiedlichen
Ausarbeitungen mit gegebenenfalls redundanten und inkonsistenten Inhalten. Bei
der Erhebung der Prozesse und Ressourcen sowie deren Anforderungen erfolgt
von vornherein die Berücksichtigung nicht nur von Kontinuitäts-, sondern auch
von Sicherheits- und Risikoaspekten. Die Transformation der Anforderungen auf
entsprechende Merkmale der unterstützenden und begleitende Prozesse sowie der
genutzten Ressourcen und der Organisation erfolgt unter der integrativen Sicht-

weise Kontinuität, Sicherheit und Risiko. Bei der Erhebung der Architektur werden sowohl Kontinuitäts- als auch Sicherheits- und Risikoaspekte berücksichtigt, wodurch sich Doppelerhebungen vermeiden lassen. Diese Effizienz pflanzt sich im Pyramidenmodell® von Ebene zu Ebene und über seine drei Dimensionen fort.

Das Kontinuitätsmanagement lässt sich nach seiner Ausrichtung unterscheiden in das übergreifende Management der Geschäftsfortführung bzw. Geschäftskontinuität (Business Continuity Management, BCM) sowie spezifische Formen des Kontinuitätsmanagement, wie z. B. der IT-Services in Form des IT Service Continuity Management (ITSCM), der Gebäude bzw. Immobilien (Facilities) in Form des Facility Continuity Managements (FCM), der Fertigung in Form des Assembly bzw. Production Line Continuity Managements sowie der Produktion in Form des Production Continuity Managements (PCM).

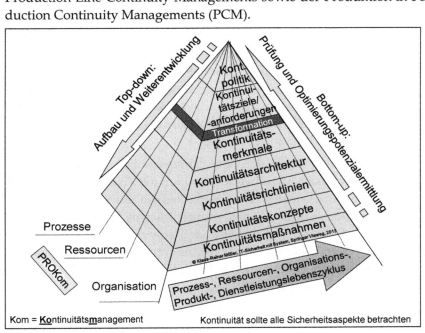

Abbildung 11-7: Kontinuitätspyramide V nach Dr.-Ing. Müller bzw. Kontinuitätsmanagementpyramide V nach Dr.-Ing. Müller

Wer jedoch trotz der intensiven Abhängigkeiten zum Sicherheits- und Risikomanagement anstelle einer integrativen Sicherheits-, Kontinuitäts- und Risikomanagement-Lösung ein *autarkes Kontinuitätsmanagement* schaffen möchte, kann dies – basierend auf dem Pyramidenmodell® – in Analogie zur dreidimensionalen Sicherheitspyramide über die *dreidimensionale Kontinuitäts(management)-pyramide[Dr.-Ing. Müller]* aufbauen. Hierbei sind die hierarchische Dimension, die Dimension der Prozesse, Ressourcen und Organisation für das Kontinuitätsmanagement (PROKom, englisch PROCoM) sowie die Dimension der Lebenszyklen zu berücksichtigen. Es stehen also auch hier die gleichen Themenfelder an, wie beim Sicherheitsmanagement. Dementsprechend ist die folgende Beschreibung des autarken Kontinuitätsmanagements als kompakte Zusammenfassung zu verstehen. Wer zusätzliche Inhalte für die Kontinuitätsmanagementpyramide finden möchte, kann diese durch Lesen der entsprechenden Kapitel dieses Buches und analoge Anwendung auf das Kontinuitätsmanagement gewinnen. Die Nutzung der Kontinuitätspyramide bietet zu gegebener Zeit den Vorteil, auf Basis des gleichen Vorgehensmodells auch für das Sicherheits- und Risikomanagement erweiterbar zu sein.

Je nach Ausrichtung der Kontinuitätspyramide gibt es z. B. die Business-Continuity-Management-Pyramide, kurz BCM-Pyramide (BCM pyramid), oder auch die IT Service Continuity Management Pyramide, kurz ITSCM-Pyramide (ITSCM Pyramid). In diesen Fällen heißt die zweite Dimension dann entsprechend PROBCM bzw. PROICM.

Die *Kontinuitätspolitik* bildet den Ausgangspunkt für den hierarchischen Aufbau eines autarken Kontinuitätsmanagements entsprechend der Kontinuitätspyramide. In ihr legt die Geschäftsleitung in schriftlicher überblicksartiger Form fest, welche Bedeutung und Ausprägung das Thema Kontinuitätsmanagement für das Unternehmen haben und wie es umgesetzt werden soll.

Die Kontinuitätspolitik leitet sich aus der Unternehmenspolitik ab. Die Unternehmenspolitik beinhaltet die Vision, den Zweck (Mission), die Ziele und die Strategie des Unternehmens. Sie berücksichtigt die unterschiedlich gewichteten Anforderungen der Bezugsgruppen (Kunden, Anteilseigner, Mitarbeiter, Lieferanten, Öffentlichkeit, Staat {z. B. Gesetze, Vorschriften} etc.) sowie das Selbstverständnis und die Strategie des Unternehmens. Darüber hinaus enthält sie Informationen zur kurz-, mittel- und langfristigen Bedeutung von Produkten und Leistungen.

In der Kontinuitätspolitik verpflichtet sich das Management zur Übernahme seiner Verantwortung für das Kontinuitätsmanagement des Unternehmens. Dies beinhaltet die Festlegung eines Orientierungsrahmens einschließlich Vorgehensweise und Verantwortlichkeiten sowie die anschließende Umsetzung und Einhaltung der selbst auferlegten Regularien bis hin zur Bereitstellung der erforderlichen Mittel und Ressourcen.

Die Kontinuitätspolitik geht ein auf die externen und unternehmensspezifischen Vorgaben, die *Notfallszenarien*, genauer die Mindest- und Grenzszenarien für Notfälle, die betrachtet werden sollen, den Planungshorizont für Notfälle, das Klassifizierungsschema sowie die Risikotragfähigkeit und -strategie. Notfallszenarien (Mindestszenarien) sind beispielsweise Ausfälle, u. a. eines Standorts, eines Gebäudes, einer Ressource bzw. eines Ressourcentyps, wie z. B. einer Fertigungsstraße, einer Produktionsanlage, der IKT, eines Dienstleisters oder des Personals.

Zu den ausgeklammerten Szenarien (Grenzszenarien) kann beispielsweise die Berücksichtigung eines atomaren GAUs gehören. Mit den Hinweisen auf externe kontinuitätsrelevante Anforderungen durch Gesetze, Vorschriften, Verordnungen und Standards, wie sie vom Gesetzgeber, von Aufsichtsämtern, Wirtschaftsprüfern und Normierungsgremien vorgegeben sind, kommt das Management seiner Hinweispflicht nach.

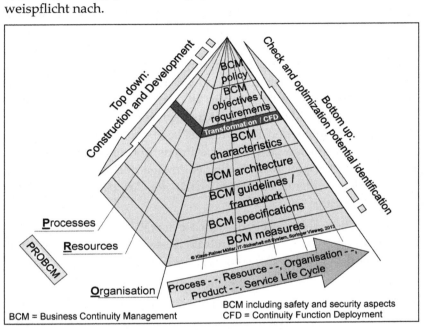

Abbildung 11-8:	**Business Continuity Pyramid V according to Dr.-Ing. Müller or BCM pyramid V according to Dr.-Ing. Müller**

In der nächsten Ebene der Kontinuitätspyramide definieren die Geschäftsprozess- und Bereichsverantwortlichen die fachlichen *Kontinuitätsziele bzw. Kontinuitätsanforderungen.* Hierzu erheben sie Informationen zum Geschäftsprozess, wie beispielsweise Ansprechpartner, Umsatz, Ertrag, Durchsatz, Personalstärke, Verpflichtungen, z. B. externe Vorgaben und SLAs, sowie kritische Termine. Anschließend ordnen sie die Geschäfts- und Supportprozesse des Unternehmens Kontinuitätsklassen zu, damit für diese – statt einer Vielzahl individueller Lösungen – einheitliche, geeignete und wirtschaftlich vertretbare Sicherheits- bzw. Kontinuitätsmaßnahmen entwickelt werden können. Kriterien für die Zuordnung zu einer Klasse sind beispielsweise der zuvor erhobene Umsatz und Ertrag sowie der Durchsatz und die Anzahl der Prozessbeteiligten sowie die derzeitige und die kurz-, mittel- und langfristige Bedeutung des jeweiligen Prozesses.

Über Geschäftseinflussanalysen (Business Impact Analysis {BIA}) bzw. Schutzbedarfsanalysen ermitteln die Geschäftsprozess- und Bereichsverantwortlichen, welche Folgen Kontinuitätsverletzungen nach sich ziehen können. Außerdem definieren sie die maximal tolerierbare Ausfalldauer, den maximal tolerierbaren Datenverlust, den Mindestgeschäftsbetrieb, der im Notfall, in einer Krise oder bei einer Katastrophe aufrechtzuerhalten ist und dessen zeitlichen Verlauf.

Auch hier zeigt die Bildung von Kontinuitätsklassen Effizienzvorteile, indem sich die zeitliche Staffelung nach den maximal tolerierbaren Ausfallzeiten der definierten Klassen richtet und nicht individuell festgelegt wird. So kann beispielsweise der Durchsatz einer Anlage oder eines Systems der höchsten Kontinuitätsklasse nach einem Notfall anfangs nur 30% betragen, um nach Ablauf der MTA für die folgende Kontinuitätsklasse auf 70% gesteigert zu werden etc. Für andere Ressourcen, wie z. B. Endanwenderarbeitsplätze in der IKT, gilt Vergleichbares, z. B. indem nach Ablauf der kürzesten MTA 20% der Arbeitsplätze zur Verfügung stehen, nach Ablauf der MTA der folgenden Kontinuitätsklasse, jedoch 40%. Gegenüber diesen vereinfachenden Beispielen stellt sich die Praxis üblicherweise etwas herausfordernder dar, indem beispielsweise bei einer Anlage noch nach der Art der Produkte und bei Endanwenderarbeitsplätzen nach der Art des Endanwenderarbeitsplatzes zu unterscheiden ist.

Die Anforderungen an die Verfügbarkeit, d. h. an die maximal tolerierbare Ausfalldauer, bestimmen der entgangene Gewinn und die Kosten, die durch die Ausfalldauer entstehen, wesentlich mit. Hierbei sind folgende Fragen zu berücksichtigen:

☐ Wie lange darf ein IKT-System maximal nicht verfügbar sein?

☐ Ist ein Notbetrieb möglich und wenn ja, für wie lange, mit welchen Schutzobjekten (Prozesse, Ressourcen, Organisation) und in welchem zeitlichen Verlauf?

☐ Wie lange darf das IKT-System pro Monat und pro Jahr insgesamt maximal ausfallen?

☐ In welchem minimalen zeitlichen Abstand darf das IKT-System erneut ausfallen?

Hohe Ausfallkosten

Die Aberdeen Group ermittelte die jährlichen Kosten eines IT-Ausfalls im Juni 2010 und im Februar 2012. In diesem Zeitraum erhöhten sich die Kosten um 38 %. Eine Stunde Ausfall kostet die Industrie im Februar 2012 im Durchschnitt 180.000 US$, bei den Klassenbesten im Durchschnitt rund 100.000 US$. Während die Unternehmen im Durchschnitt 2,3 Ausfälle mit einer Unterbrechungsdauer von 1 Stunde zu verzeichnen haben, treten bei den Klassenbesten nur 0,3 Ausfälle auf, die zudem nur 0,1 Stunde lang andauern. Dementsprechend entstehen der Industrie aufgrund von Ausfällen jährlich im Durchschnitt Kosten in Höhe von über 400.000 US$. Während die Klassenbesten im Jahresdurchschnitt aufgrund von Ausfällen Kosten von nur rund 3.000 US$ zu verzeichnen haben, belaufen sich diese bei Nachzüglern auf über 3,9 Millionen US$. [Aberdeeen Group, Datacenter Downtime: How Much Does It Really Cost?, März 2012]

Laut White Paper der Datalink Corporation rangieren die stündlichen Ausfallkosten von IKT-Systemen für den Börsenhandel, Telekommunikationsunternehmen und die Kreditkartenabwicklung an oberster Stelle. Ein Ausfall von einer Stunde kostet hier zwischen 7,8 Mio. $ und 3,2 Mio. $. Eine Ausfalldauer von knapp einer Stunde entspricht einer Verfügbarkeit von 99,99% pro Jahr. [Datalink Corporation: Storage Area Networks & Return on Investment, White Paper, ohne Datum]

Die Meta Group kommt zu ähnlich hohen Ausfallkosten. Der Handel mit Wertpapieren rangiert hier mit durchschnittlichen stündlichen Ausfallkosten von rund 6,5 Mio. $ an der Spitze. Finanzinstitute, Versicherungen, pharmazeutische Industrie und Fertigungsindustrie erreichen bei den durchschnittlichen stündlichen Ausfallkosten Werte zwischen 1 und 2 Mio. $. Diese durchschnittlichen Werte geben nur eine erste Orientierung. Sie müssen für das jeweilige Unternehmen individuell ermittelt werden. [Meta Group: IT Performance Engineering and Measurement Strategies: Quantifying Performance and Loss, Meta Group, Oktober 2000]

Verfügbarkeit in Prozent	Max. Ausfalldauer pro Jahr, gerundet, in Abhängigkeit von der Betriebszeit pro Woche			Bezeichnung
	7 Tage x 24 h = 8.760 h	7 Tage x 12 h = 4.380 h	5 Tage x 12 h = 3.129	
99,0	4 Tage	44 h	31 h	
99,5	2 Tage	22 h	16 h	
99,9	9 h	4 h	3 h	Verfügbar
99,99	1 h	0,5 h	19 min	Hochverfügbar
99,999	6 min	3 min	2 min	Höchstverfügbar
99,9999	32 sec	16 sec	11 sec	Unterbrechungsarm
...	...	...	...	...
100	0 sec	0 sec	0 sec	Kontinuierlich verfügbar, unterbrechungsfrei

Tabelle 11-7: Prozentuale Verfügbarkeit und maximale Ausfalldauer

Die Verfügbarkeit pro Jahr wird häufig in Prozent angegeben. Anhand der Prozentangaben lässt sich die maximale Ausfalldauer (Period of Disruption) pro Jahr errechnen. Sie ist in der Tabelle gerundet angegeben. Als hochverfügbar bezeichne ich Lösungen unterhalb einer maximalen Ausfalldauer von 1 h pro Jahr.

Zusätzlich zu den Kontinuitätsanforderungen ermitteln die Geschäftsprozess- und Bereichsverantwortlichen die Abhängigkeiten, d. h. das Interdependenznetz der Geschäfts-, Support- und Begleitprozesse, der Organisation und der Ressourcen. Diese finden ihren Niederschlag in der Architekturebene der Sicherheitspyramide. Alternativ können die dort bereits vorhandenen Informationen genutzt werden.

Aus der Kontinuitätsklasse und den Kontinuitätsanforderungen des jeweils betrachteten Geschäftsprozesses leiten die Geschäftsprozess- und Bereichsverantwortlichen Kontinuitätsanforderungen an die zuliefernden und unterstützenden

Prozesse und Ressourcen ab. Diese stimmen sie zusammen mit ihren im Notfall verringerten zeitlich gestaffelten Leistungen an die abnehmenden Prozesse unternehmensweit ab. Hierzu gehören beispielsweise aufeinander abgestimmte Mengen, Leistungen und Kundenprioritäten.

Zu den Ressourcen gehören u. a. Gebäude, haustechnische Infrastruktur, Informations- und Kommunikationssysteme, Materialien, Prozesse, Services und – nicht zuletzt – Menschen. Diese „Ressourcen" bezeichne ich als *Schutzobjekte*. Entsprechend den Kontinuitätsanforderungen – beschrieben aus der Sicht der Kerngeschäfts- und Supportprozesse – erfolgt die Zuordnung der Prozesse und Schutzobjekte in Kontinuitätsklassen.

Zu beachten ist, dass ein Kerngeschäftsprozess Kontinuitätsanforderungen nicht nur an die genutzten Ressourcen, sondern auch an die Supportprozesse stellt. Diese Anforderungen sind direkter Natur, wenn der Supportprozess direkt Leistungen für den Kerngeschäftsprozess erbringt. Indirekter Natur sind sie, wenn Anforderungen an ein Schutzobjekt Kontinuitätsanforderungen an den Supportprozess nach sich ziehen. Die Forderung nach Hochverfügbarkeit einer Anwendung stellt dementsprechend nicht nur Kontinuitätsanforderungen an das Rechnersystem (Schutzobjekt) und die Infrastruktur, sondern u. a. auch an den Supportprozess IT-Betrieb mit den dazugehörigen Personen und Ressourcen. Entsprechendes leitet sich aus Hochverfügbarkeitsanforderungen an Produktionsanlagen und Fertigungsstraßen ab.

Zur Verwaltung der Vielzahl zu erfassender und volatiler Informationen zu Prozessen, Ressourcen und Organisation sowie deren Abhängigkeiten in Form des Interdependenznetzes sollte ein Werkzeug eingesetzt werden. Dieses sollte auch für IT-fernere Fachbereiche leicht bedienbar und benutzerfreundlich sowie unternehmensspezifisch hoch flexibel konfigurierbar sein. Außerdem sollte es alle Sicherheitskriterien erfassen können. (siehe Kapitel Interdependenznetz).

Um die fachlichen Kontinuitätsanforderungen zu erfüllen, müssen diejenigen, die für die genutzten Schutzobjekte, wie z. B. IKT-Systeme oder Anlagen, verantwortlich sind, diese anforderungskonform und unter Berücksichtigung von Kosten-Nutzen-Überlegungen angemessen absichern. Es gilt, *Vermeidung durch Prävention* zu betreiben. Hierzu wandeln die Verantwortlichen die fachlichen Kontinuitätsanforderungen in prozessuale, ressourcenspezifische und organisatorische *Kontinuitätsmerkmale* für das jeweilige Schutzobjekt. Diese Umsetzung bezeichne ich als Kontinuitätstransformation (Continuity Function Deployment). Hierbei berücksichtigen die Verantwortlichen Bedrohungen und deren Eintrittswahrscheinlichkeit.

Durch eine Pfadanalyse können die Verantwortlichen der Geschäftsbereiche ermitteln, welche „Single Points of Failure" existieren, welche Folgen ein Ausfall hat und welche Alternativen bei einem Ausfall bestehen. Auf dieser Basis können sie Kontinuitätsmerkmale identifizieren und Entscheidungen gegen oder für eine redundante Ausgestaltung sowie für deren Umfang treffen, oder andere Absicherungen vornehmen.

Die nächste Ebene der Kontinuitätspyramide enthält die *Kontinuitätsarchitektur*. Sie beschreibt die prinzipiellen Kontinuitätsanforderungen und Bedrohungen. Außerdem stellt sie die Kontinuitätsstrategie und -prinzipien sowie die generellen Kontinuitätselemente dar, die zur Umsetzung der Kontinuitätsanforderungen und zum Schutz vor Bedrohungen vorhanden sind. Die Kontinuitätselemente beziehen sich auf Prozesse, Prozesselemente, Ressourcen und Organisation. Zu den Prozessen gehören hierbei Geschäfts-, Support- und Begleitprozesse. Eine Übersicht über die vorhandenen Arbeitsplätze und deren Ausstattung sowie Gebäudepläne, Kabelpläne, Anwendungsarchitekturen und die IKT-Infrastruktur sowie Netztopologien und Kabelpläne etc. repräsentieren die ressourcenspezifische Seite der Kontinuitätsarchitektur. Wesentliches Architekturelement der Notfall-, Krisen- und Katastrophenvorsorge – allerdings für den später angesprochenen Bereich der Organisation – ist der aktuelle *Überblick über die Rollen und Gremien sowie die internen und externen Ansprechpartner*, z. B. Betriebsschutz, Sicherheitsdienst, Betriebsarzt, Sanitäter, Haustechnik, IKT, Versorgungsunternehmen, externe Hilfsorgane wie Feuerwehr und Notarzt, externe Dienstleister, Hersteller und Lieferanten.

Das Kontinuitätsmanagement ist mit den anderen Managementdisziplinen vernetzt und diese wiederum untereinander. So gelangen beispielsweise Informationen aus dem Konformitäts- und dem Datenschutzmanagement zum Kontinuitätsmanagement. Kontinuitätsrelevante Ereignisse werden vom Service Desk und dem Ereignismanagement ebenso wie kontinuitätsrelevante Changes vom Change Manager an den CICO gegeben. Das Problemmanagement bindet das Kontinuitätsmanagement bei kontinuitätsrelevanten Themenstellungen ein. Ebenfalls verbunden ist das Kontinuitätsmanagement mit dem Konfigurations- und dem Architekturmanagement, wenn es um kontinuitätsrelevante Konfigurations- und Architekturelemente und -änderungen geht. Sowohl im Projektmanagement als auch beim Leistungsmanagement ist das Kontinuitätsmanagement eingebunden.

Um das Kontinuitätsniveau zu vereinheitlichen und die Effizienz zu steigern, existiert die Ebene der allgemeinen, d. h. der prozess-, ressourcen-, organisations-, produkt- und leistungsübergreifenden, aber unternehmensspezifischen *Kontinuitätsrichtlinien*. In dieser Ebene erstellt der Chief Business Continuity Officer (CBCO) ein Rahmenwerk, das ich als Kontinuitätsmanagementrahmenwerk bzw. BCM-Rahmenwerk (BCM-Framework) bezeichne. Dieses enthält u. a. Vorlagen für die Notfall-, Krisen- und Katastrophenvorsorge-Pläne (NKK-Pläne, Continuity Plan {CP}).

Zu den Vorlagen gehören beispielsweise Checklisten sowie Pläne mit der jeweils gewünschten Gliederungsstruktur. Checklisten für den Krisenstab ermöglichen ihm den schnellen Übergang aus dem ungestörten Alltagsgeschäft in die Krisensituation und die geordnete sowie zügige Lagebeurteilung. Der Verantwortliche für die Krisenkommunikation entwickelt Checklisten und Vorlagen, damit er Mitarbeiter, Medien und Öffentlichkeit kurzfristig faktenbasiert gezielt informieren kann. Eine zeitnahe und dann regelmäßige Information über wesentliche Fakten hilft, Spekulationen zu vermeiden. Zu unterscheiden ist zwischen der Kommunikation von Störungen, Notfällen, Krisen und Katastrophen. Checklisten für die IT dienen dem geordneten Wiederanlauf und der Vermeidung von Fehlern, z. B. weil wesentliche Schritte beim Aufsetzen eines Servers oder dem Einspielen von Daten vergessen werden.

Notfallvorsorgehandbücher enthalten z. B. Kapitel zu Sofortmaßnahmen hinsichtlich Alarmierung, Rettung, Personal- und Dienstleisterbereitschaft, Schadensmeldung sowie Schadensbegrenzung, zum Übergang in den Notbetrieb und zum Notbetrieb selbst, zur Wiederherstellung, zur Rückkehr in den regulären Betrieb und zur Nacharbeit. Die konkreten und differenzierenden Bezeichnungen Übergang in den Notbetrieb und Rückkehr in den regulären Betrieb habe ich bewusst geprägt, da der oftmals verwendete Begriff Wiederanlauf (Recovery) nicht eindeutig zwischen Übergang in und Rückkehr aus dem Notbetrieb unterscheidet.

Das Rahmenwerk enthält außerdem Vorlagen für Krisen- und Katastrophenvorsorgepläne, für die Notfall- und Krisenorganisation sowie für Tests und für Übungen, für Informations- und Eskalationswege bzw. Alarmierungspläne und für Interne Alarm- und Gefahrenabwehrpläne (IAGAP).

Das BCM-Rahmenwerk steigert zum einen die Effizienz, weil sich nicht jeder Verantwortliche Gedanken zur Struktur machen muss. Zum anderen schafft es Durchgängigkeit und unterstützt im Hinblick auf ein einheitliches Qualitätsniveau der entstehenden Unterlagen. Ebenfalls in dieser Ebene zu definieren ist, welches Werkzeug oder welche Werkzeuge im Rahmen der Notfall-, Krisen- und Katastrophenvorsorgeplanung zum Einsatz kommen sollen. Sie fließen ein in die Kontinuitätsarchitektur.

In der nächsten hierarchischen Ebene, den *Kontinuitätskonzepten* setzen die dezentralen Kontinuitätsverantwortlichen bzw. Notfallbeauftragten (Continuity Officer) die Vorgaben der Kontinuitätsrichtlinien und der dortigen Vorlagen spezifisch für den jeweiligen Prozess und die jeweiligen Ressourcen um. So entstehen die prozess- und ressourcenspezifischen Notfall-, Krisen- und Katastrophenvorsorgepläne, in denen u. a. Sofortmaßnahmen, der Übergang in den Notbetrieb, der Notbetrieb, Ersatz- bzw. Umgehungslösungen (Workarounds), die Wiederherstellung, die Rückkehr in den Normalbetrieb und die Nacharbeit dargestellt sind. Die Notfallpläne beschreiben die Vorgehensweise für diejenigen Notfallszenarien, die die Geschäftsleitung in der Kontinuitätspolitik als Mindestszenarien festgelegt hat.

Der CBCO legt die *Mitglieder des Krisenstabs* und ihre Stellvertreter, ihre Aufgaben und Entscheidungskompetenzen – jeweils für den regulären Betrieb sowie den Notfall bzw. die Notfallszenarien, die Krise oder die Katastrophe – sowie ihre Erreichbarkeit fest. Diese Festlegungen stimmt er üblicherweise mit der Geschäftsleitung ab. Zu unterscheiden ist zwischen Notfallstab, dessen Besetzung notfallspezifisch ist, und Krisenstab. Abhängig vom Unternehmen ist der Krisenstab aufgeteilt in ein Kernteam und einen erweiterten Krisenstab. Mitglieder des Kernteams sind beispielsweise ein Mitglied der Geschäftsleitung, der Verantwortliche für Krisenkommunikation, die Leiter Sicherheit, Haustechnik, IT und gegebenenfalls der Leiter der Werkfeuerwehr. Zum erweiterten Krisenstab, dessen Besetzung von der Krisensituation abhängig ist, gehören die Leiter Personal, Recht, Finanzen, die Manager der Geschäftsbereiche sowie der Vorsitzende des Personal-/Betriebsrats. Die Besetzung ist so zu wählen, dass mindestens das Kernteam spätestens nach einer Stunde vollzählig im Krisenstabsraum zusammengetreten ist. Darüber hinaus sorgt der CBCO im Rahmen der Vorsorge für die Zusammenstellung des Assistenzteams für den Krisenstab sowie der Kompetenzteams, die z. B. für die Schadensbewertung und für die Schadensbehebung zu den Themen Geschäftsprozesse, Haustechnik und Gebäudesicherheit, Telekommunikation und IT zuständig sind.

Außerdem legt der CBCO die Räume für den Krisenstab, d. h. Original- und Ausweichräume sowie deren Raumausstattung fest. Je nach Unternehmensanforderungen kann auch ein separates Krisenzentrum erforderlich sein, das aus Räumlichkeiten für unterschiedliche Zwecke besteht, z. B. Krisenstabsraum, Besprechungsräume, Toiletten, Waschräume, Essraum, Schlafräume. Bei der Wahl und Ausstattung von Krisenstabsräumen oder Krisenzentren ist zu achten auf u. a. deren Sicherheit (Security), z. B. Umfeldsicherheit und Umfeld- sowie Zufahrtsschutz, Zutrittsschutz, Einbruchsschutz, Sichtschutz und Abhörschutz sowie deren Betriebssicherheit (Safety), z. B. redundante Anbindung an das Strom- und das Telekommunikationsnetz einschließlich deren redundante Streckenführung, redundante WAN-Provider, unterbrechungsfreie Stromversorgung und Netzersatzanlage, Raumlufttechnik und Klimatisierung. Ebenfalls beachtet werden sollte die Erreichbarkeit des Krisenstabsraums bzw. Krisenzentrums.

In der untersten Ebene, den *Kontinuitätsmaßnahmen*, werden die Kontinuitätskonzepte realisiert und die Umsetzung dokumentiert. Damit ist die erste Dimension der Kontinuitätspyramide top-down durchlaufen.

Die Frage nach den Themenfeldern, die im Kontinuitätsmanagement zu behandeln sind, beantwortet die *zweite Dimension* der dreidimensionalen Kontinuitätsmanagementpyramide. Sie beinhaltet die Themenfelder *Prozesse, Ressourcen und Organisation für das Kontinuitätsmanagement (PROKom)*. PROKom ist in jeder Ebene der Kontinuitätspyramide zu berücksichtigen.

Der Begriff Prozess umfasst hierbei Geschäfts-, Support- und Begleitprozesse. Hinter dem Begriff Ressource verbergen sich alle materiellen und immateriellen Ressourcen vom Gebäude mit seinen Räumlichkeiten und der haustechnischen Infrastruktur über Fertigungsstraßen, Produktionsanlagen, Maschinen, Informations- und Kommunikationssysteme, Arbeitsmittel, Materialien, finanzielle Mittel, Methoden, Daten, Know-how, Image, Bekanntheitsgrad und Services bis hin zu Personal. Die Organisation umfasst die Linienorganisation, wie sie beispielsweise im Organigramm mit Geschäfts-, Bereichs-, Abteilungs- und Gruppenleitung sowie Stabsabteilungen dargestellt ist, sowie Rollen, wie z. B. Notfallmanager, Projektmanager und Projektleiter, und nicht zuletzt Gremien.

Die *dritte Dimension* der Kontinuitätspyramide dient der Integration der Kontinuitätsthematiken in den *Lebenszyklus* von Prozessen und Ressourcen, wie beispielsweise Anlagen und (Informations-)Systeme, sowie von Organisationsstrukturen und außerdem von Dienstleistungen und Produkten, indem jeweils der gesamte Lebenszyklus unter Kontinuitätsaspekten betrachtet wird. Dadurch können Kontinuitätsanforderungen bereits in einer sehr frühen Phase im Lebenszyklus berücksichtigt und in den folgenden Phasen weiter verfeinert werden. Hieraus ergibt sich schließlich eine lebenszyklus- sowie prozess-, ressourcen- und organisations- und damit produkt-, leistungs- und systemimmanente Kontinuität.

Durch die *systematische Vorgehensweise* anhand der Kontinuitätspyramide können Risiken und Schwachstellen präventiv verringert und frühzeitig erkannt sowie Kontinuitätsdefizite behoben werden. Die Kontinuitätspyramide bildet einen geordneten Kristallisationskeim, der bei fortlaufender Weiterentwicklung zielgerichtet wächst. Ihre Struktur unterstützt die Sicherung, Auffindbarkeit und Wiederverwendbarkeit von Wissen. Es entsteht ein Know-how-Speicher, der dem Unternehmen zur Wissenssicherung und -entwicklung dient.

Analog zum später beschriebenen Sicherheitsregelkreis erfolgt der Aufbau des *Kontinuitätsregelkreises*. Er ermöglicht gezielt die Planung, den Aufbau, die Steuerung und die Weiterentwicklung des Kontinuitätsmanagements, um diesbezüglich die Handlungsfähigkeit und das Image eines Unternehmens langfristig zu sichern und zu steigern.

Der *Kontinuitätsmanagementprozess* schließlich nutzt – analog zum später beschriebenen Sicherheitsmanagementprozess – den Deming- bzw. PDCA-Zyklus, der aus dem Qualitätsmanagement bekannt ist [50]. PDCA steht für die vier Phasen Plan-Do-Check-Act. Der Kontinuitätsmanagementprozess beschreibt, wie das Kontinuitätsmanagement eines Unternehmens geplant, aufgebaut und in die Prozesse, die Ressourcen und die Organisation sowie deren Lebenszyklen integriert wird.

Der Kontinuitätsmanagementprozess schließt den Betrieb mit ein. In diesem sind Monitoring und Frühwarnung, Controlling, Reporting und Prüfung, z. B. in Form von Assessments, Reviews, Audits und Tests, sowie die Sensibilisierung, die Übung und die Kommunikation zur frühzeitigen und gezielten Einbindung möglicher Betroffener und Beteiligter im Hinblick auf Kontinuität (Soll-Ist-Vergleich) wichtige Themen. Aus dem Betrieb, der Auswertung von Beinahenotfällen und Beinahekrisen (Near Miss) und externen Veränderungen, beispielsweise von Gesetzen und Bestimmungen, ergeben sich Änderungsanforderungen an die verschiedenen Ebenen der Kontinuitätspyramide. Diese Änderungen gelangen schließlich in die Lebenszyklen und in den Betrieb und ermöglichen so eine kontinuierliche Weiterentwicklung des Kontinuitätsmanagements.

Unter Berücksichtigung der Lebenszyklusimmanenz hat das *Kontinuitätsmanagement* (IT Service Continuity Management) die Aufgabe, die geforderte Kontinuität der IKT-Systeme und -Dienste (ICT Services) so zu erreichen, dass trotz eines Notfalls, einer Krise oder einer Katastrophe eine angemessene Handlungsfähigkeit des Unternehmens erhalten bleibt. Das Kontinuitätsmanagement umfasst folgende Aktivitäten:

1. die regelmäßige und frühzeitige Erhebung und Aktualisierung des Geltungsbereichs, der Mindest- und Grenzszenarien, des Planungshorizonts, der Sicherheitsprinzipien und Bedrohungen

2. die regelmäßige und frühzeitige Erhebung und Aktualisierung der Verfügbarkeits- bzw. Kontinuitätsanforderungen

3. die Bildung von Verfügbarkeits- bzw. Kontinuitätsklassen

4. die Planung der Verfügbarkeit bzw. Kontinuität, z. B. durch Absicherungen in Form von Redundanzen, Datensicherung sowie Notfall-, Krisen- und Katastrophenvorsorge bis hin zur Versicherung von Risiken

5. das Review und den Test der festgelegten Verfahren und Maßnahmen

6. die Schulung und regelmäßige Übung der definierten Verfahren

7. die Messung, Analyse und Optimierung der Verfügbarkeit und Kontinuität

8. die Erstellung von Berichten.

Aktualität der Notfall-, Krisen- und Katastrophenvorsorgeplanung

Investitionen in die Notfall-, Krisen- und Katastrophenvorsorge (NKK) bzw. das Kontinuitätsmanagement sind häufig hoch. Damit diese ihre Wirksamkeit entfalten können, müssen sie aktuell und eingeübt sein. Unternehmen wenden hierfür unterschiedliche Verfahren an, deren prinzipielle Ansätze im Folgenden angegeben sind.

Übungsarten, Tipps und Anmerkungen

Unangekündigte Übungen: Ein bekanntes Unternehmen führt in unregelmäßigen Abständen stichprobenartig unangekündigt Übungen durch. Diese werden von einem Zentralbereich angestoßen und beobachtet, die Ergebnisse ausgewertet und für weitere Verbesserungen verwendet.

Vorbereitete Übungen: Ein anderes Unternehmen prüft vor einer Übung die Aktualität der NKK-Planung und aktualisiert diese bei Bedarf. Anschließend wird die eigentliche Übung durchgeführt. Inwieweit damit die Aktualität der NKK-Planung in der Zeit zwischen zwei Übungen sichergestellt ist, erscheint fraglich.

Test- und Übungsumfang: Bei der Planung des Umfangs von Tests und Übungen empfiehlt es sich, Folgendes zu beachten: Ein Notfall ist in der Regel durch ein größeres Szenario gekennzeichnet, beispielsweise den Ausfall eines Rechenzentrums oder einer oder mehrerer geschäftskritischer Serverfarmen. Dementsprechend sind eine Vielzahl an Personen unterschiedlicher Organisationseinheiten vom Applikationsbetrieb über die zentralen und dezentralen Rechnersysteme bis hin zu Storage und Netz an der Notfallbewältigung beteiligt. Dies schafft ein erhebliches Maß an Komplexität. Zusätzlich ist ein beträchtliches Mengengerüst zu bewältigen. Dementsprechend sollten anspruchsvolle Szenarien geplant, getestet und geübt werden, um für den Notfall gerüstet zu sein. So lässt sich z. B. ermitteln, ob Notfallvorsorgepläne, die einzeln innerhalb der RTO zu bewältigen waren, in der Summe innerhalb der RTO abgearbeitet werden können, und ob die Koordination und das Zusammenspiel zwischen den Organisationseinheiten funktioniert.

Zielvereinbarung und Sensibilisierung: Hier empfehle ich, das Kontinuitätsmanagement zusätzlich zu Übungen in Zielvereinbarungen mit den Mitarbeitern festzuhalten. Ferner sollten Mitarbeiter regelmäßig zum Thema Kontinuitätsmanagement sensibilisiert werden.

Manuelle versus automatische Eskalation: Werden z. B. im Geschäftsbereich Informationsservices Eskalationen manuell ausgelöst, so besteht – abhängig von der Unternehmenskultur und der individuellen Einschätzung – die Gefahr, dass Verzögerungen auftreten und zu spät informiert wird. Denn welcher Operator ruft seinen IT-Leiter schon gerne nachts an, um ihm ein Problem zu melden? Automatische Meldungen von Notfällen erfordern im Vorfeld genaue Überlegungen und sollten im Betrieb überwacht werden. In beiden Fällen sollten redundante Eskalationsketten über alternative Kommunikationswege und -medien entwickelt, getestet, geschult und geübt werden.

Anmerkung: Eine 100%ige jederzeitige Aktualität der Notfall-, Krisen- und Katastrophenvorsorgeplanung ist üblicherweise nicht erreichbar. Selbst wenn in kürzestmöglichen Abständen Prüfungen der Aktualität durchgeführt würden und damit das eigentliche operative Geschäft fast zum Erliegen käme, könnten Änderungen des Umfelds oder der Konfiguration (z. B. dringend erforderliche Patches) die Aktualität und Funktionsfähigkeit der NKK-Planung potenziell temporär beeinträchtigen. Durch geeignete Prozess- und Lebenszyklusimmanenz ist eine ausreichende Aktualität jedoch machbar.

Im Hinblick auf Übungen bzw. Überprüfungen der NKK-Pläne sollte festgelegt sein, bei welcher Kontinuitäts- bzw. RiSiKo-Klasse welche Übungsart in welchem zeitlichen Intervall erforderlich ist. Übungen können in Form von Schreibtischtests, Szenarien oder Simulationen sowie als Teil- oder Komplettübung durchgeführt werden. Prüfungen können in Form eines „Schreibtischtests" von Einzelnen oder durch eine Gruppe durchgespielt werden.

Den Übergang in den Notbetrieb und die Rückkehr in den regulären Betrieb müssen die Beteiligten ebenso wie den Notbetrieb selbst in regelmäßigen Abständen üben. Krisenstabsübungen sind ebenfalls regelmäßig durchzuführen. Diese Übungen erfordern eine geeignete Planung und Vorbereitung sowie Protokollierung und Auswertung.

Für den realen Fall, aber auch für die Übungen, eignen sich beispielsweise Checklisten, die ein nachvollziehbares „Abhaken" (Datum, Uhrzeit, Signatur, Bemerkung) durchgeführter Aktivitäten ermöglichen und die Übergabe bei Schichtwechsel unterstützen. Alternativ lassen sich datenbankbasierende Tools oder Text und Datenbank integrierende Tools nutzen.

Alle Elemente des Kontinuitätsmanagements sind hinreichend und dem Prinzip des sachverständigen Dritten folgend sowie aktuell, konsistent und nachvollziehbar zu dokumentieren. Die *Dokumentation*, u. a. des Kontinuitätsmanagementhandbuchs, kann beispielsweise über ein berechtigungsgesteuertes Portal im Intranet des Unternehmens erreichbar ist. Über dieses Portal kann darüber hinaus auf alle Kern-, Unterstützungs- und Begleitprozesse sowie auf Ressourcen und auf die Beschreibung der Organisation zugegriffen werden. Als Vorsorge gegenüber einem Ausfall der IKT sollte das Portal beispielsweise auch auf PDA, Smartphone, USB Memory Stick oder Notebook verfügbar sein.

Manchmal ist es gefordert und verschiedentlich wirtschaftlicher, Risiken in Form von Notfällen oder Krisen präventiv zu vermeiden, ihre Auswirkungen im Vorfeld zu verringern oder diese Risiken zu verlagern, als ihr Eintreten in Kauf zu nehmen und deren Auswirkungen durch Notfall- und Krisenvorsorgeplanung einzugrenzen. Unter dem Aspekt der Notfall-, Krisen- und Katastrophenvorsorge ergeben sich für die Betriebssicherheit und Geschäfts- bzw. IKT-Kontinuität folgende *Sicherheits- und Kontinuitätselemente*:

1. Präventionsmaßnahmen zur Vermeidung von Störungen, Problemen, Notfällen und Krisen
2. Datensicherung einschließlich deren Umfang, Zeitpunkt, Aufbewahrung und Auslagerung zur Verringerung der Auswirkung von Datenverlusten
3. Versicherungen zur Verlagerung von Risiken.

11.5.17.1   Vermeidung durch Prävention

Die *Präventivmaßnahmen* beziehen sich zum einen auf die Zeit vor der Inbetriebnahme einer Ressource und zum anderen auf die Betriebszeit. Während der Betriebszeit sind z. B. die Kontinuitätsanforderungen zu pflegen und deren Erfüllung
durch Optimierungs- und Wartungsmaßnahmen sicherzustellen. Vor der Inbetriebnahme richtet sich das Augenmerk darauf, wie sich der künftige Betrieb entsprechend den Kontinuitätsanforderungen durch qualifizierte Mitarbeiter, geordnete Prozesse, fehlerfrei funktionierende und gegebenenfalls redundante Ressourcen und eine geeignete Organisation störungsfrei und fehlervermeidend gestalten
lässt. Als Maßnahme vor der Inbetriebnahme ist hier z. B. der Systemtest, d. h. der
Test des Gesamtsystems mit <u>allen</u> beteiligten Komponenten zu nennen.

Wie verhält sich das IKT-System beispielsweise, wenn eine Speichereinheit ausfällt, der Router streikt, oder der Strom mitten in einer Transaktion ausfällt? Wie
robust ist das System gegenüber Fehlbedienungen des Benutzers? Inwieweit lässt
es Fehlbedienungen überhaupt zu? Im Rahmen eines ausgiebigen Systemtests
können Sie bereits tiefgehende Erkenntnisse über die Betriebssicherheit des Systems und das Systemverhalten bekommen.

Aber ist der Zeitpunkt des Systemtests nicht bereits zu spät? – Was ist, wenn Sie
feststellen, dass das System zwar hoch verfügbar sein soll und der Inbetriebnahme-
zeitpunkt feststeht, das System aber unzureichende oder gar keine Vorsorge hierfür getroffen hat? – Sie befinden sich dann in einer ähnlichen Lage wie Industrie-
unternehmen, als sie erkannten, dass die Endabnahme letztlich nur noch feststellt,
ob das Produkt in Ordnung oder Ausschuss ist. Sicherlich, dazwischen gibt es
noch eine Vielzahl von Ergebnisschattierungen. Bei diesen wird dann versucht, das
geforderte Qualitätsniveau, z. B. durch Nacharbeiten, doch noch zu erreichen.
Letztendlich führt dies jedoch stets zu Zusatzarbeiten, Zusatzaufwänden und
eventuell minderer Qualität bzw. im Fall der Sicherheit und Kontinuität zu minderer Sicherheit und Verfügbarkeit.

Beispiel Industrie: Unternehmen haben hieraus gelernt, dass der Entwicklungsprozess phasenweise und mit Zwischenprüfungen abläuft und der Fertigungsprozess
kontinuierlich überwacht werden muss, um bei Fehlentwicklungen zum frühestmöglichen Zeitpunkt gegensteuern zu können. Alle Beteiligten – vom Vertrieb
über den Einkauf, die Fertigung und das Controlling bis hin zur Forschungs- und
Entwicklungsabteilung – werden in eine Neuentwicklung, d. h. in den Entwicklungsprozess mit einbezogen. Außerdem wird der spätere Fertigungsprozess kontinuierlich überwacht, um anhand von Frühwarnindikatoren bei Fehlentwicklungen zum frühestmöglichen Zeitpunkt gegensteuern zu können.

Die kontinuierliche Überprüfung und Steuerung ist aus der Software-Entwicklung
bekannt. Aufgrund der Komplexität von Software und der Erkenntnis, dass die

Kosten für Fehler drastisch ansteigen, je später sie erkannt werden, legen erfahrene Projektmanager hier besonderen Wert auf Reviews, Code-Inspektionen, statische und dynamische Code-Analysen, Modul-, Komponenten- und Systemtests. Dies sind Maßnahmen, die im Vorfeld des Abnahmetests und entwicklungsbegleitend stattfinden.

Die Konzentration auf die Sicherheitskonformität der gelieferten Ressource allein genügt jedoch noch nicht. Die erforderlichen Prozesse, die Qualifikation der Mitarbeiter und die angemessene Organisation für einen ordnungsgemäßen Betrieb müssen ebenfalls im Vorfeld entwickelt werden.

Je nach Umfang können die Präventivmaßnahmen somit helfen, Störungen und Ausfälle nicht zu Notfällen, Krisen oder Katastrophen werden zu lassen. Dennoch wird es weiterhin Notfälle, Krisen und Katastrophen geben können. Diese gilt es durch entsprechende Notfall-, Krisen- und Katastrophenvorsorgepläne (Business Continuity Plans einschließlich Disaster Recovery Plan) abzusichern.

Zusammenfassend lässt sich bezüglich der Präventivmaßnahmen sagen: Sicherheitsanforderungen, z. B. an die Verfügbarkeit einschließlich Kontinuität, müssen über alle Phasen des Lebenszyklus eines Prozesses, einer Ressource, einer Dienstleistung und eines Produkts definiert, verfeinert, verfolgt und gesteuert sowie in diese integriert werden. Durch diese *lebenszyklus- sowie prozess-, ressourcen-, organisations-, dienstleistungs- und produktimmanente Sicherheit* lässt sich erreichen, dass die Sicherheits- und Kontinuitätsanforderungen erfüllt werden können.

Um herauszufinden, welche Sicherheits- und Kontinuitätselemente sich zur Absicherung der IKT-Services einsetzen lassen, wird im Folgenden analysiert, aus welchen Komponenten sich die IKT selbst, die erforderliche Infrastruktur und ihr Umfeld, wie z. B. Räumlichkeiten und Gebäude, zusammensetzen.

Ausgangspunkte sind das äußere Umfeld des Unternehmens, die externen Versorgungseinrichtungen und die Service-Geber. Hieran schließen sich das Gebäude und die Räumlichkeiten sowie die jeweilige Infrastruktur an. Schließlich gelangen wir zur IKT in Form von Rechnern, Hardware-Komponenten und Software. Häufig unbeliebt, aber stets wichtig, ist die jeweilige Dokumentation.

Was hat *das äußere Umfeld* mit der Betriebssicherheit zu tun? Hierzu sehen wir uns die Lage des Gebäudes an. Es kann in der Einflugschneise eines Flughafens liegen, direkt neben einer Hauptverkehrsstraße oder an einem Rangierbahnhof, neben einer Tankstelle oder einem Chemieunternehmen oder auch direkt an einem Fluss. Neben dem Gebäude kann unterhalb der Erdoberfläche eine U-Bahn verlaufen, von der Vibrationen ausgehen. Ein Element der Sicherheitsarchitektur besteht daher in der Lage des Gebäudes bzw. der Absicherung gegenüber dem Umfeld.

Hierfür sind in der nächsten Ebene der Sicherheitspyramide, den Sicherheitsrichtlinien, entsprechende Vorgaben zu machen.

Die Anbindung des Gebäudes an das Umfeld, d. h. die *externe Versorgung*, ist als Nächstes zu betrachten. Versorgungseinrichtungen, wie z. B. Strom, Wasser, Gas und Kommunikation müssen den Sicherheitsanforderungen entsprechend abgesichert werden. Hier kommt das Prinzip der Redundanz zur Anwendungen. Beispielsweise kann die Stromversorgung durch redundante und räumlich getrennte Anbindung an das öffentliche Netz, durch eine Unterbrechungsfreie Stromversorgung (USV) und gegebenenfalls eine Netzersatzanlage (NEA) abgesichert werden. Bei der eigenen Absicherung sind auch die Verträge mit den Versorgungsunternehmen und die dort zugesicherten Leistungen und deren Verfügbarkeit einzubeziehen. Je nach Sicherheitsanforderungen ergeben sich beispielsweise für die Absicherung der externen Stromversorgung als Architekturelemente eine redundante Netzanbindung, NEA, USV und entsprechende Verträge mit dem bzw. den Stromversorgern.

Leistungen, die *externe Dienstleister*, die Service-Geber, wie z. B. Lieferanten und Outsourcing-Unternehmen, bereitstellen, muss der Service-Nehmer durch entsprechende Service Level Agreements vertraglich fixieren. Durch Vorgaben zur Auswahl und kontinuierlichen Bewertung eines Service-Gebers und zum Aufbau von Alternativen, z. B. durch Verträge mit mehr als einem Lieferanten, können diese abgesichert werden.

Für *die Bauweise und die Gestaltung des Gebäudes sowie dessen Infrastruktur* sollte ein Unternehmen entweder Vorgaben machen oder sich anderweitig gegen Bedrohungen absichern. Beispielsweise sollten äußere Fensterbänke im Erdgeschoss so geneigt sein, dass sich darauf keine Objekte abstellen lassen. Fenster sollten gegen Einbruch gesichert und die Außenhaut des Gebäudes videoüberwacht sein.

Bei der Infrastruktur sollte das Unternehmen bzw. sein Geschäftsbereich Informationsservices je nach Sicherheitsanforderungen z. B. auf redundante und räumlich getrennte Verkabelung achten. Eine wesentliche Vorgabe ist darüber hinaus, dass die Dokumentation des Gebäudes (Bauzeichnungen/ Baupläne) und seiner Infrastruktur vorhanden und aktuell sein muss. Weitere Schutzmaßnahmen betreffen Sprinkleranlagen, Brandabschnitte und Brandmeldeanlagen (BMA), auf die z. B. Rauchmelder an der Decke hinweisen.

Als Sicherheitselemente der Architektur lassen sich hieraus beispielsweise die sichere Gebäude- und Infrastrukturkonzeption sowie deren Dokumentation aufnehmen. Ihre konkrete Ausprägung findet sich u. a. in Bau- und Kabelplänen wieder.

Für die Ausgestaltung der *Räumlichkeiten* innerhalb des Gebäudes und deren *Infrastruktur* sind Vorgaben hinsichtlich Lage, Gestaltung, Ausstattung und Absicherung zu machen. Entsprechende gesetzliche Bestimmungen oder Ausführungsrichtlinien müssen beachtet werden. Je nach Zweckbestimmung unterscheiden sich die Anforderungen an die Räumlichkeiten, z. B. an Büroräume, Datenträgerarchive, Etagenverteiler, Technikräume, Serverräume und Rechenzentrum. Für diese werden Vorgaben entwickelt, die sich z. B. auf die Klimatisierung, den Brandschutz und Brandabschnitte sowie die Absicherung gegen Wasser einschließlich einer Wassermeldeanlage (WMA) beziehen.

In Abhängigkeit von den Verfügbarkeitsanforderungen sind darüber hinaus redundante Räumlichkeiten, z. B. verteilte Rechenzentren oder ein Ausweichrechenzentrum, redundante Technikräume etc. vorzusehen und entsprechende Konzepte zu entwickeln. Die Dokumentation der Räumlichkeiten und deren Infrastruktur muss vorhanden, für die Beteiligten gut zugänglich und aktuell sein.

Die Sicherheitsarchitektur legt fest, welche Raumkategorien existieren, für die in der Folge unterschiedliche Sicherheitsrichtlinien entwickelt werden müssen. Kriterien hierfür sind z. B. die Sicherheitsanforderungen, der Kreis der Zutrittsberechtigten und der Zweck der jeweiligen Räumlichkeiten, z. B. Serverräume und Datenträgerarchive.

Kritische Informations- und Kommunikationssysteme müssen entsprechend den Sicherheitsanforderungen geschützt sein, um Risiken zu verringern und Notfälle möglichst zu vermeiden. Dies erfordert Vorgaben für Rechner, Hardware-Komponenten, Betriebssysteme, Rechteverwaltungssystem, Kommunikationssoftware, Datenbanken, Büroanwendungen und Informationssysteme. Diese beziehen sich beispielsweise darauf, dass die Anzahl der eingesetzten Betriebssysteme optimiert wird und die Betriebs- und Kommunikationssysteme so konfiguriert werden, dass sie nach dem Prinzip der minimalen Dienste nur die Dienste zur Verfügung stellen, die auch genutzt werden sollen.

Darüber hinaus müssen in Abhängigkeit von den Verfügbarkeitsanforderungen Redundanzen geschaffen werden. Neben gesicherten Datenbeständen und gespiegelten Platten gibt es verschiedene Möglichkeiten, um die Verfügbarkeit der Rechnersysteme zu erhöhen:

1. Ersatzkomponenten
2. Ersatzrechner
3. Cluster-System
4. Fehlertolerante Rechner

Durch *Ersatzkomponenten* lassen sich fehlerhafte Teile austauschen und nach einer Reparatur-, Wiederherstellungs- und Wiederanlaufzeit wieder einsatzbereit machen. Derzeit können Stand-alone-Server über Festplatten, PCI-Karten und Netzteile verfügen, die im laufenden Betrieb auswechselbar sind (hot pluggable). Hierdurch sind jedoch einerseits nicht alle Fehlersituationen behebbar und andererseits ist Zeit für den Wechsel, eventuelle Datenrücksicherungen etc. erforderlich.

Alternativ kann für das ausgefallene IKT-System bzw. den ausgefallenen Rechner ein *Ersatzsystem/Ersatzrechner* bereitstehen. Der Ersatzrechner kann sich im hot, warm oder cold standby befinden. Die Definitionen dieser Standby-Modi sind unterschiedlich und die Übergänge fließend. Im hot standby befindet sich der Ersatzrechner beispielsweise fertig vorkonfiguriert und nutzungsbereit mit Zugriff auf den aktuellen Datenbestand, so dass er im Notfall nur zu aktivieren ist. Im warm standby ist der Ersatzrechner vorhanden, muss aber erst neu oder umkonfiguriert werden, bevor er den Notbetrieb übernehmen kann. Gegebenenfalls müssen Daten eingespielt werden. Im cold standby muss der Ersatzrechner z. B. erst aufgebaut und konfiguriert sowie gegebenenfalls Datensicherungen eingespielt werden.

Eine weitere Alternative zur Erhöhung der Verfügbarkeit stellen *Cluster-Systeme* dar. Hier sind zwei oder mehr Server physisch und per Software so miteinander verbunden, dass bei Ausfall eines Servers ein oder mehrere andere dessen Aufgaben übernehmen. Die Server eines Clusters werden auch als Knoten (Node) bezeichnet.

Cluster lassen sich unterscheiden in Aktiv-aktiv- und Aktiv-passiv-Cluster. Bei Aktiv-aktiv-Clustern laufen die Anwendungen bzw. Dienste auf allen Knoten des Clusters. Fällt ein Knoten aus, so übernehmen die anderen Knoten dessen Aufgaben (Failover). Die Vorteile dieser Lösung liegen darin, dass im regulären Betrieb alle Server genutzt werden und keine ungenutzte Redundanz und damit ungenutztes Kapital entstehen. Bei den üblicherweise seltenen Ausfällen von Knoten ist die Leistungsfähigkeit des Clusters eingeschränkt. Die Einschränkungen für den Geschäftsbetrieb sind abhängig von der Dimensionierung des Clusters. Ist es für den regulären Betrieb überdimensioniert, kann der Ausfall eines einzelnen Knotens kaum merkbar sein.

Bei Aktiv-passiv-Clustern befindet sich der redundante Knoten im Standby-Modus. Fällt einer der aktiven Knoten aus, so werden dessen Anwendungen bzw. Dienste auf dem passiven Knoten gestartet. Dies benötigt mehr Zeit als bei Aktiv-aktiv-Clustern. Davon ausgehend, dass Ausfälle im regulären Geschäftsbetrieb selten vorkommen, stellt der redundante Knoten eine überwiegend ungenutzte Ressource und damit ungenutztes Kapital dar.

Der Aufbau eines Clusters erfordert im Vorfeld Aufwand, um das Cluster zu konfigurieren sowie die für den Ausfall erforderlichen Skripte zu entwickeln und zu

testen. Diese müssen in der Folge bei Hardware- und Software-Änderungen gegebenenfalls gepflegt werden. Fällt ein Server aus, so übernimmt der Rest des Clusters dessen Aufgaben, wobei die Daten im Hauptspeicher des defekten Servers
verloren sind.

Netzprobleme können die Kommunikation zwischen Knoten unterbrechen. Hier-
duch ist das Cluster aufgetrennt (split). Bei einem Fünf-Knoten-Cluster beispielsweise kann es nun sein, dass zwar die Knoten 1 und 2 sowie die Knoten 3, 4 und 5
jeweils untereinander kommunizieren können, aber diese Clusterteile nicht mehr
miteinander. Dem Clusterkonzept entsprechend würden die verbliebenen Knoten
in jedem Clusterteil die Anwendungen und Dienste des anderen Clusterteils übernehmen. Sie würden quasi parallel zueinander arbeiten. Um diese Situation zu
vermeiden, erhalten Cluster einen Abstimmalgorithmus (Voting Algorithm). Hierüber sollen sie erkennen können, ob die verbliebenen Knoten die Mehrheit (Quo-
rum) besitzen. Die Mehrheit – in diesem Beispiel die drei Knoten 3, 4 und 5 – würden den Clusterbetrieb fortführen. Die Knoten 1 und 2 würden ihren Betrieb zwar
einstellen, jedoch auf eine Kommunikationsmöglichkeit mit den anderen Knoten
warten, um das Cluster wieder zu vervollständigen. Bei einer geraden Anzahl von
Knoten wird zusätzlich z. B. eine ausgewählte Festplatte des Clusterspeichers, die
sogenannte „disk witness", oder ein File Share, die sogenannte „file share witness"
in die Abstimmung miteinbezogen.

Ebenfalls zu beachten ist, dass die Cluster-Software bzw. Cluster-Steuerung selbst
einen potenziellen „Single Point of Failure" darstellt.

Die derzeit wohl redundanteste Lösung stellen *fehlertolerante Rechnersysteme*
dar. Hierbei kann es sich prinzipiell um reine Hardware-Lösungen oder um kom-
binierte Hard- und Software-Lösungen handeln. Bei reinen Hardware-Lösungen
werden Verfügbarkeiten von 99,999 % angegeben [52]. Dies entspricht einer Ausfalldauer von ca. 5 min p. a. Bei derartigen Systemen ist Rechnerhardware dupliziert, z. B. CPU, Hauptspeicher, Festplatte, PCI-Karten und Netzteil. Die beiden
CPUs und der Hauptspeicher arbeiten hierbei synchron, indem sie zeitgleich die
gleiche Instruktion abarbeiten. Bei Ausfall einer redundanten Komponente setzt
die intakte Komponente die Verarbeitung ohne Unterbrechung und ohne Verlang-
samung fort. Die redundanten und im laufenden Betrieb wechselbaren (hot swap-
pable) defekten Komponenten kann der Systembetreuer auswechseln.

Nicht vergessen werden sollten auch jene *Mitarbeiter*, die für den Betrieb der Informationssysteme zuständig sind. Hier ist Redundanz im Sinne kompetenter
Stellvertreterregelungen wichtig.

Aufgrund der bisherigen Ausführungen ergeben sich folgende *präventiv-vermei-
dende Sicherheitselemente*:

□   Umfeld und Lage des Gebäudes

□   externe Versorgung

□   externe Lieferanten und Dienstleister (Service-Geber)

□   Gebäude und Infrastruktur

□   Räumlichkeiten und Infrastruktur

□   IKT-Infrastruktur

□   Personen

Es empfiehlt sich, die zuvor genannten präventiven Maßnahmen zur Erhöhung der Verfügbarkeit so zu gestalten, dass sie auch zur Notfallvorsorge genutzt werden können. Dies kann beispielsweise dadurch geschehen, dass das originale und das redundante Schutzobjekt an zwei ausreichend voneinander entfernt gelegenen Standorten angesiedelt werden.

11.5.17.2   Datensicherung

Trotz dieser präventiv-vermeidenden Maßnahmen kann es zu Fehlern und Ausfällen kommen, bei denen Datenträger zerstört oder in Mitleidenschaft gezogen werden. Hierbei können Daten z. B. aufgrund eines Plattencrashs verloren gehen, oder aufgrund von Software-Fehlern verfälscht werden. Damit die Ursprungsdaten im geforderten Umfang, mit dem geforderten maximal tolerierbaren Datenverlust und in der geforderten Wiederherstellzeit restauriert werden können, sind regelmäßige Datensicherungen notwendig. So lassen sich Daten bis zum Zeitpunkt der letzten Sicherung wiederherstellen. Zusätzlich erforderlich sind regelmäßige Restore-Prüfungen und -Übungen, bei denen auch die Dauer des Restore gemessen wird.

Für Datensicherungen müssen die Speichermedien und die Speichertopologie festgelegt werden (siehe späteres Kapitel IKT-Hardware und Software). Bei der Datensicherung lassen sich folgende Themenstellungen unterscheiden:

1.   Sicherungsmethoden

2.   Sicherungszeitpunkt

3.   Aufbewahrungsort

4.   Auslagerungsverfahren

Sicherungsmethoden

Bei den *Sicherungsmethoden* kann unterschieden werden in:

□   komplette Datensicherung

□   differenzielle Datensicherung

□   inkrementelle Datensicherung

□   selektive Datensicherung

Eine *komplette Datensicherung* sichert den gesamten Datenbestand. Voraussetzung hierfür ist, dass der erforderliche Zeitraum zur Verfügung steht. Außerdem darf der Datenbestand innerhalb dieses Zeitraums nicht mehr verändert werden, um Inkonsistenzen zu vermeiden und dem Benutzer sagen zu können, welchen Zeitpunkt der Datenbestand reflektiert. Vorteil dieses Verfahrens ist die Möglichkeit der kompletten Rücksicherung, Nachteil der hohe Zeitbedarf der Sicherung und der hohe Verbrauch an Sicherungsmedien.

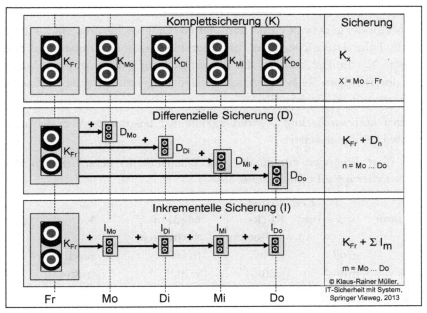

Abbildung 11-9: Datensicherungsmethoden

Die *differenzielle Datensicherung* besteht aus:

1. einer kompletten Datensicherung zu Anfang

2. (mehreren) Folgedatensicherungen derjenigen Dateien, die sich gegenüber der Komplettsicherung verändert haben (Differenz zur Anfangssicherung)

Üblicherweise erfolgt die komplette Datensicherung an einem festgelegten Tag der Woche, während an den folgenden Wochentagen die hierzu veränderten Daten gesichert werden.

Vorteil der differenziellen gegenüber der kompletten Datensicherung ist, dass die Folgedatensicherungen ein kürzeres Zeitfenster und weniger Sicherungsmedien benötigen. Nachteilhaft ist die zweistufige und gegenüber der kompletten Datensicherung längere Rücksicherung. Nach dem Einspielen der Komplettsicherung müssen nämlich die danach veränderten oder neu hinzugekommenen Dateien von der differenziellen Datensicherung überspielt werden.

Die *inkrementelle Datensicherung* (Zuwachssicherung) beginnt mit

1. einer kompletten Datensicherung zu Anfang

2. (mehreren) Folgedatensicherungen der Dateien, die sich gegenüber dem vorherigen Sicherungslauf verändert haben.

Die inkrementelle Datensicherung wird wie die differenzielle üblicherweise im Wochenrhythmus durchgeführt, d. h. jede Woche mit einer Komplettsicherung neu gestartet.

Vorteil dieser Methode gegenüber der kompletten Datensicherung sind kleine Zeitfenster für die Folgedatensicherungen und hierbei sparsamer Umgang mit den Sicherungsmedien. Nachteil ist, dass bei der Rückspeicherung die einzelnen Datensicherungen in der richtigen Reihenfolge sukzessive eingespielt werden müssen. Dies ist kompliziert und zeitaufwändig.

Bei der *selektiven Datensicherung* werden gezielt nur bestimmte Verzeichnisse oder ausgewählte Dateien gesichert.

Einen Überblick über die gegenseitigen *Vor- und Nachteile der verschiedenen Methoden zur Datensicherung* gibt die Tabelle.

Sicherungsumfang	Zeitfenster		Medienverbrauch	Komplexität
	Sicherung	Rücksicherung		
komplett	groß	klein	hoch	niedrig
differenziell	mittel	mittel	mittel	mittel
inkrementell	klein	groß	niedrig	hoch

Tabelle 11-8: Vor- und Nachteile von Datensicherungsmethoden

Ein weiterer Unterschied der verschiedenen Datensicherungsmethoden besteht darin, dass der Defekt eines Datenbandes unterschiedliche Auswirkungen hat. Bei den Komplettsicherungen gehen bei Defekt eines Bandes im ungünstigsten Fall die Daten eines Tages verloren, bei der differenziellen ebenso wie bei der inkrementellen im ungünstigen Fall die einer Woche.

Um sowohl unterschiedliche frühere Datenbestände wieder herstellen zu können als auch für Defekte an Sicherungsmedien gerüstet zu sein und trotz eines defekten Datenträgers auf einem ausreichend zeitnahen Zustand wieder aufsetzen zu können, müssen Daten in mehreren *Generationen* gesichert und aufbewahrt werden (Generationenprinzip). Hierdurch wird es ebenfalls möglich, Datensicherungen auszulagern. Diese können dann z. B. in einem räumlich ausreichend getrennten und geschützten Datenträgerarchiv aufbewahrt werden, so dass ein lokaler Notfall am Originalstandort, wie z. B. ein Brand, nicht auch gleichzeitig die Datenträger vernichtet. *Die Generationensicherung, deren Aufbewahrung und Auslagerung stellen grundlegende Maßnahmen zur Prävention dar.*

Am bekanntesten dürfte das *Urgroßvater-Großvater-Vater-Sohn-Wechselschema* sein. Entsprechend der jeweiligen Generation gibt es Mediasets für die täglichen (Sohn), wöchentlichen (Vater), monatlichen (Großvater) und jährlichen (Urgroßvater) Datensicherungen.

Die jeweiligen Mediasets werden ihrer Generation entsprechend mit den Tagen (Mo, Di, Mi, Do, Fr, Sa, So), den relativen Wochen für die erste bis fünfte Wochensicherung, den Monaten (Januar ... Dezember) und Jahren beschriftet. Darüber hinaus erhalten die Bänder – dem Prinzip der Namenskonventionen folgend – eine *Kennzeichnung*, durch die sie eindeutig identifizierbar sind.

Bei den täglichen Sicherungen (Sohn) kommen üblicherweise differentielle oder inkrementelle Datensicherungen zum Einsatz, während die „älteren" Generationen (Vater, Großvater, Urgroßvater) als Komplettsicherung durchgeführt werden. Die Wochensicherungen erfolgen an einem festen Wochentag. Sie bilden den Ausgangspunkt für den nächsten Zyklus differenzieller oder inkrementeller Tagessicherungen.

Sicherungszeitpunkt

Ein weiterer Aspekt des Speichermanagements ist der Sicherungszeitpunkt der Datensicherung. Diese lassen sich unterscheiden in:

1. zeitversetzt (time delayed), z. B. einmal täglich

2. zeitnah (neartime), z. B. asynchrone Spiegelung

3. zeitgleich bzw. in Echtzeit (realtime), z. B. synchrone Spiegelung

Bei einem irreversiblen Defekt eines Datenspeichers sind jene Daten verloren, die nach dem letzten Sicherungszeitpunkt verändert oder neu erzeugt wurden. Demzufolge richtet sich der Sicherungszeitpunkt nach der Wichtigkeit der Daten und dem Aufwand für die Wiedergewinnung der Daten.

Zeitversetzte Datensicherungen werden periodisch zu einem bestimmten Termin, z. B. einmal täglich durchgeführt. Ein Beispiel hierfür ist die tägliche Sicherung auf Datenbändern.

Zeitnahe Datensicherungen erfolgen in einem zeitlichen Abstand von Sekunden bis hin zu wenigen Minuten. Ein Beispiel hierfür ist die asynchrone Datenspiegelung (asynchrone Replikation).

Zeitgleiche Datensicherungen, d. h. Datensicherungen in Echtzeit, nutzen die Spiegelung der Daten, wobei die Schreibvorgänge erst dann bestätigt werden, wenn die synchrone Replikation erfolgreich abgeschlossen worden ist. Von „außen" betrachtet werden die Originaldaten und das Replikat quasi gleichzeitig abgelegt. Sie werden entweder mit Abschluss einer Transaktion auf beiden Speichereinheiten gleichzeitig oder gar nicht gültig.

Die **synchrone Spiegelung** kann entweder die Anwendung selbst, eine entsprechende „Software-Utility" oder die Speichereinheit selbst (in Form der Plattenspiegelung {Mirroring, RAID-Level 1}) durchführen.

Bei einer **synchronen softwarebasierten Spiegelung** schreibt entweder die Anwendung selbst oder eine „Software-Utility" die Daten auf zwei getrennte Festplatteneinheiten. Die Daten einer Transaktion werden hierbei erst nach einem so genannten „Two-Phase-Commit" gültig, d. h. wenn jede Speichereinheit die erfolgreiche Speicherung zurückgemeldet hat.

Der Nachteil einer Spiegelung durch die Anwendung besteht darin, dass die Anwendung diese Funktionalität aufweisen, d. h. entsprechend programmiert sein muss. Ein weiterer Nachteil ist darin zu sehen, dass die CPU bei einer softwaremäßigen Spiegelung durch die Anwendung oder durch eine „Software-Utility" zusätzlich belastet wird.

Bei **hardwarebasierten Lösungen** erfolgt die Spiegelung durch die Speichereinheit selbst.

Vorteile dieser Lösung sind darin zu sehen, dass die Anwendung

1. keine Zusatzfunktionalität für die Replikation der Daten besitzen muss,

2. die CPU dementsprechend nicht zusätzlich belastet wird

3. die hardwarebasierte Lösung eine bessere Performance aufweist.

Bei größerer räumlicher Distanz der Speichereinheiten, z. B. von 10 km, hat jedoch auch eine solche Lösung Einfluss auf das Antwortzeitverhalten der Anwendung. Dies liegt z. B. darin begründet, dass die Daten per Datenübertragung zur zweiten Speichereinheit übertragen werden müssen und das „Commit" der zweiten Speichereinheit abgewartet werden muss.

Aufbewahrungsort

Ein weiterer Aspekt der Datensicherung betrifft den Ort, an dem die gesicherten und die archivierten Daten aufbewahrt werden. Dieser sollte zutrittsgeschützt und im Notfall jederzeit zugänglich sein. Zur Optimierung der Lebenserwartung der Datenträger sollte er klimatisiert sowie frei von Rauch, Staub und störenden Magnetfeldern sein.

Es wird zwischen drei Datensicherungsarchiven unterschieden:

☐ Arbeitsarchiv (in der Nähe des Einsatzorts)

☐ Sicherheitsarchiv (in einem getrennten Brandabschnitt)

☐ Katastrophenarchiv (in räumlich hinreichender Entfernung in einem anderen Gebäude).

Bei einer großen Anzahl von Datenträgern sind DV-gestützte Verfahren für deren Verwaltung erforderlich.

Auslagerungsverfahren

Eine *Auslagerungsstrategie* definiert, wohin und wie die Daten bzw. Datenträger ausgelagert werden. Dies erfordert organisatorische Regelungen und regelmäßige Tests zum Rückspielen der Daten.

Die Auslagerungsverfahren der Datensicherung unterscheiden sich in

1. zu Fuß („Walk"-Net)

2. netzbasiert, z. B. über LAN, WAN, SAN.

Bei der *Auslagerung der Datensicherung zu Fuß* transportieren vertrauenswürdige Mitarbeiter die Datenbänder z. B. in eine andere Lokation. Dies erfordert zeitlichen und personellen Aufwand und beinhaltet Transportrisiken, wie z. B. Beschädigung oder Verlust durch Diebstahl. Auch der Rücktransport gestaltet sich aufwändig, da erst jemand zum Aufbewahrungsort fahren, die erforderlichen Bänder heraussuchen und abholen muss. Diese Lösung eignet sich daher eher für geringere Sicherheitsanforderungen und für zeitversetzte Datensicherungen.

Alternativ kann die *Auslagerung der Daten über ein LAN oder WAN*, d. h. über ein lokales oder Weitverkehrsnetz, erfolgen. Mittels gesicherter Übertragung gelangen die Daten an den Auslagerungsort und werden dort gesichert. Dies führt zu einer zusätzlichen Belastung des Netzes, sodass die Netzkapazität entsprechend vorhanden sein oder angepasst werden muss. Alternativ kann ein separates Netz, z. B. in Form eines SAN genutzt werden. Dies ermöglicht neben zeitversetzten Datensicherungen auch zeitnahe oder sogar Echtzeit-Datensicherungen. Verfügt das Unternehmen über keinen zweiten Standort, so kann es sich Speicherplatz bei einem Storage Provider anmieten. Hierbei ist auf eine ausreichend verschlüsselte Übertragung und Speicherung zu achten.

Bei der netzbasierten Auslagerung erfolgt die Hin- und Rückübertragung schneller, da die Transportzeiten entfallen. Außerdem reduzieren sich die personellen und zeitlichen Aufwände zur Auslagerung und zum Rücktransport.

Verfügt das Unternehmen beispielsweise über zwei Rechenzentren oder zwei Serverräume an unterschiedlichen Lokationen, so kann eine *Über-Kreuz-Sicherung* erfolgen. Je nach Verfügbarkeitsanforderungen und demgemäßer technischer Auslegung können Bandsicherungen oder Plattenspiegelungen durchgeführt werden. Bei ausreichender räumlicher Trennung kann die Sicherung gleichzeitig als „Online-Katastrophen-Backup" dienen.

Durch die Über-Kreuz-Sicherung oder Spiegelung in ein ausreichend entferntes und geschütztes Rechenzentrum bzw. bei Servern in einen entsprechenden Serverraum kann dieses/dieser im Not-, Krisen- oder Katastrophenfall als Ersatz für das ausgefallene Rechenzentrum bzw. den ausgefallenen Serverraum genutzt werden.

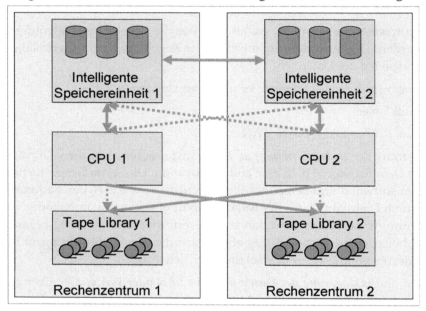

Abbildung 11-10:   Über-Kreuz-Sicherung

11.5.17.3 Versicherung

Ein weiteres Element zur Absicherung des Unternehmens besteht darin, Risiken zu verlagern. Hierzu zählt u. a. der Abschluss von Versicherungen, z. B. die Feuer- und die Sachversicherung, die Computer- und Datenmissbrauchsversicherung sowie die Betriebsunterbrechungsversicherung für Fernmelde- und sonstige elektronische Anlagen.

11.5.17.4 Checkliste Kontrollen (Controls)

Einen ersten Überblick über einige wenige aber wesentliche Elemente des Kontinuitätsmanagements verschaffen die Kontrollen der folgenden Tabelle.

Checkliste mit Kontrollen (Controls) zum Kontinuitätsmanagement	Zwingend/ Optional	Ja (✓) / Nein (-)
Verfügt das Unternehmen über ein Kontinuitätsmanagement?	Z	
Gibt es eine Kontinuitätspolitik?	Z	
Gibt es einen Kontinuitätsmanagementprozess?	Z	
Berücksichtigt das Kontinuitätsmanagement die primären und sekundären Sicherheitsaspekte, z. B. Integrität, Vertraulichkeit und Verbindlichkeit?	Z	
Enthält das Kontinuitätsmanagement eine Business Impact Analyse?	Z	
Enthält das Kontinuitätsmanagement eine Risikoanalyse?	Z	
Existieren Kontinuitätsrichtlinien bzw. generische Kontinuitätsstandards (Rahmenwerk) mit Prinzipien, Vorgehensweisen und Vorlagen z. B. für Notfall-, Krisen- und Katastrophenvorsorgepläne, Sofortmaßnahmenpläne, Test- und Übungsprotokolle?	Z	
Existieren Kontinuitätskonzepte, z. B. spezifische Notfall- sowie Krisen- und Katastrophenvorsorgepläne?	Z	
Existieren Übungsportfolio und -plan?	Z	
...		

Checkliste 11-2: Kontrollen zum Kontinuitätsmanagement

11.5.18 Securitymanagement (Security Management)

Bei den Ausführungen zur RiSiKo-Politik wurde auf die vielfältigen externen Anforderungen ebenso eingegangen wie im Kapitel der Sicherheitsziele und -anforderungen. Im Folgenden sind externe Anforderungen mit Bezug zum Securitymanagement zusammenfassend dargestellt.

Gesetzliche und aufsichtsbehördliche Anforderungen weisen dem Thema Sicherheit einschließlich Ordnungsmäßigkeit einen hohen Stellenwert zu. In Deutschland ergeben sich diese beispielsweise aus dem Handelsgesetzbuch (HGB), der Abgabenordnung (AO), den Grundsätzen zum Datenzugriff und zur Prüfbarkeit digitaler Unterlagen (GDPdU), den Grundsätzen ordnungsmäßiger Buchführung {GoB}, den Grundsätzen ordnungsmäßiger DV-gestützter Buchführungssysteme {GoBS} und den Grundsätzen für eine ordnungsmäßige Datenverarbeitung {GoDV}. Darüber hinaus sind seitens des Instituts der Wirtschaftsprüfer in Deutschland e. V. (IDW) z. B. die Grundsätze ordnungsgemäßer Buchführung bei Einsatz von Informationstechnologie (FAIT 1), die Grundsätze ordnungsgemäßer Buchführung bei Einsatz von Electronic Commerce (FAIT 2) und die Grundsätze ordnungsmäßiger Buchführung beim Einsatz elektronischer Archivierungsverfahren (FAIT 3) und der Prüfungsstandard PS 330, Abschlussprüfung bei Einsatz von Informationstechnologie, zu berücksichtigen.

Für **Banken** gelten Basel II bzw. in Zukunft Basel III sowie das Kreditwesengesetz (KWG), das im Stand vom 06.06.2013 ebenso wie das Kapitalanlagegesetzbuch (KAGB) vom 04.07.2013 u. a. eine ordnungsgemäße Geschäftsorganisation fordern. Eine ordnungsgemäße Geschäftsorganisation umfasst laut KWG ein Risikomanagement, das die Festlegung eines angemessenen Notfallkonzepts, insbesondere für IT-Systeme, einschließt. Eine ordnungsgemäße Geschäftsorganisation umfasst laut KAGB angemessene Kontroll- und Sicherheitsvorkehrungen für den Einsatz der elektronischen Datenverarbeitung. Die MaRisk für Banken, Stand 14.12.2012, sowie die InvMaRisk für Investmentgesellschaften, Stand 30.06.2010, stellen Anforderungen an die Sicherheit der IT-Prozesse und IT-Systeme.

Der Baseler Ausschuss hat im Juni 2011 die „Principles for the Sound Management of Operational Risk" herausgegeben. Demzufolge sollte das Management sicherstellen, dass die Bank über eine gesunde (sound) technologische Infrastruktur verfügt, die aktuelle und künftige Geschäftsanforderungen erfüllt und die Sicherheit und Verfügbarkeit von Systemen und Daten sicherstellt. Der Baseler Ausschuss fordert in den Risk Management Principles for Electronic Banking, Stand Juli 2003, Kontrollelemente für die Sicherheit.

Für **Versicherungen** gelten das Versicherungsaufsichtsgesetz, das im Stand vom 24.4.2013 u. a. eine ordnungsgemäße Geschäftsorganisation fordert, und die MaRisk für Versicherungen, Stand 22.01.2009, die in Kapitel 7.2.2.2 Anforderungen an die Sicherheit der IT-Prozesse und IT-Systeme stellen.

Für die **chemische und pharmazeutische Industrie** existieren eine Vielzahl guter Praktiken, die auch das Thema Sicherheit ansprechen. Im Hinblick auf die IT zu nennen sind beispielsweise die Publikation „Die Anwendung der GLP-Grundsätze auf computergestützte Systeme" der OECD, der Anhang 11 des „Guide to Good Manufacturing Practice for Medicinal Products, Annexes" des PIC/S, sowie dessen Leitlinie „Good Practices for Computerised Systems in Regulated „GxP" Environments" sowie The Good Automated Manufacturing Practice, GAMP® 5.

Internationale und nationale Normen und Regeln, wie die ISO/IEC-27000-Familie beschäftigen sich mit der Ausgestaltung und der Messung des Informationssicherheitsmanagements, COBIT® mit der Ausgestaltung, der Messbarkeit und dem Reifegrad der IT und der Informationssicherheit. Das Bundesamt für Sicherheit in der Informationstechnik hat die IT-Grundschutzkataloge entwickelt sowie u. a. die BSI-Standards 100-1, Managementsysteme für Informationssicherheit (ISMS), und 100-2, IT-Grundschutz-Vorgehensweise.

Das Themenfeld Securitymanagement befasst sich mit dem Schutz vor Angriffen und vor Missbrauch. Es dient der Angriffssicherheit.

Der Schutz vor Angriffen sowie deren Erkennung und Abwehr erinnern an Eigenschaften einer klassischen Festung: Lage, Burgmauer, Wassergraben und Zugbrücken schützen vor Angriffen, ebenso wie Späher und Wachen, die das Umfeld beobachten, Angriffe erkennen, Alarm auslösen und – unterstützt von Soldaten – Angriffe abwehren. Wenngleich es leider etwas kriegerisch klingt, so veranschaulicht es doch einzelne Prinzipien.

Das Securitymanagement ist mit den anderen Managementdisziplinen vernetzt und diese wiederum untereinander. So gelangen beispielsweise Informationen aus dem Konformitäts- und dem Datenschutzmanagement zum Securitymanagement. Sicherheitsrelevante Ereignisse werden vom Service Desk und dem Ereignismanagement ebenso wie sicherheitsrelevante Changes vom Change Manager an den CISO gegeben. Das Problemmanagement bindet das Securitymanagement bei sicherheitsrelevanten Aspekten ein. Ebenfalls verbunden ist das Securitymanagement mit dem Architekturmanagement, wenn es um sicherheitsrelevante Architekturelemente und -änderungen geht. Sowohl im Projektmanagement als auch beim Leistungsmanagement ist das Securitymanagement eingebunden. Auf die enge Verflechtung zwischen Sicherheits-, Kontinuitäts- und Risikomanagement und deren integrative Betrachtungsweise in der Sicherheits- bzw. RiSiKo-Managementpyramide geht dieses Buch verschiedentlich ein.

Wesentliche Elemente des Securitymanagements lassen sich durch folgende Modelle veranschaulichen:

☐   das Sicherheitsschalenmodell

☐   das Berechtigungsmodell

☐   den Berechtigungswürfel bzw. die Berechtigungsmatrix.

Die folgenden Unterkapitel beschreiben diese Modelle. Anschließend erfolgt die Konkretisierung einzelner Elemente des Sicherheitsschalenmodells.

11.5.18.1   Sicherheitsschalenmodell / Sicherheitsschirm

Das Sicherheitsschalenmodell[Dr.-Ing. Müller] auch als Sicherheitsschirm bezeichnet, veranschaulicht den Schutz des Unternehmens, seiner Mitarbeiter, seiner Geschäftsprozesse und seiner Ressourcen, wie z. B. der Gebäude, der IKT-Systeme und der Infrastruktur, vor Angriffen. Es berücksichtigt die Themenstellungen Schutz von Werten und Schutz vor gefährlichen Ressourcen.

Schutz von Werten heißt, dass die Werte, also die Schutzobjekte des Unternehmens, z. B. Gebäude, Räumlichkeiten, Arbeitsplätze, Rechner, Netze, Daten und Personen geschützt werden.

Der *Schutz vor gefährlichen Ressourcen* beinhaltet, dass sich das Unternehmen vor dem Herein- oder Hinausbringen unerwünschter Ressourcen, wie z. B. Bomben, Gefahrstoffe und Computerviren schützt.

Im Sicherheitsschalenmodell stellen die Schalen die Hürden dar, die ein potenzieller Angreifer, aber auch eine autorisiertes Subjekt, z. B. eine Person, bewältigen müssen, um

☐ einerseits zu den verschiedenen schutzbedürftigen Werten (Schutzobjekte), bis hin zu den Daten und Informationen zu gelangen oder sie oder Teile davon mitzunehmen und

☐ andererseits gefährdende Ressourcen in das Unternehmen herein- oder aus ihm hinauszubringen.

Zu berücksichtigen ist hierbei, dass ein Angreifer nicht immer alle Schalen überwinden muss. So vermeidet ein Fußgänger die Schale Zufahrtsschutz und gegen einen Zugang aus dem Internet greift erst die Schale Zugangsschutz.

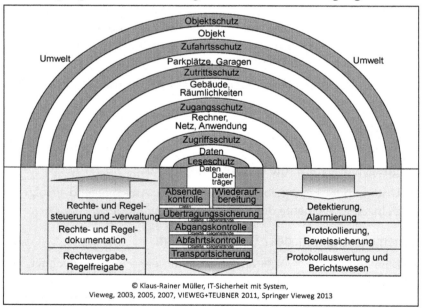

© Klaus-Rainer Müller, IT-Sicherheit mit System,
Vieweg, 2003, 2005, 2007, VIEWEG+TEUBNER 2011, Springer Vieweg 2013

Abbildung 11-11:   **Allgemeines Sicherheitsschalenmodell**[Dr.-Ing. Müller]

Die Sicherheitsschalen können in sich eine unterschiedliche Stärke besitzen, je nachdem, welcher Sicherheitsklasse die zu schützenden Ressourcen angehören. Darüber hinaus kann die Stärke der jeweiligen Sicherheitsschale zeitabhängig sein. Bei Terrorwarnungen oder aktuellen Drohungen kann sie beispielsweise hochgesetzt werden und dadurch stärker sein als in ruhigeren Zeiten. So werden Anlieferungen oder Personen in Krisenzeiten oftmals stärker kontrolliert.

Bei der Betrachtung der *Schutzwirkung von Sicherheitsmaßnahmen* finden Sie häufig den anschaulichen Vergleich mit einer Kette, da eine Kette nur so stark ist wie ihr schwächstes Glied. Wie passt dieser Vergleich zusammen mit den Hürden des Sicherheitsschalenmodells?

Da die Wirkung nacheinander zu überwindender Hürden zunimmt, bezieht sich der Vergleich mit einer Kette stets nur auf eine Sicherheitsschale und gleiches Sicherheitsniveau. Er erstreckt sich somit nicht über alle Sicherheitsschalen (Hürden) hinweg. Dementsprechend bezieht sich der Vergleich nur auf Sicherheitsmaßnahmen, die innerhalb einer Sicherheitsschale parallel wirken, nicht jedoch auf solche, die seriell wirken.

Wird in der Schale Zutrittsschutz beispielsweise der Eingang zu einem Gebäude sehr stark geschützt, so wäre dies ein sehr belastbares Glied in der Kette. Gibt es jedoch noch einen weiteren Zutritt zum Gebäude z. B. über eine weniger gesicherte Tür oder gar ungesicherte oder angeklappte Fenster, so bestimmen diese schwachen Kettenglieder das resultierende Sicherheitsniveau für den Zutritt. Im IKT-Bereich finden sich manchmal stark abgesicherte Netzzugänge, deren Wirkung durch einen „übersehenen" ungesicherten Netzzugang reduziert wird.

Sollen beispielsweise Datenbänder transportiert werden, so ist jedes Element der Logistikkette angreifbar und muss durch gleichwertige Sicherheitsmaßnahmen geschützt sein. Sollte ein Angreifer eins dieser parallelen Kettenglieder überwinden, so kann eine serielle Sicherheitsmaßnahme einer anderen Schale, z. B. der Leseschutz, die Folgen begrenzen.

Um den Schutzmechanismus der Sicherheitsschalen zu verwirklichen, ist die Frage zu beantworten, wer wann und mit welchen Rechten an welche schützenswerten Unternehmenswerte gelangen darf. Für die *Rechtevergabe* sind entsprechende Antrags- und Genehmigungsverfahren erforderlich.

Darüber hinaus sind teilweise Regeln die Basis für den Schutzmechanismus, z. B. beim Schutz vor Spamming. Diese müssen erstellt und freigegeben sowie gepflegt und weiterentwickelt werden.

Im Hinblick auf die *Nachvollziehbarkeit* der vergebenen Berechtigungen müssen die genehmigten Anträge für Zufahrts-, Zutritts-, Zugangs-, Zugriffs- und Leserechte dokumentiert und aufbewahrt werden. Dies gilt entsprechend für die oben genannten Regeln.

Die *Rechtesteuerung und -verwaltung* bildet die genehmigten Berechtigungen ab (administriert sie). Sie steuert beispielsweise, wer welche Daten lesen und wer sie auch verändern darf. Dies gilt entsprechend für die Verwaltung der Regeln und die daraus resultierende Steuerung.

Die äußerste Sicherheitsschale bildet der *Objektschutz*, der das Gebäude vor der Umwelt schützt. Er teilt sich auf in äußeren und inneren Objektschutz.

Der *äußere Objektschutz* sichert das Gelände und das Gebäude nach außen hin. Zu ihm gehören beispielsweise Zäune, die Außenhautüberwachung mittels Kameras und das Wachpersonal, das Streife geht.

Der *innere Objektschutz* schützt die Infrastruktur des Gebäudes. Er beinhaltet z. B. eine Einbruchmeldeanlage (EMA), auf die Sensoren an den Fensterscheiben hindeuten, sowie Brand- und Wassermeldeanlagen.

Die Zufahrt zum Gebäude sichert eine weitere Schale, der *Zufahrtsschutz*. Zufahrt erhalten dabei nur Fahrzeuge und Personen, welche die Sicherheitsanforderungen erfüllen.

Den Zutritt zum eigentlichen Gebäude sichert die nächste Schale des Schalenmodells in Form des *Zutrittsschutzes*. Als Zutrittskontrollsystem (ZKS) finden sich häufig Türen oder be- und überwachte Drehkreuze mit Leseeinheiten für Magnet- oder Chipkarte. Darüber hinaus befindet sich am Eingang üblicherweise ein Empfang für Besucher.

Sicherheitsrelevante Räumlichkeiten, wie z. B. Rechenzentren und Technikräume (Kommunikationstechnik, Etagenverteiler, Serverräume etc.) sichern Unternehmen durch stärkere Zutrittskontrollsysteme, im Fall des Rechenzentrums z. B. durch Personen-Vereinzelungsanlagen. Auch Vorstandsbereiche verfügen meist über zusätzliche Schutzmaßnahmen.

Der *Zugangsschutz* bildet die folgende Schale. Er sichert den Zugang zu Informationssystemen und den unternehmenseigenen Netzen, indem sich Benutzer und Systeme identifizieren und authentisieren müssen. Dies erfolgt oftmals durch die Benutzerkennung (UserId) und das Passwort. Darüber hinaus schützen Firewalls sowie Intrusion-Detection-, Intrusion-Response- und Intrusion-Prevention-Systeme den Zugang zum unternehmenseigenen Netz.

Die fünfte Schale besteht aus dem *Zugriffsschutz*. Er sichert den Zugriff auf Ressourcen, wie z. B. Daten, Dateien, Datenbanken, Transaktionen und Anwendungsteile, indem nur berechtigte Subjekte, wie z. B. Personen oder Anwendungen, mit bestimmten Rechten, wie z. B. lesen oder schreiben, Zugriff auf diese Objekte erhalten. Zugriffsrechte sollten jenen Personen erteilt werden, welche den Zugriff auf die jeweiligen Daten zur Aufgabenerfüllung benötigen (Prinzip der minimalen Rechte). Den Zugriff auf Personaldaten erhalten z. B. nur die Personalabteilung und der jeweils zuständige Vorgesetzte.

Zugriffsschutz gibt es daneben auch für papierhafte Dokumente, indem diese in entsprechende Vertraulichkeitsklassen bzw. Geheimhaltungsstufen eingeteilt sind.

Hier erfolgt der Zugriffsschutz über organisatorische Regelungen und die sichere Verwahrung z. B. in Safes.

Eine weitere Schale bildet der **Leseschutz**. Er macht Daten z. B. durch Verschlüsselung nur für Berechtigte lesbar. Dies gilt sowohl für elektronisch gespeicherte Informationen als auch prinzipiell für auf Papier befindliche chiffrierte Texte.

Da sich Daten situativ auf unterschiedlichen Medien befinden, z. B. im Hauptspeicher, auf Festplatten, auf Disketten, auf CDs oder Bändern, ist neben dem Zugriffs- und Leseschutz ein weiteres Schutzelement erforderlich. Dieses Schutzelement, die **Wiederaufbereitung** (s. a. [38]), soll sicherstellen, dass Speichermedien vor ihrer anderweitigen Verwendung so gelöscht sind, dass keine Rückschlüsse auf ihren ursprünglichen Inhalt möglich sind. Dies gilt auch bei papiergebundenen Unterlagen, z. B. im Hinblick auf Kohlepapier oder Papierblöcke mit durchgedrückter Schrift.

Bis hierher hat ein Subjekt den Weg über die verschiedenen Schalen und Objekte bis zu den Daten und dem Datenträger zurückgelegt. Nun gilt es, den Weg abzusichern, den die Objekte, z. B. die Daten, nehmen, wenn sie sich von ihrem „regulären" und geschützten Ort entfernen.

Hierbei ist zuerst zu prüfen, ob die Daten die z. B. über ein WAN weitergeleitet werden sollen, versendet werden dürfen. Hierzu dient die **Absendekontrolle**. Beispielsweise dürfen geheime Daten das Unternehmen nicht oder nur verschlüsselt verlassen, oder Spam-Mails sowie E-Mails mit Viren nicht versandt werden.

Daten oder Informationen werden über eine Vielzahl von Komponenten und Medien übertragen, damit die Zugriffsberechtigten mit den Daten arbeiten können: vom Aufbewahrungsort, dem Speicher über den Großrechner oder Server und das Netz (LAN, WLAN, WAN, MAN, Internet) zum Terminal, thin client oder PC. Nach ihrer Bearbeitung müssen die Daten wieder zurücktransportiert werden. Während der Übertragung sollen die Daten bzw. Informationen der jeweiligen Sicherheitsstufe entsprechend geschützt sein. Zum Schutz der Übertragung dient die **Übertragungssicherung**.

Werden Unternehmenswerte, wie z. B. physisches Eigentum, geheime Informationen oder Daten, z. B. auf Datenträgern oder auf Papier aus dem Unternehmen hinaustransportiert, so ist sicherzustellen, dass diese das Unternehmen verlassen dürfen. Um dies zu erreichen, gibt es die **Abgangskontrolle**.

Ein weiteres Kontrollelement ist die **Abfahrtskontrolle**. Sie soll erreichen, dass kein Eigentum oder gefährliche Objekte das Unternehmen unzulässigerweise verlassen.

Werden Unternehmenswerte, wie z. B. papierhafte oder verfilmte Dokumente (Mikrofiche) oder Datenträger zu einem anderen Ort, z. B. Datenträger zum Auslagerungsort, gebracht, so muss der Transport in gesicherter Form erfolgen. Hierzu

dienen beispielsweise gesicherte Behältnisse sowie eine sichere Transport-
organisation. Diese Themen behandelt die *Transportsicherung*.

Um die Schutzwirkung der Sicherheitsschalen verfolgen und später auswerten zu
können, müssen die verschiedenen Schutzsysteme *sicherheitsrelevante Ereignisse
erkennen und protokollieren* können und *bei Sicherheitsverletzungen alarmieren*.

Die Systemadministratoren müssen die *Protokolle zeitnah auswerten*, um sicherheitsrelevante Vorfälle frühzeitig zu erkennen. *Regelmäßige Berichte* fassen die Ergebnisse zusammen.

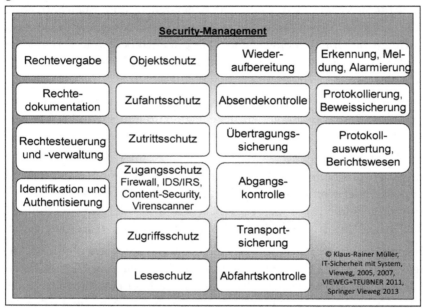

Abbildung 11-12: **Elemente des Securitymanagements gemäß Sicherheitsschalenmodell**[Dr.-Ing. Müller]

Insgesamt ergeben sich aus dem Sicherheitsschalenmodell folgende *Elemente der
Security-Architektur*:

☐ Rechtevergabe

☐ Rechtedokumentation

☐ Rechtesteuerung und -verwaltung

☐ Identifikation und Authentisierung

☐ Objektschutz

☐ Zufahrtsschutz

☐ Zutrittsschutz

☐ Zugangsschutz

☐ Zugriffsschutz

☐ Leseschutz

- ☐ Wiederaufbereitung
- ☐ Absendekontrolle
- ☐ Übertragungssicherung
- ☐ Abgangskontrolle
- ☐ Transportsicherung
- ☐ Abfahrtskontrolle
- ☐ Erkennung, Meldung, Alarmierung
- ☐ Protokollierung/Beweissicherung
- ☐ Protokollauswertung und Berichtswesen

Die Abbildung stellt diese Elemente des Securitymanagements dar. Zu ihnen sind unternehmensspezifische Verfahren, Tools und Hilfsmittel festzulegen. Die folgenden Unterkapitel beschreiben diese Elemente des Sicherheitsschalenmodells näher.

11.5.18.2 Berechtigungsmodell

Für die verschiedenen Schalen des Sicherheitsschalenmodells muss definiert werden, wer diese Schalen passieren darf und wer abgewiesen wird. Dies erfordert zur Umsetzung einen *Steuerungsmechanismus, der auf der Rechteverwaltung basiert*.

Gemeinsames Grundprinzip für den Zufahrts-, Zutritts-, Zugangs- und Zugriffsschutz ist es, dass ein Subjekt (z. B. eine Person) für ein Objekt (z. B. Gebäude, Räume, Anwendungen, Daten) bestimmte Rechte erhält.

Beim *Zufahrtsschutz* erhalten bestimmte Subjekte, wie z. B. Personen oder Lieferfirmen, das Recht, das Gelände zu bestimmten Zeiten in bestimmten Bereichen zu befahren.

Beim *Zutrittsschutz* erhalten bestimmte Personen das Recht, zu bestimmten Zeiten bestimmte Gebäude oder Räumlichkeiten zu betreten.

Beim *Zugangsschutz* erhalten Subjekte, z. B. Personen, das Recht, bestimmte Objekte, z. B. Rechner, Drucker, Netz oder Anwendungen (zu bestimmten Zeiten) zu nutzen.

Durch den *Zugriffsschutz* erhalten Subjekte, wie z. B. Personen oder Anwendungen, spezielle Rechte (z. B. lesen, anlegen, ändern, schreiben, löschen) auf Objekte, wie z. B. Daten.

Der *Berechtigungswürfel (Berechtigungskubus)* kann für jede der vier Sicherheitsschalen Zufahrts-, Zutritts-, Zugangs- und Zugriffsschutz genutzt werden. *Er veranschaulicht in drei Dimensionen die Kombination aus Subjekt, Recht und Objekt.*

Die x-Koordinate des Berechtigungswürfels repräsentiert jene Objekte (oder Objektgruppen), für die ein Recht erteilt werden soll. Auf der y-Koordinate sind jene Subjekte (oder Subjektgruppen {Rollen}) eingetragen, die ein Recht erhalten sollen. Die Art des Rechts wird in z-Richtung angegeben. Es entstehen einzelne Würfel, welche die jeweilige Subjekt-Recht-Objekt-Kombination wiedergeben. Die jeweils erteilten Zugriffsberechtigungen in Form einer Subjekt-Recht-Objekt-Beziehung können farblich herausgehoben werden.

Die dreidimensionale Darstellung lässt sich in eine zweidimensionale transformieren, indem statt des jeweiligen Subjekt-Recht-Objekt-Würfels ein Subjekt-Objekt-Feld verwendet wird, in dem die dazugehörigen Rechte aufgelistet werden.

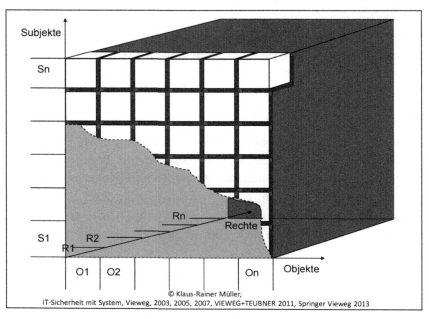

Abbildung 11-13:   Berechtigungswürfel bzw. -kubus

Die individuelle *Vergabe und Pflege dieser Berechtigungen* wird mit zunehmender Zahl der Subjekte und Objekte komplexer. Bei einem Unternehmen mit 1.000 Mitarbeitern (Subjekte) und 100 Ressourcen (Objekte), zu denen die Mitarbeiter unterschiedliche Rechte erhalten, ergeben sich je nach Anzahl der Rechte einige 100.000 mögliche Subjekt-Recht-Objekt-Kombinationen. Es lässt sich leicht nachvollziehen, dass ein solches Berechtigungsgebilde schwer überschaubar und kaum mehr handhabbar, geschweige denn kontrollierbar wäre. Wie lässt sich diese *Komplexität reduzieren*?

Hierzu betrachten wir die Organisationsstruktur des Unternehmens näher. Insbesondere in größeren Unternehmen nehmen verschiedene Subjekte (z. B. Personen) regulär oder als Stellvertreter die gleichen Aufgaben (Rolle) wahr bzw. haben die gleiche Zuständigkeit. Diese benötigen zur Durchführung ihrer Aufgaben somit die gleichen Rechte auf bestimmte Objekte. Beispiele hierfür sind Sachbearbeiter in Banken oder Versicherungen, aber auch die Mitarbeiter des Service Desk.

Zur Vereinfachung und Effizienzsteigerung bei der Administration sowie zur Steigerung der Transparenz können Sie daher *Subjektgruppen bilden*. Einer solchen Gruppe ordnen Sie diejenigen Subjekte zu, die die gleichen Rechte erhalten sollen. Hierdurch lässt sich die Administration vereinfachen. Neue Mitarbeiter, oder Mitarbeiter, die eine neue Aufgabe wahrnehmen, müssen dann nur noch den jeweiligen Subjektgruppen zugeordnet und gegebenenfalls aus vorherigen Subjektgruppen gelöscht werden. Hierdurch lässt sich neben dem Aufwand auch die Fehleranfälligkeit gegenüber dem individuellen Anlegen von Berechtigungsprofilen verringern.

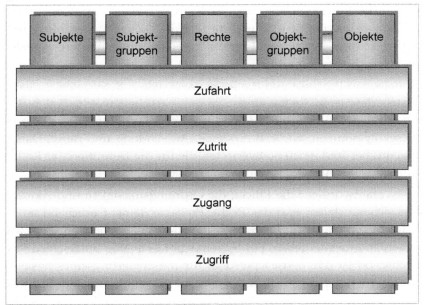

Abbildung 11-14:   Subjekt-Subjektgruppe-Recht-Objektgruppe-Objekt-Modell

Analog wird bei Objekten verfahren. Beispielsweise lassen sich mehrere Systeme, Drucker, alle Dateien eines Verzeichnisses oder Dateien mit gleichem Zugriffsprofil zu *Objektgruppen* zusammenfassen.

Die Bildung von Gruppen für Subjekte und Objekte sowie deren Verknüpfung mit Rechten veranschaulicht das abgebildete Subjekt – Subjektgruppe – Recht – Objektgruppe – Objekt – Modell.

Entscheidend für die Effizienz und Transparenz ist die geeignete *Gruppenbildung*. Diese leitet sich bei Personen einerseits von ihren Aufgaben bzw. Rollen im Unternehmen und andererseits von der Zugehörigkeit zu einer Organisationseinheit ab. Gleichzeitig ist das „Prinzip der minimalen Rechte" zu beachten. D. h. jedes Subjekt erhält nur die Rechte auf jene Objekte, die es für die Ausübung seiner Aufgaben mindestens benötigt.

11.5.18.3 Rechtevergabe

Für die Vergabe von Rechten legt der Sicherheitsbeauftragte ein entsprechendes Antrags- und Genehmigungsverfahren – also einen entsprechenden Prozess – fest. Dieses bezieht sich auf die jeweilige Sicherheitsschale, z. B. den Zufahrts-, Zutritts-, Zugangs- oder Zugriffsschutz. Wenngleich sich die Antrags- und Genehmigungsverfahren auf unterschiedliche Sicherheitsschalen beziehen, so sind doch einige Anforderungen an die Verfahren identisch. Es kann sich daher empfehlen, eine übergreifende Verfahrensrichtlinie für Zufahrts-, Zutritts-, Zugangs- und Zugriffsschutz zu erstellen, so dass anschließend für die jeweilige Schale nur noch spezifische Vorgaben definiert werden müssen.

Für die schützenswerten Prozesse und die Ressourcen, wie z. B. Systeme, Anwendungen und Daten, definieren die Ressourcenverantwortlichen, welche Teilobjekte es gibt und wer auf diese mit welchen Rechten zugreifen darf. Jeder dieser Prozesse und jede dieser Ressourcen, wie z. B. Systeme, Anwendung und deren Daten, erhält einen Eigentümer und einen Stellvertreter, die für die Definition der Rollen und die Genehmigung der Anträge verantwortlich sind.

So haben Prozessverantwortliche die Pflicht, die Ordnungsmäßigkeit und Aktualität der Prozesse sicherzustellen und das Recht, Prozesse dementsprechend anzupassen. Dieses Recht können sie für Prozessschritte oder spezifische Aufgaben, wie z. B. die Dokumentation weitergeben. Für Systeme gibt es analog unterschiedliche Rollen und Rechte. So ist das Betriebspersonal für die Steuerung eines Systems zuständig und das Wartungspersonal für spezifische Wartungsarbeiten. Für jede Anwendung und deren Daten legen Anwendungsverantwortliche fest, welche Rollen es gibt und welche Rechte hierfür erforderlich sind.

11.5.18.4 Rechtedokumentation

Die vergebenen, veränderten oder zurückgenommenen Berechtigungen müssen in nachvollziehbarer Form revisionssicher dokumentiert und archiviert werden. Hierdurch muss jederzeit eindeutig ermittelt werden können, welches Subjekt wann welche Rechte auf welche Objekte besessen hat.

11.5.18.5 Rechtesteuerung und -verwaltung

Die Rechtesteuerung und -verwaltung und damit die Freischaltung oder Sperrung einer Sicherheitsschale erfolgt über entsprechende Systeme, in denen die vergebenen Rechte hinterlegt sind. So wird Ihnen beispielsweise bei Nutzung Ihrer unternehmensspezifischen Chipkarte vom dahinter liegenden Rechtesteuerungs- und

-verwaltungssystem Zufahrt zur Garage oder Zutritt zum Gebäude gewährt. Die Administration der Rechteverwaltungssysteme kann zentral oder dezentral erfolgen.

Die *Rechtesteuerungs- und -verwaltungssysteme* der verschiedenen Betriebssysteme sind in der Regel unterschiedlich. Dies macht jeweils spezielle Kenntnisse der Administratoren erforderlich. Bei sehr umfangreicher und heterogener Systemlandschaft setzen IT-Bereiche hier bei Bedarf übergeordnete Rechteverwaltungssysteme ein, die eine zentrale und einheitliche Steuerung und Administration ermöglichen („Single Point of Security Control and Administration", SPSCA).

11.5.18.6   Identifikation und Authentisierung

Beim Zufahrts-, Zutritts-, Zugangs- und Zugriffsschutz kommt das Verfahren der Identifikation und – insbesondere beim Zugangsschutz – der Authentisierung zum Einsatz. Das Subjekt, z. B. ein Benutzer, identifiziert sich über seine Benutzerkennung. Um zu überprüfen, ob die Identität des Benutzers mit der verwendeten Benutzerkennung übereinstimmt, muss sich der Benutzer zusätzlich authentisieren.

Identifikation

Jeder Benutzer erhält eine eineindeutige, d. h. umkehrbar eindeutige Benutzerkennung. Das bedeutet, dass das Computersystem nach der Anmeldung nicht nur dem Nutzer eindeutig ein Benutzerkonto zuweist, sondern dass umgekehrt die Nutzung des Benutzerkontos auch eindeutig einem Benutzer zugeordnet werden kann.

Werden also beispielsweise unter einem Benutzerkonto Aktivitäten entfaltet, so können diese dem entsprechenden Benutzer eindeutig zugeordnet werden. Eine Mehrfachnutzung ein und desselben Benutzerkontos durch verschiedene Benutzer ist hierbei verboten. Auf diesem Wege ist die prinzipielle Rückverfolgbarkeit der Aktivitäten gegeben.

Für die Bildung der Benutzerkennung sollte ein unternehmensweit einheitliches Schema in Form einer Namenskonvention verwendet werden.

Authentisierungsarten

Die Authentisierung ist auf unterschiedlichen Wegen möglich. Folgende Authentisierungsarten werden unterschieden:

❑   Authentisierung durch Wissen

❑   Authentisierung durch Besitz

❑   Authentisierung durch Merkmal

❑   Authentisierung durch Verhalten.

Darüber hinaus gibt es die Zweifaktorauthentisierung, d. h. die Kombination von zwei Basis-Authentisierungsarten, z. B.

❑   Authentisierung durch Wissen und Besitz

❑   Authentisierung durch Merkmal bzw. Verhalten und Wissen

❑   Authentisierung durch Besitz und Merkmal bzw. Verhalten.

Soviel zur Theorie. Doch wie stellen sich diese Authentisierungsarten in der Praxis dar? Die folgenden Beispiele veranschaulichen dies:

❑   *Authentisierung durch Wissen*
    Authentisierung durch Wissen ist eine weit verbreitete Authentisierungsart. Sie finden sie z. B. in Form des Passworts, das Sie beim Anmelden an ein Computersystem eingeben, oder auch in Form der PIN (Personal Identification Number) bei Scheckkarten.

❑   *Authentisierung durch Besitz*
    Authentisierung durch Besitz eines Gegenstandes finden Sie beispielsweise in Form eines Schlüssels, eines Ausweises, einer Chipkarte oder eines USB-Tokens.

❑   *Authentisierung durch Merkmal*
    Persönliche (biometrische) Merkmale, die sich zur Authentisierung nutzen lassen, reichen vom Fingerabdruck, dem Regenbogenhaut- (Iris-), Netzhaut- (Retina-), Handlinien-, Handvenen- und Stimmenmuster, der Hand-, Zweifinger-, Ohr-, Kopf- und Gesichtsgeometrie über das thermische Gesichtsbild sowie das Aussehen (Foto) bis hin zur menschlichen DNA (genetischer Fingerabdruck). Authentisierung durch geeignete persönliche Merkmale kommt insbesondere bei Zutritts-, aber auch Zugangskontrollsystemen zum Einsatz. Bei der Authentisierung durch ein biometrisches Merkmal ist das Prinzip der Subjekt-Objekt-/Aktiv-Passiv-Differenzierung zu berücksichtigen.

❑   *Authentisierung durch Verhalten*
    Ein altbekanntes Verfahren, persönliches Verhalten zur Authentisierung zu nutzen, ist die Unterschrift. Wird die Unterschrift auf einer Schreibunterlage mit Drucksensoren geleistet, so lassen sich neben der Form der Unterschrift gegebenenfalls auch die Schreibgeschwindigkeit und der Druck des Stiftes über-

prüfen. Weitere Verhaltensmuster ergeben sich aus der Sprechweise, den Lippenbewegungen, dem Gang und dem Tippverhalten an einer Tastatur.

☐ *Authentisierung durch Wissen und Besitz*
Authentisierung durch Wissen und Besitz ist zum Beispiel bei Scheckkarten oder Kreditkarten gegeben. Der Besitz ist in diesem Fall die Karte, das Wissen die PIN.

☐ *Authentisierung durch Merkmal und Wissen*
Das persönliche Merkmal ist beispielsweise das Handvenenmuster. Zusätzlich muss aber Wissen genutzt werden, z. B. eine PIN (Personal Identification Number) bekannt sein und eingegeben werden.

☐ *Authentisierung durch Besitz und Merkmal*
Ein Beispiel hierfür ist der Zutrittsschutz zu sicherheitsrelevanten Räumlichkeiten. Nach Identifikation mittels der Zutrittskarte erscheint das Bild des Inhabers auf dem Bildschirm und kann entweder automatisch oder durch Wachpersonal überprüft werden, bevor der Zutritt gewährt wird.

Biometrie

Bei der Sicherheitsbewertung biometrischer Verfahren spielen die False Acceptance Rate (FAR) und die False Rejection Rate (FRR) sowie die Überlistungsmöglichkeiten eine wesentliche Rolle. FAR und FRR kennzeichnen, wie oft statistisch ein Objekt fälschlicherweise akzeptiert oder abgelehnt wird.

Ein weiterer sicherheitsrelevanter Faktor ist die „Intelligenz" und Lebenderkennung der eingesetzten Geräte, die sich u. a. nicht durch ein Foto, Tonband- oder Videoaufnahmen sowie Nachbildungen, wie z. B. künstliche Gesichtsnachbildungen (Masken) oder künstliche Fingerabdrücke, überlisten lassen dürfen.

Biometrie im Einsatz

Bei einer großen Schweizer Privatbank sichern rund 90 Kameras zur 3D-Gesichtserkennung die Mitarbeitereingänge zum Gebäude. Den Zutritt zu sicherheitsrelevanten Bereichen innerhalb des Gebäudes schützen rund 70 Spezialkameras zur Iriserkennung [53].

Ein häufiger Anwendungsfall ist die *Authentisierung mittels Passwort*. Hierbei ist die Stärke des Passworts von entscheidender Bedeutung. Untersuchungen (z. B. BBC News: Warning over password security, 24. Juni 2002) über die verwendeten Passwörter zeigen oftmals leicht ermittelbare Passwörter, die Sicherheitslücken darstellen. Ein extremes Beispiel ist das Betätigen der „RETURN"-Taste ohne Eingabe eines Passworts. Weitere Beispiele sind die Nutzung des eigenen Vor- oder Nachnamens, des Namens eines Kindes oder Partners oder lexikalisch ermittelbarer Wörter als Passwort.

Für das *„Knacken" von Passwörtern* können unterschiedliche Methoden verwendet werden. Ihre Kenntnis hilft, entsprechende Gegenmaßnahmen im Hinblick auf Passwortge- und -verbote zu treffen. Zu diesen Methoden gehört:

□ das Erraten von Passwörtern (Password Guessing) anhand üblicher Kombinationen von Benutzerkennung und Passwort, z. B. Admin/Admin, Gast/Gast oder im System vorinstallierter Benutzerkennungen und zugehöriger Passwörter. Zu derartigen Systemen gehören u. a. Computersysteme, Anwendungen und TK-Anlagen

□ das systematische Probieren von Passwörtern (Password Cracking). Hierbei werden z. B. Wörter aus Wörterbüchern als Passwort genutzt und anschließend nach dem gleichen Algorithmus, den das zugrundeliegende Betriebssystem nutzt, verschlüsselt. Das Ergebnis wird mit den Einträgen in der zuvor gestohlenen Passwortdatei verglichen. Anstelle der Wörter können in der Folge systematisch Kombinationen des kompletten Zeichensatzes durchprobiert werden

□ die Ermittlung von Passwörtern über das soziale Umfeld (Social Hacking), z. B. des Geburtstags oder des Spitznamens.

Darüber hinaus besteht die Möglichkeit, die Eingabe oder Übertragung von Passwörtern mitzuhören oder abzufangen und für Angriffe zu verwenden.

Aufgrund der genannten Angriffsmethoden benötigen Anwender *Hinweise* einerseits auf unsichere Passwörter und andererseits für die Bildung geeigneter Passwörter und den Umgang damit. Wie die Erfahrung zeigt, ist auch dies nicht ausreichend. Notwendig ist daher die zusätzliche Prüfung durch den Computer, dass die Vorgaben zur Passwortbildung eingehalten worden sind.

Eine Möglichkeit zum *Logon durch Wissen und Besitz* stellt die Nutzung entsprechender USB-Tokens dar. Zum Einloggen benötigt der Nutzer das Passwort und den USB-Token, den er in die USB-Schnittstelle des Computers einsteckt. Je nach Ausstattung derartiger USB-Tokens können Funktionalitäten integriert sein, die den Computer beim Abziehen des Tokens sperren, die Festplattenverschlüsselung unterstützen, das Signieren von Transaktionen und Dokumenten mittels integrierter PKI-Technologie ermöglichen und Näherungstechnologie für den Gebäudezutritt enthalten.

Eine spezielle Variante der Authentisierung mittels Passwort sind *Einmal-Passwörter* (One Time Password {OTP}). Durch deren nur einmalige Verwendung kann die Sicherheit erhöht werden. Ein bekanntes Konzept, Einmal-Passwörter zu realisieren, besteht in der Nutzung eines Taschenauthentifikators, der auch Token genannt wird.

Eine Form des Tokens besitzt eine Anzeige, ein Eingabefeld, eine interne Uhr und einen geheimen Schlüssel. Dieser *Taschenauthentifikator* erzeugt ein *zeitabhängi-*

ges Passwort. Der Benutzer gibt seine PIN in den Token ein. Dieser kombiniert daraufhin die PIN mit dem geheimen Schlüssel und der Uhrzeit zu einem Passwort und zeigt es an. Der Benutzer gibt dieses Passwort ein. Der Host überprüft das ankommende Passwort, indem er mit seiner eigenen Uhr und einer Kopie des geheimen Schlüssels das erwartete Ergebnis berechnet. Stimmen beide überein, so ist die Authentifizierung erfolgreich.

In der Praxis können Gangunterschiede zwischen der internen Uhr des Tokens und der des Host zu Abweichungen führen. Um dies zu vermeiden, berechnet der Host die erwarteten Ergebnisse für ein bestimmtes Zeitfenster. Damit das Zeitfenster möglichst klein bleibt, kann der Host den aktuellen Gangfehler des Tokens in einer Datenbank mitführen und bei jedem Anmeldevorgang aktualisieren. Da eine Wiederverwendung des Passworts innerhalb des Zeitfensters möglich ist, sollte sich der Host bereits vergebene Passwörter merken, deren Wiederverwendung abweisen, melden und protokollieren.

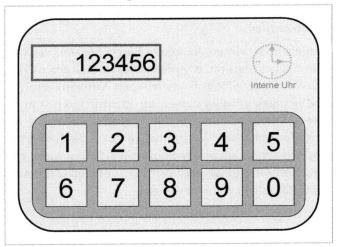

Abbildung 11-15:   **Taschenauthentifikator (Prinzipdarstellung)**

Ein anderes Verfahren, das Einmal-Passwörter nutzt, ist das *Challenge-Response-Verfahren* mit Token [54]. Der Token verfügt über ein Eingabefeld, eine Anzeige und einen geheimen Schlüssel. Nach Anwahl durch den Client-PC sendet der Host eine Challenge. Der Benutzer aktiviert den Token mit seiner persönlichen PIN und gibt die Challenge ein. Der Token kombiniert die Challenge mit dem geheimen Schlüssel und zeigt die Response an. Der Benutzer gibt die Response am Client ein, der diese an den Host sendet. Stimmt die übermittelte Response mit der vom Host erwarteten überein, so ist die Authentifizierung erfolgreich. Das Challenge-Response-Verfahren vermeidet die Gangfehler-Problematik, ist aber für den Nutzer aufwändig und tippfehleranfällig.

Single Sign-on

Wird in einem Unternehmen eine Vielzahl von Anwendungen genutzt, so muss sich der Benutzer oftmals viele unterschiedliche Passwörter, teilweise sogar unterschiedliche Benutzerkennungen, merken. Hinzu kommt, dass die Bildungsregeln und Wechselintervalle der Passwörter in den Anwendungen unterschiedlich sind, weil z. B. Passwortrichtlinien fehlen und nicht in den Lebenszyklus des Systems integriert sind. Diese *Passwort-Vielfalt* beim Zugangsschutz führt dazu, dass Benutzer Passwörter öfter vergessen, dementsprechend häufiger beim Service Desk anrufen und so die Service-Desk-Kosten in die Höhe treiben, oder sich dazu verleiten lassen, Passwörter zu notieren. Zudem geht Arbeitszeit verloren.

Die Passwort-Vielfalt tritt verschiedentlich auch beim Zutrittsschutz auf. Erinnern Sie sich noch an Hausmeister und Haustechniker, die mit einem riesigen Schlüsselbund herumliefen und Berechtigten auf Nachfrage Türen öffneten? Heutzutage wird der Zutritt meist elektronisch geregelt, aber auch hier gibt es in Unternehmen oftmals *unterschiedliche Zutrittskontrollsysteme mit verschiedenen Passwörtern und unterschiedlichen Wechselintervallen.*

Um diesen Schwierigkeiten entgegen zu wirken, kann das *Single Sign-on* verwendet werden. Hier genügt ein einmaliges Sign-on, beispielsweise mittels einer Chipkarte zusammen mit einem Passwort oder einem biometrischen Authentisierungsverfahren, um sich bei allen Zugangskontrollsystemen zu identifizieren und zu authentisieren. Der Vorteil dieser Vereinfachung für den Nutzer geht einher mit höheren Anforderungen an die Verfügbarkeit, Vertraulichkeit und Skalierbarkeit des eingesetzten Single-Sign-on-Systems. Das Single-Sign-on-Verfahren kann entsprechend auch für die Zutrittskontrolle eingesetzt werden, um den Zutritt zu allen geschützten Gebäuden und Räumlichkeiten zu steuern.

Es gibt folgende Arten von Single-Sign-on-Systemen:

1. Passwortsynchronisierende Systeme

2. Ticket-basierte Systeme

3. Zwischengeschaltete Single-Sign-on-Systeme

4. Föderierte Systeme (Föderiertes Identitätsmanagement)

Bei *Passwort-Synchronisationssystemen* meldet sich der Benutzer nur bei diesem System an. In der Folge übernimmt das Passwort-Synchronisationssystem die Anmeldung bei anderen Systemen und Anwendungen einschließlich der Verwaltung der dazugehörigen Benutzerkennungen und Passwörter sowie bei letzteren auch deren Änderungen. Eine Sicherheitslücke kann hierbei entstehen, wenn Passwörter unverschlüsselt über das Netz übertragen werden.

Ticket-basierte Systeme vergeben „Tickets", mit denen sich das Programm auf dem PC des Benutzers gegenüber anderen Anwendungen ausweist. Kerberos™ (s. a. [55], [56]) beispielsweise, das vom MIT (Massachusettes Institute of Technology) entwickelt wurde, arbeitet mit zwei Tickets. Der Benutzer meldet sich über seinen PC (Client) beim KDC (Key Distribution Center) an. Der Authentication Server (AS) im KDC übermittelt dem Client ein TGT (Ticket Granting Ticket). Möchte der Benutzer in der Folge Ressourcen, z. B. Anwendungen, nutzen, so weist sich der Client gegenüber dem KDC mit dem TGT aus und fordert den gewünschten Dienst an. Das TGS (Ticket Granting System) im KDC übermittelt ein Service-Ticket, das zur Nutzung des gewünschten Dienstes berechtigt. Der Client weist sich gegenüber dem angeforderten Dienst mit dem Service-Ticket aus und erhält Zugang. Zur Implementierung von Kerberos™ müssen die bestehenden Systeme entsprechend angepasst werden oder entsprechend ausgestattet sein.

Zwischengeschalte Single-Sign-on-Systeme befinden sich als Middleware zwischen dem primären Authentifizierungssystem und der Anwendung. Hierbei lassen sich zentrale und dezentrale Systeme unterscheiden. Während die benötigten Informationen bei dezentralen Systemen auf der Chipkarte oder dem Token des Benutzers abgelegt sind, verfügen zentrale Systeme über einen Server, der die Benutzer- und Rechteverwaltung durchführt und die Einhaltung der Passwort-Regeln steuert. Zentrale Systeme bieten darüber hinaus die Möglichkeit, die Anmeldevorgänge zentral zu auditieren und Systemzugänge zentral zu sperren. Zentrale Systeme müssen jedoch ausfallsicher gestaltet sein, um einen „Single Point of Failure" zu vermeiden.

Nutzer web-basierter Online-Services personalisieren diese oftmals. Sie verfügen bei unterschiedlichen Providern meist über unterschiedliche Benutzernamen und Passwörter. Jeder dieser Provider speichert entsprechende Nutzerprofile, in denen neben Benutzername und Passwort gegebenenfalls persönliche Daten, personalisierte Informationen und Präferenzen des Nutzers abgelegt sind. Was bedeutet das für den Benutzer?

Er muss sich entsprechend der Anzahl der Provider verschiedene unterschiedliche Benutzernamen und Passwörter merken. Bei den Providern gespeicherte persönliche Daten, wie z. B. Adressen und Telefonnummern, muss der Benutzer im Falle der Änderung bei jedem dieser Provider pflegen und bei neuen Providern komplett neu eingeben. Wäre es nicht besser, der Benutzer hätte bei den von ihm gewählten Providern die Möglichkeit zum Single Sign-on und zur durchgängigen quasi automatischen Aktualisierung seiner dortigen Daten nach einer Änderung?

Gleichzeitig sind Provider in einem föderierten Geschäftsmodell daran interessiert, ihren Kunden gemeinsame sich ergänzende Dienstleistungen anzubieten. Sie möchten dabei vertrauenswürdige Informationen über die Identität des jeweiligen

Kunden erlangen und idealerweise auf bereits vorhandenen Informationen aufsetzen.

Doch dies erfordert Spezifikationen, Standards und Richtlinien, die den Providern den Austausch dieser Informationen und die Zusammenarbeit unter einem Single Sign-on ermöglichen. Dieser Aufgabe hat sich die Liberty Alliance angenommen und die in einem Anfangskapitel bereits behandelten *offenen Standards für ein föderiertes netzbasiertes Identitätsmanagement* entwickelt. Inzwischen nimmt die Kantara Initiative diese Aufgaben wahr.

Identitäts- und Access-Management

Unabhängig vom föderierten Identitätsmanagement der Liberty Alliance dient das *Identitätsmanagement* (Identity Management {IdM}) in der IKT allgemein dazu, „digitale" Identitäten mit ihren zugeordneten realen Personen sowie mit ihren Daten und den dazugehörigen Rechten bezogen auf Ressourcen plattform-, unternehmens- und gegebenenfalls länderübergreifend unter Berücksichtigung des Datenschutzes entlang ihres Lebenszyklus (Identity Life Cycle) zu steuern, d. h. bereitzustellen, zu verwalten und zu pflegen sowie zu löschen. Der Lebenszyklus unterteilt sich hierbei in die drei Phasen: bereitstellen (Provisioning), pflegen (Maintaining) und beenden (Terminating).

Die Bereitstellung umfasst die Beantragung, Genehmigung und Vergabe, die Pflege beinhaltet Änderungen „persönlicher" Daten, wie z. B. Änderung, Löschung und Neuvergabe der zugeordneten Rollen und Berechtigungen, aber auch den Namenswechsel nach Heirat und Adressänderungen. Zu verwalten sind neben den Stammdaten oftmals eine Vielzahl zugeordneter Elemente, von den ausgegebenen Schlüsseln, Ausweisen, Chipkarten, Benutzerkonten und Pseudonymen (z. B. E-Mail-Adresse) über Zufahrts-, Zutritts-, Zugangs- und Zugriffsrechten bis hin zu biometrischen Daten.

Eine effiziente und möglichst sichere zentrale Identitäts-, Rechte- und Regelverwaltung sowie Zugriffssteuerung, wie sie im allgemeinen Sicherheitsschalenmodell dargestellt ist, erfordert zusätzlich zum Identitäts- auch ein Accessmanagement. Letzteres ist für die Zugangs- und Zugriffssteuerung zuständig. Ein *Identitäts- und Accessmanagement (IAM)* sollte weitgehend automatisiert und benutzerfreundlich sein.

Dies erfordert u. a. ein geeignetes Rollenmodell sowie einen Workflow für das Antrags-, Genehmigungs-, Vergabe- und Beendigungsverfahren sowie die Anbindung an ein Quellsystem, z. B. ein Personalmanagementsystem, für die Basisdaten und die möglichst automatische rollenbasierte Generierung der Berechtigungen. Außerdem sollte es die Definition von Regeln (Policies) ermöglichen, z. B. für die Bildung von Benutzernamen (Userid). Ein Single Sign-on empfinden Benutzer dabei als „Allerweltsprodukt" (Commodity). Gleichzeitig hilft es, Passwortaufschreibungen zu vermeiden. Weitere Elemente sind eine Zweifaktorauthentisierung zur Erhöhung der Sicherheit und ein sicherer Self Service z. B. zum Passwort-Rücksetzen oder zur Veränderung personenbezogener Daten.

Die Vielzahl an Elementen zeigt, dass für den Aufbau des Identitäts- und Accessmanagements umfangreiches Know-how notwendig ist. Ein Unternehmen kann dies entweder selbst aufbauen oder sich durch externe Berater unterstützen lassen. Hinzu kommt, dass Unternehmen ihr IAM üblicherweise nicht auf der grünen Wiese aufbauen können, sondern die bestehende Infrastruktur berücksichtigen und integrieren müssen. Dies erfordert einen Überblick über die vorhandenen Anwendungen sowie je Anwendung und System über die Zuordnung der Benutzer, ihrer Benutzernamen und Rechte sowie die Namenskonventionen. Dies manuell zu erheben und zuzuordnen ist aufwändig und fehleranfällig. Daher sollte hier auf geeignete Werkzeuge zurückgegriffen werden. Doch wenn dies alles so aufwändig ist, *welchen Nutzen bietet dann ein solches IAM?*

Der zentrale Überblick, die zentrale Verwaltung und Steuerung der Identitäten und Berechtigungen ist ein wesentliches Element der IT-Governance und hilft damit bei der *Erfüllung von Compliance-Anforderungen.* Weiterhin stellt es ein entscheidendes Hilfsmittel bei der Prüfung von interner oder externer Seite dar. Außerdem lassen sich kurzfristig und mit überschaubarem Aufwand *Reports mit sicherheitsrelevanten Auswertungen*, z. B. über verwaiste Benutzerkonten oder über Zugriffsberechtigungen, ziehen. Ein standardisiertes IAM, unterstützt durch geeignete IAM-Systeme, beschleunigt das Einrichten und Ändern von Identitäten und Berechtigungen. Das *automatisierte Einrichten und Ändern von Benutzerkonten* entlastet die IT-Administration, reduziert Fehler und kann Missbrauch vermindern. Das Single Sign-on zusammen mit dem Self Service hilft deutlich bei der *Reduzierung der Anfragen am Service Desk.* Da Benutzer ihre Passwörter durch das SSO kaum mehr vergessen, entfallen die Zeiten für das mehrfache Probieren des Passwortes, den Anruf beim Service Desk zur Rücksetzung des Passwortes sowie das erneute Einloggen und die Vergabe eines neuen Passwortes.

Dem Nutzen eines IAM steht die Abhängigkeit von dessen Funktionsfähigkeit, Korrektheit und Verfügbarkeit gegenüber. Im Hinblick auf die Handlungsfähigkeit eines Unternehmens stellt das zentrale IAM als Single Point of Failure ein kritisches System dar, dessen Ausfall die Geschäftskontinuität maßgeblich beeinflussen oder ein Unternehmen sogar handlungsunfähig machen kann.

Software-Lösungen für das zentralisierte Identitäts- und Accessmanagement in Unternehmen sind verfügbar. Bei ihrer Bewertung ist u. a. darauf zu achten, dass sie die Möglichkeit bieten, möglichst viele bestehende Verzeichnisse unterschiedlicher Betriebssysteme, Applikationen und Datenbanken des Unternehmens zu integrieren. Ziel ist es, ein zentrales Benutzer- und Rechteverzeichnis zu erhalten, über das eine plattformübergreifende Administration erfolgt (Single Point of Security Administration), und dem Benutzer gleichzeitig ein Single Sign-on zu ermöglichen. Ein solcher „Single Point" erfordert jedoch anforderungsgerechte Absicherung gegen Sicherheits- und Kontinuitätsverletzungen, z. B. in Form von Ausfällen.

Die zunehmende Bedeutung des Identitätsmanagements unterstreichen zwei *Forschungsprojekte*, welche die EU im Jahr 2004 aufgesetzt hat. *PRIME* (Privacy and Identity Management for Europe) – mit einer Laufzeit von 4 Jahren – konzentrierte sich auf Lösungen für ein datenschutzförderndes Identitätsmanagement und betrachtete u. a. technische, rechtliche und wirtschaftliche Anforderungen. In der Version 3 des PRIME-Frameworks vom 17. März 2008 beschreibt das PRIME-Projekt ein Rahmenwerk für das Datenschutzmanagement. Dieses beinhaltet ein Lebenszyklusmodell für die Entwicklung neuer Online-Services.

FIDIS (Future of Identity in the Information Society), das zweite Forschungsprojekt, hatte das Ziel, ein Expertennetzwerk aufzubauen. FIDIS, das die Universität Frankfurt am Main koordinierte, hatte eine Laufzeit von 5 Jahren und endete Ende März 2009. Erkenntnisse des Projektes enthält das Buch „The Future of Identity in the Information Society – Challenges and Opportunities".

11.5.18.7 Objektschutz

Der Objektschutz unterteilt sich in den äußeren und den inneren Objektschutz. Zum äußeren Objektschutz gehört die Absicherung und Überwachung des Areals, auf dem sich das oder die Gebäude befinden, sowie des Umfelds, damit Gefahren frühzeitig erkannt werden können. Auch innerhalb von Gebäuden existiert im Umfeld sicherheitskritischer Bereiche oftmals eine Videoüberwachung, quasi als innerer Perimeterschutz. Darüber hinaus schützen innerhalb des Objektes Gefahrenmeldeanlagen bestehend aus Einbruch-, Brand- und Wassermeldeanlage das Objekt und seine Werte.

11.5.18.8 Zufahrtsschutz

Die Zufahrt auf das Grundstück und/oder in das Gebäude sichert der Zufahrtsschutz, indem nur berechtigten Personen und Fahrzeugen Zufahrt gewährt wird. Hierbei ist zu definieren, wer wann mit welchem Fahrzeug und gegebenenfalls welchen Waren wohin Zufahrt erhält und wie dies avisiert und protokolliert wird. Bei Anlieferungen prüft Sicherheitspersonal die Lieferpapiere. Je nach Sicherheitsanforderungen und Sicherheitslage kann der Zufahrtsschutz ergänzt werden um zusätzliche Fahrzeug-, Anlieferungs- und Personenkontrollen. Diese können manuell erfolgen oder durch Technik unterstützt sein.

11.5.18.9   Zutrittsschutz

Zum Gebäude und den Räumlichkeiten eines Unternehmens existiert üblicherweise ein Zutrittsschutz, über den nur berechtigten Personen Zutritt gewährt wird, und sei es auch nur in Form einer abschließbaren Eingangstür. Kleine Unternehmen nutzen häufig eine schlüsselbasierende Lösung. Hier besitzen ausgewählte Mitarbeiter Schlüssel für die Eingangstür zum Unternehmen und ihre dortigen Räume sowie der Systembetreuer und seine Stellvertreter Schlüssel für den Serverraum.

Je mehr Mitarbeiter zu einem Unternehmen gehören, desto weniger praktikabel ist diese Lösung. Unternehmen setzen daher Zutrittskontrollverfahren und *elektronische Zutrittskontrollsysteme* (ZKS) ein, um nur autorisierten Personen Zutritt zu sicherheitsrelevanten Gebäudeteilen und Räumlichkeiten zu gewähren.

Die Stärke des Zutrittsschutzes und die Begrenzung der Zutrittsberechtigten sind weitere Aspekte. Sie korrespondieren in der Regel mit dem Schutzbedarf der Räumlichkeiten. Entsprechend den Sicherheitsanforderungen erfolgt eine Zuordnung der Räumlichkeiten in unterschiedliche *Sicherheitsklassen*.

In einem Gebäude befinden sich häufig Räumlichkeiten, die zu unterschiedlichen Sicherheitsklassen gehören. Dementsprechend ergeben sich im Gebäude Bereiche mit unterschiedlichen Sicherheitsanforderungen und dementsprechenden Maßnahmen, sogenannte *Sicherheitszonen*. Je sicherheitskritischer Räumlichkeiten sind, desto stärker sollten sie abgesichert und in das sicherere Gebäudeinnere verlagert werden, vergleichbar den früheren Wagenburgen.

Als *Standard-Zutrittsschutz* zu ihren Bereichen setzen Unternehmen oftmals ein Zutrittskontrollsystem mit Türen, be- und überwachten Drehkreuzen oder Drehsperren und Magnet- bzw. Chipkartenleser ein. Die Zutrittsberechtigung für die Mitarbeiter beschränken die Unternehmen dabei, dem Prinzip der minimalen Rechte folgend, auf einzelne Standorte, Gebäude, Gebäudeabschnitte, Etagen oder Räume sowie auf bestimmte Zeiten, z. B. nur werktags von 7:00 Uhr bis 20:00 Uhr.

Für sicherheitsrelevante Räumlichkeiten existieren je nach Schutzbedarf *zusätzliche Zutrittsschutzmaßnahmen*. Was sind nun sicherheitsrelevante Räumlichkeiten? Dies sind Räume, die einen höheren Schutzbedarf haben und zu denen nur ein eingeschränkter Kreis von Mitarbeitern standardmäßig Zutritt erhält. Solche sicherheitsrelevanten Räumlichkeiten sind

- aus Geschäftsprozesssicht z. B.
  - bei Banken die Handelsräume
  - in der Industrie die Forschungs- und Entwicklungsabteilungen sowie Laboratorien
- aus Sicht der Datenverarbeitung z. B. die Rechenzentren und Serverräume

- □ aus Telekommunikationssicht z. B. die Räume mit der Telekommunikations-anlage und aktiven bzw. passiven kommunikationstechnischen Komponenten, wie Hubs, Router, Gateways etc.
- □ aus haus- bzw. versorgungstechnischer Sicht z. B. die Räume mit der Netz-ersatzanlage, der Trafostation und der unterbrechungsfreien Stromversorgung.

Zusätzliche Zutrittsschutzmaßnahmen für sicherheitsrelevante Räumlichkeiten sind im einfachsten Fall abgeschlossene Räume, deren Schlüssel nur wenige autorisierte Personen besitzen bzw. zu denen nur wenige autorisierte Personen Zutritt haben.

Einen **starken Zutrittsschutz** erhalten Räumlichkeiten mit einem sehr hohen Schutzbedarf, z. B. Rechenzentren. Hier ist der Zutritt meist über Vereinzelungsanlagen gesichert, so dass nur eine einzelne Person mit entsprechenden Zutrittsrechten in den jeweiligen Raum gelangen kann. Zum Einsatz kommen hierbei Zutrittskontrollsysteme, bei denen die Zutrittsberechtigungsprüfung z. B. auf einem der folgenden Wege erfolgt:

- □ über ein biometrisches Merkmal wie Handvenen, Fingerabdruck oder Iris in Kombination mit einer PIN
- □ über eine Magnetkarte/Chipkarte und PIN
- □ über Chipkarte und biometrisches Merkmal, wie z. B. Handvenen, Gesicht oder Fingerabdruck.

Neben den Zutrittskontrollsystemen müssen **Verfahren** für die Ausstellung von Ersatzausweisen und Besucherausweisen sowie Zutrittsregelungen für Dienstleister, Handwerker, Wartungs- und Reinigungspersonal definiert sein. Hierbei ist zu beachten, dass Personen, die temporären Zutritt zu sicherheitsrelevanten Räumlichkeiten erhalten sollen, z. B. entsprechend überprüft, begleitet und über Sicherheitsbestimmungen informiert werden.

Umgangener Zutrittsschutz durch unzureichendes Sicherheitsbewusstsein

Im Rahmen einer Sicherheitsuntersuchung durfte sich ein Berater im Gebäude eines Unternehmens frei bewegen. Ziel war es, den Zutrittsschutz zu sicherheitsrelevanten Räumlichkeiten zu umgehen. In einem zutrittsgeschützten Großraum wurde einer der Kerngeschäftsprozesse des Unternehmens abgewickelt. Um in diesen Raum zu gelangen, schloss er sich einem ihm unbekannten Mitarbeiter des Unternehmens an, der sich auf diesen Raum zubewegte. Er stellte sich hinter ihm an, als er die Tür mittels seiner Berechtigung öffnete. Der Mitarbeiter hielt dem Berater die Tür auf und sie betraten den Raum. Während der Berater den Raum durchschritt, sah er eine Tür, die anscheinend in einen Nachbarraum führte. Die Tür war nicht verschlossen. Er öffnete sie und stand in einem Serverraum, über den alle dortigen Arbeitsplätze mit IKT versorgt wurden.

Grenzenlose Freiheit

Kennen Sie das oder Ähnliches auch? Der Zutritt zu einem Rechenzentrum ist über eine Vereinzelungsanlage, Videoüberwachung und Wachpersonal geschützt. Sie kommen nur nach einer Sicherheitsüberprüfung hinein – bis 18:00 Uhr. Dann wird ein Nebeneingang für längere Zeit geöffnet, über den das Reinigungspersonal in das und aus dem Rechenzentrum gelangen und sich dort frei bewegen kann.

11.5.18.10 Zugangsschutz

Um den Zugang zu Ressourcen, wie z. B. zu IKT-Systemen, Anwendungen, Daten, Netzen und Druckern abzusichern, führen Sicherheitsbeauftragte eine *Pfadanalyse* durch, in der sie die verschiedenen Zugangspfade ermitteln, klassifizieren und entsprechend absichern.

Zum Zugangsschutz etablieren sie Sicherheitsmaßnahmen zur bereits übergreifend geschilderten *Identifikation und Authentisierung*. Zugangsschutz ist darüber hinaus des Öfteren auch für zentrale Drucker erforderlich, wenn der Ausdruck, z. B. mit personenbezogenen Daten, nur im Beisein des Ausdruckenden erfolgen soll, sowie für andere Ressourcen, wie Telefone und Kopierer, die nur für Berechtigte nutzbar sein sollen.

Den Zugang zum Unternehmensnetz über „nicht vertrauenswürdige" Netze schützen Sicherheitsbeauftragte durch eine zusätzliche Barriere in Form von *Firewalls*. Wer eine weitergehende kontinuierliche Überwachung des Datenverkehrs und die Erzeugung von Meldungen möchte, sieht *Intrusion-Detection-, Intrusion-Response- und Intrusion-Prevention-Systeme* vor.

Als weiteres Sicherheitselement lassen Sicherheitsbeauftragte z. B. *Content-Security-Systeme* implementieren, um den Inhalt von Nachrichten prüfen lassen zu können.

Computerviren-Suchprogramme schließlich nutzen sie zur Erkennung und Abwehr von Computerviren.

Detailliertere Ausführungen zu Firewalls, Intrusion-Detection- und Intrusion-Response-Systemen, Content-Security-Systemen und Computerviren-Suchprogrammen finden Sie im Kapitel Sicherheitsarchitektur unter IKT-Hard- und Software.

11.5.18.11 Zugriffsschutz

Der Zugriffsschutz dient dazu, dass nur autorisierte Subjekte, z. B. Personen, Zugriff auf definierte Objekte (Ressourcen), wie z. B. Programme und Daten, haben und hierbei nur über zuvor definierte Rechte verfügen. Bei Informationssystemen dürfen nur berechtigte Personen Daten, z. B. Sozial- und Personaldaten, einsehen und Veränderungen bzw. Neueingaben vornehmen können.

Für den Aufbau eines Zugriffsschutzes sind verschiedene Informationen notwendig, die sich aus folgender Frage ergeben:

Wer soll worauf welchen Zugriff erhalten?

Zugriff erhalten sollen Subjekte, z. B. Personen oder Anwendungen. Das, was geschützt werden soll, sind die Objekte, oder auch Ressourcen. Die Art des Zugriffs ist durch Rechte, z. B. lesen, ändern, einfügen, löschen, ausführen, gekennzeichnet. Es ergibt sich somit das Subjekt-Recht-Objekt-Modell.

Hieraus folgt, dass für jedes Subjekt definiert werden muss, mit welchen Rechten es auf welches Objekt zugreifen darf. Es ergibt sich der bereits erwähnte „Berechtigungswürfel" oder „Berechtigungskubus".

Deutschland: Grundsätze zum Datenzugriff und zur Prüfbarkeit digitaler Unterlagen (GDPdU)

Gemäß GDPdU muss der Steuerpflichtige dem Prüfer der Finanzbehörde drei Arten des Datenzugriffs gewähren:

– Unmittelbaren Datenzugriff

– Mittelbaren Datenzugriff und

– Datenträgerüberlassung

Beim unmittelbaren Datenzugriff muss der Steuerpflichtige durch geeignete Zugriffsbeschränkungen sicherstellen, „dass der Prüfer nur auf steuerlich relevante Daten des Steuerpflichtigen zugreifen kann".

Um die Komplexität zu reduzieren und die Verwaltung zu vereinfachen, bilden die Ressourcenverantwortlichen Gruppen, die sie mit dem Sicherheitsbeauftragten und der Revision abstimmen. Diese Gruppenbildungen können sich sowohl auf der Subjekt- als auch auf der Objektseite vollziehen. Es entstehen Subjektgruppen, z. B. Benutzergruppen, und Objektgruppen, d. h. Ressourcengruppen.

11.5.18.12 Leseschutz

Um Nachrichten und Daten vor unberechtigter Kenntnisnahme und Manipulation zu schützen, lässt sich die *Verschlüsselung* (*Chiffrierung*, englisch Encoding; *Kryptografie*, englisch Cryptography) einsetzen. Hierbei transformiert ein festgelegtes Verfahren (Algorithmus) unter Einsatz eines „Schlüssels" oder Codes die zu verschlüsselnden Informationen in einen Geheimtext (Chiffrat). Für die Sicherheit der Verschlüsselung ist es wesentlich, dass das Verfahren und eventuelle unterstützende Hilfsmittel, wie z. B. Software-Tools, offen gelegt werden und überprüfbar sind. Der Schlüssel selbst muss geheim gehalten werden. Die Rückgewinnung der

Information aus dem Geheimtext heißt *Entschlüsselung (Dechiffrierung)*. Ohne den Schlüssel darf es Unbefugten nicht möglich sein, den Geheimtext zu entschlüsseln.

Die Kryptografie verfolgt folgende Ziele:

1. Vertraulichkeit/Geheimhaltung: Der Inhalt einer Nachricht oder Datei soll vor Unberechtigten verborgen bleiben.

2. Integrität/Unverändertheit: Der Inhalt einer Nachricht oder Datei soll nicht unbefugt verändert werden können. (Zusätzlich soll die unbefugte Manipulation einer Nachricht oder Datei entdeckt werden können.)

3. Authentizität/Echtheit: Ein Kommunikationspartner soll Folgendes beweisen können:

    a) seine Identität

    b) seine Urheberschaft und die Unverändertheit seiner Nachricht.

4. Verbindlichkeit/Nichtabstreitbarkeit: Ein Kommunikationspartner soll Folgendes nicht abstreiten können:

    a) den Versand einer Nachricht

    b) den Empfang einer Nachricht.

Geeignete Verschlüsselungsverfahren unterstützen das Erreichen dieser Ziele. Es werden folgende Verschlüsselungsverfahren unterschieden:

1. symmetrische

2. asymmetrische

Symmetrische Verschlüsselungsverfahren verwenden ein und denselben Schlüssel zur Ver- und Entschlüsselung. Sie werden daher auch als „Ein-Schlüssel"-Verfahren bezeichnet. Vor der Nutzung eines symmetrischen Verschlüsselungsverfahrens müssen die Kommunikationspartner den Schlüssel auf einem „sicheren" Kanal ausgetauscht haben. Bekannte symmetrische Verschlüsselungsverfahren sind DES (Data Encryption Standard), Triple DES, AES (Advanced Encryption Standard) [57], IDEA® (International Data Encryption Algorithm) und RC5® [58]. Sie gehören zur Gruppe der Blockchiffren, weil jeder Verschlüsselungstakt einen ganzen Block von Bits verschlüsselt.

Symmetrische Verschlüsselungsverfahren sind relativ schnell und daher zur Onlineanwendung geeignet. Sie bieten bei verhältnismäßig kurzer Schlüssellänge eine hohe Sicherheit. Die Stärke der Verschlüsselung wird im Wesentlichen durch die Schlüssellänge bestimmt. Da jedoch jeder der Kommunikationsteilnehmer für jeden Kommunikationspartner einen eigenen Schlüssel benötigt, wird die Verwaltung dieser Schlüssel schnell umständlich.

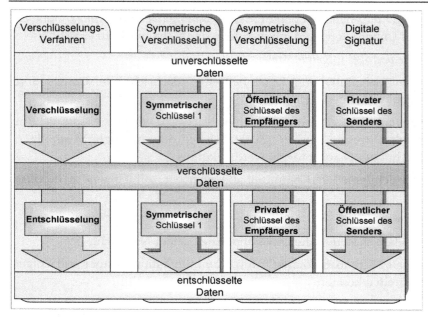

Abbildung 11-16:   Verschlüsselungsverfahren

Asymmetrische Verschlüsselungsverfahren (Public-Key-Verfahren) benutzen zwei verschiedene, aber zusammengehörende Schlüssel. Der „öffentliche" Schlüssel (Public Key) dient der Verschlüsselung, der „private" der Entschlüsselung. Während der „öffentliche" Schlüssel bekannt gemacht wird, muss der „private" Schlüssel geheim gehalten werden. Eine Entschlüsselung darf nur mit dem „privaten" Schlüssel möglich sein. Außerdem ist sicherzustellen, dass der „öffentliche" Schlüssel nachweisbar zum Empfänger gehört, da ansonsten Schlüssel von Unbefugten untergeschoben werden könnten. Deshalb ist eine vertrauenswürdige dritte Partei (Zertifizierungsstelle, Trust Center) erforderlich, welche die Echtheit des öffentlichen Schlüssels des Empfängers mit einem „Zertifikat" bestätigt. Letzteres wird meist ebenfalls durch ein kryptografisches Verfahren erzeugt und dem öffentlichen Schlüssel beigefügt. Ein bekanntes asymmetrisches Verschlüsselungsverfahren ist das nach R̲ivest, S̲hamir und A̲dleman benannte RSA-Verfahren.

Bei asymmetrischen Verfahren muss jeder Teilnehmer nur einen Schlüssel geheim halten. Sie eignen sich gut für die digitale Signatur (elektronische Unterschrift) und für Verbindlichkeitsnachweise. Nachteilhaft ist, dass sie langsam und leichter attackierbar sind. Sie benötigen daher im Vergleich zu symmetrischen Verfahren relativ lange Schlüssel. Zusätzlich ist die Schlüsselerzeugung in der Regel aufwändig.

Hybride Verfahren sollen die Vorteile der symmetrischen und asymmetrischen Verschlüsselung in sich vereinen. Hierzu übermitteln die Kommunikationspartner z. B. den Sitzungsschlüssel für eine symmetrische Verschlüsselung in asymmetrisch verschlüsselter Form. Die Massendaten verschlüsseln sie anschließend mit dem schnelleren symmetrischen Verfahren.

In der Praxis sind *Verschlüsselungsprogramme* (Krypto-Tools) anzutreffen, die Nachrichten und Dateien ver- und entschlüsseln sowie mit einer digitalen Signatur versehen können. Derartige Programme implementieren üblicherweise Funktionen des OpenPGP-Standards [59].

Die folgende Tabelle ordnet den jeweiligen Verfahren in der Praxis vorkommende Standards zu:

Verfahren	Standard
Symmetrisch	DES (Data Encryption Standard), Triple DES, AES (Advanced Encryption Standard), IDEA® (International Data Encryption Algorithm) RC5®
Asymmetrisch	RSA (Rivest Shamir Adleman)

Tabelle 11-9: Verschlüsselungsverfahren und Standards

Datenträgerverschlüsselung

Mit zunehmender Mobilität der Nutzer steigt die Gefahr, dass die von ihnen genutzten mobilen Endgeräte, wie z. B. Notebooks, PDAs, Smartphones oder USB Memory Sticks sowie portable USB-Mini-Festplatten mit einigen hundert Gigabytes bis hin in den Terabyte-Bereich, gestohlen werden oder verloren gehen. Dies stellt eine Bedrohung für die Vertraulichkeit der darauf befindlichen Daten dar. Dementsprechend empfiehlt es sich, sensitive Daten verschlüsselt zu speichern. Hierbei ist die Verfügbarkeit des Schlüssels ebenso sicherzustellen wie die Praktikabilität des Handlings im Hinblick auf die Bedienung und die Zeitdauer der Ver- und Entschlüsselung.

Für vertrauliche Daten gibt es im Handel z. B. eine mobile Festplatte mit RFID-Zugriffskontrolle und Datenverschlüsselung. Bei einem USB Memory Stick erfolgt die Authentisierung des Benutzers über einen eingebauten Fingerabdruck-Scanner.

Bei Geräten, die eine Authentisierung mittels Fingerabdruck oder anderer biometrischer Merkmale unterstützen, sind die Täuschungsanfälligkeit sowie die False Acceptance Rate (FAR) und die False Rejection Rate (FRR) in die Sicherheitsbewertung mit einzubeziehen.

Das *Internet Printing Protocol* (IPP) ist ein Protokoll auf Applikationsebene, Es ermöglicht Druckdienste über das Internet und stellt die Regeln zur Verschlüsselung von Druckdaten dar. Es ist beschrieben in den RFCs 2910, Internet Printing Protocol/1.1: Encoding and Transport, RFC 2911, Internet Printing Protocol/1.1: Model and Semantics, und RFC 3196, Internet Printing Protocol/1.1: Implementor's Guide.

Weitere RFCs enthalten Updates zu RFC 2910 und RFC 2911. Die Transportschicht basiert auf http 1.1 und kann http-Erweiterungen wie SSL und TLS verwenden.

Steganografie (Steganography) bedeutet – abgeleitet aus dem Griechischen – „versteckte Schreiben". Sie bezeichnet eine Methode, Nachrichten unbemerkt und vertraulich zu übermitteln. Hierzu wird die vertrauliche Nachricht versteckt, z. B. in einer anderen Nachricht. Bekannte Methoden für derartige unbemerkt übermittelte Informationen sind die Mikropunkte, die im Zweiten Weltkrieg genutzt wurden, oder die unsichtbare Tinte. Heutzutage lassen sich geheime Informationen in harmlos erscheinenden Nachrichten bzw. Dateien, z. B. digitalen Grafiken, Bildern in Form einer GIF-Datei oder Filmen sowie Musik verbergen.

11.5.18.13 Wiederaufbereitung

Die Wiederaufbereitung soll dafür sorgen, dass Informationsträger, wie z. B. Speichermedien, vor ihrer anderweitigen Nutzung so gelöscht sind, dass keine Rückschlüsse auf ihren ursprünglichen Inhalt möglich sind.

Bei *Datenträgern der Informationsverarbeitung* ist zu beachten, dass Dateisysteme beim Löschvorgang üblicherweise nur den Verzeichniseintrag löschen, während die physikalischen Daten weiter erhalten bleiben. Daher müssen Fest- und Wechselplatten, SSDs, USB Memory Sticks, Disketten, CD-ROMs, DVDs und Datenbänder vor ihrer Entsorgung physikalisch vollständig gelöscht oder sogar zerstört sein, um unautorisierte Zugriffe auf die Daten zu verhindern.

Ein physikalischer Löschvorgang kann durch (mehrfaches) Überschreiben der Daten erfolgen oder durch Daten- bzw. Datenträgervernichtung.

Bei den *überschreibenden Löschtools* gibt es solche, die einzelne Dateien des Dateisystems überschreiben können, gegebenenfalls einschließlich freier Speicherbereiche, und solche, die die Festplatte oder Partition nur komplett löschen können. Je nach Tool werden die Löschvorgänge in einem Protokoll dokumentiert.

Für das Löschen selbst gibt es unterschiedliche Verfahren, die sich primär in der Art des/der Muster und der Anzahl der Schreibvorgänge unterscheiden. Hierzu gehören Verfahren von Peter Gutmann, von Bruce Schneier und vom Bundesamt für Sicherheit in der Informationsverarbeitung sowie die Standards DoD 5220.22-M, das NSA DoD 5220.22-M ECE und das NAVSO P-5239-26. Das Löschverfahren von Gutmann [60] mit 35 Überschreibvorgängen und achtmaliger Verwendung von Zufallszahlen dürfte bei Festplatten sehr hohen Sicherheitsansprüchen genügen, auch im Hinblick auf Methoden der forensischen Analyse. Bei der Löschung z. B. von USB Memory Sticks und SSDs sind die Auswirkungen des Wear Levellings zu berücksichtigen. Daher sollten ausgesonderte USB Memory Sticks und

SSDs unter Berücksichtigung der Sicherheitsanforderungen geeignet zerstört bzw. vernichtet werden.

Zu den *physikalischen Datenvernichtern* gehören für magnetische Datenträger die „De-Gausser", welche die Platte oder das Band einem magnetischen Wechselfeld aussetzen.

Bei der *Datenträgerzerstörung bzw. -vernichtung* lassen sich *mechanische, thermische und chemische Verfahren* unterscheiden. Zu den mechanischen Verfahren gehört das Schreddern. So können optische Datenträger in Schreddern gemäß DIN 66399 zur Vernichtung von Datenträgern zerkleinert werden. Bei einem anderen mechanischen Verfahren wird die Datenschicht optischer Datenträger in winzige Partikel zermahlen. Thermische Verfahren sind das Einschmelzen oder Verbrennen des gesamten Datenträgers. Ein chemisches Verfahren besteht im Wegätzen der Speicherfläche.

11.5.18.14 Absendekontrolle

Die Absendekontrolle soll – soweit möglich – vermeiden, dass geheime, vertrauliche oder interne Informationen das Unternehmen unberechtigterweise, unbeabsichtigt oder unverschlüsselt verlassen (s. a. Data Leakage Prevention). Darüber hinaus soll sie verhindern, dass Mitarbeiter des Unternehmens Schadsoftware versenden und vom Unternehmen Attacken oder Spam-Mails ausgehen. Dies erfordert beispielsweise ein Scannen ausgehender E-Mails auf Viren und Schlagwörter, z. B. „vertraulich" oder „geheim" sowie unzulässige E-Mail-Anhänge, und die Verhinderung von „E-Mail-Fluten" zu einer Zieladresse. Im Hinblick auf Spamming ist die Konfiguration des SMTP-Ports hinreichend sicher zu gestalten und zu testen, so dass Angreifer die unternehmenseigenen Server nicht als Zwischenstation (Relay) für Spam-Mails missbrauchen können [61].

11.5.18.15 Übertragungssicherung

Daten oder Informationen lassen sich über eine Vielzahl von Medien übertragen: vom Papier über drahtgebundene bis hin zu drahtlosen Medien. Die Übertragung kann im einfachsten Fall bei Gesprächen vis-à-vis oder über Telefon bzw. Handy erfolgen, aber auch über Fax, E-Mail, SMS, MMS, Datenträgeraustausch, elektronischen Datenaustausch, z. B. mittels EDI, EDIFACT, ebXML etc. Während der Übertragung müssen die Daten der jeweiligen Sicherheitsstufe entsprechend geschützt werden. Zum Schutz der Übertragung dient die Übertragungssicherung.

Drahtlose Übertragungen bergen u. a. die potenzielle Gefahr des *Abhörens* in sich, wodurch die Vertraulichkeit verletzt wird. Potenzielle Angriffsziele im drahtlosen Bereich sind nicht nur WLANs und WiMAX (Worldwide Interoperability for Microwave Access, IEEE 802.16), sondern z. B. auch drahtlose Übertragungen von

Smartphones, Handys, schnurlosen Telefonen, Tastaturen und Überwachungskameras. Aber auch drahtgebundene Übertragungen z. B. zwischen Computern untereinander und zu bzw. von peripheren Einheiten wie Druckern oder Scannern können Angreifer abhören. Zu den einsetzbaren Werkzeugen gehören beispielsweise Sniffer, welche die Leitung abhören, oder Key Logger, welche die Tastatureingaben mitschneiden.

Sogenannte *WarDriver* haben es darauf abgesehen, WLANs zu suchen und aufzuspüren. WarDriver sitzen in der Regel als Beifahrer in einem Auto und spüren mittels Notebook und (frei) verfügbaren Tools WLANs auf. Das Eindringen in das interne Netz über ein entdecktes WLAN ist oftmals einfach, z. B. wenn ein WLAN nicht durch eine Firewall vom internen Netz getrennt ist.

Durch *Störungen* lässt sich die Verfügbarkeit von Funknetzen und so auch WLANs bis hin zum Denial of Service einschränken.

Zum *Übertragungsschutz* sollten drahtgebundene und drahtlose Übertragungen verschlüsselt werden. Dies ist z. B. bei WiMax-Funkverbindung der Fall.

Als *Abstrahlungsschutz* bei drahtloser Übertragung kann darüber hinaus die Abstrahlung von Funkwellen außerhalb des Gebäudes beispielsweise durch geeignet beschichtete Fenster und durch entsprechende Folien eingedämmt werden. Bei WLANs – sofern sie erforderlich sind – empfiehlt sich ferner eine geeignete Planung und Anordnung der Funkzellen, um die Abstrahlleistung außerhalb des Gebäudes zu minimieren.

Zum *Schutz der Integrität, Verbindlichkeit und Authentizität* lassen sich Prüfsummen und digitale Signaturen einsetzen.

Ein ebenfalls wichtiges Sicherheitskriterium ist die *Verfügbarkeit* der übermittelten Daten und Informationen beim Adressaten. Das heißt, die Übertragungssicherung muss sicherstellen, dass die Nachricht den Empfänger erreicht und dies gegebenenfalls nachvollziehbar protokollieren.

Die folgende Tabelle stellt den Sicherheitskriterien mögliche *Schutzmaßnahmen* gegenüber.

Kriterium	Schutzmaßnahmen
Vertraulichkeit	Verschlüsselung (Kryptografie), Abhörschutz
Integrität	Checksum, Digitale Signatur
Verbindlichkeit	Digitale Signatur
Authentizität	Digitale Signatur

Tabelle 11-10: Sicherheitskriterien und Schutzmaßnahmen

11.5.18.16 Abgangskontrolle

Die Abgangskontrolle soll erreichen, dass nur diejenigen Objekte das Unternehmen verlassen, die dies auch dürfen. Die Intensität der Abgangskontrolle ist abhängig von den Sicherheitsanforderungen und der aktuellen Sicherheitsstufe.

Die Abgangskontrolle betrifft physisches Eigentum des Unternehmens, d. h. die **Schutzobjekte**, z. B. PCs, Tablet PCs, Notebooks, Netbooks, PDAs, Smartphones, Handys, CD-ROMs, DVDs, USB Memory Sticks, portable USB-Mini-Festplatten, Festplatten, Datenbänder, Speicherkarten sowie papierhafte Unterlagen.

Aufgrund der **Mobilität, der Miniaturisierung und Tarnung** steigen die Bedrohungen z. B. beim Datendiebstahl, wie Kugelschreiber oder Schweizer Messer mit integriertem USB Memory Stick und portable USB-Mini-Festplatten zeigen.

11.5.18.17 Transportsicherung

Unter Transportsicherung sind Richtlinien, Konzepte und daraus abgeleitete Maßnahmen zu verstehen, die den Transport von Werten, z. B. Datenträgern und Dokumenten, schützen sollen. Zu diesen Sicherheitsmaßnahmen gehören beispielsweise die Auswahl des Transportunternehmens und die Wahl einer geeigneten, d. h. angemessen gesicherten Transportart, verschlüsselte Daten, gesicherte Behältnisse und Fahrzeuge, sicherheitsüberprüftes Begleitpersonal und eine entsprechende Organisation.

11.5.18.18 Abfahrtskontrolle

Die Abfahrtskontrolle soll sicherstellen, dass nur solche Objekte oder Werte aus dem Unternehmen herausgefahren werden, für die dies erlaubt ist. Das unzulässige Abtransportieren beispielsweise von Eigentum oder gefährlichen Substanzen soll dadurch vermieden werden.

11.5.18.19 Alarmierung

Für die Überwachung der Sicherheitsschalen ist es erforderlich, dass bei Sicherheitsverletzungen ein Alarm ausgelöst wird. Sowohl die Alarme als auch die Protokolle sollten Angaben darüber enthalten, wer wann wo welche Aktivität ausgeführt hat. Hierdurch gibt es beispielsweise Informationen darüber, wer wann von wo auf welche Daten welchen Systems mit welchem Erfolg zugegriffen hat, Zugang zu welchem Netz erlangt hat oder den Zutritt zu welchem Raum gesucht hat.

11.5.18.20 Protokollierung und Beweissicherung

Die Protokollierung (Logging) dient der Aufzeichnung sicherheitsrelevanter Ereignisse, wie z. B. des Zugangs zu Netzen und Systemen oder des Zugriffs auf Daten. Sie ist ein in vielerlei Hinsicht heikles Thema: Die Benutzer befürchten Beobachtung, der Betriebsrat bzw. der Personalrat vermutet Leistungsmessung, die Systembetreuer erschrecken vor riesigen Datenmengen und Stapeln auszuwertender Protokolle.

Diese Aspekte gilt es bei der Protokollierung zu berücksichtigen. Es müssen daher Repräsentanten aller betroffenen Gruppen in die Konzeptentwicklung mit einbezogen werden. Durch deren Beteiligung lässt sich *Akzeptanz* schaffen und eine angemessene Lösung finden. Diese wird als Sicherheitsrichtlinie festgehalten.

Bei der Definition der *Schutzbedarfsklassen* sollte bereits festgelegt worden sein, welche Daten standardmäßig zu protokollieren sind. Der jeweilige Einzelfall erfordert dann nur noch eine Überprüfung. Andernfalls wird unter Berücksichtigung der Sicherheitsklasse des Schutzobjekts in einem ersten Schritt festgelegt, dokumentiert und kommuniziert, warum protokolliert werden soll. Im nächsten Schritt werden die Ereignisse festgelegt, die zu welchem Zweck und mit welchen Daten protokolliert werden sollen. Ebenfalls festgelegt wird, welche weiter gehenden Maßnahmen, z. B. Alarmierung, ausgelöst werden sollen.

Sicherheitsrelevante Ereignisse können z. B. sein:

□ Zufahrt/Zufahrtsversuche zu Bereichen

□ Zutritte/Zutrittsversuche zu Räumlichkeiten

□ Zugänge/Zugangsversuche zu Ressourcen, z. B. zu Druckern, Rechnern und Netzen

□ Zugriffe/Zugriffsversuche auf Daten.

Diese sicherheitsrelevanten Ereignisse werden häufig weiter detailliert. Beispielsweise wird festgelegt, ab welcher Sicherheitsklasse welche Zugriffe auf Daten protokolliert werden.

Darüber hinaus sollten privilegierte Operationen, wie z. B. versuchte Zufahrts-, Zutritts-, Zugangs- und Zugriffsverletzungen, Supervisor-Aktivitäten, Start und Stopp von Computersystemen sowie die Anbindung oder Freigabe von Ein- und Ausgabeeinheiten an IKT-Systeme protokolliert werden.

11.5.18.21 Protokollauswertung und Berichtswesen

Die Protokollauswertung dient der Überprüfung – z. B. durch die Revision – von Protokolldateien, die bei der Protokollierung entstehen. Die protokollierten Daten in den Log-Dateien müssen in regelmäßigen Zeitabständen ausgewertet werden. Hierzu ist festzulegen, wer diese Daten einsehen darf sowie wer wann und in welchem Zyklus welche Auswertungen unter Nutzung welcher Hilfsmittel durchführen darf.

Über die Ergebnisse der Auswertungen sollten *regelmäßig Berichte* erstellt werden. Diese sollten Statistiken und Trendkurven beinhalten, um u. a. Status, Kosten und Nutzen verfolgen zu können.

Zusätzlich zu den regulären Protokollauswertungen können ereignisgesteuerte Auswertungen von Log-Dateien erforderlich sein. Hat beispielsweise ein Angriff stattgefunden, so stellen sich die Fragen: Wie konnte der Angreifer in das System gelangen? Was hat der Eindringling in welcher Reihenfolge gemacht? Seit wann ist er auf dem System? Welche Tools nutzte er? Von wo kam der Angriff? Um Antworten auf diese Fragen zu finden, gibt es die *forensische Informatik*, auch als forensische Computeranalyse oder Computerforensik bezeichnet.

Was bedeutet das Wort „forensisch"? Es ist gleichbedeutend mit gerichtlich. Dieser fachsprachliche Begriff wird insbesondere im Zusammenhang mit der Gerichtsmedizin (forensische Medizin bzw. Forensik) verwendet. Die forensische Chemie als Teilgebiet der Rechtsmedizin widmet sich der Aufklärung von Verbrechen durch chemische Spurenanalyse. Dementsprechend beschäftigt sich die forensische Informatik mit der Spurensuche auf Computern bzw. IKT-Komponenten nach erfolgreichen Angriffen.

Forensische Untersuchungen an Computern bestehen aus:

1. der Datenzusammenstellung und
2. der Analyse.

Im ersten Schritt stellt der forensische Sachverständige bitgenaue Kopien der relevanten Datenträger her und schützt sie vor Veränderungen. Dies kostet jedoch Zeit. Um die Untersuchung früher beginnen zu können, gibt es eine spezielle Hardware-Komponente, die zwischen die Festplatte und deren Controller geschaltet wird. Sie verhindert Schreibzugriffe auf das Untersuchungsobjekt und leitet sie stattdessen auf die eigene Festplatte um. Dadurch lässt sich der Kopiervorgang vermeiden. Wie auch beim bitgenauen Kopieren der Festplatte muss das System jedoch heruntergefahren werden. Dann erfolgt der Einbau der speziellen Hardware-Komponente und das Hochfahren des Systems.

Im zweiten Schritt untersucht der forensische Experte im Rahmen einer *Post-Mortem-Analyse* die Kopien bzw. am laufenden System das schreibgeschützte Original. Hierbei nutzt er Tools, deren Namen teilweise ebenfalls an die Gerichtsmedizin erinnern, wie z. B. „The Coroner's Toolkit" [62], dessen Nachfolger „The Sleuth Kit™" ist, und „Autopsy™". Aus Gründen der Gerichtsfestigkeit muss der Sachverständige sicherstellen, dass er das Untersuchungsobjekt, die Festplatte, im Rahmen der Analyse nicht verändert.

Die Analyse erstreckt sich insbesondere auf die Schwachstelle, die der Angreifer nutzte, die Aktivitäten, die er ausgeführt hat, den zeitlichen Ablauf des Angriffs und die eingesetzten Tools. Ebenfalls wichtig ist es, herauszufinden, ob sich der Eindringling (Intruder) Hintertüren geschaffen hat, über die er sich zu einem späteren Zeitpunkt leicht Zugang zum System verschaffen kann. Im Rahmen der Analyse versucht der forensische Informatiker, gelöschte Dateien zu ermitteln und – soweit möglich – zu rekonstruieren. Erschwert wird ihm die Analyse dadurch, dass Angreifer in der Regel versuchen, keine Spuren zu hinterlassen oder Ihre Spuren zu verwischen, indem sie z. B. Protokolldateien verändern.

Eine Vorgehensweise des Angreifers besteht dementsprechend darin, Spuren auf der Festplatte möglichst zu vermeiden. Dies ermöglichen (Remote) Code Injection-Attacken. In diesem Fall nutzt der Angreifer eine ihm bekannte Schwachstelle, z. B. Buffer Overflow, zur Korrumpierung des Speichers (Memory) aus. Hierbei bringt er eingeschleusten Code im flüchtigen Prozessspeicherbereich zur Ausführung, um im ersten Schritt vorhandene Schutzsubjekte, wie beispielsweise Firewalls, zu umgehen. Der Code ermöglicht es dem Angreifer, anschließend weitere Kontrolle über das System zu erlangen. Durch Remote Code Injection lassen sich auch DLLs (Dynamic Link Library), die sich im Prozessspeicher befinden, verändern (DLL Injection), ohne dass dies zu deren Änderung auf der Festplatte führt. Wegen der fehlenden Spuren auf der Festplatte hilft das zuvor geschilderte Verfahren eines Abbildes der Festplatte zur späteren Analyse nicht weiter. Was ist zu tun?

Als Antwort hierauf haben forensische Informatiker die *Live-Analyse* entwickelt. Sie bezieht die Sammlung und Analyse flüchtiger Daten in die forensische Untersuchung mit ein. Hierzu sichern die Informatiker die Inhalte flüchtiger Speicher über entsprechende Speicherdumps (Speicherkopien) für die anschließende Analyse. Würde der Dump auf die vom System genutzte Festplatte geschrieben werden, wären deren Inhalte verfälscht. Daher erfolgt dessen Speicherung beispielsweise auf dem im Netz befindlichen Analyserechner.

Forensische Codes

Forensische Codes bzw. forensische Wasserzeichen (Forensic Watermarking) hat die Bürgerrechtsorganisation Electronic Frontier Foundation (EFF) in Ausdrucken von Farblaserdruckern entdeckt. In Gittern aus 15 x 8 winzigen gelben Punkten sind Datum und Uhrzeit sowie die Seriennummer des Druckers codiert. Dieser Code (Machine Identification Code {MIC}) soll als Sicherheitsmaßnahme gegen Geldfälscher dienen und die Suche nach Geldfälschern unterstützen. EFF hat auf ihrer Website eine Liste von Druckern zusammengestellt, bei denen sie forensische Wasserzeichen entdeckt bzw. nicht entdeckt hat (Datum meiner Einsichtnahme 6.11.2010).

Digitaler Fingerabdruck in digitalen Fotos

Wissenschaftler der Binghamton University, New York, haben entdeckt, dass Digitalkameras einen charakteristischen digitalen Fingerabdruck in jenen Fotos hinterlassen, die mit ihnen aufgenommen wurden. Dies geht aus einer Pressemitteilung der Universität vom 3. Februar 2006 hervor. Dadurch lässt sich feststellen, dass mehrere vorliegende Fotos von der gleichen Digitalkamera aufgenommen wurden oder dass ein digitales Foto mit einer vorliegenden Kameras aufgenommen wurde. Fehlt dieser charakteristische Fingerabdruck in einem Teil des Bildes, so deutet dies auf eine Bildmanipulation hin.

11.5.19 Architekturmanagement (Architecture Management)

Definition: Die Architektur beschreibt ein Objekt, indem es dessen Elemente sowie deren Beziehungen zueinander und zu ihrer Umgebung darstellt sowie die Prinzipien, Richtlinien und Konzepte nennt, die im Lebenszyklus des Objekts zu berücksichtigen sind.

Die Architektur und hierbei insbesondere die Sicherheitsarchitektur eines Unternehmens einschließlich seiner IKT muss mit den Umfeldveränderungen Schritt halten. Sie entwickelt sich daher aufgrund neuer Erkenntnisse, externer Anforderungen und technologischer Veränderungen kontinuierlich weiter. Der hierzu erforderliche Prozess heißt Architekturmanagement. Welche Aufgaben hat dieser Prozess?

Das Architekturmanagement dokumentiert, prüft und pflegt die aktuellen Architekturelemente und deren Zusammenspiel, plant und dokumentiert zukünftige Architekturelemente bzw. -bausteine und Architekturen und entwickelt Strategien für die Überführung der aktuellen in die zukünftige Architektur. Dies schließt die zeitliche Betrachtung sowie die Planung aller erforderlichen Ressourcen bis hin zu finanziellen Mitteln ein.

Das Architekturmanagement lässt sich – wie auch andere IT-Prozesse, Managementdisziplinen bzw. Managementsysteme – entsprechend dem Pyramidenmodell® aufbauen, d. h. als Architektur- bzw. Architekturmanagementpyramide. Ausgangspunkt ist die Architekturleitlinie bzw. -politik. Die Architekturleitlinie enthält u. a. Angaben zum Geltungsbereich, zur Zielsetzung, zu den Rahmenbedingungen, zu den betrachteten Architekturebenen und Architekturbereichen, zur Organisation mit Funktionen, Rollen, zentralen und dezentralen Architekturboards, Gremien und Verantwortlichkeiten sowie zum Aufgabenspektrum. Architekturebenen sind beispielsweise die Geschäftsprozesse, die Anwendungen, die Daten, die IKT-Infrastruktur, die IKT-Endgeräte, die haustechnische Infrastruktur, die Standorte und die Dienstleister.

Im Pyramidenmodell® erfolgt in der nächsten Ebene die Erhebung der Geschäftsanforderungen. Hierzu gehören u. a. Anforderungen an die Kapazität, Leistungsfähigkeit, Sicherheit, Verfügbarkeit und Kontinuität sowie Anforderungen, die sich aufgrund des Umfelds, der Akteure und der geforderten Technologie ergeben.

Über die Transformation der Anforderungen auf die Gegebenheiten der genutzten Prozesse, Ressourcen, wie z. B. IKT, und Organisation leiten sich hieraus die Architekturmerkmale einschließlich der Sicherheitselemente ab, die Verfügbarkeit und Kontinuität beinhalten.

Die Architekturebene im Pyramidenmodell® umfasst übergeordnete Strategien und Prinzipien sowie alle PROSim-Elemente, d. h. die Prozess-, die Ressourcen- und die Organisationsarchitektur, sowie die Produkt- und Leistungsarchitektur. Die Prozessarchitektur umfasst Geschäfts-, Support- und Begleitprozesse, die Ressourcenarchitektur beinhaltet u. a. die Anwendungs-, Daten-, IKT-Infrastruktur-, IKT-Endgeräte-, haustechnische Infrastruktur-, Skill-, Dienstleister- und Akteursarchitektur sowie die Netztopologie und die Organisationsarchitektur mit Organigrammen, Funktionen, Rollen und Gremien. Zur IKT-Infrastruktur gehören z. B. Hardware, Betriebssysteme und Middleware. Außerdem fließen in die Architektur die Sicherheitsarchitektur, d. h. die Anforderungs-, Bedrohungs- und Schutzmaßnahmenarchitektur, sowie die Risikoarchitektur in Form der Schadens-, Bedrohungs- und Schwachstellenarchitektur des Risikomanagements ein.

Die Architektur sollte in Sicherheitszonen eingeteilt sein entsprechend dem gleichnamigen Prinzip. Bei Gebäuden ergeben sich somit räumliche Sicherheitszonen und bei Netzen logische und physische Netzsegmente. Für die Sicherheitszonen sind entsprechende Sicherheitsmaßnahmen zu definieren (s. Kapitel zum Prinzip der Sicherheitszonen). Sicherheitszonen sind oftmals ineinander eingebettet, so dass mit zunehmendem Sicherheitsniveau mehr Sicherheitsbarrieren zu überwinden sind. Dies ähnelt dem Aufbau einer Festung oder geschachtelten Matroschkas.

Das Architekturmanagement dokumentiert Architekturelemente bzw. -bausteine und Architekturmuster. Sicherheitsbezogene Architekturelemente sind beispielsweise Paketfilter, Web Application Firewalls, XML Security Gateways, Datenbank-Firewalls, Proxies und Reverse Proxies, Intrusion Detection und Prevention Systeme, Computervirenscanner und Spam-Filter, Mobile Device Management Systeme sowie Systeme zur Ver- und Entschlüsselung und zur digitalen Signatur, https und VPN.

Architekturmuster (Architecture Patterns) stellen Lösungen des Unternehmens für spezifische Aufgabenstellungen dar. Beispielsweise stellen demilitarisierte Zonen (DMZ) bestehend aus Paketfilter, Application Level Gateway und Paketfilter unterschiedlicher Hersteller ein Architekturmuster zum Schutz zwischen Internet und unternehmenseigenem Netz dar. Ein zweistufiger Computervirenschutz mit

Schutzprogrammen unterschiedlicher Hersteller stellt ebenfalls ein Architektur- muster dar. Eine Clusterlösung für ein spezifisches Betriebssystem, verteilt über zwei Standorte, die das Distanzprinzip einhalten, stellt ein Architekturmuster für eine Kontinuitätsklasse dar.

Architekturrichtlinien bzw. Architekturleitsätze geben den Rahmen für die Archi- tekturgestaltung vor. Hierzu gehören auch sicherheits- und kontinuitätsbezogene Vorgaben, beispielsweise zur Sicherheit der eingesetzten Architekturelemente, z. B. Betriebssysteme. Architekturrichtlinien können Einschränkung im Hinblick auf die Auswahl von Betriebssystemen, Middleware, Anwendungen, Programmierspra- chen etc. enthalten, z. B. um die Heterogenität einzuschränken oder vorgegebene Sicherheitslevel einhalten zu können. Zu den sicherheitsbezogenen Anforderungen in der Architekturrichtlinie gehört die Bildung von Sicherheitszonen.

Architekturkonzepte bilden die Architekturrichtlinien z. B. auf spezifische IKT- Plattformen und Anwendungen ab. Maßnahmen dokumentieren die Umsetzung.

Architekturänderungen unterliegen dem Change Management und sind insbeson- dere auch im Hinblick auf ihre Auswirkungen auf Sicherheit, Verfügbarkeit und Kontinuität sowie Kapazität und Performance zu betrachten.

11.5.19.1 Serviceorientierte Architektur (SOA)

Ein aktuelles Thema im Architekturmanagement ist die *serviceorientierte Archi- tektur (Service Oriented Architecture {SOA})*, die bereits in einem der Anfangska- pitel dieses Buches behandelt wurde.

Das Thema *Sicherheit* ist eine wesentliche Aufgabenstellung im Kontext von SOA. Services sollen die gestellten Anforderungen hinsichtlich Verfügbarkeit, Integrität, Vertraulichkeit und Verbindlichkeit erfüllen. Diese Anforderungen müssen die Architekten zu Beginn jeglicher SOA-Überlegungen erheben, um sie dann entlang dem gesamten Lebenszyklus zu berücksichtigen und weiter zu verfeinern.

Darüber hinaus ist zu definieren, welche Sicherheits-Services erforderlich sind. Ser- vices müssen sich untereinander authentisieren und authentifizieren und sicher- stellen, dass nur berechtigte Service-Nehmer Leistungen erhalten und auch nur die Leistungen, zu denen sie autorisiert sind. Die anforderungsgemäß vertrauliche und integre Kommunikation ist sicherzustellen.

Services sollen ein zugesichertes Sicherheitsniveau bereitstellen. Hierzu gehört u. a. die Anwendung der Prinzipien des generellen Verbots, der minimalen Rechte, der minimalen Dienste und der Funktionstrennung sowie die Protokollierung (Logging) und Protokollauswertung (Auditing). Services müssen außerdem im zu- gesicherten Umfang verfügbar und z. B. gegen DoS-Attacken geschützt sein. Services dürfen nicht „erschlichen" werden können und die Leistungsabrechnung muss ordnungsgemäß und nachvollziehbar abgewickelt werden.

Im Lebenszyklus von Services von der ersten Idee an bis hin zum Betrieb und zur Außerbetriebnahme sind Sicherheitsaspekte zu berücksichtigen.

11.5.19.2 Grid Computing

Beim *Grid Computing* sind verschiedene Computer unterschiedlicher Organisationen bzw. Unternehmen so vernetzt, dass sie gleichzeitig an der Lösung einer Aufgabe arbeiten können. Die Computer stellen dabei die „Knotenpunkte" des „Gitters" dar. Die Nutzer können auf die Rechenkapazität aller im Netz angeschlossenen Geräte zugreifen. Hierdurch lassen sich Geschäftsprozesse beschleunigen, rechenintensive Simulationen durchführen und die Rechnerauslastung optimieren. Wegen der großen Zahl vernetzter Rechner und der Vielzahl unterschiedlich lokalisierter Nutzer muss für alle Sicherheitskriterien auf Sicherheitsaspekte besonderer Wert gelegt werden.

Ähnlich wie bei SOA betrifft dies u. a. die sichere Identifikation und Authentisierung der beteiligten Systeme untereinander, den sicheren verschlüsselten Datenaustausch und die Verbindungsüberwachung. Auf den Grid-Knoten ist das geforderte Sicherheitsniveau sicherzustellen. Hierzu gehört u. a. die Anwendung der Prinzipien des generellen Verbots, der minimalen Rechte, der minimalen Dienste und der Funktionstrennung sowie die Protokollierung (Logging) und Protokollauswertung (Auditing). Der Lebenszyklus von Grids und ihren Komponenten spielt ebenfalls eine wesentliche Rolle. Von der ersten Idee an bis hin zum Betrieb und zur Außerbetriebnahme sind Sicherheitsaspekte zu berücksichtigen. Die Phasen des Hinzuschaltens, Ausklinkens und Abschaltens einzelner Komponenten müssen ebenfalls unter Sicherheitsaspekten betrachtet werden.

Mit dem Thema Grid hinsichtlich Standards und Best Practices einschließlich Security beschäftigt sich das *„Open Grid Forum*[SM]*"* (OGF[SM]). Auf die *Open Grid Services Architecture*® *(OGSA*®*)* ging bereits ein Anfangskapitel dieses Buchs ein.

In der Security Policy Assertion Language (SecPAL) Specification [63], Version 1.0, vom 15. Februar 2007 hat Microsoft® eine deklarative Sprache für Security Policies entwickelt. Sie ist ausgerichtet auf die Zugriffsschutzanforderungen großer Grid-Computing-Umgebungen (Grid Computing Environment {GCE}) und basiert auf XML.

11.5.19.3 Cloud Computing

Beim Cloud Computing kann der Kunde informations- und kommunikationstechnische Ressourcen und Leistungen über ein Netzwerk von verschiedenen Endgeräten komfortabel sowie bedarfsgerecht (On Demand) skalierbar nutzen. Zu den Ressourcen bzw. Leistungen gehören u. a. Rechner-, Speicher- und Netzwerkkapazität sowie Anwendungen.

NIST unterscheidet in seinem Dokument „Definition of Cloud Computing", Version 15, Stand September 2011, fünf grundlegende Merkmale, drei Service-Modelle und vier Einsatzmodelle (Cloud 5-4-3-Modell des NIST). Zu den Service-Modellen gehören Software as a Service (SaaS), Platform as a Service (PaaS) und Infrastructure as a Service (IaaS). Dies entspricht drei Service-Ebenen. Bei SaaS kann der Kunde z. B. mittels eines Web Browsers über das Netz auf die Anwendung zugreifen. Die gesamte Infrastruktur bis hin zur Applikation steuert der Anbieter. Bei PaaS steuert der Anbieter die Plattform, auf der er die vom Kunden gewünschten Anwendungen bereitstellt, während der Kunde die Kontrolle über die Anwendungen hat. Bei IaaS stellt der Anbieter IKT-Ressourcen, wie z. B. Rechner, Speicher und Netzwerk bereit. Der Kunde hat hierbei die Kontrolle über Betriebssysteme und Speicher sowie eingeschränkte Kontrolle über spezifische Netzwerkkomponenten, wie z. B. Firewalls. Bei den Einsatzmodellen unterscheidet NIST zwischen privaten, gemeinsamen und öffentlichen Clouds sowie hybriden Clouds, die sich aus zwei der drei zuvor genannten Einsatzmodellen zusammensetzt.

Die Themen Sicherheit, Kontinuität und Risiko spielen beim Cloud Computing eine wichtige Rolle. So sind die Sicherheit des gesamten Datenübertragungspfades sowie die Verfügbarkeit der Netzanbindungen und des Netzes ebenso ein Thema wie die Sicherheit und Verfügbarkeit der Ressourcen und Services des Anbieters. Die Einhaltung der Vertraulichkeit und des Datenschutzes ist sicherzustellen. Für Letzteres muss der datenschutzkonforme „Standort" der Ressourcen bekannt sein.

Bei Überlegungen zum Cloud-Computing spielt die Sicherstellung der Einhaltung gesetzlicher, aufsichtsrechtlicher und vertraglicher Vorgaben eine wesentliche Rolle. Der Auswahl und umfangreichen Bewertung möglicher Provider kommt ebenso wie einer späteren Vertragsgestaltung und dem Provider Management eine hohe Bedeutung zu (s. a. Sourcing-Pyramide[Dr.-Ing. Müller] und Richtlinie Sourcing im „Handbuch Unternehmenssicherheit"). Die Vertragsinhalte sollten Vereinbarungen zu E2E-Services mit anforderungskonformen SLAs – auch hinsichtlich Sicherheit, Kontinuität und Risiko – umfassen.

Zu den grundlegenden Anforderungen an einen Anbieter gehört u. a. das Vorhandensein eines integrativen und durchgängigen RiSiKo-Managementsystems sowie IT-Governance und ordnungsmäßige IT-Prozesse. Orientierung gibt die top down aufgebaute dreidimensionale RiSiKo-(Management-)Pyramide mit ihren vielfältigen Elementen. Hierzu gehören z. B. die Hierarchieebenen, die Prozesse, die Ressourcen und die Organisation sowie der Lebenszyklus. Die Einhaltung der in der Architekturebene der Sicherheitspyramide angeführten Prinzipien, das Sicherheitsschalenmodell, Zufahrts-, Zutritts-, Zugangs- und Zugriffsschutz, Richtlinien und

Schutzmaßnahmen für sicherheitsrelevante Räumlichkeiten, Datensicherungen, Schutz vor Angriffen und Malware sind nur einige wenige zu beachtende Themen. Hilfreich sind Nachweise des Providers zu bestimmten Themenstellungen wie z. B. Zertifizierungen nach ISO/IEC 27001, ISO/IEC 20000 und ISO 9001.

11.5.19.4   Data Loss/Leakage Prevention/Protection

Der Wert ihrer Daten ist Unternehmen seit Langem bekannt. Das Bewusstsein für die Folgen von Verlust und Missbrauch ist in den letzten Jahren nicht zuletzt aufgrund der zunehmenden Kapazität von Speichermedien gestiegen. Spätestens seitdem Wikileaks im Jahr 2010 als geheim oder vertraulich eingestufte amerikanische Dokumente im Internet veröffentlicht hat, ist das Bewusstsein für diese Gefahr auch auf Managementebene noch präsenter. Der NSA-Überwachungsskandal im Jahr 2013 hat diese Gefahren weiter verdeutlicht. Der Abfluss von Daten kann aus Unachtsamkeit erfolgen, aber auch mit kriminellem Hintergrund interner oder externer Mitarbeiter oder durch Schadsoftware, die Systeme korrumpiert hat. Zum Schutz vor dem unberechtigten Abfluss vertraulicher Unternehmensdaten sowie personenbezogener Daten einschließlich Sozialdaten dient die Data Loss/Leakage Prevention/Protection (DLP), also der Schutz vor Datendiebstahl.

Wer die 3D-Sicherheitspyramide[Dr.-Ing. Müller], ihre Prinzipien und das Sicherheitsschalenmodell kennt, kann sie auch beim komplexen Thema DLP zielführend einsetzen. Wie üblich sind die Sicherheitshierarchie, PROSim und Lebenszyklen ebenso zu berücksichtigen wie der Sicherheitsregelkreis. Die Anforderungen an den Schutz der Daten werden in der Ebene der Sicherheitsanforderungen erhoben, ebenso wie die genutzten Anwendungen. Dementsprechend erfolgt dort die Sicherheitsklassifizierung. Die Transformation überträgt die Anforderungen auf erforderliche Sicherheitsklassen und Sicherheitsmerkmale der genutzten Ressourcen. Den Überblick über Prozesse, Ressourcen und Organisation liefert die Architekturebene. Sie enthält u. a. die Prozessarchitektur, das Organigramm, das Unternehmensdatenmodell, die Anwendungsarchitektur, die Sicherheitsarchitektur und die Netztopologie mit den entsprechenden sicherheitsrelevanten Informationen. Die Pfadanalyse ermöglicht es, den Fluss der Daten zu verfolgen.

Wichtig sind außerdem die Prinzipien des generellen Verbots und der minimalen Rechte, die ihren Niederschlag – dem Sicherheitsschalenmodell folgend – im Zufahrts-, Zutritts-, Zugangs- und Zugriffsschutz finden. Ein weiterer wichtiger Aspekt ist die Sicherheitsschale des Leseschutzes, durch den Daten nur für Berechtigte lesbar werden. Durch die Sicherheitsschalen der Absende-, der Abgangs- und der Abfahrtskontrolle muss sichergestellt sein, dass nur jene Daten das Unternehmen verlassen, für die dies zulässig ist. Verlassen Daten das Unternehmen zu Recht, so müssen die Sicherheitsschalen der Übertragungs- und der Transportsicherung die Daten unterwegs schützen. Aktivitäten müssen protokolliert und ausgewertet sowie Alarmierungen angestoßen werden.

Richtlinien (Policies) legen übergreifend den Schutz der unterschiedlichen Daten sowie den Umgang mit Verletzungen der vorgegebenen Regeln fest. Hierzu gehören u. a. auch Antrags- und Genehmigungsverfahren.

Um dies alles zu managen sind Prozesse, Regelungen und Prinzipien, eine angemessene Organisation sowie geeignete Systeme erforderlich, wie dies aus dem Sicherheitsschalenmodell hervorgeht. Zu den Systemen gehört die Rechte- und Regelsteuerung und -verwaltung mit Prokollierung. DLP-Systeme dienen dem Schutz der Daten, wo auch immer sie sich befinden, ob an zentraler Stelle gespeichert (Data in Rest), bei der Übertragung (Data in Motion) oder auch an den Endgeräten, d. h. zur Unterstützung der Endpoint Security.

11.5.20 Innovationsmanagement (Innovation Management)

> **Wer immer strebend sich bemüht,**
> **den können wir erlösen.**
> (Goethe, Faust II)

Umfelder, Märkte, Technologien und Bedrohungen verändern sich kontinuierlich und haben Auswirkungen auf Kern-, Support- und Begleitprozesse. Innovationen und ihre Auswirkungen rechtzeitig zu erkennen, das Für und Wider abzuwägen, Maßnahmen zu ergreifen und diese umzusetzen, ist Aufgabe des Prozesses Innovationsmanagement. An welchen zurückliegenden *Beispielen* zeigt sich die Aufgabe des Innovationsmanagements?

Nehmen wir die Einführung der **USB-Schnittstelle**. Ihre sicherheitsspezifische Bewertung zeigt, dass durch USB-Schnittstellen einerseits neue Bedrohungen entstehen, beispielsweise indem hierüber z. B. Schadprogramme und unlizenzierte Programme sowie rassistische, sexistische und pornographische Daten eingespielt werden können. Auch das unzulässige Kopieren und Entwenden von sensiblen Daten, noch dazu in großen Mengen, stellt durch den Datenabfluss (Data Leakage) eine ernst zu nehmende Bedrohung für Organisationen dar. Sie gewinnt zusätzlich dadurch an Bedeutung, dass USB Memory Sticks teilweise kaum mehr als solche erkennbar sind, wenn sie beispielsweise in ein Schweizer Taschenmesser oder eine Armbanduhr integriert sind, und über Speichermöglichkeiten im Bereich von über zehn Gigabyte verfügen.

Andererseits eröffnen die USB-Schnittstellen die Möglichkeit, große Datenmengen einfach und leicht zu transportieren bis hin zum multi-bootfähigen USB Memory Stick mit Betriebssystemen, Anwendungen und Daten oder der Möglichkeit, USB-Tokens, auch biometrische, zum Sign-on zu nutzen. Ein weiteres Beispiel sind mobile Mehrbenutzer USB-Festplatten mit biometrischem Zugriffsschutz per Fingerabdruck und Passwortabfrage, auf denen Daten AES-verschlüsselt gespeichert werden.

Die Sicherheitsbetrachtung neuerer Technologien in Form *mobiler Geräte*, wie z. B. Tablet PCs, Notebooks, Netbooks, Personal Digital Assistants (PDAs), Smartphones und Handys, die oftmals eine Vielzahl sensibler Daten speichern, sowie der drahtlosen Übertragung über Bluetooth und WLANs zeigt ebenfalls sowohl Chancen als auch Risiken. Bedrohungen ergeben sich einerseits beispielsweise durch Abhören oder Entwendung der Geräte. Die Nutzer derartiger Geräte können andererseits Gespräche mitschneiden, Fotos machen von geheimen Anlagen und Dokumenten oder filmen. Diesen Bedrohungen steht z. B. bei Smartphones ein hohes Nutzenpotenzial zum einen im operativen Kerngeschäft des Unternehmens gegenüber und zum anderen im Bereich des Objekt- und Betriebsschutzes sowie der Sicherheit des Wachpersonals. So kann es Beleuchtungen ferngesteuert einschalten und Bilder von Überwachungskameras abrufen. Der Leitstand kann Wächterrundgänge zufällig oder situativ online ändern. Alarmierungen lassen sich direkt auf das Smartphone leiten und können vom Wachpersonal quittiert werden. Zusätzlich zum Alarm können die spezifisch einzuleitenden Maßnahmen eingeblendet werden. Situationsbezogen werden aktuelle Videobilder und Kartenmaterial übermittelt.

Voice over IP (VoIP), die Sprachkommunikation über das Internet, erfordert ebenfalls geeignete Sicherheitsmaßnahmen z. B. zum Schutz vor Denial of Service Angriffen und Abhören. Auch hier mag der NSA-Überwachungsskandal aus dem Jahr 2013 als Beispiel für die Notwendigkeit dienen.

Der zunehmende Einsatz *biometrischer Verfahren* durch Unternehmen ist ein weiteres Innovationsbeispiel. Verschiedene biometrische Verfahren für den Zutrittsschutz zum Gebäude und zu Hochsicherheitsbereichen bieten Vorteile, beinhalten aber auch Risiken, z. B. durch Täuschungsanfälligkeit und Falscherkennung. Dies gilt auch für den mittels Fingerabdrucksensoren geschützten Zugang, z. B. zum Unternehmensnetz und zur Unternehmens-IT, zu Notebooks, zu USB Memory Sticks und zu mobilen USB-Festplatten. Die zuvor genannten Beispiele zur Nutzung des Fingerabdrucks verletzen das Prinzip der Subjekt-Objekt/Aktiv-Passiv-Differenzierung, da es sich beim Fingerabdruck um kein verdecktes biometrisches Merkmal handelt,

Chancen-Risiken-Abwägungen sind auch erforderlich für die Stimmerkennung beim Telefon-Banking und beim Self-Service zur Passwort-Rücksetzung. Das Bezahlen per Fingerabdruck bietet Handelsunternehmen die Vorteile schnellerer Bezahlvorgänge, höherer Transaktionsraten und geringerer Kosten sowie den Kunden höheren Komfort. Doch auch hier sind Sicherheitsaspekte zu berücksichtigen ([53]).

Darüber hinaus gibt es Neuerungen bei *Standards*, insbesondere auch im Bereich der Informationssicherheit, wie die dynamische Fortentwicklung der ISO-27000-Familie zeigt, und des Risikomanagements sowie Fortschritte bei Werkzeugen zur Überwachung von Service-Leveln, Ende-zu-Ende-(E2E-)Verfügbarkeit etc.

Ein weiteres aktuelles Thema im Innovationsmanagement ist die Bewertung des *Single Sign-on* sowie des Identitäts- und Accessmanagements, das zusätzlich unter Wirtschaftlichkeitsaspekten interessant sein kann. Das föderierte Identitäts-management eröffnet darüber hinaus neue Geschäftsmöglichkeiten.

Wegen der zunehmenden *Nutzung von Netzwerkdruckern* bieten deren Hersteller Lösungen an, bei denen die Ausgabe eines Druckjobs erst dann erfolgt, wenn der berechtigte Benutzer diesen am Drucker initiiert. Zur Auslösung stehen Verfahren mit PINs und Magnet- oder Chipkarten, aber auch biometrische Verfahren zur Verfügung.

Das Thema *Verschlüsselung* gewinnt an Bedeutung. Zunehmend bieten Hersteller und die Open-Source-Gemeinschaft Tools zur verschlüsselten Speicherung und Übertragung von Daten sowohl bei Computern als auch peripheren Einheiten, wie Druckern und Speichermedien bis hin zu USB Memory Sticks, mobilen Festplatten und Bändern an.

Service orientierte Architekturen (SOA), Grid Computing, Cloud Computing mit den drei Service-Ebenen Infrastructure as a Service (IaaS), Platform as a Service (PaaS) und Application / Software as a Service (AaaS, SaaS) und der Unterschei-dung in „Private Clouds" und „Public Clouds" sind aktuelle Themenstellungen für Organisationen und Unternehmen. Deren Sicherheit und Verfügbarkeit bzw. Kon-tinuität sowie Risiken sind im RiSiKo-Management unter Berücksichtigung aktuel-ler Entwicklungen und Standards zu beachten. Darüber hinaus können durch die Mietbarkeit und den Missbrauch hoher Rechenleistungen zusätzliche Risiken ent-stehen, wenn sie beispielsweise für Brute-Force-Attacken genutzt werden.

WLAN-Passwort gehackt

Mittels Cloud Computing hackte ein deutscher IT-Experte mit dem Einverständnis sei-nes Nachbarn dessen WLAN-Passwort binnen 20 Minuten. Hierzu mietete er bei Ama-zon eine Cluster GPU Instance an. Für die Nutzung der leistungsfähigen GPU-Instanzen berechnet Amazon dem Bericht zufolge 28 US-Cent pro Minute. Bei der Atta-cke wurden 70 Millionen Wörter aus einem Wörterbuch durchprobiert. Das WLAN nutzte WPA-Verschlüsselung. [SPIEGEL ONLINE, 15.1.2011]

Durch *Bring Your Own Device* werden privates und dienstliches Umfeld ver-mischt. Hierbei sind u. a. Sicherheits- und Verfügbarkeitsaspekte, z. B. bei Verlust oder Diebstahl des Gerätes oder bei einem Defekt und daraus resultierender Nichtnutzbarkeit, sowie steuerliche Betrachtungen und unternehmensspezifische Regelungen und der Einsatz z. B. eines Mobile Device Managements erforderlich.

Bei *Bedrohungen* zeigen sich ebenfalls immer wieder kleinere oder größere „Innovationen". Dies zeigen die anhaltende Spam-Welle, das Phishing, Spyware und Botnets, also Computernetze, deren einzelne Rechner meist unbemerkt von ihren Besitzern durch Cracker übernommen wurden und ferngesteuert werden. Auch Prozesssteuerungssysteme sind Angriffsziele wie die Schadsoftware Stuxnet gezeigt hat.

Aus der Internetüberwachung und Spionage durch Geheimdienste ergeben sich Bedrohungen für Personen, Unternehmen und Staaten, wenn die gesammelten Daten beispielsweise zum Führen eines Cyberwars genutzt werden. Zudem kann die Verfassung eines Staates von geheimdienstlichen Aktivitäten tangiert sein, z. B. wenn der Staat das Brief- und das Fernmeldegeheimnis garantiert. Gleichzeitig ergeben sich aus derartigen Garantien z. B. Anforderungen an Telekommunikationsunternehmen und Unternehmen, die zum einen den Daten- oder Sozialdatenschutz einhalten müssen und zum anderen Daten austauschen. Aus der Nichteinhaltung (Non-Compliance) gesetzlicher Anforderungen ergeben sich Risiken für diese Unternehmen.

11.5.21 Vertragsmanagement (Contract Management)

Kenntnis, Aktualität und jederzeitige Zugreifbarkeit von Verträgen ist ein wesentliches Element zur Erzielung von Compliance. Dementsprechend enthält das Vertragsmanagement alle Verträge, z. B. diejenigen mit Kunden, aber auch diejenigen mit Lieferanten, Dienstleistern, Lizenzgebern und Herstellern.

Die Verträge mit den Kunden finden ihren Niederschlag in Vereinbarungen mit internen Abteilungen (Operational Level Agreements {OLA]} und Verträgen mit den dazu erforderlichen *Dienstleistern* (Underpinning Contracts {UC}).

Service-Manager des Auftraggebers überwachen anschließend kontinuierlich die Erfüllung der Verträge und dokumentieren sie in Berichten. Die Überwachungsergebnisse lassen sich zur Steuerung und Verbesserung der Leistungen und gegebenenfalls zur Veränderung des Leistungsangebots sowie der Verträge nutzen. Ferner führen die Service-Manager auf dieser Basis Lieferantenbewertungen durch.

Quellcode in neutraler Hand

Die Vergabe von Software-Entwicklungsaufträgen – sei es zur Neuentwicklung, Weiterentwicklung oder Anpassung – aber auch die Lizenznahme bergen Risiken. Eins dieser Risiken ist die Insolvenz des Auftragnehmers, dessen Brisanz mit steigendem Auftragswert und Lizenzvolumen zunimmt. Dementsprechend sollte ein Unternehmen dieses Risiko in Abhängigkeit von der Kritikalität der Anwendungen und der relevanten finanziellen Schmerzgrenze, z. B. ab 0,5 Mio. EUR, angemessen absichern.

Eine Möglichkeit besteht darin, den Quellcode bei einem Notar für den Fall der Insolvenz des Auftragnehmers hinterlegen zu lassen. Eine andere ist die Beauftragung einer sogenannten *Escrow-Agentur*, die den Quellcode als Zwischeninstanz treuhänderisch bis zu einem vordefinierten Ereignis, der Insolvenz, verwaltet. Escrow-Agenturen bieten u. a. an, zu prüfen, ob die gelieferten Datenträger lesbar und virenfrei sind sowie den Quellcode enthalten. Die Dienstleistungen können bis hin zum Kompilieren und Testen sowie zur Einbindung in das Change und Release Management gehen.

Auch im Falle der Escrow-Agentur gilt – wie bei allen Dienstleistern – dass der Auftraggeber den Treuhänder im Vorfeld sorgfältig auswählen und bewerten sowie in der Folge kontinuierlich überwachen und bewerten sollte.

In den IT-Grundschutzkatalogen des BSI ist im Jahr 2009 die Maßnahme M 6.137, Treuhänderische Hinterlegung (Escrow), hinzugekommen.

Verträge mit internen und externen Dienstleistern können in jeder Phase des Lebenszyklus von Prozesse und Ressourcen, wie z. B. IKT-Systemen erforderlich sein. Hierbei ist zu beachten, dass mit dem jeweiligen Vertragspartner auch sicherheitsbezogene Vereinbarungen zu treffen sind. Diese umfassen beispielsweise Vereinbarungen zur gesicherten Anwendungsentwicklung, zum gesicherten Betrieb und zur gesicherten Außerbetriebnahme, beziehen sich also auf die jeweilige Lebenszyklusphase. Den Lebenszyklus behandelt ein späteres Kapitel dieses Buchs.

Die Vertragspartner können vielfältiger Natur sein, vom externen Berater oder Programmierer über System- und Software-Häuser, Lizenzgeber, den Third Level Support, Outsourcing- und Versorgungsunternehmen sowie Vermieter bis hin zum Versicherungsunternehmen, das z. B. Betriebsunterbrechungen versichert.

Hinzu kommen Anbieter von *Managed Services*. Hierzu gehören Service Provider für Application, Internet, Storage, VPN oder auch Security. Weitere Dienstleister bieten *Cloud Services* an, die sich von der Infrastruktur- über die Plattform- bis hin zur Software-Ebene erstrecken.

Vertrags- und Services-Datenbank

Um den Überblick über die Verträge, z. B. mit Kunden, Lieferanten, Dienstleistern, Lizenzgebern und Herstellern zu behalten, empfehle ich Unternehmen – wenn wirtschaftlich sinnvoll – eine Vertrags- sowie eine Services-Datenbank zu führen, die u. a. Kunden-, Versicherungs- und Lizenzverträge sowie Verträge mit Lieferanten, Herstellern und Dienstleistern enthält sowie Servicebeschreibungen, SLAs und OLAs umfasst. Die Vertrags- und Services-Datenbank nimmt alle relevanten Vertragsdaten auf, wie z. B. Vertragsidentifikator, Vertragsgegenstand, Vertragsart (z. B. Dienstleistung, Gewerk; Aufwand, Festpreis; Entwicklung, Betrieb, Wartung, etc.), Vertragspartner, Ansprechpartner und deren Erreichbarkeit, Start- und Endedatum des Vertrags, Kündigungsmöglichkeiten und -fristen, Kennzahlen des Vertrags (z. B. zu Reaktionszeiten, Service-Zeiten), Verweis auf den Originalvertrag und dessen Aufbewahrungsort sowie Bemerkungen.

11.5.22 Dokumentenmanagement (Document Management)

Die Dokumentation ist – obwohl meist ungeliebt – ein wesentliches Element im Hinblick auf die Ordnungsmäßigkeit und Sicherheit eines Unternehmens und seiner IKT. Das Dokumentenmanagement beschäftigt sich mit der Lenkung, Verwaltung und Archivierung von Dokumenten. Es hat überallhin Verbindungsstellen, so auch zu allen PROSim-Elementen und damit zu allen Begleitprozessen, zu Lebenszyklen und Regelkreisen.

Wie aus der DIN EN ISO 9000ff. bekannt ist, sind Schemata (Namenskonventionen) für die eindeutige Identifikation von Dokumenten, für die Kennzeichnung ihres Status und ihrer Aktualität erforderlich. Das Dokumentenmanagement ist dafür zuständig, den Überblick über die vorhandenen Dokumentationen und Dokumente sowie deren Lebenszyklus mit Entstehungs-, Änderungs- und Vernichtungsorten herzustellen. Weiterhin muss es zwischen unternehmenseigenen, beigestellten und mitgeltenden Dokumenten unterscheiden, die Einhaltung der Namenskonventionen sicherstellen, Mindestanforderungen an das Layout und die Kennzeichnung von Dokumentationen vorgeben und deren Einhaltung sicherstellen sowie die Pflege und Versionierung inklusive des Status der Dokumentationen gewährleisten. Weiterhin ist sicherzustellen, dass hinsichtlich der Dokumentationen Ablageschemata und Ablageregelungen sowie Archivierungsregelungen einschließlich dem Vorgehen bei der Aussonderung und Vernichtung festgelegt werden. Diesen Ausführungen folgend deuten z. B. undatierte oder nicht eindeutig gekennzeichnete sowie nicht auffindbare Dokumente auf Optimierungspotenziale bei Organisation und Ordnungsmäßigkeit hin.

11.5.23 Personalmanagement (Human Resources Management)

Für die Planung über die Entwicklung und den Betrieb bis hin zur Außerbetriebnahme der IKT sowie ihres Umfelds sind Personen notwendig. Für diese gilt es, *Anforderungsprofile* zu erstellen und zu pflegen sowie einen Abgleich zwischen Soll und Ist durchzuführen. Im Personalprozess ist daher die Qualifikation zu prüfen und den Anforderungen entsprechend fortzuentwickeln. Für die Aufgaben der Personen sind – dem Redundanzprinzip folgend – Stellvertreter einzuplanen.

Um Bedienungsfehler und „menschliches Versagen" präventiv zu vermeiden, sollte auf die *Benutzerfreundlichkeit* der Informations- und Kommunikationssysteme Wert gelegt und das Poka-Yoke-Prinzip angewendet werden.

Hieraus ergeben sich die folgenden *Sicherheitselemente*:

- sicherheitskonformer Personalprozess

- angemessene und dokumentierte Qualifikation der Mitarbeiter

- benutzerfreundliche und gefahrenvermeidende Ressourcen, z. B. IKT-Anwendungen

- Frühwarnindikatoren, die auf personal- und personenbezogene Risiken hinweisen, z. B. Fluktuation, Abmahnung, Krankenstand, Überstunden sowie familiäre, finanzielle oder persönliche Schwierigkeiten.

Im Hinblick auf die Sicherheit des Unternehmens stellen die Menschen, d. h. die internen und externen Mitarbeiterinnen und Mitarbeiter, einen wesentlichen Faktor dar. Daher kommt dem Personalmanagement, d. h. dem Personalprozess eine hohe Bedeutung zu. Das Personalmanagement hat überall dorthin Verbindungsstellen, wo Menschen direkt oder indirekt eingebunden sind, so auch zu allen PROSim-Elementen und damit zu allen Begleitprozessen, zu Lebenszyklen und Regelkreisen.

Für die Phasen des Personalprozesses muss die Sicherheitsarchitektur geeignete Sicherheitselemente enthalten. Der Personalprozess umfasst folgende Phasen:

- Planung

- Beschaffung (Recruiting)

- Einarbeitung

- Betreuung und Weiterentwicklung

- Trennung.

In der *Planungsphase* definiert der jeweilige Personalverantwortliche, welche neu eingeplanten Personen welche Aufgaben wahrnehmen sollen, inwieweit diese sicherheitsrelevant sind, welcher Sicherheitsstufe sie angehören sowie welches Know-how auch im Hinblick auf Sicherheit gefordert ist. Dies dokumentiert er im Skill-Profil, z. B. für einen CISO, ISO, CBCO, ITSCO, CRO, CCO, Administrator, Datenschutzbeauftragten, Softwareentwickler etc. Darüber hinaus legt er fest, ob es sich um einen befristeten oder unbefristeten Arbeitsvertrag handeln soll.

In der *Beschaffungsphase (Recruiting)* erfolgt die Auswahl anhand der vorgegebenen Anforderungen. Je nach Sicherheitsstufe führt der Bereich Personal unter Berücksichtigung relevanter Gesetze und Vorschriften sowie ethischer Grundsätze unterschiedliche Sicherheitsprüfungen (Screening) durch. Diese können sich auf die Anforderung eines polizeilichen Führungszeugnisses sowie die Einholung von Referenzen und Bankauskünften beziehen, oder nur auf die Prüfung, dass der Lebenslauf keine kritischen Lücken aufweist.

Für unternehmens- oder sicherheitskritische sowie betrugsanfällige Aufgaben, wie Buchhaltung, Systemadministration oder Beschaffung, lässt sich gegebenenfalls die forensische Psychologie zu Integritätstests des Bewerbers nutzen. Persönliche Integrität beinhaltet die Vertrauenswürdigkeit und Aufrichtigkeit einer Person. Ein solcher Test ermittelt z. B. die Anfälligkeit für Korruption und Betrug.

Je nach Aufgabe und Sicherheitsstufe sind familiäre oder enge verwandtschaftliche Beziehungen zwischen dem neu hinzukommenden Mitarbeiter und vorhandenen Mitarbeitern zu prüfen, um Interessenkonflikte präventiv zu vermeiden. Soll beispielsweise ein Revisor eingestellt werden, so kann es zu Interessenkonflikten kommen, wenn ein Familienangehöriger, z. B. die Gattin, für den Bereich zuständig ist, den er später prüfend begleiten soll.

Kommt es zum Abschluss eines Arbeitsvertrags, so sollen in diesem auch die Verantwortlichkeiten in Bezug auf Datenschutz und Informationssicherheit vereinbart sein. Dies beinhaltet je nach Anwendbarkeit beispielsweise die Verpflichtung zur Einhaltung des Bundesdatenschutzgesetzes, zur Geheimhaltung von Betriebsgeheimnissen, zur Einhaltung des Sozialdatenschutzes und des Bankgeheimnisses – auch über das Vertragsende hinaus. Ein weiteres Element zum Schutz des Unternehmens kann die Vereinbarung eines Wettbewerbsverbots sein.

Wichtig ist, dass die Personalreferenten die Bewerbungsunterlagen, den Arbeitsvertrag und die unterschriebenen Verpflichtungen in der Personalakte ablegen. Personalakten sollten sicher aufbewahrt werden, z. B. in einem anforderungskonform gesicherten Schrank.

Während der *Einarbeitungsphase* stellt ein strukturierter Einarbeitungsplan sicher, dass der neue Mitarbeiter alle erforderlichen Informationen erhält, um die Aufgaben nach der Einarbeitung sicher und fehlerfrei wahrnehmen zu können. Im Hinblick auf die Sicherheit gehören hierzu allgemeine Informationen, z. B. über die Sicherheits-, Kontinuitäts- und Risikopolitik sowie über Sicherheitsrichtlinien wie das „Verhalten in Notfällen", der Räumungsplan, „Sicherheitsbewusstes Verhalten", die IKT-Benutzerordnung sowie Regelungen zur E-Mail- und Internet-Nutzung. Die RiSiKo-Politik gibt hierbei den unternehmensspezifischen Rahmen vor, den alle Mitarbeiter einzuhalten haben, insbesondere auch bei der Erreichung individuell vereinbarter Ziele.

Außerdem erhält der neue Mitarbeiter spezifische sicherheitsrelevante Informationen, welche seine jeweilige Aufgabenstellung und seine Verantwortlichkeiten betreffen. Diese Informationen können in Form von Unterlagen und über Schulung sowie Video-, Web- oder Computer Based Training (WBT, CBT) und Patenschaften vermittelt werden. Schulungen sollten spezifisch auf die Aufgabenstellung und das vorhandene Grundwissen der Zielgruppe abgestimmt sein.

Die Einarbeitung wird dokumentiert. Zusammen mit den seitens des neuen Mitarbeiters unterschriebenen Richtlinien, z. B. zur IKT-Benutzerordnung, sowie zur E-Mail- und Internet-Nutzung wandern sie ebenfalls in die Personalakte.

Die **Phase der Betreuung und Weiterentwicklung** soll erreichen, dass die Führungskraft rechtzeitig sicherheitsrelevante Entwicklungen, wie z. B. finanzielle, familiäre oder persönliche Schwierigkeiten des Mitarbeiters, erkennt. Primäres Ziel muss es sein, frühzeitig Unterstützung anbieten zu können, um Fehlentwicklungen zu vermeiden. Grundlage hierfür ist eine geeignete Unternehmenskultur, gekennzeichnet durch Fairness und Offenheit auch in schwierigen Zeiten. Bewährt haben sich Methoden des „Management by walking around" und die „Open Door Policy". Bei der Führungsmethode „Management by Objectives" (MbO) kann die Führungskraft mit dem Mitarbeiter Ziele auch zum Thema Sicherheit vereinbaren und durch ein entsprechend gestaltetes Anreizsystem den Willen zur Zielerreichung unterstützen.

Das Halten insbesondere von Know-how-Trägern ist ein wichtiges Anliegen vieler Unternehmen. Kündigen Know-how-Träger, so bedeutet dies einerseits den Verlust von Know-how und von getätigten Investitionen sowie andererseits die Investition in die Recherche, Auswahl und Einarbeitung neuer Mitarbeiter. Um diese Bedrohung einzuschränken, kann in besonderen Fällen ein vertragliches Wettbewerbsverbot vereinbart werden. Darüber hinaus sollte die Telefonzentrale zur Erkennung und zum Umgang mit „Headhuntern" sensibilisiert und geschult sein.

Außerdem müssen Mitarbeiter durch geeignete Sicherheits-, Kontinuitäts- und Risikokommunikation regelmäßig zu diesen Themen sensibilisiert und damit das diesbezügliche Bewusstsein (Awareness) gestärkt werden. Als Medien zur Sensibilisierung kommen z. B. Quiz, Rätsel, Newsletter, Artikel in Hauszeitschriften, Flyer, Poster, Fotos, Videos, Ausstellungen, Rundgänge, Workshops, Informationsportale und Kommunikationsforen in Betracht.

Als Ergebnis nächtlicher, feiertäglicher oder wochenendlicher Rundgänge dienen Aufmerksamkeit erregende Klebezettel oder Mitteilungskärtchen – gegebenenfalls in verschiedenen Farben und Formen und mit unterschiedlicher „Absenderaufschrift" – der Kommunikation mit den Kolleginnen und Kollegen sowie deren Sensibilisierung. Als Absender bieten sich beispielsweise an: „Ihr A. N. Greifer", „Ihre B. Drohung", „Ihr B. Drohlich" oder „Ihr S. E. R. G. Fährlich". Für vorbildlich vorgefundene Arbeitsplätze lassen sich Klebezettel oder z. B. „Belohnungssticker" mit alternativen Aufschriften oder Absenderangaben nutzen. Auf den Klebezetteln stellen der bzw. die Prüfer ihr Prüfergebnis sowie vorgefundene Mängel z. B. sensibilisierend, launig und aufmunternd dar.

Derartige Texte können vielfältiger Natur sein: „Gerne hätte ich Ihr Notebook mitgenommen, hatte aber die Hände schon voll. Ihr G. A. Nove"; „Ihr Passwort unter der Tastatur habe ich mir abgeschrieben. Werde es bald nutzen. Vielen Dank dafür. Liebe Grüße Ihr S. E. R. G. Fährlich"; „Hatte leider nicht genügend Zeit. Habe die vertraulichen Dokumente aus Ihrem Schrank daher nur teilweise kopieren können. Komme bald wieder. Viele Grüße Ihre B. Drohung"; „Gut für Sie, schade für mich, dass ich auf der Suche nach Sicherheitslücken meine Zeit bei Ihnen nutzlos verplempert habe, Ihr A. N. Greifer". „Habe keinen Sicherheitsmangel entdeckt. Dafür dankt Ihnen bestimmt Ihr Sicherheitschef, aber nicht ich. Mit unfreundlichen Grüßen Ihr gefrusteter A. N. Greifer". Durch unterschiedliche Absenderangaben bzw. unterschiedliche Klebezettel und Zählung des verbleibenden Rests bzw. der jeweils genutzten Klebezettel bzw. Mitteilungskärtchen lassen sich Anzahl und Einstufungen der vorgefundenen Sicherheitslücke(n) ermitteln und auswerten.

Simulierte Angriffe können sensibilisieren. Deren Auswertung hilft bei der Risikoeinschätzung. Die darauf folgende gezielte und abgestufte Ansprache unzureichend sensibler Mitarbeiter erhöht deren Sicherheitsbewusstsein. Die Sensibilisierung der Management-Ebene erfolgt z. B. durch das Berichtswesen, wie es im Sicherheitsregelkreis beschrieben ist.

Auch im Sicherheitsbereich sind an vielen Stellen die vier Dimensionen fachliche, methodische, soziale und persönliche Kompetenz gefordert. Zu den Aufgaben einer Führungskraft gehört es, die Qualifikationsprofile der Mitarbeiter mit den aktuell und mittelfristig geforderten in Einklang zu halten. Dies erfordert die Vereinbarung, Planung, Durchführung und Erfolgsbewertung von Qualifikationsmaßnahmen. Führungskräfte können so die Qualifikationen kontinuierlich steuern. Der Abgleich zwischen Soll und Ist bildet letztendlich ein Element einer „lernenden" Organisation. Im Hinblick auf das Thema dieses Buchs handelt es sich also um ein Element einer „lernenden" Sicherheits-, Kontinuitäts- und Risikoorganisation.

Damit Mitarbeiter möglichst fehlerfrei arbeiten und in Bezug auf sicherheitsrelevante Entwicklungen im eigenen Aufgabengebiet auf dem Laufenden sind, sollten regelmäßig zielgruppenspezifische Fortbildungen stattfinden. Derartige Maßnahmen sollten dokumentiert und zusammen mit eventuellen Zertifikaten in der Personalakte abgelegt werden.

Bei der Versetzung von Mitarbeitern in andere Bereiche oder auf andere Positionen ist – wie auch bei Einstellungen – zu beachten, dass eventuelle Interessenskonflikte aufgrund familiärer Bindungen innerhalb des Unternehmens vermieden werden. Stellt die neue Position höhere Sicherheits- und Qualifikationsanforderungen, so sind diese rechtzeitig zu überprüfen und ihre Erfüllung zu dokumentieren. Weiterhin sind die Berechtigungen zu überprüfen und anzupassen. Dies ist insofern entscheidend, als sonst mit wachsender Betriebszugehörigkeit und durch mehrere Wechsel Berechtigungsanhäufungen entstehen können, die dem Prinzip der minimalen Rechte zuwiderlaufen.

Weiterhin ist ein Vorgehen für den Umgang mit Sicherheitsverletzungen durch Personen zu definieren und bekannt zu machen. Im Hinblick auf festangestellte Mitarbeiter sind disziplinarische Maßnahmen festzulegen, im Hinblick auf externe Personen sind geeignete vertragliche Regelungen zu treffen.

Für die *Phase der Trennung* von einem Mitarbeiter sollte es ein Standardverfahren geben. Dieses definiert, wer auf welcher Basis die Entscheidung trifft, ob ein Mitarbeiter freigestellt wird oder nicht und welche Berechtigungen ihm für die verbleibende Unternehmenszugehörigkeit zugebilligt werden. Weiterhin muss das Verfahren sicherstellen, dass betriebsrelevante Unterlagen und Dateien, aber auch Geräte zurückgegeben wurden. Der Ablauf ist so zu gestalten, dass alle Berechtigungen dieses Mitarbeiters spätestens zum Zeitpunkt des Ausscheidens, genauer direkt am Ende seines letzten Arbeitstages, gesperrt werden.

Der bisherige Prozess des Personalmanagements konzentrierte sich auf interne Mitarbeiter des Unternehmens. Darüber hinaus umfasst er Verfahren, die sich auf *Personal ohne direkte Zugehörigkeit zum betrachteten Unternehmen* beziehen. Hierzu gehören beispielsweise:

☐   Handelsvertreter
☐   Dienstleister mit Werk- oder Dienstleistungsvertrag
    ☐   Berater
    ☐   Wachpersonal
    ☐   Reinigungspersonal
    ☐   Wartungspersonal
    ☐   Handwerker
    ☐   ...
☐   Mitarbeiter aus
    ☐   Mutterunternehmen (Holding)
    ☐   Schwesterunternehmen
    ☐   Tochterunternehmen
    ☐   ...

ISO/IEC 27001:2013: Die dortige Kontrollgruppe A.7 beschäftigt sich mit Kontrollzielen und Kontrollelementen zur Personalsicherheit vor und während sowie am Ende und bei der Änderung der Beschäftigung.

11.5.24 Ressourcen im Überblick

Die vorangegangenen Kapitel betrachteten die verschiedenen Prozesse der Sicherheitsarchitektur. Die folgenden Kapitel widmen sich den sicherheitsrelevanten Ressourcen. Diese schließen Daten (Unternehmensdatenmodell), Dokumentationen, Verfahren, Methoden, Werkzeuge und Technik im Sinne von Hardware und

Software sowie Infrastruktur, wie z. B. Gebäudetechnik, aber nicht zuletzt auch das Personal ein.

Während spezifische Charakteristika der Ressourcen, z. B. technische Daten, in ergänzenden Dokumenten enthalten sind, gibt die Architektur einen Überblick, der das Zusammenspiel bzw. die überblicksartigen Zusammenhänge einschließlich der Abhängigkeiten (Interdependenzen) darstellt. Für jede Schutzobjektklasse sollte die dazugehörige Architektur verfügbar sein. Jedes Element der Architektur muss je Sicherheitskriterium einer Sicherheitsklasse zugeordnet sein.

11.5.25 Daten

Prozesse und Ressourcen, wie z. B. Anlagen und IKT-Systeme, nutzen Daten, die sie – je nach Aufgabenstellung – erhalten, nutzen, verarbeiten und weitergeben. Den Überblick über die Daten gibt das Unternehmensdatenmodell, das ebenfalls in der Architekturebene angesiedelt ist. Unter RiSiKo-Aspekten – auch im Hinblick auf Data Leakage Prevention – ist es hierbei wichtig, dass das Unternehmensdatenmodell die RiSiKo-Klasse der Daten enthält.

11.5.26 Dokumente

Den Mitarbeitern eines Unternehmens sollten jene Dokumente bekannt und in der aktuellen Version zugreifbar sein, die für ihre Aufgabe relevant sind. Die Dokumentenarchitektur gibt einen Überblick über die vorhandenen Dokumente und deren Status. Weiterhin stellt sie dar, in welchem hierarchischen Verhältnis Dokumente zueinander stehen, wie sie vernetzt sind und wie sie zusammenspielen.

Dokumentationen entstehen in jeder Dimension und dementsprechend auch auf jeder hierarchischen Ebene der Sicherheitsmanagementpyramide, beginnend mit der RiSiKo-Politik über die Sicherheits- und Kontinuitätsanforderungen sowie die Sicherheits- und Kontinuitätsmerkmale bis hin zu den Architekturbeschreibungen auf der Architekturebene.

In der Richtlinienebene angesiedelt sind u. a. Richtlinien, d. h. übergreifende Vorgabedokumente, z. B. zu Verfahrens- und Arbeitsanweisungen, sowie übergreifende Verfahrens- und Arbeitsanweisungen (Standard Operating Procedures, SOPs). In dieser Ebene befinden sich beispielsweise Namenskonventionen, Layout-Vorgaben, Ablageschemata sowie die Vorlagen zur Dokumentation von Prozessen, Ressourcen und Organisation sowie zur Erstellung von Sicherheits-, Notfall-, Krisen- und Katastrophenvorsorge- sowie Betriebsführungshandbüchern. Übergreifende Richtlinien beziehen sich beispielsweise auf Spezifikations-, Entwurfs- und Architekturregeln sowie Programmierrichtlinien.

Der nächsten Ebene zugeordnet sind die spezifischen Konzepte, d. h. die spezifischen Vorgabedokumente, z. B. die richtlinienkonforme Dokumentation einzelner

Prozesse und Ressourcen sowie von Funktionen und Rollen, die Betriebsführungs-handbücher für konkrete Anwendungen, IKT-Systeme oder Hardwarekomponenten, Sicherheitskonzepte für Anwendungen oder IKT-Systeme, Schulungsunterlagen etc.

In der Maßnahmenebene entstehen Aufzeichnungen, d. h. Nachweisdokumente, aus der Umsetzung der Konzepte, z. B. die konkrete Konfiguration einer Firewall, Wartungsprotokolle, Schulungsaufzeichnungen etc.

Um eine einzige zentrale und aktuelle Informationsbasis zu schaffen, setzen Unternehmen Intranet-Portale, Dokumentenmanagementsysteme (DMS) bzw. elektronisches Dokumentenmanagementsystem (eDMS) oder Content Management Systeme (CMS) ein.

11.5.27 IKT-Hardware und Software

Ausgangspunkt für die sicherheitsrelevanten Hard- und Softwarekomponenten ist die IKT-Architektur [64] des Unternehmens. In ihr sind die im Unternehmen eingesetzten und für die Zukunft geplanten Hard- und Softwarekomponenten angegeben. Hierzu gehören beispielsweise:

☐ Rechnerplattformen
☐ Plattformarchitekturen, z. B. Clusterlösung, Virtuelle Maschinen
☐ Speichersysteme, z. B. DAS, NAS, SAN und deren Komponenten
☐ Netzkomponenten, aktiv und passiv
☐ Drucker, Druckstraßen
☐ Scanner, Scanstraße
☐ Betriebssysteme
☐ Datenbankmanagementsysteme (DBMS)
☐ Transaktionsmonitore
☐ Kommunikationssoftware
☐ Groupware
☐ Standardsoftware
☐ unternehmensspezifische Anwendungen/Informationssysteme.

Die Plattform-, die Speicher-, die System- und die Anwendungsarchitektur sowie die Netztopologie zeigen das prinzipielle Zusammenspiel und die Verbindungen zwischen den Architekturkomponenten.

In der Sicherheitsarchitektur führen der Sicherheitsbeauftragte und der zuständige IKT-Architekt die Sicherheitskomponenten der Rechnerplattformen und der Softwarekomponenten auf, wie z. B. das jeweilige Rechtesteuerungs- und -verwaltungssystem, Firewalls, Security Gateways, Intrusion Detection Systeme (IDS), Data Leakage Prevention Systeme (DLP), Mobile Device Management Systeme

(MDMS), Computervirenscanner, Verschlüsselungssoftware, Auditingtools, Datensicherungstools etc.

Im Zusammenspiel zwischen IT Service Continuity Officer und IT-Architekt werden die Architekturelemente für das Kontinuitätsmanagement beschrieben. Hierzu gehören beispielsweise standortübergreifende Clusterlösungen und die Angabe, welche Architekturelemente welche geforderte Kontinuitätsklasse erfüllen.

Die leistbare Kontinuitätsklasse einer Ressourcen bzw. einer Ressourcengruppe, wie z. B. eines Clusters, wird verschiedentlich als Platin, Gold, Silber und Bronze bezeichnet. Platin kann beispielsweise eine Hochverfügbarkeitslösung darstellen, die parallel an zwei räumlich getrennten Standorten produktiv läuft und selbst bei Ausfall eines Standorts die geforderte Leistung nach wie vor zu 100% erbringt. Gold könnte auf der gleichen unterbrechungsfreien Lösung basieren, jedoch bei Wegfall einer Seite nur noch 50% der Leistung zur Verfügung stellen. Silber wäre in diesem Beispiel eine N+1-Lösung mit einem Spare-System, das automatisch gestartet wird und nach kurzer Anlaufzeit die Aufgabe des ausgefallenen Systems übernimmt. Für Bronze müsste ein anderes System heruntergefahren, umkonfiguriert und gestartet werden oder ein bereitstehendes Reservesystem installiert, konfiguriert und gestartet werden. Diesen Kontinuitätsleistungsklassen sind Kontinuitätsanforderungsklassen zugeordnet.

Wer den Hard- und Softwarekomponenten die vorhandenen Sicherheits- und Kontinuitätskomponenten gegenüberstellt, kann Defizite und das Maß der Heterogenität erkennen. Ferner lässt sich kennzeichnen, wie gut die jeweiligen Sicherheits- und Kontinuitätskomponenten die Anforderungen des Unternehmens erfüllen.

Die nächsten Unterkapitel behandeln die folgenden Sicherheitskomponenten:

1. Speicher

2. Firewall

3. Intrusion-Detection-, -Response- und -Prevention-System

4. Content-Security-System

5. Computerviren-Suchprogramme

6. Security Appliances

7. Automatisierte biometrische Systeme

8. Data Loss/Leakage Prevention/Protection-Systeme

9. Mobile Device Management Systeme

10. Bring Your Own Device.

11.5.27.1 Speicher

Speicher lassen sich nach folgenden Kategorien unterscheiden:

- Speicherhierarchie

- Speichermedien

- Speichertopologie.

Speicherhierarchie

Die *Speicherhierarchie* lässt sich entsprechend den Aufgabenstellungen Echtzeit-Speicherung, Datensicherung oder Archivierung in Primärspeicher, Sekundärspeicher und Tertiärspeicher unterteilen. Primärspeicher sind jene Speichermedien, die für den direkten Datenzugriff in Echtzeit (Realtime) genutzt werden. Sekundärspeicher werden zur Datensicherung (Backup) verwendet, während Tertiärspeicher der Archivierung dienen.

Für die Sekundär- und Tertiärspeicher müssen entsprechende Strategien für die Datensicherung und für die Archivierung entwickelt werden. Für die *Datensicherungsstrategie* ist hierbei festzulegen, welche Daten in welchem Umfang und Rhythmus wann nach welchem Verfahren auf welchem Medium gesichert werden. Die Auswahl des Mediums wird maßgeblich mit bestimmt von der maximal tolerierbaren Ausfalldauer. Hierbei müssen die gegenläufig korrelierenden Parameter Zugriffszeit bzw. -dauer und Kosten pro Speicherkapazität in Einklang gebracht werden.

Das rasant wachsende Datenvolumen durch zunehmende IKT-Nutzung, wie z. B. durch E-Mails, erfordert immer mehr Speicherplatz. Um die hierbei entstehenden Kosten zu optimieren (Wirtschaftlichkeitsprinzip), sind *Archivierungsstrategien* für jene Daten erforderlich, die sich nicht mehr im direkten Zugriff befinden müssen, aber aus Gründen der Nachvollziehbarkeit, Nachweisbarkeit und Revisionsfähigkeit über einen bestimmten Zeitraum hinweg aufbewahrt und gelesen werden können müssen. Hierbei ist festzulegen, welche Daten ab wann auf welchem Medium für wie lange (z. B. aufgrund gesetzlicher Vorgaben) archiviert werden. Dabei spielt die Lebensdauer der Speichermedien und der Technologie eine wesentliche Rolle. Sie kann es erforderlich machen, Daten regelmäßig auf ein neues Medium umzukopieren und veraltete Systeme weiterhin betriebsbereit zu halten.

Speichermedien

Allgemein sind – neben Papier – folgende Klassen von *Speichermedien* zu nennen:

- Mikrofilme

- Optische Speichermedien

☐   Magnetische Speichermedien

☐   Halbleiter-Speichermedien.

Mikrofilme und Mikroverfilmung kommen oftmals in Archiven, z. B. in Bibliotheken, sowie bei Banken und bei Versicherungen zum Einsatz. Ihre elektronische Weiterverarbeitung, z. B. in Form einer Schlagwortsuche, ist jedoch schwierig.

Optische Speichermedien speichern digitale Signale in Form mikroskopisch feiner Vertiefungen (Pits), die beim Lesen von einem Laserstrahl abgetastet werden. Sie besitzen eine hohe Speicherdichte und kürzere Zugriffszeiten als Magnetbänder. Beispiele für optische Speichermedien sind CD-ROMs, WORMs und DVDs.

Magnetische Speichermedien nutzen die Polarisation magnetischer Teilchen, um analoge oder digitale Informationen zu speichern. Zu den magnetischen Speichermedien gehören Disketten, Festplatten und Bänder.

Halbleiter-Speichermedien nutzen zur Speicherung digitaler Informationen Speicherchips. Hierbei kommen z. B. Flash-EEPROMs zum Einsatz. Derartige Halbleiterfestplatten, sogenannte *Flash Drives* bzw. *Solid State Disks* (SSD) zeichnen sich durch Robustheit sowie geringen Stromverbrauch und den Wegfall mechanisch bewegter Teile aus. Im Preis liegen sie jedoch noch deutlich über dem herkömmlicher Festplatten. Da Hochleistungs-SSDs einen Datendurchsatz erreichen können, der deutlich über dem herkömmlicher Festplatten liegt, eignen sie sich beispielsweise für Online-Transaktionsverarbeitung, Online Transaction Processing (OLTP), wie sie im Finanzdienstleistungsbereich zur Anwendung kommt.

Flash-EEPROMs sind schnelle elektrisch lösch- und programmierbare Festwertspeicher bzw. Nur-Lese-Speicher (Electrically Erasable Programmable Read Only Memory). Sie sind insbesondere beim Schreiben langsamer als RAMs. Sie gehören zu den nichtflüchtigen Speichern (Non-Volatile Memory). Flash-EEPROMs gelangen z. B. in Smartphones, Handys und Digitalkameras sowie in USB Memory Sticks als portable Massenspeicher zum Einsatz.

Die erwartbare Anzahl der Lösch- und Schreibzyklen ist ebenso wie die Dauer der Speicherung herstellerabhängig recht hoch. Hersteller geben die garantierte Anzahl der Schreibzyklen je Zelle an, die bei Multi Level Cell (MLC) Speicherchips bei 10.000 und bei Single Level Cell (SLC) Speicherchips bei 100.000 liegen können. Bei häufigem Löschen und Beschreiben ein und desselben Bereichs würde dies die Lebensdauer eines Speicherchips bestimmen. Daher nutzen Hersteller das Wear Levelling. Hierbei werden Schreibvorgänge möglichst gleichmäßig über den gesamten Speicherchip verteilt, so dass die Anzahl der Lösch- und Schreibvorgänge für alle Bereiche des Speicherchips möglichst ähnlich ist.

Ein Random Access Memory (RAM) ist ein Halbleiterspeicher, der seine gespeicherten Informationen bei Abschalten der Betriebsspannung verliert. Er besitzt kurze Zugriffszeiten und kommt daher als CPU-naher Speicher bis hin zum Cache zum Einsatz.

Als Medium zur elektronischen Speicherung in Echtzeit kommen Caches, RAMs sowie Halbleiterfestplatten und magnetische Fest- und Wechselplatten zum Einsatz. Es folgen Speichermedien mit zeitnahem Zugriff wie z. B. WORMs und DVDs bis hin zu Medien mit zeitverzögertem Zugriff, wie Bänder und Bandroboter (Tape Libraries).

Bei der Entscheidung, welches Medium in welcher Ebene der Speicherhierarchie genutzt wird, spielen insbesondere die erforderliche Zugriffszeit bzw. -dauer und die Kosten pro Speicherkapazität eine wesentliche Rolle. Kosten und Zugriffszeit korrelieren meist gegenläufig miteinander. Die Abbildung stellt diese Zusammenhänge vom Prinzip her dar.

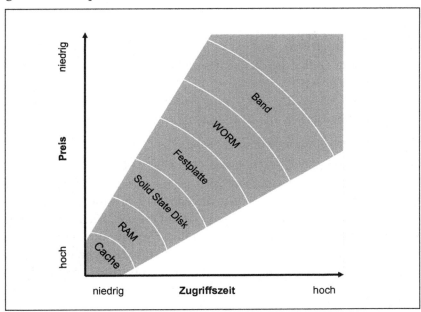

Abbildung 11-17:   **Speichermedien**

Ein ebenfalls wichtiges Element bei der Entscheidung für ein Speichermedium ist bei Sekundär- und Tertiärspeichern ihre geforderte Nutzungsdauer. Dieser steht die *Lebenserwartung des jeweiligen Speichermediums und der Technologie* gegenüber.

Risiko veralteter Speichertechnologien

Der technologische Fortschritt führt oftmals zu kostengünstigeren und qualitativ hochwertigeren Lösungen. Hiermit geht häufig einher, dass frühere Technologien zunehmend weniger unterstützt werden, wie z. B. die 5¼"- und 3½"-Disketten, bis sie schließlich gar nicht mehr angeboten werden. In diesen Fällen begrenzt die Technologie die Nutzungsdauer des Speichermediums.

Präventive Wartung

Die Verantwortlichen sollten auf angemessene Qualität der Speichermedien achten sowie Speichermedien und -technologien im Sinne einer präventiven Wartung rechtzeitig vor Ablauf der erwarteten Lebensdauer durch neue Speichermedien bzw. -technologien ersetzen. Dies erfordert eine Beobachtung der technologischen Entwicklungen und des Verhaltens der Datenträger im operativen Betrieb sowie Erfahrung.

Die „Guidelines on best practices for using electronic information" der Europäischen Gemeinschaft [65] geben folgende Orientierungen zur Lebensdauer verschiedener Speichermedien an:

Medium	Erneuerung
3½-Zoll-Disketten	Sehr kurzfristig
Magnetbänder	Bänder sollten jährlich umgespult und alle 10 bis 15 Jahre ersetzt werden.
CD-ROMs	CD-ROMs sollten alle 10 oder 20 Jahre ersetzt werden.
WORM	WORMs sollten alle 10 oder 20 Jahre ersetzt werden.

Tabelle 11-11: Präventive Datenträgererneuerung

Der NIST Special Publication 500-252, Care and Handling of CDs and DVDs — A Guide for Librarians and Archivists, Oktober 2003, zufolge stimmen Hersteller, die Tests durchgeführt haben, darin überein, dass die Lebenserwartung von CD-R sowie DVD-R und DVD+R bei 100 bis 200 Jahren oder sogar darüber liegen dürfte. Bei CD-RW sowie DVD-RW, DVD+RW und DVD-RAM könnte die Lebenserwartung bei 25 oder mehr Jahren liegen. Über CD- and DVD-ROMs liegen dem Bericht zufolge nur wenige Informationen vor, so dass die Unsicherheit im Hinblick auf die Lebenserwartung entsprechend groß ist: Die geschätzte Lebenserwartung variiert zwischen 20 und 100 Jahren.

Das NIST untersuchte in seiner Optical Disc Longevity Study, Stand September 2007, Speichermedien des Typs DVD-R, DVD+R, DVD-RW und DVD+RW. Im Abschlussbericht zeigt die zusammenfassende Darstellung, dass DVD-RWs eine Lebenserwartung von mindestens 30-45 Jahren haben. 20 % der DVD-R haben jedoch eine Lebenserwartung von nur 0-15 Jahren. Bei diesen Werten hat das NIST eine 95 %ige Überlebenswahrscheinlichkeit mit 95 %iger Sicherheit bei Umgebungsbedingungen von 25 °C und 50 % relativer Luftfeuchtigkeit zugrunde gelegt.

Die Studie [66] zeigt, dass die **Qualität des jeweiligen Speichermediums sowie die Umgebungsbedingungen**, unter denen es aufbewahrt wird, für dessen Lebensdauer wesentlich sind. Tendenziell sinkt die Lebensdauer mit zunehmender Temperatur und Luftfeuchtigkeit, ganz zu schweigen von Rauch und Staub. Instabile Umgebungsbedingungen, wie z. B. Temperatur- und Luftfeuchtigkeitsschwankungen, beeinflussen die Lebensdauer ebenfalls negativ. Bei 20°C und einer relativen Luftfeuchtigkeit von 40 % können gemäß [66] beispielsweise 3480-Magnetbänder und DLTs der betrachteten Hersteller für einen Speicherzeitraum von 5 Jahren akzeptiert werden. Dasselbe gilt für die CD-ROMs und WORMs der dort untersuchten Fabrikate. Bei 10°C und 25 % relativer Luftfeuchtigkeit stieg dort die Lebenserwartung dieser Medien auf 20 Jahre.

Die Medien für die *Primärspeicher* sind aufgrund der erforderlichen sehr kurzen Zugriffszeiten vorgegeben: gestuft nach Zugriffszeiten reichen sie vom Cache über RAMs bis zu SSDs und Festplatten.

Während Cache und RAM im Zuge der Datenverarbeitung temporär genutzt werden, speichern Festplatten und SSDs den aktuellen Datenbestand des Unternehmens dauerhafter. Ihrem Schutz im Tagesbetrieb gilt daher besondere Aufmerksamkeit.

Als Lösung bietet sich der Einsatz redundanter Plattensysteme an. Mehrere physikalische Festplatten werden hierbei logisch so zu einem *Disk Array* verbunden, dass Datenredundanz entsteht. Patterson, Gibson und Katz an der Universität von Kalifornien in Berkeley arbeiteten Ende der 1980er Jahre an diesem Konzept und bezeichneten es als Redundant Array of Independent Disks oder kurz RAID. Das RAID Advisory Board ersetzte später „Independent" durch „Inexpensive". Ein RAID stellt ein System voneinander unabhängiger Festplatten dar, das zur Erhöhung der Performance und/oder Fehlertoleranz genutzt werden kann.

Der Umfang der Datenredundanz wurde vom RAID Advisory Board (RAB) 1993 in verschiedene Level, RAID 0 bis RAID 5 [67] unterteilt, wobei RAID 0 keine Datenredundanz besitzt. Zu diesen *technischen RAID-Leveln* kamen noch die Level 6 und der nächsthöhere proprietäre Level eines Unternehmens hinzu sowie die Enhanced-Level 1E, 5E und 5EE.

Die Storage Networking Industry Association (SNIA) hat im März 2009 die Version 2.0, Revision 19, der Common RAID Disk Data Format (DDF) Specification [68] freigegeben. Sie beschreibt, wie die Daten über die Festplatten einer RAID-Gruppe formatiert werden. Die DDF-Struktur soll eine Basis-Interoperabilität zwischen RAID-Systemen unterschiedlicher Hersteller ermöglichen.

Jeder RAID-Level [68] kennzeichnet, auf welche Art die Redundanz hergestellt wird. Da moderne Plattensysteme nicht mehr mit Einzel-Bytes, sondern blockweise beschrieben werden und über ein eigenes Verfahren zur Fehlerkorrektur (Error-Correction-Code) verfügen, ist RAID 2 heute nicht mehr relevant.

Zusätzlich zu den genannten RAID-Leveln gibt es Mischformen, wie z. B. RAID 10 oder RAID 50 als Kombination aus RAID 1 bzw. RAID 5 und RAID 0, welche die Vorteile der Ausfallsicherheit bzw. der Zugriffszeit der jeweiligen Basis-Level in sich vereinigen. Ihre praktische Bedeutung gegenüber den häufiger anzutreffenden RAID-Leveln 1 und 5 ist eher gering.

Bei *RAID 0* werden die Daten eines Blocks auf zwei oder mehrere Speichereinheiten verteilt (Data Striping). Dies führt zu höherer Performance (Datendurchsatz), verringert aber gleichzeitig die Verfügbarkeit, da bei Ausfall nur eines Plattenspeichers die Nutzbarkeit aller Daten verloren ist.

RAID-Level 1 ist als *Plattenspiegelung (Mirroring)* bekannt. Bei RAID 1, Simple Mirroring, werden die Datenblöcke auf zwei Platten gespiegelt, bei RAID 1, Multi Mirroring, auf drei Speichereinheiten. RAID 1 bietet 100%ige bzw. 200%ige Redundanz, wobei die Performance maximal die der Einzeldrives erreicht. *RAID Level 1E* kombiniert die Einmal-Spiegelung mit Datenverteilung (Data Striping), erfordert minimal 3 Platten und lässt auch eine ungerade Anzahl an Platten zu.

Bei *RAID 5* werden zusätzlich zu den Datenblöcken *Prüfsummen* (Parity-Informationen) auf die Speichereinheiten geschrieben. Die Datenblöcke und die Prüfsummen sind über die Platten verteilt. Bei *RAID Level 5E* wird am Ende jeder Platte ein zusammenhängender Bereich (Hot Space) für den Fehlerfall freigehalten. Bei Ausfall einer Platte wird dieser Bereich automatisch zugewiesen und dazu genutzt, die „verlorenen" Daten so wiederherzustellen, dass eine RAID-Level-5-Konfiguration entsteht. Dies ermöglicht einen automatischen Ersatz der fehlerhaften Platte. Bei *RAID 5EE* sind die Hot Spaces nicht alle zusammenhängend am jeweiligen Plattenende angelegt, sondern über die Festplatten verteilt. Dies dient dazu, den Durchsatz zu erhöhen und die Zeit für die Fehlerbehebung zu reduzieren.

RAID 6 ist prinzipiell eine Erweiterung des Levels 5 um ein *zweites Parity-Schema*. Dies erhöht die Fehlertoleranz, so dass der Ausfall zweier Festplatten verkraftet werden kann [68].

Zusätzlich zur Datenredundanz kann je nach Verfügbarkeitsanforderung die *Redundanz weiterer Komponenten* erforderlich sein, z. B. Netzteil, Lüfter und SCSI-Controller. Weitere Anforderungen können darin bestehen, Komponenten, z. B. Disks, im laufenden Betrieb zu wechseln (Hot Swap) oder Platten zusätzlich leer mitlaufen zu lassen (Hot Spare), um im Fall eines Defekts die Funktion der ausgefallenen Platte übernehmen zu können. Beim Einsatz von Hot-Spare-Platten können auf dieser bei Ausfall einer redundanten Platte die verlorenen Daten restauriert werden. Während dieser Übergangsphase befindet sich das Platten-Array im kritischen bzw. eingeschränkten Modus, der zu sowohl Performance- als auch Redundanzeinbußen führt.

Die Einteilung nach RAID konzentrierte sich auf das zugrunde liegende technische Prinzip. Dies ist für die Anwender eher verwirrend. Daher entwickelte das RAID Advisory Board eine *anwenderorientierte Klassifizierung.* Sie orientiert sich an der Sicht des Anwenders auf die Verfügbarkeit und den Schutz des Speichersystems. Es beschreibt dessen „Extended Data Availability and Protection (EDAP)"-Fähigkeiten.

Das neue System [69] umfasst drei Klassifizierungsstufen (EDAP-Kriterien), die sich an den Verfügbarkeitseigenschaften orientieren. Sie reichen von

☐ fehlerresistent (FR), der niedrigsten Stufe, über

☐ fehlertolerant (FT) bis hin zu

☐ katastrophentolerant (DT)

Diese Stufen bauen hierarchisch aufeinander auf und werden jeweils um eine Kennzeichnung für das Objekt ergänzt, das diese Eigenschaften besitzt. Dies können Plattensysteme (Disk System, DS) oder Array Controller (AC) sein. Innerhalb der Klassifizierungsstufen gibt es neben der Basisstufe bis zu zwei weitere Stufungen, die mit „+" bzw. „++" gekennzeichnet sind. Während die Zonen eines katastrophentoleranten Plattensystems (DTDS) beispielsweise 1km auseinander liegen, beträgt diese Distanz bei DTDS+ 10km.

Speichertopologie

Die Speichertopologie ist eine weitere Kategorie beim Speichermanagement. Hier wird (s. a. [70], [71], [72]) unterschieden in

☐ Direct Attached Storage (DAS)

☐ Network Attached Storage (NAS) und

☐ Storage Attached Network (SAN).

Weiterhin stark steigender Speicherplatzbedarf

Wenngleich die Preise je Terabyte – den Analysten von Experton zufolge im Durchschnitt jährlich um etwa 30 Prozent – sinken, führt der stark zunehmende Speicherplatzbedarf der Unternehmen laut Gartner trotz sinkender Kosten je Terabyte zu steigenden Storage-Ausgaben. Um dem entgegenzuwirken, bietet es sich an, Storage zu virtualisieren, Daten zu deduplizieren, Online-Daten zu komprimieren, iSCSI zu nutzen, die Archivierungskonzepte und -praxis zu überprüfen und weiterzuentwickeln sowie ein effizientes Storage Resource Management (SRM) aufzubauen, das ungenutzte Speicherkapazität identifiziert sowie unkritische Daten auf weniger teure Speichersysteme verlagert. [computerwoche.de, Zehn sichere Wege zum Sparen im IT-Betrieb, 11.11.2009; computerwoche.de, So bekommen Sie die Storage-Kosten in den Griff, 4.5.2009]

Laut Digital-Universe-Studie 2012 des Marktforschungsunternehmens IDC wächst die Datenmenge in Westeuropa jährlich um durchschnittlich mehr als 30%. Dies entspricht einer Verdoppelung etwa alle zweieinhalb Jahre. Die Datenmenge steigt damit von 538 Exabyte im Jahr 2012 auf 5,0 Zettabyte (10^{21} Byte) im Jahr 2020 an. [Digital Universe Study 2012, Dezember 2012, IDC]

Bei *Direct Attached Storage (DAS)* ist das Speichermedium direkt an den Server angeschlossen. Den vielfältigen Anforderungen und dem dynamischen Datenzuwachs ist diese Lösung oftmals nicht mehr gewachsen. Deshalb haben sich *NAS- (Network Attached Storage)* und *SAN-Lösungen (Storage Area Network)* am Markt etabliert. Im Gegensatz zu DAS ist das Speichermedium hier nicht direkt am Server angeschlossen, sondern wird über das Netz bereit gestellt. NAS befindet sich zwischen Anwendungsserver und dem Dateisystem und stellt Dateien bereit. Er arbeitet somit als dedizierter Daten- bzw. Fileserver. Demgegenüber stellen SANs das Speichermedium selbst bereit, z. B. in Form von Festplatten oder Bandbibliotheken.

Bei *DAS* verbinden unterschiedliche Adapter das Speichermedium direkt mit dem Computer. Die Adapter nutzen standardisierte Software-Protokolle, wie SCSI, Fibre-Channel etc. Diese Standards sind jedoch so flexibel, dass es für die verschiedenen UNIX®- und Windows®-Systeme eine Vielzahl unterschiedlicher SCSI- und Fibre-Channel-Varianten gibt [70].

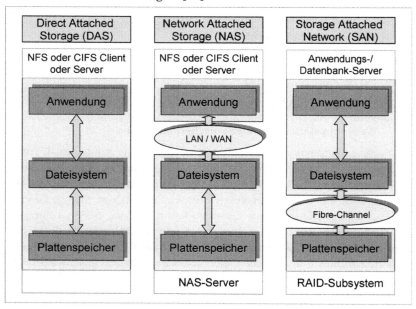

Abbildung 11-18:   DAS, NAS, SAN

NAS-Systeme können als fertige Lösung angeschafft und in ein bestehendes LAN integriert werden [70]. Die am LAN angeschlossenen Clients erkennen die *NAS-Systeme als Fileserver* und nutzen sie. NAS-Systeme sind netzzentriert (network centric). Sie lassen sich über verschiedene Netzprotokolle, z. B. TCP/IP für die Datenübertragung und Ethernet oder Gigabit-Ethernet als Übertragungsmedium, ansprechen. Sie stellen unterschiedliche Dateisysteme zur Verfügung, z. B. CIFS (Common Internet File System) für Microsoft®-Windows®-Umgebungen, NFS (Network File System) für UNIX®-Umgebungen sowie FTP, http und andere Netzprotokolle. NAS-Systeme ermöglichen heterogenen Clients den Zugriff auf einen zentralen Datenbestand. Die bessere Speicherauslastung, das zentrale Management und die leichte Installierbarkeit machen NAS-Systeme zu einer kostengünstigen Lösung zur Erweiterung der Speicherkapazität. Durch den Datentransfer belasten sie aber das LAN.

Speichernetze, englisch Storage Area Networks oder kurz SANs, stellen separate Hochgeschwindigkeitsnetzwerke dar, z. B. in Form eines Fibre-Channel-Netzes (FC-SAN). Sie sind für den Anschluss unterschiedlicher Speichermedien an Server konzipiert. Hierbei kann unterschieden werden in SANs, welche die Fibre Channel Arbitrated Loop (FC-AL) nutzen und den Switched Fabrics (FC-SW) (fabric: Gewebe). Bei FC-AL (Ringtopologie) verbindet ein Hub bis zu 126 Geräte, wobei zu einem Zeitpunkt jeweils nur zwei Komponenten miteinander kommunizieren können, bei FC-SW (Netztopologie) verknüpfen Switches eine Vielzahl von Servern und Speichereinheiten [72]. SAN-typische Sicherungsfunktionen sind Momentaufnahmen (Snapshot Copies), synchrone Spiegelung (Mirroring) und asynchrone Spiegelung.

Vorteile der SAN-Architektur liegen u. a. in der modularen Struktur, in der besseren Ausnutzungsmöglichkeit der Speicherressourcen, dem zentralen Management und der Entlastung des LANs durch den Aufbau einer eigenen Netzinfrastruktur. Die modulare Struktur erlaubt eine einfachere Skalierbarkeit bei gleichzeitigem Datenzugriff. Durch die eigene Netzinfrastruktur des SANs lassen sich Datensicherungen und -archivierungen LAN-unabhängig ausführen.

SANs bieten einen weiteren Vorteil: die *Virtualisierung des Speicherplatzes (Storage Virtualization)* durch „virtuelle" Plattenspeicher. Dieses Prinzip ist aus der Großrechnerwelt bekannt, in der mit virtuellem Hauptspeicher gearbeitet wird. Die Virtualisierung des Speichers transformiert die physikalischen in logische Speichervolumina, die LUNs (Logical Unit Number). Für die Server bzw. Hostsysteme sind nur die logischen Speichervolumina „sichtbar". So können beliebige Speicherkomponenten, z. B. RAIDs (Redundant Array of Inexpensive Disks), preiswertere JBODs (Just a Bunch of Disks), oder auch MBODs (Managed Bunch of Disks) sowie SBODs (Switched Bunch of Disks) unterschiedlicher Hersteller im SAN genutzt werden. Kapazitäten lassen sich dadurch prinzipiell zentral und dynamisch zuweisen und verändern sowie die Gesamtnutzung des Speicherpools (Storage Pool) optimieren.

Worin unterscheiden sich JBODs, MBODs und SBODs [73]? Bei *JBOD*s sind die Platten vom Platten-Controller ausgehend in einer Kette hintereinandergeschaltet. Deren Ende führt wieder zum redundant ausgelegten Controller, so dass sich eine logische Schleife ergibt. Fällt eine Platte oder eine Verbindung aus, so hat der Controller keinen Zugriff mehr und das JBOD-System fällt aus.

*MBOD*s verwenden demgegenüber einen zentralen Hub. Dadurch lassen sich einzelne Platten aus der Schleife herausnehmen, ohne dass die Datenübertragung zum Erliegen kommt. Der zentrale Hub ermöglicht zusätzlich die Sammlung statistischer Daten, die Ermittlung der Fehlerhäufigkeit und der Auslastung. Sowohl JBODs als auch MBODs haben prinzipbedingte Nachteile, weil stets nur einer der beiden redundanten Controller aktiv sein kann. Außerdem müssen die Datenpakete die logische Schleife durchlaufen, bis sie zur Zielplatte gelangen. Hierdurch ergeben sich Latenzzeiten.

Diese Nachteile vermeiden *SBOD*s. Ähnlich wie bei Switches ist die Steuereinheit eines SBODs in der Lage, mehrere Verbindungen offen zu halten. Dadurch können beide Controller Daten an unterschiedliche Platteneinheiten übertragen, ohne sich gegenseitig zu behindern. Die Latenzzeit, die sich aus dem Durchlaufen der logischen Schleife ergibt, vermeiden SBODs ebenfalls. Soll der SBOD-Switch eine Verbindung zwischen dem Controller und einer Platteneinheit aufbauen, bildet er zwischen diesen eine direkte virtuelle Schleife.

Bei der Virtualisierung unterscheidet die SNIA (Storage Networking Industry Association) zwischen *In-Band-Virtualisierung* und *Out-of-Band-Virtualisierung*. Bei der In-Band-Virtualisierung befindet sich die Steuerungsinstanz für den Datenstrom, die so genannte Appliance im Datenpfad zwischen Server und Speicher. Hier laufen sowohl die Steuerungs- als auch die Nutzdaten über die Appliance, in der die Zuordnung der Speichersegmente (LUN) zu den einzelnen Servern erfolgt. Bei der Out-of-Band-Virtualisierung befindet sie sich außerhalb des Datenpfades und kommuniziert über das LAN mit dem Host-Based-Adapter (HBA) des jeweiligen Servers. In der Appliance sind die logischen Speichersegmente je Server definiert. Im HBA sind die exakten Informationen über die zugehörigen logischen und physikalischen Blöcke gespeichert.

Unter *Kosten-Nutzen-Aspekten* sind auch die Interoperabilität und das Management heterogener SANs für Unternehmen ein wichtiges Element bei der Entscheidung für oder gegen eine SAN-Lösung. Um dem gerecht zu werden, hat die SNIA die Storage Management Initiative Specification (SMI-S) publiziert, die im September 2010 in der Version 1.5.0, Revision 5, freigegeben wurde [74]. SMI-S, Version 1.1.1 fand

Eingang in die ISO/IEC 24775:20117, Storage management. ANSI akzeptierte die SMI-S Version 1.3 als Standard ANSI INCITS 388-2011, Storage Management.

SMI-S standardisiert Funktionen und Leistungsmerkmale im Storage Management und beschreibt die Schnittstelle, die dem sicheren und interoperablen Management heterogener verteilter Speichersysteme in einem SAN dient. SMI-S behandelt Hardwarekomponenten wie FC, iSCSI, NAS und Bandbibliotheken sowie Services wie Konfigurationsermittlung, Asset Management, Compliance, Security, Daten-schutz, Cost Management und Ereignismanagement.

Die Schnittstelle nutzt ein objektorientiertes und XML-basierendes Protokoll zwi-schen Server und Client. Als Basistechnologie kommt Web Based Enterprise Ma-nagement (WBEM) zum Einsatz. Dieser Satz an Technologien zum interoperablen Management eines Unternehmens besteht aus CIM, XML und http.

Das Common Information Model (CIM) beschreibt Informationen zum Manage-ment der zu verwaltenden Objekte, wie Systeme, Netze, Anwendungen und Servi-ces. CIM ist ein Standard der Distributed Management Task Force (DMTF®). So-wohl das Metamodell als auch das Managed Object Format (MOF) liegen seit 13. Dezember 2012 in der Version 3.0.0 vor. Die Tags zur Darstellung der entspre-chenden Daten im Protokoll sind in XML definiert.

Zur Absicherung der jeweiligen Speicherlösung sind die Anforderungen an die Be-triebssicherheit bzw. Verfügbarkeit zu berücksichtigen. Unter Anwendung des Redundanzprinzips führt dies bis hin zur Redundanz und hinreichenden räumli-chen Trennung aller aktiven und passiven Komponenten des Speichernetzes, der Speichermedien und des Speichermanagements und damit zu einer *redundanten Speichertopologie*.

Da die Anforderungen an die Distanz räumlich bzw. geographisch verteilter Spei-chereinheiten zunehmen, gewinnen Protokolle zur Übertragung über IP an Bedeu-tung. Hierzu gehören das Internet SCSI (*iSCSI*) [75], das Internet Fibre Channel Protocol (*iFCP*) und Fibre Channel over IP (*FCIP*) [76]. FCIP ist ein Protokoll, das geographisch verteilte FC-SANs transparent über IP-Netze verbindet. *FCoE* steht für Fibre Channel over Ethernet und zielt auf die Konsolidierung Ethernet-basier-ter Netze und SANs ab. FCoE ermöglicht den Transport von FC-Paketen über das Ethernet [72].

Die Vielfalt der Speichersysteme und der Aufwand, sie zu managen, legt deren Konsolidierung unter einem einheitlichen System nahe. Dies hat zur Entwicklung von *Unified Storage Systemen* geführt, die NAS, Fibre-Channel-SAN und iSCSI zusammenführen sollen.

Virtuelle Bandbibliotheken (Virtual Tape Library, VTL) (s. a. [77]) bestehen aus Disk-Arrays, die per Software die Funktionen von Bandbibliotheken emulieren.

Die im Vergleich zu den Bandbibliotheken schnellen Disk-Arrays beschleunigen den Backup- und Restore-Vorgang.

VTLs nutzen verschiedentlich Deduplizierung zur Einsparung von Speicherplatz. Deduplizierung kann das Speichervolumen je nach Art der Daten auf ein Zehntel bis hin zu einem Fünfzigstel reduzieren [77]. Die Deduplizierung erfolgt entweder durch eine In-Line-Appliance bereits während der Datensicherung oder nach Abschluss des Backups. Die In-Line-Appliance reduziert die Backup-Geschwindigkeit. Um dies zu optimieren, speichert sie die Daten zuerst und analysiert sie um einige Sekunden zeitversetzt.

Best Practices für die Speichersicherheit hat die SNIA zusammengestellt [78]. Diese bauen auf den früheren 10 Empfehlungen der SNIA zur Speichersicherheit auf und unterteilen sich in Kern- und technologiespezifische Best Current Practices. Die Kernpraktiken gehen ein auf General Storage Security, Storage Systems Security und Storage Management Security. Zu den grundlegenden Praktiken gehört z. B. die aus dem Asset Management bekannte Inventarisierung und Klassifizierung von Ressourcen, die sich im vorliegenden Fall also auf Speichereinheiten bezieht. Weiterhin wenden die Best Current Practices z. B. die Prinzipien der minimalen Rechte und der Sicherheitszonen auf Speichereinheiten an. Die technologiespezifischen Praktiken beziehen sich auf Network Attached Storage (NAS), Block-based IP Storage, Fibre Channel Storage, Encryption for Storage, Key Management for Storage und Long-term Information Security.

11.5.27.2   Firewall

Eine **Firewall** („Brandschutzmauer") (s. a. [56], [79], [80], [81]), im englischen auch als Security Gateway (IT-GSK des BSI: Sicherheits-Gateway) bezeichnet, ist eine Netzkomponente, die zwei Netze mit unterschiedlichem Sicherheitsniveau miteinander so verbinden soll, dass das zu sichernde Netz vor Übergriffen aus dem anderen Netz geschützt wird. Entsprechend dem OSI-7-Schichten-Modell der ISO arbeiten Firewalls auf den Schichten (Layers) 2, 3, 4 und 7.

Die Schichten 1 - 4 des OSI-7-Schichten-Modells [82] sind die transportorientierten Schichten, die Schichten 5 - 7 die anwendungsorientierten Schichten. Die wichtigste Aufgabe der Schicht 3, Vermittlungsschicht (Network Layer), ist die Ermittlung eines optimalen Weges durch ein verzweigtes Netz (Routing). Sie stellt eine Ende-zu-Ende-Verbindung zwischen zwei kommunizierenden Stationen her und sorgt dafür, dass ein Paket – egal auf welchem Weg – bei der richtigen Station (Adresse) ankommt.

Im Internet repräsentieren die IP-(Internet-Protocol-)Adressen die Schicht-3-Adressen. Die Protokolle der Transportschicht (Transport Layer) realisieren eine Ende-zu-Ende-Verbindung zwischen einzelnen Prozessen verschiedener Endsysteme.

Die in der TCP/IP-Terminologie vorkommenden Ports können als Endpunkte (Quell- und Ziel-Port) solcher Prozesse verstanden werden.

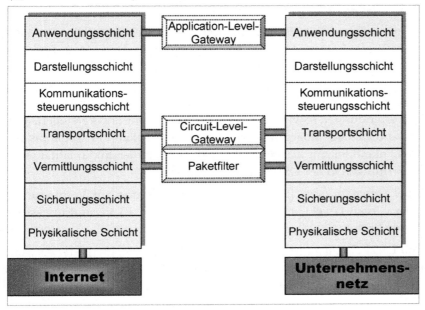

Abbildung 11-19:   **Firewallebenen (Prinzipdarstellung)**

Entsprechend der Ebene des OSI-7-Schichten-Modells, auf welcher die Firewall filtert, gibt es drei Firewall-Arten:

☐ Paketfilter

☐ Circuit Level Gateway

☐ Application Level Gateway.

Ein *Paketfilter* (s. a. [56], [79], [80], [83], [84]) führt die Filterung primär auf der OSI-Schicht 3 (Quell- und Zieladresse) der jeweiligen Kommunikationsprotokolle durch sowie gegebenenfalls auf Schicht vier hinsichtlich der Portadressen [84]. Paketfilter können dementsprechend filtern nach:

☐ Quell- und Zieladresse (OSI-Schicht 3, IP: Quell- und Zieladresse)

☐ Protokoll-Typ (Ethernet: OSI-Schicht 2; IP: OSI-Schicht 3)

☐ Quell- und Ziel-Ports (OSI-Schicht 4)

☐ benutzerdefinierten Bitmasken.

Je größer und komplexer die Netze werden, desto unübersichtlicher werden die dazugehörigen Filtertabellen. Hinzu kommt, dass Paketfilter über kein „Gedächtnis" verfügen, sodass sie Zusammenhänge zwischen aufeinander folgenden Paketen nicht bewerten können. Hierdurch sind sie leicht zu überlisten. Dies führt dazu, dass Paketfilter entweder nur als Vorfilter zum Einsatz kommen oder *Paketfilter mit einer Zustandstabelle* [84] versehen werden. Was wird hierdurch erreicht?

Ein Paketfilter müsste gemäß TCP-Spezifikation z. B. eingehende Pakete an alle Portnummern größer als 1023 und kleiner als 16384 zulassen. Dadurch entsteht jedoch ein hohes Risiko, dass unautorisierte Nutzer über diese Ports durch verschiedenartige Techniken in das zu schützende Netz eindringen. Paketfilter mit Zustandstabelle lösen u. a. dieses Problem, indem sie sich ein Verzeichnis der ausgehenden TCP-Verbindungen sowie der dazugehörigen Client-Ports erstellen. Mittels dieser „Zustandstabelle" überprüfen sie eingehende Pakete. Im Ergebnis bedeutet dies, dass Paketfilter mit Zustandstabelle die Standard-Funktionalität eines Paketfilters um Prüfungen in der OSI-Schicht 4 erweitern.

Ein *Circuit Level Gateway* (s. a. [56], [80]) führt die Filterung auf Verbindungsebene durch. Das Circuit Level Gateway arbeitet sozusagen als Vermittlungsstelle für das betreffende Protokoll.

Das *Application Level Gateway (ALG)* (s. a. [56], [79], [80], [83], [84]) oder Anwendungsschicht-Gateway ist eine Firewall, die sich aus Sicht eines Client-Programms wie ein Anwendungs-Server für den betreffenden Dienst, z. B. DNS, http, https, ftp, LDAP, SMTP, Telnet, darstellt. Diese Anwendungs-Server in der Firewall übernehmen stellvertretend, d. h. als Proxy (Stellvertreter), die Aufgaben des jeweiligen Dienstes. Dadurch kommt keine direkte Verbindung zwischen den beiden Netzen zustande, die durch die Firewall getrennt sind. Die Proxies ermöglichen Clients eines internen Netzes den Zugriff auf ein externes Netz und verbergen durch Network Address Translation (NAT) das interne Netz gegenüber dem externen. Reverse Proxies nehmen die umgekehrte Aufgabe wahr, d. h. sie verbergen den anfragenden Clients gegenüber die Serveradressen des internen Netzes.

Application Level Gateways bieten üblicherweise umfangreiche Protokollierungs-(Logging-)Funktionalitäten, da sie das komplette übertragene Paket prüfen können. So lassen sich anwendungsspezifische Kommandos innerhalb des Pakets protokollieren. Dem Vorteil der „Komplett-Paket-Prüfbarkeit" steht der potenzielle Nachteil eines geringeren Durchsatzes gegenüber, da das Lesen und Prüfen der kompletten Pakete Zeit benötigt. Deshalb eignen sich Application Level Gateways prinzipiell weniger für breitbandige Echtzeitanwendungen. Daher realisieren Unternehmen bei entsprechenden Sicherheits- und Performanceanforderungen einen mehrstufigen Schutz, indem sie die Anbindung an das Internet über ein im Vergleich zum ALG schnelleren Paketfilter realisieren, gefolgt von einem Application Level Gateway und einem erneuten Paketfilter.

Web Application Firewalls (WAF) bzw. WebShields befinden sich als Proxy, also als Stellvertreter der jeweiligen Webanwendung, zwischen Browser und Webanwendung und filtern den http-Datenstrom auf der Anwendungsschicht (application level). Durch die Filterung können sich Performance-Einbußen ergeben. Eine WAF dient als zusätzliche Sicherheitsmaßnahme im Sinne eines Vorfilters, der eine Validierung des Inputs durchführt. Dies kann z. B. das Filtern unzulässiger Daten oder manipulierter Parameter (Parameter Tampering) betreffen oder die Verhinderung von Anomalien. Die Berücksichtigung sicherheitsrelevanter Aspekte sowie das Abfangen potenzieller Angriffe obliegt jedoch weiterhin vorrangig auch der Webapplikation, d. h. trotz WAF muss die Webapplikation sicher entwickelt werden. WAFs können regelbasiert beispielsweise Cross Site Scripting (XSS) und SQL Injection erkennen und auf vorgegebene Weise darauf reagieren. Für den modular aufgebauten Open Source Apache-Webserver existiert als Open Source WAF das Modul ModSecurity bzw. mod_security. Je nach Hersteller bieten Web Application Firewalls zusätzliche Funktionalitäten zur Entlastung von Webservern an, wie z. B. SSL Offloading, Web Services Encryption und Decryption, Verifizierung digitaler Signaturen und Key Management.

Beim SSL Offloading werden Nachrichten, die mittels SSL-Protokoll übertragen werden, herausgefiltert und einer separaten Ent- oder Verschlüsselung zugeführt. Die Stelle, an der die Ver- und Entschlüsselung durchgeführt wird, beendet die SSL-Verbindung (SSL Termination). Da die Ver- und Entschlüsselung mittels SSL zeitintensiv ist, können darauf spezialisierte Hardwarekomponenten diesen Vorgang beschleunigen. Dies wird als SSL Acceleration bezeichnet.

XML Firewalls bzw. *XML Security Gateways*, befinden sich üblicherweise in der demilitarisierten Zone (DMZ) und schützen Anwendungen in einer Service-orientierten Architektur (SOA), die Daten per XML austauschen, vor Angriffen, wie z. B. Cross Site Scripting (XSS) und SQL Injection. Sie untersuchen als Proxy die ein- und ausgehenden XML-Nachrichten. XML Security Gateways sind darauf ausgerichtet, vor XML-spezifischen Angriffen z. B. durch extrem lange XML-Nachrichten und/oder in sich hochgradig geschachtelte oder rekursive XML-Dokumente zu schützen. Derartige DoS-Angriffe sollen das Zielsystem so hoch belasten, dass es zu einem Ausfall kommt. Andere Angriffe zielen darauf ab, XML-Nachrichten zu verfälschen. Durch Validierung des XML-Schemas und der XML-Nachricht sowie der IP-Adresse des anfragenden Systems können XML Security Gateways diesbezügliche Schutzfunktionen wahrnehmen. Filter können unternehmensspezifisch gesetzt und Sicherheits-Policies verändert werden.

XML Security Gateways können je nach Hersteller darüber hinaus die Authentifizierung, die Autorisierung und das Auditing (AAA) übernehmen sowie XML-Ver- und -Entschlüsselung und digitale Signatur unterstützen. Zu den unterstützten Standards können beispielsweise WS-Security, WS-SecurityPolicy, WS-Secure-Conversation, die eXtensible Access Control Markup Language (XACML), die

Security Assertion Markup Language (SAML), SSL, LDAP und RADIUS gehören. XML Firewall Appliances, die in Echtzeit arbeiten, können die dahinterliegenden Systeme deutlich entlasten.

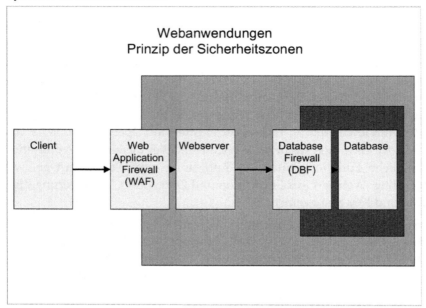

Abbildung 11-20:   **Webanwendungen (Prinzip der Sicherheitszonen)**

Database Firewalls (DBF) bzw. Database Security Gateways bilden eine zusätzliche Barriere und sind der Datenbank vorgeschaltet. Sie überprüfen an die Datenbank gerichtete Operationen. Hierdurch sollen Angriffe blockiert und Datenlecks erkannt werden. Zu derartigen Angriffen gehören beispielsweise SQL Injection und Cross Site Scripting sowie administrative DB-Kommandos, wie CREATE oder DROP. Der Markt bietet DBFs in Form von Appliances, bestehend aus Hardware und Software. Ebenfalls verfügbar ist eine Open-Source-Softwarelösung.

Ein entscheidender Faktor bei der Erreichung des gewünschten Schutzes durch Firewalls sind die Filterregeln. Diese aufzustellen und einzurichten erfordert Erfahrung und Sorgfalt. Beispielsweise sind für Paketfilter die erlaubten Verbindungen (Whitelist) anzugeben, für ALGs die erlaubten Dienste. Die Vorgaben sind zu dokumentieren und die eingerichteten Filterregeln zu protokollieren und zu testen.

Neben der Unterscheidung nach der Ebene des OSI-7-Schichten-Modells, auf welcher die Firewall filtert, kann unterschieden werden in

☐   Firewalls in Routern (Begrenzungsrouter)

☐   Firewall Appliances

☐   Firewalls in Computer-Systemen (Bastion Host).

Der Einsatz von *Routern als Firewall (Begrenzungsrouter)* setzt in den Routern die – meist vorhandene – Paketfilter-Funktionalität voraus. Allerdings sind die Möglichkeiten derartiger Firewalls begrenzt.

Firewall Appliances sind spezifisch für die Aufgabe als Firewall ausgelegte, autonome und in der Regel proprietäre Komponenten, bestehend aus Hard- und Software. Sie sind weitgehend „schlüsselfertig" vorkonfiguriert. Ihre Inbetriebnahme benötigt wenig Zeit und die verbleibende Konfiguration ist relativ einfach gestaltet. Sie sollten über automatische Update-Funktionen verfügen. Die Erweiterungsmöglichkeiten von Appliances sind oftmals begrenzt.

Firewalls in Computern, die sich zwischen dem zu sichernden und dem ungesicherten Netz befinden, sind Abwehrrechner und heißen *Bastion Host* (Bollwerk-Computer). Sie können als Paketfilter, Circuit Level Gateway oder Application Level Gateway konfiguriert sein. Besitzt ein Bastion Host mehrere Netzwerkkarten, so wird er als „Multi-Home"-Firewall, bei zwei Netzwerkkarten als „Dual-Home"-Firewall bezeichnet.

Bastion Hosts lassen sich in unterschiedlichen Topologien einsetzen. Dementsprechend kann unterschieden werden in

☐ Bastion Host mit entmilitarisierter Zone

☐ kaskadierter Bastion Host

☐ Bastion Host mit Secure Server Network.

Bei Einsatz von zwei Firewalls, z. B. einem (äußeren) Begrenzungsrouter und einem (inneren) *Bastion Host*, entsteht zwischen diesen eine erste *de- bzw. entmilitarisierte Zone* (Demilitarized Zone {DMZ}). In dieser können z. B. Web- oder FTP-Server angesiedelt werden. Durch den Begrenzungsrouter sind die Server zwar geschützt, befinden sich jedoch noch vor der Firewall, von der sie als „nicht vertrauenswürdig" eingestuft werden. Sie sind somit einem höheren Risiko ausgesetzt als das hinter dem Bastion Host liegende Netz. Daher werden sie auch als „Opferlamm" (Sacrificial Host) bezeichnet.

Größeren Schutz bieten *kaskadierte Bastion Hosts*. Hierbei werden mehrere Firewalls hintereinander geschaltet, sodass – wie beim Sicherheitsschalenmodell, allerdings innerhalb der „Zugangsschale" – mehrere zusätzliche Schalen bzw. Sicherheitszonen entstehen, die ein potenzieller Angreifer überwinden muss. Eine mögliche Konfiguration ist eine Hintereinanderschaltung zweier Bastion Hosts.

Eine Variante der kaskadierten Bastion Hosts ist der *Bastion Host mit Secure Server Network*. Anstelle mehrerer kaskadierter Bastion Hosts wird ein Bastion Host mit mindestens drei Netzwerkkarten ausgestattet. Wie bei der „Dual-Home"-Firewall stellt eine Netzwerkkarte die Verbindung ins Internet und eine zum LAN her, während weitere Netzwerkkarten Verbindungen z. B. zu Webservern oder RAS-Servern herstellen.

Organisationen und Unternehmen sind in ihrem Betriebsablauf zunehmend auf das Internet angewiesen, beispielsweise hinsichtlich der E-Mail-Korrespondenz, bei Recherchen, Onlinebanking, Onlineshopping etc. Eine Störung dieser Verbindung kann damit massiven Einfluss auf die Handlungsfähigkeit des Unternehmens haben. Wie bereits früher ausgeführt sind Schutzsubjekte, in diesem Fall die Firewall, auch gleichzeitig Schutzobjekte. Daher ist sicherzustellen, dass die Firewall ebenso wie die Netzanbindung anforderungsgemäß ausreichend redundant ausgelegt sind und keinen „Single Point of Failure" darstellen.

11.5.27.3   Intrusion Detection -, - Response -, - Prevention System

Intrusion Detection Systeme (IDS) (Intrusionserkennungssysteme) (s. a. [80], [83], [85]) dienen dazu, Angriffe frühzeitig zu erkennen, indem der Datenverkehr auf dem Netz analysiert wird. Es lassen sich zwei Arten der Angriffserkennung unterscheiden:

☐   Anomalieerkennung

☐   Mustererkennung.

Die *Anomalieerkennung* dient dazu, Abweichungen vom Normalzustand festzustellen, ähnlich wie die Betrugserkennung bei Kreditkartenmissbrauch. Anomalien können statistischer Natur sein oder in Abweichungen vom definierten Protokoll liegen. Zu den statistischen Anomalien zählen beispielsweise Abweichungen von den entlang der Zeitachse als normal festgelegten CPU- oder Netzwerkauslastungsprofilen. Überschreitet die Abweichung bestimmte Grenzwerte, so wird dies als Angriffsversuch angesehen. Eine andere Form der Anomalie könnte ein besonders hoch privilegierter Zugriff auf Daten sein, den dieser Benutzer üblicherweise nicht ausübt. Protokollanomalien sind Abweichungen im Kommunikationsablauf, d. h. es kommt ein Paket, das z. B. im aktuellen Protokollstatus nicht zulässig ist.

Die *Mustererkennung* basiert auf der Annahme, dass Angriffe an charakteristischen Ereignismustern (Intrusion Signatures) erkennbar sind. Beispielsweise spricht ein Angreifer beim Portscanning im Vorfeld eines Angriffs die unterschiedlichen TCP-Ports an, um festzustellen, wo ein Dienst installiert ist, den er angreifen kann. Wenngleich dies für einen Angriff charakteristisch ist, so ist die Erkennung insofern schwierig, als Angreifer die Ports in beliebiger Reihenfolge und in zufälligen Zeitabständen sowie von unterschiedlichen Absenderadressen aus ansprechen können.

Intrusion Detection Systeme lassen sich nach der Art der Datenaufnahme unterscheiden in netzbasierte und hostbasierte. *Netzbasierte IDS (NIDS)* befinden sich an einer Stelle im Netz. Dort erfassen sie die Daten über ein Sniffer Interface, analysieren den Datenstrom nach vordefinierten Regeln und setzen bei einer Angriffserkennung Alarmmeldungen ab, z. B. in Form eines Alarms an der Konsole oder einer E-Mail oder SMS an den Administrator.

NIDS können installiert werden, ohne sich auf den Rest des Netzwerks auszuwirken. Üblicherweise laufen sie auf separaten Appliances und belasten keine Endsysteme. Das NIDS wird im „Promiscuous Mode" (promicuous = wahllos) betrieben, so dass es „wahllos" alle Frames, nicht nur die an es adressierten, der OSI-Schicht 2 mithört. Außerdem befindet es sich im „Stealth Mode" (Tarnkappenmodus), so dass es im Netz nicht mehr „sichtbar" ist und nicht angesprochen werden kann. Netzbasierte IDS können keine verschlüsselten Daten analysieren.

Hostbasierte IDS (HIDS) sind Teil der Protokollierungsfunktionalität eines Rechners (Host) und werten System-, Prüf- und Ereignisprotokolle (Ereignis-Logs) aus. Da ein HIDS auf dem Rechner selbst läuft, benötigt es Systemressourcen und kann von einem Angreifer leichter erkannt werden. Es stützt sich in der Regel auf die Protokolldateien und zieht daher die aktuelle Netzkommunikation nicht mit ein. Im Gegensatz zu einem NIDS befasst es sich nur mit dem Datenverkehr desjenigen Rechners, auf dem es installiert ist, und benötigt demgegenüber somit weniger Systemressourcen. Außerdem beobachtet es zusätzlich die Reaktion des Rechners. HIDS haben in den letzten Jahren an Bedeutung verloren und werden von NNIDS verdrängt.

Network Node-based IDS (NNIDS) befinden sich direkt auf dem Rechner. Sie befassen sich mit dem laufenden Datenverkehr zu und von diesem Rechner. Zusätzlich zum Datenverkehr analysieren sie Ereignisse auf Betriebssystemebene, z. B. fehlerhafte Anmeldeversuche und unerlaubte Zugriffe auf Systemdateien. Ein NNIDS benötigt Systemressourcen und ist für einen Angreifer erkennbar.

Zwischen Intrusion Detection Systemen (IDS), Intrusion Response Systemen (IRS) und Intrusion Prevention bzw. Intrusion Protection Systemen (IPS) ist derzeit *keine klare Begriffstrennung* erkennbar. Intrusion Detection Systeme dienen jedoch primär der Erkennung und Alarmierung.

Ein *Intrusion Response System (IRS)* ermöglicht es darüber hinaus, Sicherheitsmaßnahmen zu initiieren, z. B. die Firewall umzukonfigurieren, Verbindungen zu blockieren und Logging-Mechanismen zu aktivieren.

Für die Kombination aus Intrusion Detection und Intrusion Response findet sich auch der Begriff *Intrusion Prevention bzw. Intrusion Protection*, der allerdings noch weiter zu fassen ist. Derartige Systeme erstrecken sich bis hin zur Erkennung und Behandlung von Protokollanomalien, Phishing, Cross Site Scripting (XSS), DoS, DDoS, SQL Injection, Würmern etc. Sie nutzen hierzu u. a. Mustererkennung,

Protokollanalysen und statistische Analysen. Befindet sich ein IPS direkt im Übertragungsweg, so kann es den Datenverkehr aktiv sperren oder Datenpakete verwerfen, wenn es einen Angriff erkennt. Hierbei existiert das Risiko eines Single Point of Failure (SPoF), wenn das IPS ausfällt oder fehlerhaft reagiert.

Honigtöpfchen (Honeypots) sind eine spezielle Form der Einbruchserkennung. Hierzu bauen Verteidiger in einem geschützten Netz Attrappen für potenzielle Angreifer auf und statten sie mit interessant klingenden Namen und Dateien aus. Bricht ein Angreifer in das Netz ein, wird sein Interesse vom Honigtöpfchen geweckt und er arbeitet sich in diese Richtung vor. Hierbei löst er einen Alarm aus, sodass der Verteidiger dessen Aktivitäten aufzeichnen und für die Verfolgung nutzen kann.

Honeypots lassen sich in low, medium und high interactive unterscheiden. Low Interaction Honeypots zeichnen auf (Logging), Medium Interaction Honeypots emulieren nur bestimmte Software und deren Schwachstellen. Beispiele hierfür sind honeyd, eine Open Source Software, honeytrap und nepenthes. In der Botanik bezeichnet Nepenthes eine Gattung fleichfressender Pflanzen. High Interaction Honeypots repräsentieren meist einen für Angreifer wertvollen Computer, z. B. einen vollständig ausgestatteten Server, der potenziellen Angreifern als Ganzes zur Verfügung steht. Der Verteidiger überwacht den Server, z. B. mit Hilfe von Sebek®, einem Werkzeug, das zur Aufzeichnung der Aktivitäten eines Angreifers auf einem Honeypot entworfen wurde.

Ein *Honignetz (Honeynet)* stellt eine Erweiterung des Honigtöpfchens dar, wie es von The Honeynet Project® [86] vorgeschlagen wurde. Hier sind verschiedene Systeme (Honigtöpfe) zu einem Netz (Honignetz) zusammengeschaltet. Es dient dazu, die Methoden und Werkzeuge der Angreifer kennenzulernen und zu analysieren, um Vorgehensweisen zu deren Abwehr zu entwickeln. Ein Honignetz erfordert gegenüber einem Honigtöpfchen mehr Aufwand und Administration. Gleichzeitig steigt das Risiko, dass durch Kompromittieren des Honignetzes Gefahren für externe Systeme ausgehen. Im Gegensatz zu herkömmlichen Honigtöpfchen ist es eher als Forschungswerkzeug zu sehen, das Informationen über mögliche Bedrohungen und Angriffsarten sammelt.

The Honeynet Project® [86], ist eine 1999 gegründete, inzwischen internationale Non-Profit-Forschungseinrichtung, mit verschiedenen Landesgruppen und Projekten, die es sich zum Ziel gesetzt hat, die Sicherheit im Internet zu verbessern. The Honeynet Project® stellt Informationen und Tools bereit. Die Honeywall CD-ROM ist das primäre High Interaction Tool von The Honeynet Project®, mit dem sich Angriffe aufzeichnen, überwachen und analysieren lassen. Durch die Automatisierung des Prozesses zum Einsatz eines Honeynet Gateways, eines sogenannten Honeywalls, soll das Aufsetzen eines Honeynets einfach und effizient gestaltet werden. Der Honeystick ist ein USB Stick, von dem aus sich ein Honeynet booten lässt, das den Honeywall und Honeypots enthält.

The Honeynet Project®, Honeypots und Honeynet-Technologien sowie Computer-Forensik sind im Buch „Know Your Enemy", 2nd edition, beschrieben.

Honeytokens sind ungenutzte Daten, die ein Verteidiger aufstellt, um Angreifer anzulocken. Beispiele hierfür sind „erfundene" bzw. nicht vergebene E-Mail- und IP-Adressen oder auch Datenbankeinträge oder Dateien.

Eine *Teergrube* bzw. *Teerfalle (Tarpit)*, auch „klebriger Honigtopf" (Sticky Honeypot) genannt, ist ein Server, der unerwünschte Verbindungen annimmt und künstlich verlangsamt. Zum Einsatz kommen Teerfallen gegen Spam, Würmer und Portscans. Unerwünschte Verbindungsversuche erkennt die Teerfalle daran, dass es sich bei der Zieladresse um eine nicht vergebene IP-Adresse handelt. Teerfallen können im OSI-Schichtenmodell auf IP-, TCP- oder Anwendungsebene arbeiten.

Die Teerfalle beantwortet im ersten Schritt den Verbindungswunsch zur nicht existenten IP-Adresse, verzögert die Antwort jedoch. Sie täuscht anschließend weiterhin vor, die gewünschte IP-Adresse zu sein. In der dann folgenden Kommunikation zögert sie Antwortpakete hinaus. Zusätzlich minimiert sie diese, sendet falsche Antwortpakete oder lässt welche aus und meldet Verbindungsfehler, ganz nach Belieben. Der angreifende Kommunikationspartner wartet dadurch, läuft auf time-outs und allokiert eigene Ressourcen für die Kommunikation.

Ein Beispiel für eine Teerfalle ist LaBrea [87]. LaBrea übernimmt ungenutzte IP-Adressen und baut für diese virtuelle Server. Diese bearbeiten eventuelle Verbindungsversuche in der Form, dass der unerwünschte Kommunikationspartner möglichst lange „festklebt".

Darknet Monitoring, Sinkhole Operation und *Traceback* sind weitere Maßnahmen, um die Sicherheit im Cyberspace zu erhöhen.

11.5.27.4 Content Security Systeme

Content Security Systeme prüfen den Absender und den Empfänger sowie den Inhalt ein- und ausgehender E-Mails. Hierzu nutzen sie ein unternehmensspezifisch festgelegtes Regelwerk. So kann das System unerwünschte E-Mails mit Werbebotschaften, die Spam-Mails, prinzipiell von Newslettern unterscheiden, sie kennzeichnen, herausfiltern, in Quarantäne schicken und gegebenenfalls löschen. Die Verringerung der Werbeflut erspart zum einen den potenziellen Empfängern den Zeitaufwand für deren Durchsicht. Zum anderen kann der in Spam-Mails eventuell enthaltene bösartige Code, z. B. in Form von Dialern oder Viren, gleich mit vernichtet werden.

Anhand einer „weißen Liste" (Whitelist) erkennt das Content Security System bekannte und zugelassene *Absender* und über eine „schwarze Liste" (Blacklist) bekannte und unerwünschte Absender. Die Wirksamkeit der „schwarzen Liste" ist – wie bei allen negativen Sicherheitsmodellen – eingeschränkt, weil sie die Kenntnis aller unerwünschten Absenderadressen voraussetzt. Dies ist erfahrungsgemäß jedoch nur bedingt möglich, zumal die Spam-Versender ihre Adressen häufig ändern.

Das Content Security System analysiert auch den *Betreff* und den Text der Nachricht anhand vordefinierter „schwarzer Listen" mit gewichteten Schlüsselwörtern und charakteristische Textpassagen. Diese Listen enthalten z. B. Schlüsselwörter wie „Sex" und „Viagra", die in Spam-Mails häufig vorkommen und charakteristische Textpassagen, wie „Ihr Konto wurde gesperrt" u. Ä.

Zur Rekonstruktion der Originalinhalte zerlegt das Content Security System die E-Mail gegebenenfalls in ihre einzelnen Komponenten. Hierzu dekomprimiert es z. B. komprimierte Dateien, d. h. entpackt sie. Die Bestandteile der E-Mail unterzieht das System einer Virenprüfung. Anschließend untersucht es die geprüften Elemente auf die im Regelwerk definierten Stichwörter.

Ausgehende E-Mails lassen sich ebenfalls analysieren. Hierdurch soll beispielsweise vermieden werden, dass E-Mails mit speziellen Texten, z. B. „vertraulich" oder „geheim" an unbekannte Adressaten verschickt werden.

11.5.27.5   Computerviren-Suchprogramme

Computerviren und Makroviren gehören ebenso wie Computerwürmer und trojanische Pferde zur Schadsoftware (Malware). *Viren* benötigen einen Wirt. Programmviren nutzen Programme als Wirt. Sie verbreiten sich, wenn der Benutzer das virulente Programm aufruft. Der Virus sucht dann noch nicht befallene Programme und kopiert sich in diese hinein. Demgegenüber verbreiten sich Makroviren über Dateien, also elektronische Dokumente. Makroviren benutzen Makro- oder Skript-Sprachen, wie sie z. B. in Textverarbeitungsprogrammen enthalten sind. Viren lassen sich ferner unterscheiden in unveränderliche und sich verändernde, sogenannte polymorphe Viren.

Würmer sind kleine selbstständige Programme. Im Gegensatz zu Viren benötigen sie kein Wirtsprogramm. Sie und ihre Kopien sind in der Lage, sich selbst zu reproduzieren. Würmer breiten sich insbesondere über Netzwerke und mittels E-Mails aus.

Trojanische Pferde sind Programme, die unbemerkt vom Nutzer unerwünschte Aktionen ausführen. Der Nutzer nimmt dabei nur jenen Teil der Programmaktivitäten wahr, der für ihn bestimmt ist. Versteckte Funktionen können beispielsweise im Versand vertraulicher Dateien oder Informationen, z. B. der Benutzerkennung und des Passworts, an Unbefugte bestehen.

Um Rechner vor Computerviren zu schützen, setzen Unternehmen *Computervirenscanner* bzw. Viren-Suchprogramme ein. Sie durchsuchen Programme nach der ihnen bekannten Malware in Form von Computerviren, Makroviren, Würmern und trojanischen Pferden. Hierzu nutzen sie u. a. eine Datenbank mit den Charakteristika der Computerviren, z. B. in Form der Virenkennung oder von Byte-Mustern. Außerdem verfügen sie über eine Liste derjenigen Dateien, die auf Viren zu durchsuchen sind. Hierzu gehören insbesondere ausführbare Programme, z. B. Dateien mit der Endung .exe oder .com.

Tests zeigen, dass Virenscanner eine unterschiedliche Erkennungsrate für Viren haben, die üblicherweise unterhalb von 100 % liegt. Dies kann die Kombination von Virenscannern unterschiedlicher Hersteller sinnvoll machen. Hierbei verfügen z. B. zentrale Server über den Virenscanner eines anderen Herstellers als die dezentralen PCs.

Wegen der kontinuierlichen und dynamischen Entstehung neuer Viren verlieren Virenscanner, die nicht aktualisiert werden, im Laufe der Zeit an Wirksamkeit, da sie nur jene Computerviren bzw. Virensignaturen kennen, die zu dem Zeitpunkt bekannt waren, an dem der Virenscanner erstellt wurde. Außerdem können auch Virenscanner Sicherheitslücken aufweisen. Die Schutzsubjekte, in diesem Fall Virenscanner, sind – wie bereits erläutert – somit gleichzeitig Schutzobjekte. *Aus den genannten Gründen müssen Virenscanner fortlaufend, sehr zeitnah (täglich) und möglichst automatisiert aktualisiert werden.* Damit Virenscanner ihren Zweck möglichst gut erfüllen können, muss der jeweilige Hersteller die Signaturen neuer Malware sehr kurzfristig bereitstellen.

Eine Herausforderung für Computervirenscanner stellt der Schutz vor mutierender und neuer Malware sowie den damit verbundenen Zero-Day-Attacken oder Before-Zero-Day-Attacken dar. Für diese Malware sind zum Zeitpunkt eines möglichen Angriffs noch keine Signaturen bekannt. Zero-Day-Attacken nutzen eine Sicherheitslücke zum Zeitpunkt ihres Bekanntwerdens aus, also quasi am gleichen Tag. Before-Zero-Day-Attacken nutzen noch nicht allgemein bekannte Sicherheitslücken aus. Dem versuchen Hersteller von Virensuchprogrammen entgegenzuwirken, indem sie beispielsweise heuristische Verfahren einsetzen, welche Programme auf verdächtige Programmsequenzen hin untersuchen und die Wahrscheinlichkeit einer Infektion bewerten.

Virenscanner können auf zwei Arten genutzt werden: *transient (on demand) oder resident.* Bei transienter Nutzung startet der Benutzer den Virenscanner durch einen individuellen Aufruf. Bei residenter Nutzung lädt der Rechner während des Startvorgangs den Virenscanner in den Speicher, so dass der Virenscanner seine

Aufgabe im Hintergrund ohne Zutun des Benutzers verrichten kann. Wegen des kontinuierlichen Schutzbedarfs setzen Unternehmen auf die residente Nutzung.

11.5.27.6 Security Appliance

Security Appliances, für die das Marktforschungsunternehmen IDC den Begriff Unified Threat Management (UTM) prägte, vereinigen eine Vielzahl von Schutzfunktionalitäten in sich. Die Funktionalitäten dieser integrativen Lösungen reichen von einer Firewall über Viren-, Spyware- und Spamschutz sowie Phishing- und Content-Filter bis hin zu Intrusion Detection and Prevention. Je nach Ausstattung unterstützen sie darüber hinaus Deep Packet Inspection, Portscan Detection, NAT, Port Masquerading und Load Balancing.

11.5.27.7 Automatisierte biometrische Systeme

Der Begriff Biometrie entstammt den griechischen Wörtern bios (βιοσ) = Leben und metrein (μετρειν) = messen. Biometrie befasst sich dementsprechend mit der quantitativen Messung biometrischer, vor allem menschlicher Merkmale. Außerhalb der Biologie und Medizin geht es bei der Biometrie insbesondere um die Nutzung biometrischer Merkmale zur Identifizierung oder Verifizierung von Personen, u. a. bei der Grenzkontrolle, der Zutrittskontrolle zu Hochsicherheitsbereichen, z. B. Rechenzentren, und der Zugangskontrolle zu Computersystemen.

Biometrische Systeme können physiologische oder verhaltensbasierte Merkmale nutzen. Physiologische Merkmale sind angeboren und willentlich nicht veränderbar, sofern wir Operationen und Verletzungen ausschließen.

Automatisierte biometrische Systeme (ABS) ([88], [89]) (Biometric System) nutzen biometrische Merkmale zur Identifizierung einer Person oder zu deren Authentifizierung bzw. Verifizierung:

☐ *Automatisierte biometrische Identifikationssysteme* (ABIS) (Automated Biometric Identification System) finden eine Person anhand deren biometrischen Merkmals aus einer Menge gleichartiger biometrischer Merkmale von N Personen heraus. Das biometrische System führt hierzu einen 1:N-Vergleich (One-To-Many-Matching {O2M}) durch. ABIS geben Antwort auf die Frage: Wer ist diese Person? Etwas detaillierter betrachtet lautet die Frage: Gehört diese Person zu den bei mir gespeicherten Personen und wenn ja, welche ist es? Je größer der Datenbestand ist, desto umfangreicher wird die Suche und desto länger dauert sie.

☐ *Automatisierte biometrische Authentifizierungssysteme* (Automated Biometric Authentication System) (ABAS) vergleichen das aktuelle biometrische Merkmal einer Person mit dem für diese Person gespeicherten biometrischen Merkmal. Das biometrische System führt hierzu einen 1:1-Vergleich (One-To-One-Matching {O2O}) durch. ABAS geben Antwort auf die Frage: Ist die Person diejenige, die zu sein sie vorgibt? Dieser Vergleich ist deutlich weniger aufwändig als der bei Identifikationssystemen und daher prinzipbedingt schneller.

Biometrische Merkmale unterteilen sich in physiologische, d. h. angeborene, und verhaltensbasierte. Zu den *physiologischen Merkmalen* gehören Muster, z. B. Iris-(Regenbogenhaut), Retina- (Netzhaut-), Handlinien-, Fingerlinien- (Fingerabdruck), Fingervenen-, Handvenenmuster, bioelektrische Signale, oder die Geometrie, wie z. B. die Kopf-, Gesichts-, Ohr-, Hand- oder Zweifingergeometrie. Ferner können das thermische Gesichtsbild, das Aussehen (Foto) und nicht zuletzt die menschliche DNA (genetischer Fingerabdruck) zum Einsatz kommen.

Darüber hinaus lassen sich *verhaltensbasierte Merkmale*, d. h. das Verhalten einer Person, zur Identifizierung oder Authentifizierung heranziehen. Ein altbekanntes Verfahren, persönliches Verhalten zur Authentifizierung zu nutzen, ist die Unterschrift. Wird die Unterschrift auf einem sensitiven Eingabemedium (Touchpanel, Touchscreen) geleistet, so lassen sich neben der Form der Unterschrift einschließlich ihrer Schriftweite und Schriftgröße gegebenenfalls auch weitere Merkmale, wie die Schreibgeschwindigkeit, der Druck des Stiftes und die Anzahl der Absatzpunkte überprüfen.

Weitere verhaltensbasierte Merkmale ergeben sich aus dem Stimmprofil, den Lippenbewegungen, dem Gang und dem Tippverhalten an einer Tastatur. Diese Verfahren nutzt auch der Mensch, indem er telefonische Gesprächspartner an der Stimme oder Bekannte von Weitem am Gang erkennt.

Voraussetzungen für die *Nutzbarkeit eines biometrischen Merkmals* zur Identifizierung oder Authentifizierung sind seine:

☐ Universalität,

☐ Einzigartigkeit bzw. Einmaligkeit,

☐ Unveränderbarkeit,

☐ Beständigkeit und

☐ Messbarkeit.

Dadurch, dass diese Voraussetzungen in der Regel nicht alle zu 100 % erfüllt sind, ergeben sich Nutzungseinschränkungen und/oder Risiken. Betrachten wir die Forderung nach Universalität. Sie bedeutet, dass das biometrische Merkmal bei jedem Menschen vorhanden sein muss. Genetisch oder krankheitsbedingt können jedoch z. B. Fingerlinien (Fingerabdruck) bei Menschen in seltenen Fällen fehlen. Wie sieht es nun mit der Einmaligkeit aus?

Die Forderung nach Einzigartigkeit bzw. Einmaligkeit ist bei biometrischen Merkmalen nach meinem Kenntnisstand nicht gegeben. Die genutzten biometrischen

Merkmale können zwar rechnerisch üblicherweise eine Vielzahl unterschiedlicher Ausprägungen annehmen. Die sehr hohe empirische Seltenheit eines identischen Merkmals ist teilweise ebenfalls belegt, z. B. bei Fingerabdrücken. Gleichzeitig ist ihre Ausprägung zufällig. Bei exakt identischem biometrischen Merkmal lautet die Aussage daher, dass die Person „sehr wahrscheinlich" mit der identisch ist, deren Referenz zugrunde gelegt wurde.

Die rechnerisch ermittelte Unterscheidbarkeit sollte anhand einer entsprechend großen Anzahl von Personen sowie an eineiigen Zwillingen verifiziert sein. Hierbei ist nicht nur die qualitative Unterschiedlichkeit, sondern auch der Grad der Unterschiedlichkeit wichtig.

Sind angeborene Merkmale unveränderbar? Auch dies ist nicht zu 100 % gegeben, wenn wir an (plastische) Operationen denken.

Die Beständigkeit eines biometrischen Merkmals im Lebenslauf eines Menschen ist ein weiterer Aspekt. Um sie beurteilen zu können, sind Langzeiterfahrungen erforderlich. Der Fingerabdruck ist hierbei mit über 100jähriger Geschichte und dem Einsatz in der Kriminalistik führend. Mit verschiedenen anderen Merkmalen liegen keine Langzeiterfahrungen über mehrere Jahrzehnte vor.

Die Messbarkeit eines biometrischen Merkmals ist oftmals technisch und nutzungsbedingt eingeschränkt. Identifikations- und Authentifizierungsvorgänge sollen innerhalb einer oder weniger Sekunden durchgeführt sein. Da eine entsprechende Prozessorleistung für einen 100 %igen Vergleich des kompletten Merkmals verschiedentlich nicht ausreicht, beschränken biometrische Systeme den Vergleich auf charakteristische Elemente. Dies reduziert die rechnerisch ermittelte hohe Unterscheidbarkeit des biometrischen Merkmals in der Regel auf technisch und nutzungsbedingt mögliche Werte.

Außerdem sind z. B. Position, Neigung, Winkel, Druck und Ausleuchtung potenzielle Parameter, in denen sich die aktuell erfassten Daten des jeweiligen biometrischen Merkmals von den Referenzdaten (Template) unterscheiden können. Daher müssen Algorithmen die aktuellen Daten so transformieren, dass ein Vergleich möglich ist. Hierdurch entstehen Abweichungen vom Original. Um eine Identifizierung oder Authentifizierung zu ermöglichen, ist eine Akzeptanzschwelle festzulegen, bis zu der das System Abweichungen zwischen Referenzdaten und aktuell erhobenen Daten des Merkmals toleriert.

Hieraus resultieren die *Falschakzeptanzrate (False Acceptance Rate {FAR})* und die *Falschrückweisungsrate (False Rejection Rate {FRR})*. Sie geben an, wie oft statistisch eine Person fälschlicherweise akzeptiert bzw. zurückgewiesen wird. Falschrückweisungsraten sind in gewissem Umfang als „Schönheitsfehler" hinnehmbar, da ein erneuter Scan-Vorgang üblicherweise erfolgreich ist. Dennoch mindern sie potenziell die Akzeptanz eines solchen Systems und können zu bedrohlichen Situationen führen. Kritisch ist jedoch die FAR, da das System hierdurch Unberechtigte als Berechtigte ansieht und zulässt. Als *Equal Error Rate (EER)* wird der Wert bezeichnet, an dem FAR und FRR gleich sind.

Die FARs technischer Systeme liegen derzeit meist deutlich unter der rechnerisch möglichen Unterscheidbarkeit eines biometrischen Merkmals. Im August 2005 veröffentlichte das deutsche Bundesamt für Sicherheit in der Informationstechnik (BSI) die Studie BioP II. Hierbei ließen sich für biometrische Systeme mit optischen Fingerabdruck-Scannern FARs von 1:100.000 bei einer FRR von 2 % erreichen. Im Vergleich zur Gesichts- und Iriserkennung wies die Fingerabdruckerkennung bei gleicher FAR die geringste FRR auf.

Wie funktionieren automatisierte biometrische Systeme? Zu Beginn nehmen sie die Daten des biometrischen Merkmals einer Person auf. Diese Phase heißt Registrierung (Enrolment). Als Ergebnis liegen die Referenzdaten (Template) vor. Im Betrieb vergleichen biometrische Systeme die aktuell ermittelten biometrischen Daten mit den Referenzdaten.

Ein automatisiertes biometrisches System besteht aus folgenden *Komponenten*:

□ einem Sensor, der das biometrische Merkmal erfasst (Capture). Er stellt die Verbindungsstelle zwischen Mensch und System dar

□ einem Speicher, in dem die Referenzdaten abgelegt sind

□ einem Prozessor, der

  □ die vom Sensor gelieferten Daten vorverarbeitet und die charakteristischen Daten des biometrischen Merkmals extrahiert (Extract).

  □ anschließend die aktuell ermittelten Daten mit den gespeicherten vergleicht (Match).

  □ entsprechend der eingestellten bzw. gespeicherten Akzeptanzschwelle entscheidet (Decide), ob eine Übereinstimmung vorliegt oder nicht

  □ das Ergebnis ausgibt.

Das derzeit bekannteste und verbreitetste biometrische Merkmal ist der *Fingerabdruck*. Viele Menschen sind ihm bewusst zwar weniger im wahren Leben, aber dafür mehr in Kriminalromanen oder Filmen begegnet, in denen Fingerabdrücke im Rahmen der Daktyloskopie zur Identifizierung von Tätern und zum Ausschluss Unschuldiger genutzt werden. Auch der deutsche elektronische Reisepass (ePass) speichert seit November 2007, mit der Ausgabe der zweiten Generation des ePasses, zusätzlich zwei Fingerabdrücke im Chip. Beim neuen deutschen elektronischen Personalausweis (ePerso) im Scheckkartenformat, der am 1. November 2010 den bisherigen Personalausweis abgelöst hat, können auf freiwilliger Basis ebenfalls zwei Fingerabdrücke auf dem Chip gespeichert werden. Obligatorisch gespeichert wird das digitale Foto.

Fingerabdrucksensoren (Fingerprint Scanner) lassen sich unterscheiden in optische und Festkörpersensoren (Solid State). Darüber hinaus existieren hochfrequente, drucksensitive, thermische und Ultraschall nutzende Sensoren.

Fingerabdrucksensoren sind ausgeführt als *Flächensensoren* und *Streifensensoren*. Bei Flächensensoren legt der Nutzer seinen Finger unbeweglich entweder direkt auf die Sensorfläche auf (touch) oder hält ihn darüber. Bei Streifensensoren zieht er seinen Finger über den Sensor (sweep).

Weit verbreitet sind *kapazitive Sensoren*, die auch in handelsüblichen Notebooks, USB Memory Sticks, externen USB-Festplatten sowie USB Token zum Einsatz kommen. Die Bequemlichkeit, sich z. B. keine Passwörter mehr merken zu müssen, ist aus Anwendersicht einer der Vorteile derartiger Systeme. Er führt dort zu hoher Akzeptanz.

Ein weiteres Merkmal biometrischer Systeme ist die *Täuschungsanfälligkeit* bzw. Überlistbarkeit des Systems, z. B. durch die reine oder aufgesetzte Attrappe eines Fingerabdrucks oder einer Iris oder auch den Mitschnitt einer Stimme.

Darüber hinaus empfiehlt sich – wie bei jedem System – eine *Chancen-Risiko-Betrachtung*, z. B. im Hinblick auf Bedrohungen und Schutzmaßnahmen bei der Übertragung, der Verarbeitung, der Speicherung und der Nutzung. Ebenfalls zu berücksichtigen sind Aspekte des Datenschutzes und der Gleichbehandlung, in Deutschland beispielsweise in Form des Allgemeinen Gleichbehandlungsgesetzes (AGG).

Datenschutzaspekte ergeben sich daraus, dass z. B. über Iriserkennung und bioelektrische Signale Informationen erfasst werden, die prinzipiell Rückschlüsse auf den Gesundheitszustand der Person ermöglichen.

Das Thema Gleichbehandlung spielt eine Rolle, wenn ein biometrisches Merkmal bei einzelnen Personen nicht in der Ausprägung vorhanden ist, wie es zur Nutzung des biometrischen Systems erforderlich wäre. Bei Bürotätigen liegt der Anteil unzureichend ausgeprägter Fingerabdrücke bei ca. 1 %. Für diese Personen sind – ebenso wie für den Fall größerer Verletzungen – Alternativsysteme erforderlich.

Die *Betriebsrisiken bzw. operationellen Risiken sowie die Verantwortung für den ordnungsgemäßen Betrieb eines biometrischen Systems* liegen bei dessen Betreiber. Speichert dieser die biometrischen Referenzdaten, so ist er für deren Sicherheit verantwortlich, ähnlich wie bei Passwörtern. Während sich korrumpierte Passwörter jedoch ersetzen lassen, ist dies bei biometrischen Merkmalen nicht der Fall. Hieraus können Benutzer potenzielle Schadenersatzansprüche ableiten, obwohl sich aus dem gespeicherten Datensatz in der Regel nicht das komplette Original rekonstruieren lässt. Sicherheitsmaßnahmen auf Seiten des Betreibers bestehen in der Verschlüsselung sowie der getrennten Speicherung von Referenzdaten und zugehörigem Benutzer.

Im Gegensatz zu Passwörtern, bei denen das Ergebnis der Überprüfung „richtig" oder „falsch" ist, besitzen biometrische Systeme einen Toleranzbereich, innerhalb dessen das biometrische Merkmal als übereinstimmend anerkannt wird. Dementsprechend lautet das Ergebnis eines biometrischen Systems, dass es eine Übereinstimmung im Rahmen der gewählten Vergleichselemente/-punkte und der Toleranzvorgaben festgestellt hat, sie also „sehr wahrscheinlich" ist. Streitet ein Nutzer ab, ein System zu einem Zeitpunkt genutzt zu haben, zu dem das System ihn als Nutzer identifiziert hatte, kann der Betreiber den Nachweis des Gegenteils nur im Rahmen der FAR erbringen. Hinzu kommen Bedrohungen aufgrund von Angriffen in Form des „biometric hacking", wie ich derartige Angriffsszenarien bezeichne.

Auch beim *„biometric hacking"* ([88], [89]) bietet das **Prinzip der Pfadanalyse** eine systematische Vorgehensweise zur Ermittlung von Angriffszielen, Angriffsszenarien und Abwehrmaßnahmen. Angriffsziele bilden das biometrische Merkmal selbst, der Sensor, der Algorithmus, die Übertragungsstrecken, die Speichereinheiten, die Referenz- und Benutzerdaten, die Akzeptanzschwelle und die Verarbeitungseinheiten. Angreifer zielen darauf ab, Komponenten zu täuschen, z. B. den Sensor durch eine Attrappe, oder Daten zu manipulieren oder zu stehlen.

Wesentliche *Sicherheitsmaßnahmen* bestehen z. B. in der „fehlerfreien" Lebenderkennung, der sicheren gegenseitigen Authentisierung und Authentifizierung der beteiligten Komponenten und der Erkennung und Verhinderung von „Replay"-Attacken. Weitere Maßnahmen sind der Zugangs- und Zugriffsschutz, z. B. zur Verhinderung von Denial-of-Service-Attacken, die ich in diesem Kontext als Denial-of-Authentication-Attacken bezeichne, sowie der sicher verschlüsselten Übertragung und Speicherung von Daten. Den Schutz biometrischer Daten behandelt die ISO/IEC 24745:2011, Information technology – Security techniques – Biometric information protection. Mit dem Schutz von Referenz-Templates beschäftigte sich das BSI im Projekt BioKeyS Pilot-DB Teil 2 (Projekt Template Protection) vom Mai 2011.

Zur Reduzierung von Bedrohungen durch Angriffe auf Übertragungsstrecken und Komponenten dienen beim Fingerabdruck sicher gekapselte Chipkarten. Bei ihnen befinden sich zum einen die Referenzdaten auf dem Chip und zum anderen erfolgt der Verifizierungsvorgang im Chip. Dieser Vorgang heißt *„Match on Device"*. Einen Schritt weiter gehen USB Token, die ein *„Authentication on Device"* ermöglichen. Sie verfügen über einen Chip, in dem die Referenzdaten gespeichert sind und der Verifizierungsvorgang abläuft, sowie zusätzlich über einen im Token integrierten Fingerabdrucksensor.

Aufgrund der derzeit technisch erreichbaren Genauigkeit und Angriffssicherheit biometrischer Verfahren sollte ab einem bestimmten Schutzbedarf eine Zweifaktorauthentisierung zum Einsatz kommen, beispielsweise als Kombination aus einem USB Token und dem Fingerabdruck. Für die Übereinstimmung der jeweiligen Sicherheitsanforderungen mit dem erreichbaren Sicherheitsniveau müssen die Sicherheitsverantwortlichen sorgen. Sicherheitsüberlegungen sind dementsprechend ab der ersten Idee für ein solches System und dann entlang dem Lebenszyklus zu berücksichtigen.

Unzureichende Lebenderkennung stellt bei biometrischen Verfahren eine latente Bedrohung dar, zum einen hinsichtlich der körperlichen Unversehrtheit des Nutzers durch Angreifer, zum anderen im Hinblick auf die Überlistung des Systems. Dies umso mehr, wenn sich aufgrund der Nutzung ein geeigneter Fingerabdruck außen auf der Karte oder dem Token befindet.

Akzeptanz biometrischer Verfahren

Die Vielzahl technischer Geräte, die mit einem Fingerabdrucksensor ausgestattet sind, aber auch der ePass mit der Speicherung von Fingerabdrücken, zeigt die zunehmende Akzeptanz biometrischer Verfahren.

Einer Studie des Ponemon Institute zufolge sind 45 % der deutschen Teilnehmer damit einverstanden, wenn vertrauenswürdige Organisationen wie z. B. ihre Bank, ihr Kreditkartenunternehmen oder staatliche Stellen biometrische Merkmale, wie Stimme oder Fingerabdruck, zur Verifizierung ihrer Identität einsetzen. Zur biometrischen Authentifizierung würden die deutschen Teilnehmer die Stimmerkennung mit 91 % am ehesten akzeptieren, gefolgt von der Gesichtserkennung mit 72 %. [Ponemon Institute im Auftrag von Nok Nok Labs, Moving Beyond Passwords: Consumer Attitudes on Online Authentication, April 2013]

Laut Unisys Security Index vom April 2010 würden 70 % der Deutschen „bei der Sicherheitskontrolle an Flughäfen biometrische Sicherheitsverfahren wie Iris-Scan oder Fingerprint akzeptieren".

Als *Trend* zeichnet sich die Zwei- und Mehrfaktoridentifizierung bzw. -authentifizierung ab. Erkennbar ist dies beispielsweise an japanischen Scheckkarten, die Finger- oder Handvenenmuster speichern, Chipkarten, die den Fingerabdruck speichern und den „Match on Device" durchführen, sowie USB-Token mit Fingerabdrucksensor und „Authentication on Device".

Multibiometrische Verfahren liegen ebenfalls im Trend. Hierzu gehören z. B. multimodale Verfahren, Verfahren, die mehrere verschiedene Muster (Multisample) oder mehrere Sichten bzw. Instanzen eines Musters (Multiinstance) oder mehrere Darstellungsformen eines Musters (Multirepresentation) nutzen sowie multispektrale, multisensorische, und multialgorithmische Verfahren (s. a. [90]). Sie zielen darauf ab, die Erkennungsgenauigkeit zu erhöhen

Bimodale und multimodale biometrische Verfahren verwenden mehrere unterschiedliche biometrische Merkmale zur Identifizierung oder Authentifizierung. Hierzu zählen bei den bimodalen Verfahren u. a. die Iris-Gesichtserkennung, die Iris-Fingererkennung und die Gesichts-Fingererkennung. Multimodale Verfahren bestehen beispielsweise aus der Fingerabdruck-Iris-Gesichtserkennung.

Biometrische Multisample-Verfahren erfassen für den gleichen biometrischen Merkmalstyp in einem Durchgang die Muster mehrerer Objekte. Ein Beispiel hierfür ist das gleichzeitige Scannen aller zehn Finger. Dies erhöht potenziell die Erkennungsgenauigkeit einer Person, sorgt für eine effiziente Erfassung, reduziert jedoch die Bequemlichkeit für den Nutzer.

Biometrische Multiinstanz-Verfahren erfassen für den gleichen biometrischen Merkmalstyp mehrere Ausprägungen (Instanzen) des gleichen Objekts. Dies kann beispielsweise durch das mehrmalige Scannen des gleichen Fingers erfolgen.

Multispektrale Verfahren gelangen beim Fingerabdruck-Scan zum Einsatz. Hierbei erzeugt der Sensor bei unterschiedlichen Wellenlängen vom sichtbaren bis zum infrarotnahen Licht Abbildungen des Fingerabdrucks. Die so gewonnenen Daten von der Fingeroberfläche und Bereichen unterhalb der Hautoberfläche ermöglichen es, einerseits eine Vielzahl von Attrappen zu erkennen und andererseits selbst bei nassen, trockenen und schmutzigen Fingern Abdrücke zu nehmen, die sich weiter verarbeiten lassen. Bei einer FAR von 0,01 % lässt sich hier eine FRR von rund 2,5 % erreichen. [91]

Multisensorische biometrische Verfahren setzen mehrere Sensoren zur Erfassung eines Merkmals ein, um die unterschiedlichen Vorteile der Sensoren nutzen zu können. So kann der eine Sensor beispielsweise eine hohe Erkennungsrate und der andere eine geringe Täuschungsanfälligkeit besitzen.

Multialgorithmische biometrische Verfahren verwenden konkurrierende unterschiedliche Algorithmen, z. B. jeweils bei der Datenextraktion (Extract) und/oder dem Vergleich (Match) und/oder der Entscheidung (Decide).

Multibiometrische Verfahren erfordern die Zusammenführung, d. h. die Fusion der Ergebnisse der jeweils eingesetzten biometrischen Verfahren. Diese Fusion kann auf unterschiedlichen Ebenen erfolgen. Auf der Ebene des Merkmals (Feature Level), des Sensors (Sensor Level), des Vergleichs (Score Level) und der Entscheidung (Decision Level). Für die Fusion gilt es zu entscheiden, wie die Daten zusammengeführt und gewichtet werden sollen.

Die *biometrische Erkennung im Vorbeigehen bzw. -fahren* ist ein weiterer erkennbarer Trend, der die Akzeptanz, die Nutzbarkeit (Usability) und den Durchsatz biometrischer Verfahren erhöhen soll. Hierzu gehört z. B. die Erkennung des Gesichts, der Iris oder des Fingerabdrucks. Bei der Iriserkennung im Vorbeigehen kann ein Durchsatz von 30 Personen pro Minute erreicht werden. Ebenfalls per Iriserkennung lässt sich die Zufahrt zum Gebäude schützen. Der Fahrer hält an der Einfahrt an und blickt in die Kamera. Nach erfolgreicher Iriserkennung öffnet sich die Schranke.

Bei Fingerabdruck-Scannern geht der Trend in Richtung höherer Auflösung von derzeit 500 ppi (pixel per inch) hin zu 1.000 ppi.

Im Hinblick auf dreidimensionale Gesichtserkennung förderte die *EU* das über 36 Monate laufende *Projekt „3D-Face"* zur Entwicklung dreidimensionaler Gesichtserkennungssysteme für die Grenzkontrolle. Das Projekt, in dem eine Validierung des 3D-Face-Prototypen in den Flughäfen Berlin Schönefeld und Salzburg stattfand, ist abgeschlossen. Es hat gezeigt, wie die Verbindung zweidimensionaler Daten mit dreidimensionalen die Genauigkeit im Vergleich zum Einsatz nur einer der beiden Methoden erhöht.

Die *Einsatzgebiete* automatisierter biometrischer Systeme reichen von der Grenzkontrolle und Überwachung über die Zufahrts- und Zutrittskontrolle bis hin zur Zugangskontrolle und zur Authentisierung, z. B. bei Finanztransaktionen sowie bei der Ausleihe von Videos an Verleihautomaten von Videotheken. Ziele derartiger Systeme sind die Erhöhung der Wirtschaftlichkeit und der Sicherheit. Zur Zutrittskontrolle im Einsatz sind – teilweise auch bei Banken – beispielsweise Systeme zur dreidimensionalen Gesichtserkennung, zur Iris- und zur Fingerabdruckerkennung.

Aktuelle *mobile multimodale Systeme* zur Grenzkontrolle oder zum Einsatz bei der Polizei ermöglichen beispielsweise die Erfassung von zwei Fingerabdrücken, die duale Iriserkennung und die Gesichtserkennung.

Bei der deutschen Polizei kommen seit 2006, dem Jahr der Fußball-Weltmeisterschaft in Deutschland, *mobile Fingerabdruckscanner* zum Einsatz. Dies ermöglicht den Online-Abgleich mit jenen Fingerabdrücken von Straftätern, die beim Bundeskriminalamt gespeichert sind. Ebenfalls um mobile Fingerabdruckscanner erweiterte die Schweiz im Jahr 2008 – kurz vor der Fußballeuropameisterschaft – ihr bestehendes Fingerabdruckidentifizierungssystem.

Die *Stimmerkennung* verwenden Unternehmen beim Telefonbanking, bei der Authentifizierung von Außendienstmitarbeitern und im Self Service, z. B. innerhalb eines Unternehmens zur Passwortrücksetzung.

Handelsunternehmen nutzen die *Fingerabdruckerkennung* zum Bezahlen. Notebooks, PDAs, Smartphones, mobile Festplatten, USB Memory Sticks, Tastaturen und

Computer-Mäuse sind verschiedentlich mit Fingerabdrucksensoren erhältlich. Baumärkte bieten Türöffner mit Fingerabdruckscanner an.

Japanische Banken setzen *Finger- oder Handvenenerkennung* in Kombination mit der Scheckkarte zum Abheben an Geldautomaten ein.

Notebooks, PDAs und Smartphones mit integrierter Kamera können per *Iris- oder Gesichtserkennung* geschützt sein.

Marktprognosen Biometrie

„Global Biometric Systems Market Forecast & Opportunities, 2018" erwartet, dass der weltweite biometrische Markt im Jahr 2018 20 Milliarden US$ erreichen wird. [Research and Markets, Global Biometric Systems Market Forecast & Opportunities, 2018, Mai 2013]

Frost & Sullivan zufolge werden bimodale biometrische Verfahren und multimodale, wie Fingerabdruck, Iris und Gesicht, bei anspruchsvollen Anwendungen, beispielsweise im Regierungsbereich, bei der Grenzkontrolle und der Flughafensicherheit im Jahr 2020 Standard werden. [Pressemitteilung, Frost & Sullivan, Advances in Biometrics Remedy the Need for Increased Security, 19.03.2009]

11.5.27.8 Data Loss/Leakage Prevention/Protection Systeme

Data Loss/Leakage Prevention/Protection (DLP) Systeme sollen vom Grundsatz her sicherstellen, dass an den Schnittstellen von IKT-Systemen einschließlich Endgeräten nur jene Daten ankommen, angezeigt oder – z. B. durch Kopieren (z. B. Screenshot), Ausgabe (z. B. Drucker) oder Versenden (z. B. E-Mail-Anhang) – in sicherheitsanforderungskonformer Form weitergegeben werden können, für die dies prinzipiell und für die jeweilige Person und den jeweiligen Zeitpunkt und die jeweilige Schnittstelle im Besonderen zulässig ist. Dementsprechend dürfen an den Endgeräten (Endpoint Security) nur jene Daten ankommen und über jene Schnittstellen an jene Geräte bzw. Datenträger weitergegeben werden können, für die dies zulässig ist. Schnittstellen sind beispielsweise die USB-Schnittstelle, IEEE 1394 oder Bluetooth. Zu den lokalen oder mobilen Geräten bzw. Datenträgern zählen z. B. Memory Sticks, mobile Festplatten, SD-Karten, CDs oder DVDs oder Drucker.

DLP-Systeme sollen darüber hinaus personenbezogene oder vertrauliche Daten, die berechtigter Weise kopiert oder verschickt werden, für die Übertragung oder für den Transport auf einem Datenträger verschlüsseln. Als weitere Aufgabe sollen DLP-Systeme die Schnittstellen von IKT-Systemen absichern und überwachen und deren Benutzung entsprechend den Sicherheitsrichtlinien steuern und protokollieren sowie gegebenenfalls Alarme auslösen.

DLP-Systeme sollten ihre Aufgabe anhand von Sicherheits- bzw. Datenschutzrichtlinien (Technical Security Policies) wahrnehmen, über Matching-Verfahren, z. B. für Schlüsselwörter oder bestimmte Datenformate, z. B. von Steuernummern oder

Sozialversicherungsnummern, sowie gegebenenfalls Textanalysemöglichkeiten verfügen. Der primäre Fokus von DLP-Systemen liegt auf den Daten, die bewegt werden sollen, also verschickt, kopiert oder ausgegeben werden sollen. Ein sekundäres Aufgabengebiet besteht darin, gespeicherte Daten ebenfalls zu analysieren und in die Schutzmechanismen einzubeziehen. Am Markt sind DLP-Produkte mit unterschiedlicher Funktionalität und Leistungsfähigkeit verfügbar.

11.5.27.9 Mobile-Device-Management-Systeme

Mobile Geräte (Mobile Devices) z. B. in Form von Notebooks, Tablet Computern und Smartphones haben in Unternehmen Einzug gehalten. Sie unterstützen die Mobilität (Mobility) der Mitarbeiter und erhöhen die Agilität der Unternehmen. Sie sind im Geschäftsleben entscheidend, um im Wettbewerb bestehen zu können. Gleichzeitig entsteht hierdurch eine neue Dimension der Bedrohungen.

Befanden sich IT-Endgeräte in der Vergangenheit im Hoheitsgebiet des Unternehmens und waren überwiegend standortgebunden, so können sie sich nun außerhalb des Unternehmens prinzipiell an jedem Ort der Erde befinden, an dem sich der Mitarbeiter aufhält. Somit befinden sie sich nicht mehr in der geschützten Umgebung des Unternehmens und sind dadurch erhöhten Bedrohungen ausgesetzt. Diese erstrecken sich vom Liegenlassen und Verlieren des Geräts sowie Diebstahl über das Fehlen von Computervirenschutzprogrammen bis hin zum Herunterladen gefährlicher Apps.

Dies erfordert zum einen die Administration der mobilen Geräte sowie zum anderen zusätzliche Schutzmaßnahmen. Geeignete Mobile Device Management (MDM) Systeme zur Verwaltung mobiler Endgeräte können dies realisieren. So muss der Geschäftsbereich IT mobile Geräte z. B. bei Verlust oder Diebstahl orten, ferngesteuert sperren (remote lock) und löschen (remote wipe) können. Mobile Geräte – meist mit unterschiedlichen Betriebssystemen – müssen eingerichtet und konfiguriert sowie an das Benutzerverzeichnis des Unternehmens angebunden werden. Geräterichtlinien (Device Policies) müssen drahtlos (over the air) implementiert werden. Der Zugang zum Gerät muss geschützt sein, z. B. über ein Kennwort. Nach einer vorgegebenen Zeit der Nichtnutzung muss automatisch eine Zugangssperre aktiv werden. Daten müssen verschlüsselt gespeichert sein, Virenschutzprogramme müssen vorhanden und aktuell sein. Die Nutzung von Apps muss sich über Black- und Whitelists steuern lassen. Unerwünschte oder sicherheitskritische Apps müssen sich sperren bzw. löschen lassen. Der MDM-Client auf dem mobilen Endgerät muss Verstöße gegen Sicherheitsregeln erkennen und Maßnahmen ergreifen können, z. B. wenn das Passwort abgelaufen ist oder Sicherheitsupdates nicht erfolgt sind. Jailbreaks oder Roots müssen erkannt und verhindert werden. Zusätzlich muss das MDM System den Gerätebestand darstellen können.

11.5.27.10 Bring Your Own Device (BYOD)

Eine zusätzliche Herausforderung ergibt sich, wenn Unternehmen BYOD (Bring Your Own Device), d. h. die Nutzung privater – in der Regel mobiler – Geräte für dienstliche Belange zulassen. Zu mobilen Geräten zählen z. B. Smartphones, Tablet-PCs oder Notebooks. Durch BYOD erhöht sich zum einen potenziell die Anzahl an Gerätetypen. Zum anderen sind eine Vielzahl weiterer Themen zu regeln, da sich nun Unternehmensdaten und personenbezogene Daten – zumindest zeitweise – auf einem privaten Gerät befinden, das also nicht Eigentum des Unternehmens ist. Dies tangiert den Datenschutz sowie vertrauliche Unternehmensdaten.

In einem ersten Schritt gilt es daher, Nutzen und Kosten sowie Chancen und Risiken zu ermitteln und abzuwägen. Den Ausgangspunkt bildet – orientiert an der Sicherheitspyramide – die *BYOD-Politik* des Unternehmens. Hierbei ist zu berücksichtigen, dass sich in der Praxis auch ohne BYOD schon heute dienstliche und private Daten oftmals mischen. So sind auf geschäftlichen Smartphones häufig private Adressen, Geburtstage, Termine und Notizen ebenso wie private E-Mails und Fotos zu finden.

In der nächsten Ebene stellt sich die Frage, welche *Anforderungen* mit BYOD erfüllt werden sollen, d. h. welche Funktionen und Rollen im Unternehmen sollen BYOD für welche Aufgaben einsetzen können. Diese Anforderungen ermittelt ein Team aus Experten verschiedener Organisationsbereiche des Unternehmens. Hierzu gehören Vertreter der IKT, der CISO, der Datenschutzbeauftragte und die Revision. Die Personalabteilung und Personal- bzw. Betriebsrat sollten ebenfalls eingebunden sein. Die Anforderungen werden in Gesprächen mit den Unternehmenseinheiten insbesondere der Kerngeschäftsprozesse, z. B. dem Vertrieb und dem Support, erhoben. Anforderungen bestehen neben der Bereitstellung von E-Mails, Kalendern und Kontakten oftmals darin, auf Kunden- und Vertragsdaten sowie Bestellungen und Zeiterfassung sowie Collaboration Tools zugreifen zu können.

Die Anforderungen werden u. a. in *IKT-Merkmale* transformiert.

Im Hinblick auf die *Architektur* ist zwischen nativer Lösung und Containerlösung sowie Lösung mit virtuellem Desktop zu unterscheiden. Bei der nativen Lösung sorgen Management Tools und Sicherheitstools, die vom Unternehmen direkt auf dem Betriebssystem des Smartphones installiert werden, für den Schutz des kompletten Mobilgerätes. Bei Sandbox- oder Containerlösungen wird auf dem Smartphone ein separater und geschützter Bereich eingerichtet, der die geschäftliche Umgebung enthält. Nur dieser unterliegt der Kontrolle der Unternehmens-IT. Um von seinem privaten Bereich in den Unternehmensbereich zu wechseln, muss der Mitarbeiter die Container-App starten. Bei virtuellen Desktoplösungen (virtuelle Desktop-Infrastruktur, VDI) werden die Anwendungen auf zentralen Servern betrieben. Die Endgeräte dienen nur der Darstellung und der Dateneingabe. Je nach

Lösung gilt dies für Smartphones, Tablet PCs und Notebooks genauso wie für thin und fat clients.

Die Regelungsbereiche in der *Richtlinienebene* der Sicherheitspyramide sind vielfältig:

☐ Compliance

☐ Rechtliche Aspekte, z. B. Eigentum an Kundenadressen im Adressbuch des Smartphones

☐ Entschädigung des Mitarbeiters für die dienstliche Nutzung des privaten Mobilgerätes im Hinblick auf Anschaffungs- und Betriebskosten

☐ Ggf. Aushandlung besserer Vertragskonditionen mit den Mobilfunkanbietern

☐ Steuerrechtliche Aspekte im Hinblick auf die Nutzungsentschädigung und die ggf. verbesserten Vertragskonditionen

☐ Vorgehensweise bei Beschädigung, Defekt oder Ausfall des Gerätes während der privaten oder der dienstlichen Nutzung (Reparatur, Neuanschaffung, Gerät zur Überbrückung während der Reparatur-/Neuanschaffungszeit)

☐ Präventive Wartung (Nutzungsdauer)

☐ Nutzungsrichtlinie / Betriebsvereinbarung zu BYOD-Geräten

☐ Vereinbarungen zur Sicherheit

   ☐ Identifikation und Authentisierung sowie Autorisierung

   ☐ Passwortrichtlinie

   ☐ Zugangssperre bei Nichtnutzung

   ☐ Trennung geschäftlicher und privater Anwendungen und Daten

   ☐ Computervirenschutzprogramm

   ☐ Verschlüsselung bei Datenspeicherung und Datenübertragung

   ☐ Data Leakage Prevention

   ☐ Mobile Device Management

   ☐ Unverzügliche Meldepflicht bei Diebstahl oder Verlust.

In der *Konzeptebene* sind – entsprechend der Sicherheitspyramide – für die unterschiedlichen Mobilgeräte gegebenenfalls spezifische Sicherheitskonzepte zu beschreiben, sofern sie nicht über die Richtlinieneben hinreichend beschrieben sind.

Vor dem Ausrollen der erarbeiteten Lösung sollte BYOD mit einer Gruppe ausgewählter Mitarbeiter pilotiert werden.

11.5.28 Infrastruktur

Die Infrastruktur eines Unternehmens umfasst Gebäude, Haustechnik, Räumlichkeiten, Maschinen, Anlagen, Versorgungseinrichtungen und weitere Schutzobjekte sowie -subjekte. Baupläne sowie Pläne der Verkabelung und Verrohrung geben den Überblick über die jeweilige konkrete Infrastruktur. Zu diesen Plänen gehören Raumpläne mit deren jeweiliger Infrastruktur, Lagepläne für Hydranten, Verrohrungspläne für Gas, Wasser, Heizung und Raumluft sowie Trassenwege- und Trassenbelegungs- bzw. Kabelpläne für Strom und Daten.

Zur Versorgungstopologie gehört seitens des Facility Management die Aufstellung, welche Verbraucher an die USV und welche an die NEA angeschlossen sind. An USV und/oder NEA sind – abhängig von den Sicherheitsanforderungen – in der Regel folgende Ressourcen angeschlossen: die sicherheitsrelevanten Informationssysteme, die TK-Anlage, das Zutrittskontrollsystem, die Gefahren-, Brand-, Einbruch- und Wassermeldeanlage, geschäfts- und sicherheitskritische Anlagen und Arbeitsplätze, die Notbeleuchtung, die Klimaanlage für die Serverräume bzw. das Rechenzentrum und die Fahrstühle.

Für jede Ressource legen die Verantwortlichen Sicherheitselemente für die Prävention, Detektion, Reaktion, Restauration und Verifikation fest. Die überblicksartige und ausschnittsweise Tabelle veranschaulicht dies beispielhaft.

Thema	Betriebs-sicherheit Ab V-Klasse	Angriffs-sicherheit Ab S-Klasse	Typ, Thema
Versorgungseinrichtungen			
Elektro			
Leitungsführung zum Haus redundant und räumlich getrennt	4		P,T
Netzanbindung redundant und räumlich getrennt	4		P,T
Hausanschlussschächte gesichert	4		P,T
Leitungsführung inhouse redundant und räumlich getrennt	3		P,T
Unterbrechungsfreie Stromversorgung (USV) VFI-USV (s. a. „Online"-USV) VFD-USV (s. a. „Offline"-USV)	2		P,T
Netzersatzanlage (NEA)	3		P,T
Überspannungsschutz	3		P,T
...			
Gebäude und Räumlichkeiten			
Technikräume/Serverräume			
Baulicher Einbruchschutz	2	1	P,T
Einbruchmeldeanlage (EMA)	3	2	D,T
Baulicher Brandschutz	2		P,T

Thema		Betriebs-sicherheit	Angriffs-sicherheit	Typ, Thema
		Ab V-Klasse	Ab S-Klasse	
	Organisatorischer Brandschutz	2		P,O
	Brandmeldeanlage (BMA)	3		D,T
	Baulicher Wasserschutz	3		P,T
	Wassermeldeanlage (WMA)	3		D,T
	Zutrittskontrollsystem (ZKS)	2	1	P,T
	...			
...				
	...			
	...			

Legende:	V-Klasse = Verfügbarkeitsklasse,	S-Klasse = Sicherheitsklasse
Klasse:	1 = niedrigste Klasse, ...	4 = höchste Klasse
Typ:	P = Prävention,	D = Detektion/Alarmierung/Meldung,
	R = Reaktion,	V = Verifikation
Thema:	P = Prozess,	T = Technologie,
	O = Organisation,	M = Mitarbeiter, Personal

Tabelle 11-12: Schutzmaßnahmen und Sicherheitsklassen (Gebäude, Räume, Versorgung)

11.5.29 Material

Über Materialien, deren Herkunft, Lagerort, Einsatzgebiet(e) und Kritikalität sollte ein Überblick vorhanden sein. Er gibt Auskunft darüber, in welchen Prozessen und von welchen Ressourcen die Materialien zu welchem Zweck verwendet werden.

11.5.30 Methoden und Verfahren

Unternehmen verfügen über spezifische Methoden und Verfahren. Diese sollten in einem Überblick dokumentiert sein. Hierzu gehört die Angabe ihres Einsatzgebietes, Zusammenspiels mit anderen Verfahren sowie ihre Bedeutung für das Unternehmen.

11.5.31 Personal

In Unternehmen gibt es Funktionen und Rollen. Diesen sind Qualifikationsprofile (Skill Profile) zugeordnet. Hieraus ergibt sich der Zielzustand der Qualifikationsarchitektur. Im Sicherheits-, Kontinuitäts- und Risikomanagement finden sich z. B. die Rollen Sicherheits-, Kontinuitäts- und Risikomanager sowie Administratoren und Datenschutzbeauftragte mit entsprechenden Qualifikationsprofilen und entsprechender Sicherheitseinstufung.

Den verschiedenen in einem Unternehmen definierten Funktionen und Rollen sind Personen zugeordnet. Diese Personen besitzen Qualifikationsprofile, die mehr oder weniger deckungsgleich mit den geforderten Profilen sind. Führungskräfte sind im Rahmen des Personalmanagements gefordert, die aktuellen oder mittelfristigen Qualifikationslücken bzw. -bedarfe ihrer Mitarbeiter aufzuzeigen und Maßnahmen zu deren Beseitigung zu vereinbaren. Ziel ist die weitgehende Deckungsgleichheit zwischen Ist- und Soll-Qualifikationsarchitektur.

11.5.32 Organisation im Überblick

Über die Sicherheitspyramide und deren Ebenen sowie die Prozesse, die Ressourcen und das Sicherheitsschalenmodell ergeben sich Aufgaben. Für diese sind Verantwortlichkeiten in Form von Funktionen oder Rollen festzulegen, z. B. Chief ICT Security Officer (CISO), ICT Security Officer (ISO), Chief ICT Continuity Officer (CICO) bzw. Chief ICT Service Continuity Officer (CISCO), Chief Risk Officer (CRO), Chief Compliance Officer (CCO) bzw. Compliance Manager bzw. Compliance Beauftragter, Chief Business Continuity Officer (CBCO) und Datenschutzbeauftragter, sowie Gremien bzw. Teams, z. B. der Lenkungsausschuss IKT-Sicherheit, das Computer Security Incident Response Team (CSIRT) und der Krisenstab.

Die dazugehörigen Aufgaben beinhalten neben der Entwicklung auch die kontinuierliche Pflege des jeweiligen Aufgabenobjektes. Für diese Funktionen bzw. Rollen sind im Hinblick auf das Thema Sicherheit folgende Beschreibungen zu erstellen:
- Funktions-/Rollenbeschreibung
- Qualifikationsprofil
- Berichtsweg
- Kommunikationspfade

Über eine Matrix lassen sich den jeweiligen Aufgaben die dazugehörigen Rollen zuordnen. Bei den Aufgaben kann zusätzlich gekennzeichnet werden, welche Aufgaben die jeweiligen Verantwortlichen im regulären Betrieb und welche sie bei einer Störung, im Notfall, in einer Krise oder einer Katastrophe wahrnehmen. Abweichungen vom regulären Betrieb sind beispielsweise bei sicherheits- oder kontinuitätsrelevanten Ereignissen gegeben.

Bei der Organisation ist u. a. das Prinzip der Funktionstrennung im Hinblick auf Funktionen und Rollen zu beachten.

11.5.33 Lebenszyklus im Überblick

Die vorangegangenen Kapitel behandelten die Prozesse, die Ressourcen und die Organisation für das Sicherheits- bzw. RiSiKo-Management. Zusätzlich sind deren Lebenszyklen zu berücksichtigen. Hierzu wird für die einzelnen Phasen im Lebenszyklus, wie z. B. die Konzeptions-, Entwicklungs-, Inbetriebnahme-/Inkraftsetzungs-, Betriebs- und Außerbetriebnahme-/Außerkraftsetzungsphase, beschrieben, wann und welche PROSim-Elemente wie zu berücksichtigen und welche Schnittstellen zu bedienen sind. Hierbei ist u. a. zu definieren, welche Standards und welche Ressourcen, z. B. Entwicklungswerkzeuge und Hilfsmittel, aber auch welches Personal mit welchem Wissen und welchem Sicherheitsniveau zum Einsatz kommen soll und wie die Organisation aussieht. Details finden Sie im späteren Hauptkapitel zum Lebenszyklus.

11.6   Interdependenznetz

Die Architektur des Unternehmens besteht zum einen aus den Architekturelementen und zum anderen aus deren Zusammenspiel. So benötigt ein Prozess die Zulieferung oder die Unterstützung eines anderen Prozesses. Zudem erfordert er Rollen sowie eine Organisation und nutzt Ressourcen. Daten werden in Anwendungen erfasst, verarbeitet, gespeichert und gelöscht. Anwendungen ihrerseits laufen auf Rechnersystemen, die sich in Räumlichkeiten befinden. Die Rechnersysteme sind an ein Netzwerk angeschlossen. Dies zeigt, dass zum Schutz der Daten u. a. Schutzmechanismen und Kontinuitätskonzepte der Anwendungen und zugrunde liegenden Systeme und Netze notwendig sind. Um dies realisieren zu können, müssen die Zusammenhänge zwischen den Architekturelementen, ich bezeichne dies als Interdependenznetz, bekannt sein.

Um das Interdependenznetz entwickeln zu können, erheben die Verantwortlichen auf Prozessebene die zuliefernden und abnehmenden Geschäftsprozesse. Dies bezeichne ich als horizontale Interdependenzen (HI). Außerdem ermitteln die Verantwortlichen die Abhängigkeiten zu Support- und Begleitprozessen. Dies bezeichne ich als vertikale Interdependenzen (VI). Für die Ressourcenebene erfassen die Geschäftsprozess- und Bereichsverantwortlichen die unterstützenden Ressourcen, also ebenfalls vertikale Interdependenzen.

Die Ressourcen ihrerseits hängen von anderen Ressourcen ab. Diese Abhängigkeiten ermitteln später die Ressourcenverantwortlichen. Auch hier gibt es horizontale Interdependenzen und vertikale Interdependenzen (HIVI bzw. HVI). So läuft beispielsweise eine Anwendung auf einem IT-System. Dies entspricht einer vertikalen Interdependenz, genauer bezeichne ich dies als eine vertikale ressourcentypübergreifende Interdependenz. Die Anwendung selbst oder auch eine Anlage hat jedoch – ähnlich wie zuvor für die Prozesse dargestellt – zuliefernde und abnehmende – Anwendungen bzw. Anlagen, also horizontale Interdependenzen. Dies bezeichne ich als horizontale ressourcentypgleiche Interdependenzen. Bei der Erhebung der Interdependenzen sollten u. a. sowohl sicherheits- als auch kontinuitäts- und risikorelevante Informationen erfasst werden.

Wer die Prozesse und Ressourcen mit ihren Abhängigkeiten voneinander darstellt, erhält aufgrund der verschiedenartigen horizontalen und vertikalen Interdependenzen (HIVI) ein Interdependenznetz, d. h. ein HIVI-Netz bzw. ein HIVIN. Bei der systematischen Ersterhebung der Architekturelemente zu Prozessen, Ressourcen und Organisation erweisen sich entsprechend aufgebaute Tabellen in Tabellenkalkulationsprogrammen als nützlich. Alternativ kann eine Erhebung auch anhand eines vorstrukturierten Ursache-Wirkungs-Diagramms (Fischgrätendiagramm, Ishikawa-Diagramm) oder einer Mind Map® erfolgen.

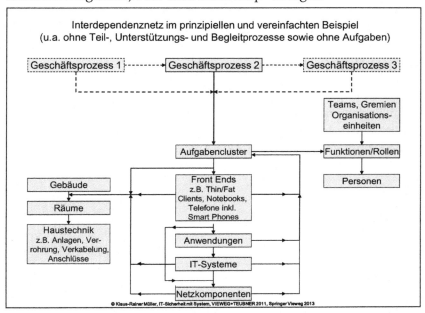

Abbildung 11-21: **Interdependenznetz (prinzipielles und vereinfachtes Beispiel)**

Aufgrund der Komplexität der Interdependenzen, der Vielzahl zu erfassender und volatiler Informationen zu Prozessen, Ressourcen und Organisation sowie der Unterschiedlichkeit der Unternehmen und ihrer Anforderungen hat sich der Einsatz einer flexiblen Datenbank mit benutzerfreundlicher Oberfläche zur Abbildung des Interdependenznetzes in Kombination mit einem webbasierten Portal für die textuellen Beschreibungen des Kontinuitätsmanagements bewährt. Ein derartiges Werkzeug setze ich im Rahmen meiner Beratungstätigkeit ein.

Bei der Auswahl eines Werkzeugs sind nicht nur die Aufwände für die erstmalige Schulung und die Anfangserfassung der Daten, sondern insbesondere auch die für die kontinuierliche Pflege zu berücksichtigen. Hierbei spielt der Detaillierungsgrad eine wesentliche Rolle. Je detaillierter die Beschreibung, desto aufwändiger gestaltet sich oftmals die Pflege. Der Detaillierungsgrad sollte sich am Prinzip des sachverständigen Dritten ausrichten. Darüber hinaus sollte das Werkzeug für jene Nutzer in den Fachbereichen gut geeignet sein, die eine gering ausgeprägte Affinität zu IT-nahen Anwendungen haben und das Werkzeug nur wenige Male im Jahr nutzen.

Wer das Interdependenznetz erhoben hat, kann Plausibilitätsprüfungen vornehmen. Er kann auswerten, ob das Sicherheitsniveau der beteiligten Architekturelemente zueinander konsistent ist. Bei Störungen oder Ausfällen von Ressourcen, wie z. B. Gebäuden, Anlagen oder IKT-Systemen oder auch Personal kann er zügig die Auswirkungen ermitteln, um seine Reaktionsfähigkeit zu optimieren.

11.7 Hilfsmittel RiSiKo-Architekturmatrix

Die vorangegangenen Kapitel haben gezeigt, dass Sicherheitselemente einschließlich der Kontinuitätselemente für eine breite Themenpalette aufgestellt werden sollten. Um diesbezüglich den Überblick über die Anforderungen und den Status zu er- und behalten, empfiehlt es sich, z. B. eine Architekturmatrix anzulegen.

Thema	P	R	O	Typ
Leistungsmanagement				
Leistungsvereinbarungen	Z ☹	Z ☹	Z ☹	
Externe Leistungserbringung (Service-Geber)	O ☺	O ☺	O ☺	
...				
...				
Kontinuitätsmanagement				
Lage und Umfeld des Gebäudes	Z ☹	Z ☹	Z ☹	
Externe Versorgung	Z ☹	Z ☺	Z ☺	
Gebäude und Infrastruktur	Z ☺	Z ☺	Z ☺	
...				
Datensicherung	Z ☺	Z ☺	Z ☺	
...				
Notfall- und Katastrophenvorsorgeplanung	Z ☺	Z ☺	Z ☺	
Facility Security Management				
Objektschutz	O ☺	O ☺	O ☺	
Zufahrtsschutz	O ☺	O ☺	O ☺	
Zutrittsschutz	Z ☺	Z ☺	Z ☺	
...				
Information Security Management				
Zugangsschutz	Z ☺	Z ☺	Z ☺	
Zugriffsschutz	Z ☺	Z ☺	Z ☺	
Leseschutz	Z ☺	Z ☺	Z ☺	
...				
...				
Legende:				
Überschrift: P = Prozess, R = Ressource, O = Organisation				
Anforderung: z = zwingend erforderlich, o = optional,				
Status: ⊗ = noch nicht geplant, ☺ = bereits konzipiert, ☺ = eingeführt				

Tabelle 11-13: RiSiKo-Architekturmatrix

Die Architekturmatrix gibt zu den verschiedenen Themenfeldern überblicksartig und zusammenfassend an, ob jeweils ein Sicherheitselement zwingend erforderlich (z) oder optional (o) ist. Dies ermöglicht einerseits einen schnellen Überblick über die geforderten Sicherheitselemente. Zusätzlich kann durch eine farbliche und/ oder symbolische Kennzeichnung festgestellt werden, ob dieses Element noch nicht geplant (☹), bereits konzipiert (☺) oder eingeführt (☺) ist und wo es Bereiche gibt, die noch auszufüllen sind. Der Detaillierungsgrad der Auflistung und der Kennzeichnung lässt sich bedarfsorientiert weiter verfeinern oder in weiteren Dokumenten abbilden. Ein prinzipielles und auszugsweises Beispiel zeigt die Tabelle.

Die Sicherheitsarchitektur bildet das zentrale Element auf dem Weg zur ganzheitlichen Umsetzung der Sicherheitsanforderungen. Sie untergliedert sich in die Ebenen zusammenfassende Sicherheitsanforderungen, prinzipielle Bedrohungen, Strategien und Prinzipien zur Erhöhung des Sicherheitsniveaus. Außerdem finden sich hier die Sicherheitselemente für die Betriebs- und Angriffssicherheit sowie die Kontinuität (s. a. Klassen-Maßnahmen-Matrix).

Die *zusammenfassenden Sicherheitsanforderungen* dienen dazu, die Wirtschaftlichkeit und Effizienz des Sicherheits-, Kontinuitäts- und Risikomanagements durch Klassenbildung zu erhöhen. Für jedes Sicherheitskriterium lassen sich Klassen bilden, z. B. Verfügbarkeitsklassen und Vertraulichkeitsstufen, für die in der Folge standardisierte Sicherheitsrichtlinien sowie darauf aufbauende Konzepte und Maßnahmen gelten.

11.8 Zusammenfassung

Die *prinzipiellen Bedrohungen* verschaffen einen Überblick über die Vielfalt der möglichen Szenarien. Diese Übersicht ermöglicht es, Bedrohungen zu Gruppen zusammenzufassen (clustern), denen sich – z. B. im Hinblick auf die Behebung – standardisierte Richtlinien sowie standardisierte Konzepte, Schutzsubjekte und Maßnahmen zuordnen lassen.

Die *Strategien und Prinzipien* zur Erhöhung des Sicherheitsniveaus und zur Optimierung des Risikoportfolios unterstützen das systematische, zielorientierte und effiziente Herangehen an Sicherheits-, Kontinuitäts- und Risikothematiken. So hilft z. B. die Pfadanalyse, Sicherheitslücken und fehlende Redundanzen zu entdecken.

Ausgehend von den Anforderungen, den prinzipiellen Bedrohungen sowie den Sicherheitsstrategien und -prinzipien lassen sich *Sicherheitselemente* zur Erhöhung der Betriebs- und Angriffssicherheit entwickeln. Hierbei werden *Prozesse, Ressourcen, Organisation und der jeweilige Lebenszyklus* sowie die daraus resultierenden Anforderungen und Ergebnisse berücksichtigt. Die *Begleitprozesse* (Managementdisziplinen) erstrecken sich vom Konformitäts-, Datenschutz- und Risikomanagement über das Leistungs-, Finanz-, Projekt- und Qualitätsmanagement bis hin zum Ereignis-, Problem-, Änderungs-, Release-, Konfigurations-, Lizenz-, Kapazitäts- und Wartungsmanagement. Sie umfassen ferner das Kontinuitäts- und Securitymanagement sowie das Architektur-, Innovations-, Vertrags-, Dokumenten- und Personalmanagement. Die sicherheitsrelevanten Ressourcen werden ebenso erhoben, wie die Sicherheitsorganisation.

Die spätere Integration von Sicherheitselementen in die Lebenszyklen von Prozessen, Ressourcen, Organisation, Produkten und Dienstleistungen führt zu *lebenszyklusimmanenter Sicherheit*. Lebenszyklen erstrecken sich von der Konzeptions- und Entwicklungs- über die Inbetriebnahme- und Betriebs- bis hin zur Außerbetriebnahmephase.

Die Sicherheitselemente können in einer *Architekturmatrix* abgebildet und als zwingend erforderlich oder optional gekennzeichnet werden. Eine entsprechende Farbgebung (Ampelfarben) macht sichtbar, in welchem Umsetzungsstadium (geplant, konzipiert, umgesetzt) sie sich jeweils befinden.

12 Sicherheitsrichtlinien/-standards – Generische Sicherheitskonzepte

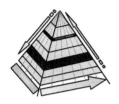 Das vorangegangene Kapitel beschäftigte sich mit der Sicherheitsarchitektur und legte die Sicherheits- und Kontinuitätselemente fest, mit denen die Sicherheitsziele erreicht werden sollen.

Die im Folgenden behandelte Ebene der Richtlinien oder auch generischen Konzepte konkretisiert diese Sicherheits- und Kontinuitätselemente, ist aber prozess-, ressourcen-, organisations-, produkt- und leistungs- und damit systemunabhängig und -übergreifend. Dies beinhaltet auch Checklisten, Formulare und Vorlagen (Templates). Durch die Richtlinien können die Verantwortlichen beispielsweise neu anzuschaffende Ressourcen, u. a. IKT-Systeme, dahingehend überprüfen, ob sich auf ihnen die geforderten Sicherheitsmerkmale realisieren lassen. Gleichzeitig dienen die übergreifenden Vorgaben gemäß den Prinzipien der Standardisierung und Konsolidierung zur Vereinheitlichung des Sicherheits-, Kontinuitäts- und Risikoniveaus.

Die Sicherheits- inklusive Kontinuitätsrichtlinien beinhalten prinzipiell Vorgaben zur Prävention, Detektion – einschließlich Früherkennung – sowie Meldung und Alarmierung, ferner zur Reaktion, Restauration, Postvention und Verifikation. Sie umfassen die PROSim-Elemente Prozesse, Ressourcen und Organisation sowie Produkte und Dienstleistungen. Ihre einzelnen Elemente sind in unterschiedlichen Phasen des später beschriebenen Lebenszyklus oder phasenübergreifend relevant.

Sicherheitsrichtlinien, oftmals auch als „Policies" bezeichnet, gibt es u. a. für die IKT- und Internet-Nutzung, den Datenschutz, die Datensicherung, den Zufahrts-, Zutritts-, Zugangs- und Zugriffsschutz, Firewalls, Security Gateways und Computerviren-Schutz, Fernwartung und Outsourcing, Prozesse und Notfallvorsorge sowie den Umgang mit E-Mails, Passwörtern und sensiblen Daten. In dieser Ebene befinden sich zudem Richtlinien, Vorgehensweisen und Vorlagen für Analysen, z. B. die Schutzbedarfsanalyse, die Business Impact Analyse, die Risikoanalyse, die Interdependenzanalyse, die Akteursanalyse, die Umfeldanalyse, die Pfadanalyse und die Sicherheitszonenanalyse.

Die Sicherheitsrichtlinien schaffen die Basis für die später beschriebenen prozess- oder ressourcenspezifischen Sicherheitskonzepte und -maßnahmen.

Die folgenden Unterkapitel enthalten überblicksartige, prinzipielle, auszugsweise und juristisch nicht geprüfte Beispiele für verschiedene Sicherheitsrichtlinien. Diese müssen jeweils unternehmensspezifisch geprüft, angepasst, verändert und ergänzt werden:

1. Übergreifende Richtlinien

2. Betriebs- und Begleitprozesse (Managementdisziplinen)

3. Ressourcen

4. Organisation

5. Zusammenfassung

12.1   Übergreifende Richtlinien

Die folgenden Unterkapitel enthalten prinzipielle und auszugsweise Beispiele übergreifender Richtlinien bzw. Regeln und zwar:

1. Sicherheitsregeln

2. Prozessvorlage

3. IKT-Benutzerordnung

4. E-Mail-Nutzung

5. Internet-Nutzung

12.1.1   Sicherheitsregeln

Zur generellen Orientierung empfiehlt es sich, Sicherheitsregeln, z. B. in Form von „Geboten", aufzustellen. Zu diesen Grundregeln des Unternehmens können beispielsweise folgende Elemente gehören:

1. Einhaltung von gesetzlichen und aufsichtsbehördlichen Vorgaben und von Vorschriften sowie Identifizierung und Orientierung an bzw. Einhaltung von sicherheitsrelevanten Standards und Normen

2. Orientierung an den Anforderungen der externen und internen Kunden unter Berücksichtigung der unternehmens- und geschäftsprozessspezifischen Angemessenheit

3. Aufbau und Pflege eines Sicherheits-, Kontinuitäts- und Risikomanagementsystems, orientiert an der Sicherheitspyramide, das hierarchisch aufgebaut ist, Prozesse, Ressourcen und Organisation berücksichtigt sowie in den Lebenszyklus von Prozessen, Ressourcen, Organisation, Produkten und Dienstleistungen integriert ist

4. Klassifizierung von Geschäftsprozessen und Ressourcen, wie z. B. IKT-Systeme, Anwendungen und Daten, gemäß ihrer Bedeutung für das Unternehmen und den daraus resultierenden Sicherheitsanforderungen

5. Etablierung eines Grundschutzes sowie darauf aufbauender Sicherheitsklassen bzw. integrativer RiSiKo-Klassen

6. Einhaltung des Prinzips der Abwesenheitssperre

7. Einhaltung des Prinzips des „aufgeräumten" Arbeitsplatzes

8. Einhaltung des Prinzips des generellen Verbots

9. Einhaltung des Prinzips der minimalen Rechte in allen Sicherheitsbereichen (z. B. Zufahrts-, Zutritts-, Zugangs-, Zugriffsschutz)

10. Einhaltung des Prinzips der minimalen Dienste bei IKT-Systemen

11. Einhaltung des Prinzips der Ausschließlichkeit im Hinblick auf die Installation ausschließlich solcher Ressourcen, die vom Unternehmen zur Aufgabenerfüllung zur Verfügung gestellt werden

12. Einhaltung des Prinzips der Ausschließlichkeit im Hinblick auf die Nutzung ausschließlich jener Ressourcen und Services, die vom Unternehmen zur Aufgabenerfüllung zur Verfügung gestellt werden. Dies schließt die Nutzung nicht unternehmenseigener Ressourcen z. B. in Form von privater oder fremder Hardware und Hardware-Komponenten, Software, Systemen, Anlagen, Produkten und Werkzeugen aus. Konkrete Beispiele sind in Privat- bzw. Fremdbesitz befindliche Software, Smartphones, Handys, USB Memory Sticks, WLAN-Komponenten etc.

13. Einhaltung des Prinzips der Ausschließlichkeit im Hinblick auf die ausschließlich geschäftliche Nutzung aller vom Unternehmen bereit gestellten Ressourcen, z. B. IKT-Systeme, Telefone, Faxgeräte, Drucker, Anlagen, Maschinen, Systeme, Werkzeuge, Arbeits- und Hilfsmittel, finanzielle Mittel

14. Steuerung des Sicherheits-, Kontinuitäts- und Risikomanagements durch Zielvereinbarungen und deren Controlling

15. Regelmäßige Prüfung des erreichten gegen das geforderte Sicherheits- und Kontinuitäts- bzw. Risikoniveau

16. Sicherstellung der Nachvollziehbarkeit, z. B. von Zielen, Vorgaben und sicherheitsrelevanten Aktivitäten und Ereignisse

17. Schulung und Sensibilisierung der Mitarbeiter

18. Festlegung einer Kommunikationsrichtlinie, in der festgehalten ist, wer welche Informationen in welcher Situation in welcher Form an Dritte weitergeben darf

19. …

12.1.2 Prozessvorlage

Für die *IKT-Betriebs- und Begleitprozesse*, die in der Sicherheits- bzw. RiSiKo-Architektur angegeben sind, sollte eine angemessene Prozessdokumentation vorhanden sein, die das Prinzip des sachverständigen Dritten erfüllt. Diese enthält die jeweiligen Prozesse mit ihren Prozessschritten und Verbindungsstellen zu anderen Prozessen sowie die Ressourcen mit ihren Technologien sowie Methoden, Werkzeuge und Hilfsmittel. Ferner sind hierin die jeweiligen Rollen, die hierfür erforderliche Qualifikation und die Verantwortlichkeiten festgelegt.

Hilfsmittel zur Prozessdokumentation sind im einfachsten Fall papiergebunden und handschriftlich, oder sie basieren auf einem Grafikprogramm, selbst entwickelten Tabellen eines Tabellenkalkulationsprogramms oder einer Datenbank. Bei professionellem Einsatz lassen sich am Markt verfügbare Software-Produkte einsetzen.

Um die Lesbarkeit der Prozessdokumentation für die Nutzer zu verbessern, die gewünschte Vollständigkeit zu erreichen und die Effizienz zu steigern, sollte die Prozessdokumentation auf eine einheitliche Weise erfolgen. Es empfiehlt sich, eine *standardisierte Gliederungsstruktur* vorzugeben. Um den Zugriff für die Beteiligten zu vereinfachen und Aktualisierungen zeitnah zur Verfügung zu stellen, kann eine *browserbasierte Portallösung* hilfreich sein. Diese sollte auch einen Überblick über die Prozesslandschaft und deren Zusammenspiel geben. Jede einzelne Prozessbeschreibung kann beispielsweise folgendermaßen gegliedert sein:

1. Prozessbezeichnung

2. Prozessnutzer/Adressaten

3. Geltungsbereich

4. Prozessverantwortlicher

5. Prozessziel

6. Prozesskennzahlen

7. Schutzbedarf einschließlich gesetzlicher, aufsichtsbehördlicher und normativer Vorgaben sowie Sicherheits-, Kontinuitäts- und Risikoklasse bzw. RiSiKo-Klasse

8. Schnittstellen/Verbindungsstellen

9. Prozessablauf
   Für jeden Prozessschritt im Prozessablauf werden Input, Schnittstellen, Aktivitäten, Hilfsmittel/Tools, Richtlinien, Methoden, Verantwortlichkeiten/Rollen, Ergebnistypen sowie deren inhaltliche Struktur festgelegt und beschrieben

10. Qualifikationsprofil je Rolle

11. Prüfungskonzept

12. Testkonzept

13. Schulungskonzept

14. Übungskonzept

15. Pflege- und Weiterentwicklungskonzept

16. Glossar

17. Mitgeltende Dokumente

18. Referenzierte Dokumente

Im Hinblick auf mögliche Prozessschritte sollten weitere Orientierungshilfen gegeben werden. Häufig anzutreffen sind die folgenden Prozessschritte:

- Anforderungen erheben
- Anforderungen transformieren
- Konzepte entwickeln, abstimmen/prüfen, freigeben
- Umsetzungskonzept entwickeln, abstimmen/prüfen, freigeben
- Umsetzung durchführen und überwachen
- Prüfungskonzept entwickeln, abstimmen/prüfen, freigeben
- Prüfungen durchführen, Ergebnisse dokumentieren und auswerten
- Testkonzept entwickeln, abstimmen/prüfen, freigeben
- Tests durchführen, Ergebnisse dokumentieren und auswerten
- Schulungskonzept entwickeln, abstimmen/prüfen, freigeben
- Schulung durchführen
- Übungskonzept entwickeln, abstimmen/prüfen, freigeben
- Übungen durchführen, Ergebnisse dokumentieren und auswerten
- Überwachungsergebnisse dokumentieren und auswerten
- Optimierungsvorschläge entwickeln, abstimmen/prüfen, freigeben
- Umsetzung verbessern
- Regelmäßige Berichte erstellen
- Pflegekonzept entwickeln, abstimmen/prüfen, freigeben
- Pflegekonzept umsetzen.

Bei einigen Prozessen sind darüber hinaus folgende Aktivitäten zu definieren:
- gefährliche Ereignisse (frühzeitig) erkennen
- gefährliche Ereignisse melden, Alarm geben
- (gefährliche) Ereignisse aufzeichnen
- (gefährliche) Ereignisse auswerten

- ☐ gefährliche Ereignisse abwehren
- ☐ Schaden beurteilen
- ☐ Schaden beheben
- ☐ regulären Zustand wiederherstellen.

12.1.3 IKT-Benutzerordnung

Das folgende Beispiel zeigt eine prinzipielle und auszugsweise IKT-Benutzerordnung.

IKT-Benutzerordnung

Basierend auf der Sicherheits-, Kontinuitäts- und Risikopolitik des <Unternehmens> muss jeder festangestellte und jeder externe Mitarbeiter folgende Regelungen berücksichtigen:

1. Die Prinzipien des „minimalen Bedarfs", der „minimalen Rechte", der „minimalen Dienste", des „generellen Verbots", der „Abwesenheitssperre" und des „aufgeräumten Arbeitsplatzes" sind einzuhalten.

    ☐ Die Prinzipien des „minimalen Bedarfs", der „minimalen Rechte" und der „minimalen Dienste" besagen, dass Rechte und Dienste stets nur in dem Umfang gewährt werden, wie sie zur Erfüllung der jeweiligen Aufgabenstellung minimal erforderlich sind.

    ☐ Das Prinzip des „generellen Verbots" besagt, dass alles gesperrt und verboten ist, was nicht explizit erlaubt ist. Konkret meint dies, dass ein Objekt von einem Subjekt nur dann genutzt werden kann, wenn das Subjekt explizit dafür berechtigt worden ist und dass Rechte und Dienste, sollten sie trotz fehlender Berechtigung nutzbar sein, nicht genutzt werden dürfen.

    ☐ Die Prinzipien der „Abwesenheitssperre" und des „aufgeräumten Arbeitsplatzes" sagen aus, dass Ressourcen, z. B. Daten und Informationen am Bildschirm, aber auch Unterlagen und Datenspeicher, wie CDs, mobile Festplatten und USB Memory Sticks sowie Geräte mit Datenspeichern oder Zugang zu Daten wie PCs, Tablet PCs, Notebooks, Netbooks, PDAs und Smartphones unterwegs und am Arbeitsplatz für Unberechtigte nicht frei zugänglich sein dürfen.

2. Der Benutzer darf nur die Geräte und Komponenten (Hardware) nutzen, z. B. PCs, Tablet PCs, Notebooks, Netbooks, Smartphones und USB Memory Sticks, und auch nur in der Ausstattung, in der sie ihm das <Unternehmen> bereitstellt.

3. Der Benutzer darf nur jene Programme (Software) nutzen, die ihm das <Unternehmen> bereitstellt. Eigene Programme oder Programme Dritter dürfen weder eingespielt noch aus dem Internet oder einer anderen Quelle heruntergeladen werden. Sie dürfen darüber hinaus weder installiert noch genutzt werden.

4. Die IKT-Ressourcen, wie z. B. Computersysteme, Telefonanlagen, Telefone und Smartphones, dürfen ausschließlich geschäftlich und nur in dem Umfang genutzt werden, wie es zur Erfüllung der geschäftlichen Aufgaben erforderlich ist. Dies

schließt deren Nutzung für außergeschäftliche, z. B. private, nebenberufliche oder rechtswidrige Aktivitäten aus.

5. Es dürfen nur jene IKT-Ressourcen, wie z. B. Computersysteme, Netzwerke, Anwendungen und Daten, benutzt werden, für die eine Berechtigung erteilt wurde.

6. Die IKT-Ressourcen, z. B. Computersysteme, Netzwerke, Anwendungen und Daten, dürfen nur in dem Umfang genutzt werden, wie es der schriftlich erteilten Berechtigung entspricht.

7. Benutzer dürfen die vom <Unternehmen> bereitgestellte Software weder kopieren noch verändern oder veräußern.

8. Jeder Benutzer muss seine Passwörter vertraulich behandeln. Sie dürfen nur ihm bekannt sein. Eine Weitergabe von Passwörtern ist in keinem Fall zulässig, selbst dann nicht, wenn eine Person vertrauenswürdig und zu deren Kenntnis berechtigt erscheint.

9. Der Benutzer ist für alle Aktivitäten verantwortlich, die unter seiner Benutzerkennung und seinem Passwort durchgeführt werden.

10. Der Benutzer darf keine Benutzerkennungen und Passwörter Dritter benutzen. Dritte können z. B. sowohl Personen als auch „technische" Benutzer sein.

11. IKT-Ressourcen, wie z. B. PCs, Tablet PCs, Notebooks, Netbooks, PDAs, Smartphones, Anwendungen, Datenträger und Daten, dürfen nur wenn erforderlich und auch dann ausschließlich von autorisierten Personen an autorisierte Dritte weitergegeben werden.

12. Der Benutzer ist verpflichtet, alle Richtlinien und Regeln des Sicherheits-, Kontinuitäts- und Risikomanagements des <Unternehmens> in ihrer jeweils aktuellen Form einzuhalten. Hierzu gehören insbesondere:

    a) Richtlinie Zugangsschutz

    b) Richtlinie Zugriffsschutz

    c) Passwortregeln (Ge- und Verbote)

    d) Richtlinie Computerviren-Schutz

    e) Richtlinie E-Mail-Nutzung (Ge- und Verbote)

    f) Richtlinie Internet-Nutzung (Ge- und Verbote)

13. Verstöße gegen die IKT-Benutzerordnung aufgrund beabsichtigten oder grob fahrlässigen Verhaltens können mit angemessenen Sanktionen belegt werden. Verstöße können z. B. Schadensersatzansprüche sowie straf-, zivil- und arbeitsrechtliche Konsequenzen nach sich ziehen.

14. ...

Beispiel 12-1: IKT-Benutzerordnung

12.1.4   E-Mail-Nutzung

Das folgende Beispiel zeigt auszugsweise eine prinzipielle E-Mail-Richtlinie.

Richtlinie E-Mail-Nutzung

Allgemeines

1. Die Beantragung, Prüfung, Genehmigung, Einrichtung und Rücknahme von E-Mail-Adressen sowie die Aufbewahrung der Anträge erfolgt nach dem „Antrags- und Genehmigungsverfahren E-Mail".

2. Die Vergabe von E-Mail-Adressen erfolgt nach der „Namenskonvention E-Mail-Adresse".

3. Personenbezogene E-Mail-Adressen werden bei Ausscheiden eines Mitarbeiters durch den Geschäftsbereich Informationsservices entsprechend dem „Antrags- und Genehmigungsverfahren E-Mail" gelöscht. In Einzelfällen kann für eine Übergangsfrist

    ❑ eine Umleitung zu einem anderen Verantwortlichen oder

    ❑ eine automatische Antwort-E-Mail mit dem Hinweis auf die Ungültigkeit der E-Mail-Adresse genehmigt werden.

    Bei einer Umleitung ist die Einhaltung eventueller datenschutzrechtlicher Bestimmungen zu beachten. Bei einer automatischen Beantwortung sind die Folgen im Falle eingehender Spam-Mails zu berücksichtigen.

    Die Information über das Ausscheiden eines Mitarbeiters erhält der Geschäftsbereich Informationsservices vom Geschäftsbereich Personalservices gemäß dem „Antrags- und Genehmigungsverfahren E-Mail".

4. Die E-Mail-Anwendung ist seitens des Geschäftsbereichs Informationsservices so einzustellen, dass die Vorschau-Funktion für E-Mails deaktiviert ist, damit eingehende E-Mails nicht automatisch und ohne Zutun des Benutzers geöffnet werden. Andernfalls besteht die potenzielle Gefahr, dass eventuelle schädliche Inhalte einer E-Mail ausgeführt werden.

5. Clients sind seitens des Geschäftsbereichs Informationsservices so zu konfigurieren, dass sie Bestätigungsanforderungen des Absenders nicht automatisch beantworten.

6. Clients sind seitens des Geschäftsbereichs Informationsservices so zu konfigurieren, dass bei Anzeige von HTML-formatierten E-Mails keine aktiven Inhalte ausgeführt werden. Dies gilt auch, falls für die Anzeige solcher E-Mails ein Browser zum Einsatz kommt.

7. Als Standardapplikationen unter Windows stellt der Geschäftsbereich Informationsservices nur solche ein, die keine Makros oder Skripte ausführen können. Für Microsoft®-Word oder Microsoft®-Excel beispielsweise existieren derartige „Viewer". Für den Dateityp „.reg" wird ein Editor als Standardapplikation konfiguriert.

8. ...

Gebote

1. Die Konfiguration der Clients darf ausschließlich vom Geschäftsbereich Informationsservices vorgenommen und geändert werden.

2. Das E-Mail-System und die dienstliche E-Mail-Adresse dürfen nur zu dienstlichen Zwecken genutzt werden.

3. Das definierte Standardformat unserer E-Mails einschließlich Haftungsausschluss (Disclaimer) ist einzuhalten.

4. Jede E-Mail muss einen aussagekräftigen Betreff haben, der den unternehmensspezifisch vorgegebenen Aufbau hat. Im Betreff wird gekennzeichnet, welchen Vertraulichkeitsstatus die E-Mail hat.

5. Vertrauliche Nachrichten sind verschlüsselt zu übermitteln.

6. Die Übermittlung rechtsverbindlicher Informationen per E-Mail muss den Regelungen des Unternehmens entsprechen und entsprechend den Unterschriftenregelungen des Unternehmens mit elektronischer Signatur versehen sein.

7. Der oder die Anhänge eingehender E-Mails dürfen nur geöffnet werden, wenn die jeweilige E-Mail vertrauenswürdig ist. Vertrauenswürdig heißt, dass der Absender bekannt ist und die E-Mail in der Betreffzeile einen erwartbaren Text in der mit dem Kommunikationspartner üblichen Sprache enthält. Anzeichen nicht vertrauenswürdiger E-Mails sind unbekannte Absender oder fehlende Absenderangabe oder unerwartete Betreffzeilen, z. B. sinnlose Aneinanderreihungen von Buchstaben, bekannte Absender mit einem Betreff in einer anderen Sprache als der sonst mit dem Kommunikationspartner üblichen sowie Antworten („Re" der „AW") trotz fehlender vorheriger diesbezüglicher Korrespondenz.

8. Anhänge von E-Mails, die ausführbaren Code enthalten und/oder Änderungen in der Systemkonfiguration vornehmen könnten, dürfen nur nach Zustimmung des zuständigen Mitarbeiters aus dem Geschäftsbereich Informationsservices gestartet werden.

9. ...

Verbote

1. Versendete E-Mails dürfen keinen schädigenden Zweck, z. B. die Verbreitung von Viren oder Massen-E-Mails {Spamming} oder die Blockade von Systemen oder Diensten (Denial-of-Service-Attacken {DoS}), verfolgen.

2. Versendete E-Mails dürfen keine Schadsoftware, wie z. B. Viren, enthalten.

3. Versendete E-Mails dürfen keine Kettenbriefe sein.

4. Die Versendung von Massen-E-Mails (Spam) ist verboten.

5. Die E-Mail-Absenderangabe versendeter E-Mails darf nicht verfälscht sein.

6. Versendete E-Mails dürfen keine gesetzwidrigen, anstößigen, belästigenden, beleidigenden, drohenden, gewaltverherrlichenden, kriminellen, terroristischen, diskriminierenden, rassistischen, sexistischen oder pornographischen Inhalte haben.

7. Versendete E-Mails dürfen keine Inhalte haben, die das Unternehmen oder sein Image schädigen können.

8. Versendete E-Mails dürfen keine unzulässigen Kopien von urheberrechtlich geschützten Werken enthalten.

9. Auf dem E-Mail-Konto des Empfängers eingehende E-Mails dürfen nicht automatisch an Adressen außerhalb des Unternehmens weitergeleitet werden.

10. Private E-Mails sind prinzipiell verboten. Im Einzelfall darf der Nutzer eine private E-Mail versenden, jedoch nur dann, wenn dadurch weder das Unternehmen noch die eigene Arbeitsleistung beeinträchtigt oder gestört werden. Außerdem sollten private E-Mails über den privat genutzten E-Mail-Provider und mit der privaten E-Mail-Adresse versendet werden. Bei Versand einer privaten E-Mail unter der dienstlichen E-Mail-Adresse sind alle unternehmensspezifischen Regelungen zu E-Mails einzuhalten. Außerdem willigt der Nutzer in diesem Fall ein, dass diese E-Mails gespeichert werden und bei Bedarf geprüft werden können.

11. Die dienstliche E-Mail-Adresse darf ausschließlich bekannten und vertrauenswürdigen Geschäftspartnern bekannt gemacht werden.

12. Links eingehender E-Mails dürfen nicht angeklickt werden, sondern müssen geprüft und bei Bedarf manuell im dienstlich bereit gestellten Browser eingegeben werden.

13. Die Beantwortung von Spam-Mails, z. B. zur vermeintlichen Löschung aus deren Verteiler, ist verboten, im Gegensatz zur zulässigen Abbestellung nicht mehr benötigter, aber bisher abonnierter Informations-E-Mails.

14. Nachrichten, die rechtsverbindlichen Charakter haben, dürfen ohne Einhaltung der unternehmensspezifischen Regelungen und ohne elektronische Signatur nicht als E-Mail versandt werden, sondern müssen in Papierform mit rechtsverbindlichen Unterschriften entsprechend den Unterschriftenregelungen des Unternehmens übermittelt werden.

15. ...

Beispiel 12-2: Richtlinie E-Mail-Nutzung

12.1.5 Internet-Nutzung

Das folgende Beispiel zeigt auszugsweise eine prinzipielle Richtlinie zur Internet-Nutzung.

Richtlinie Internet-Nutzung

Allgemeines

1. Die Berechtigungsvergabe zur geschäftlichen Nutzung des Internets erfolgt auf der Basis des Prinzips der „minimalen Dienste", d. h. der Internetzugang wird nur dann gewährt, wenn dies zur Aufgabenerfüllung minimal erforderlich ist.

2. Die Beantragung, Prüfung, Genehmigung, Einrichtung und Rücknahme des Internet-Zugangs sowie die Aufbewahrung der Anträge erfolgt nach dem „Antrags- und Genehmigungsverfahren Internet-Zugang".

3. Die Anbindung an das Internet erfolgt stets über mindestens eine Firewall.

4. Bei IKT-Ressourcen, wie z. B. Clients und Servern, die an das Internet angebunden sind, stellt der Geschäftsbereich Informationsservices sicher, dass die Gefährdung für das interne Netzwerk so niedrig ist, dass die Sicherheitsanforderungen aller anderen Ressourcen in diesem Netzwerk eingehalten werden. Dies kann es erforderlich machen, Netzsegmente mit unterschiedlichem Sicherheitsniveau zu schaffen und gegeneinander abzusichern, z. B. in Form von VLANs (virtuelle LANs).

5. IKT-Ressourcen, wie z. B. Server, die Dritten, z. B. Kunden, den Zugang über das Internet, z. B. in Form eines Extranets, ermöglichen, installiert der Geschäftsbereich Informationsservices in einer demilitarisierten Zone. Dadurch ist diese IKT-Ressource gegenüber dem Internet durch eine Firewall geschützt. Eine weitere Firewall trennt das interne Netz gegenüber der IKT-Ressource. So lässt sich das interne Netz vor der Bedrohung durch eine eventuelle Kompromittierung der IKT-Ressource infolge eines Hacker-Angriffs schützen.

   Die Kommunikation zu IKT-Ressourcen im Extranet vom internen Netz aus wird ausschließlich vom internen Netz her aufgebaut. Dadurch lassen sich Kommunikationsversuche durch derartige IKT-Ressourcen, z. B. infolge einer Kompromittierung, sperren und eine Meldung auslösen.

6. ...

Gebote

1. Der betriebliche Internetzugang darf nur zu dienstlichen Zwecken und im Rahmen der eigenen dienstlichen Aufgaben genutzt werden.

2. Mitarbeiter, die Informationen oder Daten im World Wide Web bereitstellen oder soziale Medien nutzen, indem sie z. B. Mitglied in Online-Communities, sozialen Netzwerken oder Online-Foren sind, Beiträge z. B. zu Wikis liefern, Blogs posten oder in Foren diskutieren, müssen folgende Regeln beachten:

   ☐ Derartige Aktivitäten sind – außer wenn sie vom Unternehmen explizit in der Stellenbeschreibung ausgewiesen und erlaubt sind – privat und dürfen nur außerhalb der Arbeitszeit erfolgen.

   ☐ Im Hinblick auf betriebliche Informationen und Daten ist der Datenschutz einzuhalten.

   ☐ Im Hinblick auf betriebliche Informationen und Daten müssen Persönlichkeitsrechte gewahrt werden. (Grundgesetz, Artikel 1: „Die Würde des Menschen ist unantastbar.", StGB, „Üble Nachrede", „Verleumdung")

   ☐ Die Vertraulichkeitsverpflichtung gegenüber dem Arbeitgeber ist einzuhalten.

   ☐ Schutzrechte, wie z. B. das Urheberrecht sind einzuhalten.

   ☐ Gesetze sind einzuhalten, z. B. das Gesetz gegen den unlauteren Wettbewerb.

☐ Mitarbeiter müssen unzweifelhaft deutlich machen, dass es sich bei den Informationen um ihre persönliche Meinung handelt und dass diese nicht zwangsläufig die ihres Arbeitgebers ist.

☐ Zulässigerweise bereitgestellte Informationen und Daten müssen korrekt und sollten nachweisbar sein.

☐ Bereitgestellte Informationen und Daten im Hinblick auf betriebliche Belange sollten in höflicher und rücksichtsvoller Form dargestellt werden.

3.   ...

Verbote

1.   Es dürfen keine Internet-Seiten mit gesetzwidrigen, beleidigenden, drohenden, gewaltverherrlichenden, kriminellen, terroristischen, rassistischen, sexistischen oder pornographischen Inhalten besucht werden.

2.   Es dürfen keine Anwendungen aus dem Internet heruntergeladen werden.

3.   Eine Teilnahme an webbasierten Umfragen ist verboten.

4.   Mitarbeiter, die Informationen oder Daten im World Wide Web bereitstellen oder soziale Medien nutzen, indem sie z. B. Mitglied in Online-Communities, sozialen Netzwerken oder Online-Foren sind, Beiträge zu Wikis liefern, Blogs posten oder in Foren diskutieren, müssen folgende Regeln beachten:

☐ Geschäftliche Daten, wie z. B. dienstliche E-Mail-Adressen, Benutzerkennungen und Passwörter dürfen bei derartigen Aktivitäten nicht genutzt werden.

☐ Von Mitarbeitern bereitgestellte Informationen, Nachrichten, Bilder, Videos oder Daten dürfen keine gesetzwidrigen, anstößigen, belästigenden, beleidigenden, drohenden, Gewalt verherrlichenden, kriminellen, terroristischen, diskriminierenden, rassistischen, sexistischen oder pornographischen Inhalte haben.

5.   ...

Beispiel 12-3: Richtlinie Internet-Nutzung

12.2   Betriebs- und Begleitprozesse (Managementdisziplinen)

Für die verschiedenen Betriebs- und Begleitprozesse (Managementdisziplinen), die in der Sicherheits- bzw. RiSiKo-Architektur angegeben wurden, ist zu prüfen, ob plattformunabhängige Richtlinien angemessen sind. In den folgenden Unterkapiteln sind unter dem Fokus Betriebs- und Angriffssicherheit sowie Kontinuität auszugsweise prinzipielle Beispiele derartiger Richtlinien angegeben, die an die jeweiligen Gegebenheiten angepasst werden müssen.

Der Vollständigkeit halber sei erwähnt, dass es sich empfiehlt, für alle in der RiSiKo-Architektur genannten Prozesse Sicherheits- bzw. RiSiKo-Richtlinien aufzustellen, wenngleich im Folgenden aus Platzgründen nur für einige der zuvor genannten Begleitprozesse Beispiele aufgenommen worden sind. Außerdem sollten sich die Richtlinien am Lebenszyklus orientieren, wie er in einem späteren Kapitel beschrieben ist. Beispiele für lebenszyklusorientierte Richtlinien finden Sie verschiedentlich in den folgenden Unterkapiteln.

12.2.1 Kapazitätsmanagement

Kapazitätsengpässe sind häufig ein Grund für Ausfälle, insbesondere im Bereich der Informationsverarbeitung. Die folgende Richtlinie für das Kapazitätsmanagement stellt ein prinzipielles auszugsweises Beispiel dar.

Richtlinie Kapazitätsmanagement

Allgemeine und phasenübergreifende Vorgaben

1. Die Planung, Erhebung, Dokumentation, Umsetzung, Überwachung und regelmäßige Aktualisierung der aktuellen und zukünftigen Anforderungen an die Kapazität und Performance der IKT integriert der Geschäftsbereich Informationsservices in den Lebenszyklus von Prozessen und Ressourcen.

2. ...

Planungsphase

1. Die aktuellen und zukünftigen Anforderungen an die Kapazität und Performance der IKT erhebt der Geschäftsbereich Informationsservices in der Planungsphase. Er dokumentiert und berücksichtigt sie.

2. ...

Fachkonzeptionsphase

1. Der Auftraggeber bzw. der auftraggebende Fachbereich konkretisiert und verifiziert die erhobenen fachlichen Anforderungen an die Kapazität und Performance der IKT in der Konzeptionsphase.

2. Der Auftraggeber bzw. auftraggebende Fachbereich legt die fachlichen Messkriterien und deren Zielwerte sowie als Prozentzahlen deren Grenzwerte für Warnung und Alarmierung fest.

3. Der Auftraggeber bzw. auftraggebende Fachbereich spezifiziert die Anforderungen an das Monitoring und Reporting aus fachlicher Sicht.

4. ...

Technische Konzeptionsphase (Grob- und Feinkonzept)

1. Der Geschäftsbereich Informationsservices berücksichtigt die erhobenen Anforderungen an die Kapazität und Performance der IKT in seinen Konzepten.

2. Der Geschäftsbereich Informationsservices transformiert die fachlichen Anforderungen auf Prozesse, Ressourcen und Organisation. Für jede Ressource spezifiziert er die Erfassung und Überwachung der Messkriterien einschließlich Warnung und Alarmierung sowie einzusetzender Verfahren und Tools.

3. Der Geschäftsbereich Informationsservices leitet aus den fachlichen Anforderungen die Inhalte und die Häufigkeit der Berichte ab. In monatlichen Berichten sind üblicherweise Informationen zur Kapazität und Performance der verschiedenen Ressourcen im Hinblick auf Plan, Ist und Prognose absolut und prozentual sowie im Durchschnitt anzugeben. Ferner werden die Spitzenwerte und deren Häufigkeit angeführt. Darüber hinaus werden Auffälligkeiten, Bedrohungen, ergriffene Maßnahmen und Optimierungen sowie Handlungsempfehlungen angegeben.

4. ...

Entwicklungsphase

1. Der Geschäftsbereich Informationsservices realisiert die erhobenen Anforderungen an Kapazität und Performance während der Entwicklung.

2. ...

Testphase
(Integrations- und Systemtest einschließlich Freigabe und Abnahme)

1. Der Geschäftsbereich Informationsservices sowie die Fachbereiche testen durch geeignete Szenarien die Erfüllung der Kapazitäts- und Performanceanforderungen sowie der Berichte aus fachlicher bzw. technischer Sicht unter Berücksichtigung der Sicherheits- bzw. RiSiKo-Klasse in angemessenem Umfang.

2. ...

Inbetriebnahme- und Betriebsphase

1. Der Geschäftsbereich Informationsservices überwacht (monitoring) die Kapazität und Performance kontinuierlich. Er analysiert Abweichungen und nimmt Optimierungen vor, z. B. Tuning von Datenbanken.

2. Der Geschäftsbereich Informationsservices aktualisiert die aktuellen und zukünftigen Anforderungen an die Kapazität und Performance der verschiedenen Ressourcen regelmäßig.

3. Der Geschäftsbereich Informationsservices beobachtet technologische Entwicklungen und neue Erkenntnisse, schätzt ihren Nutzen ab und ergreift gegebenenfalls daraus abgeleitete Maßnahmen.

4. Der Geschäftsbereich Informationsservices sowie die Fachbereiche werten die verschiedenen Berichte aus und ergreifen bei Bedarf Optimierungsmaßnahmen, z. B. durch den Einsatz leistungsfähiger Prozessoren, Speicher- oder Druckeinheiten sowie Netzkomponenten.

5. ...

Außerbetriebnahmephase

1. Die Außerbetriebnahme einer Ressource, z. B. eines Systems oder einer Anwendung, schließt die Überprüfung der eventuell erforderlichen Außerbetriebnahme jener Tools und die Beendigung oder Reduzierung jener Lizenzverträge ein, die zur Kapazitäts- und Performance-Messung eingesetzt wurden.

2. ...

Beispiel 12-4: Richtlinie Kapazitätsmanagement

12.2.2 Kontinuitätsmanagement

In der Richtlinienebene entwickelt der CBCO das Rahmenwerk für das Kontinuitätsmanagement. Dies beinhaltet verschiedene Definitionen, die Festlegung des Geltungsbereichs sowie vereinheitlichende Vorlagen, die im Rahmen des BCM oder auch des IT Service Continuity Managements (ITSCM) zur Vorsorge gegenüber Notfällen, Krisen und Katastrophen relevant sind. Hierzu gehören insbesondere die folgenden grundlegenden Begriffe zur Unterscheidung zwischen Störungen, Notfällen, Krisen und Katastrophen, die ich – aus fachlicher Sicht teilweise im Unterschied zu anderen Publikationen – wie folgt definiere:

Definition Störung, Notfall, Krise, Katastrophe

Störung bezeichnet ein Ereignis mit geringen negativen Auswirkungen auf das Unternehmen. Eine Störung kann mittels der Abläufe und Verfahren des regulären Betriebs im Rahmen des Störungsmanagements sowie der Linienorganisation behoben werden. Trotz der Störung werden externe oder interne Anforderungen oder bestehende Vereinbarungen, wie z. B. gesetzliche oder aufsichtsbehördliche Vorgaben oder Service-Vereinbarungen eingehalten. Weder die Unversehrtheit noch das Leben von Menschen sind bedroht. Eine Störung kann sich zu einem Notfall ausweiten und ist daher in das Frühwarnsystem einzubeziehen.

Notfall bezeichnet ein Ereignis mit großen negativen Auswirkungen auf das Unternehmen. Für einen Notfall existieren szenariospezifische Pläne. Ein Notfall kann mittels der Linienorganisation sowie den Abläufen und Verfahren des regulären Betriebs nicht behoben werden. Ein Notfall erfordert eine besondere Organisation, die Notfallorganisation. Durch einen Notfall werden externe oder interne Anforderungen oder bestehende Vereinbarungen, wie z. B. gesetzliche oder aufsichtsbehördliche Vorgaben oder die Service-Vereinbarungen verletzt. Ein Notfall erfordert Sofortmaßnahmen, um das Leben und die Unversehrtheit von Menschen zu schützen und/oder den Verlust der Handlungsfähigkeit des Unternehmens sowie deutlicher und nachhaltiger materieller oder immaterieller Schäden zu minimieren. Ein Notfall kann sich zu einer Krise ausweiten und ist daher in das Frühwarnsystem einzubeziehen.

Krise bezeichnet ein Ereignis mit großen bis existenzbedrohenden negativen Auswirkungen auf das Unternehmen. Für eine Krise existieren keine szenariospezifischen Pläne, sondern szenariounabhängige generische Pläne. Eine Krise kann mittels der Linienorganisation sowie den Abläufen und Verfahren des regulären Betriebs nicht behoben werden und ist nicht über die Notfallorganisation abgedeckt. Eine Krise erfordert eine besondere Organisation, die Krisenorganisation mit dem Krisenstab. Durch eine Krise werden externe oder interne Anforderungen oder bestehende Vereinbarungen, wie z. B. gesetzliche oder aufsichtsbehördliche Vorgaben oder die Service-Vereinbarungen massiv verletzt oder können massiv verletzt werden. Eine Krise erfordert sofortiges Handeln, um das Leben und die Unversehrtheit von Menschen zu schützen und/ oder den Verlust der Handlungsfähigkeit des Unternehmens sowie existenzbedrohender und nachhaltiger materieller oder immaterieller Schäden zu minimieren.

Katastrophe bezeichnet gemäß dem Hessischen Gesetz über den Brandschutz, die Allgemeine Hilfe und den Katastrophenschutz (Hessisches Brand- und Katastrophenschutzgesetz – HBKG), Stand 17.12.1998, „ein Ereignis, das Leben, Gesundheit oder die lebensnotwendige Versorgung der Bevölkerung, Tiere, erhebliche Sachwerte oder die natürlichen Lebensgrundlagen in so ungewöhnlichem Maße gefährdet oder beeinträchtigt, dass zur Beseitigung die einheitliche Lenkung aller Katastrophenschutzmaßnahmen sowie der Einsatz von Einheiten und Einrichtungen des Katastrophenschutzes erforderlich sind."

Zur lebensnotwendigen Versorgung zähle ich beispielsweise die Versorgung mit Trinkwasser und Nahrungsmitteln, mit Elektrizität, Gas, Fernwärme, Wasser und Telekommunikation sowie finanziellen Mitteln und die Entsorgung von Abfall und Fäkalien. Eine Katastrophe geht z. B. einher mit gravierenden Zerstörungen, existenzbedrohenden materiellen und/oder immateriellen Schäden für Unternehmen und Personen, der Schädigung der Gesundheit und/oder dem Verlust von Menschenleben. Für eine Katastrophe existieren in einem Unternehmen keine szenariospezifischen Pläne, sondern szenariounabhängige generische Pläne. Eine Katastrophe kann mittels der Linienorganisation sowie der Abläufe und Verfahren des regulären Betriebs und vom Unternehmen allein nicht behoben werden. Der Umgang mit einer Katastrophe ist komplex und erfordert vielfältige und weitreichende Entscheidungen auf der Ebene der Unternehmensleitung im Zusammenspiel mit der Katastrophenschutzorganisation des Landes/des Staates. Eine Katastrophe erfordert im Unternehmen eine besondere Organisation, die Krisenorganisation mit dem Krisenstab. Seitens des Staates kommt der Katastrophenschutz zum Einsatz. Im Falle einer Katastrophe verletzt das Unternehmen externe oder interne Anforderungen oder bestehende Vereinbarungen, wie z. B. gesetzliche oder aufsichtsbehördliche Vorgaben oder die Service-Vereinbarungen, massiv. Eine Katastrophe erfordert Sofortmaßnahmen, um das Leben und die Unversehrtheit von Menschen zu schützen und/oder den Verlust der Handlungsfähigkeit des Unternehmens sowie existenzbedrohender und nachhaltiger materieller oder immaterieller Schäden zu minimieren.

Definition 12-1: Störung, Notfall, Krise und Katastrophe

Die folgende Tabelle gibt einen Überblick über diese Definitionen:

Thema	Störung	Notfall	Krise	Katastrophe
Negative Auswirkung	gering	groß	groß bis existenzbedrohend	sehr groß, existenzbedrohend
Behandlung	Störungsmanagement	szenariobezogene Pläne	szenariounabhängige generische Pläne	szenariounabhängige generische Pläne

Organi-sationsform	Linienorganisation	Notfallorganisation	Krisen-organisation	intern: Krisen-organisation, extern: Kata-strophen-schutz
Beispiele	unkritischer Ausfall von z. B. Raum, Anlage, IKT-Service, Anwendung, Dienstleister, Personal	kritischer Ausfall von z. B. Standort, Gebäude, Anlage, IKT-Services, Dienstleister, Personal	Bombendrohung, Erpressung, Absatz-, Finanzmarkt-, Liquiditätskrise	Orkan, Erdbeben, Tsunami, atomarer GAU

Tabelle 12-1: Definitionen für Störung, Notfall, Krise, Katastrophe im Überblick

Weiter sind die folgenden Begriffe insbesondere für das Kontinuitätsmanagement relevant, die ich teilweise selbst geschaffen habe oder die gängig sind oder die ich – aus fachlicher Sicht teilweise im Unterschied zu anderen Publikationen – wie folgt definiere:

Weitere kontinuitäts-, aber auch sicherheitsbezogene Definitionen

Ausfalldauer bezeichnet den Zeitraum, während dessen ein Prozess, eine Ressource, z. B. ein System, eine Anlage oder eine Komponente, ein Produkt oder ein Service, nicht im vereinbarten Umfang zur Verfügung steht.

Geschäftskontinuität (Business Continuity) beschreibt die jederzeitige Aufrechterhaltung der Handlungsfähigkeit und eines angemessenen Geschäftsbetriebs eines Unternehmens bzw. einer Organisation, und zwar selbst im Falle eines Notfalls, einer Krise oder einer Katastrophe.

Die *Geschäftskontinuitätsplanung* umfasst alle Maßnahmen einschließlich Vorgehensweisen, Vorgaben, Richtlinien, Konzepten und Planungen, die sicherstellen sollen, dass das Unternehmen jederzeit handlungsfähig ist und einen angemessenen Geschäftsbetrieb aufrechterhalten kann. Dies umfasst die Identifikation, Analyse und Bewertung von Risiken sowie die Risikojustierung einschließlich präventiver Maßnahmen. Zu den präventiven Maßnahmen gehören zum einen solche zur Vermeidung, Verminderung sowie Verlagerung von Risiken vor ihrem potenziellen Auftreten einschließlich des Schutzes von Leben und Gesundheit von Menschen sowie materiellen und immateriellen Werten. Zum anderen beinhalten Präventivmaßnahmen die Früherkennung und die Frühwarnung sowie die Reaktion auf gravierende negative Ereignisse. Die Reaktion auf gravierende negative Ereignisse ist in den Geschäftsfortführungsplänen niedergelegt. Die Notwendigkeit der Früherkennung und Frühwarnung ergibt sich aus fachlicher Sicht u. a. aus dem Aktiengesetz und der Zielsetzung des KonTraG, dass Entwicklungen so frühzeitig erkannt werden sollen, dass „geeignete Maßnahmen zur Sicherung des Fortbestandes der Gesellschaft ergriffen werden können".

Geschäftsfortführungspläne beschreiben die Reaktion eines Unternehmens bzw. einer Organisation auf ein gravierendes negatives Ereignis, wie z. B. einen Notfall, eine Krise oder eine Katastrophe. Hierzu gehören u. a. Alarmierungs- und Eskalationspläne, das Vorgehen zur Einberufung des Krisenstabs, Sofortmaßnahmenpläne, sowie Pläne für den Übergang in den Notbetrieb, den Notbetrieb, die Wiederherstellung, die Rückkehr in den regulären Betrieb und die Nacharbeit. Nacharbeit ist in der Regel dann erforderlich, wenn durch den Übergang zum oder vom Notbetrieb sowie im Notbetrieb selbst Leistungen nicht oder nur eingeschränkt erbracht werden konnten. Die liegen gebliebenen Arbeiten sind nachzuarbeiten. Im Bereich der IKT ist insbesondere zu berücksichtigen, dass dort „Nacharbeiten" in Form von Resynchronisations- und Restorevorgängen von Daten zu Performanceeinbußen von Storagesystemen und des Netzes führen können. Beim storage based mirroring synchronisieren sich die gespiegelten Storage-Systeme intern und sind dadurch belastet, beim host based mirroring sind die entsprechenden Host-Systeme (Server) belastet.

Grenzszenarien – wie ich sie nenne – legen die Obergrenze fest bis zu der im Rahmen des Sicherheits- und Kontinuitätsmanagements risikomindernde Maßnahmen getroffen werden sollen. So kann das Mindestszenario „Ausfall eines Rechenzentrums" gleichzeitig Grenzszenario sein, wodurch die Absicherung des Ausfalls zweier Rechenzentren definitiv ausgeschlossen ist. Als weitere Grenzszenarien können das gleichzeitige Eintreten mehrerer Einzelszenarien festgelegt sein, oder die Absicherung gegen einen atomaren GAU.

Die *maximal tolerierbare Ausfalldauer (MTA)* bzw. der *maximal tolerierbarer Ausfallzeitraum* (Maximum Tolerable Period of Disruption {MTPD}, Maximum Tolerable Downtime {MTD}, Maximum Acceptable Outage {MAO}) bezeichnet den Zeitraum, nach dem bei einem Ausfall der reguläre oder eingeschränkte Betrieb spätestens wieder aufgenommen worden sein soll. Dies bedeutet, dass innerhalb dieses Zeitraums der Übergang in den regulären Betrieb oder in den Notbetrieb gegebenenfalls inklusive dem Anlauf benötigter technischer Ressourcen erfolgreich durchgeführt sein muss.

Der *maximal tolerierbare Datenverlust (MTD)* (Recovery Point Objective, RPO) gibt den Wiederherstellungszeitpunkt von Daten an, also den Zeitpunkt vor einer Störung, für den die Daten wiederherzustellen sind. Der MTD legt fest, wie groß der maximale zeitliche Abstand zu jenem System- und Datenzustand sein darf, der z. B. nach einer Rückspeicherung der Daten wiederherstellbar ist. Werden Daten beispielsweise täglich einmal gesichert, so beträgt der maximale Datenverlust einen Tag, d. h. der Wiederherstellungszeitpunkt liegt maximal einen Tag zurück.

Die *maximale Wiederanlaufdauer (MWAD)*, der *maximale Wiederanlaufzeitraum (MWAZ)* bzw. *die maximale Wiederanlaufzeit (MWAZ)* (Recovery Time Objective [RTO]) bezeichnen jenen Zeitraum, der benötigt wird, um Schutzobjekte, wie Prozesse oder Ressourcen, z. B. Räumlichkeiten, IKT-Systeme, Anwendungen oder Services, nach einem Ausfall im Original oder als Ersatz in den operativ wieder nutzbaren Zustand zu bringen. Dieser Zustand kann entweder der reguläre Betrieb oder der Notbetrieb sein.

Mean Time Between Failures (MTBF) bezeichnet die statistische mittlere Zeitspanne zwischen zwei Fehlern. Die MTBF ist ein Maß für die Zuverlässigkeit von Ressourcen.

Mean Time Between System Incidents (MTBSI) bezeichnet die statistische mittlere Zeitspanne zwischen zwei Ereignissen (Schutzobjektstörungen).

Mean Time To Assist (MTTA) bezeichnet die statistische mittlere Zeitspanne, die zwischen zwei Operatoreingriffen an einer Ressource, z. B. einer Maschine, einer Anlage oder einem System, vergeht.

Mean Time To Repair (MTTR) bezeichnet die statistische mittlere Reparaturdauer.

Mindestgeschäftsbetrieb (Minimum Business Continuity Objective {MBCO}) bezeichnet den im Notfall minimal erforderlichen Geschäftsbetrieb zur Aufrechterhaltung der Handlungsfähigkeit eines Unternehmens und zu dessen Überlebenssicherung. Beispielsweise kann in Notfällen, bei Krisen oder bei Katastrophen gegebenenfalls eine Zeit lang auf einzelne Supportprozesse verzichtet werden, oder Kerngeschäftsprozesse auf die wichtigsten Kunden und Teilaufgaben beschränkt und mit reduzierter Mitarbeiterzahl durchgeführt werden. Der Mindestgeschäftsbetrieb kann zeitlich gestaffelt sein und ist es oftmals auch, d. h. dass er beispielsweise zu Beginn eines Notfalls, einer Krise oder einer Katastrophe am kleinsten ist und im Laufe der folgenden Zeit wieder zunimmt.

Mindestszenarien – wie ich sie nenne – geben Eckpunkte vor, die beim Sicherheitsmanagement und/oder dem Kontinuitätsmanagement, z. B. im Rahmen der Notfall-, Krisen- und Katastrophenvorsorgeplanung, mindestens abzusichern sind. Mindestszenarien sind für alle betrachteten Schutzobjekte erforderlich. Ein Mindestszenario kann beispielsweise der Ausfall eines Gebäudes oder Rechenzentrums sein. In diesem Fall würde dieser Ausfall bei der Notfallvorsorgeplanung berücksichtigt werden müssen, nicht zwangsläufig jedoch der gleichzeitige Ausfall zweier Rechenzentren, z. B. des Original- und Ausweichrechenzentrums. Ähnliches gilt, wenn als Mindestszenario der Ausfall eines Gebäudes an einem Standort vorgegeben ist, nicht jedoch der Ausfall mehrerer Gebäude oder des gesamten Standorts.

Notbetrieb bezeichnet den vom regulären Betrieb abweichenden und in der Regel eingeschränkten Betrieb nach einem Notfall, bei einer Krise oder einer Katastrophe.

Ein *Test* dient der Überprüfung, ob die Anforderung, die an ein Prüfobjekt gestellt wurden, erfüllt werden. Im Bereich der Notfall-, Krisen- und Katastrophenvorsorgeplanung gehören hierzu u. a. Tests von Geschäftsfortführungsplänen (Prüfobjekt).

Eine *Übung* (Practice) dient dazu, ein Verfahren oder eine Vorgehensweise durch ihre (regelmäßige) Anwendung geläufig zu machen. Im Bereich der Notfall-, Krisen- und Katastrophenvorsorgeplanung gehören hierzu u. a. Übungen der Geschäftsfortführungspläne, z. B. Krisenstabsübungen.

Vereinbarung auf Gegenseitigkeit (Mutual Aid Agreement) bezeichnet Vereinbarungen mit einer oder mehreren Parteien, sich in einem Notfall gegenseitig in einem vorher definierten Umfang zu unterstützen.

Wiederanlauf (Recovery) bezeichnet das Verfahren, mit dem Schutzobjekte, wie Prozesse oder Ressourcen, z. B. Räumlichkeiten, IKT-Systeme, Anwendungen oder Services, nach einem Ausfall in den operativ wieder nutzbaren Zustand gebracht werden. Dieser Zustand kann entweder der reguläre Betrieb oder der Notbetrieb sein. Beispielsweise müssen Gebäude oder Ersatzgebäude, Systeme oder Ersatzsysteme, wieder in Betrieb genommen bzw. hochgefahren werden. Da der Begriff Wiederanlauf nicht unterscheidet zwischen dem Wiederanlauf in den regulären oder den Notbetrieb und damit gegebenenfalls zusätzlich vergessen lässt, dass beide Themen zu berücksichtigen sind, habe ich die Begriffe „Übergang in den Notbetrieb" und „Rückkehr in den regulären Betrieb" bzw. „Rückkehr in den Normalbetrieb" geschaffen. Den gleichen Zweck erfüllt die Kombination des Begriffes „Wiederanlauf" mit dem angestrebten Betriebszustand (regulärer/Normal-/Notbetrieb), sofern sie konsequent durchgehalten wird.

Wiederherstellung (Restauration) bezeichnet das Verfahren zur Instandsetzung ausgefallener Schutzobjekte, z. B. Gebäude, Anlagen, Systeme oder Komponenten, durch Reparatur oder Ersatzbeschaffung.

Wiederherstellungsdauer bzw. *Wiederherstellungszeitraum* bzw. *Wiederherstellungszeit* bezeichnen den Zeitraum, der benötigt wird, um nach einem Ausfall ein Schutzobjekt in seinem Originalzustand wieder nutzbar zu haben oder einen gleich leistungsfähigen Ersatz. Erfolgt eine phasenweise bzw. zeitlich gestaffelte Wiederherstellung mit jeweils vorgegebener Leistungsfähigkeit (Durchsatz, Performance, Kapazität), so gibt es dementsprechend mehrere separat zu kennzeichnende Wiederherstellungsdauern.

Definition 12-2: Kontinuitäts- und sicherheitsbezogene Definitionen

Für das Kontinuitätsmanagement sind Richtlinien und Vorlagen u. a. für die folgenden Themenkomplexe zu definieren:

☐ Vermeidung durch Prävention

☐ Datensicherung einschließlich deren Umfang, Zeitpunkt, Aufbewahrung und Auslagerung

☐ Notfall-, Krisen- und Katastrophenvorsorgeplanung einschließlich Sofortmaßnahmen, Übergang in den Notbetrieb, Notbetrieb, Wiederherstellung (Restauration), Rückkehr in den regulären Betrieb, Nacharbeit (Postvention).

12.2.2.1   Vermeidung durch Prävention

Die folgende Tabelle zeigt ein auszugsweises und prinzipielles Beispiel einer überblicksartigen Richtlinie für unterschiedliche sicherheitsrelevante Räumlichkeiten. Die konkreten Räumlichkeiten in der Tabelle, z. B. Rechenzentrum, lassen sich durch entsprechende Schutzbedarfsklassen ersetzen und verallgemeinern.

Sicherheitselement	RZ	SR	TR	DR
Allgemeines				
Einhaltung von Normen und Vorschriften, z. B. DIN, VDE, VdS	Z	Z	Z	Z
Trennung von Grob- und Feintechnik	Z	Z	B	B
jederzeit aktuelle Pläne der Räumlichkeiten und ihrer Ausstattung einschließlich Plänen der Leitungsführung und gegebenenfalls Verrohrung	Z	Z	Z	Z
Doppelboden ausreichender Höhe und Tragfähigkeit	Z	B	B	B
ausreichend dimensionierte Kabeltrassen	Z	Z	Z	Z
geschützte Kabelführung	Z	Z	Z	Z
Trennung von Telekommunikations- und Stromleitungen	Z	Z	Z	Z
eindeutige Kennzeichnung der Kabel	Z	Z	Z	Z
regelmäßige fachgerechte Wartung von Systemen und Anlagen durch qualifiziertes Personal gemäß Vorgaben und empfohlenen Wartungsintervallen und unter Berücksichtigung eventueller versicherungstechnischer Anforderungen sowie Dokumentation der Durchführung in Wartungsprotokollen	Z	Z	Z	Z
Aufschaltung von Meldeeinrichtungen auf einen rund um die Uhr besetzten Leitstand	Z	Z	Z	Z
...				
Stromversorgung				
Verbrauchsberechnung, deren Pflege und Umsetzung	Z	Z	Z	B
Unterbrechungsfreie Stromversorgung (Voltage and Frequency Independent (VFI), vergleichbar mit der Online-USV mit Dauerwandler)	Z	Z	B	B
Netzersatzanlage (Notstromversorgung)	Z	B	B	B
Redundante Stromversorgungsanbindung	Z	B	B	B
Redundante Leitungsführung für Strom				
- inhouse	Z	Z	B	B
- extern	Z	B	B	B
Überspannungsschutz, bestehend aus Grob-, Mittel- und Feinschutz	Z	Z	Z	B
leicht erreichbarer Not-Aus-Schalter mit Schutz vor unbeabsichtigtem Auslösen	Z	B	B	B
...				
Kommunikation				
Redundante Leitungsführung für Kommunikation	Z	B	B	B
- inhouse	Z	Z	B	B
- extern	Z	B	B	B
Patch-Feld mit Patch-Liste der hergestellten Verbindungen	Z	B	B	B
Redundante Kommunikationsanbindung	Z	B	B	B
...				

Sicherheitselement	RZ	SR	TR	DR
Klimatisierung				
Wärmelastberechnung, deren Pflege und Umsetzung	Z	Z	Z	B
Klimaanlage	Z	Z	B	Z
Klimaüberwachung und Alarmierung	Z	B	B	Z
...				
Zutrittsschutz				
Richtlinie Zutrittsschutz	Z	Z	Z	Z
Zutrittskontrollanlage / Zutrittskontrolle	Z	Z	Z	Z
Vereinzelungsanlage	Z	B	B	B
Videoüberwachung und -aufzeichnung	Z	B	B	B
...				
Brandschutz				
Rauchverbot	Z	Z	Z	Z
Handfeuerlöscher	Z	Z	Z	Z
Brandmeldeanlage	Z	Z	Z	Z
Brandfrühesterkennung	Z	B	B	B
eigener Brandabschnitt	Z	Z	B	Z
Brandschutztüren und -fenster	Z	B	B	B
Brandschottung von Durchbrüchen	Z	Z	B	Z
Brandlastreduzierung	Z	Z	Z	Z
geeignete Löscheinrichtungen	Z	B	B	B
Sauerstoffreduzierung	B	B	B	B
...				
Einbruchsschutz				
Einbruchmeldeanlage	Z	B	B	B
Türen geeigneter Widerstandsklasse	Z	Z	Z	Z
Vermeidung von Fenstern; alternativ: geschützte Fenster geeigneter Widerstandsklasse	Z	Z	Z	Z
Vermeidung von Decken-/Dachfenstern oder -luken	Z	Z	B	Z
...				
Flüssigkeitsschutz				
Vermeidung flüssigkeitsführender Anlagen und Rohre, z. B. Klimaanlage, Sanitäreinrichtungen oder Wasserleitungen bzw. -rohre im, über und neben den Räumlichkeiten	Z	Z	B	Z
Vermeidung von Decken-/Dachfenstern oder -luken	Z	Z	B	Z
Wassermeldeanlage	Z	B	B	B
...				
Legende: Z = zwingend, B = bei Bedarf, RZ = Rechenzentrum, SR = Serverraum, TR = Technikraum, DR = Datenträgerraum				

Beispiel 12-5: Anforderungen an sicherheitsrelevante Räumlichkeiten

---

Verfügbarkeit von Rechenzentren

Mit dem Projekt „Verfügbarkeitsanalyse in Rechenzentren" (VAIR), dessen Erhebung von August bis Dezember 2009 lief, konnte das BSI Erkenntnisse über den Beitrag der abgefragten Indikatoren zur Verfügbarkeitssicherung gewinnen. Besonders aussagekräftig im Hinblick auf die Verfügbarkeitssicherung waren demzufolge u. a. die Indikatoren Trafostation, Leitungs- und Anlagenbeschriftung, Temperaturverteilung, Konzept Verteilungen, Branddetektion, Elektromagnetische Verträglichkeit (EMV) und Baulicher Brandschutz. Bei ausschließlicher Betrachtung prozessbasierter Indikatoren hatten die Leitungs- und Anlagenbeschriftung, die Dokumentation der gesamten Infrastruktur, die Störungserfassung und die Überwachung sowie der Wartungsumfang den größten Einfluss. Der Auswertung lagen die Daten von 83 Rechenzentren zugrunde. [Zusammenfassung der Ergebnisse der Datenerhebung zum Projekt „Verfügbarkeitsanalyse in Rechenzentren" (VAIR), Bundesamt für Sicherheit in der Informationstechnik, 2010]

12.2.2.2 Datensicherungsrichtlinie

Das folgende prinzipielle Beispiel enthält Elemente einer Datensicherungsrichtlinie.

Richtlinie Datensicherung

Allgemeine und phasenübergreifende Vorgaben

1. Die Datenträger müssen jederzeit eindeutig identifizierbar sein. Daher ist die hierfür definierte „Namenskonvention Datensicherungsträger" einzuhalten.

2. Die Inhalte der Datensicherungsträger und deren Quelle müssen ebenso wie der/ die einer Quelle zugeordnete(n) Datensicherungsträger jederzeit kurzfristig ermittelbar sein.

3. Das zur Datensicherung eingesetzte Tool und die gewählte Parametrierung müssen nachvollziehbar sein.

4. Das Verfahren zur Rekonstruktion der Daten muss beschrieben sein.

5. Programm- und Konfigurationsdaten sind zumindest nach jeder Änderung zu sichern. Hierzu gehören ebenfalls Änderungen von Einheitentreibern etc.

6. Anwenderdaten sind – orientiert an den Anforderungen – regelmäßig zu sichern, üblicherweise mindestens arbeitstäglich.

7. Die Daten sind – abhängig vom Schutzbedarf – auf den Datenträgern verschlüsselt zu speichern. Ein geeignetes und sicheres Schlüsselmanagement ist zu etablieren und dessen jederzeitige Verfügbarkeit sicherzustellen.

8. Die Korrektheit jeder Datensicherung ist sicherzustellen, z. B. durch Überprüfung.

9. Bei der Datensicherung ist das Generationenprinzip zu berücksichtigen, üblicherweise das Urgroßvater-Großvater-Vater-Sohn-Wechselschema. Die verschiedenen Mediasets sind ihrer Generationenzugehörigkeit entsprechend zu beschriften, wie in der „Namenskonvention Datensicherungsträger" festgelegt.

10. Die Art der Datensicherung, d. h. vollständig, inkrementell, differentiell oder selektiv, ist festzulegen. Hierbei sind die erhobenen Anforderungen, das aktuelle und das prognostizierte Sicherungsvolumen, das Sicherungsfenster und die Rückspeicherungsdauer zu berücksichtigen.

11. Die Medien zur Datensicherung (z. B. Datenband, Festplatte) sind unter Berücksichtigung der Anforderungen festzulegen.

12. Die Nutzungsdauer von Sicherungsmedien muss auf ihre Lebenserwartung ausgerichtet sein. Sicherungsmedien werden daher mit dem Datum der Anschaffung und Erstsicherung sowie der Aussonderung versehen, um alterungsbedingten Effekten durch präventiven Ersatz entgegenwirken zu können.

13. Die Aussonderungsfristen der Datenträger sind zu überwachen.

14. Sicherungsmedien, die ausgesondert werden, sind vertraulich zu vernichten.

15. Die Anforderungen sowie die Eckdaten zur Datensicherung sind in einer zugriffsgeschützten und replizierten Datenbank zu speichern. Diese kann über das Intranet angesprochen werden.

16. Datensicherungen sind zutrittsgeschützt an einem geeigneten Ort aufzubewahren. Abhängig von den Sicherheitsanforderungen muss mindestens bei älteren Sicherungsgenerationen zusätzlich eine hinreichende räumliche Trennung vorhanden sein. Der Aufbewahrungsort muss geeignete Umfeldbedingungen bereitstellen, z. B. hinsichtlich Temperatur und Luftfeuchtigkeit, sowie Schutz vor Magnetismus, Feuchtigkeit, Brand, Rauch, Staub, korrosiven Gasen, Diebstahl etc. bieten. Dies können z. B. spezielle Daten-Safes sein.

17. Die Zutrittsberechtigungen zum Sicherungsarchiv sind zu dokumentieren.

18. Der Zutritt zum Sicherungsarchiv ist zu protokollieren. Die Protokolle sind aufzubewahren.

19. Veränderungen im Sicherungsbestand (Zu-, Abgänge, Austausch) sind zu protokollieren.

20. Mindestens einmal jährlich ist eine Inventur der Datensicherungsträger und eine Prüfung der Nutzungsdauer durchzuführen.

21. Die Datensicherungspläne sind mindestens einmal pro Jahr auf Gültigkeit und Inhalt zu überprüfen.

22. Die Datensicherungsverfahren sind mindestens einmal jährlich im Hinblick auf technologische Veränderungen zu überprüfen.

23. Wenn es unter Kosten-Nutzen-Aspekten sinnvoll erscheint, sollte ein Datenträgerverwaltungssystem zum Einsatz kommen, welches das Datenträgerkataster führt, Onlineabfragen gestattet und die Aussonderungsfristen überwacht. Die Informationen über Datenträger sowie deren Inhalte sind abzusichern.

24. Datensicherungsrelevante Informationen bzw. Daten, wie z. B. Zutrittsberechtigungen zum Datensicherungsraum und Zutrittsprotokolle sowie Pläne und Verfahren zur Datensicherung unterliegen ebenfalls dem Verfahren der Datensicherung.

25. ...

Fachkonzeptionsphase

1. Die Anforderungen an die Datensicherung sind im Rahmen der Schutzbedarfsanalyse zu erheben.

2. ...

Technische Konzeptionsphase (Grob- und Feinkonzept)

1. Die Verantwortlichkeit sowie das Vorgehen für die Datensicherung sind einschließlich der Stellvertreterregelung gemäß der Dokumentationsvorlage zur Datensicherung zu dokumentieren.

2. ...

Testphase
(Integrations- und Systemtest einschließlich Freigabe und Abnahme)

1. Der Geschäftsbereich Informationsservices testet unter bedarfsorientierter Einbindung des Fachbereichs die vollständige Dokumentation sowie die Funktionsfähigkeit des Datensicherungsverfahrens unter Berücksichtigung fachlicher, funktionaler, technischer und zeitlicher Aspekte von der Datensicherung über die Lesbarkeit der Datensicherungsträger und die Auslagerung bis hin zum Rückspielen der Daten. Der Fachbereich prüft die zurückgespielten Daten auf Korrektheit und Nutzbarkeit.

2. ...

Inbetriebnahme- und Betriebsphase

1. Im Betrieb protokolliert der Geschäftsbereich Informationsservices die durchgeführten Datensicherungen, deren Lesbarkeitsprüfung, Auslagerung und Nutzungsdauerüberwachung.

2. Der Geschäftsbereich Informationsservices stellt die Einhaltung der allgemeinen und phasenübergreifende Vorgaben sicher. Hierzu überprüft er nachweislich und in einer dem Schutzbedarf entsprechenden Regelmäßigkeit die erstellten Protokolle und Meldungen sowie die Einhaltung der Verfahren.

3. ...

Außerbetriebnahmephase

1. Vor der Außerbetriebnahme verifiziert der Geschäftsbereich Informationsservices mit dem Fachbereich, dass die Datensicherungen endgültig vernichtet werden dürfen.

2. ...

Beispiel 12-6: Richtlinie Datensicherung

12.2.2.3 Notfall-, Krisen- und Katastrophenvorsorge

Für die Notfall-, Krisen- und Katastrophenvorsorge sollten entsprechende Handbücher erstellt werden.

Zur Steigerung der Effizienz und Vollständigkeit sollten auch hier prinzipielle Anforderungen gestellt und eine Gliederungsstruktur vorgegeben werden. Zu den prinzipiellen Anforderungen bzw. Eigenschaften gehören u. a. die Durchführbarkeit, Korrektheit, Vollständigkeit, Verständlichkeit, Abgestimmtheit, Robustheit, Nachvollziehbarkeit, Know-how-Sicherung, Modularität und Wirtschaftlichkeit.

Die folgende prinzipielle und auszugsweise Gliederungsstruktur, die unternehmensspezifisch auszugestalten und anzupassen ist, gibt Anregungen und Hinweise:

1. Deckblätter
    (Dokumententitel, Version, Status, Speicherdatum, Gültigkeitsvermerk, Vertraulichkeitsstufe, Herausgeber, Autor, Ansprechpartner, Änderungsliste, Freigabevermerk, Verteiler)

2. Inhaltsverzeichnis

3. Zielsetzung

4. Geltungsbereich (Standorte, Bereiche, Prozesse)

5. Zielgruppe(n)

6. Definition, z. B. Störung, Notfall, Krise, Katastrophe, Mindest- und Grenzszenarien, Wiederherstellung, MTA, RPO, RTO

7. Rechtliche Aspekte und Ausführungsbestimmungen

8. Mindest- und Grenzszenarien sowie Planungshorizont

9. Eskalationspfad (Alarmierungsplan {Call Tree}: z. B. Mitarbeiter/ Technik → Leitwarte/-stand {Control Centre} → Sicherheitsbeauftragter → Notfall-/Krisenmanager → Notfall-/Krisenstab)

10. Mitarbeiter
    (Hausnotruf, Meldungsschema, Handlungsanweisungen für spezielle Auslöser {z. B. Unfall, Krankheit, Brand, Verrauchung, Wassereinbruch, Demonstration, Streik, Bombendrohung, Räumung, Geiselnahme, Sabotage, Explosion, Einbruch, Diebstahl, Vandalismus, Erdbeben, Ausfälle von Versorgungseinrichtungen, Räumlichkeiten, Gebäuden, Haustechnik, IKT oder Personal})

11. Leitwarte/-stand (Control Centre)
    (Aufgaben, Verantwortlichkeiten, Kompetenzen, Ablauf)
    (Meldungsschema, Handlungsanweisungen für spezielle Auslöser {z. B. Unfall, Krankheit, Brand, Verrauchung, Wassereinbruch, Demonstration, Streik, Bombendrohung, Räumung, Geiselnahme, Sabotage, Explosion, Einbruch, Diebstahl, Vandalismus, Erdbeben, Ausfälle von Versorgungseinrichtungen, Räumlichkeiten, Gebäuden, Haustechnik, IKT und Personal})

12. Service Desk
    (Aufgaben, Verantwortlichkeiten, Kompetenzen, Ablauf)

13. Krisenstab
    (Krisenstab {Mitglieder einschließlich Krisenmanager, Einberufung, Treffpunkt(e), Ausstattung der Krisenzentren, u. a. mit Arbeitsplätzen (inkl. Schreibutensilien, Büromaterialien, etc.), Telefonen (Festnetz und Mobilfunknetz), PCs/Notebooks (inkl. Officepaket und BCM-relevante Anwendungen), BCM-Handbuch/-Tool (Papier, CD, USB Memory Stick), Druckern, Kopierern, Faxgerät(en), Scannern, Papier, USB Sticks, Fernsehapparat(en), Videorekordern, Videokamera(s), Digitalkamera(s), Radio(s), Navigationsgerät(en), Akkuladegerät(en) und Reserveakkus, Telefonbuch, Stadtplan/Stadtplänen, Landkarten, Warnwesten und Megaphon, ggf. Monitoren und Beamern zum Aufschalten z. B. von Kameras oder PCs sowie zum Abspielen von Aufnahmen, ggf. „Notrationen", Aufgaben, beteiligte Organisationseinheiten, Rollen und deren Aufgaben, Verantwortlichkeiten und Kompetenzen}, Ablauf im Notfall, in der Krise und im Katastrophenfall (Checklisten unterstützt), Bewertungsraster zur Einstufung des Notfalls/der Krise/der Katastrophe)

14. Schadensermittlungsteam (Damage Investigation Team)
    (Beteiligte, Aufgaben und Verantwortlichkeiten)

15. Schadensbewertungsteam (Damage Assessment Team)
    (Beteiligte, Aufgaben und Verantwortlichkeiten)

16. Auswirkungsbewertungsteam (Impact Assessment Team)
    (Beteiligte, Aufgaben und Verantwortlichkeiten)

17. Schadensbehebungsteam
    (Beteiligte, Aufgaben, Verantwortlichkeiten, Kompetenzen)

18. Notfallvorsorgeplanung (je Organisationseinheit (OE) / Prozess / Ressource) mit standardisierter Gliederungsstruktur
    (Name der OE / des Prozesses / der Ressource, Verantwortlicher und Stellvertreter, szenarienbezogener Übergang (Recovery) zum Notbetrieb mit Wiederanlaufplänen für Prozesse und Ressourcen und standardisierter Gliederungsstruktur (u. a. Servicevereinbarungen, Aufbau von Ersatzressourcen und Wiederanlauf der Ersatzprozesse und -ressourcen, Test, Meldung „ready to go", Checkliste für die Durchführung des Wiederanlaufs) und
    szenariobezogener Ablauf im Notbetrieb (Prozessbeschreibung (ggf. Ersatzprozess mit Workaround), unter Berücksichtigung des Interdependenzplans und des zeitlich gestaffelten sowie unternehmensweit abgestimmten Mindestgeschäftsbetriebs, u. a. hinsichtlich Rollen, Funktionen, Personal sowie Ressourcen (z. B. Infrastruktur/Arbeitsplätze, Hilfsmittel, IKT-Systeme und Notfalllizenzen) und Organisation),
    Wiederherstellungsprozess sowie
    (gegebenenfalls schrittweise) szenariobezogene Rückkehr in den regulären Betrieb mit Wiederanlaufplänen (s. o.) und mit Nachbearbeitungsprozess,
    szenarienbezogene Präventions- bzw. Risikominderungsmaßnahmen
    Verweis auf den regulären Ablauf mit Schnittstellen zu vor- und nachgelagerten sowie unterstützenden Prozessen und Ressourcen, Klassifizierungen, Kennzahlen

{u. a. Mengengerüst, z. B. Umsatz, Ertrag, Durchsatz, Personalstärke}, Ressourcen (Rollen/Funktionen, Ansprechpartner, Infrastruktur/Arbeitsplätze, Hilfsmittel, IKT-Systeme, Tools, Verträge, Versicherungen und Personal) und Organisation

19. Berichtswesen (termin- und ereignisgesteuert) mit Verantwortlichkeiten und Inhalten

20. Review- und Testprozess mit Verantwortlichkeiten und entsprechenden Checklisten und Hilfsmitteln, z. B. Drehbuch, Testportfolio, -plan, -fall, -sequenz und -protokoll (s. a. die in [92] überblicksartig skizzierte Beratungsleistung)

21. Schulungsprozess, -konzept und -unterlagen

22. Übungs- und Verbesserungsprozess mit Verantwortlichkeiten und entsprechenden Checklisten und Hilfsmitteln (s. a. die in [92] überblicksartig skizzierte Beratungsleistung), u. a. Übungsportfolio, -plan, -fall, -sequenz, -protokoll sowie Informationen zu Übungszielen, -bereichen, -arten/-methoden, -objekten, -intervallen, -phasen und -risiken, Drehbuch, Rahmenbedingungen (kritische Termine, kritische Zeiträume), Beteiligten, Ergebnisdokumentation und Auswertung

23. Erhebungs-, Aktualisierungs- und Pflegeprozess mit Verantwortlichkeiten für das Notfall-, Krisen- und Katastrophenvorsorge- bzw. BCM-/ITSCM-Handbuch/-Portal und die Anlagen, wie z. B. Gebäudepläne, Arbeitsplatzausstattungen

24. Verzeichnis interner und externer Ansprechpartner
Pförtner, Leitwarte, Betriebsschutz, Betriebsarzt, Sanitäter, Brandschutzhelfer, Haustechnik (Strom, Sanitär, Gas, Telekommunikation), IKT-Services, Versorgungsunternehmen (Strom, Wasser, Gas, Telekommunikation), Externe Hilfsorgane (Polizei, Feuerwehr, Technisches Hilfswerk, Notarzt, Rettungsdienste), Externe Dienstleister (Outsourcer, Sanierung), Hersteller- und Lieferantenverzeichnis, Versicherer

25. Glossar

26. Abkürzungsverzeichnis

27. Stichwortverzeichnis

28. Mitgeltende Dokumente

29. Referenzierte Dokumente

30. Formulare und Checklisten

31. Anlagen (Gebäudepläne, Arbeitsplatzausstattungen, Hilfsorgane, Hilfseinrichtungen etc.)

Beispiel 12-7: Gliederungsstruktur Notfallhandbuch (Auszug)

Alternativ kann sich die Gliederungsstruktur eines Notfallhandbuchs z. B. an Anhang C des BSI-Standard 100-4, Version 1.0, Stand November 2008, orientieren.

Bei den Plänen für den Übergang in den Notbetrieb, den Notbetrieb und die Rückkehr in den regulären Betrieb liegt der Fokus auf dem eingetretenen Ausfallszenario, also dem Ergebnis einer der vielfältigen Bedrohungen. Bei der Wiederherstellung sowie teilweise bei den Sofortmaßnahmen spielt jedoch die konkret eingetretene Bedrohung eine wesentliche Rolle, z. B. weil Sanierungsmaßnahmen nach einem Brand sich von denen nach einer Überschwemmung unterscheiden.

Erforderliche Informationen lassen sich über ein Notfallplanungstool, ein Textverarbeitungsprogramm, oder eine gegebenenfalls selbst entwickelte Datenbank erfassen und ablegen. Die Notfall-, Krisen- und Katastrophenvorsorge- bzw. BCM-/ITSCM-Datenbank kann u. a. die Informationen zu den Prozessen, ihrer Kritikalität, den Prozessschritten und den Schnittstellen sowie den dazugehörigen Schutzobjekten, wie z. B. Gebäuden, Räumlichkeiten, Arbeitsmitteln, Arbeitsplatzausstattungen, Services, Personen, Anwendungen und den genutzten Datenbanken, Betriebssystemen und Rechnern enthalten.

Die Datenbank enthält somit das – wie ich es nenne – *Interdependenznetz* bzw. den Interdependenzplan [93] bzw. den Interdependenzbaum bestehend aus Prozessen, Ressourcen und Organisation. Bei Ausfall, Verlust oder Beeinträchtigung eines Schutzobjekts, z. B. eines Informationssystems oder einer Komponente, lässt sich ein Report ziehen, der angibt, welche Auswirkungen sich hieraus ergeben. Bei Ausfall eines Anwendungssystems können so die betroffenen Prozessschritte bzw. Prozesse herausgefunden werden. Über geeignete Matrizen lässt sich dies auch von Hand über Ausdrucke oder ein Tabellenkalkulationsprogramm ermitteln.

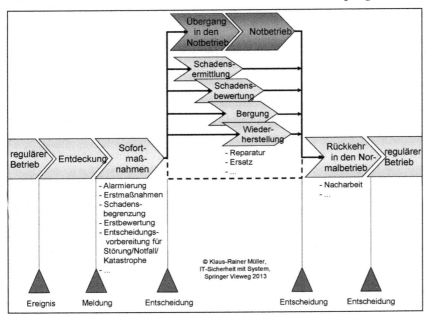

Abbildung 12-1: Notfallablauf

Zu Beginn der Notfall-, Krisen- und Katastrophenvorsorgeplanung ist festzulegen, welches/welche *Tools* (Textverarbeitung, Tabellenkalkulation, Datenbank, spezifisches *Notfallplanungstool*) zum Einsatz kommen sollen. Dies macht gegebenenfalls eine übergreifende Produkt- und Herstellerbewertung (Produktevaluation) erforderlich, in der die möglichen Tools ermittelt, analysiert und bewertet werden, um anschließend eine Entscheidung treffen zu können. Entscheidende Kriterien sind dabei zum einen die fachlichen und technischen Anforderungen, zum anderen aber insbesondere auch die Benutzerfreundlichkeit (Usability) für jene IT-fernen dezentralen Notfallbeauftragten, die das Werkzeug eher selten nutzen, sowie die Flexibilität des Werkzeugs und der erforderliche sowie der mögliche Erfassungs- und Pflegeaufwand, die sich sowohl im Aufwand der Ersterfassung als auch der Pflege niederschlagen.

In einem Notfall, einer Krise oder einer Katastrophe laufen folgende prinzipielle Phasen ab:

- Ereigniserkennung mit anschließender Meldung

- Sofortmaßnahmen mit Alarmierung, Erstmaßnahmen, Schadensbegrenzung, Erstbewertung, Entscheidungsvorbereitung für das Ausrufen des Notfalls oder einer Krise

  - Entscheidung über den Verbleib im bzw. die Rückkehr in den regulären Betrieb oder

  - Entscheidung für Notfall oder Krise

- Übergang in den Notbetrieb, u. a. mit Informationsweitergabe sowie Erfüllung von Informationspflichten und -bedarfen, Entscheidung über Schichtbetrieb und Urlaubssperre sowie Einbindung Dritter, Einsatzplanung, Wechsel des Arbeitsortes und Anlauf der Ersatzprozesse und Ersatzressourcen inklusive Installation und Konfiguration sowie ggf. Umwidmung von Ressourcen, wie z. B. Arbeitsplätzen und Systemen, Anpassung/Regelung der Zutrittsberechtigungen, der Arbeitszeiterfassung, der Postverteilung und des Telefonverzeichnisses

- Notbetrieb, unternehmensweit aufeinander abgestimmt und zeitlich gestaffelt, u. a. mit Beschreibung der Unterschiede zum regulären Betrieb (Ersatzprozesse/ Workarounds, Ersatzressourcen, Kunden- und Aufgabenpriorisierung, Arbeitsort etc.) unter Berücksichtigung der Sicherheitsanforderungen, mit Informationsweitergabe sowie Erfüllung von Informationspflichten und -bedarfen

- Bewertung, Bergung, Wiederherstellung

  - Schadensermittlung

  - Schadensbewertung

- ☐ Bergung

- ☐ Wiederherstellung (Schadensbehebung bzw. Ersatzbeschaffung)

☐ Entscheidung für Rückkehr in den regulären Betrieb

☐ Rückkehr in den regulären Betrieb, u. a. mit Informationsweitergabe sowie Erfüllung von Informationspflichten und -bedarfen, Entscheidung über Schichtbetrieb und Urlaubssperre sowie Einbindung Dritter, Einsatzplanung, Wechsel des Arbeitsortes und Anlauf der regulären Prozesse und (ggf. neuen) Originalressourcen, Anpassung/Regelung der Zutrittsberechtigungen, der Arbeitszeiterfassung, der Postverteilung und des Telefonverzeichnisses

☐ Normalbetrieb mit Nacharbeit (Backlog), unternehmensweit aufeinander abgestimmt sowie ggf. zeitlich gestaffelt, Informationsweitergabe sowie Erfüllung von Informationspflichten und -bedarfen

☐ Beendigung des Notfalls/der Krise/ der Katastrophe/des nicht regulären Betriebs

☐ regulärer Betrieb

Es sind *Verfahren und Verantwortlichkeiten* festzulegen, z. B. für die Eskalation, die Prüfung, den Test, die Schulung, die Übung und die Pflege sowie die Protokollierung.

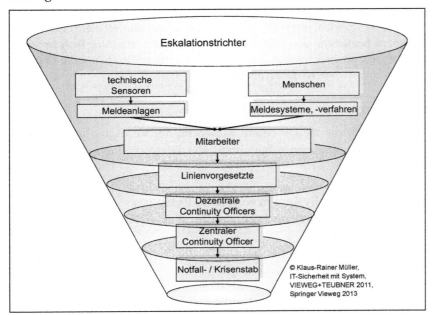

Abbildung 12-2: Eskalationstrichter[Dr.-Ing. Müller]

Der Eskalationstrichter zeigt in prinzipieller Form mögliche Eskalationsstufen, die unternehmensspezifisch unter Berücksichtigung der Unternehmensgröße und -standorte auszuprägen sind. So können Linienvorgesetzte und/oder dezentrale Continuity Officers eine Ebene bilden. Jede der Zwischenebenen stellt eine prinzipielle Filterung, aber auch eine potenzielle Verzögerung dar. Als „Filter" kann z. B. bereits der Linienvorgesetzte oder später der zentrale Continuity Officer entscheiden, dass nicht weiter eskaliert wird, weil es sich um eine Störung handelt, und der zuständige Geschäftsbereich die weitere Behandlung übernommen hat.

Handelt es sich um einen Notfall, d. h. um ein Szenario, zu dem eine Notfallvorsorgeplanung existiert, so wird der (szenariospezifische) Notfallstab einberufen. Da eine Störung zum Notfall und ein Notfall zur Krise werden kann, wird die jeweils übergeordnete Eskalationsstufe im Sinne einer Frühwarnung informiert und das jeweilige Ereignis im Frühwarnsystem verfolgt.

**Business / IT Service Continuity Management
Notfall-, Krisen- und Katastrophenvorsorgeplanung**

In meiner bisherigen Beratungstätigkeit hat sich des Öfteren herausgestellt, dass die Notfall-, Krisen- und Katastrophenvorsorgeplanung bzw. das übergeordnete Business bzw. IT Service Continuity Management lückenhaft und nicht zielgerichtet waren. Die bisherigen Ausführungen helfen Ihnen, Fehler zu vermeiden. Dennoch empfehle ich Ihnen, für ein solches Projekt oder zumindest zu Beginn der Konzeptionsphase und mit Ende eines derartigen Projekts sowie für Übungen erfahrene und effizienzorientierte externe Beratung zur Begleitung und Prüfung bzw. zur Qualitätssicherung in Anspruch zu nehmen, um zügig und zielgerichtet voranzukommen. Schließlich hängt die Überlebensfähigkeit Ihres Unternehmens davon ab.

12.2.2.4   Berichtswesen

Wesentliches Element für die zielgerichtete Steuerung der Verfügbarkeit und Kontinuität der IKT ist ein angemessenes Berichtswesen. Dieses soll u. a. folgende Frage beantworten:

**Welches System bzw. welche Ressource
fällt wie oft wie lange und mit welcher Auswirkung aus?**

Die folgende auszugsweise Richtlinie dient als prinzipielles Beispiel für das Berichtswesen zum Kontinuitätsmanagement

---

Richtlinie Berichtswesen Kontinuitätsmanagement

1.   Prozesse und Ressourcen werden klassifiziert und entsprechend ihrer Sicherheits- bzw. RiSiKo-Klasse im Hinblick auf ihre Verfügbarkeit kontinuierlich überwacht.

2. Für Prozesse und Ressourcen werden Kennzahlen festgelegt, deren Genauigkeit angegeben sowie Zielwerte und Grenzwerte für Warnung und Alarmierung sowie die Messpunkte und das Messverfahren bestimmt.

3. Für die Verfügbarkeit werden Plan-, Ist- und Prognosewerte absolut und prozentual im Durchschnitt und als Spitzenwerte angegeben.

4. Für die Verfügbarkeit werden Ausfalldauer, -häufigkeit und -folgen im Vergleich Plan zu Ist, absolut und prozentual angegeben.

5. In monatlichen Berichten werden die Plan-, Ist- und Prognosewerte einander gegenübergestellt, analysiert und gegebenenfalls eingeleitete oder empfohlene Maßnahmen beschrieben.

6. ...

Beispiel 12-8: Richtlinie Berichtswesen Kontinuitätsmanagement

12.2.3   Securitymanagement

12.2.3.1   Antrags- und Genehmigungsverfahren

Der Zugang zu den IKT-Systemen muss in schriftlicher Form beantragt werden. Im Hinblick auf die Bearbeitungsgeschwindigkeit und die Wirtschaftlichkeit vorteilhaft ist ein abgesichertes elektronisches Formular, das per Workflow weitergeleitet wird. Alternativ kann ein solches System auch über eine Datenbank abgebildet werden, die geeignete Zugriffsmechanismen besitzt.

Im elektronischen Formular sind die vom *Antragsteller* auszufüllenden Felder vorgegeben. Für diese Felder existieren Vorbelegungen, die ausgewählt werden können, z. B. per Listboxen, Combo-Boxen oder Checkboxen. Zu den – zumindest teilweise – vorbelegbaren Eingabefeldern gehört z. B.:

☐ Name und Vorname des Antragstellers

☐ Personalnummer des Antragstellers bei internen Mitarbeitern, bei externen Mitarbeitern die spezielle externe Mitarbeiternummer

☐ Organisationseinheit des Antragstellers bzw. Firma und Firmenanschrift bei externen Mitarbeitern

☐ Funktion des Antragstellers

☐ Rolle(n) des Antragstellers, z. B. Sachbearbeiter, Betriebsrat, Projektmitarbeiter

Das so ausgefüllte Formular erhält automatisch Datum und Uhrzeit sowie die Signatur des Antragstellers. In einem Workflow-System wird das Antragsformular an die *Genehmigungsinstanz(en)*, z. B. an den Leiter der zuständigen Organisationseinheit sowie an die Ressourceneigentümer, weitergeleitet. Diese genehmigen den Antrag oder lehnen ihn begründet ab.

Nach der Genehmigung gelangt der Antrag zur *Vergabeinstanz*, der Benutzeradministration. Sie prüft den Antrag auf Vollständigkeit, Konsistenz und Korrektheit. Im Falle eines elektronischen Antragsformulars kann diese Prüfung bei geeigneter Auslegung der Eingabemasken weitestgehend entfallen. Außerdem ist eine überwiegend automatische Einrichtung des Antragstellers und seiner Berechtigungen durch das System möglich. Die endgültige Freigabe sollte im Sinne des „Vier-Augen-Prinzips" jedoch durch den Benutzeradministrator erfolgen.

Eine *Kontrollinstanz*, z. B. die EDV-Revision, unterzieht die Anträge regelmäßig einer Prüfung.

Die Anträge und Benutzereinrichtungen werden elektronisch archiviert. Dies erlaubt die regelmäßige und automatische Auswertung aller vorhandenen Daten sowie die Erstellung von *Sicherheitsreports* im Rahmen des Security-Reporting.

12.2.3.2 Zugangsschutz

Das folgende Beispiel enthält eine prinzipielle Basisregel für den Zugangsschutz.

Basisregel Zugangsschutz

Der Zugang zu geschützten Ressourcen, wie z. B. Informationssystemen, wird nur gewährt, wenn sich der jeweilige Nutzer (Person oder ein anderes Computersystem) eineindeutig identifiziert und authentisiert hat.

Aus der Basisregel kann folgende beispielhafte und auszugsweise Richtlinie zum Zugangsschutz abgeleitet werden, deren Phasen sich am später erläuterten Lebenszyklusmodell orientieren.

Richtlinie Zugangsschutz

Allgemeine und phasenübergreifende Vorgaben

1. Zugangsrechte werden nach dem „Prinzip der minimalen Rechte" vergeben.

2. Die Vergabe von Zugangsrechten zu schützenswerten Objekten basiert auf Rollen, z. B. Sachbearbeiter <Musteraufgabe>, Administrator, Revisor.

3. Die Festlegung, Prüfung, Genehmigung, Einrichtung und Rücknahme von Rollen für die zu schützenden Objekte und von den ihnen zugeordneten fachlichen Zugangsrechten sowie Nutzungszeiten erfolgt gemäß dem „Antrags- und Genehmigungsverfahren Rollen". Das Antrags- und Genehmigungsverfahren von Rollen wird dabei schriftlich dokumentiert. Die Dokumentationen werden bis 10 Jahre nach Außerbetriebnahme des Systems aufbewahrt, bei Bedarf im Einzelfall auch länger.

4. Die Beantragung, Prüfung, Genehmigung, Einrichtung und Rücknahme von Zugangsberechtigungen sowie die Aufbewahrung der Anträge erfolgt nach dem „Antrags- und Genehmigungsverfahren Zugang". Die Vergabe und Rücknahme von

---

Zugangsrechten werden dabei schriftlich dokumentiert. Die Dokumentation der vergebenen Zugangsrechte wird bis 10 Jahren nach Ende bzw. Rücknahme der Zugangsrechte aufbewahrt, bei Bedarf im Einzelfall auch länger.

5. Benutzerkonten, die nicht innerhalb eines Zeitraums von 10 Tagen nach Einrichtung genutzt werden, werden automatisch gesperrt.

6. Benutzerkonten, die über einen Zeitraum von 60 aufeinander folgenden Kalendertagen nicht mehr genutzt wurden, werden automatisch gesperrt.

7. Beim Logon wird dem Benutzer zur Kontrolle die letzte erfolgreiche Anmeldung mit Datum und Uhrzeit angezeigt.

8. Der Zugang zum System wird zeitlich begrenzt, auf
    – die aufgabenspezifischen Arbeitstage,
    – die aufgabenspezifischen Arbeitszeiten.

9. Jeder Arbeitsplatzcomputer, wie z. B. stationär oder mobil in Form von PCs (Thin oder Fat Client) und Tablet PCs, Note- oder Netbooks, verfügt über eine manuell oder automatisch auslösbare Sperre.
    Der Zugang zum Arbeitsplatzcomputer kann manuell gesperrt werden. Bei Windows®-Arbeitsplätzen erfolgt dies mittels der Tastenkombination „Strg+Alt+Entf" und anschließendem Sperren des Computers.
    Der Zugang zum Arbeitsplatzcomputer wird nach einer vorgegebenen Zeit der Inaktivität (z. B. 5 Minuten) automatisch gesperrt.
    Die Reaktivierung eines Arbeitsplatzcomputers nach der Sperrung darf nur nach Eingabe des erforderlichen Passworts erfolgen.

10. Sessions werden nach einer vorgegebenen Zeit der Inaktivität (z. B. 1h) automatisch abgebrochen (Zwangs-Logout).

11. ...

Planungsphase

1. Die zu schützenden Objekte bzw. Ressourcen (z. B. Netze, Computer, Anwendungen) werden in der Planungsphase identifiziert. Dann wird ihr Schutzbedarf erhoben und sie werden in Sicherheitsklassen eingeteilt.

2. ...

Fachkonzeptionsphase

1. Für die zu schützenden Objekte werden fachlich kompetente Objekt- bzw. Ressourceneigentümer und deren Stellvertreter benannt. Diese sind für die Definition der Rollen und der zugeordneten Zugangsrechte verantwortlich.

2. Die erstmalige Festlegung, Prüfung und Genehmigung von Rollen für die zu schützenden Objekte sowie von den ihnen zugeordneten fachlichen Zugangsberechtigungen sowie der Nutzungszeiten erfolgt zu Beginn der Fachkonzeptionsphase gemäß dem „Antrags- und Genehmigungsverfahren Rollen". Rollen sind z. B. Administrator, Sachbearbeiter <Musteraufgabe> und Revisor.

3. ...

Technische Konzeptionsphase (Grob- und Feinkonzept)

1. Für die zu schützenden Objekte werden während der Technischen Konzeptionsphase je Rolle die fachlichen Zugangsberechtigungen in technische Zugangsberechtigungen überführt sowie weitere Rollen definiert, z. B. für Netz- und Datenbankadministratoren sowie technische Benutzer.

2. ...

Entwicklungsphase

1. In der Entwicklungsphase werden die Möglichkeiten zum späteren Anlegen der geforderten Rollen auf Basis der technischen Feinspezifikation realisiert.

2. ...

Testphase
(Integrations- und Systemtest einschließlich Freigabe und Abnahme)

1. Die Einrichtung der Rollen in der Testumgebung erfolgt gemäß dem „Antrags- und Genehmigungsverfahren Rollen" mit Beginn der Testphase.

2. Die Beantragung, Prüfung, Genehmigung, Einrichtung und Rücknahme von Zugangsberechtigungen für die Testumgebung sowie die Aufbewahrung der Anträge erfolgt nach dem „Antrags- und Genehmigungsverfahren Zugang".

3. ...

Inbetriebnahme- und Betriebsphase

1. Die Einrichtung der Rollen in der Produktionsumgebung erfolgt gemäß dem „Antrags- und Genehmigungsverfahren Rollen" im Rahmen der Inbetriebnahme.

2. Die Beantragung, Prüfung, Genehmigung, Einrichtung und Rücknahme von Zugangsberechtigungen für die Produktionsumgebung sowie die Aufbewahrung der Anträge erfolgt nach dem „Antrags- und Genehmigungsverfahren Zugang".

3. Der Geschäftsbereich Informationsservices prüft die eingerichteten Benutzerkonten monatlich auf Nutzung. Bei 30tägiger Nichtnutzung erfolgt innerhalb von 5 Arbeitstagen die Klärung, ob das Benutzerkonto zu löschen oder zu sperren ist.

4. Der Geschäftsbereich Informationsservices überprüft die vorhandenen Benutzerkonten zeitnah im Hinblick auf gesperrte Konten. Bei gesperrten Benutzerkonten erfolgt eine Klärung mit dem Benutzer. Bei Missbrauchsverdacht ergreift der Geschäftsbereich Informationsservices umgehend geeignete Sicherheitsmaßnahmen.

5. ...

Außerbetriebnahmephase

1. Im Vorfeld der Außerbetriebnahme werden noch vorhandene Zugangsberechtigungen überprüft und deren Benutzer über die bevorstehende Außerbetriebnahme informiert. Nach erfolgreicher Abstimmung der Löschung werden die fachlichen Benutzerkonten gelöscht.

2. ...

Beispiel 12-9: Richtlinie Zugangsschutz

Eine prinzipielle und auszugsweise Richtlinie für Wireless LANs kann beispielsweise folgende Elemente beinhalten:

Richtlinie Wireless LAN

Planungsphase

1. Die Notwendigkeit eines WLANs ist zu prüfen.
2. Die Einrichtung eines WLANs ist schriftlich zu beantragen, zu begründen, vom Geschäftsbereich Informationsservices zu prüfen und zu genehmigen bzw. abzulehnen.
3. Das WLAN ist gemäß der „Richtlinie Ressource WLAN" zu planen.
4. ...

Technische Konzeptionsphase (Grob- und Feinkonzept)

1. In der technischen Konzeptionsphase sind das WLAN, seine Topologie, die Anbindung an andere Netze sowie die technischen Merkmale und geforderten Einstellungen zu spezifizieren. Hierzu gehört auch die Protokollierung (Logging).
2. ...

Implementierungsphase

1. Das WLAN ist gemäß Technischem Feinkonzept aufzubauen.
2. WLANs sind gemäß der „Richtlinie Ressource WLAN" zu konfigurieren.
3. Die Konfiguration des WLANs, der Access Points und der Clients ist zu dokumentieren und vom Verantwortlichen abzuzeichnen.
4. ...

Testphase
(Integrations- und Systemtest einschließlich Freigabe und Abnahme)

1. Das WLAN, die Access Points und die WLAN-Clients sind auf Erfüllung der technischen Feinkonzeption und der Implementierungsvorgaben zu testen.
2. WLANs sind vor der Inbetriebnahme einem Penetrationstest zu unterziehen. Das Ergebnis ist zu dokumentieren und als streng vertraulich zu kennzeichnen. Eventuelle Schwachstellen sind vor Inbetriebnahme zu beheben.
3. ...

Inbetriebnahme- und Betriebsphase

1. Die Protokolle (Logs) sind regelmäßig auszuwerten.
2. Sicherheitsrelevante Firmware-Upgrades sind während der Betriebsphase nach vorherigem Test zeitnah einzuspielen.
3. Änderungen in der Konfiguration des WLANs darf nur der Geschäftsbereich Informationsservices vornehmen.
4. Nach Konfigurationsänderungen ist die neue Konfiguration zu dokumentieren und vom Verantwortlichen abzuzeichnen sowie für 10 Jahre ab dem Tag der dokumentierten folgenden Konfigurationsänderung aufzubewahren.

5. WLANs sind jährlich einem Penetrationstest zu unterziehen. Das Ergebnis ist zu dokumentieren und als streng vertraulich zu kennzeichnen. Über eine zumindest temporäre Außerbetriebnahme bei Entdeckung einer oder mehrerer Schwachstellen ist sofort zu entscheiden und die Entscheidung umzusetzen. Eventuelle Schwachstellen sind unverzüglich zu beheben.

6. ...

Beispiel 12-10: Richtlinie Wireless LAN

Identifikation

Das folgende prinzipielle Beispiel enthält eine auszugsweise Richtlinie zur Benutzerkennung.

Richtlinie Benutzerkennung

1. Jeder Nutzer erhält vom Geschäftsbereich Informationsservices eine eineindeutige Benutzerkennung (UserId). Eineindeutig bedeutet umkehrbar eindeutig, so dass jedem Benutzer eindeutig eine Benutzerkennung zugeordnet ist und umgekehrt anhand der Benutzerkennung der Rückschluss auf den Benutzer möglich ist, um die Nachvollziehbarkeit der Aktivitäten zu ermöglichen.

2. Jeder Benutzer darf nur die ihm zugeordnete(n) Benutzerkennung(en) nutzen und diese nicht weitergeben.

3. Benutzer dürfen ihre Benutzerkennungen nicht speichern, z. B. in einem Login-Makro oder in einer Datei.

4. Im System voreingestellte Benutzerkennungen sind durch den Administrator zeitnah zu ersetzen und zu löschen.

5. Innerhalb von Programmen ist die fest codierte Verankerung persönlicher Benutzerkennungen zu vermeiden.

6. ...

Beispiel 12-11: Richtlinie Benutzerkennung

Authentisierung – Passwortregeln

Im Folgenden sind beispielhaft Passwortregeln in Form von Passwortge- und verboten sowie -eigenschaften und -prüfungen angegeben.

Die folgende Liste gibt auszugsweise und beispielhaft Passwortregeln in Form von Passwortgeboten an.

Passwörter
Gebote

1. Bei vorinstallierten Benutzerkonten müssen zumindest die Standardpasswörter geändert werden. Die gesicherte Verfügbarkeit der geänderten Passwörter ist sicherzustellen. Soweit möglich und angemessen sollten vorinstallierte Benutzerkonten gelöscht oder gesperrt und durch unternehmensspezifische ersetzt werden.

2. Bei der Anforderung eines Ersatzpasswortes ist die Identität des Anfordernden sicher zu verifizieren.

3. Das Erstpasswort ebenso wie Ersatzpasswörter sind dem Benutzer vertraulich zu übermitteln. Die Identität des Empfängers ist sicherzustellen.

4. Der Empfang des Passwortes ist vom Benutzer schriftlich zu bestätigen.

5. Das Erstpasswort ebenso wie Ersatzpasswörter sind beim ersten Login zu ändern.

6. Die Eingabe des Passworts muss unbeobachtet erfolgen.

7. Der Benutzer muss das Passwort vertraulich behandeln. Es darf nur ihm bekannt sein.

8. Bei Bekanntwerden ist das Passwort unverzüglich zu ändern.

9. Die Änderung des Passworts muss bei Schutzobjekten der Vertraulichkeitsstufen T3 und T4 nach jeweils 30 Tagen erfolgen, bei den niedrigeren Vertraulichkeitsstufen nach 90 Tagen.

10. Die Länge des Passworts muss bei Standardbenutzern 8 Stellen, bei privilegierten Benutzern 10 Stellen betragen.

11. Die im Passwort verwendeten Zeichen müssen Groß- und Kleinbuchstaben und Ziffern sowie – wenn technisch unterstützt – Sonderzeichen sein.

12. ...

Beispiel 12-12: Passwortregeln

Das folgende Beispiel enthält eine Liste von Passwortverboten.

Passwörter
Verbote

Umgang mit dem Passwort
1. Notiz- und Speicherverbot: Das Passwort darf nicht notiert werden (Ausnahme: Notfallpasswort bei Hinterlegung in verschlossenem Umschlag im Safe). Dies beinhaltet, dass der Benutzer Passwörter auch nicht auf Funktionstasten legen oder anderweitig speichern darf, z. B. in Dateien, Datenbanken, Login-Makros, Anwendungen und Passwort-Managern.

2. Mitteilungsverbot: Passwörter dürfen Dritten nicht mitgeteilt oder zur Kenntnis gebracht werden.

3. Wiederverwendungsverbot: Dasselbe Passwort darf nach Ablauf innerhalb eines Zeitraums von 14 Monaten nicht wieder verwendet werden. Korrumpierte Passwörter dürfen nicht wieder verwendet werden. (Dies erfordert eine Historienfüh-

rung der Passwörter im Computersystem. Bei einer Historisierung über ein Jahr und ca. 30täglichem Passwortwechsel ergeben sich ca. 13 Passwörter.)

4. <u>Verbot der Mehrfachänderung</u>: Die Mehrfachänderung des Passworts innerhalb kurzer Zeit zur Umgehung des Wiederverwendungsverbots ist verboten.

5. <u>Mehrfachverwendungsverbot</u>: Ein und dasselbe Passwort darf nicht für mehrere Anwendungsfälle genutzt werden. Insbesondere dürfen geschäftlich verwendete Passwörter nicht außerhalb der geschäftlichen Nutzung eingesetzt werden.

6. ...

Beispiel 12-13: Passwörter: Verbote

Die folgende Liste enthält beispielhaft Passworteigenschaften.

Passwörter
Passworteigenschaften

1. Verbot von Trivialpasswörtern. Folgende Passwortarten sind unzulässig:
   – Kein Passwort (Return-Taste),
   – Lexikalisch ermittelbare Passwörter, gleichgültig aus welcher Sprache, z. B. „Passwort", „password", „Benutzer", „user", „Gast", „guest",
   – Gleiche Zeichen, z. B. ZZZZZ,
   – Aufeinander folgende Ziffern z. B. 123456,
   – Bekannte Ziffernfolgen, z. B. 0815, 4711,
   – Datum (z. B. Geburtsdatum {eigenes, aus der Familie, aus dem Freundes- oder Verwandtenkreis, berühmter Persönlichkeiten}, bekannter Ereignisse),
   – Kombination nebeneinander liegender Tasten, z. B. asdf,
   – Name, Bezeichnung (z. B. Vorname, Nachname {eigener/aus der Familie/aus dem Freundes- oder Verwandtenkreis}, Spitzname, Name aus einem Namenslexikon, Name des Haustiers, Namen von Autoren, Fernsehstars, Fernsehsendungen, Sängern, Ländern, Orten, Gebäuden, Computern, Autos, Herstellern oder Produkten, Titel von Büchern, Filmen oder Songs),
   – Sprichwörter, Aussprüche,
   – Kfz-Kennzeichen,
   – Postleitzahlen,
   – bereits genutzte Passwörter.

2. ...

Beispiel 12-14: Passworteigenschaften

Das folgende Beispiel enthält prinzipiell mögliche Anforderungen zur Passwortprüfung.

Passworte

Passwortprüfung

1. Bei der Vergabe von Passwörtern sollte das System nur solche zulassen, die die Passwortregeln einhalten.

2. Die Passwortstärke ist durch den Geschäftsbereich Informationsservices mittels eines geeigneten Tools monatlich zu prüfen. Verstöße gegen die Passwortregeln sind dem Benutzer, seinem Vorgesetzten und dem IT-Sicherheitsbeauftragten mitzuteilen.

3. ...

Beispiel 12-15: Passwortprüfung

Computerviren-Schutz

Das folgende Beispiel zeigt prinzipielle Eckpunkte einer Richtlinie zum Schutz vor Computerviren.

Richtlinie Computerviren-Schutz

1. Jeder Rechner (Arbeitsplatzrechner, Server, Firewall) wird mit einem Computerviren-Suchprogramm (Virenscanner) ausgestattet.

2. Zugänge zum Unternehmensnetz werden mit Virenscannern abgesichert.

3. Der Virenscanner wird täglich auf den zentralen Servern automatisch aktualisiert.

4. Die Virenscanner der Clients werden zum nächstmöglichen Zeitpunkt aktualisiert.

5. Virenscanner werden so konfiguriert, dass sie resident sind, d. h. sie werden beim Start des Rechners in den Speicher geladen und verrichten ihre Aufgabe im Hintergrund ohne Zutun des Benutzers.

6. Virenscanner werden so konfiguriert, dass auch eingehende und zur Versendung anstehende E-Mails sowie deren Anhänge überprüft werden.

7. Virenbehaftete eingehende E-Mails werden isoliert. Der Empfänger wird benachrichtigt.

8. Jeder Mitarbeiter meldet einen Virenverdacht umgehend an den Service Desk.

9. ...

Beispiel 12-16: Computerviren-Schutz

12.2.3.3 Zugriffsschutz

Eine Richtlinie für den Zugriffsschutz kann beispielsweise folgende Inhalte aufweisen.

Richtlinie Zugriffsschutz

Allgemeine und phasenübergreifende Vorgaben

1. Zugriffsrechte werden nach dem Prinzip der „minimalen Rechte" vergeben, d. h. Zugriffsberechtigungen werden nur in dem Maße erteilt, wie sie zur Aufgabenerfüllung minimal erforderlich sind.

2. Es werden frühestmöglich Rollen festgelegt, denen Zugriffsberechtigungen zugeordnet werden.

3. Für die Beantragung und Vergabe von Zugriffsberechtigungen wird das „Antrags- und Genehmigungsverfahren Zugriffsberechtigung" mit dem dazugehörigen Antragsdokument verwendet.

4. Für Systeme, Anwendungen und Datenbestände werden Eigentümer und Stellvertreter benannt, die für die Definition von Rollen und zugeordneten Zugriffsberechtigungen verantwortlich sind.

5. ...

Fachkonzeptionsphase

1. In der Fachkonzeptionsphase legt die Fachabteilung die Rollen fest, die – z. B. zur Erfüllung gesetzlicher oder aufsichtsbehördlicher Anforderungen – aus fachlicher Sicht erforderlich sind, und ordnet diesen Zugriffsberechtigungen zu.

2. ...

Technische Konzeptionsphase (Grob- und Feinkonzept)

1. In der technischen Konzeptionsphase transformiert der Geschäftsbereich Informationsservices die fachlichen Anforderungen in technische Anforderungen.

2. ...

Implementierungsphase

1. In der Implementierungsphase realisiert der Geschäftsbereich Informationsservices die Anforderungen aus dem technischen Feinkonzept.

2. ...

Testphase
(Integrations- und Systemtest einschließlich Freigabe und Abnahme)

1. In der Testphase prüfen Tester die Erfüllung der technischen Anforderungen (Verifikation) und der fachlichen Anforderungen (Validierung).

2. ...

Inbetriebnahme- und Betriebsphase

1. Für die Beantragung und Vergabe von Zugriffsberechtigungen wird das „Antrags- und Genehmigungsverfahren Zugriffsberechtigung" mit dem dazugehörigen Antragsdokument verwendet.

2. Die Zugriffsberechtigungen für Mitarbeiter werden unter Angabe der Rolle des jeweiligen Mitarbeiters von der Personalabteilung beantragt.

3. Die beantragten Zugriffsberechtigungen werden von der jeweiligen Führungskraft geprüft.

4. Die Berechtigungsanträge werden vom Ressourceneigentümer genehmigt bzw. abgelehnt.

5. Die Zugriffsberechtigungen werden von den zuständigen Administratoren eingerichtet und die Berechtigungsanträge archiviert.

6. ...

Außerbetriebnahmephase

1. Im Vorfeld der Außerbetriebnahme werden noch vorhandene Zugriffsberechtigungen überprüft und deren Benutzer über die bevorstehende Außerbetriebnahme informiert. Nach erfolgreicher Abstimmung der Löschung werden die Zugriffsberechtigungen in der Regel gemeinsam mit der Benutzerkennung gelöscht.

2. ...

Beispiel 12-17: Richtlinie Zugriffsschutz

12.2.3.4   Leseschutz

Eine Richtlinie für den Leseschutz kann beispielsweise folgende Elemente beinhalten:

Richtlinie Leseschutz

1. Vertrauliche Daten auf mobilen Geräten, z. B. Tablet PCs, Notebooks, Netbooks, PDAs und Smartphones sind verschlüsselt zu speichern.

2. Über öffentliche Netze übertragene vertrauliche Informationen sind zu verschlüsseln.

3. Authentisierungsinformationen, wie z. B. Passwörter und PINs sind stets einwegverschlüsselt zu speichern.

4. Authentisierungsinformationen, wie z. B. Passwörter, PINs und Sicherheitszusagen (Security Assertions) sind stets verschlüsselt zu übertragen.

5. Auf mobilen Datenträgern, z. B. mobilen Festplatten, USB Memory Sticks, CD-ROMs und Datenbändern gespeicherte vertrauliche Daten sind zu verschlüsseln.

6. Bei Providern gespeicherte vertrauliche Daten sind verschlüsselt sowohl zu übertragen als auch zu speichern.

7. Gegen den Verlust des geheimen Schlüssels sind geeignete Maßnahmen vorzusehen.

8. ...

Beispiel 12-18: Richtlinie Leseschutz

12.2.3.5   Protokollierung/Beweissicherung

Das folgende prinzipielle Beispiel stellt die Richtlinie zur Protokollierung sicherheitsrelevanter Ereignisse überblicksartig in Form einer Matrix dar:

Sicherheitsklasse	Protokollierung				
	Zugang		Datenzugriff		
	Logon	Logoff	Schreibend	Lesend	...
Hoch	Alle	Alle	Alle	Alle	...
Mittel	Alle	Alle	Alle	Keine	...
Niedrig	Alle	Alle	Keine	Keine	...

Beispiel 12-19: Protokollierungsanforderungen je Sicherheitsklasse

Für diese sicherheitsrelevanten Ereignisse sind die Daten zu definieren, die protokolliert werden sollen. Darüber hinaus ist festzulegen, wie diese Daten gesichert und archiviert werden und wer diese Daten einsehen darf. Dies kann in Form einer Tabelle wie folgt dargestellt werden:

Schutz-element	Benutzerkennung / Datum / Uhrzeit / Ereignis				Recht / Objekt / Terminalkennung / Ergebnis				Auswertungs-berechtigung	Auswertungs-zyklus
Zufahrt	X	X	B	B	X	X	X	X	A, R	t, m
Zutritt	X	X	B	B	X	X	X	X	A, R	t, m
Zugang	X	X	B	B	X	X	X	X	A, R	t, m
Ext. Zugang	X	X	B	B	X	X	X	X	A, R	t, m
Zugriff	X	X	X	X	X	X	X	X	A, R	t, m
Legende:	X = Ereignis ist zu protokollieren, B = Beginn und Ende sind zu protokollieren, z. B. Einfahrt – Ausfahrt A = Administrator, R = Revisor, t = täglich, m = monatlich									

Beispiel 12-20: Protokolldaten je Sicherheitselement

12.2.4 Architekturmanagement

Das folgende prinzipielle Beispiel zeigt auszugsweise eine Richtlinie für das Architekturmanagement.

Richtlinie Architekturmanagement (Architekturrichtlinie/-leitsätze)

1. Die definierten Ebenen und Elemente der Architektur sowie die Beziehungen der Architekturelemente untereinander und zu ihrer Umwelt sind unter Angabe relevanter OSI-Ebenen zu dokumentieren sowie regelmäßig zu überprüfen und zu pflegen.

2. Es sind zuverlässige, stabile und sichere IKT-Systeme einzusetzen.

3. Die Integrität von Programmen ist durch digitale Signatur zu bestätigen.

4. Die Architektur ist in Sicherheitszonen einzuteilen.

5. Für jede Sicherheitszone ist ein Sicherheitsniveau (Trust Level) zu definieren und zu beschreiben, durch welche Maßnahmen es erreicht wird.

6. Die Sicherheitsniveauklassen sind zu standardisieren.

7. Jede Sicherheitsniveauklasse ist eindeutig zu bezeichnen. Für jede Sicherheitsniveauklasse sind das Ziel und das Sicherheitsniveau bzw. der Vertrauensbereich (Trust Level), die durch die Sicherheitsniveauklasse erreicht werden sollen, die Voraussetzungen, die Sicherheitsvorgaben und die Sicherheitsmaßnahmen sowie die Ressourcen, die zur Umsetzung einzusetzen sind, anzugeben.

8. Die Übergänge zwischen zwei Sicherheitszonen dürfen sich um maximal eine Sicherheitsniveauklasse (Trust Level) unterscheiden.

9. Das Unternehmensnetz ist in Netzsegmente zu unterteilen. Diese Netzsegmente sind einer Sicherheitsniveauklasse zuzuweisen.

10. Auf Netzwerkebene ist zu beschreiben, welche Sicherheitsmaßnahmen an den Übergängen zwischen Sicherheitszonen (Netzsegmenten) unterschiedlicher Sicherheitsniveauklassen je Schicht des OSI-Schichtenmodells zu ergreifen sind.

11. Für die Datenübertragung ist abhängig vom geforderten Sicherheitsniveau zu definieren, in welchen Fällen welche Art der Verschlüsselung zum Einsatz kommt.

12. Für die Datenübertragung ist abhängig vom geforderten Sicherheitsniveau zu definieren, in welchen Fällen welche Art der digitalen Signierung zum Einsatz kommt.

13. In offenen Architekturen, z. B. SOA, müssen sich die Kommunikationspartner gegenseitig identifizieren und authentifizieren.

14. In offenen Architekturen, z. B. SOA, müssen Nachrichten mit Sicherheitszusagen (Security Assertions) signiert sein, z. B. die Zusicherung, dass das Schema einer XML-Nachricht geprüft ist, dass ein Nutzer authentifiziert ist oder dass ein Nutzer für eine Anfrage autorisiert ist.

15. Je Sicherheitszone und Sicherheitsniveauklasse ist zu beschreiben, ob und wenn ja an welcher Stelle und auf welche Art Plausibilisierungen, Identifizierungen, Authentifizierungen und Autorisierungen erfolgen.

16. Der Zugang zu Unternehmensnetzen und Anwendungen ist durch Identifizierung, Authentifizierung und Autorisierung zu schützen.

17. Der Zugriff auf Daten und gegebenenfalls Anwendungsteile ist durch Identifizierung, Authentifizierung und Autorisierung zu schützen.

18. Web-Anwendungen, SOA-Web-Services und Datenbanken sind durch spezifische Security Gateways zu schützen

19. ...

Beispiel 12-21: Richtlinie Architekturmanagement

12.3 Ressourcen

12.3.1 Zutrittskontrollsystem

Das folgende prinzipielle Beispiel zeigt auszugsweise eine Richtlinie für Zutrittskontrollsysteme bzw. -anlagen.

Richtlinie Zutrittskontrollsystem

1. Das Zutrittskontrollsystem ist an die Notstromversorgung anzuschließen.
2. Das Zutrittskontrollsystem muss Benutzerkennung, Zutrittsort, Datum und Uhrzeit sicher speichern bzw. übermitteln.
3. ...

Beispiel 12-22: Richtlinie Zutrittskontrollsystem

12.3.2 Passwortbezogene Systemanforderungen

Aus den zuvor angegebenen Passwortge- und -verboten ergeben sich Anforderungen an die zugrunde liegenden IKT-Systeme. Im Folgenden sind derartige Systemanforderungen angegeben:

Passwortbezogene Systemanforderungen

1. Nicht lesbare Anzeige des eingegebenen Passworts
2. Systemunterstützte Prüfung der Passwortregeln:
   - Trivialpasswörter einschließlich nur „RETURN"
   - Lexikalisch analysierbare Passwörter
3. Jederzeitige Änderbarkeit des Passworts
4. Wechselzwang nach vorgegebenem Intervall sowie für Erstpasswort und Ersatzpasswörter
5. Historienführung der Passwörter (mindestens 14 Passwörter)
6. Erneute Eingabeaufforderung bei Passwortänderungen zur Verifikation
7. Sperrung bei mehrmaliger Fehleingabe (Anzahl einstellbar) und Meldung an den Systemadministrator
8. Einweg-verschlüsselte Speicherung der Passwörter
9. Übertragung von Passwörtern
   - Verschlüsselte Übertragung der Passwörter und Einmaligkeit der übertragenen Authentifizierungsinformation
   - Bei unverschlüsselter Übertragung von Passwörtern (nur zulässig bei entsprechend niedrigen Sicherheitsanforderungen) sollten Einmalpasswörter verwendet werden

> – Um ein Mitschneiden und Wiedereinspielen (Replay) zu verhindern, sollten die verschlüsselt/unverschlüsselt übertragenen Passwörter einen variablen Anteil, z. B. aus Datum und Uhrzeit enthalten
>
> 10. Protokollierung von Passwortänderungen sowie von falschen Passworteingaben im Hinblick auf Anschluss, Benutzerkennung, Datum und Uhrzeit
> 11. ...

Beispiel 12-23: Passwortbezogene Systemanforderungen

12.3.3 Wireless LAN

Eine prinzipielle und auszugsweise Richtlinie für die Ressource Wireless LAN kann u. a. beispielsweise folgende Elemente beinhalten:

> **Richtlinie Ressource Wireless LAN**
>
> **Planungsphase**
>
> 1. WLAN-Funkzellen sind so zu planen und anzuordnen, dass die Abstrahlleistung außerhalb des Gebäudes minimiert ist. Der Einsatz abstrahlungsdämmender Folien oder Fenster ist zu prüfen.
> 2. Die WLAN-Funkzellen sind so zu planen, dass die Abstrahlung innerhalb der Funkzelle möglichst gleichmäßig erfolgt und Funklöcher vermieden werden. Bei der Planung ist die dämpfende Wirkung von Stahl, stahlarmiertem Beton und Metalltüren, wie z. B. Brandschutztüren, zu berücksichtigen.
> 3. In der Planungsphase ist zu berücksichtigen, dass der Access Point im oberen Bereich einer Wand oder an der Decke angebracht oder zumindest erhöht aufgestellt werden sollte.
> 4. In der Planungsphase ist zu berücksichtigen, dass das WLAN als unsicheres Netz zu betrachten ist. Eine Anbindung des WLANs an das interne Netz erfolgt über eine Firewall und ein Intrusion Detection/Prevention System.
> 5. WLANs sind so zu planen, dass sie auf IEEE 802.11i, d. h. WPA2, basieren.
> 6. WLAN-Clients sind dahingehend zu planen, dass sie mit einer Firewall, zeitnah aktualisiertem Virenscanner und Verschlüsselung ausgestattet werden.
> 7. ...
>
> **Implementierungsphase**
>
> 1. Der standardmäßig eingestellte Service Set Identifier (SSID) des Access Points ist zu ändern.
> 2. Der SSID-Broadcast des Access Points ist auszuschalten.
> 3. Der Access Point ist im Closed-Network-Modus zu betreiben.
> 4. Das Standard-Passwort für die Konfiguration des Access Points ist zu ändern.
> 5. Die Konfiguration des Access-Points ist auf spezifische Clients aus dem LAN zu beschränken.
> 6. Am Access Point ist die MAC-Adressfilterung zu aktivieren.

7. Das WLAN muss auf IEEE 802.11i, d. h. WPA2, basieren.

8. Die Verschlüsselung ist zu aktivieren.

9. Am Access Point ist DHCP (Dynamic Host Configuration Protocol) zu deaktivieren, das die dynamische Zuweisung von IP-Adressen ermöglicht.

10. Die Protokollierung (Logging) ist einzuschalten.

11. WLAN-Clients sind mit einer Firewall, zeitnah aktualisiertem Virenscanner und Verschlüsselung auszustatten.

12. Die Einstellungen des Access Points sind nachvollziehbar verbindlich und vertraulich zu dokumentieren.

13. ...

Testphase

1. Die Funktionsfähigkeit des Access Points ist zu testen und zu protokollieren.

2. Der Access Point ist einem Penetrationstest zu unterziehen und das Ergebnis zu dokumentieren. Eventuelle Schwachstellen sind zu bewerten. Die Erreichung des geforderten Sicherheitsniveaus ist sicherzustellen.

3. ...

Betriebsphase

1. Die Protokolle (Logs) sind regelmäßig auszuwerten.

2. Sicherheitsrelevante Firmware-Upgrades sind nach Test zeitnah einzuspielen.

3. ...

Beispiel 12-24: Richtlinie für das Wireless LAN

12.4　Organisation

Die folgende Matrix zeigt ein prinzipielles überblicksartiges und auszugsweises Beispiel zu verschiedenen Rollen im Rahmen des Sicherheitsmanagements. Hinzu kommen u. a. noch die Rollen und Verantwortlichkeiten aus den Prozessen, wie z. B. Risk-, Problem-, Change-, Configuration-, Security- und Notfallmanager.

Tätigkeit	Geschäftsleiter	Geschäftsbereichsleiter	Nutzer, Endanwender	Datenschutzbeauftragter	Datenverantwortlicher	Entwicklungsverantwortlicher	Produktionsverantwortlicher	Zentraler Sicherheitsbeauftragter	Dez. Si-Beauftragter	Sicherheitsauditoren	EDV-Revisoren	System-Admin.	Werkschutz	...
Sicherheitspolitik definieren, pflegen	V	M		M				M			M			
Sicherheitsziele festlegen und pflegen	V	M	M					M			M			
Sicherheitsklassen bilden und pflegen	M	M					M	V						
SSCFD durchführen und pflegen						M	M	V						
Sicherheitsarchitektur konzip., pflegen						M	M	V						
Si.-Richtlinien entwickeln, pflegen						M	M	V						
Sicherheitskonzepte erstellen und pflegen						M	M	V	M					
IKT-Systeme sicher entwickeln						V								
IKT-Systeme sicher betreiben							V							
Rollen festlegen					V									
IKT-Si-Administration (Zugangs- und Zugriffsschutz) durchführen												V		
Datenschutz wahrnehmen				V										
Audits durchführen										V				
Prüfungen durchführen											V			
Sicherheitsadministration (Zutrittsschutz) durchführen													V	
Objekt schützen													V	
...														

Legende: V = verantwortlich, M = mitwirkend, Si = Sicherheit

Beispiel 12-25: Funktionen, Rollen und Tätigkeiten im Sicherheitsmanagement

12.5 Zusammenfassung

Richtlinien bilden eine prozess-, ressourcen-, organisations-, produkt- und leistungsübergreifende Basis für ein Sicherheits-, Kontinuitäts- und Risikomanagement, das auf Systematik und auf ein anforderungsbezogen vergleichbares Sicherheits-, Kontinuitäts- und Risikoniveau ausgerichtet ist. Grundsätzlich lassen sich für alle Prozesse, Ressourcen, Produkte und Dienstleistungen sowie deren Lebenszyklus Richtlinien erstellen. Sie können sich z. B. auf den Zufahrts-, Zutritts-, Zugangs-, Zugriffs- und Leseschutz beziehen, Standards für die Prozessdokumentation vorgeben und Regeln für Ressourcen, wie z. B. Firewalls, Intrusion-Detection-Systeme, Computervirenscanner, Spam-Filter und die Absendekontrolle festlegen.

Die vorangegangenen Unterkapitel enthalten prinzipielle und auszugsweise Beispiele für Richtlinien/Regeln und Vorlagen, die unternehmensspezifisch zu prüfen und anzupassen sind. Übergreifende Richtlinien und Vorlagen beziehen sich auf Sicherheitsregeln, enthalten eine Prozessvorlage, eine IKT-Benutzerordnung und Richtlinien zur E-Mail- und Internet-Nutzung. Weitere Richtlinien oder Vorlagen widmen sich den Anforderungen an sicherheitsrelevante Räumlichkeiten, der Datensicherung, der Struktur eines Notfall-, Krisen- und Katastrophenvorsorgehandbuchs, dem Notfallablauf, dem Eskalationstrichter und dem Berichtswesen sowie verschiedenen Themen des Kontinuitäts- und des Sicherheitsmanagements, wie z. B. dem Zugangs- und Zugriffsschutz sowie WLANs, dem Architekturmanagement und der Organisation.

Richtlinien können die Effizienz fördern, da dieselben Themen, wie z. B. die Durchführung einer Schutzbedarfsanalyse, und deren Inhalte, die Erstellung von Notfall-, Krisen- und Katastrophenvorsorge- bzw. BCM-/ITSCM-Handbüchern/ Portalen oder die Passwortregeln bereits prozess-, ressourcen-, organisationseinheits-, produkt- und leistungsübergreifend als Rahmen festgelegt sind.

13 Spezifische Sicherheitskonzepte

 Spezifische Sicherheitskonzepte sind in Unternehmen häufig anzutreffen. Sie beschreiben z. B. welche Sicherheitseinstellungen für ein bestimmtes Betriebssystem getroffen werden sollen. Doch erfüllen diese Sicherheitskonzepte die gestellten Anforderungen? Und wenn ja, ist dies angemessen und nachvollziehbar?

Die Angemessenheit und Nachvollziehbarkeit der spezifischen Sicherheitskonzepte kann dadurch erreicht werden, dass

☐ die zugrunde gelegten Anforderungen und Richtlinien referenziert werden

☐ die Risikostrategie im Hinblick auf Vermeidung, Verringerung, Verlagerung oder Vereinnahmung des Risikos dargestellt wird

☐ die zu treffenden Maßnahmen beschrieben werden.

Wie die Verbreiterung der Sicherheitspyramide veranschaulicht, nimmt mit jeder tieferen hierarchischen Ebene der Detaillierungsgrad und aufgrund der Heterogenität und Spezifität auch die Anzahl der jeweiligen Konzepte und Maßnahmen zu. Gleichzeitig steigt die Änderungshäufigkeit. Die Konzeptentwicklung auf dieser Ebene der Sicherheitspyramide obliegt in den Unternehmen Spezialisten, wobei zur Umsetzung der Richtlinien in spezifische Konzepte die jeweils prozess-, ressourcen-, organisations-, produkt- und leistungsspezifischen Dokumentationen genutzt werden. Daher konzentriert sich dieses Kapitel auf wenige prinzipielle und auszugsweise Konzeptbeispiele. Untergliedert ist es in

1. Prozesse
2. Ressourcen
3. Zusammenfassung

13.1   Prozesse

13.1.1   Kontinuitätsmanagement

13.1.1.1   Datensicherung

Dokumentationsvorlage Datensicherung			
	Datenbestand 1	...	Datenbestand n
Verantwortlich	Ralf Mustermann		Fritz Mustermann
Stellvertreter	Heinz Mustermann		Horst Mustermann
Datentyp	ABC-Daten der Anwendung x		Datenbank der Anwendung y
Datensicherungstool	Mustertool 1, Release 2.2		Mustertool 2, Release 1.8
Medium	DLT-Bandkassette		DLT-Bandkassette
Aktivierungsart	Zeit		Ereignis
Aktivierungsanstoß	Automatisch		Manuell
Generation 1	5 Mediasets		1 Mediaset
Sicherungszeitpunkt	Mo – Fr., 23:00		Releasewechsel
Sicherungsumfang	Inkrementell		Komplett
Archivierungslokation	Serverraum		Datensicherungsarchiv
Archivierungsdauer	1 Woche		10 Jahre ab Folge-Releasewechsel
Generation 2	5 Mediasets		
Sicherungszeitpunkt	Sa, 22:00		
Sicherungsumfang	Komplett		
Archivierungslokation	Datensicherungsarchiv		
Archivierungsdauer	5 Wochen		
Generation 3	12 Mediasets		
Sicherungszeitpunkt	Letzter Tag im Monat, 22:00		
Sicherungsumfang	Komplett		
Archivierungslokation	Datensicherungsarchiv		
Archivierungsdauer	1 Jahr		
Generation 4	10 Mediasets		
Sicherungszeitpunkt	1. Januar, 0:30		
Archivierungslokation	Datensicherungsarchiv		
Archivierungsdauer	10 Jahre		
Sicherungsumfang	Komplett		

Beispiel 13-1: Dokumentationsvorlage Datensicherung

13.2 Ressourcen

13.2.1 Betriebssystem

13.2.1.1 Systemspezifische Passworteinstellungen

Systemspezifische Passworteinstellungen für Musterbetriebssystem		
Systemanforderung	Parameter-name	Wert/ Be-merkung
1. Nicht lesbare Anzeige des eingegebenen Passwortes		✓
2. Systemunterstützte Prüfung der Passwortregeln: – Trivialpasswörter einschließlich nur „RETURN" – Lexikalisch analysierbare Passwörter		✓ ✓
3. Jederzeitige Änderbarkeit des Passworts		✓
4. Wechselzwang nach 30 Tagen bzw. für Erstpasswort	...	30
5. Historienführung der Passwörter (Einstellung: 14 Passwörter)	...	14
6. Erneute Eingabeaufforderung bei Passwortänderungen zur Verifikation		✓
7. Sperrung bei dreimaliger Fehleingabe und Meldung an den Systemadministrator	...	3 ✓
8. Einweg-verschlüsselte Speicherung der Passwörter		✓
9. Übertragung von Passwörtern (PW) – Verschlüsselte Übertragung der PW und Einmaligkeit der übertragenen Authentifizierungsinformation		✓
10. Protokollierung von PW-Änderungen sowie von falschen PW-Eingaben mit Anschluss, UserId, Datum und Uhrzeit		✓
11. ...		

Beispiel 13-2: Systemspezifische Passworteinstellungen

13.3 Zusammenfassung

Die vorangegangenen auszugsweisen Beispiele und Hilfsmittel zeigen, dass die Richtlinien mit überschaubarem Aufwand als Basis für Konzepte und Prüfungen genutzt werden können.

14 Sicherheitsmaßnahmen

Die erstellten Sicherheitskonzepte müssen in den jeweiligen Prozessen, den Ressourcen, wie z. B. IKT-Systemen, und der Organisation sowie den Produkten und Dienstleistungen implementiert werden. Hierzu werden die in den Konzepten beschriebenen Maßnahmen durchgeführt und protokolliert. So kann z. B. die Konfiguration, die Parametrisierung und die Löschung von Standardbenutzern in computerunterstützten Anlagen und technischen Systemen sowie den Informations- und Kommunikationssystemen nachvollziehbar dokumentiert werden. Alternativ hierzu können Ausdrucke der jeweiligen Systemeinstellungen als Dokumentation verwendet werden.

Im Folgenden ist beispielhaft angegeben, wie ein solches manuell gepflegtes Protokoll aussehen kann.

1. Ressourcen

2. Zusammenfassung

14.1 Ressourcen

14.1.1 Betriebssystem: Protokoll Passworteinstellungen

Protokoll der Passworteinstellungen für <Musterbetriebssystem> für den Server <Serveridentifikator> am Standort <Standort>		
Systemanforderung	**Parametername und Wert**	**Ok (✓) / Bemerkung**
1. Wechselzwang nach 30 Tagen sowie für Erstpasswort	... = 30	✓ ✓
2. Historienführung der Passwörter (Einstellung: 14 Passwörter)	... = 14	✓
3. Sperrung bei dreimaliger Fehleingabe und Meldung an den Systemadministrator	... = 3	✓ ✓
4. ...	...	
Einstellung vorgenommen am: <u>Datum</u> von <u>Name, Vorname</u> Unterschrift: <u>Unterschrift</u>		

Beispiel 14-1: Protokoll der Passworteinstellungen

14.2   Zusammenfassung

Die Systemeinstellungen sind über die Sicherheitsrichtlinien und die prozess-, ressourcen-, organisations-, produkt- und leistungs- sowie lebenszyklusspezifischen Konzepte definiert. Im Rahmen der Sicherheitsmaßnahmen werden sie in dem jeweiligen Prozess, der jeweiligen physisch vorhandenen Ressource, im Organigramm sowie in Produkten, Leistungen und Lebenszyklen realisiert. Ihre Dokumentation (Nachweisdokumente) kann sowohl manuell als auch durch Ausdruck und Abzeichnung der entsprechenden Dokumentation erfolgen.

15 Lebenszyklus

 Die vorangegangenen Kapitel haben gezeigt, wie das Sicherheits-, Kontinuitäts- und Risikomanagement mittels der Sicherheitspyramide top-down aufgebaut wird. Ausgangspunkt ist die RiSiKo-Politik, also die Risiko-, Sicherheits- und Kontinuitätspolitik gewesen, von der aus wir schrittweise bis hin zu den Maßnahmen gelangt sind. Doch wann sind die dort definierten Sicherheitselemente zu berücksichtigen?

Der Fokus der IKT-Sicherheit in Unternehmen liegt häufig auf dem sicheren Betrieb der Informationssysteme. Sicherheitsdefizite im Betrieb oder bei der Einführung in den Betrieb haben jedoch oftmals Ursachen, die in früheren Phasen des Lebenszyklus von Prozessen, Ressourcen, Organisation, Produkten und Dienstleistungen zu suchen sind. Dieses Kapitel zeigt dies beispielhaft am Lebenszyklus eines Informationssystems und unter Nutzung eines exemplarischen Phasenmodells. Die Ausführungen lassen sich in analoger Form übertragen auf andere Phasenmodelle, andere Ressourcen sowie auf Prozesse, Organisation, Produkte und Dienstleistungen.

Schon die Beantragung eines Informationssystems erfordert die Betrachtung der Sicherheitsanforderungen, da sie sowohl auf die Anschaffungs- und Entwicklungs- als auch auf die Betriebskosten Einfluss haben. Beispielsweise müssen der Schutzbedarf einschließlich der Verfügbarkeit eines Informationssystems, die Kapazitäts- und Performanceanforderungen und deren -entwicklung sowie die verschiedenen Benutzerrollen ermittelt werden. In späteren Phasen sind diese Anforderungen schrittweise zu verfeinern, umzusetzen und zu testen. Dies zeigt, dass in allen Phasen der Lebenszyklen von Prozessen, Ressourcen, Organisation, Produkten und Dienstleistungen Sicherheitsaspekte zu berücksichtigen sind.

Darüber hinaus begleiten alle in der Sicherheits- bzw. RiSiKo-Architektur genannten Managementdisziplinen den Lebenszyklus eines Prozesses, einer Ressource, der Organisation, eines Produkts oder einer Dienstleistung, haben Schnittstellen zu ihm und sind daher zu berücksichtigen. So unterliegen z. B. alle Ergebnisse im Lebenszyklus dem Prozess des Änderungs- und des Konfigurationsmanagements. Dabei sind u. a. Spezifikations- ebenso wie Architekturänderungen unter Sicherheits-, Kontinuitäts- und Risikoaspekten zu betrachten.

Einige Sicherheitselemente und sicherheitsspezifische Schnittstellen sind in den folgenden Unterkapiteln, den Phasen im Lebenszyklus eines IKT-Systems, dargestellt. Am Ende jeder Phase steht üblicherweise die Prüfung der Ergebnisse. Diese sogenannten Quality Gates sollten im Hinblick auf RiSiKo um – wie ich es nenne –

RiSSC Gates (Risk, Safety, Security and Continuity), also RiSiKo-Prüfungen, erweitert werden.

Für jede Phase des gesamten Lebenszyklus von IKT-Systemen bzw. Anwendungen ist ein allgemeines Rahmenwerk und für jedes IKT-System bzw. jede Anwendung ein spezifisches Subset dieses Rahmenwerks von Vorgaben, Regelungen, Vorlagen und Prüfungen festzulegen, wie sie die Sicherheitspyramide vorgibt. Das Rahmenwerk und die anwendungsspezifischen Subsets können Prüfer bei RiSiKo-Prüfungen als Basis nutzen. Regelungen beinhalten beispielsweise fachliche Spezifikations- und technische Entwurfsregeln sowie Entwurfsmuster (Design Pattern), Architekturregeln sowie Architekturbausteine und Architekturmuster (Architecture Patterns), außerdem Programmier- und Testrichtlinien.

Für die geordnete Beschreibung unternehmensspezifischer sicherheits-, kontinuitäts- und risikobezogener Vorgaben, wie z. B. Richtlinien und Muster einschließlich der Zuordnung zu Bedrohungen sehe ich insbesondere folgende Informationen als wesentlich an:

☐ Lebenszyklusphase

☐ Hierarchieebene der Sicherheits-, Kontinuitäts- und Risikopyramide

☐ Themenfeld (Prozesse, Ressourcen, Organisation, Produkte, Dienstleistungen)

☐ Schutzobjekttyp

☐ Sicherheitsklasse (Sicherheitsanforderung)

☐ Bedrohung

☐ Sicherheitsmaßnahmen.

Für die Muster, z. B. Entwurfsmuster, Architekturmuster empfiehlt es sich, ein unternehmensspezifisch flexibel konfigurierbares und datenbankbasierendes Tool einzusetzen. Dieses sollte in das Tool für das Sicherheitsmanagementsystem eingebettet sein.

Das allgemeine Rahmenwerk nutzt insbesondere auch die Ebenen Sicherheitsarchitektur mit den prinzipiellen Sicherheitsanforderungen, den prinzipiellen Bedrohungen und den Strategien und Prinzipien sowie die Ebene der Sicherheitsrichtlinien der Sicherheitspyramide. Das Subset des Rahmenwerks für ein spezifisches IT-System bzw. eine spezifische Anwendung ergibt sich aus diesem Rahmenwerk, indem es anhand der Ebenen der Sicherheitsanforderungen und der Sicherheitsmerkmale der Sicherheitspyramide die entsprechenden Elemente aus dem Rahmenwerk enthält und sie in den Ebenen der Sicherheitskonzepte und -maßnahmen gegebenenfalls spezifisch ausprägt.

Wer die Umsetzung einzelner Phasen des Lebenszyklus an externe Dienstleister vergibt, z. B. den Entwurf des technischen Grob- oder Feinkonzepts, die Entwicklung oder den Test, der muss ergänzend zu den üblichen vertraglichen Vereinbarungen die zuvor und in den entsprechenden folgenden Kapiteln genannten Vorgaben vereinbaren und den Auftragnehmer im Vorfeld auf seine Leistungsfähigkeit prüfen (siehe hierzu auch die Kapitel Leistungsmanagement und Vertragsmanagement).

Für die einzelnen Phasen des Lebenszyklus habe ich folgende Gliederungsstruktur entwickelt:

1. Prinzipien

2. Richtlinien

3. Methoden

4. Vorlagen und Hilfsmittel

5. Tools

6. Inputtypen

7. Ergebnistypen

8. Security Gates / RiSSC Gates

Ein auszugsweises Beispiel zur Struktur eines Rahmenwerks von mir findet sich in einer späteren Abbildung.

Die folgenden Unterkapitel behandeln diese Phasen und Themen:

1. Beantragung

2. Planung

3. Fachkonzept, Anforderungsspezifikation

4. Technisches Grobkonzept

5. Technisches Feinkonzept

6. Entwicklung

7. Integrations- und Systemtest

8. Freigabe

9. Software-Evaluation

10. Auslieferung

11. Abnahmetest und Abnahme

12. Software-Verteilung

13. Inbetriebnahme

14. Betrieb

15. Außerbetriebnahme

16. Hilfsmittel erweiterte Phasen-Ergebnistypen-Tabelle

17. Zusammenfassung

15.1 Sichere Beantragung (Secure Proposal Application)

Bei der *Beantragung* eines Informationssystems müssen Sicherheits- und Kontinuitätsanforderungen sowie Risiken zumindest überblicksartig betrachtet werden. Sie haben Einfluss sowohl auf die Anschaffungs- und Entwicklungs- als auch die Betriebskosten. Dies betrifft beispielsweise die Anforderungen an die Verfügbarkeit und die Sicherheit des Systems.

☐ Welche externen Sicherheits- und Kontinuitätsanforderungen sind zu berücksichtigen, beispielsweise aufgrund von Gesetzen, aufsichtsbehördlichen Vorgaben und Verträgen?

☐ In welchem Umfeld und in welcher Sicherheitszone mit welchem Sicherheitsniveau befindet sich das Informationssystem?

☐ Wer sind die Akteure im Zusammenhang mit dem Informationssystem?

☐ Soll das Informationssystem später unterbrechungsfrei „rund um die Uhr" zur Verfügung stehen oder sind Ausfälle und wenn ja, von welcher Dauer akzeptabel?

☐ Sind Notfallvorsorgetests applikations- und/oder plattform- und/oder szenariospezifisch durchzuführen?

☐ Gibt es spezielle Anforderungen, z. B. an die Vertraulichkeit der Daten, die eine Verschlüsselung erforderlich machen?

☐ Können Fehlfunktionen des Informationssystems zu Personenschäden führen?

☐ Welche Risiken bestehen?

Darüber hinaus sind erste Angaben zum Mengengerüst erforderlich, z. B.:

☐ Welcher Durchsatz (z. B. Transaktionsrate) wird erwartet?

☐ Wie wird sich der Durchsatz zukünftig entwickeln?

☐ Welches Datenvolumen wird erwartet?

☐ Wie wird sich das Datenvolumen zukünftig entwickeln?

☐ Welche Zeiten oder Termine sind besonders kritisch, z. B. wegen Zahlungsverkehr oder Spitzenlast?

☐ Wie häufig sind Notfallvorsorgetests durchzuführen und nachzuweisen?

☐ Welcher Mindest-Service muss im Notfall aufrechterhalten werden können und wie sieht der zeitliche Verlauf des Mindest-Service aus?

☐ Wie viele und welche Rollen wird es geben?

☐ Wie viele Benutzer wird es geben?

☐ In welchem Umfang werden die Benutzer das Informationssystem nutzen?

☐ Welche Nutzungszeiten gibt es für das Informationssystem?

☐ Über welchen Zeitraum soll das Informationssystem genutzt werden?

☐ Welche Kosten entstehen durch die Sicherheits- und Kontinuitätsanforderungen, z. B. in Form von Sicherheits- und Kontinuitätsmaßnahmen, -tests und -prüfungen?

☐ Welchem Nutzen stehen welche Kosten im Lebenszyklus gegenüber, z. B. für Entwicklung, Betrieb und Außerbetriebnahme?

15.2   Sichere Planung (Secure Planning)

Während der Planung eines IKT-Systems ist zu berücksichtigen, dass in den Phasen des Lebenszyklus Sicherheits- und Kontinuitätskonzepte sowie -maßnahmen entwickelt und später geprüft werden müssen. Außerdem sind prozessuale, ressourcenspezifische, z. B. technologische, methodische und personelle, sowie organisatorische Aspekte (PROSim) zu beachten. Hierzu gehört beispielsweise die Sicherheit der Entwicklungs- und der späteren Betriebsumgebung, die Funktionstrennung zwischen Entwicklung, Test, Qualitätssicherung und Produktion sowie die Erfüllung der Sicherheits- und Kontinuitätsanforderungen an die Prozesse, Ressourcen und Beteiligten. Diese Anforderungen sind in den entsprechenden Planungsleitlinien festzuhalten.

15.3   Sicheres Fachkonzept, sichere Anforderungsspezifikation (Secure Requirements Specification)

In der Fachkonzeptionsphase erstellt der Fachbereich die fachliche Spezifikation und verfeinert die bereits überblicksartig erhobenen Sicherheits- und Kontinuitätsanforderungen der vorherigen Phase. Die fachliche Spezifikation beinhaltet auch die Angabe von Schnittstellen, z. B. zu anderen IKT-Systemen, sowie von nichtfunktionalen Anforderungen wie die Lastprofile je Tag, Monat und Jahr.

Für die Erstellung der Anforderungsspezifikation (Requirements Specification) sollte das Unternehmen *allgemeingültige Vorgehens- und Spezifikationsregeln* bereitstellen. Hierzu gehören die Beschreibung des Vorgehens bei der Anforderungsanalyse sowie eine Vorlage für eine Anforderungsspezifikation. In dieser müssen neben der Zielsetzung, der fachlichen Beschreibung und den Rahmenbedingungen auch nicht-funktionale Anforderungen enthalten sein.

Die fachliche Beschreibung beinhaltet z. B. auch, dass die Daten an den Schnittstellen des Systems fachlich genau beschrieben sind. Das schließt neben dem Datentyp auch die Angabe von fachlich begründeten zulässigen Werten, Wertebereichen, Grenzwerten und Zeichen sowie Feldlängen ein. Bereits an dieser Stelle ist darauf zu achten, dass Werte oder Zeichen, die sich später für Angriffe, z. B. SQL Injections, nutzen lassen, nicht zu den zulässigen Werten bzw. Zeichen gehören.

Zu den Rahmenbedingungen zählen die gesetzlichen, die regulatorischen und die vertraglichen Anforderungen, die Betriebsumgebung sowie die Nutzergruppen und Rollen. Die nicht-funktionalen Anforderungen beziehen sich z. B. auf Performance und Capacity sowie Safety, Security und Continuity. Konkret verbergen sich hinter diesen Begriffen u. a. Mengengerüste und deren Entwicklung im Zeitverlauf, das Antwortzeitverhalten, die Startzeit und die Skalierbarkeit. Hinzu kommt die Angabe der Sicherheitsklasse der Anwendung und der Daten, der in der späteren Umsetzung entsprechende Sicherheitsmaßnahmen, wie z. B. die Verschlüsselung zugeordnet sind. Ferner festzulegen sind Rollen und Berechtigungen sowie die Kontinuitätsklasse mit maximal tolerierbarer Ausfallzeit und maximal tolerierbarem Datenverlust. Außerdem sind an die Dokumentation die üblichen Anforderungen hinsichtlich Vollständigkeit, Konsistenz, Verständlichkeit und Aktualität sowie Nachvollziehbarkeit zu stellen.

Die fachlichen Spezifikationsregeln beinhalten Prinzipien, Richtlinien, Methoden, Vorlagen und Hilfsmittel, Tools und übergreifende Regelungen. Diese definiere ich im Hinblick auf Sicherheit wie folgt:

- □ Prinzipien
  - □ Prinzip der Klassenbildung (Datenklassen, Verfügbarkeitsklassen)
  - □ Poka-Yoke-Prinzip
  - □ Vier-Augen-Prinzip
  - □ Prinzip der Funktionstrennung
  - □ Prinzip des generellen Verbots
  - □ Prinzip des minimalen Bedarfs
  - □ Prinzip der Nachvollziehbarkeit und Nachweisbarkeit
  - □ Prinzip der Sicherheitszonen (fachlich)
  - □ Prinzip der Konsistenz (fachlich)
  - □ Prinzip der Sicherheitszonen (fachlich)

- Richtlinien
    - Erhebung gesetzlicher, regulatorischer und vertraglicher Anforderungen (Compliance)
    - Erhebung der Sicherheits-, Datenschutz-, Verfügbarkeits- und Kontinuitätsanforderungen
        - Daten-/Anwendungsklassifizierung
    - Erhebung der Akteure aus fachlicher Sicht
        - Festlegung der Rollen
        - Erstellung des Berechtigungskonzepts
    - Erhebung der Zielumgebung
    - Festlegung erforderlicher Nachweise
    - Festlegung von Konsistenzprüfungen
    - Festlegung fachlicher Sicherheitszonen und Sicherheitsniveaus
- Methoden
    - Ermittlung der gesetzlichen, regulatorischen und vertraglichen Anforderungen (Compliance Requirements Analysis)
    - Schutzbedarfs- bzw. Business Impact Analysis
    - Ermittlung der fachlich Beteiligten (Functional Actor Analysis) mit ihren Rollen und Berechtigungen, ihrer Vertrauenswürdigkeitsstufe und ihrem Bedrohungspotenzial (z. B. die nichtberechtigten Gruppen, die berechtigten Nutzergruppen (z. B. Kundengruppen {Personengruppen, Unternehmensgruppen}, Mitarbeiter des Unternehmens))
    - Ermittlung der Betriebsumgebung (Environment Analysis)
- Tools
    - Requirements Management Tool

Dem *Prinzip der Konsistenz* folgend spezifiziert der Fachbereich, wie sich die Konsistenz zwischen Eingangsdaten sowie gespeicherten und ausgegebenen Daten prüfen lässt. Das Prinzip der Konsistenz ermöglicht es, unbeabsichtigte Verarbeitungsfehler sowie Manipulationen zu entdecken.

Der Security und der Continuity Manager – verantwortlich für die Prozesse Security und Continuity Management – unterstützen den Fachbereich bei der Ermittlung der jeweiligen Sicherheits- und Kontinuitätsanforderungen oder auch Sicherheits- und Kontinuitätsziele mittels der bereits beschriebenen standardisierten *Schutzbedarfsanalyse*. Anschließend binden sie aus der Organisationseinheit Informationsservices die IKT-Systementwicklung und den IKT-Betrieb mit ein. Diese bringen ihre Erfahrung aus Entwicklung und Betrieb ein und schätzen Dauer und

Kosten für die Realisierung der Sicherheits- und Kontinuitätsanforderungen im Hinblick auf PROSim ab.

Entsprechend den Ergebnissen der Schutzbedarfsanalyse führen der Security und der Continuity Manager eine *Klassifizierung* durch, indem sie das Informationssystem je Sicherheitskriterium in eine Kritikalitäts- bzw. RiSiKo-Klasse einstufen. Hierbei berücksichtigen sie die primären Sicherheitskriterien Konformität, Robustheit, Verfügbarkeit, Integrität, Vertraulichkeit, Verbindlichkeit und Authentizität sowie die sekundären Sicherheitskriterien Nachvollziehbarkeit, Nachweisbarkeit, Erkennungs-, Alarmierungs- und Abwehrfähigkeit. Zusätzlich zur Klassifizierung des Gesamtsystems sollten gegebenenfalls die einzelnen spezifizierten Komponenten ebenfalls aus fachlicher Sicht klassifiziert werden, um spätere Tests sowie Sicherheits- und Kontinuitätsmaßnahmen darauf ausrichten zu können.

Als *Ergebnis dieser Phase* liegt das Fachkonzept (Lastenheft) mit den funktionalen und den datenspezifischen Anforderungen sowie den nicht-funktionalen Anforderungen, wie z. B. Mengengerüsten, Betriebs-, Service- und Antwortzeiten, maximal tolerierbarer Ausfalldauer und maximal tolerierbarem Datenverlust sowie Kennzahlen, Schutzbedarf und Sicherheits- bzw. RiSiKo-Klasse vor. Dies beinhaltet u. a.

☐ die Konsequenzen bei Verletzung von Sicherheitskriterien

☐ die gesetzlichen Anforderungen, wie z. B. den Datenschutz, die ordnungsgemäße Buchführung

☐ die regulatorischen Anforderungen

☐ die vertraglichen Anforderungen

☐ das Umfeld

☐ die fachlich Beteiligten im Lebenszyklus einer Anwendung bzw. eines Systems

☐ ferner das Zugangs- und Zugriffsberechtigungs- bzw. Rollenkonzept sowie

☐ die Archivierungsanforderungen.

Günstig ist es, wenn die Anforderungen eindeutig identifizierbar sind, z. B. über ein Nummernschema. Außerdem sollten sie mess- bzw. prüfbar sein, um die Erfüllung der Anforderungen verifizieren zu können. Auch Monitoring- und Reporting-Anforderungen sollten festgelegt sein.

Das Review-Team führt die *Qualitätssicherung* durch. Es setzt sich zusammen aus dem Sicherheitsbeauftragten, dem Kontinuitätsmanager, dem Qualitätsmanagementbeauftragten, Mitarbeitern der Fachabteilung, der Revision, der Software-Entwicklung und dem Betrieb. Das Review-Team prüft das Fachkonzept gegen die Anforderungen und die fachlichen Spezifikationsregeln sowie daraufhin, dass es vollständig, korrekt, konsistent und verständlich ist.

Das freigegebene Fachkonzept stellt der Konfigurationsmanager als Konfigurationselement (Configuration Item) in die Konfigurationsdatenbank (Configuration Management Database {CMDB}) ein.

15.4 Sicheres technisches Grobkonzept (Secure Technical Basic Design)

Das technische Grobkonzept überführt die fachlichen Anforderungen in technische, beispielsweise unter Nutzung der bereits beschriebenen *Sicherheitstransformation*. Hierbei entsteht ein erstes Systemkonzept, in dem die erforderlichen Hard- und Softwarekomponenten sowie die internen und externen Schnittstellen und deren Zusammenspiel dargestellt sind. Das Systemkonzept berücksichtigt hierbei Aspekte der Betriebssicherheit (Safety), der Kontinuität (Continuity) und der Sicherheit gegenüber Angriffen (Security). Es nutzt die gemäß Architektur vorhandenen Sicherheitselemente und Architekturmuster und unterbreitet gegebenenfalls Vorschläge für neue Architekturelemente und -muster.

Für die Erstellung des Technischen Grobkonzepts sollte das Unternehmen eine Vorgehensweise und allgemeingültige Entwurfsregeln bzw. Entwurfsmuster (Design Pattern) bereitstellen. Sie unterstützen die Entwicklung eines sicherheits- und kontinuitätskonformen Technischen Grobkonzepts. Zu den Entwurfsregeln gehören Prinzipien, Richtlinien, Methoden, Vorlagen und Hilfsmittel sowie Tools. Bei der Festlegung von Entwurfsregeln kann in Teilen auf entsprechende Literatur zurückgegriffen werden ([94], [111]).

Zu den Prinzipien, die sich auf ein oder mehrere Sicherheitskriterien erstrecken und die teilweise bereits bei der Anforderungsspezifikation aus fachlicher Sicht zum Einsatz kamen, zähle ich z. B.:

☐ Prinzip der Klassenbildung

☐ Poka-Yoke-Prinzip

☐ Prinzip der Redundanz

☐ Prinzip der Sicherheitsschalen

☐ Prinzip der Pfadanalyse

☐ Prinzip des generellen Verbots

☐ Prinzip des minimalen Bedarfs

☐ Prinzip der minimalen Rechte (auch für technische User)

☐ Prinzip der minimalen Dienste

☐ Prinzip der Nachvollziehbarkeit und Nachweisbarkeit

- Prinzip der Sicherheitszonen (technisch)

- Prinzip der Standardisierung, d. h. der Konformität zur bestehenden oder geplanten Architektur oder – bei Erfordernis – die Weiterentwicklung der Architektur (Architekturkonformität)

- Prinzip der Plausibilisierung

- Prinzip der Konsistenz

- Prinzip der Untergliederung

- Prinzip der Vielfältigkeit

- Distanzprinzip

- Prinzip der Vererbung

- Prinzip der Subjekt-Objekt- / Aktiv-Passiv-Differenzierung

Zu den Methoden zähle ich:

- Safety, Security and Continuity Function Deployment mit dem bereits beschriebenen House of Safety, Security and Continuity

- Ermittlung der Beteiligten (Technische Akteursanalyse, Technical Actor Analysis) mit ihren Rollen und Berechtigungen, ihrer Vertrauenswürdigkeitsstufe und ihrem Bedrohungspotenzial (z. B. die internen/ externen Projektmanager, Designer, Entwickler und Tester, das Operating, die Administratoren)

- Einsatz der Pfadanalyse zur Ermittlung von Bedrohungen im Hinblick auf Verfügbarkeit, Integrität, Vertraulichkeit und Authentizität.

- Risikoanalyse und -bewertung
  Dies beinhaltet in einem ersten Schritt die Erhebung des Bruttorisikos durch Ermittlung der Bedrohungen mit deren Eintrittswahrscheinlichkeit im Rahmen einer Bedrohungsanalyse (Threat Analysis) und des Schadenspotenzials. Im zweiten Schritt wird das Ist-Nettorisikos durch Identifizierung von Schwachstellen im Rahmen der Schwachstellenanalyse (Vulnerability Analysis) sowie vorhandener bzw. bereits ergriffener Sicherheits- und Kontinuitätsmaßnahmen ermittelt und im dritten das Soll-Nettorisiko durch Einplanung ergänzender Sicherheits- und Kontinuitätsmaßnahmen.

- Risikobehandlung
  Je Sicherheitskriterium ergeben sich z. B. folgende Maßnahmen und Prinzipien zur Erreichung des geforderten Sicherheits- und Kontinuitätsniveaus:
    - Verfügbarkeit:
      Maßnahmen zum Erhalt der Verfügbarkeit: Anwendung des Prinzips der Redundanz, z. B. von Daten (durch Datenspiegelung und Datensicherung),

Systemen, Anbindungen, Räumlichkeiten, Haustechnik, Gebäude und Versorgung

☐ Integrität:
Maßnahmen zum Erhalt der Integrität, d. h. dem Schutz vor unberechtigter Veränderung (Manipulation): z. B. Anwendung des Prinzips der minimalen Rechte und Dienste, Zugangs- und Zugriffsschutz sowie digitale Signatur

☐ Vertraulichkeit:
Maßnahmen zum Erhalt der Vertraulichkeit: z. B. Anwendung des Prinzips der minimalen Rechte und Dienste, Zutritts-, Zugangs- und Zugriffsschutz sowie Leseschutz, z. B. durch Verschlüsselung

☐ Authentizität:
Maßnahmen zum Erhalt der Authentizität: Eineindeutige Identifikation und manipulationssichere Protokollierung (Prinzip der Nachvollziehbarkeit) sowie z. B. digitale Signatur von Programmen und Nachrichten

☐ Berücksichtigung des gesamten Lebenszyklus
Dies bedeutet, dass insbesondere Aspekte des zukünftigen IT-Betriebs, wie beispielsweise die Wartbarkeit, das Einspielen von Patches u. Ä., einschließlich der Datensicherung und Archivierung, bis hin zur Außerbetriebnahme zu berücksichtigen sind.

Als Richtlinien, die Teil der technischen Entwurfsregeln sind, habe ich z. B. folgende festgelegt:

☐ Zugangskontrolle (einschließlich portable und mobile Geräte)
  ☐ Identifikation
    ☐ Personifizierte User
      ☐ Smart Cards
      ☐ Biometrie
      ☐ Benutzerkennung
    ☐ Technische User
      ☐ Digitale Signatur
      ☐ Benutzerkennung
      ☐ IP-Adresse
  ☐ Authentifizierung
    ☐ Passwort
    Anforderungen an Passwörter, Nicht-Anzeige von Passwörtern, Gesicherte Speicherung von Passwörtern, Anforderung der regelmäßigen Änderung von Passwörtern, Ausschluss von Trivialpasswörtern, Mehrfache Fehlversuche (Sperre, Time out, Alarm)

- ◻ Erfolglose Login-Versuche
- ◻ Letztes Login

◻ Sitzung (Session)

- ◻ Sitzungssperre
- ◻ Sitzungsbeendigung

◻ Zugriffskontrolle (Autorisierung)

- ◻ Zugriffsverwaltungs- und -steuerungssystem

◻ Regeln für Sicherheitszonenübergänge

◻ Logging

Als Vorlage und Hilfsmittel kommen beispielsweise folgende zum Einsatz:

◻ Bedrohungsliste

◻ Architektur

- ◻ Standard-Architekturen, Architekturmuster (Architecture Patterns), Architekturbaukasten
- ◻ Tabelle Sicherheitszonen und Sicherheitsmaßnahmen inkl. Architekturstandards

◻ Vorlagen

- ◻ Risikoinventar, Risikolandkarte
- ◻ Technisches Grobkonzept
- ◻ Konzept-Review

Architekturbausteine aus dem Architekturbaukasten können beispielsweise sein: Zugangs- und Zugriffsverwaltungs- und -steuerungssysteme / Identity and Access Management Systems (IAMS), Firewalls (Paketfilter, Application Level Gateway, Web Application Firewall (WAF), XML Security Gateway, Database Firewall), DMZ, Intrusion-Detection-, Intrusion-Response- und Intrusion-Prevention-Systeme, Computervirenscanner, Spamfilter, Krypto-Tools, PKI, SSL, VPN, SAML, XACML, XSPA (Gesundheitswesen), XML Security Framework des World Wide Web Konsortiums mit XKMS, XML-Sig und XML-Enc, die Web Services Security (WSS) mit SOAP Message Security, SOAP with Attachments Profile und Token Profiles, WS Security Policy, WS Trust, WS Secure Conversation, Digital Signature Services (DSS), Data Loss Prevention Systeme, Mobile Device Management System, betriebssystemspezifische Clusterlösungen, Virtualisierungslösungen, RAID-5-Systeme, SAN.

4   Technisches Grobkonzept

4.1 Prinzipien

4.1.1 Prinzip der Klassenbild

4.1.2 Poka-Yoke-Prinzip

4.1.3 Prinzip der Redundan

4.1.4 Prinzip der Sicherheits

4.1.5 Prinzip der Pfadanalys

4.1.6 Prinzip des generellen

4.1.7 Prinzip des minimalen

4.1.8 Prinzip der minimalen

4.1.9 Prinzip der minimalen

4.1.10 Prinzip der Nachvollzi

4.1.11 Prinzip der Plausibilisi

4.1.12 Prinzip der Sicherheits

4.1.13 Prinzip der Standardis
d. h. Konformität zur bestehende
die Weiterentwicklung der Archit

4.1.14 Prinzip der Plausibilisi

4.1.15 Prinzip der Konsistenz

© Klaus-Rainer Müller,
IT-Sicherheit mit System,
Springer Vieweg, 2013

4.2 Richtlinien

4.2.1 Plausibilisierung

4.2.2 Zugangskontroll

4.2.2.1 *Identifikation*

4.2.2.1.1 Personifizierte U

4.2.2.1.1.1 *Smart Cards*

4.2.2.1.1.2 *Biometrie*

4.2.2.1.1.3 *Benutzerkenn*

4.2.2.1.2 Technische Use

4.2.2.1.2.1 *Digitale Signa*

4.2.2.1.2.2 *Benutzerkenn*

4.2.2.1.2.3 *IP-Adresse*

4.2.2.2 *Authentifizieru*

4.2.2.2.1.1 *Passwort*

4.2.2.2.1.1.1 *Anforderung*

4.2.2.2.1.1.2 *Nicht-Anzeig*

4.2.2.2.1.1.3 *Gesicherte S*

4.2.2.2.1.1.4 *Anforderung*

4.4 Vorlagen und Hilfsmittel

4.4.1 Architektur

4.4.1.1 *Unternehmenssp*
(Architekturbauka

4.4.1.1.1 Zugangs- und Zugri
Access Managemen

4.4.1.1.2 Firewalls

4.4.1.1.2.1 *Paketfilter*

4.4.1.1.2.2 *Application Level*

4.4.1.1.2.3 *Web Application*

4.4.1.1.2.4 *XML-Firewall*

4.4.1.1.2.5 *Database Firewa*

4.4.1.1.3 Intrusion-Detection

4.4.1.1.4 Computervirenscan

4.4.1.1.5 Spamfilter

4.4.1.1.6 Krypto-Tools

4.4.1.1.7 PKI

4.4.1.1.8 SSL

4.4.1.1.9 VPN

4.4.1.1.10 Identifikation

4.4.1.1.10.1 *Security Assertion Markup Language (SAM*

4.4.1.1.10.2 *eXtensible Access Control Markup Languag*

4.4.1.1.11 Autorisierung

4.4.1.1.11.1 *Cross-Enterprise Security and Privacy Auth*
(Gesundheitswesen)

4.4.1.1.12 XML Security Framework des World Wide W

4.4.1.1.12.1 *XML Key Management System (XKMS)*

4.4.1.1.12.2 *XML Signature Syntax and Processing (XM*

4.4.1.1.12.3 *XML Encryption Syntax and Processing (XN*

4.4.1.1.13 Web Services Security (WSS)

4.4.1.1.13.1 *SOAP Message Security*

4.4.1.1.13.2 *SOAP with Attachments Profile*

4.4.1.1.13.3 *Token Profiles*

4.4.1.1.14 WS Security Policy

4.4.1.1.15 WS Trust

4.4.1.1.16 WS Secure Conversation

4.4.1.1.17 Digital Signature Services (DSS)

Abbildung 15-1: Rahmenwerk zum sicheren Anwendungslebenszyklus (Beispielextrakt)

Bei einem Rund-um-die-Uhr-Betrieb können dem *Prinzip der Redundanz* folgend beispielsweise duplizierte Rechner zum Einsatz kommen, die als Cluster arbeiten, sowie gespiegelte Platten- und Bandeinheiten. Die duplizierten Komponenten befinden sich dem *Distanzprinzip* folgend an hinreichend voneinander entfernt gelegenen Standorten.

Die Anforderungen an die jeweilige Infrastruktur der Standorte sind ebenfalls festzulegen, wenn sie nicht in Form von Richtlinien, z. B. für Rechenzentren, in standardisierter Form vorliegen. Doch nicht nur auf Ressourcen hat der Rund-um-die-Uhr-Betrieb Auswirkungen, sondern auch auf Prozesse und Organisation, z. B. im Hinblick auf Rufbereitschaft oder den erforderlichen Schichtbetrieb.

Zum Schutz vor Missbrauch und vor Angriffen kann ein System beispielsweise mit Verschlüsselungskomponenten und mit digitaler Signatur für die Übertragung und Speicherung der Daten, mit Firewall, Intrusion-Detection-System, Computervirenscanner und Spamfilter sowie Chipkarten-Lesegerät oder biometrischem Identifikations- oder Authentifizierungssystem und einem Rechteverwaltungs- und -kontrollsystem mit Protokollierung der Zugänge und Zugriffe ausgestattet sein.

Die Auswahl des Betriebssystems und seiner Eigenschaften sollte unter Berücksichtigung von Sicherheitsaspekten erfolgen. Hierzu gehört die Betrachtung, welches Sicherheitsniveau das Betriebssystem bietet. Der Schutzmechanismus „Write XOR Execute", d. h. die Aufteilung von Speicherbereichen in Daten- und Programmbereiche (*Sicherheitszonen*), die entweder beschreibbar oder ausführbar sind, kann eine von verschiedenen Sicherheitseigenschaften eines Betriebssystems sein.

Die *Teststrategie* legt fest, welche Aspekte bei welchen Testobjekten in welchem Umfang getestet werden sollen. Sie berücksichtigt diesbezügliche unternehmensspezifische Vorgaben, welche die Kritikalitäts- bzw. RiSiKo-Klasse mit dem Testumfang und der Testtiefe in Beziehung setzen.

Auf Basis des Schutzbedarfs und der daraus abgeleiteten Sicherheits- bzw. RiSiKo-Klassifizierung je Sicherheitskriterium erfolgt eine *verfeinerte Schätzung der Realisierungsdauer- und -kosten*. Diesen werden die Konsequenzen aus Sicherheits- und Kontinuitätsverletzungen gegenübergestellt. Die Ergebnisse werden mit dem Auftraggeber abgestimmt.

Am Ende des Technischen Grobkonzepts steht ein weiteres RiSSC Gate an, in dem ein *Sicherheits- und Kontinuitätsreview* erfolgt. In ihm wird überprüft, ob die Entwurfsregeln sowie die Architekturstandards und -richtlinien eingehalten wurden, die geforderten Unterlagen vorlagen- und regelkonform erstellt und die Sicherheits- und Kontinuitätsanforderungen berücksichtigt und angemessen transformiert wurden.

15.5 Sicheres technisches Feinkonzept (Secure Technical Design)

In der Phase der technischen Feinkonzeption detaillieren die Designer das Grobkonzept weiter bis hin zu Modulspezifikationen und legen die Entwicklungsumgebung fest. Hierbei berücksichtigen sie Sicherheitsaspekte. Diese finden ihren Niederschlag u. a. in folgenden Spezifikationen, Konzepten und Handbüchern:

☐ Entwicklungsumgebungsspezifikation

☐ Testspezifikation

☐ Betriebsführungshandbuch

☐ Datensicherungskonzept

☐ Archivierungskonzept

☐ Notfall-, Krisen- und Katastrophenvorsorgehandbuch.

Für die *Entwicklungsumgebung* ist z. B. anzugeben, aus welchen Komponenten sie besteht sowie welche Werkzeuge und Programmiersprachen eingesetzt werden. Zusätzlich zu den Programmierwerkzeugen sind beispielsweise Werkzeuge zur statischen und dynamischen Code-Analyse im Hinblick auf Verwundbarkeiten vorzusehen. Der Zugang zu Netzen, Systemen und Anwendungen sowie der Zugriff auf Daten sind zu regeln. Es ist zu definieren, welche Anbindungen an welche Netze bestehen und welche Daten zur Verfügung stehen.

Darüber hinaus sind jene Entwicklungsstandards zu referenzieren bzw. erstmalig zu spezifizieren, die bei der Entwicklung eines Informationssystems zu berücksichtigen sind. Hierzu gehören beispielsweise Programmierstandards (Coding Standards), die auch sicherheitsrelevante Aspekte im Hinblick auf die eingesetzten Programmiersprachen berücksichtigen.

Derartige Standards beinhalten u. a. die Anforderung nach der generellen *Schnittstellenplausibilisierung*, also der Validierung und Plausibilisierung des Inputs und des Outputs. Bei Web-Anwendungen bezieht sich dies u. a. auf die Plausibilisierung von Request-Parametern, von zurückgelieferten Daten jener Javascript®-Programme und Java™-Applets, die auf dem Rechner des Benutzers ausgeführt werden, und von ungeschützten Cookies. Außerdem sollten die Standards beschreiben, wie die Integrität und Authentizität von Nachrichten sicherzustellen ist. Verschlüsselung und digitale Signatur können hierfür in Frage kommen.

Testspezifikationen sollten eine unternehmensspezifisch vorgegebene standardisierte Struktur aufweisen, damit alle vorgesehenen Elemente beschrieben werden. Ebenfalls wichtig ist es, den Test bzw. den Abnahmetest als einen Prozess zu sehen, der zu einem frühen Zeitpunkt beginnt und aus unterschiedlichen Schritten besteht [95]. Vor dem eigentlichen Test muss u. a. Folgendes festgelegt bzw. spezifiziert sein:

- der Testplan
- die Teststrategie
- das Testvorgehen
- der spezifische Testumfang und die spezifische Testtiefe, d. h. der Testabdeckungsgrad, je Kritikalitäts- bzw. Sicherheits- bzw. RiSiKo-Klasse
- die Testarten
- die spezifischen Testfelder je Schutzobjektklasse
- die Testumgebung
- die Testszenarien
- die Testfälle einschließlich des Testziels und der erwarteten Ergebnisse
- die Testsequenzen

Die spezifizierten *Testfälle* decken zum einen den „Schönwetterflug" ab, der nachweist, dass das System bei ordnungsgemäßer Bedienung das gewünschte Verhalten und die gewünschten Ergebnisse liefert. Bei der Erstellung von Testfällen empfiehlt sich die Bildung von Äquivalenzklassen, z. B. für Daten innerhalb oder außerhalb des Wertebereichs sowie für Grenzwerte. Weitere Aspekte betreffen u. a. die Robustheit gegenüber absichtlichen oder unabsichtlichen Fehlbedienungen sowie fehlerhaften oder unzulässigen Daten, gegenüber Ausnahmesituationen, wie Programm- oder Rechnerabstürzen, und Angriffen.

Das *Testvorgehen* beschreibt beispielsweise, dass eine Überprüfung der Lieferung sowie ein Installations-, Generierungs- und Konfigurationstest durchgeführt werden. Durch den Generierungstest soll überprüft werden, dass einerseits das System anhand der mitgelieferten Dokumentation generiert werden kann und andererseits das gelieferte ausführbare Programm dem gelieferten Quellcode entspricht.

Bei der *Testumgebung* ist eine Trennung zwischen Entwicklungs-, Test- und Produktionsumgebung sicherzustellen.

Zu den sicherheits- und kontinuitätsrelevanten *Testarten* gehören u. a. Lasttests (Volllast, Langzeit), Stresstests (temporäre oder längerfristige Überlastung des Systems), Performancetests (Antwortzeitverhalten), Kapazitätstest (CPU, Speicher, Kommunikationskanäle, Ein-, Ausgabemedien) sowie Zugangs-, Zugriffs- und Penetrationstests.

Im Hinblick auf die Besetzung des *Testteams* ist eine Funktionstrennung zwischen Test- und Entwicklungspersonal sicherzustellen.

Das *Betriebsführungshandbuch* ist die Grundlage für den späteren Betrieb und damit elementarer Bestandteil der Feinkonzeption. Es enthält die Beschreibung des Informationssystems, Verweise auf die Anforderungen, Übersichts- und Architekturdarstellungen, Beschreibungen der Prozesse und Verweise auf das Datensicherungs- und das Archivierungskonzept sowie das Notfall-, Krisen- und Katastrophenvorsorgehandbuch bzw. den Business Continuity Plan.

Das *Datensicherungskonzept* beschreibt, wann und in welchem Rhythmus welche Daten nach welcher Sicherungsmethode auf welchem Medium an welchem Ort gesichert werden. Hierbei ist die Richtlinie Datensicherung zu berücksichtigen.

Das *Archivierungskonzept* legt fest, wann welche Daten auf welchem Medium wo und für welchen Zeitraum archiviert werden sollen. Im Hinblick auf das Thema Sicherheit sind hierbei auch die Anforderungen an das Archiv, z. B. bezüglich Zutrittsschutz, zu spezifizieren. Außerdem ist zu beschreiben, welches Vorgehen nach Ablauf der Archivierungsdauer zu wählen ist und wie die Daten zu vernichten sind. Alternativ oder ergänzend kann auf unternehmensspezifische Richtlinien verwiesen werden.

Das *Notfall-, Krisen- und Katastrophenvorsorgehandbuch* wird auf Basis der bereits dargestellten Sicherheitsrichtlinie mit der entsprechenden Vorlage erstellt.

Am Ende des Technischen Feinkonzepts steht ein weiteres RiSSC Gate an. In einem *Sicherheits- und Kontinuitätsreview* wird überprüft, ob die Entwurfsregeln eingehalten wurden, die geforderten Unterlagen vorlagen- und regelkonform erstellt wurden und ob die Sicherheits- und Kontinuitätsanforderungen berücksichtigt und angemessen transformiert wurden.

15.6   Sichere Entwicklung (Secure Development / Coding)

Während der Entwicklung ist sicherzustellen, dass die Projektbeteiligten die *Entwicklungsstandards* einhalten und die *Sicherheit der Entwicklungsumgebung* den Sicherheitsanforderungen und der daraus resultierenden Sicherheitsklassifikation entspricht. Dies gilt ebenso für die *Sicherheitsstufe der beteiligten internen und gegebenenfalls externen Mitarbeiter.*

Bei den unternehmensspezifischen *Entwicklungsstandards* (Ebene der Richtlinien in der Sicherheitspyramide) sind die Themen Sicherheit, Kontinuität und Risiko zu berücksichtigen. Diese können sich an externen Standards, z. B. zur Programmierung [96], orientieren. Sie müssen den projektspezifischen Anforderungen genügen. Die projektspezifischen Entwicklungsstandards halten die unternehmensspezifischen Standards ein.

ISO/IEC 27001:2013: Die Norm fordert in A.14.2.1 eine sichere Entwicklungsrichtlinie.

Gravierende Folgen von Software-/Programmierfehlern

Ein Programmierfehler löste im August 2013 laut FAZ bei der Investmentbank Goldman Sachs eine „Welle ungewollter Aufträge" aus. „In amerikanischen Medien werden die möglichen Verluste auf mehrere hundert Millionen Dollar" geschätzt. Wenige Monate zuvor, im April 2013, wurde der Handel an der „Optionsbörse CBOE in Chicago mehr als drei Stunden lang lahmgelegt".

Vorläufige Ergebnisse der Aufsichtsbehörde scheinen laut FAZ den Verdacht zu bestätigen, dass ein Fehler in der Handelssoftware die größte Handelspanne beim staatlich kontrollierten Finanzdienstleister Everbright Securities in China auslöste. Er hatte „fälschlicherweise Kaufaufträge über 3,82 Milliarden Dollar" verschickt.

Der US-Börsenmakler Knight Capital machte „aufgrund eines Softwarefehlers hohe Verluste" wie die FAZ schreibt und geriet an den Rand des Ruins. Die Financial Times Deutschland berichtet unter Bezug auf das „Wall Street Journal" und „mit der Angelegenheit vertraute Personen", dass das Unternehmen im August 2012 ungewollt „Aktien im Wert von 7 Mrd. Dollar" kaufte. Hieraus entstand für den Broker schließlich ein Verlust in Höhe von „440 Mio. Dollar". Kunden und Investoren unternahmen eine Rettungsaktion, schossen „400 Mio. Dollar" ein und übernahmen 73 % an dem Börsenmakler.

[Goldman kämpft mit der Computertechnik, FAZ, 22.08.2013, S. 19; Technikprobleme legen Nasdaq-Börse lahm, FAZ, 23.08.2013; ftd, US-Börsenmakler Knight Capital lockt Käufer an, 28.11.2012; ftd, Pannenbroker kaufte versehentlich Aktien für Milliarden, 09.08.2012]

Auszugsweise Regeln zur sicheren Programmierung zeigt folgendes Beispiel:

☐ Einhaltung programmiersprachenspezifischer sicherer Programmierstandards

☐ Überprüfung von Daten, die dem IT-System übermittelt werden, z. B. per Eingabe oder von einem anderen System (Prinzip der Plausibilisierung)

☐ Überprüfung von Daten, die das System aus- oder weitergibt

☐ Überprüfung der Konsistenz zwischen eingehenden, ausgehenden und gespeicherten Daten, z. B. im Zahlungsverkehr (Erhaltungssatz), (Prinzip der Konsistenz)

☐ Einweg-verschlüsselte Speicherung von Passwörtern

☐ Beseitigung von Programmiermängeln, auf die Warnungen des Compilers bei eingestellter höchster Warnstufe hinweisen

☐ Test/Prüfung auf Sicherheit im Rahmen der Qualitätssicherungsverfahren

Neben Vertrauenswürdigkeit müssen die Programmierer über die erforderliche Qualifikation und Erfahrung im Hinblick auf die sichere Entwicklung von Informationssystemen verfügen. Hierzu gehört u. a. die Kenntnis sicherer Programmierstandards einschließlich der Umsetzung der Prinzipien der Plausibilisierung und der Konsistenz.

Durch Nachweise ist zu belegen, dass die Entwickler in unternehmens- und/oder projektspezifischen Entwicklungsstandards einschließlich sicherheitsspezifischer Programmierstandards (*Secure Coding Standards*) und Tools geschult sind und diese Standards einhalten.

Außerdem müssen die Programmierer wichtige Angriffsarten, wie z. B. Cross Site Scripting, SQL Injection, Command Injection und Buffer Overflow, und deren Ursachen kennen sowie programmtechnische Schutzmaßnahmen dagegen.

Cross Site Scripting (XSS) bezeichnet das Einschleusen von Code, z. B. JavaScript®- oder HTML-Code, in eine Webseite. Ursache dieses Angriffsszenarios ist die unzureichende Prüfung, d. h. Plausibilisierung, der zurückgegebenen Eingaben durch eine Webanwendung. Gelingt es einem Angreifer, ausführbaren Code einzuschleusen, so kann er sich hierüber beispielsweise Session Cookies schicken lassen und Sitzungen des Opfers unter dessen Identität übernehmen. Um dies zu verhindern, sind Prüfungen erforderlich, die ausführbaren Code nicht zulassen, beispielsweise indem Sonderzeichen durch Escape-Sequenzen ersetzt werden.

Beim Einsatz von SQL-Abfragen ist sicherzustellen, dass die zurückgelieferten Parameter keine Manipulationsmöglichkeiten des SQL-Befehls durch **SQL-Injektion** eröffnen. Dementsprechend sind die Daten zu plausibilisieren, also u. a. zu prüfen auf

- SQL String Delimiter (´),
- SQL Statement Concatenation Character (;) und
- SQL Comment Sequence bzw. Character (bei Microsoft® SQL Server: –, bei MySQL: #).

Sind derartige Zeichen in der Zeichenkette eines Parameters zulässig, so ist sicherzustellen, dass das Programm diese Zeichen als Bestandteil der Zeichenkette und nicht des SQL-Befehls interpretiert. Dies kann oftmals durch Voranstellen eines Backslash „\" erfolgen.

Bei der Programmierung, insbesondere auch in C und C++, sind die Risiken durch **Pointer und Pufferüberläufe, d. h. Buffer Overflows**, zu berücksichtigen. Die Ursache des Pufferüberlaufs liegt auch hier in einer fehlenden Plausibilisierung. Ein Programm kopiert in diesem Fall Daten, z. B. Eingabedaten, in einen Speicherbereich fester Größe, ohne zuvor die Größe dieser Daten zu prüfen. Ist die Datenmenge zu groß, so kommt es zu einem Überlauf des Speicherbereichs. Die überzähligen Daten überschreiben den an den Puffer angrenzenden Speicherbereich und damit die dortigen Daten. Dies kann zu einem Absturz des Programms führen oder dazu, dass beim Rücksprung aus einem Unterprogramm auf einen Speicherbereich gesprungen wird, in dem sich der mit den Eingabedaten mit eingeschleuste Schadcode befindet.

In der Programmiersprache C kann die falsche Verwendung der Funktionen *strcpy* und *strcat* zu derartigen Problemen führen. Die Funktionen *memcpy*, *strncpy* bzw. *strncat* gemäß ANSI X3.159-1989 bzw. ISO/IEC 9899 aus dem Jahr 1990 (C90) und aus dem Jahr 1999 (C99) sowie zusätzlich *strlcpy* und *strlcat* aus OpenBSD seit Release 2.4, berücksichtigen die mit übergebene Länge. Problemanfällig ist auch die Ausgabe von Zeichen in ein character array mittels *sprintf*. Demgegenüber berücksichtigt *snprintf* die vorgegebene Maximallänge der Zeichenkette.

Für die **Entwicklung insbesondere von sicherheitskritischen Systemen** sind Programmierrichtlinien erforderlich. Unter anderem zu nennen sind hier die Richtlinien der MISRA zu C und C++, die CERT Secure Coding Standards für C und C++ des SEI (Software Engineering Institute der Carnegie Mellon University) sowie „The CERT® Oracle® Secure Coding Standard for Java", die ein Team von Forschern für Softwaresicherheit des CERT-Programms des SEI im Jahr 2011 publiziert hat.

Die *Konfiguration* der Entwicklungsumgebung und der entwickelten Module, Komponenten und Systeme muss das Konfigurationsmanagement nachvollziehbar halten und manipulationssicher gestalten.

Der *Zugriff auf den Source Code* ist über geeignete Maßnahmen zu schützen. Änderungen sind unter Berücksichtigung des Change-Request-Verfahrens durchzuführen.

Während der Programmentwicklung führen Prüfer *Code-Inspektionen* und gemeinsam mit den Entwicklern *Code-Walkthroughs* durch, je nach Sicherheitsanforderung auch nur stichprobenartig. Hierbei prüfen sie den der Quellcode z. B. auf unzulässige Code-Passagen und die Einhaltung der Entwicklungsstandards.

Tools unterstützen die Code-Analyse, indem sie bei der Identifikation risikoreicher Programmierpraktiken und Schwachstellen helfen. Manche stellen Metriken zur Verfügung, die vom Grundsatz her Aussagen über die Qualität und über den Grad der Verwundbarkeit des Source Codes ermöglichen. Source-Code-Analyse-Tools gibt es für verschiedene Programmiersprachen, z. B. C, C++ und Java™, und mit unterschiedlichem Analysefokus sowohl in Form kommerzieller Software als auch als Open Source.

Zu unterscheiden ist zwischen statischen und dynamischen Code-Analyse-Tools sowie Schwachstellenscannern. Statische Code-Analyse-Tools untersuchen den Quellcode Zeile für Zeile, ohne dass das Programm ausgeführt werden muss. Liegt der Quellcode nicht vor, so besteht die Möglichkeit, ein Analyse-Tool einzusetzen, das ausführbare Programm (executable), den Binärcode statisch analysiert. Dynamische Programmanalyse-Tools untersuchen das Programm im Testbetrieb. Die Testabdeckung des Codes (code coverage) ist hierbei abhängig von den Testfällen.

Kriterien für die Toolauswahl sind z. B. die eingesetzte(n) Programmiersprache(n), die Einbindung in die Entwicklungsumgebung, der Abdeckungsgrad und die Genauigkeit der Fehlerfindung, die Konfigurier- und Erweiterbarkeit im Hinblick auf unternehmensspezifische Programmierregeln sowie die Auswertungs- und Reporting-Möglichkeiten. Der Einsatz eines Tools wird verschiedentlich erst dann in Erwägung gezogen, wenn in einem Programm zuvor eine oder mehrere Sicherheitslücken im Test entdeckt oder im Betrieb aufgetreten sind. Ein solches Programm kann bei der Toolbewertung und -auswahl als Testobjekt herangezogen werden.

Listen von Code-Analyse-Tools sind im World Wide Web zu finden, u. a. auch bei OWASP [letzte Einsichtnahme am 28.12.2013].

Jeder Entwickler testet die von ihm entwickelten Module ferner auch hinsichtlich der definierten Sicherheitskriterien und stellt sie erst nach erfolgreichem Test für die Integration zur Verfügung.

Soll ein *externer Dienstleister* die Entwicklung durchführen, so ist er, wie jedes Outsourcing-Unternehmen, im Vorfeld zu prüfen. Hierbei ist sicherzustellen, dass der Entwicklungsprozess angemessen ist, er Sicherheitsaspekte berücksichtigt sowie die Anforderungen und Entwicklungsstandards des Auftraggebers erfüllt. Ein geeignetes Projektmanagement ist erforderlich.

Am Ende der Entwicklung steht ein weiteres RiSSC Gate an. In ihm wird überprüft, ob die Programmierstandards eingehalten wurden, die geforderten Unterlagen vorlagen- und regelkonform erstellt wurden und ob die Sicherheits- und Kontinuitätstests auf Modulebene angemessen durchgeführt wurden.

15.7 Sichere Integrations- und Systemtest (Secure Integration / System Tests)

Als *Voraussetzung* für den Integrations- und Systemtest ist eine Trennung von Entwicklungs-, Test- und Produktionsumgebung sicherzustellen. Sollten Datenbestände aus der Produktionsumgebung genutzt werden, so sind diese vorher zu pseudonymisieren. Ferner muss eine Funktionstrennung zwischen Test und Entwicklung hergestellt werden.

Die sicherheitstechnische Überprüfung der ausführbaren Programme erfolgt durch Tests. Eine minimale Anforderung an den *Testumfang* ist z. B., dass die Test-Funktionsmatrix an jedem Kreuzungspunkt mindestens einen Test nachweist. Je höher die Sicherheitsanforderungen an ein System sind, desto größer muss der Testabdeckungsgrad sein und desto umfangreichere Tests müssen z. B. hinsichtlich Sicherheit, Kontinuität, Stress, Last, Performance etc. durchgeführt werden. Webanwendungen sollten Tester insbesondere auch auf bekannte Schwachstellen hin untersuchen, wie z. B. Cross Site Scripting, SQL Injection und Buffer Overflow. Zur Steigerung der Effizienz ist die Nutzung verfügbarer Tools anzuraten [97].

Beim *Integrationstest* werden Module zu Komponenten zusammengefügt und diese getestet.

In der Phase des *Systemtests* erfolgt der Test des Gesamtsystems. Zu Beginn sollte dabei geprüft werden, dass alle Testobjekte vorhanden sind. Dies betrifft beispielsweise die Dokumentation, die vom Quellcode über das Benutzer-, Installations-, Customizing- und Generierungshandbuch bis zum Betriebsführungshandbuch reichen kann.

Die Tester müssen die *Nachvollziehbarkeit der durchgeführten Tests* sicherstellen, indem sie diese geeignet dokumentieren. Dies beinhaltet die Angabe der Systemkonfiguration mit den Releaseständen der einzelnen Systemkomponenten, den genutzten Datenbestand und die durchgeführten Tests samt Testergebnis sowie die Angabe des Testdatums und des Testers.

15.8   Sichere Freigabe (Secure Approval)

Nach (hinreichend) erfolgreichem Abschluss des Systemtests erfolgt die Freigabe des Systems. Diese wird in Form einer Freigabebestätigung, gegebenenfalls mit noch zu behebenden Problemen, deren Schweregrad und Zielterminen, dokumentiert.

15.9   Sichere Software-Evaluation (Secure Software Evaluation)

Anstelle der bisher beschriebenen unternehmensinternen Software-Entwicklung können die Verantwortlichen nach der Fachspezifikation entscheiden, das Informationssystem entweder fertig zu kaufen und gegebenenfalls anpassen zu lassen oder extern entwickeln zu lassen.

Möchte der anfordernde Geschäftsbereich ein *Standardprodukt* kaufen, so erfolgt anstelle der Entwicklung die Evaluation der am Markt angebotenen Informationssysteme. Die Evaluatoren stellen hierzu funktionale und nichtfunktionale, z. B. sicherheitstechnische, architekturelle und finanzielle Kriterien, auf und gewichten diese. In diesem Zusammenhang und unter Berücksichtigung der Sicherheitsanforderungen bewerten und auditieren sie den potenziellen Auftragnehmer hinsichtlich seines Sicherheitsniveaus, etablierter und eingehaltener Standards, vorhandener Zertifizierungen, seiner finanziellen Stärke und Stabilität sowie der Referenzen und eventuellen Abhängigkeiten bzw. Zugehörigkeiten zu Unternehmensgruppen, z. B. von Mitbewerbern oder Herstellern. Außerdem prüft der Auftraggeber das Produkt im Hinblick auf Sicherheit und hinsichtlich der Konformität mit der unternehmensspezifischen IKT-Architektur sowie den unternehmensspezifischen Architekturmustern und -richtlinien. Je nach Erfahrung des Unternehmens kann es sich hierbei auch von einer geeigneten Unternehmensberatung unterstützen lassen.

Bei externer Entwicklung regeln Auftraggeber und -nehmer verschiedene sicherheitsrelevante Aspekte vertraglich (s. a. [5]): Hierzu gehören die rechtlichen Verhältnisse bezüglich Geheimhaltung, Copyright und Source Code sowie gegebenenfalls lizenzrechtliche Thematiken. Auftraggeber und -nehmer vereinbaren außerdem sicherheitsrelevante externe und auftraggeberinterne Standards und Vorgaben, die zu beachten sind, sowie Kontrollmöglichkeiten des Auftraggebers während der Entwicklung. Sicherheits-, Qualitäts- und Abnahmekriterien sowie Fehlerklassen sind ebenfalls Gegenstand der Vereinbarung, die sich üblicherweise aus dem Fachkonzept sowie unternehmensinternen Standards ergeben.

Das Thema Know-how-Transfer ist ein wesentliches Vertragselement. Ein geeignetes Projektmanagement ist aufzustellen, zu verabschieden und vertraglich zu fixieren. In ihm adressieren die Beteiligten auch sicherheitsrelevante Themen. Häufigkeit und Inhalt des Berichtswesens sind ebenso wie Jour fixes festzulegen.

Nach der Beauftragung der Software-Entwicklung oder dem Kauf einer Software ist der Einsatz eines Treuhänders, z. B. einer Escrow-Agentur, zu erwägen. Sie verwaltet den Quellcode als Zwischeninstanz treuhänderisch bis zu einem vordefinierten Ereignis, z. B. der Insolvenz des Auftragnehmers.

Eine Bewertung sollte auch bei der Vergabe von Entwicklungsaufträgen an einen *externen Dienstleister* vorgenommen werden.

15.10 Sichere Auslieferung (Secure Delivery)

Das freigegebene IKT-System liefert der Auftragnehmer an den internen oder externen Kunden. Im Hinblick auf den Lieferweg ist sicherzustellen, dass keine Veränderungen (Manipulationen) stattfinden können sowie Einsichtnahme und Verlust ausgeschlossen sind. Diesbezügliche Sicherheitsmaßnahmen bestehen beispielsweise in einer Empfangsbestätigung sowie Verschlüsselung und digitaler Signatur.

15.11 Sicherer Abnahmetest und sichere Abnahme (Secure Acceptance Test and Secure Acceptance)

Der *Abnahmeprozess*, beginnend bei der Entwicklung des Abnahmehandbuchs, ist in [95] überblicksartig beschrieben. Bei der Entwicklung der Testfälle ist darauf zu achten, dass die vielfältigen externen Anforderungen, u. a. aus dem HGB oder aus den Grundsätzen für eine ordnungsmäßige Datenverarbeitung berücksichtigt werden.

Der Auftraggeber, z. B. die auftraggebende Abteilung in einem Unternehmen, unterzieht das bereitgestellte IKT-System dem Abnahmetest. Insbesondere bei der Lieferung durch einen externen Auftragnehmer ist anhand einer Liste sicherzustellen, dass die Lieferung vollständig ist [95]. Im Hinblick auf Sicherheit ist zu prüfen, dass der Quellcode mit dem ausführbaren Programm übereinstimmt. Dies erfordert nach dem Einspielen des Quellcodes die *Generierung* des IKT-Systems [5]. Hiermit prüfen die Tester gleichzeitig, ob die Generierung möglich ist und das Generierungshandbuch den hierfür erforderlichen Ablauf korrekt und verständlich beschreibt.

Im Rahmen der Abnahme müssen die Tester insbesondere auch *die Umsetzung der Sicherheits- und Kontinuitätsanforderungen testen*. Dies betrifft beispielsweise die Umsetzung der Zugangs- und Zugriffsanforderungen, der Last-, Performance- und

Verfügbarkeitsanforderungen, der Kontinuitätsanforderungen einschließlich des Vorhandenseins eines Notfallhandbuchs sowie den Schutz vor Angriffen.

Im Anschluss an die Durchführung der vordefinierten Testfälle sollte der Abnahmeprozess *eine Phase freien Testens* vorsehen, in der erfahrene und fachlich versierte Tester intuitiv testen.

Die durchgeführten Tests sind in einem *Testprotokoll* nachvollziehbar zu dokumentieren. Nach erfolgreichem Abschluss der Abnahme erstellt der Testmanager ein *Abnahmeprotokoll* mit gegebenenfalls noch vorhandenen Mängeln, Behebungszeitpunkten und Konsequenzen bei Nichterfüllung. Das Abnahmeprotokoll gibt ferner an, welchen Schweregrad der aufgetretene Mangel bzw. Fehler besitzt und in welchem Umfang ein Nachtest vorgesehen ist. Ja nach Testmöglichkeiten empfiehlt es sich, die Inbetriebnahme mit Parallelbetrieb und/oder Pilotierung, als Teil der Abnahme vorzusehen.

Praxistipp

Die Ersteller von Testfällen sollten diese in einer *Testfalldatenbank* in standardisierter Form dokumentieren. Hierbei sollte erkennbar sein, welche Testfälle welche Funktionalitäten oder Eigenschaften, z. B. Robustheit, Ausfallsicherheit, Angriffssicherheit oder Leistungsfähigkeit testen. So lassen sich Auswertungen darüber erstellen, in welchem Umfang welche Bereiche des IKT-Systems zu testen sind.

Die Datenbank sollte ferner so gestaltet sein, dass sich auch die Ergebnisse festhalten lassen. Auf diese Weise kann der Testmanager durch entsprechende Auswertungen und Statistiken während des Abnahmetests nachverfolgen und darüber berichten, wie der Abnahmetest vorankommt, an welchen Stellen Probleme auftauchen, bis wann diese behoben sind etc.

Hinsichtlich Effizienz und Standardisierung sollte eine Testfalldatenbank als Hilfsmittel unternehmensweit zur Verfügung stehen.

15.12 Sichere Software-Verteilung (Secure Software Deployment)

Ist eine Software-Verteilung erforderlich, so muss sichergestellt werden, dass hierbei die Sicherheitsanforderungen berücksichtigt werden. Bei der Übertragung oder dem Transport sind den Anforderungen entsprechend Maßnahmen gegen Manipulation, Löschung, Einsichtnahme oder Entwendung vorzusehen. Die Software-Verteilung kann je nach Schutzbedarf z. B. unter Nutzung von Verschlüsselung und digitaler Signatur erfolgen.

15.13   Sichere Inbetriebnahme (Secure Startup Procedure)

Die *Inbetriebnahme* kann auf einen Schlag und damit in der Regel risikoreich in Form eines „Big Bang" erfolgen, oder in einzelnen Schritten. In der Phase des *Parallelbetriebs* betreibt der Auftraggeber das neue IKT-System über einen angemessenen Zeitraum parallel zu einem bestehenden IKT-System. Deren Ergebnisse vergleicht er. Hierbei verifiziert er außerdem, dass die Prozesse, Ressourcen und die Organisation die gestellten Anforderungen erfüllen. In der *Pilotierungsphase* führt der Auftraggeber das IKT-System in einem repräsentativen aber begrenzten Umfeld ein und testet es im operativen Betrieb. Die Ergebnisse dieser Phasen sollten abnahmerelevant sein.

Zum Erkennen von Manipulationen sollten ausführbare Programme entsprechend ihrem Schutzbedarf z. B. digital signiert sein.

15.14   Sicherer Betrieb (Secure Operation)

Während der Betriebsphase des IKT-Systems muss der Geschäftsbereich Informationsservices Probleme und Änderungen in den IKT-Systemen nachvollziehbar dokumentieren und aufbewahren. Dies betrifft auch die Dokumentation der Zutritts-, Zugangs- und Zugriffsberechtigungen sowie Protokolldateien.

Der Geschäftsbereich Informationsservices gestaltet den IKT-Betrieb mit allen im Kapitel Sicherheitsarchitektur beschriebenen Ressourcen und IKT-Prozessen. Wesentliche Prozesse sind der dort beschriebene IKT-Betriebsprozess samt Begleitprozessen (Managementdisziplinen). Der Geschäftsbereich Informationsservices betreibt die Anwendungen und Systeme gemäß den dokumentierten Betriebsführungshandbüchern. Er hält die definierten Richtlinien und Konzepte ein und setzt die geforderten Maßnahmen um.

Die Überwachung, d. h. das *Monitoring*, der IKT-Ressourcen und -Prozesse im Hinblick auf sicherheits- bzw. kontinuitätsrelevante Ereignisse ist ein wesentliches Element des IKT-Betriebs. Zu derartigen Ereignissen gehören z. B. Störungen, Ausfälle und Angriffe. Hinzu kommen das *Sicherheits- bzw. RiSiKo-Controlling* und das Berichtswesen (*Safety-Security-Continuity-Risk- bzw. RiSiKo-Reporting*). Informationen zu den Inhalten finden Sie im Kapitel Sicherheitsregelkreis.

Im Rahmen des Sicherheitsmanagements legt z. B. der Geschäftsbereich Informationsservices für die Behandlung sicherheitsrelevanter Ereignisse (Security Incident) die Beteiligten, deren Alarmierung und die Vorgehensweise fest. Er baut hierfür ein *Computer bzw. Information Security Incident Management* auf. Je nach Unternehmensorganisation übernimmt ein Computer bzw. wie ich es nenne Information Security Incident Response Team (CSIRT, ISIRT) die weitere Behandlung des Ereignisses. Für Notfälle im Hinblick auf die Geschäftskontinuität sind ebenfalls die Beteiligten, z. B. Notfallbeauftragte und Notfallteams, deren Alarmierung und die Vorgehensweise festzulegen.

Will ein Unternehmen den Betrieb an ein *Outsourcing*-Unternehmen auslagern, so prüft es dieses im Vorfeld auch unter Sicherheitsaspekten (s. a. „Handbuch Unternehmenssicherheit"). Im Vertrag sind auch die sicherheits- und kontinuitätsrelevanten Anforderungen zu vereinbaren. Hierzu kann beispielsweise gehören, dass

☐ die buchungsrelevanten Systeme bei einem Ausfall spätestens nach 24 Stunden alle buchungstechnisch relevanten Daten vollständig, richtig und für einen sachverständigen Dritten nachvollziehbar und GoB-entsprechend wieder bereitstellen

☐ die Systeme ein bestimmtes Sicherheitsniveau erreichen müssen, z. B. F-C2 der früheren ITSEC oder bestimmte Klassen der ISO/IEC 15408

☐ die Ordnungsmäßigkeit der Dienstleistung sichergestellt ist

☐ der Auftraggeber die erforderlichen Kontrollmöglichkeiten erhält

☐ der Auftragnehmer dem Auftraggeber die erforderlichen Weisungsbefugnisse einräumt

☐ der Aufsichtsbehörde, z. B. der BaFin, entsprechende Prüfungs- und Kontrollmöglichkeiten eingeräumt sind.

15.15　Sichere Außerbetriebnahme (Secure Decommissioning)

Bei der Außerbetriebnahme von IKT-Systemen dokumentiert der Geschäftsbereich Informationsservices, wer welche Komponenten in welchem Releasestand wann außer Betrieb nimmt. Er legt ebenfalls dar, ob und wenn ja wie jemand die verschiedenen Komponenten von Hard- über Software bis hin zur Dokumentation (Paperware), aber auch die Daten (Dataware) weiternutzt, migriert, archiviert oder unter Berücksichtigung der Vertraulichkeit vernichtet. Hierzu können auch programmspezifische Batch-Jobs gehören. Der Nutzerkreis und die Berechtigungen müssen entsprechend den Prinzipien der minimalen Rechte und der minimalen Dienste angepasst werden.

Für die Ewigkeit bestimmt?

Im Serverraum eines Unternehmens befanden sich mehrere IKT-Systeme. Eine Überprüfung der Systeme ergab, dass eins der Systeme zwar noch betrieben, aber weder genutzt noch gebraucht wurde.

Als *weitere Sicherheitsaspekte* müssen die Verantwortlichen ferner berücksichtigen, wie lange die Daten aufzubewahren und ihre Lesbarkeit sicherzustellen sind.

Als Konsequenz kann sich hieraus ergeben, dass sie zusätzlich Hard-, Soft-, Paper- und Processware archivieren und verfügbar halten müssen. Gegebenenfalls kann gleich oder während der Aufbewahrungsfrist die Migration von Datenbeständen, die Prüfung der Lesbarkeit und das regelmäßige Überspielen auf neue Datenträger erforderlich werden.

Alle diese Informationen dokumentiert der Geschäftsbereich Informationsservices nachvollziehbar im *Außerbetriebnahmeprotokoll*.

15.16 Hilfsmittel erweiterte Phasen-Ergebnistypen-Tabelle (ePET)

Mittels einer Tabelle können IT-Sicherheitsbeauftragte die sicherheitsrelevanten Ergebnistypen der einzelnen Phasen im Prozess- bzw. Systemlebenszyklus darstellen. Für jeden Ergebnistyp sollte es eine Vorlage mit Struktur und Inhalten sowie bei Bedarf eine Vorgehensweise geben. Außerdem sind je Phase relevante Prinzipien, Richtlinien, Methoden, Vorlagen und Hilfsmittel, Tools, Inputtypen und Security Quality Gates bzw. RiSCC Gates zu benennen. Es empfiehlt sich, diese *erweiterte Phasen-Ergebnistypen-Tabelle* (ePET) im Intranet so bereitzustellen, dass der Nutzer von den genannten Phasen und Ergebnistypen über entsprechende Links direkt zu den dazugehörigen Prinzipien und Richtlinien, Inhalten, Vorlagen und Vorgehensweisen gelangen kann.

Für jeden Ergebnistyp sollte angegeben werden, wie seine *Qualitätssicherung* erfolgt. Bei Konzepten empfiehlt sich beispielsweise die Durchführung eines Reviews (R). Entsprechende spezifische Hilfsmittel in Form von Prüflisten und Prüfkriterien sollten zur Verfügung gestellt und über einen Link angebunden werden.

Weiterhin sollte gekennzeichnet werden, ob der jeweilige Ergebnistyp zwingend (z) oder optional (o) bzw. bei welcher Verfügbarkeits-/Sicherheitsklasse erforderlich ist.

Die im Folgenden auszugsweise dargestellte kompakte Phasen-Ergebnistypen-Tabelle kann der Projektleiter gleichzeitig als *Checkliste* verwenden, um die Vollständigkeit der Ergebnistypen je Phase sicherzustellen. Dies lässt sich in der Spalte Status (z. B. gestartet (s), beendet (e), geprüft/getestet (t), freigegeben (f)) eintragen.

In der erweiterten Phasen-Ergebnistypen-Tabelle sind für jede Phase im Lebenszyklus die relevanten Prinzipien, die Richtlinien, die Methoden, die Vorlagen und Hilfsmittel, die Tools, die Inputtypen sowie die Ergebnistypen und die Qualitätssicherungsmaßnahmen für die Security Quality Gates angegeben. Inhaltliche Orientierung geben die vorangegangenen Kapitel zum Lebenszyklus.

Phase		Status
Ergebnistyp		QS-Methode
Teilergebnisse		Zwingend/optional
Beantragung		
...		
Fachkonzeption		
Schutzbedarfsanalyse	Z	R
Klassifizierung	Z	R
Akteure	Z	R
Zielumgebung	Z	R
Rollen	Z	R
Zugangsberechtigungsanforderungen	Z	R
Zugriffsberechtigungsanforderungen	Z	R
Datensicherungsanforderungen	Z	R
Archivierungsanforderungen	Z	R
...		
...		
Technische Grobkonzeption		
Verifizierte Schutzbedarfsanalyse	Z	R
...		
...		
Technische Feinkonzeption		
Datensicherungskonzept	Z	R
Archivierungskonzept	Z	R
Notfall-, Krisen- und Katastrophenvorsorgehandbuch	Z	R
Testhandbuch	Z	R
...		
...		
...		

Tabelle 15-1: Kompakte Phasen-Ergebnistypen-Tabelle

15.17 Zusammenfassung

Für den Lebenszyklus von IKT-Systemen ist ein unternehmensspezifisches und ein daraus abgeleitetes IKT-systemspezifisches Rahmenwerk zu entwickeln. Für jede Phase des Lebenszyklus sollten Prinzipien, Richtlinien, Methoden, Vorlagen und Hilfsmittel, Tools, Inputtypen, Ergebnistypen sowie Security Gates bzw. RiSSC Gates festgelegt sein. Das Sicherheits-, Kontinuitäts- und Risikomanagement sollte prozess-, ressourcen-, organisations-, produkt-, dienstleistungs- und lebenszyklus-immanent gestaltet sein.

Dies erfordert eine erste Betrachtung der Sicherheitsanforderungen einschließlich der Datenschutz-, Verfügbarkeits- und Kontinuitätsanforderungen bei der *Beantragung* und eine Wirtschaftlichkeitsprüfung eines IKT-Systems. Die Sicherheitsanforderungen sind – unabhängig vom zugrunde gelegten Phasen- oder Entwicklungsmodell – phasenweise weiter zu verfeinern und zu prüfen.

Während der *Fachkonzeption* erfolgt die Erhebung der gesetzlichen, regulatorischen und vertraglichen Anforderungen sowie der Sicherheitsanforderungen, d. h. des Schutzbedarfs, der Akteure und der Zielumgebung sowie die Sicherheitsklassifizierung des IKT-Systems.

Designer transformieren die fachlichen Anforderungen für das *technische Grob- bzw. Feinkonzept* in technische Anforderungen. Hierbei führen sie eine technische Akteursanalyse, eine Pfadanalyse, eine Bedrohungs- und eine Schwachstellenanalyse durch. Sie wählen Maßnahmen zur Risikobehandlung aus und berücksichtigen Aspekte der späteren Lebenszyklusphasen, z. B. des Betriebs und der Außerbetriebnahme. Die Designer definieren Schnittstellenplausibilisierungen und beachten die Architekturrichtlinien. Sie nutzen Architekturbausteine und Architekturmuster und berücksichtigen die Vorgaben der Sicherheitszonen. Im Grobkonzept legen sie außerdem die Teststrategie fest.

In der *Phase des technischen Feinkonzepts* entstehen über die Modulspezifikationen hinaus z. B. die Testspezifikation, das Betriebsführungshandbuch, das Datensicherungs- und das Archivierungskonzept sowie das Notfall-, Krisen- und Katastrophenvorsorgehandbuch bzw. der Business Continuity Plan.

In der *Entwicklungsphase* berücksichtigt das Entwicklungsteam die Entwicklungs- bzw. Programmierrichtlinien sowie die Sicherheitsanforderungen bei der Auswahl der Entwicklungsumgebung, der beteiligten Personen und der Prüfverfahren. Darüber hinaus führen die Entwickler toolgestützte Code-Analysen durch.

Beim Kauf von Standardsoftware oder der Vergabe des Software-Entwicklungsauftrags an Dritte sind verschiedene zuvor genannte Sicherheitsaspekte und Kontrollmöglichkeiten vertraglich und entwicklungsbegleitend zu berücksichtigen.

Beim *Test* orientieren sich Testumfang, Testarten und Detaillierungsgrad an den Sicherheits- und Kontinuitätsanforderungen. Der Abnahmetest sollte Generierungs- und Installationstests sowie Zugangs-, Zugriffs-, Stress-, Last-, Performance- und Verfügbarkeitstests umfassen. Freies Testen, Parallelbetrieb und Pilotierung sind abhängig von den Sicherheitsanforderungen durchzuführen. Der Umfang und das Ergebnis der Abnahme müssen nachvollziehbar protokolliert werden.

Im *Betrieb der IKT-Systeme* muss der Geschäftsbereich Informationsservices die Einhaltung der Sicherheitsanforderungen erreichen und überprüfen. Beim *Outsourcing* müssen die Sicherheitsanforderungen mit dem Outsourcer vereinbart und anschließend überwacht und geprüft werden.

Die *Außerbetriebnahme* sollte als eigene Phase berücksichtigt sein. Sicherheitsanforderungen sind zu berücksichtigen und die Außerbetriebnahme ist angemessen zu protokollieren.

In allen Phasen des Lebenszyklus von der Beantragung bis zur Außerbetriebnahme müssen die jeweiligen *Verbindungsstellen* zu den Prozessen, den Ressourcen und der Organisation berücksichtigt und bedient werden.

16 Sicherheitsregelkreis

 Alles fließt (παντα ρει [Heraklit]), d. h. alles verändert sich: Bedrohungen, Angriffsmöglichkeiten, Schutzbedarf, Prozesse, Ressourcen, Technologie, Organisation und last, but not least, das Personal. Dementsprechend unterliegen alle Elemente der Sicherheits- bzw. RiSiKo-Pyramide einer kontinuierlichen Anpassung, Veränderung und Weiterentwicklung.

Wie können diese Veränderungen und der Status des Sicherheits- und Kontinuitätsmanagements, oder – umgekehrt formuliert – des Risikomanagements oder – integrativ formuliert – des RiSiKo-Managements, ermittelt werden? Erinnern wir uns an den detaillierten Risikodreiklang. Dort setzt sich das Risiko aus dem Schadens-, Bedrohungs- und Schwachstellenpotenzial zusammen. Diese lassen sich im Rahmen einer Sicherheitsprüfung bzw. Risikoanalyse erheben und zeigen – quasi als Momentaufnahme – den Status des RiSiKo-Managements. Sicherheitslücken und Kontinuitätsdefizite werden so erkennbar und können beseitigt werden.

Derartige „Schnappschüsse" werden jedoch der kontinuierlichen Veränderung des Umfelds nicht ausreichend gerecht. Daher muss der Chief Information Security Officer (CISO) das Sicherheitsmanagement zusätzlich kontinuierlich steuern und nachvollziehbar gestalten. Hierbei spielen die Perspektiven Finanzen, Kunden, Prozesse sowie Lernen und Entwicklung, wie sie aus der Balanced Scorecard (BSC) [19] bekannt sind, eine wesentliche Rolle. Die Balanced Pyramid Scorecard (BPS) zur IT- bzw. Informationssicherheit, die IT-Sicherheits-BPS (ISi-BPS) zusammen mit dem Controlling-Regelkreis liefern das „Handwerkszeug" hierzu. Die folgenden Unterkapitel behandeln diese Themen:

1. Sicherheitsprüfungen
2. Sicherheitscontrolling
3. Berichtswesen (Safety-Security-Continuity-Reporting)
4. Safety-Security-Benchmarks
5. Hilfsmittel IT-Sicherheitsfragen
6. Zusammenfassung

Dieses „Handwerkszeug" lässt sich analog anwenden beispielsweise auf ein „autarkes" Kontinuitätsmanagement oder ein „autarkes" Risikomanagement, zielt aber ab auf ein integratives RiSiKo-Management. Weiterhin ist die BPS entsprechend dem Pyramidenmodell® generell anwendbar auf Managementsysteme unterschiedlicher Themenstellungen. Pyramidenbeispiele für Managementsysteme wurden im Anfangsbereich dieses Buches genannt.

16.1 Sicherheitsprüfungen

> ## Alles sicher, oder nicht?
> *(Dr.-Ing. Klaus-Rainer Müller, 11. Februar 2005)*

Die Prüfungen im RiSiKo-Management dienen dazu, festzustellen, ob das gewünschte RiSiKo-Niveau erreicht worden ist. Diese Prüfungen haben je nach ihrem Fokus und Umfang unterschiedliche Bezeichnungen wie z. B. Scans, Sicher-
heitsaudits, -checks, -studien, Gap-Analysen, Risikoanalysen oder auch Penetrationstests.

Sowohl Prüfer als auch Geprüfte sollten diese Aussage beherzigen:

> ## Fehler zu finden ist leichter als keine zu machen!
> *(Dr.-Ing. Klaus-Rainer Müller, 8. November 2006)*

16.1.1 Sicherheitsstudie/Risikoanalyse

Das prinzipielle Vorgehen bei Sicherheits- bzw. RiSiKo-Studien/-Analysen (Safety,
Security, Continuity and Risk Analysis/Assessment) ist in der Abbildung dargestellt.

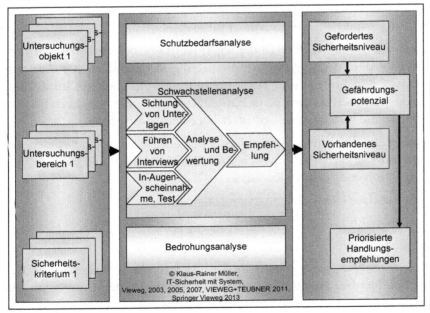

Abbildung 16-1: Sicherheits-/RiSiKo-Studie/-Analyse

Eine Sicherheitsstudie unterteilt sich in folgende Phasen:

1. Definition des Untersuchungsumfangs und der Rahmenbedingungen

2. Durchführung der Erhebung, Analyse und Bewertung sowie Ermittlung des Deltas zwischen Soll und Ist

3. Entwicklung von Handlungsempfehlungen.

Um den **Untersuchungsumfang** festzulegen, ist die folgende Frage zu beantworten: Was ist woraufhin in welchem Detaillierungsgrad bis wann von wem in welcher Art mit welchen Hilfsmitteln (z. B. Fragenkataloge/Checklisten, Security-Scanner) zu untersuchen.

Zuerst legen Auftraggeber und Auftragnehmer das „was" fest, d. h. die Untersuchungsobjekte. Dies sind z. B. Informationssysteme, Hardwareplattformen und Infrastruktur. Das „woraufhin" unterteilt sich in die Untersuchungsbereiche und die Sicherheitskriterien, die betrachtet werden sollen. Untersuchungsbereiche sind beispielsweise die Prozesse, die Ressourcen und die Organisation, Sicherheitskriterien, z. B. die Verfügbarkeit, die Integrität und die Vertraulichkeit.

Die **Festlegung des Detaillierungsgrads** ist mitbestimmend für den Aufwand und die Dauer der Untersuchung. Von wem die Untersuchung durchgeführt werden soll, ist abhängig davon, ob z. B. spezielle Expertisen, Neutralität und unternehmensübergreifendes Wissen oder auch personelle Zusatzkapazität gefragt sind. Dementsprechend kommen externe Berater, die Revision oder der IT-Sicherheitsverantwortliche des Unternehmens in Betracht.

Im Hinblick auf die **Art der Untersuchung** legen Auftraggeber und -nehmer fest, welche Dokumente der Auftraggeber zur Verfügung stellt und ob der Auftragnehmer Interviews, Begehungen und Tests durchführen soll. Ebenfalls im Vorfeld sollten sich beide Seiten abstimmen, ob es Einschränkungen oder Vorgaben bei den eingesetzten Hilfsmitteln zu beachten gilt, z. B. bei Security-Scannern.

Die **Durchführung** der Erhebung, Analyse und Bewertung untergliedert sich gemäß der Definition von Sicherheit im Sicherheitsdreiklang bzw. des „Risikos" im Risikodreiklang in folgende drei Teilbereiche:

1. Schutzbedarfsanalyse bzw. Schadenspotenzialanalyse

2. Schwachstellenanalyse

3. Bedrohungsanalyse

Die **Schutzbedarfsanalyse** wurde bereits im Kapitel Sicherheitsziele erläutert. Die **Schwachstellenanalyse** beinhaltet die Sichtung der bereitgestellten Unterlagen, die Durchführung von Interviews und/oder Workshops sowie je nach Umfang die Begehung bzw. Inaugenscheinnahme und den Test. In der **Bedrohungsanalyse** werden potenzielle Bedrohungen erhoben, die sich z. B. aus dem Standort des Unternehmens, seiner Marktposition, seinem Image, seiner aktuellen Situation oder dem technologischen, wirtschaftlichen und politischen Umfeld ergeben.

Die Ergebnisse dieser drei Analysen, die jeweils die Erhebung, Analyse und Bewertung beinhalten, liefern das geforderte und das vorhandene *Sicherheits- bzw. RiSiKo-Niveau*. Der Soll-Ist-Vergleich ergibt eine Differenz, die für die Priorisierung der Handlungsempfehlungen wichtig ist.

Da Sicherheitsstudien vom Zeitraum, Aufwand und Detaillierungsgrad her begrenzt sind und eine *Momentaufnahme* bzw. einen „Schnappschuss" (Snapshot) darstellen, sollten sie in regelmäßigen Abständen nach einem vordefinierten Zeitplan, aber auch ad hoc, sowie zu gleichen, aber auch zu unterschiedlichen Themen durchgeführt werden.

Die *Hazard and Operability Analysis (HAZOP)*, d. h. die Gefahren- und Betriebsfähigkeitsanalyse, ist eine qualitative formale Methode, um das Verhalten von Anlagen und Systemen sowie Prozessen bei unterschiedlichen Fehlern zu ermitteln sowie Maßnahmen zu deren Absicherung zu ergreifen. Ursprünglich hat die chemische Industrie die HAZOP entwickelt und eingesetzt. Später wurde HAZOP zur Anwendung bei Software erweitert.

Eine HAZOP wird in kreativen interdisziplinären Teams durchgeführt, die über tiefgehendes Wissen um das Untersuchungsobjekt verfügen. Anhand von *HAZOP-Leitwörtern*, wie z. B. kein, mehr, weniger, teilweise, andere, entgegengesetzt/verkehrt herum, gleichzeitig, früher als, später als, postulieren die Mitwirkenden hypothetische Abweichungen vom regulären Verhalten. Das HAZOP-Team erstellt anhand der Leitwörter in einem ersten Schritt Matrizen. Diese stellen den Elementen und Eigenschaften des Untersuchungsobjekts die Leitwörter gegenüber. In die Matrizenfelder trägt das Team deren Anwendbarkeit ein.

Leitwort Element	kein	mehr	weniger	teilweise	andere	...
Spannung	Ausfall	Überspannung	Unterspannung	Schwankung	N/A	...
Klimatisierung	Ausfall	zu kalt	zu warm	Schwankung	N/A	...
...	...	...	...	...	...	...

Beispiel 16-1: HAZOP-Matrix

Für jedes hypothetische Ereignis ermittelt das Team Abweichungen und mögliche Ursachen. Hieraus leitet es Folgen ab und beschreibt Möglichkeiten zur Erkennung sowie Empfehlungen oder zu klärende Punkte.

Wer Verantwortung trägt für Ressourcen, z. B. Anlagen oder IKT-Systeme, oder Prozesse sollte HAZOPs während des Lebenszyklus und bereits in der Designphase von Ressourcen, z. B. IKT-Systemen, sowie Prozessen durchführen. Basis derartiger Analysen sind beispielsweise Netztopologie, Anwendungsarchitekturen, Blockdiagramme, Datenflussdiagramme, objektorientierte Designdiagramme, wie Strukturdiagramme, z. B. Klassen-, Komponenten- und Kompositionsstrukturdiagramme, und Verhaltensdiagramme, z. B. Aktivitäten-, Anwendungsfall- (Use Cases), Kommunikations- und Zustandsdiagramme.

Die Vorgehensweise zur Risikoanalyse für Informationssysteme mittels des *OCTAVE® approach* ist in einem Anfangskapitel dieses Buchs beschrieben.

Der „*Guide for Assessing the Security Controls in Federal Information Systems*", NIST Special Publication 800-53A, Revision 1, Juni 2010 [98] dient dazu, den aktuellen Status der Informationssicherheit festzustellen und – sofern notwendig – Ziele für Verbesserungen aufzuzeigen. Zur Feststellung des Status dient ein umfangreicher fragenkatalogähnlicher Leitfaden.

16.1.2   Penetrationstests

Mit Penetrationstests wird versucht, in unbefugter Weise, d. h. ohne entsprechende Berechtigungen, in Kommunikationsnetze und Informationssysteme einzudringen. Penetrationstests erstrecken sich darüber hinaus jedoch auch auf andere Bereiche des Sicherheitsschalenmodells. So kann im Rahmen eines entsprechenden Penetrationstests versucht werden, ohne Zufahrtsberechtigung auf das Gelände zu fahren, ohne Zutrittsberechtigung in ein Gebäude oder Räumlichkeiten zu gelangen oder unerwünschte Objekte, z. B. Access Points, Key Logger, Abhöreinrichtungen oder Minikameras in das Unternehmen zu bringen und unbemerkt zu aktivieren.

Die dargestellte Statistik zeigt, dass ab dem Jahr 2000 ein starker Anstieg bei den neu entdeckten Schwachstellen zu verzeichnen ist. Dies macht kontinuierliche Überprüfungen auf Schwachstellen erforderlich. Gleichzeitig nehmen Umfang, Komplexität und Abhängigkeit von den installierten IKT-Systemen kontinuierlich zu. Deshalb sollte die Wirkung des Sicherheitsmanagements mit seinen Vorgaben, Konzepten und Maßnahmen sowie deren Umsetzung regelmäßig geprüft werden. Hierzu dienen Penetrationstests. Es wird unterschieden in „Black-Box-", „Grey-Box"- und „White-Box-Penetrationstests".

Bei „*Black-Box-Penetrationstests*" erhält der Tester vom beauftragenden Unternehmen ausschließlich die Angabe des Angriffsziels, d. h. den Namen des beauftragenden Unternehmens und gegebenenfalls der anzugreifenden Systeme. Darüber hinaus erhält er keine weiteren Informationen. Das Angriffsziel stellt sich für den Tester hier als eine „Black-Box" dar, deren Inhalt er nicht kennt. Er befindet sich somit in der gleichen Situation wie ein potenzieller externer Angreifer.

Bei „*Grey-Box-Penetrationstests*" erhält der Tester Teilinformationen über das Angriffsziel, z. B. über die eingesetzte Hardware und die Betriebssysteme. Er kann dadurch gezielter vorgehen, da er z. B. bekannte Schwachstellen dieser Systeme berücksichtigen kann.

Bei „*White-Box-Penetrationstests*" ist der Tester über die eingesetzten Schutzobjekte, z. B. Informationssysteme und die Infrastruktur sowie über die unternehmensinternen Regelungen und Maßnahmen sowie die Schutzsubjekte informiert. Er verfügt somit über Insiderwissen und kann gezielte Angriffe fahren. Hierdurch sind sehr umfassende Penetrationstests möglich.

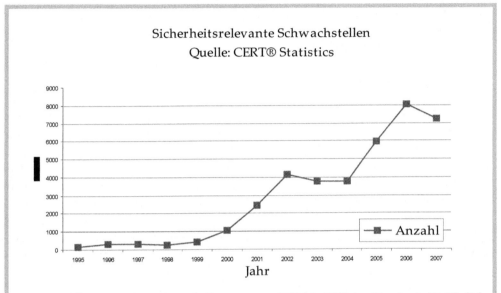

Sicherheitsrelevante Schwachstellen
Quelle: CERT® Statistics

Laut CERT® [99] verdoppelte sich in etwa von 1999 bis 2002 im Durchschnitt jährlich die Anzahl der neu entdeckten Schwachstellen, um nach einer Stagnationsphase in 2003 und 2004 von 2005 bis 2006 mit rund 2.000 neuen Schwachstellen pro Jahr anzusteigen. 2007 ist ein leichter Rückgang zu verzeichnen.

Die Durchführung von Penetrationstests beinhaltet u. a. die Informationssammlung über das Angriffsziel, z. B. über das Internet und durch das Ausspionieren vor Ort. Bei IT-Systemen kommt hinzu: das Scannen der Systeme, die Nutzung bekannter Schwachstellen der Zielsysteme etc.

16.1.3   IT Security Scans

Bei Security Scans im IT-Bereich werden als Tools Security Scanner eingesetzt, die Systeme oder Netze auf Sicherheitslücken hin untersuchen. Hier gibt es sowohl frei erhältliche (Freeware) als auch kommerzielle Tools. Die verfügbaren Scanner erstrecken sich über verschiedene Betriebssysteme, das Internet und Wireless LANs (WLAN). Hierbei können u. a. Benutzerkonten und Passwortstärke ermittelt und eine weitere Vielzahl von Angriffen und Checks, z. B. Denial-of-Service-Checks, gefahren werden.

Bekannte Scanner sind u. a. SATAN (Security Administrators Tool for Analyzing Networks), SAINT (Security Administrator's Integrated Network Tool) und Nessus.

Das Open Vulnerability Assessment System (OpenVAS) ist ein Open Source Schwachstellen-Scanner. Es ist ein Framework aus Diensten und Werkzeugen. OpenVAS-5 wurde im Mai 2012 freigegeben. Die Entwicklung verschiedener Funktionen von OpenVAS wurde vom Bundesamt für Sicherheit in der Informationstechnik (BSI) unterstützt [100].

16.2 Sicherheitscontrolling

Ein wesentlicher Bestandteil des Sicherheitsmanagements ist – wie bei allen Führungs- bzw. Managementsystemen – die Regelung, d. h. das Sicherheitscontrolling. Vergleichen Sie dies mit Ihrer Haushaltskasse. Sie wissen, wie viel Geld Sie monatlich zur Verfügung haben, kennen Ihre regelmäßigen Ausgaben, z. B. für Ernährung, Miete, Pkw und wissen, was Sie sich mittel- bis langfristig anschaffen möchten. Hiervon ausgehend setzen Sie sich Ziele, z. B. Geld sparen, und legen die monatliche Sparrate fest. In der Folge prüfen Sie, wie weit Sie bei der Erreichung Ihrer Sparziele gekommen sind und entscheiden sich gegebenenfalls, Ziele zu verändern, Anschaffungen früher zu tätigen etc. Sie haben somit einen Regelkreis geschaffen, mit dem Sie Ihr eigenes Verhalten steuern.

Ein solcher *Regelkreis* ist auch für das Sicherheitsmanagement notwendig, um das Sicherheitsniveau den Anforderungen Ihres Unternehmens entsprechend anpassen und steuern zu können. Darüber hinaus schaffen Sie hiermit Transparenz, denn neben diesen regelnden und steuernden Möglichkeiten haben Sie einen Überblick über die Sicherheitssituation im Unternehmen und können dem Management die Situation, Trends etc. regelmäßig und aktuell berichten.

Der *Sicherheitsregelkreis* beginnt damit, dass die Zuständigen eine Planungsbasis allgemeiner Sicherheitsziele schaffen. Anschließend stimmen sie konkrete Ziele ab, vereinbaren diese und nehmen eine Detailplanung vor. In der Folge erhebt der Sicherheitsverantwortliche regelmäßig den aktuellen Status, vergleicht ihn mit dem Plan und erstellt eine Prognose. Er analysiert Abweichungen, korrigiert gegebenenfalls die Prognose und ergreift bzw. initiiert bei Bedarf Korrekturmaßnahmen. In grafischer Darstellung ergibt sich der dargestellte Regelkreis.

Welche Inhalte und Aufgaben verbergen sich nun hinter den einzelnen Elementen des Regelkreises? Beginnen wir mit der *Planungsgrundlage*. Sie lässt sich ermitteln, indem Sie sich die folgenden Fragen beantworten:

☐   Welche übergreifenden Sicherheitsziele hat das Unternehmen?

☐   Welche Teilziele leiten sich aus den generellen Zielen ab?

☐   Zu welchen Terminen (Meilensteinen) sollen diese Teilziele erreicht sein?

☐   In welchen Intervallen sollen Plan-Ist-Vergleiche durchgeführt werden?

☐   Welche Messkriterien gibt es für die Erreichung der Ziele und Teilziele?

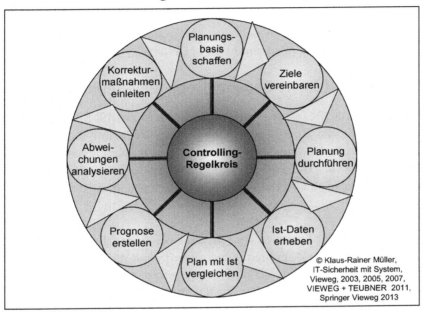

Abbildung 16-2: Sicherheitsregelkreis

Hieraus kann das Management überblicksartige Vorstellungen darüber entwickeln, welche Ziele kurz-, mittel- und langfristig erreicht werden sollen. Ziele können beispielsweise sein, ein systematisches Sicherheits-, Kontinuitäts- und Risikomanagementsystem aufzubauen, Schutzbedarfsanalysen zu konzipieren und einzuführen, ein Berichtswesen einzuführen, den aktuellen Sicherheitsstatus zu ermitteln und Maßnahmen zur Behebung von Schwachstellen einzuleiten etc.

Aus diesen überblicksartigen Zielen müssen konkret messbare Teilziele abgeleitet, abgestimmt und vereinbart werden. Dies erfolgt im *Zielvereinbarungsprozess*. Ein konkret messbares Ziel kann beispielsweise sein, dass die Sicherheits-, Kontinuitäts- und Risikopolitik zum Bewertungszeitpunkt definiert, freigegeben und kommuniziert ist, dass das Notfall-, Krisen- und Katastrophenvorsorgehandbuch bzw. -portal aktualisiert ist und eine Übung stattgefunden hat und dass bestimmte Sicherheitsprüfungen durchgeführt und die resultierenden Maßnahmen umgesetzt sind.

Im Anschluss hieran erfolgt die *Planung*, wann welche Teilziele (Meilensteine) erreicht sein sollen und wie die Erreichung gemessen werden kann. Die dazugehörigen Plandaten werden erfasst.

In zuvor definierten regelmäßigen Intervallen, z. B. monatlich, werden die aktuellen Ist-Daten erhoben. Diese werden im *Plan-Ist-Vergleich* einander gegenübergestellt. Auf Basis der Ist-Daten wird eine gegebenenfalls revidierte Prognose erstellt.

Auf der Basis dieser Ergebnisse lassen sich eine *Abweichungsanalyse* durchführen und – wenn erforderlich – *Korrekturmaßnahmen* ergreifen.

16.3   Berichtswesen (Safety-Security-Continuity-Reporting)

Das Berichtswesen für die IKT- bzw. Informationssicherheit (ISi-Berichtswesen) sowie für die Kontinuität, das Safety-Security-Continuity-Reporting, hat zum Ziel, den Berichtsempfängern, z. B. dem Management, einen regelmäßigen *Überblick über die RiSiKo-Situation der IKT* zu verschaffen. Dies erfordert die Erhebung der Anforderungen an die Berichte und daraus abgeleitet die Festlegung der Inhalte.

16.3.1   Anforderungen

Welche übergreifenden Anforderungen sind an ein solches Berichtswesen zu stellen? – Hierzu können folgende W-Fragen dienen: wer benötigt welche Informationen zu welchem Thema in welchem Detaillierungsgrad aus welcher Informationsquelle mit welcher Qualität und in welcher Form wann und wie oft von wem.

Die Berichte sollten daher folgende qualitativen *Eigenschaften* besitzen:

- ☐ empfängerorientiert
- ☐ informativ (strategisch, taktisch, operativ)
- ☐ angemessen detailliert
- ☐ nachweisbar
- ☐ standardisiert
- ☐ strukturiert
- ☐ präzise
- ☐ selbsterklärend, verständlich
- ☐ konsistent
- ☐ zeit- und ereignisgesteuert
- ☐ rechtzeitig
- ☐ zeitnah, aktuell.

Der Bericht sollte sich in *Aufbau, Inhalt und Stil* am Empfängerkreis orientieren. Management-Berichte sind knapp und allgemein verständlich. Sie beschränken sich auf wesentliche und übergreifende, d. h. aussagekräftige und aggregierte Informationen. Berichte an die operative Ebene sind in der Regel detaillierter und technischer oder fachspezifischer formuliert.

Ein Bericht sollte nur die geforderten und relevanten Informationen im entsprechenden Detaillierungsgrad wiedergeben. Die Motivation, einen Bericht zu lesen, reduziert sich mit seinem Umfang. Denken Sie an das Sprichwort „in der Kürze liegt die Würze". Dies erfordert vom Autor des Berichts Abstraktionsvermögen und den *Blick für das Wesentliche*.

Die *Standardisierung* der Berichte vereinfacht ihre Erstellung, da das „Rad nicht jedes Mal neu erfunden" werden muss. Dem Empfänger erleichtert es das Lesen, da er die gewohnte Darstellung vorfindet und sich nur erstmalig in diese einfinden muss.

Die *Struktur* des Berichts ist ebenfalls wichtig, da eine sinnvolle und nachvollziehbar aufgebaute Gliederung das Verständnis und die Akzeptanz beim Empfänger erhöht.

Die *Formulierung* eines Berichts sollte – wie bei jedem anderen Dokument auch – präzise, verständlich und in sich konsistent sein. Die Verwendung von Kürzeln und Ähnlichem ist nur mit einer entsprechenden Erklärung sinnvoll, es sei denn, diese Kürzel sind für den Leserkreis in diesem Kontext eindeutig und bekannt.

Berichtstermine können zeit- oder ereignisgesteuert sein. Zeitgesteuert bedeutet, dass Berichte regelmäßig, z. B. monatlich oder quartalsweise erstellt werden. Darüber hinaus müssen bei sicherheitsrelevanten Ereignissen, also ereignisgesteuert, gegebenenfalls zusätzliche Berichte geschrieben und an bestimmte Empfängerkreise weitergeleitet werden.

Die *rechtzeitige Lieferung* heißt, dass diese Berichte z. B. jeweils am 5. Arbeitstag eines Monats beim Empfänger vorliegen. Hiermit verbunden ist die Zeitnähe und Aktualität der Informationen. Berichte, die den weit zurückliegenden Sicherheitsstatus wiedergeben, sind wenig hilfreich, um rechtzeitige Aktionen auszulösen.

Die oben genannten *qualitativen Anforderungen* sollten konkretisiert werden. Hierzu gehört die Festlegung folgender Punkte des/der zu erstellenden Berichts/Berichte:

☐ Zielgruppe

☐ Ziel/Zweck des Berichts

☐ Inhalt

☐ Detaillierungsgrad

☐ genutzte Kennzahlen und Informationsbasen (Quellen), aus denen die Informationen für die Berichte extrahiert werden

☐ Layout (z. B. dreigeteilt: Graphik zur Visualisierung und zur Darstellung des zeitlichen Verlaufs (Plan, Ist, Abweichung, Prognose), Tabelle zur Hinterlegung der Graphik mit den zugrundeliegenden Daten, erläuternder Text/Interpretation der Ergebnisse/ergriffene Maßnahmen mit Verantwortlichen und Terminen)

☐ Frequenz (Stichtage)

☐ Aktualitätsgrad

☐ Verantwortlichkeit

☐ Länge der auszuwertenden Historie

Anzahl und Umfang der zu berücksichtigenden zurückliegenden Daten bestimmen das Datenvolumen. Bei Großunternehmen erfordert dies oftmals den Einsatz von Datawarehouses (DWH) und Business Intelligence Tools (BI) zur Auswertung.

Berichtswesen (Reporting)

Allgemein üblich sind Monatsberichte. Darüber hinaus sollten kurze Tagesberichte – idealerweise automatisch und elektronisch einsehbar – erstellt werden, die es dem CIO ermöglichen, morgens einen sofortigen Überblick über die aktuelle Situation der Informationsverarbeitung zu erhalten. Hierzu gehören insbesondere Informationen über lokale, regionale oder allgemeine Ausfälle oder anderweitige Störungen des regulären Betriebs.

Es empfiehlt sich, für die Berichte eine *Matrix* zu erstellen, aus der ersichtlich ist, wer welche Informationen in welcher Qualität bis wann wie häufig an wen liefert und aus welcher Quelle diese Daten stammen.

16.3.2 Inhalte

Welche Inhalte können für einen IKT-Sicherheitsbericht (Safety-Security-Continuity-Report) relevant sein? Basis hierfür sind die bereits erläuterten primären und sekundären Sicherheitskriterien. Hierzu sind Kennzahlen zu definieren, die über die Monate fortgeschrieben werden, sodass Veränderungen frühzeitig erkennbar sind.

Für jede Kennzahl des Berichts sind folgende Informationen, die *Kennzahlcharakteristika*, relevant:

Kennzahlidentifikation	
Identifikator der Kennzahl	*Welcher Identifikator kennzeichnet die Kennzahl eindeutig?* *(gemäß Namenskonvention des Unternehmens)*
Bezeichnung der Kennzahl	*Wie heißt die Kennzahl?* *(z. B. Verfügbarkeit, Termintreue, Passwortgüte/-qualität)*
Messzweck / Messziel	*Was soll mit der Kennzahl gemessen werden?* *(Mit welchem Ziel wird die Messung durchgeführt?)*
Definition	*Wie ist die Kennzahl definiert?*
Bemerkungen	*Weitere Erläuterungen und Bemerkungen zur Kennzahl*
Einheit	*Welche Einheit hat die Kennzahl?*
Betrachtete Prozesse und/oder Ressourcen	*Welche Prozesse und/oder Ressourcen (z. B. Systeme) werden durch die Kennzahl erfasst?*
Messdatenidentifikation (für jede Messung zu definieren)	
Messungsverantwortlicher	*Wer ist für die Messung, d. h. die Erhebung und Speicherung der Messwerte verantwortlich?*
Messobjekt	*Woran erfolgt die Messung?*
Messpunkt	*An welcher Stelle erfolgt die Messung?*
Messwerkzeug/-instrument	*Womit erfolgt die Messung?*
Messwerteinheit	*Welche Einheit hat der Messwert?*
Messzeitraum	*Innerhalb welchen Zeitraums erfolgt die Messung?* *(z. B. arbeitstäglich während der Betriebszeit)*
Messzeitpunkt, Messintervall	*Wann und in welchem Intervall erfolgt die Messung?* *(z. B. ab Beginn der Servicezeit alle 15 Minuten, zu jeder vollen Stunde, jeden Tag um 10:00 Uhr)*
Messdatenspeicher	*Worin werden die gemessenen Daten zwecks späterer Auswertung gespeichert?* *(z. B. Data Warehouse, Datenbank, Dateien)*
RPO	*Bis zu welchem zurückliegenden Zeitpunkt müssen die Daten nach einem Datenverlust wieder herstellbar sein?* *(z. B. 1 Tag, 4 Stunden, 1 Stunde)*
Archivierungsdauer	*Wie lange müssen die Messdaten archiviert werden?*
Messverfahren	*Wie erfolgt die Messung?*
Qualität der Messwerte	*Wie genau sind die Messwerte?*
Entscheidungsschwellen für Messwerte (für jede Messung zu definieren)	
Zielwerte	*Innerhalb welchen Korridors sollen sich die Messwerte befinden?*
Schwellwerte	*Bei Über- oder Unterschreiten welcher Schwellwerte sind Aktivitäten einzuleiten?*
- Aktivitäten	*Welche Aktivitäten sind bei welchen Über- oder Unterschreitungen von Schwellwerten einzuleiten?*
- Verantwortlichkeit	*Wer ist für die Aktivitäten verantwortlich?*

Grenzwerte	*Bei Über- oder Unterschreiten welcher Grenzwerte sind Aktivitäten einzuleiten?*
- Aktivitäten	*Welche Aktivitäten sind bei welchen Über- oder Unterschreitungen von Grenzwerten einzuleiten?*
- Verantwortlichkeit	*Wer ist für die Aktivitäten verantwortlich?*
Kennzahlermittlung	
Berechnungsverantwortlicher	*Wer ist für die Berechnung der Kennzahl verantwortlich?*
Berechnungswerkzeug	*Welches Werkzeug wird für die Berechnung der Kennzahl genutzt?*
Berechnungszeitraum	*Welcher Zeitraum wird zugrunde gelegt, um aus den Messwerten die Kennzahl zu berechnen? (z. B. Monat)*
Berechnungszeitpunkt und -intervall	*Bis zu welchem Zeitpunkt erfolgt die Berechnung der Kennzahl und in welchem Intervall?* *(z. B. monatlich bis zum 4. Arbeitstag des Folgemonats)*
Berechnungsformel	*Wie wird die Kennzahl aus welchen Messwerten berechnet?* *(Sollten Messwerte unterschiedlicher Messobjekte oder Messwerkzeuge zur Berechnung der Kennzahl erforderlich sein, so sind die Bereiche Messdatenidentifikation und Entscheidungsschwellen entsprechend der Anzahl unterschiedlicher Messobjekte zu vervielfältigen.)*
Qualität der Kennzahl	*Wie genau, aktuell, vollständig, konsistent und korrekt ist die Kennzahl?*
Kennzahlenadressat(en)	*Wer ist/sind der/die Nutzer/Empfänger der Kennzahl?*
Darstellungsform je Adressat	*In welcher Form erfolgt die Darstellung?* *(z. B. Zahl, zeitlicher Verlauf, Balken-, Tortendiagramm mit Beispiel des Berichts)*

Tabelle 16-1: Kennzahlcharakteristika

Von Interesse sind beispielsweise folgende Angaben, deren Bezeichnung sich an der ***Balanced Scorecard (BSC)*** [19] orientiert:

☐ Finanzielle Perspektive

☐ Kundenperspektive

☐ Prozessperspektive

☐ Lern- und Entwicklungsperspektive.

Die Balanced Scorecard [19] basiert auf der Erkenntnis, dass der Fortbestand eines Unternehmens von einer Vielzahl von Faktoren abhängig ist. Einer dieser Faktoren ist der finanzielle Erfolg des Unternehmens (Finanzielle Perspektive). Um nachhaltig erfolgreich sein zu können, müssen Kundenanforderungen in angemessener Form erfüllt werden (Kundenperspektive) und die Prozesse so ausgelegt sein, dass sie die Erreichung der finanziellen Ziele und der Kundenanforderungen unterstützen (Prozessperspektive). Schließlich muss sich das Unternehmen kontinuierlich weiterentwickeln und verbessern (Lern- und Entwicklungsperspektive), um mit Marktentwicklungen Schritt zu halten oder sie zu antizipieren.

Diesen Ansatz habe ich, orientiert am Pyramidenmodell®, weiterentwickelt und den Perspektiven die entsprechenden Pyramidenebenen und Prozesse zugeordnet. Hieraus ergibt sich die **Balanced Pyramid Scorecard® (BPS)** , die sich auch als pyramiden- – bzw. unter dem Fokus von Teilaspekten – als prozessbasierte BSC (pBSC) bezeichnen lässt. Hierbei beinhalten die verschiedenen Perspektiven die zweite Dimension im Pyramidenmodell®, nämlich die Prozesse, die Ressourcen, die Organisation, die Dienstleistungen und die Produkte sowie die dritte Dimension, den Lebenszyklus, wie später anhand der Kennzahlen erkennbar ist.

Im Hinblick auf die RiSiKo- bzw. Sicherheits(management)pyramide stellt sich dieser Ansatz wie folgt dar: Die RiSiKo-Politik repräsentiert Aspekte der Finanziellen Perspektive. Die Ebene der Sicherheitsziele und -anforderungen spiegelt sich in der Kundenperspektive wider. Die Prozessperspektive umfasst die Ebenen unterhalb der Anforderungen.

Die folgenden Absätze geben auszugsweise Beispiele möglicher Kennzahlen zu diesen Perspektiven:

In die *finanzielle Perspektive* fließt das Budget für das Informations- bzw. IKT-Sicherheits-, -Kontinuitäts- und -Risikomanagement ein. Hier können die Plan- und Ist-Zahlen sowie die Prognose in Form einer Kurve dargestellt werden, aufgeteilt u. a. in Prozesskosten, Personal- und Beratungskosten sowie Kosten für sicherheits- und kontinuitätsrelevante Ressourcen, z. B. Hardware und Software. Zu berücksichtigen und zu unterscheiden sind hierbei zum einen die Investitionen in präventive Maßnahmen, z. B. das Betreiben eines Sicherheits-, Kontinuitäts- und Risikomanagements sowie die Integration sicherheits- und kontinuitätsfördernder sowie risikojustierender Prozesse bzw. Prozessschritte, Ressourcen und Organisationselemente. Zum anderen auszuweisen sind Kosten bzw. Folgekosten aufgrund sicherheits- bzw. kontinuitätsrelevanter Ereignisse (Mängel), z. B. Konformitätsverstöße, Über- oder Unterlizenzierung, Nacherfassung bei Datenverlust, Rückrufaktionen, Umtausch und Nachbesserung. Imageschaden sowie eine eventuell vereinbarte und erforderliche Pönale, z. B. bei Nichterfüllung von SLAs, z. B. zur Sicherheit einschließlich Kontinuität und Verfügbarkeit, sollte dort ebenfalls ausgewiesen werden.

In die *Kundenperspektive* fließt die Erfüllung der RiSiKo-relevanten Anforderungen der externen und/oder internen Kunden an die Leistungen und (Vor-, Zwischen-, End-)Produkte ein. Hierzu gehört insbesondere der Vergleich zwischen Soll bzw. Plan und Ist, z. B. in Form des geforderten und des realisierten RiSiKo-Niveaus. Je nach Adressatenkreis können hierbei eine Vielzahl an Leistungskennzahlen (Key Performance Indicator {KPI}) von Interesse sein, deren Wert monatlich fortgeschrieben und als Kurve dargestellt werden kann. Die folgende Liste, die sich auf die von einem spezifischen Kunden oder einer Kundengruppe eingekauften Produkte und Services bezieht, stellt diesbezüglich einen Auszug dar:

- ☐ Konformitätsmanagement
  - ☐ Anzahl und prozentualer Anteil sowie Schwere (Gravität) von Verstößen gegen Vorgaben des Kunden, z. B. Gesetze, aufsichtsbehördliche Vorgaben, Verträge und Richtlinien aufgrund von Fehlleistungen oder fehlerhaften Produkten

- ☐ Datenschutzmanagement
  - ☐ Anzahl und prozentualer Anteil von Verstößen gegen externe oder interne Datenschutzvorgaben des Kunden je Sicherheitsklasse

- ☐ Konfigurationsmanagement
  - ☐ Anzahl und prozentualer Anteil der IKT-Prozesse und -Ressourcen, z. B. IKT-Systeme, IKT-Endgeräte (fest und mobil, z. B. Notebook, Smartphone, Handy) und Daten, je Schutzobjektklasse sowie je Sicherheits- und Kontinuitätsklasse
  - ☐ Anzahl und prozentualer Anteil unklassifizierter Prozesse und Ressourcen
  - ☐ Anzahl und prozentualer Anteil der überwachten (monitored) IKT-Prozesse und Ressourcen, wie z. B. Informationssysteme je Sicherheits- und Kontinuitätsklasse

- ☐ Lizenzmanagement
  - ☐ Anzahl der Software-Lizenzen je Endbenutzer-Software, z. B. Anwendung, sowie je Sicherheits- und je Verfügbarkeitsklasse
  - ☐ Anzahl sowie jeweils prozentualer Anteil der im Einsatz befindlichen unterschiedlichen Softwarestände einer Endbenutzer-Software sowie je Sicherheits- und je Verfügbarkeitsklasse
  - ☐ Anzahl der in einer Prüfung entdeckten Über- oder Unterlizenzierungen je Endbenutzer-Software sowie je Sicherheits- und je Verfügbarkeitsklasse

- ☐ Kapazitätsmanagement
  - ☐ Bei extern eingekauften Produkten, z. B. IKT-Endarbeitsplatzgeräten, wie thin clients, Notebooks, PDAs, Smartphones:
    - ☐ Anzahl und prozentualer Anteil gelieferter Produkte, bei denen die diesbezüglich abgeschlossenen SLA-Werte eingehalten wurden sowie solcher, bei denen sie nicht eingehalten wurden, mit Gegenüberstellung von Soll und Ist sowie unter Angabe der Maximal-, Durchschnitts- und Minimalwerte
    - ☐ Termintreue bei der Lieferung von Produkten in Bezug auf den diesbezüglich abgeschlossenen SLA sowie Gegenüberstellung von Soll und Ist der Lieferdauer sowie unter Angabe der Maximal-, Durchschnitts- und Minimalwerte

- Bei Informations- bzw. Anwendungssystemen:
  - Anzahl und prozentualer Anteil der im Hinblick auf das Antwortzeit-verhalten eingehaltenen SLAs sowie solcher, bei denen sie nicht einge-halten wurden, mit Gegenüberstellung von Soll und Ist sowie unter An-gabe der Maximal-, Durchschnitts- und Minimalwerte

- Kontinuitätsmanagement
  - Je Schutzobjekt- und Kontinuitätsklasse Anzahl und Dauer der Ausfälle (Maximalwert, Minimalwert, Mittelwert, Spannweite/Range) pro Schutz-objekt (Prozess, Ressource, z. B. Informationssystem, Produkt und Leistung), das vom Kunden direkt genutzt wird, sowie dessen jeweilige Verfügbarkeit
  - Anzahl und prozentualer Anteil der im Hinblick auf die Ausfalldauer und Verfügbarkeit eingehaltenen und nicht eingehaltenen SLAs
  - Durchschnittlich verbleibende Ausfalldauerreserve pro Schutzobjekt, das vom Kunden direkt genutzt wird, je Schutzobjekt- und Kontinuitätsklasse und minimale Ausfalldauerreserve unter Angabe des betroffenen Schutz-objekts
  - Anzahl und prozentualer Anteil der Schutzobjekte, die einen Kontinuitäts-plan besitzen, je Schutzobjekt- und Kontinuitätsklasse sowie detaillierter Überblick
  - Anzahl und prozentualer Anteil der Schutzobjekte, deren Kontinuitätsplan getestet wurde, je Schutzobjekt- und Kontinuitätsklasse sowie detaillierter Überblick einschließlich Testergebnisbewertung
  - Anzahl und prozentualer Anteil der Schutzobjekte, deren Kontinuitätsplan geübt wurde, je Schutzobjekt- und Kontinuitätsklasse sowie detaillierter Überblick einschließlich Übungsergebnisbewertung
  - Anzahl und prozentualer Anteil der Reviews des Kontinuitätsmanagements einschließlich betrachteter Schutzobjekte sowie deren Kontinuitätsklasse

- Sicherheitsmanagement
  - Anzahl und prozentualer Anteil genutzter Schutzobjekte je Schutzobjekt- und Sicherheitsklasse mit bekannten sicherheitsrelevanten Mängeln im Hin-blick auf die primären und sekundären Sicherheitskriterien sowie in Abhän-gigkeit von der Schwere des Mangels
  - Anzahl und prozentualer Anteil von verkauften Produkten oder erbrachten Dienstleistungen mit bekannten sicherheitsrelevanten Mängeln je Schutzob-jektklasse in Abhängigkeit von der Schwere des Mangels
  - Anzahl der Reviews des Sicherheitsmanagements einschließlich betrachteter Schutzobjekte sowie deren Sicherheitsklasse
  - Bei Informations- bzw. Anwendungssystemen:
    - Anzahl der Nutzer, aufgeteilt in interne und externe
    - Anzahl der Benutzerkonten sowie Verhältnis zwischen Benutzern und Benutzerkonten jeweils für interne und externe Nutzer
    - Anzahl der neu hinzugekommenen, der gelöschten und der gesperrten Benutzerkonten

□ Anzahl und prozentualer Anteil der ausgeschiedenen Nutzer je Sicherheitsklasse, bei denen das Benutzerkonto nicht innerhalb einer vorgegebenen Zeitspanne gesperrt oder gelöscht worden ist (verwaiste Benutzerkonten)

□ Anzahl und prozentualer Anteil der Benutzerkonten, deren Berechtigungen bei einem Review höher waren als gemäß dem Prinzip der minimalen Rechte und Dienste erforderlich gewesen wäre

□ Anzahl und prozentualer Anteil der Passwörter, die den Passwortrichtlinien entsprechen

□ Termintreue bei der Einrichtung eines Benutzerkontos einschließlich Zeitraum, der für die Einrichtung eines Benutzerkontos vergeht (minimal, durchschnittlich, maximal)

□ Zeitraum, der für die Sperrung eines Benutzerkontos im Notfall vergeht (minimal, durchschnittlich, maximal)

□ Einhaltung der SLAs für die Sperrung eines Benutzerkontos im Notfall

□ Prozentualer Anteil mobiler Geräte (z. B. Notebook, Smartphone, Handy), deren Daten verschlüsselt sind

□ ...

In der *Prozessperspektive* sind folgende Leistungskennzahlen (Key Performance Indicator, KPI) bzw. Informationen und deren Entwicklung von Monat zu Monat interessant, die ebenfalls in Kurvenform dargestellt werden kann:

□ Konformitätsmanagement
   □ Anzahl und prozentualer Anteil sowie Schwere (Gravität) von Verstößen gegen externe oder interne Vorgaben, z. B. Gesetze, aufsichtsbehördliche Vorgaben, Verträge, Richtlinien

□ Datenschutzmanagement
   □ Anzahl und prozentualer Anteil von Verstößen gegen externe oder interne Datenschutzvorgaben je Sicherheitsklasse

□ Risikomanagement
   □ Anzahl und prozentualer Anteil neu aufgenommener Risiken und deren Schwere
   □ Risikoniveau
   □ Anzahl der Reviews des Risikomanagements einschließlich betrachteter Schutzobjekte aus den Themenfeldern Prozesse, Ressourcen, Organisation, Dienstleistungen und Produkte sowie deren Risikoklasse (RiSiKo-Klasse)

□ Ereignismanagement
   □ Anzahl und prozentualer Anteil sicherheitsrelevanter Incidents je Sicherheitsklasse (RiSiKo-Klasse)
   □ Anzahl und prozentualer Anteil kontinuitätsrelevanter Incidents je Kontinuitätsklasse (RiSiKo-Klasse)

☐ Problemmanagement
  ☐ Anzahl und prozentualer Anteil sicherheitsrelevanter Probleme je Sicherheitsklasse (RiSiKo-Klasse)
  ☐ Anzahl und prozentualer Anteil kontinuitätsrelevanter Probleme je Kontinuitätsklasse (RiSiKo-Klasse)

☐ Änderungsmanagement
  ☐ Anzahl und prozentualer Anteil sicherheitsrelevanter Änderungen je Sicherheitsklasse
  ☐ Anzahl und prozentualer Anteil kontinuitätsrelevanter Änderungen je Kontinuitätsklasse
  ☐ Anzahl und prozentualer Anteil sicherheitsrelevanter Änderungen, die in der Folge einen Mangel einer bestimmten Schwere und dazugehöriger Schadenshöhe aufwiesen
  ☐ Anzahl und prozentualer Anteil kontinuitätsrelevanter Änderungen, die in der Folge einen Mangel einer bestimmten Schwere und dazugehöriger Schadenshöhe aufwiesen

☐ Konfigurationsmanagement
  ☐ Anzahl und prozentualer Anteil der Prozesse und Ressourcen, z. B. Anlagen, IKT-Komponenten, je Schutzobjektklasse sowie je Kontinuitätsklasse und je Sicherheitsklasse
  ☐ Anzahl und prozentualer Anteil der überwachten (monitored) Prozesse und Ressourcen, wie z. B. Anlagen und IKT-Komponenten je Kontinuitätsklasse und je Sicherheitsklasse
  ☐ Homogenitätsgrad je Schutzobjektklasse, z. B. Anzahl und prozentualer Anteil gleichartiger Ressourcen (und Releases) je Schutzobjektklasse

☐ Lizenzmanagement
  ☐ Anzahl der Software-Lizenzen je Software und je Sicherheits- und je Kontinuitätsklasse
  ☐ Anzahl sowie jeweils prozentualer Anteil der im Einsatz befindlichen unterschiedlichen Softwarestände einer Software je Kontinuitätsklasse und je Sicherheitsklasse
  ☐ Anzahl der in einer Prüfung entdeckten Über- oder Unterlizenzierungen je Kontinuitätsklasse und je Sicherheitsklasse

☐ Kapazitätsmanagement
  ☐ Auslastungsgrad kritischer Schutzobjekte, z. B. Rechner, Speicher, Netz und Drucker (Maximal-, Durchschnitts- und Minimalwert)
  ☐ Bei Informationssystemen:
    ☐ Datenvolumen je Informationssystem
    ☐ Transaktionsvolumen je Informationssystem

☐ Wartungsmanagement
  ☐ Anzahl sowie prozentualer Anteil der Ressourcen, deren Wartungsintervall überschritten ist, je Sicherheits- und je Kontinuitätsklasse

- Anzahl sowie prozentualer Anteil der Ressourcen, deren geplante Einsatz-dauer überschritten ist, je Sicherheits- und je Kontinuitätsklasse
- Anzahl sowie prozentualer Anteil der Software-Ressourcen, deren letzte Ak-tualisierung im Vergleich zum aktuellen Softwarestand eine vordefinierte Zeitspanne überschritten hat, je Sicherheits- und je Kontinuitätsklasse

- Kontinuitätsmanagement
  - Status der Hierarchieebenen und Dimensionen der Kontinuitätspyramide (Plan/ Ist), z. B. Fertigstellungsgrad der RiSiKo-Politik und der Kontinuitäts-richtlinien einschließlich der Vorlagen für Notfallpläne sowie deren Anzahl (Plan/Ist)
  - Anzahl und prozentualer Anteil der Schutzobjekte je Schutzobjekt- und Kontinuitätsklasse, die einen Kontinuitätsplan besitzen sowie detaillierter Überblick
  - Anzahl und prozentualer Anteil der Schutzobjekte (Prozesse, Ressourcen, Produkte und Leistungen), deren Kontinuitätsplan getestet wurde sowie de-taillierter Überblick einschließlich Testergebnisbewertung
  - Anzahl und prozentualer Anteil der Schutzobjekte (Prozesse, Ressourcen, Produkte und Leistungen), deren Kontinuitätsplan geübt wurde sowie de-taillierter Überblick einschließlich Übungsergebnisbewertung
  - Anzahl der Reviews des Kontinuitätsmanagements einschließlich betrachte-ter Schutzobjekte (Prozesse, Ressourcen, Produkte und Leistungen) sowie deren Kritikalität
  - Anzahl eingetretener Notfälle und deren Schwere
  - Bei Informationssystemen
    - Anzahl der Ausfälle pro IKT-Schutzobjekt bzw. dessen Verfügbarkeit
    - Dauer der Ausfälle pro IKT-Schutzobjekt (Maximalwert, Minimalwert, Mittelwert, Spannweite/Range)

- Sicherheitsmanagement
  - Status der Hierarchieebenen und Dimensionen der Sicherheitspyramide (Plan/Ist), z. B. Fertigstellungsgrad der Sicherheits-, Kontinuitäts- und Risi-kopolitik oder der Sicherheitsrichtlinien sowie deren Anzahl (Plan/Ist)
  - Anzahl von Sensibilisierungsmaßnahmen sowie Anzahl und prozentualer Anteil teilnehmender Mitarbeiter
  - Anzahl und prozentualer Anteil erfolgreicher und fehlgeschlagener Zutritts-versuche
  - Anzahl durchgeführter Sicherheits- bzw. RiSiKo-Analysen und der dabei ge-fundenen Schwachstellen sowie der aufgesetzten und der umgesetzten Maßnahmen
  - Bei Informationssystemen:
    - Anzahl aller, neu angelegter, gelöschter, seit n Wochen inaktiver sowie gesperrter Benutzer

□ Anzahl gesperrter Benutzer/Benutzerkonten (Accounts) insgesamt und pro Sperrgrund, z. B. Login fehlerhaft, Benutzer seit n Wochen inaktiv, ...

□ Anzahl neu eingerichteter, geänderter und gelöschter Berechtigungen

□ Anzahl bzw. prozentualer Anteil erfolgreicher und fehlgeschlagener Logins

□ Anzahl Passwortrücksetzungen

□ Zeitraum, der vergeht, bis ein neues Benutzerkonto nach Ersteinrichtung zum ersten Mal genutzt wird (Maximalwert, Minimalwert, Mittelwert, Spannweite/Range)

□ Zeitaufwand für die Einrichtung eines Benutzerkontos

□ Anzahl erkannter und abgewehrter Viren (pro Virentyp)

□ Anzahl erkannter, abgewehrter und erfolgreicher Angriffe

□ Architekturmanagement

□ Anzahl sowie prozentualer Anteil der laut Konfigurationsmanagement vorhandenen sowie in der Architektur abgebildeten Ressourcen je Sicherheits- und je Kontinuitätsklasse

□ Anzahl und prozentualer Anteil der Architekturkomponenten, bei denen Architekturstandards, -muster, -bausteine oder -richtlinien nicht eingehalten wurden

□ ...

In die *Lern- und Entwicklungsperspektive* fließen Kennzahlen, u. a. über die Mitarbeiter ein. Hierzu gehört z. B.:

□ Innovationsmanagement

□ Anzahl sicherheits- und/oder kontinuitätsrelevanter Verbesserungen oder Patente und deren Gewichtigkeit je Sicherheitskriterium

□ Personalmanagement

□ Anzahl der Mitarbeiter im IKT-Sicherheits-, Kontinuitäts- und Risikomanagement (insgesamt, intern und extern {jeweils Plan, Ist, Prognose})

□ Fluktuationsrate

□ Krankenstand

□ Qualifikation und Wissensspektrum

□ ...

16.4 Safety-Security-Continuity-Risk-Benchmarks

In Anbetracht der Kosten und hinsichtlich der eigenen Positionierung ist der „Blick über den Tellerrand" hilfreich: Wo steht das Unternehmen im Vergleich mit anderen ähnlichen Unternehmen? Hierzu dienen Benchmarks, die sich auf bestimmte Themen, Teilbereiche oder die gesamte IKT beziehen können.

16.5   Hilfsmittel IKT-Sicherheitsfragen

Grundlage für die Durchführung von Sicherheitsstudien bzw. Risikoanalysen bilden Fragenkataloge. Sie geben einen Rahmen und Umfang für die Sicherheitsstudie vor. Einen kleinen Auszug aus verschiedenen Themenbereichen bilden die folgenden Fragen:

- Sind die Sicherheitsanforderungen der Nutzer bekannt?
    - Sind diese Sicherheits- und Kontinuitätsanforderungen ausreichend detailliert, z. B. im Hinblick auf Zugangs- und Zugriffsschutz, Verfügbarkeit, RPO, MTA, Datensicherung, Archivierung, Mengengerüst, Performance?
    - Sind die Sicherheits- und Kontinuitätsanforderungen nachvollziehbar dokumentiert? – Wenn ja, wie?
- Wie erfolgte die Umsetzung der fachlichen Anforderungen in die IKT?
    - Wurden hierbei die erforderlichen PROSim-Elemente Prozesse, Ressourcen und Organisation betrachtet?
    - Wurden erforderliche Präventivmaßnahmen, z. B. Redundanz ergriffen?
    - Entsprechen diese in ihrer Art und Vollständigkeit den Anforderungen?
- Sind die Prozesse und Ressourcen, z. B. Server, Anwendungen, Daten, nach ihrer Kritikalität je Sicherheitskriterium klassifiziert? – Wenn ja, welche Klassen gibt es?
- Existieren die erforderlichen Datensicherungskonzepte?
    - Wie sehen die Datensicherungskonzepte aus?
    - Wie sieht das Auslagerungsverfahren für Datensicherungen aus?
- Existieren für die Schutzobjekte den Sicherheits- und Kontinuitätsanforderungen entsprechende Notfall-, Krisen- und Katastrophenvorsorgehandbücher?
- Existiert ein standardisiertes Antrags- und Genehmigungsverfahren für Zufahrt, Zutritt, Zugang und Zugriff?
- Werden die Anträge und die Genehmigungen nachvollziehbar dokumentiert und den erforderlichen Aufbewahrungsfristen entsprechend sicher aufbewahrt?
- ...

16.6   Zusammenfassung

Der *Sicherheitsregelkreis bzw. RiSiKo-Regelkreis* unterstützt den Aufbau und die Anpassung des Sicherheits-, Kontinuitäts- und Risikomanagements an die kontinuierlichen Veränderungen innerhalb und außerhalb des Unternehmens.

Sicherheitsprüfungen sind Elemente des Regelkreises und können in Form von Sicherheitsstudien bzw. Risikoanalysen sowie Penetrationstests und Security-Scans

durchgeführt werden. Durch sie können in einer Momentaufnahme Sicherheitsdefizite aufgedeckt und weitergehende Schutzmaßnahmen empfohlen werden.

Durch das *Sicherheitscontrolling* werden Ziele definiert und ihr Erreichungsgrad
unterjährig verfolgt. *Monatliche und Ad-hoc-Berichte* dienen als nachvollziehbare
Dokumentation der aktuellen Sicherheitssituation. Die Gliederungsstruktur der
Monatsberichte kann sich an der *Balanced Pyramid Scorecard®* orientieren und die
finanzielle, die Kunden-, die Prozess- sowie die Lern- und Entwicklungsperspektive beinhalten.

Safety-Security-Continuity-Risk-Benchmarks ermöglichen Vergleiche mit anderen
Unternehmen.

17 Reifegradmodell des Sicherheits-, Kontinuitäts- und Risikomanagements

Häufig stellt sich in Unternehmen die Frage, welches Niveau ihr Sicherheits-, Kontinuitäts- und Risikomanagement erreicht hat und wie es sich bewerten lässt. In diesen Fällen hilft ein Reifegradmodell.

Das Reifegradmodell[Dr.-Ing. Müller] für das Sicherheits-, Kontinuitäts- und Risikomanagement, das Safety, Security, Continuity and Risk Management Maturity Model (SSCRMMM) der Sicherheits- bzw. RiSiKo-Pyramide orientiert sich an deren Struktur und Inhalten. Es geht damit über das ausschließliche Thema Sicherheit hinaus und leitet aus der Sicherheits- bzw. RiSiKo-Pyramide die verschiedenen Reifegradstufen ab.

Das Kapitel behandelt folgende Themen:

1. Reifegradmodell RiSiKo-Management:
   Safety, Security, Continuity and Risk Management Maturity Modell
2. Checkliste Reifegrad
3. Praxisbeispiel
4. Zusammenfassung

17.1 Reifegradmodell RiSiKo-Management

Das hier von mir für das Informations- bzw. IT- bzw. IKT-Sicherheitsmanagement, genauer formuliert das (Informations-/IT-/IKT-)RiSiKo-Management (IT or ICT Safety, Security, Continuity and Risk Management Maturity Model, ICTSSCR-MMM {ICT double S, C, R, triple M}) ausgeprägte, aber allgemein anwendbare Reifegradmodell umfasst die im folgenden angegebenen Stufen (Level). Die jeweils höhere Stufe setzt die Anforderungserfüllung der vorangegangenen Stufe voraus. Die Bezeichnung der jeweiligen Stufe gibt Auskunft darüber, in welchem Status sich das Sicherheitsmanagement dieser Stufe befindet:

Stufe 0: unbekannt (unknown)

Stufe 1: begonnen (initiated, started)

Stufe 2: konzipiert (designed)

Stufe 3: standardisiert (standardized)

Stufe 4: integriert (integrated)

Stufe 5: gesteuert (managed)

Stufe 6: selbstlernend (self-teaching)

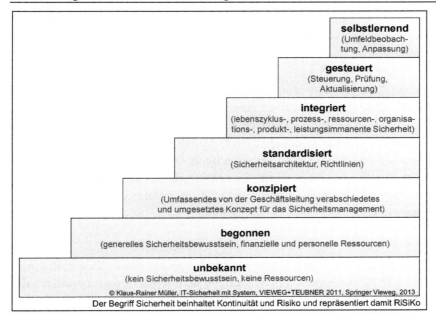

Abbildung 17-1: Reifegradmodell[Dr.-Ing. Müller], hier für Sicherheit und RiSiKo

17.1.1 Stufe 0: unbekannt

Diese Stufe ist dadurch gekennzeichnet, dass es im Unternehmen kein durchgängiges Bewusstsein für das Thema Sicherheit einschließlich Kontinuität und Risiko gibt. Das Management stellt keine personellen und/oder finanziellen Ressourcen bereit, um Sicherheitsmaßnahmen ergreifen zu können. Wenn Sicherheitsmaßnahmen ergriffen worden sind, so ist dies individuellem Engagement zu verdanken, aber keine vom Unternehmen bewusst initiierte Maßnahme.

17.1.2 Stufe 1: begonnen

Auf dieser Stufe sind eine Vielzahl von IKT-Sicherheits-, -Kontinuitäts- und -Risikomaßnahmen vom Unternehmen bewusst initiiert und umgesetzt worden. Es gibt ein generelles IKT-RiSiKo-Bewusstsein im Unternehmen. Für die IKT-RiSiKo-Themen werden personelle und finanzielle Ressourcen eingesetzt.

17.1.3 Stufe 2: konzipiert

Es existiert ein von der Geschäftsleitung verabschiedetes, kommuniziertes und umgesetztes Konzept, wie das Sicherheits-, Kontinuitäts- und Risikomanagement, d. h. das RiSiKo-Management im Unternehmen wahrgenommen werden soll. Dies beinhaltet eine am Markt und der Unternehmensstrategie ausgerichtete RiSiKo-Politik sowie RiSiKo-Ziele, -konzepte und -maßnahmen. Bei den genannten Themen werden die Themenfelder Prozesse, Ressourcen und Organisation berücksichtigt.

17.1.4   Stufe 3: standardisiert

Die verschiedenen Maßnahmen und Konzepte basieren auf Richtlinien und sind dementsprechend standardisiert und umgesetzt. Für die wesentlichen Themenfelder existieren derartige Richtlinien. Der Schutzbedarf von Geschäftsprozessen und Informationssystemen wird auf standardisierte Weise erhoben. Die Geschäftsprozesse und Informationssysteme sind entsprechend ihrem Schutzbedarf klassifiziert. Es existiert eine RiSiKo-Architektur, in der die aktuell anwendbaren RiSiKo-Elemente – bezogen auf Prozesse, Ressourcen und Organisation – sowie der aktuelle Status enthalten sind.

17.1.5   Stufe 4: integriert

Das RiSiKo-Management ist in den gesamten Lebenszyklus der Prozesse, Ressourcen, Organisation, Produkte und Dienstleistungen so integriert, dass bereits ab der ersten Phase der Idee Elemente des RiSiKo-Managements berücksichtigt werden. Diese Elemente werden über alle Phasen des Lebenszyklus weiter verfeinert. Im Hinblick auf die IKT bedeutet dies z. B., dass Elemente des RiSiKo-Managements von der Phase der Idee über die Machbarkeit, die Konzeption, die Entwicklung, den Test und den Betrieb bis hin zur Außerbetriebnahme berücksichtigt werden.

17.1.6   Stufe 5: gesteuert

Das RiSiKo-Management verfügt über einen Regelkreis, mit dem es kontinuierlich nachvollziehbar verfolgt und gesteuert wird. Dies beinhaltet die regelmäßige und geplante Aktualisierung der RiSiKo-Anforderungen sowie die Verifizierung im Hinblick auf Umsetzung und Wirksamkeit der Elemente des RiSiKo-Managements.

17.1.7   Stufe 6: selbst lernend

Auf der obersten Stufe entwickelt sich das RiSiKo-Management (pro)aktiv kontinuierlich weiter. Dies beinhaltet die kontinuierliche Marktbeobachtung z. B. im Hinblick auf neue Bedrohungen, Technologien etc., sowie das Benchmarking mit anderen Unternehmen. Die entsprechenden Verantwortlichkeiten sind nachvollziehbar Funktionen im Unternehmen zugeordnet.

Grundlage für selbst lernende Unternehmen und Organisationen sind die zuvor genannten Reifegradstufen[Dr.-Ing. Müller]. Entscheidend für ein selbst lernendes Unternehmen ist eine Kultur des gegenseitigen Respekts und Vertrauens sowie des Miteinander-Redens. Dies erfordert eine entsprechende Vorbildfunktion seitens der

Geschäftsleitung. Eine selbst lernende Organisation ist durch verschiedene stark ausgeprägte Merkmale gekennzeichnet. So ist sie

- ◻ (hoch-)wachsam
- ◻ (hoch-)intelligent und (hoch-)erfahren
- ◻ (hoch-)transparent
- ◻ (hoch-)vernetzt
- ◻ (hoch-)anpassungsfähig bzw. -flexibel
- ◻ (hoch-)dynamisch
- ◻ in ihrem Agieren (hoch-)wirksam.

Unerkannte Risiken und Unvorhergesehenes

Die weltweite Finanzkrise, die Volatilität der Märkte, der Ausfall des europäischen Flugverkehrs aufgrund von Vulkanaschewolken im April 2010, Erdbeben in Haiti und Chile im Jahr 2010, die Ölkatastrophe nach der Explosion und dem Untergang der Öl-plattform Deepwater Horizon im Golf von Mexiko im April 2010, das Hochwasser in Australien Ende des Jahres 2010 und Anfang 2011, der katastrophale atomare Unfall von Fukushima im Jahr 2011 sowie das Hochwasser unvorhergesehenen Ausmaßes in Mitteleuropa im Jahr 2013, aber auch die Veröffentlichung vertraulicher US-amerikani-scher Dokumente unter Wikileaks im Jahr 2010 und der NSA-Überwachungsskandal im Jahr 2013 haben vielen – und insbesondere auch Managern – die Abhängigkeit der Un-ternehmen und Organisationen von Naturereignissen, menschlichem Handeln und technischen Schwachstellen vor Augen geführt und verstärkt bewusst gemacht. Unter-nehmen wollen sich dementsprechend so aufstellen, dass sie zum einen potenzielle Risi-ken möglichst frühzeitig erkennen und vor ihrem Eintreten behandeln können und zum anderen bei unvorhergesehenen Ereignissen optimal agieren können und handlungsfä-hig bleiben. Unternehmensstrategie und Wirtschaftlichkeit sind hierbei zu berücksichti-gen.

Verschiedentlich sind unerwartete Ereignisse nicht so unerwartet, wie es den Anschein hat. Abgesehen von jenen Menschen, die im Nachhinein schon immer alles im Vorhin-ein gewusst haben wollen, gibt es solche, die im Vorfeld Hinweise geben, denen aber keine Aufmerksamkeit geschenkt wird. Hier gilt es, eine geeignete Unternehmenskultur aufzubauen.

Hohe Wachsamkeit bezieht sich auf das gesamte Unternehmen und alle seine Mit-arbeiter. Dies erfordert Vorgaben seitens der Geschäftsleitung und deren Vorbild-funktion sowie die Sensibilisierung aller Mitarbeiter. Sowohl menschliche Rezepto-ren als auch technische Rezeptoren (Sensoren) sind erforderlich, zu etablieren und miteinander zu vernetzen, um ein Früherkennungs- und Frühwarnsystem aufzu-bauen. Notfall-Patches sowie Beinahe-Fehler/Unfälle/Notfälle/Fehlverhalten die-nen ebenso wie Ausschussraten und Fehlleistungen der Früherkennung. Die Si-cherheitspyramide bietet die Basis hierfür. So liefert z. B. der Service Desk im Rah-men des Ereignismanagements sicherheits- und kontinuitätsrelevante Informationen, das Kapazitätsmanagement und das Wartungsmanagement stellen kontinuitätsrelevante antizipierende Informationen bereit, das Innovationsmanagement erkennt vorausschauend Entwicklungen des Umfelds, aber auch Innovationen aus dem Unternehmen heraus. Aber auch der Lebenszyklus liefert frühzeitig sicherheits-, kontinuitäts- und risikorelevante Informationen. Zur Wachsamkeit gehört weiterhin, dass Mitarbeitern bewusst sein muss, dass es zu ihrer Verantwortung gehört, auf Ungewöhnliches zu achten, Prozesse, Ressourcen und Organisation zu hinterfragen sowie eigene Fehler und eigenes Fehlverhalten zu melden und dass ihre Informationen Ernst genommen werden. Auch dies setzt eine geeignete Unternehmenskultur voraus.

Ressourcen

Menschliches Versagen bzw. Fehlverhalten von Menschen sowie Mängel technischer Ressourcen können zu kritischen Situationen führen. Beim ersten Themenfeld helfen u. a. das Poka-Yoke- und das Vier-Augen-Prinzip sowie die Prinzipien der Funktionstrennung sowie des generellen Verbots, der minimalen Rechte und der minimalen Dienste. Mängel technischer Ressourcen kündigen sich verschiedentlich durch Parameterveränderungen oder ungewöhnliche Anzeichen an. Somit hilft die aufmerksame Überwachung der Ressourcen und das Hinterfragen bzw. Plausibilisieren von Ergebnissen (Prinzip der Plausibilisierung).

Fehlentscheidungen und Fehler

Manch einen prägt die Sorge, einen Fehler zu machen oder eine Fehlentscheidung zu treffen sowie dafür verantwortlich gemacht zu werden oder der eigenen Karriere zu schaden. So werden Entscheidungen hinausgezögert und Fehler erst spät oder gar nicht kommuniziert. Dies kann für Unternehmen fatale Folgen haben. Gerade im Bereich der Forschung und Entwicklung sind Entscheidungen oftmals risikobehaftet. Bei potenziell hochwertigen Innovationen und Innovationssprüngen stehen den großen Chancen und Alleinstellungsmerkmalen jedoch oft hohe Risiken gegenüber. Risikoaversion und Langsamkeit können dazu führen, dass Mitbewerber schneller sind und das Unternehmen auf der Strecke bleibt.

Hohe Intelligenz und Erfahrung eines Unternehmens bedeutet, dass bestehendes Wissen gesichert ist, Abläufe und Verfahren standardisiert und die Mitarbeiter für ihr Aufgabengebiet, aber auch z. B. hinsichtlich RiSiKo und Notfällen, Krisen und Katastrophen geschult sind. Das Können und Wissen der Mitarbeiter muss zudem jederzeit bekannt und einsetzbar sowie vernetzbar sein, wenn sofortiges Agieren gefragt ist. In unvorhergesehenen Situationen und bei Fehlern führt dieses Wissen zu wirksamen Lösungen, in denen eine Vielfalt von Aspekten mit berücksichtigt sind.

Hohe Transparenz erfordert einen Überblick über Prozesse, Ressourcen und Organisation, wie sie in der Architekturebene und in Form des Interdependenznetzes sowie der Informationen und der Kommunikation, z. B. Risikokommunikation, in der Sicherheitspyramide behandelt werden. Die Mitarbeiter müssen durch geeignete Information und Kommunikation auf dem aktuellen Stand sein. Unter dem Begriff „Glass Wall Enterprise" verstehe ich transparente und bereichsübergreifend offene Unternehmen. Hierbei sind die Themen Transparenz und Offenheit mit den Themen Sicherheit und Datenschutz in Einklang zu bringen und das Thema Wirtschaftlichkeit zu berücksichtigen.

Hohe Vernetzung bezieht sich auf sowohl interne als auch externe. Ähnlich wie bei einer Projektorganisation ist hier prozess- und ressourcen- sowie organisations-, d. h. hierarchie- und (geschäfts-)bereichsübergreifende sowie lebenszyklus- und themenimmanente Vernetzung gefragt. Im Rahmen dieses Buches habe ich darauf hingewiesen, dass die Sicherheitspyramide integrativ und damit vernetzend wirkt, u. a. beim Themen RiSiKo-Management. Teilaspekte der Vernetzung sind die Teamfähigkeit und Offenheit sowie eine effiziente und effektive Meeting-Kultur. Ein ebenfalls wichtiger Aspekt ist das überblicksartige Verständnis für andere beteiligte Geschäftsbereiche. Die Vernetzung außerhalb des Unternehmens betrifft den Informationsaustausch mit externen Institutionen, Unternehmen und Know-how-Trägern sowie die Kenntnis externer Experten und den bedarfsorientierten Zugriff auf diese. Im IT-Bereich gehören hierzu z. B. der Informationsaustausch über neu entdeckte Sicherheitslücken, Angriffsarten etc.

Fehlende Vernetzung

Gerade im Bereich der Informationsverarbeitung steigen die Anforderungen der internen Kunden kontinuierlich, teilweise zum Erhalt oder zur Steigerung der Wettbewerbsfähigkeit, manchmal initiiert durch den Gesetzgeber und teilweise zur Steigerung der Effizienz. Um latente Risiken zu mindern, ist ein übergreifender Informationsaustausch und die Einbindung aller Beteiligten erforderlich. Hierzu gehören z. B. der auftraggebende Geschäftsbereich und die Organisationsabteilung, um negative Auswirkungen vorhersehen und vermeiden zu können. Seitens des Geschäftsbereichs Informationsservices muss zusätzlich zum Bereich Entwicklung auch der Betrieb vertreten sein.

Hohe Anpassungsfähigkeit kennzeichnet jene Unternehmen, die Marktveränderungen frühzeitig erkennen und sich darauf durch geeignete Veränderungen einstellen. Ihnen ist bewusst, dass sich das Umfeld kontinuierlich verändert und dass Technologien und Märkte, Kunden, Mitbewerber und Lieferanten, sich entwickeln. Diese Veränderungen idealerweise selbst zu initiieren und zu steuern, sie frühzeitig zu erkennen, oder ihnen zumindest gewachsen zu sein, gehört zu den Merkmalen eines Unternehmens, wenn es am Markt bestehen will. Hoch anpassungsfähige Unternehmen sind bereit, sich gegebenenfalls „neu zu erfinden".

Hohe Dynamik ist von Unternehmen insbesondere dann gefordert, wenn es um die geordnete Umsetzung zeitkritischer Aktivitäten, gerade in unvorhergesehenen und verschiedentlich auch extremen und/oder existenzbedrohenden Situationen geht. Das sofortige Zusammenführen internen und externen Wissens, die schnelle und präzise Information und Kommunikation, kurze Entscheidungswege sowie das sofortige zielgerichtete Handeln sind Kennzeichen eines dynamischen Unternehmens.

Hohe Wirksamkeit beim Agieren zeigt sich darin, dass die ergriffenen Maßnahmen die gewünschte Wirkung haben.

17.2   Checkliste Reifegrad

Wer sich einen ersten Überblick verschaffen möchte, auf welcher Stufe sich das Sicherheits-, Kontinuitäts- und Risikomanagement in seinem Unternehmen befindet, kann den folgenden Fragenkatalog verwenden. Diese erste Einstufung kann später durch detailliertere Fragebögen schrittweise weiter präzisiert werden. Wer die Checkliste für ein autarkes Thema, z. B. nur das Sicherheitsmanagement, nutzen möchte, kann den Fragenkatalog sinngemäß anwenden, indem er in geeigneter Form zum einen RiSiKo durch Sicherheit ersetzt sowie zum anderen das Thema Kontinuität und Risiko ausklammert.

Stufe	Kontrollen (Controls) auf Detaillierungsebene 1 (Überblick)
0	Im Unternehmen fehlt ein durchgängiges Sicherheits-, Kontinuitäts- und Risikobewusstsein (RiSiKo-Bewusstsein).
	Personelle und/oder finanzielle Ressourcen für Maßnahmen im Bereich des RiSiKo-Managements werden vom Management nicht bereitgestellt.
	Das Unternehmen initiiert keine RiSiKo-bezogenen Maßnahmen.
1	Im Unternehmen existiert über alle Ebenen ein von der Geschäftsleitung initiiertes allgemeines RiSiKo-Bewusstsein.
	Das Unternehmen stellt personelle und finanzielle Ressourcen für Maßnahmen im Bereich des RiSiKo-Managements zur Verfügung.
	Das Unternehmen hat weitestgehend Maßnahmen im Bereich des RiSiKo-Managements initiiert und umgesetzt.
2	Für das Sicherheits-, Kontinuitäts- und Risikomanagement (SKRM) bzw. das RiSiKo-Management im Unternehmen existiert ein von der Geschäftsleitung verabschiedetes, kommuniziertes und im Unternehmen umgesetztes Konzept.
	Das RiSiKo-Management beinhaltet die am Markt und an der Unternehmensstrategie ausgerichtete RiSiKo-Politik, RiSiKo-bezogene Ziele, Konzepte und Maßnahmen.
	Das RiSiKo-Management erstreckt sich auf die Themenfelder Prozesse, Ressourcen und Organisation sowie auf alle Sicherheitskriterien.

Stufe	Kontrollen (Controls) auf Detaillierungsebene 1 (Überblick)
3	Maßnahmen und Konzepte im Hinblick auf Sicherheit, Kontinuität und Risiko sind in Form von Richtlinien in allen wesentlichen Themenfeldern (Prozesse, Ressourcen und Organisation) standardisiert, kommuniziert, geschult und umgesetzt.
	Die RiSiKo-Anforderungen, d. h. die Sicherheits- und Kontinuitätsanforderungen sowie die Anforderungen im Hinblick auf das Risiko, u. a. in Form der Risikotragfähigkeit und Risikobereitschaft der Prozesse werden auf standardisierte Weise erhoben und diese entsprechend ihrem Schutzbedarf klassifiziert. Die Anforderungen werden auf die Schutzobjekte transformiert.
	Es existiert eine Risiko-, Sicherheits- und Kontinuitätsarchitektur (RiSiKo-Architektur), in der die aktuell anwendbaren, die erforderlichen und die geplanten RiSiKo-Elemente bezogen auf Prozesse, Ressourcen, Organisation, Produkte und Leistungen enthalten sind.
4	Elemente für das RiSiKo-Management sind in alle Phasen des Lebenszyklus von Prozessen, Ressourcen, Organisation, Produkten und Dienstleistungen integriert.
	Die Elemente für das RiSiKo-Management beinhalten die Themenfelder Prozesse, Ressourcen und Organisation.
	Die Elemente für das RiSiKo-Management orientieren sich an den Anforderungen und Richtlinien.
5	Für das RiSiKo-Management existieren der Prozess, die Ressourcen und die Organisation sowie der Regelkreis, mit Hilfe dessen es kontinuierlich nachvollziehbar verfolgt und gesteuert wird. Die Verfolgung und Steuerung erfolgen anhand von Plan-Ist-Vergleichen, Prognosen, Analysen und Korrekturmaßnahmen.
	Das RiSiKo-Management umfasst die regelmäßige und geplante Aktualisierung der Risiken sowie der RiSiKo-Anforderungen.
	Im Rahmen des RiSiKo-Managements erfolgt die regelmäßige Planung sowie die Überprüfung der Umsetzung und der Wirksamkeit der RiSiKo-Elemente.
6	Das RiSiKo-Management beinhaltet Funktionen und/oder Rollen, die für dessen kontinuierliche (pro)aktive Weiterentwicklung verantwortlich sind.
	Das RiSiKo-Management entwickelt sich nachvollziehbar und messbar weiter. Dies umfasst die Themenfelder Prozesse, Ressourcen, Organisation, Produkte und Leistungen sowie die Lebenszyklen.
	Das RiSiKo-Management beinhaltet nachvollziehbare und wirksame Methoden und Verfahren, die sicherstellen, dass interne und externe Entwicklungen frühzeitig erkannt, bewertet, aufgegriffen und bei Bedarf anforderungsgerecht behandelt und bewältigt werden. Dies beinhaltet die Markt- und Umfeldbeobachtung sowie Benchmarks mit anderen Unternehmen.

Checkliste 17-1: Reifegrad

17.3   Praxisbeispiel

Das Musterunternehmen beauftragt eine externe Unternehmensberatung mit einer Sicherheitsprüfung eines neuen Informationssystems, dessen Entwicklung an ein Softwarehaus vergeben wurde. Als Ergebnis der Sicherheitsstudie ergibt sich, dass

☐ das Unternehmen eine Vielzahl unterschiedlicher Sicherheits- und Kontinuitätsmaßnahmen zur Absicherung des IT-Betriebs ergriffen hat

☐ Sicherheitsrichtlinien für Passwörter existieren

☐ in die Konzeption des neuen Informationssystems Risikobetrachtungen sowie verschiedene Sicherheits- und Kontinuitätsmaßnahmen eingeflossen sind

☐ Sicherheits- und Kontinuitätsanforderungen für das neue Informationssystem nicht erhoben wurden

☐ das Management und alle Mitarbeiter ein ausgeprägtes Sicherheits- und Kontinuitätsbewusstsein haben,

☐ das Management die erforderlichen personellen und finanziellen Ressourcen zur Erreichung des geforderten Sicherheits- und Kontinuitätsniveaus bereitstellt,

☐ das externe Softwarehaus vor der Auftragsvergabe hinsichtlich Qualitäts- und Sicherheitsstandards begutachtet wurde.

Das Musterunternehmen befindet sich auf der Stufe 1, begonnen, weil die dort gestellten Anforderungen erfüllt sind.

17.4   Zusammenfassung

Mit dem Reifegradmodell[Dr.-Ing. Müller] lässt sich das Sicherheits-, Kontinuitäts- und Risikomanagement sowohl für die IKT-Sicherheit als auch für die Unternehmenssicherheit oder andere Sicherheitsthemen – einschließlich Kontinuität und Risiko – anhand von 7 Stufen, beginnend bei Stufe 0, bewerten. Die Stufen charakterisieren über ein Eigenschaftswort das erreichte Niveau. Ausgangspunkt ist die Stufe 0, „unbekannt", gefolgt von den Stufen „begonnen", „konzipiert", „standardisiert", „integriert" und „gesteuert". Die oberste Stufe heißt „selbst lernend". Voraussetzung für den Übergang in die jeweils nächste Stufe ist, dass alle dort definierten Anforderungen sowie die der darunter liegenden Stufen erfüllt sind. In seiner verallgemeinerten Form lässt sich das Reifegradmodell[Dr.-Ing. Müller] auch für andere Managementsysteme anwenden, insbesondere solche, die nach dem Pyramidenmodell® aufgebaut sind.

18 Sicherheitsmanagementprozess

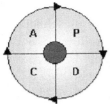 Die bisherigen Kapitel haben den hierarchischen Aufbau der Sicherheitspyramide, die PROSim-Elemente, die Integration von Sicherheitselementen in die Lebenszyklen sowie den Sicherheitsregelkreis beschrieben. Hieraus lässt sich der Sicherheits-(management-)prozess bzw. Sicherheits-, Kontinuitäts- und Risiko-(management-)prozess eines Unternehmens formen, indem diese Elemente in einem Ablauf zusammengeführt werden. Was ist hierbei zu beachten?

18.1 Deming- bzw. PDCA-Zyklus

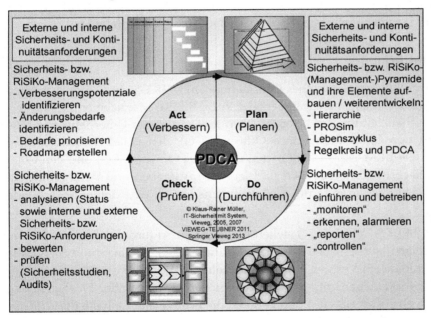

Abbildung 18-1: Sicherheits-/RiSiKo-(Management-)prozess[Dr.-Ing. Müller]

Wie bereits erwähnt ist Sicherheit ein bewegliches Ziel, da sich Sicherheits- und Kontinuitäts- sowie risikospezifische Anforderungen, Bedrohungen und Schwachstellen kontinuierlich verändern. Um dem Rechnung zu tragen, sollte der Sicherheits-, Kontinuitäts-, Risiko- oder RiSiKo-Prozess bzw. -Managementprozess einen kontinuierlichen Verbesserungsprozess enthalten. Hierzu lässt sich der Deming-bzw. PDCA-Zyklus nutzen, der aus dem Qualitätsmanagement bekannt ist [50]. PDCA steht für die vier Phasen Plan-Do-Check-Act.

Der Aufbau eines Informations-, eines IKT- bzw. eines umfassenden Sicherheits-managementsystems (ISMS, ICTSMS, SMS), bzw. genauer eines Informations- bzw. IKT-Sicherheits-, -Kontinuitäts- und -Risikomanagementsystems, kurz eines Informations- bzw. IKT-RiSiKo-Managementsystems, beginnt dementsprechend mit der Planung (Plan). Hieran schließt sich die Umsetzung (Do) einschließlich Test, Pilotierung und Betrieb mit Monitoring, Reporting und Controlling an. In der Überwachungsphase (Check) erfolgt die Analyse, Bewertung und Überprüfung des Systems. Die letzte Phase der Verbesserung (Act) wertet die Ergebnisse aus. Sie leitet hieraus Verbesserungsmaßnahmen für den Einstieg in die nächste Planung und den nächsten Durchlauf des PDCA-Zyklus ab.

Hinter dem Begriff Sicherheitsmanagementsystem, ob vollständig, für Informatio-nen oder die IKT kann sich dabei – wie bei der Sicherheitspyramide – ein Sicher-heits-, Kontinuitäts- und Risikomanagementsystem (ISKRMS, IKTSKRMS, ICTSKRMS bzw. SKRMS) verbergen, wofür ich die Bezeichnung I-RiSiKo- bzw. IT-/IKT-RiSiKo-Managementsystem (I-/IT-/IKT-RiSiKoMS) geschaffen habe.

18.2   Planung

Zu Beginn der *Planungsphase* eines Informations- bzw. IKT-Sicherheits-, -Kontinu-itäts- oder -Risikomanagementsystems oder kurz -RiSiKo-Managementsystems er-nennt die Geschäftsleitung den erforderlichen Rollen und der Unternehmensgröße entsprechend den Chief Compliance Officer (CCO), den Chief Security Officer (CSO), den Chief BCM Officer (CBO), den Chief Risk Officer (CRO) und den Chief Information Security Officer (CISO) und legt ihre Aufgaben und Verantwortlich-keiten fest. Das Organigramm des Unternehmens erfährt eine dementsprechende Erweiterung.

CCO, CSO, CBO, CRO und CISO stellen die externen Anforderungen zusammen, z. B. aus Gesetzen, aufsichtsbehördlichen Bestimmungen, Normen und Standards sowie abgeschlossenen Verträgen. Sie entwickeln das Vorgehensmodell zum Auf-bau des RiSiKo-Managements anhand der Sicherheitspyramide. Sie legen den RiSiKo-Managementprozess fest und bereiten die prinzipiellen Inhalte der *RiSiKo-Politik* bis hin zu den Mindest- und Grenzszenarien vor. CCO, CSO, CBO, CRO und CISO stimmen die RiSiKo-Politik des Unternehmens mit der Geschäftsleitung ab, die sie freigibt.

CSO, CBO, CRO und CISO legen konsistente Klassen für Sicherheit, Kontinuität und Risiko (RiSiKo-Klassen) fest. Gemeinsam mit den Prozessverantwortlichen er-heben sie die *RiSiKo-Anforderungen* der Prozesse bzw. lassen diese erheben, wo-bei sie die Prozessarchitektur des Unternehmens zugrunde legen. Die Erhebung erfolgt im Rahmen von Business und Operational Impact Analysen. Als Ergebnis liegen die entsprechenden Berichte bzw. Informationen vor. Die Ergebnisse lassen sich außerdem zum Nachjustieren der RiSiKo-Klassen nutzen.

Die anschließende *Transformation* bildet die RiSiKo-Klassen auf RiSiKo-Merkmale von Prozessen, z. B. Support- und Begleitprozessen, Ressourcen und Organisation ab. Ein gegebenenfalls erforderlicher weiterer Schritt transformiert darüber hinausgehende spezielle RiSiKo-Anforderungen.

Die RiSiKo-Verantwortlichen stellen die Mindest- und Grenzszenarien, die RiSiKo-Anforderungen, das Bedrohungspotenzial, die RiSiKo-Merkmale, die Risikomatrix, Prozess-, Organisations- und Ressourcenarchitekturen einschließlich der Netztopologie zusammen. Diese bilden die Basis zur Entwicklung der *RiSiKo-Architektur*. Sie umfasst die Liste der prinzipiell betrachteten Bedrohungen, der RiSiKo-Anforderungen sowie der RiSiKo-Elemente und zwar für Prozesse, Ressourcen, Organisation, Produkte und Dienstleistungen. Ferner wird die derzeitige Architektur in Form beispielsweise von Systemarchitekturen und Netztopologien sowie Verkabelungsplänen dargestellt.

Für die Elemente des RiSiKo-Managements entwickeln die dafür Verantwortlichen bei Bedarf übergreifende *Richtlinien*. Solche Elemente können sich beispielsweise beziehen auf den Datenschutz, den Zufahrts-, Zutritts-, Zugangs- und Zugriffsschutz, die Datensicherung, die Notfall-, Krisen- und Katastrophenvorsorgeplanung, den Computerviren-Schutz und den IT-, Internet- und E-Mail-Schutz, aber z. B. auch das Kapazitäts- und das Architekturmanagement. Nach der Erstellung entsprechender Richtlinien werden diese geprüft, verabschiedet und eingeführt.

Die erstellten RiSiKo-Richtlinien dienen als Basis für die *RiSiKo-Konzepte*, welche die Ressourcenspezifika, z. B. von Systemen, berücksichtigen.

Die Umsetzung der Konzepte in *Maßnahmen* wird nachvollziehbar dokumentiert (Nachweisdokumente).

Die RiSiKo-Verantwortlichen tragen die RiSiKo-Elemente sowie die prozess-, ressourcen-, organisations-, produkt- und dienstleistungsspezifischen *Lebenszyklen* zusammen. Die verschiedenen Phasen der Lebenszyklen erhalten die erforderlichen RiSiKo-Elemente mit entsprechenden Ergebnissen je Aktivität.

Die Verantwortlichen für das Sicherheits-, Kontinuitäts- und Risikomanagement bauen den *Regelkreis* auf. Dies beinhaltet die Festlegung von Kontrollelementen (Controls) und Kennzahlen. Sie dienen als Basis für das spätere Monitoring, Controlling und Reporting sowie für Prüfungen.

18.3   Durchführung

In der nächsten Phase des PDCA-Zyklus erfolgt die *Umsetzung (Do)*. Mitarbeiter erhalten Schulungen und werden sensibilisiert. Die jeweils operativ Zuständigen für Prozesse und Ressourcen, wie z. B. für den IT-Betriebsprozess, für Gebäude und Systeme, führen den Betrieb unter Berücksichtigung der eingeführten RiSiKo-Konzepte und -maßnahmen durch. Sie messen und überwachen (Monitoring) den Betrieb den Anforderungen entsprechend kontinuierlich. Meldungen werden erkannt und ausgewertet, es wird alarmiert und auf Alarme reagiert etc.

Den Anforderungen an das Controlling folgend sammelt der Geschäftsbereich Informationsservices Controlling-Daten, führt Plan-Ist-Vergleiche durch, erstellt Prognosen, analysiert eventuelle Abweichungen und schlägt Korrekturmaßnahmen vor. Er dokumentiert die Controlling-Ergebnisse in regelmäßigen Berichten (Reporting) und leitet sie an die jeweiligen Adressaten. Status, Maßnahmen und verbleibende Risiken kommuniziert er in geeigneter Form und in spezifischem Umfang an die entsprechenden internen und externen Bezugsgruppen. Diese Einbindung der Bezugsgruppen schafft Bewusstsein und angemessenes Vertrauen in das RiSiKo-Management.

18.4   Prüfung

In regelmäßigen Abständen und bedarfsorientiert erfolgen *Prüfungen (Checks) des RiSiKo-Managements*. Es werden Tests, Übungen und Sicherheitsprüfungen durchgeführt. Die Ergebnisse werden dokumentiert, analysiert, ausgewertet und berichtet.

18.5   Verbesserung

Neue Erkenntnisse in Entwicklung und Betrieb führen zu einer Rückkopplung in die entsprechenden Schritte des Sicherheits- bzw. RiSiKo-Managementprozesses bzw. in die Ebenen der Sicherheits- bzw. RiSiKo-(Management-)Pyramide oder den jeweiligen Lebenszyklus. Sie lösen Weiterentwicklungen im Sinne von *Verbesserungen und Neuerungen* aus. Dies gilt ebenso für Veränderungen der Umwelt, neue Gesetze, Produkte, u. Ä. Beispielsweise macht ein neues Gesetz eine Ergänzung in den Anlagen zur RiSiKo-Politik erforderlich. Hieraus ergeben sich dann Änderungen in den darunter liegenden Ebenen der Sicherheitspyramide bzw. den Folgeschritten im Sicherheitsmanagementprozess.

Neue Prozesse, Ressourcen, Produkte oder Dienstleistungen erfordern gegebenenfalls neue oder modifizierte Lebenszyklusmodelle. Kann jedoch ein bestehendes Lebenszyklusmodell genutzt werden, so erfolgt der Einstieg in den entsprechenden Schritt „Sicherheitsanforderungen erheben" im Prozesslebenszyklus und zieht entsprechende Erhebungen und Aktivitäten in den folgenden Prozessschritten nach sich. Auch innerhalb des Lebenszyklus können sich Erkenntnisse ergeben, die Auswirkungen auf die Inhalte der Hierarchieebenen der Sicherheitspyramide haben. So z. B. die Anforderung von Sicherheitselementen, die über die bestehende Sicherheitsarchitektur hinausgehen.

Nachdem Verbesserungs- und Änderungsbedarfe identifiziert sind, erfolgt ihre Priorisierung. Die Roadmap stellt den zeitlichen Ablauf sowie die erforderlichen Ressourcen dar.

18.6 Zusammenfassung

Die folgende Tabelle zeigt die einzelnen Schritte des Prozesses Sicherheits- bzw. RiSiKo-Management mit den dazugehörigen Eingangsinformationen, Methoden und Ergebnissen. Bei den Aktivitäten ist PROSim zu berücksichtigen.

Eingangs-informationen	Aktivitäten unter Berücksichtigung von PROSim	Methoden	Ergebnisse
PLAN			
	Sicherheits-, Kontinuitäts- und Risiko-verantwortliche benennen		Erweitertes Organigramm, Funktionsbeschreibung, Aufgabenbeschreibung, Kompetenzregelung
RiSiKo-Anforderungen, externe, z. B. durch Gesetze, Aufsicht, Normen, Standards, Best Practices, Wirtschaftsprüfer, sowie unternehmensspezifische	Risiko-, Sicherheits- und Kontinuitätspolitik (RiSiKo-Politik) festlegen		RiSiKo-Politik mit Vorgehensmodell sowie Anlagen für Gesetze und Vorgaben, Normen und Standards, sowie Mindest- und Grenzszenarien
Prozess- und Ressourcenarchitektur, Leistungs- und Produktportfolio	RiSiKo-Anforderungen erheben	SBAs, BIAs, OIAs	RiSiKo-Klassen, RiSiKo-Anforderungen
RiSiKo-Anforderungen und -klassen aus BIAs und OIAs	RiSiKo-Anforderungen transformieren auf Schutzobjekte	HoSSC, SSCFD	RiSiKo-Merkmale der Schutzobjekte

Eingangs-informationen	Aktivitäten unter Berücksichtigung von PROSim	Methoden	Ergebnisse
RiSiKo-Anforderungen und -Merkmale, Prozess-, Organisations- und Ressourcenarchitektur, z. B. Systemarchitektur, Netztopologie, Gebäude-, Verkabelungspläne, ...	Sicherheits- und Kontinuitäts- sowie Risikoarchitektur (RiSiKo-Architektur) aufbauen		Prinzipielle Bedrohungen, RiSiKo-Anforderungen, Sicherheitsprinzipien, RiSiKo-Elemente für Betriebs- und Angriffssicherheit sowie Kontinuität je Prozess, Ressource, Organisation, Produkt und Dienstleistung, Risikomatrix
RiSiKo-Elemente	Sicherheits-, Kontinuitäts- und Risikorichtlinien (RiSiKo-Richtlinien) erstellen		RiSiKo-Richtlinien für Prozesse, Ressourcen, Organisation, Produkte und Dienstleistungen, z. B. für Prozesse, Konformität, Datenschutz, Datensicherung, Notfallvorsorge, ...
RiSiKo-Richtlinien, Ressourcenspezifika	Sicherheits-, kontinuitäts- und risikobezogene Konzepte (RiSiKo-Konzepte) entwickeln		Spezifische RiSiKo-Konzepte
RiSiKo-Konzepte	Sicherheits-, Kontinuitäts- und risikobezogene Maßnahmen (RiSiKo-Maßnahmen) ergreifen		Protokolle/Nachweisdokumente durchgeführter RiSiKo-Maßnahmen
RiSiKo-Elemente, prozess-, organisations- und ressourcen- sowie produkt- und leistungsspezifische Lebenszyklen	Themen Sicherheit, Kontinuität und Risiko in die Lebenszyklen integrieren		Lebenszyklen mit RiSiKo-Elementen
DO			
Ergebnisse der Planungsphase, Monitoring-, Reporting- und Controlling-Anforderungen	RiSiKo-Management betreiben, monitoren, reporten, controllen		Protokolle, Unterlagen Messwerte, Meldungen, Reports, Controlling-Berichte
CHECK			
Prüfumfang und Rahmenbedingungen	RiSiKo-Management prüfen	HAZOP, OCTAVE®, Self Assessment, Penetrationstest, Security-Scans, Audits, Sicherheitsstudien, Risikoanalysen	Prüfberichte

Eingangs-informationen	Aktivitäten unter Berücksichtigung von PROSim	Methoden	Ergebnisse
ACT			
Prüfberichte, interne und externe Anforderungen	RiSiKo-Management verbessern		Roadmap, Projektplan

Tabelle 18-1: RiSiKo-Managementprozess (Input, Methoden, Ergebnisse)

19 Minimalistische Sicherheit

Die bisherigen Kapitel haben den systematischen und durchgängigen Aufbau des IKT-Sicherheits- bzw. -RiSiKo-Managements anhand der dreidimensionalen Sicherheits- bzw. RiSiKo-(Management-)Pyramide[Dr.-Ing. Müller] gezeigt. Sie liefert die Grundlage, um ein unternehmensspezifisch angemessenes Sicherheits- bzw. RiSiKo-Managementsystem aufzubauen.

Die Kapitel und die anfangs dargestellten Bedrohungen und die im Text genannten Ereignisse zeigen, dass Sicherheit ein methodisches Vorgehen benötigt, wie es die Sicherheitspyramide liefert. Wer sich in einem kleinen Unternehmen schnell einen ersten rudimentären und minimalistischen Überblick über einige wenige wichtige Sicherheitseckpunkte verschaffen möchte, kann die folgende Checkliste nutzen. Hiermit lässt sich das prinzipielle Vorhandensein einzelner sicherheitsrelevanter Basiselemente prüfen, die anschließend im Detail zu verifizieren sind:

Vorhandene, umgesetzte, gelebte und geprüfte Basiselement	Erfüllt ja/nein
Relevante Prinzipien, z. B. im Hinblick auf „aufgeräumten" Arbeitsplatz, Abwesenheitssperre, Vier-Augen, Funktionstrennung, generelles Verbot, minimalen Bedarf, minimale Rechte, minimale Dienste	
Zutrittsschutz, durchgängig und ausreichend granular sowie mit entsprechenden Richtlinien und Dokumentationen	
Zugangsschutz, durchgängig und ausreichend granular sowie mit entsprechenden Richtlinien und Dokumentationen	
Zugriffsschutz, durchgängig und ausreichend granular sowie mit entsprechenden Richtlinien und Dokumentationen	
IKT-Benutzerrichtlinie einschließlich E-Mail und Internet	
Richtlinien Datenschutz und Geheimhaltung	
Richtlinien IKT-Betrieb mit Einsatzverfahren für Programme und IKT-Systeme	
Datensicherung und Datensicherungsmethodik einschließlich Datenauslagerung mit Richtlinie und Dokumentationen	
Patchmanagement	
Virenscanner, aktuell und je Arbeitsplatz/System vorhanden	
Firewall, aktuell und an allen externen Schnittstellen vorhanden	
Intrusion Detection and Prevention, aktuell	
Spam-Filter, aktuell	

Datenlöschungsrichtlinie	
Datenträgervernichtungsrichtlinie	
Notfallplanung	
Verschlüsselung	
Data Leakage Prevention	
Lizenzmanagement	
...	

Checkliste 19-1: Minimalistische Sicherheit

20 Abbildungsverzeichnis

21 Tabellenverzeichnis

22 Verzeichnis der Checklisten

23 Verzeichnis der Beispiele

24 Markenverzeichnis

Die folgenden Angaben erfolgen ohne Gewähr und ohne Haftung. An jeder Stelle des Buches gelten die jeweiligen Schutzbestimmungen und -rechte in ihrer jeweils aktuellen Fassung.

Balanced Pyramid Scorecard® ist eine eingetragene Marke von Dr.-Ing. Klaus-Rainer Müller

CERT® und CERT Coordination Center® (CERT®/CC) sind eingetragene Marken der Carnegie Mellon University.

Certified Information Security Auditor®, CISA®, Certified Information Security Manager™, CISM®, Certified in the Governance of Enterprise IT (and design)®, CGEIT®, Certified in Risk and Information Systems Control™ und CRISC™ sind Marken (™) bzw. eingetragene Marken (®) der Information Systems Audit and Control Association®, Inc. (ISACA®).

CMM®, CMMI®, Capability Maturity Model®, Capability Maturity Model Integration® sind eingetragene Marken der Carnegie Mellon University.

COBIT® ist eine eingetragene Marke der Information Systems Audit and Control Association® und des IT Governance Institute®.

Honeynet Project® ist eine eingetragene Marke des The Honeynet Project, einer NOT-FOR-PROFIT CORPORATION.

IDEA® ist eine eingetragene Marke der Nagravision S.A.

Information Systems Audit and Control Association® und ISACA® sind eingetragene Marken der Information Systems Audit and Control Association®.

IT Governance Institute® und ITGI® sind eingetragene Marken der Information Systems Audit and Control Association.

ITIL® ist eine eingetragene Marke des Cabinet Office.

Kerberos™ ist eine Marke des Massachusetts Institute of Technology (MIT).

Lotus Notes® ist eine eingetragene Marke der International Business Machines Corporation (IBM).

Microsoft®, NT® sind eingetragene Marken der Microsoft Corporation.

Novell® ist eine eingetragene Marke der Novell Inc., USA.

OASIS® sowie die üblichen Abkürzungen von OASIS-Spezifikationen sind Marken oder eingetragene Marken des OASIS Konsortiums

OGF℠, Open Grid Forum℠, Grid Forum℠ sind Marken des Open Grid Forums.

OGSA® und Open Grid Services Architecture® sind eingetragene Marken des Open Grid Forums

Oracle® ist eine eingetragene Marke der Oracle Corporation

Pyramidenmodell® ist eine eingetragene Marke von Dr.-Ing. Klaus-Rainer Müller

RC5® ist eine eingetragene Marke der EMC Corporation

SAP® ist eine eingetragene Marke der SAP AG.

Sebek® ist eine eingetragene Marke des The Honeynet Project

Stratus® und Continuous Processing® sind eingetragene Marken von Stratus Technologies Bermuda Ltd.

TOGAF® ist eine eingetragene Marke der The Open Group

UNIX® ist eine eingetragene Marke der „The Open Group".

Wi-Fi® ist eine eingetragene Marke der Wi-Fi Alliance.

Windows® ist eine eingetragene Marke der Microsoft Corporation.

zSeries® ist eine eingetragene Marke der International Business Machines Corporation (IBM).

25 Verzeichnis über Gesetze, Vorschriften, Standards, Normen, Practices

Die folgenden Unterkapitel nennen einige Gesetze, Verordnungen, Ausführungsbestimmungen, Grundsätze, Vorschriften, Standards, Normen und Practices, die im Zusammenhang mit dem Sicherheits-, Kontinuitäts- und Risikomanagement eine Rolle spielen. Diese sind teils branchenübergreifend und teils branchenspezifisch. Sie behandeln z. B. Themen wie Sorgfaltspflicht der Vorstandsmitglieder, Überwachungssystem, Risiken, Notfallplanung, Datenschutz und Ordnungsmäßigkeit.

Lagebericht zur Informationssicherheit 2012 der <kes> [101]

Bei den Teilnehmern der Sicherheitsstudie ist das Bundesdatenschutzgesetz (BDSG) mit rund 90 % am bekanntesten und für über 90 % der Befragten relevant. Demgegenüber sind z. B. das Telekommunikationsgesetz (TKG) und die Telekommunikations-Überwachungsverordnung (TKÜV) über 70 %, das Telemediengesetz (TMG) über 60 %, das Gesetz zur Kontrolle und Transparenz im Unternehmensbereich (KonTraG) mehr als 60 % der Befragten bekannt. Dies ist insofern ernüchternd, als Gesetze und Verordnungen z. B. für die Protokollierung auf Firewalls, Web- und Mail-Servern (s. a. [102]) eine hohe Bedeutung besitzen und das KonTraG die Einrichtung eines Risikomanagementsystems fordert. [<kes>/Microsoft®-Sicherheitsstudie 2012, Lagebericht zur Informationssicherheit 2012, <kes>, 5/2012, S. 47ff.]

25.1 Gesetze, Verordnungen und Richtlinien

25.1.1 Deutschland: Gesetze und Verordnungen

AO	Abgabenordnung
AGG	Allgemeines Gleichbehandlungsgesetz
AktG	Aktiengesetz
AMG	Arzneimittelgesetz
BDSG	Bundesdatenschutzgesetz
BGB	Bürgerliches Gesetzbuch
ChemG	Chemikaliengesetz
GmbHG	GmbH-Gesetz
GwG	Geldwäschegesetz
HGB	Handelsgesetzbuch
KAGB	Kapitalanlagegesetzbuch

KAVerOV	Kapitalanlage-Verhaltens- und -Organisationsverordnung
KonTraG	Gesetz zur Kontrolle und Transparenz im Unternehmensbereich
KWG	Kreditwesengesetz
PatG	Patentgesetz
PfandBG	Pfandbriefgesetz
ProdHaftG	Produkthaftungsgesetz
SGB	Sozialgesetzbuch
SGB IV	Viertes Sozialgesetzbuch – Gemeinsame Vorschriften für die Sozialversicherung
SGB VII	Siebtes Sozialgesetzbuch – Gesetzliche Unfallversicherung
SGB X	Zehntes Sozialgesetzbuch – Sozialverwaltungverfahren und Sozialdatenschutz
SigG	Gesetz über Rahmenbedingungen für elektronische Signaturen (Signaturgesetz)
SigV	Verordnung zur elektronischen Signatur (Signaturverordnung)
SolvV	Solvabilitätsverordnung
TKG	Telekommunikationsgesetz
TKÜV	Verordnung über die technische und organisatorische Umsetzung von Maßnahmen zur Überwachung der Telekommunikation (Telekommunikations-Überwachungsverordnung)
TMG	Telemediengesetz
UMAG	Gesetz zur Unternehmensintegrität und Modernisierung des Anfechtungsrechts
UrhG	Urheberrechtsgesetz
VAG	Gesetz über die Beaufsichtigung der Versicherungsunternehmen (Versicherungsaufsichtsgesetz)
WpHG	Gesetz über den Wertpapierhandel (Wertpapierhandelsgesetz)

25.1.2 Österreich: Gesetze und Verordnungen

BWG	Bankwesengesetz
DSG 2000	Datenschutzgesetz 2000
InfoSiG	Bundesgesetz über die Umsetzung völkerrechtlicher Verpflichtungen zur sicheren Verwendung von Informationen (Informationssicherheitsgesetz)
InfoSiV	Verordnung der Bundesregierung über die Informationssicherheit
VAG	Versicherungsaufsichtsgesetz

25.1.3 Schweiz: Gesetze, Verordnungen und Rundschreiben

BankG	Bundesgesetz über die Banken und Sparkassen (Bankengesetz)
BankV	Verordnung über die Banken und Sparkassen (Bankenverordnung)
DSG	Bundesgesetz über den Datenschutz

FINMA-RS 08/7	Rundschreiben 2008/7, Outsourcing Banken – Auslagerung von Geschäftsbereichen bei Banken, Stand: 6. Dezember 2012
FINMA-RS 08/21	Rundschreiben 2008/21, Operationelle Risiken Banken – Eigenmittelanforderungen für Operationelle Risiken bei Banken, Stand: 1. Juni 2012
FINMA-RS 08/32	Rundschreiben 2008/32, Corporate Governance Versicherer – Corporate Governance, Risikomanagement und Internes Kontrollsystem bei Versicherern
FINMA-RS 08/35	Rundschreiben 2008/35, Interne Revision Versicherer – Interne Revision bei Versicherern, Stand: 6. Dezember 2012
GeBüV	Verordnung über die Führung und Aufbewahrung der Geschäftsbücher (Geschäftsbücherverordnung)
GwG	Bundesgesetz über die Bekämpfung der Geldwäscherei und der Terrorismusfinanzierung im Finanzsektor (Geldwäschereigesetz)
GwV-FINMA	Verordnung der Eidgenössischen Finanzmarktaufsicht über die Verhinderung von Geldwäscherei und Terrorismusfinanzierung (Geldwäschereiverordnung-FINMA)
VAG	Bundesgesetz betreffend die Aufsicht über Versicherungsunternehmen (Versicherungsaufsichtsgesetz)
VDSG	Verordnung zum Bundesgesetz über den Datenschutz

25.1.4 Großbritannien: Gesetze

FoIA	Freedom of Information Act (FoIA) 2000

25.1.5 Europa: Entscheidungen, Richtlinien, Practices

Entscheidung 2000/520/EG	Entscheidung der Kommission vom 26. Juli 2000 gemäß der Richtlinie 95/46/EG des Europäischen Parlaments und des Rates über die Angemessenheit des von den Grundsätzen des „sicheren Hafens" und der diesbezüglichen „Häufig gestellten Fragen" (FAQ) gewährleisteten Schutzes, vorgelegt vom Handelsministerium der USA, 2000/520/EG
Entscheidung 2002/16/EG	Entscheidung der Kommission vom 27. Dezember 2001 hinsichtlich Standardvertragsklauseln für die Übermittlung personenbezogener Daten an Auftragsverarbeiter in Drittländern nach der Richtlinie 95/46/EG
Richtlinie 95/46/EG	Richtlinie 95/46/EG des Europäischen Parlaments und des Rates vom 24. Oktober 1995 zum Schutz natürlicher Personen bei der Verarbeitung personenbezogener Daten und zum freien Datenverkehr
Richtlinie 2000/31/EG	Richtlinie 2000/31/EG des Europäischen Parlaments und des Rates vom 8. Juni 2000 über bestimmte rechtliche Aspekte der Dienste der Informationsgesellschaft, insbesondere des elektronischen Geschäftsverkehrs, im Binnenmarkt („Richtlinie über den elektronischen Geschäftsverkehr")
Richtlinie 2002/58/EG	Richtlinie 2002/58/EG des Europäischen Parlaments und des Rates vom 12. Juli 2002 über die Verarbeitung personenbezogener Daten und den Schutz der Privatsphäre in der elektronischen Kommunikation (Datenschutzrichtlinie für elektronische Kommunikation)

Richtlinie 2006/43/EG EuroSOX	Richtlinie 2006/43/EG des europäischen Parlaments und der Rates vom 17. Mai 2006 über Abschlussprüfungen von Jahresabschlüssen und konsolidierten Abschlüssen (EuroSOX)
	European Communities: Guidelines on best practices for using electronic information, 1997
PIC/S PE 009-10	Guide to Good Manufacturing Practice for Medicinal Products, Annexes, PE 009-10, PIC/S, 1. Januar 2013
PIC/S PI 011-3	Good Practices for Computerised Systems in Regulated „GxP" Environments, PI 011-3, PIC/S, 25. September 2007

25.1.6 USA: Gesetze, Practices und Prüfvorschriften

21 CFR Part 11	Electronic Records; Electronic Signatures, Code of Federal Regulations; Title 21, Part 11
21 CFR Part 58	Good Laboratory Practice for Nonclinical Laboratory Studies, Code of Federal Regulations, Title 21, Part 58
21 CFR Part 211	Current Good Manufacturing Practice for Finished Pharmaceuticals, Code of Federal Regulations, Title 21, Part 211
21 CFR Part 820	Quality System regulation, Code of Federal Regulations, Title 21, Part 820
CGMP	Current Good Manufacturing Practice
COPPA	Children's Online Privacy Protection Act
COSO: Internal Control	Internal Control — Integrated Framework (Mai 2013)
DPPA	Drivers Privacy Protection Act
	Electronic Communications Privacy Act
FDIC, Managing Multiple Service Providers	Technology Outsourcing, Techniques for Managing Multiple Service Providers
FDIC, Selecting a Service Provider	Technology Outsourcing, Effective Practices for Selecting a Service Provider
FERPA	Family Educational Rights and Privacy Act
FFIEC, BCP	IT Examination Handbook, Business Continuity Planning, März 2008
FFIEC, D&A	IT Examination Handbook, Development and Acquisition, April 2004
FFIEC, IS	IT Examination Handbook, Information Security, Juli 2006
FFIEC, MGT	IT Examination Handbook, Management (IT Risk Management Process), Juni 2004
FFIEC, OPS	IT Examination Handbook, Operations, Juli 2004
FFIEC, OT	IT Examination Handbook, Outsourcing Technology Services, Juni 2004

FFIEC, TSP	IT Examination Handbook, Supervision of Technology Service Providers (TSP), Oktober 2012
FISMA	Federal Information Security Management Act of 2002, der im April 2013 durch The Federal Information Security Amendments Act, H.R. 1163, geändert wurde
GLBA	Gramm-Leach-Bliley Act
	Privacy Act
SOX	Sarbanes-Oxley Act
SSA	Social Security Act
	Examination Manual for U.S. Branches and Agencies of Foreign Banking Organizations

25.2 Ausführungsbestimmungen, Grundsätze, Vorschriften

Basel II	Internationale Konvergenz der Kapitalmessung und Eigenkapitalanforderungen
Basel III	Internationale Rahmenvereinbarung über Messung, Standards und Überwachung in Bezug auf das Liquiditätsrisiko
GDPdU	Grundsätze zum Datenzugriff und zur Prüfbarkeit digitaler Unterlagen
GoB	Grundsätze ordnungsmäßiger Buchführung
GoBD (Entwurf)	Grundsätze zur ordnungsmäßigen Führung und Aufbewahrung von Büchern, Aufzeichnungen und Unterlagen in elektronischer Form sowie zum Datenzugriff. Entwurf des Bundesministeriums der Finanzen zur Ablösung der GoBS.
GoBS	Grundsätze ordnungsmäßiger DV-gestützter Buchführungssysteme
GoDV	Grundsätze ordnungsmäßiger Datenverarbeitung [7]
GoS	Grundsätze ordnungsmäßiger Speicherbuchführung (neu gefasst in GoBS)
IDW PH 9.330.3	Einsatz von Datenanalysen im Rahmen der Abschlussprüfung, Verlautbarung des Instituts der Wirtschaftsprüfer (IDW), Stand: 15.10.2010
IDW PS 330	Abschlussprüfung bei Einsatz von Informationstechnologie, Prüfungsstandard des Instituts der Wirtschaftsprüfer (IDW), Stand: 24.09.2002
IDW PS 525	Die Beurteilung des Risikomanagements von Kreditinstituten im Rahmen der Abschlussprüfung, Prüfungsstandard des Instituts der Wirtschaftsprüfer (IDW), Stand: 26.06.2010
IDW PS 880	Die Prüfung von Softwareprodukten, Prüfungsstandard des Instituts der Wirtschaftsprüfer (IDW), Stand: 11.03.2010
IDW PS 951	Die Prüfung des internen Kontrollsystems beim Dienstleistungsunternehmen für auf das Dienstleistungsunternehmen ausgelagerte Funktionen, Prüfungsstandard des Instituts der Wirtschaftsprüfer (IDW), Stand 09.09.2010
IDW PS 980	Grundsätze ordnungsmäßiger Prüfung von Compliance Management Systemen, Prüfungsstandard des Instituts der Wirtschaftsprüfer (IDW), Stand: 11.03.2011

IDW RS FAIT 1	Grundsätze ordnungsgemäßer Buchführung bei Einsatz von Informationstechnologie, Verlautbarung des Instituts der Wirtschaftsprüfer (IDW), Fachausschuss für Informationstechnologie (FAIT), Stand: 24.09.2002
IDW RS FAIT 2	Grundsätze ordnungsgemäßer Buchführung bei Einsatz von Electronic Commerce, Verlautbarung des Instituts der Wirtschaftsprüfer (IDW), Fachausschuss für Informationstechnologie (FAIT), Stand: 29.09.2003
IDW RS FAIT 3	Grundsätze ordnungsmäßiger Buchführung beim Einsatz elektronischer Archivierungsverfahren, Verlautbarung des Instituts der Wirtschaftsprüfer (IDW), Fachausschuss für Informationstechnologie (FAIT), Stand: 11.07.2006
IDW RS FAIT 4	Anforderung an die Ordnungsmäßigkeit und Sicherheit IT-gestützter Konsolidierungsprozesse, Stellungnahmen zur Rechnungslegung des Instituts der Wirtschaftsprüfer (IDW), Fachausschuss für Informationstechnologie (FAIT), Stand: 08.08.2012
InvMaRisk	Mindestanforderungen an das Risikomanagement für Investmentgesellschaften (InvMaRisk), 30.06.2010
MaIuK	Mindestanforderungen der Rechnungshöfe des Bundes und der Länder zum Einsatz der Informations- und Kommunikationstechnik – IuK-Mindestanforderungen, Stand: Juni 2009
MaRisk BA	Mindestanforderungen an das Risikomanagement (Bankenaufsicht), 14.12.2012
MaRisk VA	Aufsichtsrechtliche Mindestanforderungen an das Risikomanagement (Versicherungsaufsicht), 22.01.2009
MaComp	Mindestanforderungen an Compliance und die weiteren Verhaltens-, Organisations- und Transparenzpflichten nach §§ 31 ff. WpHG, 07.06.2010

25.3   Standards, Normen, Leitlinien und Rundschreiben

ANSI/IEEE Std. 1008-1987	Standard for Software Unit Test
ANSI/ TIA 606	Administration Standard for Telecommunications Infrastructure
ANSI TIA 942	Telecommunications Infrastructure Standard for Data Centers, 03.2013
ANSI/ TIA 1179	Healthcare Facility Telecommunications Infrastructure Standard
ANSI/ BICSI-002	Data Center Design and Implementation Best Practices, Stand: März 2011
Baseler Ausschuss, Compliance, April 2005	Compliance and the compliance function in banks
Baseler Ausschuss, Governance Principles, Oktober 2010	Principles for enhancing corporate governance, Baseler Ausschuss
Baseler Ausschuss,	Principles for the Sound Management of Operational Risk, Baseler

Risk Management Principles, Juni 2011	Ausschuss
Baseler Ausschuss, Risk Management Principles Electronic Banking, Juli 2003	Risk Management Principles for Electronic Banking, Baseler Ausschuss
Baseler Ausschuss, The Joint Forum, Outsourcing, Februar 2005	Outsourcing in Financial Services, The Joint Forum, Basel Committee on Banking Supervision
Baseler Ausschuss, The Joint Forum, Business Continuity, August 2006	High-level principles for business continuity, The Joint Forum, Basel Committee on Banking Supervision
BSI-Standard 100-1:2008	Managementsysteme für Informationssicherheit (ISMS), Version 1.5, Mai 2008
BSI-Standard 100-2:2008	IT-Grundschutz-Vorgehensweise, Version 2.0, Mai 2008
BSI-Standard 100-3:2008	Risikoanalyse auf der Basis von IT-Grundschutz, Version 2.5, Mai 2008
BSI-Standard 100-4:2008	Notfallmanagement, Version 1.0, November 2008
CC, V 3.1, R4	Common Criteria, Version 3.1, Revision 4, September 2012
CEM, V 3.1, R4	Common Methodology for Information Security Evaluation, Version 3.1, Revision 4, September 2012
CMM®	Capability Maturity Model® (Vorgänger des CMMI®)
CMMI®	Capability Maturity Model Integration®
COBIT®	Control Objectives for Information and related Technology
CSPP-OS	COTS Security Protection Profile – Operating Systems
DIN EN ISO 9001:2008	Qualitätsmanagementsysteme – Anforderungen
DIN ISO 9735-9:2002	Elektronischer Datenaustausch für Verwaltung, Wirtschaft und Transport (EDIFACT) – Syntax-Regeln auf Anwendungsebene – Teil 9: Sicherheitsschlüssel- und Zertifikatsverwaltung
DIN ISO 10007	Qualitätsmanagement – Leitfaden für Konfigurationsmanagement
DIN EN 12251	Medizinische Informatik – Sichere Nutzeridentifikation im Gesundheitswesen – Management und Sicherheit für die Authentifizierung durch Passwörter, 2004-01
DIN 16560-15	EDIFACT – Anwendungsregeln – Teil 15: Anwendung des Service-Nachrichtentyps AUTACK zur Übermittlung von Integritäts- und Authentizitätsinformationen über versendete Nutzdaten
DIN 16557-4	Elektronischer Datenaustausch für Verwaltung, Wirtschaft und Transport (EDIFACT) – Teil 4: Regeln zur Auszeichnung von UN/EDIFACT-Übertragungsdateien mit der eXtensible Markup Language (XML)

	unter Einsatz von Document Type Definitions (DTD's)
DIN 25424	Fehlerbaumanalyse, Teil 1: Methode und Bildzeichen, Teil 2: Handrechenverfahren zur Auswertung eines Fehlerbaumes
DIN 40041	Zuverlässigkeit; Begriffe
DIN EN 50126	Bahnanwendungen – Spezifikation und Nachweis der Zuverlässigkeit, Verfügbarkeit, Instandhaltbarkeit, Sicherheit (RAMS) {RAMS = Reliability, Availability, Maintainability, Safety}
DIN EN 50128	Bahnanwendungen – Telekommunikationstechnik, Signaltechnik und Datenverarbeitungssysteme – Software für Eisenbahnsteuerungs- und Überwachungssysteme
DIN EN 50129	Bahnanwendungen – Telekommunikationstechnik, Signaltechnik und Datenverarbeitungssysteme – Sicherheitsrelevante elektronische Systeme für Signaltechnik
DIN EN 50130 Beiblatt 1	Alarmanlagen – Leitfaden für Einrichtungen von Alarmanlagen zur Erreichung der Übereinstimmung mit EG-Richtlinien; Deutsche Fassung CLC/TR 50456:2008
DIN EN 50131	Alarmanlagen – Einbruch- und Überfallmeldeanlagen
DIN EN 50132	Alarmanlagen – CCTV-Überwachungsanlagen für Sicherungsanwendungen
DIN EN 50133	Alarmanlagen – Zutrittskontrollanlagen für Sicherungsanwendungen
DIN EN 60812	Analysetechniken für die Funktionsfähigkeit von Systemen – Verfahren für die Fehlzustandsart- und -auswirkungsanalyse (FMEA)
DIN EN 62040-3	Unterbrechungsfreie Stromversorgungssysteme (USV) – Teil 3: Methoden zur Festlegung der Leistungs- und Prüfungsanforderungen (IEC 62040-3)
DIN 66399-1:2012 66399-2:2012 SPEC 66399-3:2013	Büro- und Datentechnik – Vernichten von Datenträgern • Teil 1: Grundlagen und Begriffe • Teil 2: Anforderungen an Maschinen zur Vernichtung von Datenträgern • Teil 3: Prozesse der Datenträgervernichtung
DIN EN 80001-1	Anwendung des Risikomanagements für IT-Netzwerke, die Medizinprodukte beinhalten – Teil 1: Aufgaben, Verantwortlichkeiten und Aktivitäten (IEC 80001-1:2010); Deutsche Fassung DIN EN 80001-1:2011
EN 1047-1, 2	Wertbehältnisse – Klassifizierung und Methoden zur Prüfung des Widerstandes gegen Brand • Teil 1: Datensicherungsschränke und Disketteneinsätze • Teil 2: Datensicherungsräume und Datensicherungscontainer
FinTS	Financial Transaction Services
GAMP®	The Good Automated Manufacturing Practice (GAMP®) – Guide for Validation of Automated Systems in Pharmaceutical Manufacture
GERM	Good Electronic Records Management
HBCI	Home Banking Computer Interface

IAITAM IBPL	IAITAM's Best Practice Library (IBPL) for IT Asset Management:
	• Acquisition Management
	• Asset Identification
	• Communication and Education
	• Compliance and Legislation
	• Disposal Management
	• Documentation Management
	• Financial Management
	• Vendor Management
	• Policy Management
	• Project Management
	• Program Management - the practitioner's guide to an ITAM Program
IEEE Std. 829-2008	Standard for Software and System Test Documentation
IEEE Std. 1012-2012	Standard for System and Software Verification and Validation
ISO/IEC Guide 73:2009	Risiko-Management – Wörterbuch – Leitfaden für die Berücksichtigung von termini zum Risiko-Management in Normen
ISO/IEC 2382-8:1998	Informationstechnik – Begriffe – Teil 8: Sicherheit
ISO 10007:2003	Quality management systems – Guidelines for configuration management
ISO/IEC 10118-1:2000 10118-2:2010 10118-3:2004 10118-4:1998	Information technology – Security techniques – Hash-functions • Part 1: General • Part 2: Hash-functions using an n-bit block cipher; Cor 1:2011 • Part 3: Dedicated hash-functions; Amd 1:2006; Cor 1:2011 • Part 4: Hash-functions using modular arithmetic
ISO/IEC 12207:2008	Systems and software engineering – Software life cycle processes
ISO TR 13569:2005	Financial services – Information security guidelines
ISO/IEC 13888-1:2009 13888-2:2010 13888-3:2009	Information technology – Security techniques – Non-repudiation • Part 1: General, 2009 • Part 2: Mechanisms using symmetric techniques, 2010, Cor 1:2012 • Part 3: Mechanisms using asymmetric techniques, 2009
ISO TS 14265:2011	Health Informatics – Classification of purposes for processing personal health information
ISO/IEC TR 14516:2002	Information technology – Security techniques – Guidelines for the use and management of Trusted Third Party services

ISO/IEC 14763-1:1999 14763-2:2012 14763-2-1:2011 14763-3:2006	Information technology – Implementation and operation of customer premises cabling • Part 1: Administration; Amd 1:2004 • Part 2: Planning and installation • Part 2-1: Planning and installation – Identifiers within administration systems • Part 3: Testing of optical fibre cabling; Amd 1:2009
ISO/IEC 14764:2006	Software Engineering – Software Life Cycle Processes – Maintenance
ISO/IEC 14888-1:2008 14888-2:2008 14888-3:2006	Information technology – Security techniques – Digital signatures with appendix • Part 1: General • Part 2: Integer factorization based mechanisms • Part 3: Discrete logarithm based mechanisms; Cor 1:2007; Cor. 2:2009; Amd 1:2010; Amd 2:2012
ISO/TS 15000-1:2004 15000-2:2004 15000-3:2004 15000-4:2004 15000-5:2005	Electronic business eXtensible Markup Language (ebXML) • **Part 1: Collaboration-protocol profile and agreement specification (ebCPP)** • Part 2: Message service specification (ebMS) • Part 3: Registry information model specification (ebRIM) • Part 4: Registry services specification (ebRS) • Part 5: ebXML Core Components Technical Specification, Version 2.01 (ebCCTS); Amd 1:2011
ISO/IEC TR 15026-1:2010 15026-2:2011 15026-3:2011 15026-4:2012	Systems and software engineering – Systems and software assurance • Part 1: Concepts and vocabulary; Cor 1:2012 • Part 2: Assurance case • Part 3: System integrity levels • Part 4: Assurance in the life cycle
ISO/IEC 15288:2008	Systems and software engineering – System life cycle processes
ISO/IEC 15408-1:2009 15408-2:2008 15408-3:2008	Information technology – Security techniques – Evaluation criteria for IT security s. a. Common Criteria • Part 1: Introduction and general model • Part 2: Security functional components • Part 3: Security assurance components
ISO/IEC 15443-1:2012 15443-2:2012	Information technology – Security techniques – Security assurance framework • Part 1: Introduction and concepts • Part 2: Analysis
ISO/IEC TR 15446:2009	Information technology – Security techniques – Guide for the production of Protection Profiles and Security Targets

ISO *15489-1:2001* *TR 15489-2:2001*	Information and documentation: Records management • Part 1: General • Part 2: Guidelines.
ISO/IEC *15504-1:2004* *15504-2:2003* *15504-3:2004* *15504-4:2004* *15504-5:2012* *15504-6:2013* *TR 15504-7:2008* *TS 15504-8:2012* *TS 15504-9:2011* *TS 15504-10:2011*	Information technology – Process assessment • Part 1: Concepts and vocabulary • Part 2: Performing an assessment; Cor 1: 2004 • Part 3: Guidance on performing an assessment • Part 4: Guidance on use for process improvement and process capability determination • Part 5: An exemplar software life cycle process assessment model • Part 6: An exemplar system life cycle process assessment model • Part 7: Assessment of organizational maturity • Part 8: An exemplar process assessment model for IT service management • Part 9: Target process profiles • Part 10: Safety extensions
ISO/IEC *15945:2002*	Information technology – Security techniques – Specification of TTP services to support the application of digital signatures
ISO/IEC *15946-1:2008* *15946-5:2009*	Information technology – Security techniques – Cryptographic techniques based on elliptic curves • Part 1: General, 2008, Cor 1:2009 • Part 5: Elliptic curve generation, 2009, Cor 1:2012
ISO/IEC *16085:2006*	Systems and software engineering – Life cycle processes – Risk management
ISO *17090-1:2013* *17090-2:2008* *17090-3:2008* *DIS 17090-4*	Health informatics – Public key infrastructure • Part 1: Overview of digital certificate services • Part 2: Certificate profile • Part 3: Policy management of certification authority • Part 4: Digital Signatures for healthcare documents
ISO/IEC *18028-3, 2005* *18028-4, 2005*	Information technology – Security techniques – IT network security • Part 3: Securing communications between networks using security gateways • Part 4: Securing remote access
ISO/IEC *18043:2006*	Information technology – Security techniques – Selection, deployment and operations of intrusion detection systems
ISO/IEC *18045:2008*	Information technology – Security techniques – Methodology for IT security evaluation
ISO *TR 18307:2001*	Health informatics – Interoperability and compatibility in messaging and communication standards – Key characteristics
ISO *18308:2011*	Health informatics – Requirements for an electronic health record architecture

ISO *19092:2008*	Financial services – Biometrics – Security framework
ISO/IEC *19770-1:2012* *19770-2:2009* *CD 19770-3* *19770-5:2013* *AWI 19770-7*	Information technology – Software asset management • Part 1: Processes and tiered assessment of conformance • Part 2: Software identification tag • Part 3: Software entitlement tag • Part 5: Overview and vocabulary • Part 7: Tag management
ISO/IEC *19791:2010*	Information technology – Security techniques – Security assessment of operational systems Die Norm gibt Anleitung und definiert Evaluationskriterien zur Sicherheitsbewertung von Betriebssystemen und erweitert so das Einsatzgebiet der ISO/IEC 15408 auf Betriebssysteme.
ISO/IEC *19792:2009*	Information technology – Security techniques – Security evaluation of biometrics
ISO/IEC *20000-1:2011* *20000-2:2012* *20000-3:2012* *TR 20000-4:2010* *TR 20000-5:2010* *CD 20000-7* *TR 20000-10:2013* *PDTR 20000-11*	Information technology – Service management • Part 1: Service management system requirements • Part 2: Guidance on the application of service management systems. • Part 3: Guidance on scope definition and applicability of ISO/IEC 20000-1 • Part 4: Process Reference Model • Part 5: Exemplar implementation plan for ISO/IEC 20000-1 • Part 7: Guidance on the application of ISO/IEC 20000-1 to the cloud • Part 10: Concepts and terminology • Part 11: Guidance on the relationship between ISO/IEC 20000-1:2011 and service management frameworks
ISO/IEC TR *20004:2012*	Information technology – Security techniques – Refining software vulnerability analysis under ISO/IEC 15408 and ISO/IEC 18045
ISO TR *20514:2005*	Health informatics – Electronic health record – Definition, scope and context
ISO/IEC *21000-5:2004*	Information technology – Multimedia framework (MPEG-21) – Part 5: Rights Expression Language
ISO *21091:2013*	Health informatics – Directory services for healthcare providers, subjects of care and other entities
ISO TS *21298:2008*	Health informatics – Functional and structural roles
ISO/IEC *21827:2008*	Information technology – Security techniques – Systems Security Engineering – Capability Maturity Model® (SSE-CMM®)
ISO TR *22221:2006*	Health informatics – Good principles and practices for a clinical data warehouse

ISO 22300:2012	Societal security – Terminology
ISO 22301:2012	Societal security – Business continuity management systems – Requirements
ISO 22307:2008	Financial services – Privacy impact assessment
ISO 22311:2012	Societal security – Video-surveillance – Export Interoperability
ISO/TR 22312:2011	Societal security – Technological Capabilities
ISO 22313:2012	Societal security – Business continuity management systems – Guidance
ISO 22320:2011	Societal security – Emergency management – Requirements for incident response
ISO DIS 22322	Societal security – Emergency management – Public warning
ISO DIS 22324	Societal security – Emergency management – Colour-coded alert
ISO 22398:2013	Societal security – Guidelines for exercises
ISO/PAS 22399:2007	Societal security – Guideline for incident preparedness and operational continuity management
ISO TS 22600-1:2006 22600-2:2006 22600-3:2009	Health informatics – Privilege management and access control • Part 1: Overview and policy management • Part 2: Formal models • Part 3: Implementations
ISO/IEC 23026:2006	Software Engineering – Recommended Practice for the Internet – Web Site Engineering, Web Site Management, and Web Site Life Cycle
ISO/IEC TR 24731-1:2007 TR 24731-2:2010	Information technology – Programming languages, their environments and system software interfaces – Extensions to the C library • Part 1: Bounds-checking interfaces • Part 2: Dynamic Allocation Functions
ISO/IEC 24745:2011	Information technology – Security techniques – Biometric information protection
ISO/IEC TR 24748-1:2010 TR 24748-2:2011 TR 24748-3:2011	Systems and software engineering – Life cycle management • Part 1: Guide for life cycle management • Part 2: Guide to the application of ISO/IEC 15288 (System life cycle processes) • Part 3: Guide to the application of ISO/IEC 12207 (Software life cycle processes)
ISO/IEC 24759:2008	Information technology – Security techniques – Test requirements for cryptographic modules

ISO/IEC *24760-1:2011* *CD 24760-2* *WD 24760-3*	Information technology – Security techniques – A Framework for Identity Management • Part 1: Terminology and concepts • Part 2: Reference architecture and requirements • Part 3: Practice
ISO/IEC *24761:2009*	Information technology – Security techniques – Authentication context for biometrics (ACBio), Cor 1: 2013
ISO/IEC *24762:2008*	Information technology – Security techniques – Guidelines for information and communications technology disaster recovery services
ISO/IEC *TR 24763:2011*	Information technology – Learning, education and training – Conceptual Reference Model for Competency Information and Related Objects
ISO/IEC *24764:2010*	Information technology – Generic cabling systems for data-centres
ISO/IEC *TR 24774:2010*	Systems and software engineering – Life cycle management – Guidelines for process description
ISO/IEC *24775:2011*	Information technology – Storage management
ISO/IEC *25000:2005*	Software Engineering – Software product Quality Requirements and Evaluation (SQuaRE) – Guide to SQuaRE
ISO/IEC *25001:2007*	Software Engineering – Software product Quality Requirements and Evaluation (SQuaRE) – Planning and management
ISO/IEC *25020:2007*	Software engineering – Software product Quality Requirements and Evaluation (SQuaRE) – Measurement reference model and guide
ISO/IEC *25030:2007*	Software Engineering – Software product Quality Requirements and Evaluation (SQuaRE) – Quality requirements
ISO/IEC *25040:2011*	Systems and software engineering – Systems and software Quality Requirements and Evaluation (SQuaRE) – Evaluation process
ISO/IEC *25060:2010*	Systems and software engineering – Systems and software product Quality Requirements and Evaluation (SQuaRE) – Common Industry Format (CIF) for usability: General framework for usability-related information
ISO *26262-1… 9:2011* *26262-10:2012*	Road vehicles – Functional safety • Part 1: Vocabulary • Part 2: Management of functional safety • Part 3: Concept phase • Part 4: Product development at the system level • Part 5: Product development at the hardware level • Part 6: Product development at the software level • Part 7: Production and operation • Part 8: Supporting processes • Part 9: Automotive Safety Integrity Level (ASIL)-oriented and

safety-oriented analyses

* Part 10: Guideline on ISO 26262

ISO/IEC/IEEE *26511:2011*	Systems and software engineering – Requirements for managers of user documentation
ISO/IEC/IEEE *26512:2011*	Systems and software engineering – Requirements for acquirers and suppliers of user documentation
ISO/IEC *26513:2009*	Systems and software engineering – Requirements for testers and reviewers of user documentation
ISO/IEC *26514:2008*	Systems and software engineering – Requirements for designers and developers of user documentation
ISO/IEC/IEEE *26515:2011*	Systems and software engineering – Developing user documentation in an agile environment
ISO/IEC *27000:2012*	Information technology – Security techniques – Information security management systems – Overview and vocabulary
ISO/IEC *27001:2013*	Information technology – Security techniques – Information security management systems – Requirements
ISO/IEC *27002:2013*	Information technology — Security techniques — Code of practice for information security controls
ISO/IEC *27003:2010*	Information technology — Security techniques —Information security management system implementation guidance
ISO/IEC *27004:2009*	Information technology — Security techniques — Information security management — Measurement
ISO/IEC *27005:2011*	Information technology — Security techniques — Information security risk management.
ISO/IEC *27006:2011*	Information technology – Security techniques – Requirements for bodies providing audit and certification of information security management systems
ISO/IEC *27007:2011*	Information technology — Security techniques – Guidelines for information security management systems auditing
ISO/IEC *TR 27008:2011*	Information technology – Security techniques – Guidelines for auditors on information security controls
ISO/IEC *WD 27009*	The Use and Application of ISO/IEC 27001 for Sector/Service-Specific Third-Party Accredited Certifications
ISO/IEC *27010:2012*	Information technology – Security techniques – Information security management for inter-sector and inter-organizational communications
ISO/IEC *27011:2008*	Information technology – Security techniques – Information security management guidelines for telecommunications organizations based on ISO/IEC 27002 (s. a. X.1051 – Information Security Management System – Requirements for Telecommunications (ISMS-T))
ISO/IEC *27013:2012*	Information technology – Security techniques – Guidance on the integrated implementation of ISO/IEC 27001 and ISO/IEC 20000-1
ISO/IEC *27014:2013*	Information technology – Security techniques – Governance of information security

ISO/IEC *27015:2012*	Information technology – Security techniques – Information security management guidelines for financial services
ISO/IEC *PRF TR 27016*	Information technology – Security techniques – Information security management – Organizational economics
ISO/IEC *CD 27017*	Information technology – Security techniques – Information security management – Code of practice for information security controls for cloud computing services based on ISO/IEC 27002
ISO/IEC *DIS 27018*	Information technology – Security techniques – Information security management – Code of practice for PII protection in public cloud acting as PII processors
ISO/IEC *TR 27019:2013*	Information technology – Security techniques – Information security management – Information security management guidelines based on ISO/IEC 27002 for process control systems specific to the energy utility industry
ISO/IEC *27031:2011*	Information technology – Security techniques – Guidelines for information and communication technology readiness for business continuity
ISO/IEC *27032:2012*	Information technology – Security techniques – Guidelines for cybersecurity
ISO/IEC *27033-1:2009* *27033-2:2012* *27033-3:2010* *FDIS 27033-4* *27033-5:2013* *WD 27033-6*	Information technology – Security techniques – Network security • Part 1: Overview and concepts • Part 2: Guidelines for the design and implementation of network security (ersetzt ISO/IEC 18028-2:2006) • Part 3: Reference networking scenarios – Threats, design techniques and control issues • Part 4: Securing communications between networks using security gateways • Part 5: Securing communications across networks using Virtual Private Networks (VPNs) • Part 6: Securing wireless IP network access
ISO/IEC *27034-1:2011* *WD 27034-2* *NP 27034-3* *NP 27034-4* *WD 27034-5* *WD 27034-6*	Information technology – Security techniques – Application security • Part 1: Overview and concepts • Part 2: Organization normative framework • Part 3: Application security management process • Part 4: Application security validation • Part 5: Protocols and application security controls data structure • Part 6: Security guidance for specific applications
ISO/IEC *27035:2011*	Information technology – Security techniques – Information security incident management
ISO/IEC *FDIS 27036-1* *DIS 27036-2* *27036-3:2013*	Information technology – Security techniques – Information security for supplier relationships • Part 1: Overview and concepts

WD 27036-4	• Part 2: Requirements
	• Part 3: Guidelines for ICT supply chain security
	• Part 4: Guidelines for security of cloud services
ISO/IEC 27037:2012	Information technology – Security techniques – Guidelines for identification, collection, acquisition and preservation of digital evidence
ISO/IEC FDIS 27038	Information technology – Security techniques – Specification for digital redaction
ISO/IEC DIS 27039	Information technology – Security techniques – Selection, deployment and operations of intrusion detection systems (IDPS)
ISO/IEC CD 27040	Information technology – Security techniques – Storage security
ISO/IEC CD 27041	Guidance on assuring suitability and adequacy of incident investigation methods
ISO/IEC CD 27042	Guidelines for the analysis and interpretation of digital evidence
ISO/IEC CD 27043	Incident investigation principles and processes
ISO/IEC WD 27044	Information technology – Security techniques – Guidelines for Security Information and Event Management (SIEM)
ISO/IEC WD 27050	Information technology – Security techniques – Electronic discovery
ISO 27789:2013	Health informatics – Audit trails for electronic health records
ISO 27799:2008	Health informatics – Information security management in health using ISO/IEC 27002
ISO/IEC 29100:2011	Information technology – Security techniques – Privacy framework
ISO/IEC 29101:2013	Information technology – Security techniques – Privacy architecture framework
ISO/IEC TR 29125:2010	Information technology – Telecommunications cabling requirements for remote powering of terminal equipment
ISO/IEC CD 29190	Proposal on Privacy capability assessment model
ISO/IEC 29361:2008	Information technology – Web Services Interoperability – WS-I Basic Profile Version 1.1
ISO/IEC 29362:2008	Information technology – Web Services Interoperability – WS-I Attachments Profile Version 1.0.
ISO/IEC 29363:2008	Information technology – Web Services Interoperability – WS-I Simple SOAP Binding Profile Version 1.0
ISO/IEC WD TR 30127	Information technology – Security techniques – Detailing software penetration testing under ISO/IEC 15408 and ISO/IEC 18045 vulnerability analysis

ISO *31000:2009*	Risk management – Principles and guidelines
ISO *TR 31004:2013*	Risk management – Guidance for the implementation of ISO 31000
IEC *31010:2009*	Risk management – Risk assessment techniques
ISO/IEC *38500:2008*	Corporate governance of information technology
ISO/IEC/IEEE *42010:2011*	Systems and software engineering – Architecture description
ISO/IEC *90003:2004*	Software engineering – Guidelines for the application of ISO 9001:2000 to computer software
ISO/IEC *TR 90005:2008*	Systems engineering – Guidelines for the application of ISO 9001 to system life cycle processes
ISO/IEC *TR 90006:2013*	Information technology – Guidelines for the application of ISO 9001:2008 to IT service management and its integration with ISO/IEC 20000-1:2011
IT-GSK	IT-Grundschutzkataloge des deutschen Bundesamtes für Sicherheit in der Informationstechnik (BSI).
ITIL®	IT Infrastructure Library des Office of Government Commerce (OGC)
ITSEC	Kriterien für die Bewertung der Sicherheit von Systemen der Informationstechnik (ITSEC), Bundesanzeiger, Stand: Juni 1991
ITU-T X.1200 – *X.1299 Series*	Series X: Data Networks, Open System Communications and Security – Cyberspace security
ITU-T X.1200 – *X.1229*	Series X: Data Networks, Open System Communications and Security – Cybersecurity
ITU-T X.1205	Series X: Data Networks, Open System Communications and Security – Overview of cybersecurity
ITU-T X.1206	Series X: Data Networks, Open System Communications and Security – A vendor-neutral framework for automatic notification of security related information and dissemination of updates
ITU-T X.1207	Series X: Data Networks, Open System Communications and Security – Guidelines for telecommunication service providers for addressing the risk of spyware and potentially unwanted software
ITU-T X.1209	Series X: Data Networks, Open System Communications and Security – Capabilities and their context scenarios for cybersecurity information sharing and exchange
ITU-T X.1230 – *X.1249*	Series X: Data Networks, Open System Communications and Security – Countering spam
ITU-T X.1231	Series X: Data Networks, Open System Communications and Security – Technical strategies for countering spam
ITU-T X.1240	Series X: Data Networks, Open System Communications and Security – Technologies involved in countering e-mail spam

ITU-T X.1241	Series X: Data Networks, Open System Communications and Security – Technical framework for countering email spam
ITU-T X.12$42	Series X: Data Networks, Open System Communications and Security – Short message service (SMS) spam filtering system based on user-specified rules
ITU-T X.1243	Series X: Data Networks, Open System Communications and Security – Interactive gateway system for countering spam
ITU-T X.1244	Series X: Data Networks, Open System Communications and Security – Overall aspects of countering spam in IP-based multimedia applications
ITU-T X.1245	Series X: Data Networks, Open System Communications and Security – Framework for countering spam in IP-based multimedia applications
ITU-T X.1250 – X.1279	Series X: Data Networks, Open System Communications and Security – Identity management
ITU-T X.1250	Series X: Data Networks, Open System Communications and Security – Baseline capabilities for enhanced global identity management and interoperability
ITU-T X.1251	Series X: Data Networks, Open System Communications and Security – A framework for user control of digital identity
ITU-T X.1252	Series X: Data Networks, Open System Communications and Security – Baseline identity management terms and definitions
ITU-T X.1253	Series X: Data Networks, Open System Communications and Security – Security guidelines for identity management systems
ITU-T X.1254	Series X: Data Networks, Open System Communications and Security – Entity authentication assurance framework
ITU-T X.1275	Series X: Data Networks, Open System Communications and Security – Guidelines on protection of personally identifiable information in the application of RFID technology
ITU-T X.1300 – X.1399	Series X: Data Networks, Open System Communications and Security – Secure applications and services
ITU-T X.1300 – X.1309	Series X: Data Networks, Open System Communications and Security – Emergency communications
ITU-T X.1303	Series X: Data Networks, Open System Communications and Security – Common alerting protocol (CAP 1.1)
ITU-T X.1310 – X.1339	Series X: Data Networks, Open System Communications and Security – Ubiquitous sensor network security
ITU-T X.1311	Series X: Data Networks, Open System Communications and Security – Information technology – Security framework for ubiquitous sensor networks
ITU-T X.1312	Series X: Data Networks, Open System Communications and Security – Ubiquitous sensor network middleware security guidelines
ITU-T X.1313	Series X: Data Networks, Open System Communications and Security – Security requirements for wireless sensor network routing

ITU-T X.1500 – *X.1598 Series* *(CYBEX)*	Series X: Data Networks, Open System Communications and Security – Cybersecurity information exchange
ITU-T X.1500 – *X.1519*	Series X: Data Networks, Open System Communications and Security – Overview of cybersecurity
ITU-T X.1500	Series X: Data Networks, Open System Communications and Security – Overview of cybersecurity information exchange
ITU-T X.1500.1	Series X: Data Networks, Open System Communications and Security – Procedures for the registration of arcs under the object identifier arc for cybersecurity information exchange
ITU-T X.1520 – *X.1539*	Series X: Data Networks, Open System Communications and Security – Vulnerability/state exchange
ITU-T X.1520	Series X: Data Networks, Open System Communications and Security – Common vulnerabilities and exposures
ITU-T X.1521	Series X: Data Networks, Open System Communications and Security – Common vulnerability scoring system
ITU-T X.1524	Series X: Data Networks, Open System Communications and Security – Common weakness enumeration
ITU-T X.1528	Series X: Data Networks, Open System Communications and Security – Common platform enumeration
ITU-T X.1528.1	Series X: Data Networks, Open System Communications and Security – Common platform enumeration naming
ITU-T X.1528.2	Series X: Data Networks, Open System Communications and Security – Common platform enumeration name matching
ITU-T X.1528.3	Series X: Data Networks, Open System Communications and Security – Common platform enumeration dictionary
ITU-T X.1528.4	Series X: Data Networks, Open System Communications and Security – Common platform enumeration applicability language
ITU-T X.1540 – *X.1549*	Series X: Data Networks, Open System Communications and Security – Event/incident/heuristics exchange
ITU-T X.1541	Series X: Data Networks, Open System Communications and Security – Incident object description exchange format
ITU-T X.1550 – *X.1559*	Series X: Data Networks, Open System Communications and Security – Exchange of policies
ITU-T X.1560 – *X.1569*	Series X: Data Networks, Open System Communications and Security – Heuristics and information request
ITU-T X.1570 – *X.1579*	Series X: Data Networks, Open System Communications and Security – Identification and discovery
ITU-T X.1570	Series X: Data Networks, Open System Communications and Security – Discovery mechanisms in the exchange of cybersecurity information
ITU-T X.1580 – *X.1589*	Series X: Data Networks, Open System Communications and Security – Assured exchange

ITU-T X.1580	Series X: Data Networks, Open System Communications and Security – Real-time inter-network defence
ITU-T X.1581	Series X: Data Networks, Open System Communications and Security – Transport of real-time inter-network defence messages
MISRA AC GMG	Generic modelling design and style guidelines, Mai 2009
MISRA C®:2012	Guidelines for the Use of the C Language in Critical Systems
MISRA®-C++:2008	Guidelines for the use of the C++ language in critical systems
NIST IR 7298, Rev 1	Glossary of Key Information Security Terms, Revision 1, NIST, Februar 2011
Rev 2, DRAFT	Glossary of Key Information Security Terms, Revision 2, DRAFT, NIST, Dezember 2012
NIST IR 7628	Guidelines for Smart Grid Cyber Security, NIST, August 2010
NIST SP 800-16 Rev 1, DRAFT	Information Security Training Requirements: A Role- and Performance-Based Model, NIST, April 1998
	A Role-Based Model for Federal Information Technology / Cyber Security Training (2nd public draft), Oktober 2013
NIST SP 800-27, Rev. A	Engineering Principles for IT Security, Revision A, NIST, Juni 2004
NIST SP 800-30, Rev 1	Guide for Conducting Risk Assessments, NIST, September 2012
NIST SP 800-36	Guide to Selecting Information Technology Security Products, NIST, Oktober 2003
NIST SP 800-37, Rev 1	Guide for Applying the Risk Management Framework to Federal Information Systems, Revision 1, NIST, Februar 2010
NIST SP 800-39	Managing Information Security Risk, NIST, März 2011
NIST SP 800-41, Rev 1	Guidelines on Firewalls and Firewall Policy, Revision 1, NIST, September 2009
NIST SP 800-53, Rev 4	Security and Privacy Controls for Federal Information Systems and Organizations, Revision 4, NIST, April 2013
NIST SP 800-53A, Revision 1	Guide for Assessing the Security Controls in Federal Information Systems and Organizations, Building Effective Security Assessment Plans, NIST, Juni 2010
NIST SP 800-55 Rev 1	Performance Measurement Guide for Information Security, NIST, Juli 2008
NIST SP 800-61 Rev 2	Computer Security Incident Handling Guide, NIST, August 2012
NIST SP 800-82	Guide to Industrial Control Systems (ICS) Security, NIST, Juni 2011
NIST SP 800-88 Rev 1, DRAFT	Guidelines for Media Sanitization, NIST, September 2006 Guidelines for Media Sanitization, NIST, September 2012, DRAFT

NIST SP 800-94 Rev 1, DRAFT	Guide to Intrusion Detection and Prevention Systems (IDPS), NIST, Februar 2007
	Guide to Intrusion Detection and Prevention Systems (IDPS), DRAFT, NIST, Juli 2012
NIST SP 800-95	Guide to Secure Web Services, NIST, August 2007
NIST SP 800-100	Information Security Handbook: A Guide for Managers, NIST, Oktober 2006
NIST SP 800-115	Technical Guide to Information Security Testing and Assessment, NIST, September 2008
NIST SP 800-121, Rev 1	Guide to Bluetooth Security, NIST, Juni 2012,
NIST SP 800-123	Guide to General Server Security, NIST, Juli 2008
NIST SP 800-124, Rev 1	Guidelines for Managing the Security of Mobile Devices in the Enterprise, Revision 1, NIST, Juni 2013
NIST SP 800-125	Guide to Security for Full Virtualization Technologies, NIST, Januar 2011
NIST SP 800-128	Guide for Security-Focused Configuration Management of Information Systems, NIST, August 2011
NIST SP 800-137	Information Security Continuous Monitoring (ISCM) for Federal Information Systems and Organizations, NIST, September 2011
NIST SP 800-144	Guidelines on Security and Privacy in Public Cloud Computing, NIST, Dezember 2011
NIST SP 800-145	The NIST Definition of Cloud Computing, NIST, September 2011
NIST SP 800-153	Guidelines for Securing Wireless Local Area Networks (WLANs), NIST, Februar 2012
NIST SP 800-161, DRAFT	Supply Chain Risk Management Practices for Federal Information Systems and Organizations, DRAFT, NIST, August 2013
NIST SP 800-164, DRAFT	Guidelines on Hardware-Rooted Security in Mobile Devices, DRAFT, NIST, Oktober 2012
OASIS® AVDL, 2004	Application Vulnerability Description Language v1.0, OASIS®, Mai 2004
OASIS® CAP, 2010	Common Alerting Protocol v1.2, OASIS®, Juli 2010
OASIS® DSS, 2007	Digital Signature Service Core Protocols, Elements, and Bindings v1.0, OASIS®, April 2007
OASIS® DSS: AdES, 2007	Advanced Electronic Signature Profiles of the OASIS Digital Signature Service 1.0, OASIS®, 11. April 2007
OASIS® DSS: Abstract Code-Signing, 2007	Abstract Code-Signing Profile of the OASIS Digital Signature Services 1.0, OASIS®, 11. April 2007
OASIS® DSS: EPM, 2007	Electronic PostMark (EPM) Profile of the OASIS Digital Signature Service 1.0, OASIS®, 11. April 2007

OASIS® *DSS: German Signa-* *ture Law, 2007*	German Signature Law Profile of the OASIS Digital Signature Service Version 1.0, OASIS®, 11. April 2007
OASIS® *DSS: J2ME Code* *Signing, 2007*	J2ME Code-Signing Profile of the OASIS Digital Signature Services 1.0, OASIS®, 11. April 2007
OASIS® *DSS: Timestamping,* *2007*	XML Timestamping Profile of the OASIS Digital Signature Services 1.0, OASIS®, 11. April 2007
OASIS® *EDXL-DE, 2006*	Emergency Data Exchange Language (EDXL), Distribution Element, v 1.0, OASIS®, Mai 2006
OASIS® *EDXL-HAVE, 2009*	Emergency Data Exchange Language (EDXL), Hospital AVailability Exchange (HAVE), Version 1.0, Incorporating Approved Errata, OASIS®, Dezember 2009
OASIS® *EDXL-RM, 2009*	Emergency Data Exchange Language Resource Messaging (EDXL-RM) 1.0, Incorporating Approved Errata, OASIS®, Dezember 2009
OASIS® *SAML, 2005*	Security Assertion Markup Language (SAML) v2.0, OASIS®, 15. März 2005
OASIS® *SOA, 2006*	Reference Model for Service Oriented Architecture 1.0, OASIS®, Oktober 2006
OASIS® *SPML, 2006*	Service Provisioning Markup Language, v2.0, OASIS®, April 2006
OASIS® *UDDI, 2005*	Universal Description, Discovery and Integration (UDDI), v3.0.2, OASIS®, Februar 2005
OASIS® *WSS: Kerberos, 2012*	Web Services Security: Kerberos Token Profile 1.1.1, OASIS®, 18. Mai 2012
OASIS® *WSS: REL, 2012*	Web Services Security: Rights Expression Language (REL) Token Profile 1.1.1, OASIS®, 18. Mai 2012
OASIS® *WSS: SAML, 2012*	Web Services Security: SAML Token Profile 1.1.1, OASIS®, 18. Mai 2012
OASIS® *WSS: SOAP* *Message Security,* *2012*	Web Services Security: SOAP Message Security 1.1.1, OASIS®, 18. Mai 2012
OASIS® *WSS: SwA, 2012*	Web Services Security: SOAP Message with Attachments (SwA)Profile 1.1.1, OASIS®, 18. Mai 2012
OASIS® *WSS: Username,* *2012*	Web Services Security: Username Token Profile 1.1.1, OASIS®, 18. Mai 2012
OASIS® *WSS: X.509, 2012*	Web Services Security: X.509 Certificate Token Profile 1.1.1, OASIS®, 18. Mai 2012
OASIS® *WS-Secure-* *Conversation, 2009*	Web Services SecureConversation 1.4, OASIS®, Februar 2009

OASIS® *WS-SecurityPolicy,* *2012*	Web Services SecurityPolicy 1.3, OASIS®, 25. April 2012
OASIS® *WS-Trust, 2012*	Web Services Trust 1.4, OASIS®, 25. April 2012
OASIS® *XACML, 2013*	eXtensible Access Control Markup Language (XACML) 3.0, OASIS®, Januar 2013
OASIS® *XCBF, 2003*	XML Common Biometric Format v1.1, OASIS®, August 2003
OASIS® *XSPA Profile of* *SAML for* *Healthcare, 2009*	Cross-Enterprise Security and Privacy Authorization (XSPA) Profile of Security Assertion Markup Language (SAML) for Healthcare v1.0, OASIS®, November 2009
OASIS® *XSPA Profile of* *XACML for* *Healthcare, 2009*	Cross-Enterprise Security and Privacy Authorization (XSPA) Profile of XACML v2.0 for Healthcare v1.0, OASIS®, November 2009
OASIS® *XSPA Profile of WS-* *Trust for Healthcare,* *2010*	Cross-Enterprise Security and Privacy Authorization (XSPA) Profile of WS-Trust for Healthcare v1.0, OASIS®, November 2010
OECD cGLP	Die Anwendung der GLP-Grundsätze auf computergestützte Systeme, OECD-Schriftenreihe über Grundsätze der Guten Laborpraxis und Überwachung ihrer Einhaltung, Nummer 10
OENORM *S 2400:2009*	Business Continuity und Corporate Security Management – Benennungen und Definitionen
OENORM *S 2401:2009*	Business Continuity und Corporate Security Management – Systemaufbau und Business Continuity und Corporate Security Policy
OENORM *S 2402:2009*	Business Continuity und Corporate Security Management – Business Continuity Management
OENORM *S 2403:2009*	Business Continuity und Corporate Security Management – Corporate Security Management
OGSA®, 2006	The Open Grid Services Architecture® (OGSA®) 1.5, OGF, 24. Juli 2006
OGSA® *Basic Security* *Profile, 2008*	OGSA® Basic Security Profile 2.0, P-REC, OGF, 28. Juli 2008
OGSA® *SAML, 2009*	Use of SAML to retrieve Authorization Credentials, P-REC, OGF, 13. November 2009
OGSA® *Secure Addressing* *Profile, 2008*	OGSA® Secure Addressing Profile 1.0, P-REC, OGF, 13. Juni 2008
OGSA® *Secure Communi-* *cations Profile, 2008*	OGSA® Secure Communications Profile 1.0, P-REC, OGF, 13. Juni 2008

OGSA® *WS-TRUST, 2009*	Use of WS-TRUST and SAML to access a Credential Validation Service, P-REC, OGF, 13. November 2009
OGSA® *XACML, 2009*	Use of XACML Request Context to Obtain an Authorisation Decision, P-REC, OGF, 13. November 2009
ONR *49002-1:2010,* *49002-2:2010,* *49002-3:2010*	Risikomanagement für Organisationen und Systeme • Teil 1: Leitfaden für die Einbettung des Risikomanagements ins Managementsystem – Umsetzung von ISO 31000 in die Praxis • Teil 2: Leitfaden für die Methoden der Risikobeurteilung – Umsetzung von ISO 31000 in die Praxis • Teil 3: Leitfaden für das Notfall-, Krisen- und Kontinuitätsmanagement – Umsetzung von ISO 31000 in die Praxis
PCI DSS	Payment Card Industry (PCI) Data Security Standard (DSS), Requirements and Security Assessment Procedures, Version 2.0, Oktober 2010
SSAE 16	Statement on Standards for Attestation Engagements (SSAE) No. 16, Reporting on Controls at a Service Organization
SOC 2	Reporting on Controls at a Service Organization Relevant to Security, Availability, Processing Integrity, Confidentiality, or Privacy (SOC 2) – AICPA Guide
SPICE	Software Process Improvement and Capability dEtermination, s. a. ISO/IEC TR 15504
VS-ITR	Verwaltungsvorschrift des Innenministeriums zum Geheimschutz von Verschlusssachen beim Einsatz von Informationstechnik (VS-IT-Richtlinien – VSITR), 20.12.2004 – Az.: 5-0214.3/77
W3C® *SOAP, 2007*	Simple Object Access Protocol (SOAP) 1.2, 2. Ausgabe, W3C®, 27. April 2007 • Part 0: Primer • Part 1: Messaging Framework • Part 2: Adjuncts
W3C® *WSDL, 2007*	Web Services Description Language (WSDL) 2.0, W3C®, 26. Juni 2007 • Part 0: Primer • Part 1: Core Language • Part 2: Adjuncts
W3C® *XKMS, 2005*	XML Key Management Specification (XKMS) 2.0, W3C®, 28. Juni 2005

26 Literatur- und Quellenverzeichnis

[1]   Müller, Klaus-Rainer: IT-Sicherheitsmanagement und die Rolle der Unternehmens-berater, Datensicherheitstage, 5. Oktober 1995

[2]   <kes>/Microsoft-Sicherheitstudie 2012, Lagebericht zur Informations-Sicherheit, Teil 2, <kes>, 5/2012, S. 47ff.

[3]   Müller, Klaus-Rainer: IT-Sicherheit mit System, VIEWEG, Juli 2003

[4]   Müller, Klaus-Rainer: Unternehmensberater – Ungeliebte Zaungäste?, KES, 2/1996 vom Mai 1996, S. 6ff.

[5]   Müller, Klaus-Rainer: Risiken vermeiden, Business Computing, 7/1996, S. 46ff.

[6]   Müller, Klaus-Rainer: Sicherheits- und Qualitätsmanagement – zwei Seiten einer Medaille?, KES, 3/1996, S. 111ff.

[7]   Von der Crone, Hans Caspar und Roth, Katja: Der Sarbanes-Oxley Act und seine extra-territoriale Bedeutung, AJP/PJA, 2/2003, S. 131 ff.

[8]   Schuppenhauer, Rainer: GoDV-Handbuch: Grundsätze ordnungsmäßiger Datenver-arbeitung und DV-Revisionen, Beck Juristischer Verlag, Januar 2007

[9]   Institut der Wirtschaftsprüfer: Rechnungslegung und Prüfung beim Einsatz von Informationstechnologie, 3., aktualisierte und erweiterte Auflage, IDW Sonder-druck, IDW-Verlag GmbH, Juni 2009

[10]   PIC/S: Guide to Good Manufacturing Practice for Medicinal Products, Annexes, PE 009-10, 1. Januar 2013

[11]   PIC/S: Good Practices for Computerised Systems in Regulated „GxP" Environments, PI 011-3, 25. September 2007

[12]   GAMP® 5: A Risk-Based Approach to Compliant GxP Computerized Systems, http://www.ispe.org/cs/gamp_publications_section/gamp_publications_overview, Einsichtnahme am 19.09.2009

[13]   Müller, Klaus-Rainer: Lebenszyklus- und prozessimmanente IT-Sicherheit, <kes>, 3/2004, S. 72ff.

[14]   Müller, Klaus-Rainer: Zwei Welten verbinden, Bankmagazin 4/2006, S. 50ff.

[15]   Office of Government Commerce: ITIL Refresh: Scope and development plan, June 2006

[16]   Jürgen Dierlamm: Neues – und Offizielles – über ITIL Version 3, itService Manage-ment, Heft 3, April 2007

[17]   www.itil.org/de, eingesehen am 1. Juni 2007

[18]   Information Systems Audit and Control Association® (ISACA®): COBIT® 5.0, 2012

[19]   Kaplan, Robert S.; Norton, David P.: Balanced Scorecard, Schäffer-Poeschel, 1997

[20]   Müller, Klaus-Rainer: Genormte Sicherheit – Gesetze, Standards, Practices im Über-blick, ix, 1/2007, S. 95ff.

[21]   Alberts, Christopher; Dorofee, Audrey; Stevens, James; Woody, Carol: Introduction to the OCTAVE® Approach, Carnegie Mellon University, August 2003

[22]   Caralli, Richard A.; Stevens, James F.; Young, Lisa R.; Wilson, William R.: Intro-ducing OCTAVE Allegro: Improving the Information Security Risk Assessment Pro-cess, Carnegie Mellon University, Software Engineering Institute, Mai 2007

[23]   Alberts, Christopher; Dorofee, Audrey: Managing Information Security Risks: The OCTAVE^{SM} Approach, Addison-Wesley Professional, 2002

[24]   Carnegie Mellon University: Systems Security Engineering Capability Maturity Model, Model Description Document, Version 3.0, 15. Juni 2003

[25]   National Institute of Standards and Technology (NIST): Federal Information Technology Security Assessment Framework, 28. November 2000

[26]   Liberty Alliance Project: Business Benefits of Federated Identity, April 2003

[27]   Liberty Alliance Project: Introduction to the Liberty Alliance Identity Architecture, Revision 1.0, März 2003

[28]   Liberty Alliance Project: Liberty ID-FF Architecture Overview, Version 1.2

[29]   Liberty Alliance Project: Privacy and Security Best Practices, Version 2.0, 12. November, 2003

[30]   Liberty Alliance Project: Liberty ID-WSF Security and Privacy Overview, Version 1.0

[31]   Liberty Alliance Project: Liberty ID-WSF – Web Services Framework Overview, Version 2.0

[32]   Liberty Alliance Project: Liberty ID-SIS Personal Profile Service Specification, Version 1.1

[33]   Liberty Alliance Project: Liberty Alliance Web Services Framework: A Technical Overview, Version 1.0, 14. Februar 2008

[34]   Kantara Initiative: Identity Assurance Framework: Overview, Version 2.0, 24.04.2010

[35]   OASIS®: Reference Model for Service Oriented Architecture 1.0, OASIS Standard, 12.10.2006

[36]   Anderson, Ross: Security Engineering, Wiley, 2001

[37]   Müller, Klaus-Rainer: Risikoanalyse diktiert die Handlung, Computerzeitung, 38/2004, S. 17

[38]   Kriterien für die Bewertung der Sicherheit von Systemen der Informationstechnik (ITSEC), Bundesanzeiger, Stand: Juni 1991

[39]   Common Criteria for Information Technology Security Evaluation, Version 3.1, Rev. 4, Teil 1, 2, 3, September 2012

[40]   DIN ISO/IEC 15408, Informationstechnik – IT-Sicherheitsverfahren – Evaluationskriterien für IT-Sicherheit, Teil 1, 2, 3

[41]   Brockhaus, die Enzyklopädie in 24 Bänden, Studienausgabe, Band 18, Brockhaus, 2001

[42]   Baseler Ausschuss für Bankenaufsicht: Internationale Konvergenz der Kapitalmessung und Eigenkapitalanforderungen, Überarbeitete Rahmenvereinbarung, Übersetzung der Deutschen Bundesbank, Juni 2004

[43]   Masing, Walter (Hrsg.): Handbuch Qualitätsmanagement, 3. Auflage, 1994

[44]   Suzaki, Kiyoshi: Die ungenutzten Potentiale, Carl Hanser Verlag, 1994

[45]   DeMarco, Tom: Structured Analysis and System Specification, New York, Yourdon Press, 1978

[46]   The Federal Reserve Board: Examination Manual for U.S. Branches and Agencies of Foreign Banking Organizations, September 1997

[47]   Basel Committee on Banking Supervision: Sound Practices for the Management and Supervision of Operational Risk, February 2003

[48]   Bundesamt für Sicherheit in der Informationstechnik: Hinweise zur räumlichen Entfernung zwischen redundanten Rechenzentren, datumsfreie pdf-Unterlage, eingesehen am 5. Oktober 2006

[49]   Müller, Klaus-Rainer: Biometrie-Update 2009 – Verfahren, Trends, Chancen und Risiken – Teil 2, hakin9, 5/2009

[50]   Kamiske, Gerd F.; Brauer, Jörg-Peter: Qualitätsmanagement von A bis Z, Carl Hanser Verlag, 1993

[51]   Müller, Klaus-Rainer: In oder Out? – Sourcing mit System, geldinstitute, 3/2004, S. 32ff.

[52]   Sherman, Larry: Stratus® Continuous Processing® Technology®, 2003

[53]   Müller, Klaus-Rainer: Biometrie-Update 2009 – Verfahren, Trends, Chancen und Risiken – Teil 1, hakin9, 4/2009

[54]   Müller, Klaus-Rainer: Sicherheitsaspekte mobiler Datenkommunikation – Risikoanalyse, Schutzbedarf, Sicherheitspyramide, Schutzmaßnahmen; Seminar der ACG GmbH zur Mobilen Datenkommunikation – Chancen und Risiken, Konferenzzentrum des ZDF, 8. Oktober 1996

[55]   Medvinsky, Sasha; Lalwaney, Poornima: Kerberos V Authentication Mode for Uninitialized Clients, 29. August 2000, www.ietf.org/proceedings/00jul/SLIDES/dhc-kerberos/sld000.htm

[56]   Cheswick, William R.; Bellovin, Steven M.: Firewalls und Sicherheit im Internet, Addison-Wesley, 1996

[57]   Federal Information Processing Standards Publication 197 (FIPS PUBS 197): Advanced Encryption Standard (AES), 26. November 2001

[58]   Baldwin, R.; Rivest, R.: RFC 2040, The RC5, RC5-CBC, RC5-CBC-Pad, and RC5-CTS Algorithm, Oktober 1996, Category: Informational

[59]   Callas, J.; Donnerhacke, L.; Finney, H.; Thayer, R.: RFC 2440, OpenPGP Message Format, November 1998

[60]   Gutmann, Peter: Secure Deletion of Data from Magnetic and Solid-State Memory, 6. USENIX Security Symposium Proceedings, 22.-25.Juli 1996

[61]   Sikora, Axel: Netzwerk-Sicherheit, in IT-Security, tecCHANNEL compact, 2/2003, S. 100ff.

[62]   Farmer, Dan; Venema, Wietse: The Coroner's Toolkit, www.porcupine.org/forensics/ tct.html, Einsichtnahme am 13.10.2013

[63]   Dillaway, Blair: Hogg, Jason: Security Policy Assertion Language (SecPAL) Specification 1.0, 15. Februar 2007

[64]   Müller, Klaus-Rainer: Der Architekturtrichter, geldinstitute, 6/2002, S. 44ff.

[65]   European Communities: Guidelines on best practices for using electronic information, 1997

[66]   Van Bogart, John W. C.: Media Stability, National Media Laboratory, 1996

[67]   Die 21 Stufen zur Datensicherheit, Informationweek, 13/2000

[68]   Storage Networking Industry Association (SNIA): Common RAID Disk Data Format Specification, Version 2.0, Revision 19, 27. März 2009

[69]   RAID Advisory Board: RAB Classification For Disk Systems, 19. November 1997, www.raid-advisory.com/classinfo.html

[70]   Auspex Systems: A Storage Architecture Guide, White Paper

[71] IDC: Worldwide Disk Storage Systems 2007–2011 Forecast, Mai 2007

[72] SNIA™, 2013 SNIA Dictionary

[73] Courtney, Tim: JBOD, MBOD, SBOD – der kleine Unterschied, LANline, 5/2007, S. 56ff.

[74] Storage Networking Industry Association (SNIA): Storage Management Technical Specification, Version 1.5.0, Revision 5, 17. September 2010

[75] Satran, J.; Meth, K. , IBM; Sapuntzakis, C., Cisco Systems; Chadalapaka, M., Hewlett-Packard Co.; Zeidner, E., IBM: Internet Small Computer Systems Interface (iSCSI), RFC 3720, April 2004

[76] Rajagopal, M.; Rodriguez, E.; Weber, R.: Fibre Channel over TCP/IP (FCIP), RFC 3821, Juli 2004

[77] Lange, Christoph: Trends im Speicherbereich, LANline, 5/2007, S. 52ff.

[78] Storage Networking Industry Association (SNIA): SNIA Storage Security, Best Current Practices (BCPs) Version 2.1.0, 4.09.2008

[79] Dembeck, Michael: Firewalls – Gegen virtuelle Katastrophen, KES, 4/1999, S. 23ff.

[80] Kyas, Othmar und a Campo, Markus: IT-Crackdown, mitp-Verlag, 2002

[81] Schneier, Bruce: Secrets & Lies, dpunkt.verlag, 2001

[82] Lipinski, Klaus: Lexikon der Datenkommunikation, DATACOM Buchverlag GmbH, 3. Auflage, 1995

[83] Bundesamt für Sicherheit in der Informationstechnik (BSI): IT-Grundschutz-Kataloge, Dezember 2005

[84] Wack, John; Cutler, Ken; Pole, Jamie: Guidelines on Firewalls and Firewall Policy, National Institute of Standards and Technology (NIST), NIST Special Publication 800-41, Januar 2002

[85] Wurm, Andreas: Überwachungssysteme in Netzwerken, tecCHANNEL compact, 4/5/6/2007, S. 31ff.

[86] http://www.honeynet.org/about, Einsichtnahme am 06.01.2011

[87] LaBrea: "Sticky" Honeypot and IDS, http://labrea.sourceforge.net/labrea-info.html, Einsichtnahme am 04.09.2013

[88] Müller, Klaus-Rainer: Biometrie – Verfahren, Trends, Chancen und Risiken, hakin9, 2/2007, S. 50ff.

[89] Müller, Klaus-Rainer: Biometrie-Update 2009 – Verfahren, Trends, Chancen und Risiken, hakin9, 4/2009 (Teil 1) und 5/2009 (Teil 2)

[90] Ross, Arun A.: Multibiometrics: Human Recognition Systems (International Series on Biometrics), Springer, Berlin, Auflage 1, 2006

[91] Ratha, Nalini K.; Govindaraju, Venu: Advances in Biometrics, Springer, 2008

[92] Müller, Klaus-Rainer: Notfallübung – Geplant, geübt, für gut befunden, IT magazin, Heft 1/2007, März 2007, S. 38ff.

[93] Müller, Klaus-Rainer: Der Brückenschlag – Von Geschäftsprozessen zu (IT-) Ressourcen, BCI-Kongress zum Business Continuity Management, September 2006

[94] Dougherty, Chad; Sayre, Kirk; Seacord, Robert C.; Svoboda, David; Togashi, Kazuya (JPCERT/CC): Secure Design Patterns, Carnegie Mellon University, Software Engineering Institute, CMU/SEI-2009-TR-010, Oktober 2009

[95] Müller, Klaus-Rainer: Prozessorientierte Abnahmeorganisation, ix Magazin für professionelle Informationstechnik, 8/2002, S. 96ff.

[96]   Seacord, Robert C.: The CERT C Secure Coding Standard, Addison-Wesley Profes-
         sional, 1. Auflage, Oktober 2008

[97]   Peine, Holger: Sicherheitsprüfwerkzeuge für Web-Anwendungen, Fraunhofer-Insti-
         tut Experimentelles Software Engineering, Januar 2006

[98]   National Institute of Standards and Technology (NIST): Guide for Assessing the
         Security Controls in Federal Information Systems, Special Publication 800-53A, Re-
         vision 1, Juni 2010

[99]   CERT Statistics 1995 – 2007, www.cert.org/ stats, Einsichtnahme am 16.01.2010

[100]   Bundesamt für Sicherheit in der Informationsverarbeitung: Open Vulnerability
         Assessment System (OpenVAS)
         https://www.bsi.bund.de/DE/Themen/ProdukteTools/OpenVAS/OpenVAS_node.ht
         ml, eingesehen am 07.10.2013

[101]   <kes>/Microsoft-Sicherheitstudie 2012, Lagebericht zur Informations-Sicherheit, Teil
         2, <kes>, 5/2012, S. 47ff.

[102]   Jaeger, Stefan: Verbotene Protokolle, KES, 5/2000, S. 6ff.

[103]   Zentraler Kreditausschuss: Financial Transaction Services (FinTS) – Security, Sicher-
         heitsverfahren PIN/TAN inklusive Zwei-Schritt-TAN-Verfahren, Version 3.0,
         9.2.2006

[104]   Reinefeld, Alexander und Schintke, Florian: Concepts and Technologies for a
         WorldwideGrid Infrastructure, Zuse Institute Berlin (ZIB)

[105]   Oracle®: Java™ Authentication and Authorization Service (JAAS), Reference Guide for
         the Java™ 2 SDK, Standard Edition, v 1.4

[106]   Oracle®: Java™ Cryptographic Extension (JCE), Reference Guide for the Java™ 2
         SDK, Standard Edition, v 1.4

[107]   Oracle®: Java™ Secure Socket Extension (JSSE), Reference Guide for the Java™ 2
         SDK, Standard Edition, v 1.4

[108]   American National Standards Institute (ANSI): Information Technology - Role Based
         Access Control, InterNational Committee for Information Technology Standards,
         ANSI/INCITS 359 - 2004

[109]   OASIS®: Universal Business Language (UBL), v2.0, 12. Dezember 2006

[110]   Harvard Research Group, Inc.: Highly available servers market assumptions 2000 –
         2005, 2001

[111]   Schumacher, Markus: Security Engineering with Patterns, Lecture Notes in Com-
         puter Science, Springer, 2003

27 Glossar und Abkürzungsverzeichnis

A

Access Control List (ACL)
> s. Zugriffskontrollliste

Alarm – Alert
> Ein Alarm ist ein optisches, akustisches oder sensorisches Signal, das die Zuständigen oder externe Hilfe leistende Stellen aufmerksam machen und zu Gegenmaßnahmen anhalten soll.

Anhängsel
> s. Attachment

ANSI
> American National Standards Institute

Appliance
> Eine Appliance (engl. für {Haushalts-}gerät) ist ein Computer, der als eine Art „Black Box" weitgehend schlüsselfertig vorkonfiguriert ist und bestimmte festgelegte Funktionalitäten in sich birgt.

Application Response Measurement (ARM)
> Application Response Measurement (ARM) ist ein Standard der Open Group. Er definiert, wie Anwendungen Informationen zur Überwachung ihrer Verfügbarkeit, Performance und Kapazität bereit stellen können.

Attachment
> Attachments sind Dateien, die als Anlage oder Anhängsel von E-Mails versandt werden.

Auslöser
> Ein „Auslöser" ist ein Ereignis, durch das der reguläre Geschäftsbetrieb beeinträchtigt wird. Je nach Schwere des Auslösers kann hieraus eine Störung, ein Notfall, eine Krise oder eine Katastrophe entstehen. Auslöser sind beispielsweise technische Defekte, wie Hardware-Ausfall, Naturereignisse wie Sturm, Flut, Tsunami, Erdbeben, kriminelle Handlungen, wie Sabotage, oder menschliches Versagen, wie Fehlbedienungen.

Authentifizierung – Authentification
> Durch Authentifizierung wird die Echtheit, z. B. der Identität oder einer Information, im Rahmen einer Prüfung bestätigt.

Authentisierung – Authentication
> Durch Authentisierung wird eine Information glaubwürdig bzw. rechtskräftig gemacht.

Autorisierung – Authorization
> Die Autorisierung stellt eine Bevollmächtigung oder Genehmigung dar.

B

BCP

1.   Business Continuity Plan
2.   Best Current Practice

Bedrohung – Threat

Eine Bedrohung ist die potenzielle Möglichkeit eines (unerwünschten) Schadens für Prozesse, Ressourcen (z. B. Anlagen, Systeme, Sachen und Menschen), Organisationen, Produkte und Leistungen.

Betriebseinflussanalyse – Operational Impact Analysis (OIA)

Mittels der Betriebseinflussanalyse (Operational Impact Analysis {OIA}) wird erhoben, welche Auswirkungen der Ausfall oder die gravierende Beeinträchtigung eines Schutzobjektes, wie z. B. eines IT-Systems, eines Gebäudes oder eines Services, durch ein Ereignis hat.

Böswillige Software (Schadsoftware) – Malware

Böswillige Software umfasst z. B. Viren, Würmer und trojanische Pferde.

Botnet

Als Botnets werden Computernetze bezeichnet, die von Hackern bzw. Crackern kontrolliert werden. Sie bestehen aus Rechnern, die meist unbemerkt von ihren Besitzern durch Cracker übernommen wurden und ferngesteuert werden. Die Übernahme der Computer erfolgt über Schadprogramme, die z. B. als Anhang von E-Mails auf dem Computer eintrafen und geöffnet wurden, oder durch die Ausnutzung bekannter, aber nicht gepatchter Sicherheitslücken beim Besuch bösartiger Webseiten.

Die Anzahl übernommener Rechner nimmt zu. Sie werden von Crackern „vermietet" und lassen sich von Ihnen oder den „Mietern" dazu nutzen, Spam oder Phishing-Mails zu versenden, von Onlineshops unter Androhung von Distributed Denial of Service Attacken Schutzgeld zu erpressen, oder DDoS-Attacken zu fahren. Derartige Botnets können aufgrund ihres hohen Datenvolumens manches Servernetz in die Knie zwingen. Botnets lassen sich auch dazu verwenden, als Datei- oder Webserver illegale Software anzubieten, oder E-Mails mit neuen Schadprogrammen erstmalig und in großem Umfang zu verbreiten, bevor die Virensignaturen für Virenscanner verfügbar sind.

Schützen kann man sich hiergegen z. B. durch zeitnahe automatische Virenupdates und zeitnahe Einspielung von Patches, die Nutzung von Firewalls und das Nicht-Öffnen von E-Mail-Anhängen, die nicht klar zuordenbar sind. Auch sollten Links in E-Mails aus nicht sicherer Quelle nicht angeklickt werden.

Brandmeldeanlage (BMA) – Fire Alarm System

Brandmeldeanlagen gehören zu den Gefahrenmeldeanlagen. Sie dienen dazu, Brände zu einem frühen Zeitpunkt zu erkennen und zu melden sowie direkte Hilferufe bei Brandgefahren abzusetzen.

Brute-Force-Attacke

Brute-Force-Attacken, also Angriffe, die auf „roher Gewalt" beruhen, versuchen auf alle möglichen Arten, das Objekt der Attacke zu „knacken". Brute-Force-Attacken zum Knacken von Passwörtern probieren beispielsweise alle möglichen Zeichenkombinationen (Buchstaben, Ziffern, Sonderzeichen) aus, bis das gewünschte Passwort ermittelt ist. Bei Vorliegen eines einweg-verschlüsselten Passwortes kann durch rechenintensives Erzeugen und Verschlüsseln jedes potenziellen Passwortes nach dem gleichen Algorithmus so lange probiert werden, bis das verschlüsselte Ergebnis dem vorliegenden verschlüsselten Passwort entspricht. Aufgrund des Aufwands gelangen hierfür daher „social engineering" und Wörterbuchattacken eher zum Einsatz.

BSI
1. British Standards Institution
2. Bundesamt für Sicherheit in der Informationstechnik

C

Certified Information Security Auditor® (CISA®)

CISA® ist eine Bezeichnung für Sicherheitsauditoren von Informationssystemen, die von der Information Systems Audit and Control Association (ISACA®) zertifiziert wurden.

Certified Information Security Manager™ (CISM®)

CISM® ist eine Bezeichnung für Sicherheitsmanager von Informationssystemen, die von der Information Systems Audit and Control Association (ISACA®) zertifiziert wurden.

Certified in the Governance of Enterprise IT (and design)® (CGEIT®)

CGEIT® ist eine Bezeichnung für Personen, die hinsichtlich der Governance der Unternehmens-IT von der Information Systems Audit and Control Association (ISACA®) zertifiziert wurden.

Certified in Risk and Information Systems Control™ (CRISC™)

CRISC™ ist eine Bezeichnung für Personen, die hinsichtlich der Risiko- und Informationssystemkontrollelemente von der Information Systems Audit and Control Association (ISACA®) zertifiziert wurden.

Challenge Handshake Authentication Protocol (CHAP)

Das Challenge Handshake Authentication Protocol (CHAP) ist ein Authentisierungsprotokoll, das in RFC 1994 definiert ist. Hierdurch können Benutzer von ihrem Client bei einer Authentisierungsinstanz (Authenticator), z. B. einem Internet Service Provider (ISP), authentifiziert werden. Voraussetzung ist, dass beide Kommunikationspartner das gleiche Geheimnis, z. B. ein Passwort, kennen und den gleichen Einweg-Hash-Algorithmus nutzen. Nach dem Verbindungsaufbau sendet der Server eine Zufallszahl (Challenge) an den Client. Der Client verkettet (konkatiniert) seinen Identifier (Benutzerkennung) mit dem „Geheimnis" (Passwort) und mit der Challenge (Zufallszahl). Hieraus berechnet er mittels des Einweg-Hash-Algorithmus einen Hashwert, den er als Antwort zurücksendet. Der Server prüft die Antwort mit der von ihm selbst errechneten. Bei Übereinstimmung war die Authentisierung erfolgreich. In zufälligen Zeitabständen sendet die Authentisierungsinstanz eine neue Challenge und wiederholt den Authentisierungsvorgang.

Challenge-Response-Verfahren

Das Challenge-Response-Verfahren dient der Authentifizierung mittels Einmal-Passwort. Der Host sendet an den PC des Benutzers eine Challenge. Der Benutzer erzeugt hieraus mittels eines Tokens eine Response und sendet sie an den Host zurück. Stimmt diese mit der erwarteten Response überein, ist die Authentifizierung erfolgreich.

Chief Compliance Officer (CCO)

Leiter jener Unternehmenseinheit, welche für die Konformität des Unternehmens verantwortlich ist, also für die Bekanntheit und Einhaltung gesetzlicher, aufsichtsbehördlicher und gegebenenfalls normativer Anforderungen.

Chief Risk Officer (CRO)

Leiter jener Unternehmenseinheit, welche für das Risikomanagement im Unternehmen verantwortlich ist.

Chipkarte – Smart Card

Eine Chipkarte hat die Größe einer Scheckkarte und enthält einen Chip mit einer CPU, I/O-Kanälen und einem nichtflüchtigen Speicher, auf den nur die CPU der Karte zugreifen können soll.

CIA

Akronym für Confidentiality, Integrity, Availability

CIA²

Akronym für Confidentiality, Integrity, Availability, Accountability

Compliance

s. Konformität

Computer Emergency Response Team (CERT®)

Das Computer Emergency Response Team (CERT®) Coordination Center (CERT/CC) des Software Engineering Institute (SEI) an der Carnegie Mellon Universität wurde 1988 eingerichtet. Es ist ein Zentrum für Internet-Sicherheits-Expertise. Darüber hinaus haben Unternehmen ihre eigenen „CERTs" etabliert, die präventiv und in kritischen Situationen kurzfristig auf Gefährdungen und Angriffe reagieren sollen. Für die Bundesverwaltung in Deutschland existiert seit 1. September 2001 das CERT-Bund. Europäische Behörden-CERTs haben sich in der European Government CERTs (EGC) Group informell zusammengeschlossen.

Computer Output on Laserdisk (COLD)

Computer Output on Laserdisk (COLD) bezeichnet die Übernahme von Computer-Output und dessen Archivierung auf digitalen optischen Speichermedien. COLD-Systeme speichern Computer-Output in einem elektronischen Format und stellen Funktionen zur Suche, Anzeige und Ausgabe zur Verfügung.

Computer Security Incident Response Team (CSIRT)

Das Computer Security Incident Response Team (CSIRT) ist eine Organisationseinheit eines Unternehmens, die reale oder vermutete sicherheitsrelevante Ereignisse behandelt. Sie nimmt die entsprechenden Meldungen entgegen, analysiert und bewertet sie und ergreift gegebenenfalls Maßnahmen zu deren Abwehr und gerichtlicher Verfolgung. Die Aufgaben schließen die forensische Analyse mit ein. Je nach unternehmensspezifischer Aufgabenzuordnung führt das CSIRT Schulungen und Sensibilisierungsmaßnahmen durch, beobachtet Trends und informiert die Zuständigen innerhalb des Unternehmens darüber. Das CSIRT ergreift präventiv Maßnahmen zur Weiterentwicklung der Sicherheitsstandards und Verbesserung des Sicherheitsniveaus. Das CSIRT kann ein dauerhaft eingerichtetes oder ad hoc zusammengerufenes Team sein.

Computervirus – Computer Virus

Ein Computervirus ist ein nicht selbständig ausführbarer Programmteil, der ein Wirtsprogramm benötigt sowie sich bei Aktivierung selbst vervielfältigen und Schaden verursachen kann, z. B. durch das Löschen von Dateien. Ein Computervirus zeigt in diesen drei Punkten, nämlich der Notwendigkeit eines Wirts, der eigenständigen Verbreitung und der Schadensverursachung Parallelen zu biologischen Viren. Ein Computervirus besteht aus vier prinzipiellen Teilen: einer Viruskennung, dem Infektionsteil, dem Schadensteil und dem Sprungbefehl. Ist ein Programm infiziert, so ändert sich dessen Größe und Prüfsumme. Nach dem Start eines infizierten Programms und Aufruf des Computervirus sucht der Infektionsteil nach anderen noch nicht infizierten Programmen und kopiert sich dort hinein. Anschließend führt er seine Schadfunktion aus und springt gegebenenfalls in den Programmcode zurück.

Content-Security-System – Content Security System

Content-Security-Systeme prüfen anhand eines unternehmensspezifisch festgelegten Regelwerks den Inhalt ein- und ausgehender E-Mails.

Cracker

Unter einem Cracker versteht man einen technisch sehr versierten Angreifer, dessen Angriffe darauf abzielen, sich einen Nutzen zu verschaffen und Dritten Schaden zuzufügen.

Cross Site Scripting (XSS)

Cross Site Scripting (XSS), manchmal auch abgekürzt mit CSS, dann aber verwechselbar mit Cascading Style Sheets, ist eine Angriffstechnik, bei der ein Angreifer Code, z. B. HTML, JavaScript® oder ActiveX, in eine Webseite einschleust. Der Angreifer veranlasst sein Opfer, eine bestimmte Webseite zu besuchen, indem er ihm beispielsweise einen entsprechenden Link in einer E-Mail zuschickt. Die ausgewählte Webseite ist für das Opfer vertrauenswürdig, z. B. die Webseite einer Bank. Gleichzeitig hat die Webseite aber eine Schwachstelle, die der Angreifer kennt: Sie nimmt Eingaben entgegen und gibt sie als Antwort auf bestimmte Anfragen <u>ungeprüft</u> als Ausgaben zurück. Der Angreifer fügt in die URL ausführbaren Code ein, der z. B. das Session-Cookie des Opfers an den Rechner des Angreifers schickt. Der Angreifer kann nun ein „Session-Hijacking" („Sitzungsentführung") durchführen, also unter der Identität des Opfers mit der kompromittierten Webseite arbeiten. Ähnliche Angriffsszenarien ergeben sich u. a. bei Foren und Gästebüchern, wenn die eingegebenen Daten ungeprüft gespeichert und bei neuen Anfragen an den Anfragenden ausgegeben werden.

D

Digitales Rechtemanagement (DRM) – Digital Rights Management (DRM)

Digitales Rechtemanagement (DRM) bezeichnet ein Verfahren, durch das sich Rechte an elektronisch vorliegendem geistigem Eigentum mittels Kryptografie schützen lassen sowie deren Nutzung abrechnen lässt. Schutzobjekte sind z. B. digital vorliegende Ton- und Filmaufnahmen sowie elektronische Dokumente und Bücher, aber auch Software-

Produkte eines Unternehmens. Ziel ist es, die Einhaltung der Nutzungsrechte mit technischen Mitteln zu erzwingen.

Ein DRM besteht prinzipiell aus drei Komponenten: dem Content Server, dem License Server und dem Client. Der Content Server verschlüsselt die zu schützenden Daten (Content) so, dass sie sich nur mit dem Schlüssel der dazugehörigen Lizenz entschlüsseln lassen. Der Nutzer lädt das verschlüsselte Paket (Content) auf seinen Client herunter. Ruft der Nutzer das verschlüsselte Paket auf, so schickt der Client eine Anfrage mit der Identität des Nutzers und des Contents an den License Server. Dieser identifiziert den Nutzer. Ist der Nutzer – gegebenenfalls nach Bezahlung – zur Nutzung des Contents berechtigt, erstellt und übermittelt der License Server die Lizenz an den Client. Hiermit entschlüsselt der Client den Content, so dass der Nutzer ihn verwenden kann.

Digitales Wasserzeichen – Digital Watermarking

Digitale Wasserzeichen sind zusätzliche Informationen, die mittels Steganografie in digitale Dateien eingebracht werden, um Urheberfragen klären und damit Urheberrechte schützen zu können.

Discretionary Access Control (DAC)

Die Discretionary Access Control (DAC, diskrete Zugriffskontrolle) ermöglicht einem Datei-Eigentümer die Festlegung, welche Nutzer welchen Zugriff auf seine Datei haben.

Dokumentenlebenszyklusmanagement (DLM) – Document Lifecycle Management (DLM)

Dokumentenlebenszyklusmanagement bezeichnet die Steuerung, Verfolgung und Verwaltung von Dokumenten während ihres Lebenszyklus von der Erstellung über die Aufnahme, Speicherung, Archivierung, Auffindung, Nutzung und Aussonderung bis hin zur Vernichtung.

Domain Name Services (DNS)

Domain Name Services (DNS) übersetzen alphanumerische Internetadressen (URL) in eine IP-Adressen. DNS-Server sind also im übertragenen Sinne das „Telefonbuch" des Internet und damit dessen Rückgrat.

DoS-Angriff – Denial of Service (DoS) Attack

Angriff, bei dem ein Zielsystem oder -Netzwerk lahmgelegt wird.

Dynamic Host Configuration Protocol (DHCP)

Das Dynamic Host Configuration Protocol (DHCP) ist in der Version für IPv6 (DHCPv6) in RFC 3315 spezifiziert und für IPv4 in RFC 2131. Ein DHCP-Server kann einem Computer im Netz dynamisch und zeitlich begrenzt eine wiederverwendbare IPv6-Adresse zuweisen. Die DHCP-Nachrichten werden mittels UDP ausgetauscht.

E

EbXML

electronic business eXtensible Markup Language (ebXML)

EICAR

Das European Institute for Computer Antivirus Research (EICAR) zielt darauf ab, die Bemühungen gegen das Schreiben und die Verbreitung böswilligen Codes, gegen Computerkriminalität und -missbrauch sowie die böswillige Nutzung persönlicher

Daten zusammenzuführen.

Einbruchmeldeanlage (EMA) – Burglar Alarm System

Einbruchmeldeanlagen gehören zu den Gefahrenmeldeanlagen. Sie dienen dazu, Flächen und Räume auf unbefugtes Eindringen sowie Gegenstände auf unbefugte Wegnahme zu überwachen.

Eintrittswahrscheinlichkeit – Probability of Occurence

Die Wahrscheinlichkeit, mit der ein Ereignis eintritt, heißt Eintrittswahrscheinlichkeit. Sie wird bei der Bewertung des als Schadensausmaß x Eintrittswahrscheinlichkeit definierten Bruttorisikos bzw. der Kosten-Nutzen-Abwägung zur Festlegung des Umfangs von Sicherheits- und Kontinuitätsmaßnahmen genutzt. Hierbei muss beachtet werden, dass Eintrittswahrscheinlichkeiten oftmals retrospektiv (ex post) ermittelt werden. D. h. die Eintrittswahrscheinlichkeit wird anhand der zurückliegenden Ereignisse innerhalb eines vorgegebenen Zeitraums ermittelt. Generell ist bei Wahrscheinlichkeiten daran zu denken, dass ein Ereignis, das z. B. alle 100 Jahre auftritt, auch morgen, heute, oder jetzt auftreten kann.

Electronic Data Interchange (EDI)

Electronic Data Interchange (EDI) bezeichnet den elektronischen Dokumentenaustausch mit formatierten Strukturen, die von IT-Systemen weiterverarbeitet werden können.

Electronic Data Interchange for Administration, Commerce and Transport (EDIFACT)

Electronic Data Interchange for Administration Commerce and Transport (EDIFACT) ist eine internationale Normenreihe (DIN ISO 9735) zur Standardisierung von Nachrichteninhalten.

Elektronische Falschmeldung/„Ente" – Hoax

E-Mail, die vor einem neuen Virus warnt, jedoch eine Falschmeldung („Ente") ist. Insbesondere ungeschulte Computernutzer sollen hierdurch zu schädlichen Aktionen veranlasst werden, z. B. Weiterleiten der E-Mail und Löschen von angeblich verseuchten Dateien.

Exploit

Exploits sind Programme, die Sicherheitslücken oder Fehlfunktionen von Computerprogrammen nutzen, um in diese einzudringen. Sie werden von Hackern bzw. Crackern geschrieben und auch als Hack-Werkzeuge bezeichnet.

F

Falsch negativ – False negative

Ist das Ergebnis einer Prüfung, z. B. zur Zutritts- oder Zugangskontrolle, falsch negativ, so erfolgt fälschlicherweise eine Ablehnung.

Falsch positiv – False positive

Ist das Ergebnis einer Prüfung, z. B. zur Zutritts- oder Zugangskontrolle, falsch positiv, so erfolgt fälschlicherweise eine Freigabe.

Fibre Channel (FC)

Fibre Channel umfasst einen Satz von Standards für eine Technologie, die Hochge-schwindigkeitsdatenübertragung zwischen Computern ermöglicht. FC unterstützt Punkt-zu-Punkt-, Switch- und Loop-Technologien.

Financial Transaction Services (FinTS)

Die Financial Transaction Services (FinTS) sind ein Standard des Zentralen Kreditaus-schusses (ZKA). Er dient der Vereinheitlichung der Schnittstelle zwischen Bankkunde und Finanzinstitut. Die Version 4.0 der FinTS liegt seit 2004 vor. Sie besteht aus FinTS Formals, FinTS Messages und FinTS Security. FinTS Formals enthält allgemeine Festle-gungen zur Syntax, zum Nachrichtenaufbau und zum Dialogablauf. FinTS Messages spezifiziert Geschäftsvorfälle und Belegungsrichtlinien für Finanzdatenformate, wie DTAUS, DTAZV und S.W.I.F.T..

FinTS Security beschreibt das PIN/TAN- (FinTS PIN/TAN) und das HBCI-Legitima-tionsverfahren (FinTS HBCI). FinTS HBCI ermöglicht wie das HBCI die elektronische Signatur, z. B. per Chipkarte. Seit der Version 3.0 unterstützt FinTS HBCI die Banken-signaturkarte, mit der rechtsverbindliche Unterschriften im Onlinebanking möglich sind. Das FinTS HBCI soll ein hohes Sicherheitsniveau realisieren, FinTS PIN/TAN eine hohe Mobilität. [103]. FinTS V4.0 verwendet XML-Technologien, wie XML-Scheme, -Signature und -Encryption, und unterstützt Web-Services wie WSDL und SOAP.

Fingerabdrucknehmen – Fingerprinting

Der IP-Stack jedes Rechners hat Eigenheiten, die sich insbesondere in der Antwort des Betriebssystems auf fehlerhafte Pakete bemerkbar macht. Es hinterlässt sozusagen einen Fingerabdruck. Um über das Netz an Informationen über das Betriebssystem zu gelangen, dient das „Fingerabdrucknehmen". Beim aktiven Fingerabdrucknehmen werden fehlgeformte Pakete an das Zielsystem gesendet und die Antwort mit einer Datenbank verglichen, in der die Reaktionen verschiedener Betriebssysteme auf fehl-geformte Pakete zuvor eingetragen wurden. Beim passiven Fingerabdrucknehmen werden die Spuren des sendenden Betriebssystems in den ankommenden Paketen ana-lysiert. Charakteristika sind beispielsweise die „time to live" (TTL) ausgehender Pake-te, die „window size", das „don't fragment bit" (DF) und die Festlegung des „type of service" (TOS).

Forum of Incident Response and Security Teams (FIRST)

Das globale Forum of Incident Response and Security Teams (FIRST) bringt eine Viel-zahl von Computer Security Incident Response Teams aus öffentlichen und kommer-ziellen sowie Bildungsbereichen zusammen. Ziel ist die Förderung der Zusammen-arbeit und Koordination im Hinblick auf die Vorbeugung gegenüber sicherheitsrele-vanten Ereignissen, die schnelle Reaktion darauf sowie der Informationsaustausch.

Funk-LAN – Wireless Local Area Network (WLAN)

Funk-LANs (WLAN) stellen ein drahtloses lokales Netz dar. Sie basieren auf dem vom Institute of Electrical and Electronics Engineers (IEEE) 1997 festgelegten Standard IEEE 802.11. Da sie einfach zu installieren sind, kommen sie sowohl bei temporären Installa-tionen zum Einsatz, z. B. auf Messen, aber auch bei langfristigerer Nutzung, z. B. auf Flughäfen und Bahnhöfen sowie in Unternehmen und bei Privatpersonen. Der Netzzu-gang erfolgt über öffentliche Hot Spots bzw. über Access Points. Die Kompatibilität von Produkten zu IEEE 802.11 dokumentiert die Herstellervereinigung Wireless Ethernet Compatibility Alliance (WECA) durch Vergabe des Wi-Fi®-Zertifikats.

IEEE 802.11i beschreibt die Sicherheitsarchitektur Robust Security Network (RSN), das zur Authentisierung das Extensible Authentication Protocol (EAP) und zur Verschlüsselung AES nutzt. IEEE 802.11-2007 integriert die IEEE 802.11-a, b, d, e, g, h, i, j. IEEE 802.11-2012 basiert auf IEEE 802.11-2007 und integriert weitere erfolgte Änderungen bzw. Ergänzungen.

2009 veröffentlichte IEEE den Standard 802.11n, der größere Reichweiten oder höhere Übertragungsraten ermöglicht. Eine Abwärtskompatibilität mit WLANs nach IEEE 802.11b und g ist gegeben, wobei sich die Datenrate im Netz dann nach dem Gerät richtet, das den schwächsten Standard implementiert hat.

Die bei WLANs nicht erforderliche Verkabelung zu den Clients sehen Unternehmen, aber auch Privatpersonen verschiedentlich als Vorteil an. Diesem Vorteil stehen jedoch Risiken gegenüber, die im Vorfeld einer Entscheidung eingehend betrachtet werden sollten.

G

Gefahrenmeldeanlage (GMA)

Gefahrenmeldeanlagen dienen dazu, Gefahren für Personen und Sachen zu erkennen und zu melden.

Geschäftskritische Unterlagen – Vital Records

„Lebenswichtige", d. h. geschäftskritische Unterlagen und Aufzeichnungen (vital records) sind für den Geschäftsbetrieb unverzichtbar und müssen daher – auch im Notfall – verfügbar sein und erhalten bleiben. Beispiele hierfür können geheime Produktionsverfahren und -formeln, Fahrzeugbriefe, Informationen über und Verträge mit Kunden, Lieferanten, Dienstleistern, Versicherungen und Mitarbeitern, Vollmachtenregelungen, etc. sein.

Grid

Grids sind weltweit vernetzte Computer spezifischer oder unterschiedlicher Organisationen bzw. Unternehmen. Die Computer stellen dabei die „Knotenpunkte" des „Gitters" dar. Das Zuse Institut Berlin [104] unterscheidet drei Arten von Grids: „Resource Grids", „Information Grids" und „Service Grids". Resource Grids dienen der weltweiten organisations- bzw. unternehmensübergreifenden Nutzung von Ressourcen, wie Rechnern, Speichern und Datenarchiven. Hierbei sind Sicherheits-, Kontinuitäts- und Abrechnungsaspekte zu berücksichtigen. Information Grids stellen jederzeit an jedem Ort der Welt zu beliebigen Themen einem anonymen Nutzer kostenlos Informationen bereit, oftmals nur in HTML, zunehmend in XML. Ein Beispiel für ein Information Grid ist das Internet. Service Grids schließlich stellen Services bereit, beispielsweise in Form von Identifikations- und Authentifizierungsdiensten und Suchmaschinen.

H

Hacker

Unter einem Hacker versteht man einen technisch sehr versierten Angreifer, dessen Angriffe darauf abzielen, Schwachstellen in IKT-Systemen aufzudecken. Primäres Ziel ist es dabei üblicherweise jedoch nicht, sich persönlich wirtschaftliche Vorteile zu verschaffen und Dritten einen direkten wirtschaftlichen Schaden zuzufügen, sondern auf Schwachstellen hinzuweisen.

Solange dies unter Nutzung eigener oder hierfür zur Verfügung gestellter Systeme und vertrauliche Bekanntgabe der Schwächen nur an die jeweiligen Hersteller oder Auftraggeber erfolgt, mag dies nachvollziehbar sein.

In der fachfremden Öffentlichkeit ist die Unterscheidung zwischen Hacker und Cracker eher wenig zu beobachten. Ursache mag sein, dass das Eindringen in Systeme Dritter – sei es mit oder ohne Selbstbereicherungs- oder Schädigungsabsicht – dennoch Schaden an Systemen, zusätzlichen Aufwand und Imageschäden nach sich ziehen kann. Auch das Schreiben und Verfügbarmachen von Exploits zur Demonstration der Sicherheitslücken stellt eine potenzielle Gefahr für Dritte dar.

Basierend auf einer Idee in Bruce Schneiers Buch „Secrets & Lies" mag das folgende leicht abgewandelte Beispiel dies vom Prinzip her veranschaulichen: Wie würde es jemand empfinden, wenn ein Dritter versuchen würde, in dessen Privathaus oder Unternehmen einzudringen, ihm dies auch unbemerkt gelänge, er keinerlei Schaden anrichten und nichts verändern würde und er dies im Interesse der Allgemeinheit ohne dessen Zustimmung publizieren würde, damit dieser sein Privathaus oder Unternehmen besser absichert?

Harvester

Harvester (Erntemaschinen) sind eine Spezialform der Webcrawler. Sie durchsuchen das World Wide Web nach E-Mail-Adressen und „ernten" diese. Die E-Mail-Adressen werden anschließend z. B. für Werbe-E-Mails (Spam) genutzt.

Home Banking Computer Interface (HBCI)

Das Home Banking Computer Interface (HBCI) wurde 1996 vom Zentralen Kreditausschuss (ZKA) als Standard für das Onlinebanking geschaffen. Ziel war und ist die Vereinheitlichung der Schnittstelle zwischen Bankkunden und Finanzinstituten. Die Weiterentwicklung des HBCI hat ihren Niederschlag in den Financial Transaction Services (FinTS) des ZKA gefunden.

I

IKT – ICT (information and communication technology)
Informations- und Kommunikationstechnologie

Informationslebenszyklusmanagement (ILM) – Information Lifecycle Management (ILM)
Informationslebenszyklusmanagement bezeichnet die Kosten-Nutzen-optimierte Steuerung, Verfolgung, Speicherung und Verwaltung von Informationen jeglicher Art und jeglichen Typs während ihres Lebenszyklus von der Erstellung über die Aufnahme, Speicherung, Archivierung, Auffindung, Nutzung und Aussonderung bis hin zur Vernichtung. Ziel ist es, Informationen entsprechend ihrer geschäftlichen Bedeutung und

ihren Sicherheitsanforderungen sowie ihrer Zugriffs- und Änderungshäufigkeit zu minimalen Kosten rechtzeitig am richtigen Ort verfügbar zu haben. Dies erfordert eine kontinuierliche Optimierung der Architektur aus Prozessen und Verfahren sowie Ressourcen und Technologien.

Institut der Wirtschaftsprüfer (IDW)

Das Institut der Wirtschaftsprüfer in Deutschland e.V. (IDW) ist ein eingetragener Verein, der Wirtschaftsprüfer und Wirtschaftsprüfungsgesellschaften Deutschlands auf freiwilliger Basis vereint.

International Engineering Consortium (IEC)

Das International Engineering Consortium (IEC) ist eine Non-Profit-Organisation mit dem Ziel, den weltweiten technologischen und wirtschaftlichen Fortschritt im Bereich hochtechnisierter Industrien und universitärer Gemeinschaften zu katalysieren.

International Organization for Standardization (ISO)

Die International Organization for Standardization (ISO) ist ein Netz nationaler Standardisierungsinstitute. In ihr sind mehr als 160 Länder vertreten, jedes durch ein Mitglied. Das Zentralsekretariat der ISO hat seinen Sitz in Genf in der Schweiz und koordiniert das Gesamtsystem.

Die ISO ist keine staatliche Organisation. Ihre Mitglieder sind daher keine Delegationen nationaler Regierungen.

Manch einer mag sich schon gefragt haben, warum die Abkürzung ISO heißt, wo die englischen Anfangsbuchstaben doch „IOS" und die französischen „OIN" (Organisation Internationale de Normalisation) ergäben. Dies rührt daher, dass zu Beginn entschieden wurde, das Wort aus dem griechischen „isos" (ισοσ: gleich) abzuleiten.

Die ISO verwendet folgende Abkürzungen für den Status Ihrer Normen:

- AWI   = Approved Work Item
- CD   = Committee Draft
- DIS   = Draft International Standard (Normentwurf)
- FCD   = Final Committee Draft
- FDIS   = Final Draft International Standard
- ISO/TR   = ISO Technical Report
- ISO/TS   = ISO Technical Specification
- NP   = New Work Item Proposal
- PRF   = Proof of a new International Standard
- WD   = Working Draft

Internet Engineering Task Force (IETF)

Die Internet Engineering Task Force (IETF) ist eine offene internationale Gemeinschaft, die sich mit der Weiterentwicklung der Internet-Architektur und dem reibungslosen Betrieb des Internet beschäftigt.

Internet Message Access Protocol (IMAP)

Das Internet Message Access Protocol (IMAP), Version 4, beschrieben in RFC 3501, erlaubt es einem Computer (Client), auf E-Mails zuzugreifen, die sich auf einem Server befinden sowie diese zu verändern und zu verwalten. Im Gegensatz zu POP ermöglicht IMAP den Zugriff von Clients an verschiedenen Standorten, z. B. von zu Hause, vom Büro oder von unterwegs. Die zentrale Speicherung und Archivierung der E-

Mails sowie die von IMAP auf dem Server bereitgestellten Funktionen, z. B. zum Suchen, sind auch für leistungsschwächere Clients nützlich. Bei Einsatz von TCP nutzt IMAP standardmäßig den Port 143. Erweiterungen zu IMAP4 sind im Jahr 2006 in RFC 4466, Collected Extensions to IMAP4 ABNF, zusammengefasst worden. Neuere RFCs spezifizieren zusätzliche Erweiterungen.

IMAP ist wie POP ein Klartextprotokoll. Es gibt jedoch Varianten, die z. B. eine verschlüsselte Übertragung über TLS nutzen. Diese Variante heißt IMAPs und nutzt standardmäßig den TCP-Port 993.

IP-Identitätsvorspiegelung – IP-Spoofing
Vortäuschung einer IP-Identität

IP-Maskerade – IP-Masquerading
IP-Maskerade bezeichnet die Maskierung/das Verbergen (interner) IP-Adressen durch Übersetzung in andere (externe) IP-Adressen. Hierdurch lassen sich interne IP-Adressen, über die gegebenenfalls Rückschlüsse auf das interne Netz möglich wären, nach außen verbergen.

IPsec
Das IP Security Protocol (IPsec) dient der Sicherung des IP-Verkehrs über das Internet durch Bereitstellung kryptografischer Dienste.

ISiPyr – ISPyr (Information Safety/Security Pyramid)
IT- bzw. IKT-Sicherheitspyramide

IT Compliance / IKT Compliance
s. Konformität

IT Governance
Unter IT- bzw. IKT-Governance ist die an der Geschäftstätigkeit, der Unternehmensstrategie und den Unternehmenszielen ausgerichtete gute und verantwortliche Leitung der IT bzw. IKT zu verstehen. Sie sollte sich u. a. orientieren an relevanten gesetzlichen, aufsichtsbehördlichen und vergleichbaren Vorgaben und Standards zur Leitung, Steuerung und Überwachung der IT bzw. IKT, an diesbezüglichen international und national anerkannten Normen und Standards, an Good und Best Practices und Defacto-Standards sowie an vertraglichen Vereinbarungen. Dies beinhaltet den wirtschaftlichen Einsatz von Ressourcen, das Risikomanagement mit der Optimierung und zielgerichteten Steuerung von Risiken und die angemessene Berücksichtigung aller Bezugsgruppen.

Eine ähnliche, aber weniger detaillierte Definition wählt das IT Governance Institute® in COBIT® 4.0, indem es – frei übersetzt – IT-Governance als Verantwortlichkeit der Führungskräfte und -gremien bezeichnet, durch Führung, Organisationsstruktur und Prozesse dafür zu sorgen, dass die IT die Strategien und Ziele des Unternehmens bzw. der Organisation trägt und ausweitet.

ITKSiPyr – ICTSaSePyr
ITK-Sicherheitspyramide

ITU-T
Die International Telecommunications Union (ITU) ist eine internationale Organisation, in der Regierungen und die Privatwirtschaft zusammenarbeiten, um den Betrieb

von Telekommunikationsnetzen und -services zu koordinieren, Standards zu erstellen sowie die Kommunikationstechnologie weiterzuentwickeln. ITU spielt eine wesentliche Rolle bei der Verwaltung und Steuerung des Funkfrequenzspektrums. Dies stellt sicher, dass funkbasierte Systeme, wie beispielsweise Mobilfunkgeräte, Navigationsgeräte für Flugzeuge und Schiffe, Satellitenkommunikationssysteme, Rundfunk und Fernsehen reibungslos arbeiten und ihre Dienste zuverlässig bereitstellen können.

Der Telecommunication Standardization Sector (ITU-T) entwickelt internationale technische Standards und Betriebsstandards – im ITU-Sprachgebrauch sogenannte Empfehlungen (Recommendations) – sowie Abrechnungsprinzipien. Ziel der ITU-T ist es, die nahtlose Verbindung weltweiter Kommunikationsnetze und -systeme zu fördern.

Internationale Standards der Informations- und Telekommunikationstechnologie (ITK) gewinnen zunehmend an Bedeutung, einerseits wegen der Globalisierung und andererseits, weil die Telekommunikation ein Eckpfeiler der heutigen Wirtschaft ist. Der Austausch von Sprach-, Daten- und Videonachrichten erfordert Standards für Sender und Empfänger, wie z. B. ADSL, GSM, JPEG, MPEG und TCP/IP.

Das Netz der nächsten Generation (Next-Generation Network {NGN}) ist ein wichtiges Aufgabengebiet der ITU-T. Ein NGN ist ein paketbasiertes Netz, mittels dessen Nutzern Telekommunikationsdienste bereitgestellt werden sollen, bei denen die dienstbezogenen Funktionen unabhängig von den zugrunde liegenden transportbezogenen Technologien sind. Die Next Generation Networks Global Standards Initiative (NGN-GSI) konzentriert sich auf die Entwicklung detaillierter Standards für das NGN.

J

Java™ Authentication and Authorization Service (JAAS)

Der JAVA™ Authentication and Authorization Service (JAAS) ist ein Paket, das Dienste zur Authentisierung und Zugriffskontrolle von Nutzern ermöglicht. JAAS ist in Java 2 SDK, v. 1.4, integriert. [105]

Java™ Cryptographic Extension (JCE)

Die JAVA™ Cryptographic Extension (JCE) stellt ein Rahmenwerk und Implementierungen zur Verfügung zur Verschlüsselung und zur Schlüsselerzeugung sowie Message Authentication Code (MAC) Algorithmen. JCE ist in Java 2 SDK, v. 1.4, integriert und unterstützt symmetrische und asymmetrische Verschlüsselung. Das JCE API bietet Verschlüsselung an u. a. für DES, IDEA, Triple DES, Blowfish und RSA. [106]

Java™ Secure Socket Extension (JSSE)

Die Java™ Secure Socket Extension (JSSE) ermöglicht eine gesicherte Kommunikation über das Internet. JSSE stellt hierfür sowohl ein Application Programming Interface (API) Rahmenwerk bereit als auch dessen Implementierung. Sie enthält eine Java™-Version der SSL (Secure Sockets Layer) und TLS (Transport Layer Security) Protokolle. JSSE beinhaltet Funktionalitäten für die Datenverschlüsselung, Serverauthentisierung, Nachrichtenintegrität und optional Clientauthentisierung. [107]

K

Kerberos™ – Kerberos™

Kerberos™ ist ein ticket-basiertes Authentisierungsverfahren, das vom MIT entwickelt wurde. Es ist benannt nach dem Höllenhund Kerberos, dem Sohn des Typhon und der Echidna, der in der griechischen Mythologie den Eingang zum Hades, der Unterwelt, benannt nach dem Gott Hades, bewachte. Er ließ keinen der Eingetretenen mehr hinaus. Nur Orpheus und Herakles bezwangen ihn. Wenngleich es sich also um eine Bewachung des Ausgangs aus dem Hades, der Unterwelt, handelt, liegt das „tertium comparationis", d. h. die Parallele zum Kerberos™ des MIT, offensichtlich darin, dass hierdurch auch gleichzeitig der Eingang zur Welt außerhalb des Hades „bewacht" ist, so wie Kerberos™ den Zugang zu Systemen überwacht. Dass der Höllenhund in oben genannten Ausnahmefällen besiegt wurde, könnte als unerwünschte Parallele zu sehen sein.

Key Logger

Key Logger protokollieren die Tastatureingaben des Nutzers. Es existieren sowohl Software- als auch Hardware Key Logger. Software Key Logger kommen einerseits als ordnungsgemäße Software-Programme zum Einsatz, werden andererseits aber auch von Angreifern über Trojaner verbreitet.

Hardware Key Logger lassen sich zwischen Tastatur und Rechner stecken, z. B. an der USB-Schnittstelle. Es gibt Hardware Key Logger, die 2 Mio. Tastatureingaben aufzeichnen können oder die aufgezeichneten Tastatureingaben automatisch per E-Mail über einen vorhandenen Funkzugangspunkt (Wireless Access Point) übermitteln. Im Gegensatz zu Software Key Loggern verbleiben nach der Entfernung der Komponente keine verräterischen Datenspuren auf dem überwachten Computer.

Zum Schutz vor einem Mitschnitt der Tastatureingabe erfolgt verschiedentlich der Übergang zu mausbasierten Eingaben, bei denen virtuelle Tastaturen, z. B. ein Ziffernblock, am Bildschirm angezeigt werden, deren Felder zur Eingabe mit der Maus angeklickt werden.

Kommunales Netz – Metropolitan Area Network (MAN)

Ein MAN dient der Zusammenschaltung von Systemen und Netzen in Ballungsräumen. Heutzutage nutzen MANs und WANs die gleiche Technologie, so dass es zwischen MANs und WANs keine signifikaten Unterschiede mehr gibt, wie die ISO/IEC 27033-1:2009 ausführt.

Kontrollelement – Control

Ein Kontrollelement bzw. eine Kontrollaktivität (Control Activity) dient dazu, die Erreichung eines Kontrollziels nachzuweisen, indem es dieses überwacht und seine Erfüllung sicherstellt. Ein Kontrollelement für den Zutritt bzw. Zugang nur berechtigter Personen erfordert beispielsweise ein Rechtekonzept und einen dokumentierten Berechtigungsvergabeprozess mit ordnungsgemäß unterzeichneten Berechtigungsanträgen und dementsprechend eingerichteten Berechtigungen. Kontrollelemente für den Durchsatz von Prozessen, Systemen und Anlagen sind beispielsweise geeignete Mess- und Überwachungstools, die beim Erreichen vorgegebener Warnschwellen so frühzeitig alarmieren, dass Maßnahmen zur Einhaltung der Kontrollziele noch möglich sind. Darüber hinaus ermöglichen regelmäßige Trendanalysen eine proaktive Vermeidung von Engpässen.

Kontrollziel – Control Objective

Kontrollziele leiten sich aus den internen und externen Anforderungen sowie SLAs ab. Kontrollziele können beispielsweise sein, dass der Zutritt zum Serverraum und der Zugang zu einer Anwendung nur berechtigten Personen möglich ist, oder dass ein IKT-System oder eine Anlage eine vereinbarte Verfügbarkeit oder einen vereinbarten Durchsatz aufweist.

Kritikalität – Criticality

Kritikalität bezeichnet, wie kritisch bzw. wichtig beispielsweise ein Prozess oder eine Ressource für ein Unternehmen ist.

Kritische Infrastrukturen (KRITIS)

Als Kritische Infrastrukturen (KRITIS) bezeichnet das deutsche BSI auf seiner KRITIS-Webseite „Organisationen und Einrichtungen mit wichtiger Bedeutung für das staatliche Gemeinwesen, bei deren Ausfall oder Beeinträchtigung nachhaltig wirkende Versorgungsengpässe, erhebliche Störungen der öffentlichen Sicherheit oder andere dramatische Folgen eintreten würden." Zu den kritischen Infrastruktursektoren gehören u. a. Transport und Verkehr, Energie, Informationstechnik und Telekommunikation, Finanz- und Versicherungswesen, Gesundheit, Wasser, Ernährung, Staat- und Verwaltung. [Bundesministerium des Innern, Schutz Kritischer Infrastrukturen – Risiko- und Krisenmanagement, Leitfaden für Unternehmen und Behörden, Mai 2011]

L

Lightweight Directory Access Protocol (LDAP)

Das Lightweight Directory Access Protocol (LDAP) ist ein Protokoll für den abfragenden oder modifizierenden Zugriff auf Online-Verzeichnisdienste. Im TCP-IP-Protokollstapel (Protocol Stack) ist LDAP auf der Ebene Anwendung angesiedelt. LDAP ist in RFC 4511, Lightweight Directory Access Protocol (LDAP): The Protocol, spezifiziert. Der RFC 4513 behandelt Authentication Methods and Security Mechanisms.

Lokales Netz – Local Area Network (LAN)

Lokale Netze dienen dem internen Hochgeschwindigkeits-Datenaustausch und befinden sich im privaten Besitz des Betreibers. Sie sind beispielsweise in Büros und auf Firmengeländen anzutreffen.

M

MAC

1. Mandatory Access Control – erzwungene Zugriffskontrolle
2. Medium Access Control – medienspezifisches Zugangsprotokoll
3. Message Authentication Code – Nachrichtenauthentisierung

N

Network Address Translation (NAT)

Durch Network Address Translation (NAT) können IP-Adressen eines (meist internen) Netzes auf die IP-Adressen eines (meist öffentlichen) Netzes übersetzt werden. Hierdurch lassen sich z. B. die internen IP-Adressen gegenüber dem öffentlichen Netz verbergen. Die Umsetzung kann statisch (stets dieselbe Zuordnung) oder dynamisch (Zuordnung erfolgt nach bestimmten Kriterien während der Laufzeit) erfolgen.

Netzersatzanlage (NEA)

Eine Netzersatzanlage ist eine Stromversorgung in Form eines Notstromaggregats, z. B. Notstromdiesel, mit der ein längerfristiger Stromausfall überbrückt werden kann.

NIST

National Institute of Standards and Technology

O

Open Authentication (OATH)

Die Open-Authentication-Initiative (OATH) ist eine Arbeitsgemeinschaft führender IT-Unternehmen mit dem Ziel, eine offene Referenzarchitektur für eine universelle starke Authentifizierung zu entwickeln, die sich über alle Nutzer, alle Geräte und alle Netze erstreckt. Ziele sind geringere Kosten für Authentifizierungsgeräte, Interoperabilität, offene Standards, verschiedenartige Authentifizierungsmethoden, wie Einmal-Passwort, SIM-Authentifizierung und PKI-basierende Authentifizierung sowie die Überführung von Smartphones, Handys, PDAs und Notebooks in Geräte mit starker Authentifizierung. Darüber hinaus sollen starke Authentifizierungsalgorithmen und die Authentifizierungssoftware von Clients gemeinsam genutzt werden von Netzendpunkten, wie PCs, Servern, Switches und WiFi-Access-Points.

OpenPGP

OpenPGP, dessen Message Format in RFC 4880 spezifiziert ist, stellt Dienste zur digitalen Signatur und zur Verschlüsselung von Nachrichten, z. B. E-Mails, und Dateien zur Verfügung. OpenPGP basiert auf Pretty Good Privacy (PGP), einer Software-Familie, die von Philip R. Zimmermann entwickelt wurde. Zum Schutz der Vertraulichkeit stellt OpenPGP zwei Verschlüsselungsmethoden zur Verfügung: symmetrische Verschlüsselung und Verschlüsselung mit einem öffentlichen Schlüssel (Public Key).
Zum Verschlüsseln und Signieren von E-Mails unter Windows® kann z. B. Gpg4win (GNU Privacy Guard for Windows®) genutzt werden. Gpg4win unterstützt sowohl OpenPGP als auch S/MIME. Bitte beachten Sie, dass es sich bei dieser Tool-Angabe um eine Momentaufnahme handelt.

Open Systems Interconnection Referenzmodell (OSI-Referenzmodell)

Das Open Systems Interconnection (OSI) Referenzmodell der International Organization for Standardization (ISO) wurde als Grundlage für die Bildung von Kommunikationsstandards geschaffen und besteht aus 7 Schichten.

Organization for the Advancement of Structured Information Standards (OASIS®)

Die Organization for the Advancement of Structured Information Standards (OASIS®, www.oasis-open.org) ist eine globale Non-Profit-Organisation, die die Entwicklung,

Konvergenz und Anpassung von E-Business-Standards vorantreibt. Sie wurde 1993 unter dem Namen SGML Open als Konsortium von Anbietern und Nutzern gegründet, um Richtlinien für die Interoperabilität zwischen jenen Produkten zu entwickeln, welche die Standard Generalized Markup Language (SGML) unterstützen. 1998 erfolgte die Umbenennung in OASIS®, um damit das erweiterte Aufgabengebiet zu unterstreichen, das z. B. die Extensible Markup Language (XML) und andere diesbezügliche Standards umfasst.

P

Pharming

Pharming manipuliert die Zuordnung von URL zu IP-Adresse, so dass eine Umleitung auf eine gefälschte Website erfolgt. Angriffsziele beim Pharming sind daher die DNS-Server, aber auch lokale Betriebssystemdateien, in denen diese Zuordnungen gespeichert sind.

Phishing

Phishing ist ein Kunstwort aus „Password fishing". Es beschreibt eine kriminelle Handlung, bei der Datendiebe versuchen, durch gefälschte E-Mails in den Besitz vertraulicher Daten, wie z. B. PINs, Passwörtern, Konto- oder Kreditkartennummern zu gelangen, d. h. vertrauliche Daten „abzufischen". Die E-Mails sehen Original-Nachrichten von Unternehmen, z. B. Banken, sehr ähnlich. Betätigt der Empfänger den dortigen Link, so gelangt er auf eine gefälschte Webseite, auf der er aufgefordert wird, vertrauliche Daten einzugeben.
Um die Attraktivität derartiger Betrügereien einzudämmen, können z. B. Überweisungslimite dienen. Die Anzeige der zuletzt getätigten Transaktion ermöglicht das Erkennen einer eventuellen unbefugten Nutzung beim nächsten Einloggen. Geeignete Challenge-Response-Verfahren mit Einmalpasswörtern können je nach Gegebenheit den Nutzen des Abfischens weiter reduzieren.

PIN – PIN

Persönliche Identifikationsnummer – Personal Identification Number

Post Office Protocol (POP)

Das Post Office Protocol (POP), Version 3 (POP3), ist in RFC 1939 beschrieben und dient dazu, E-Mails von einem Server auf einen Client herunterzuladen. Die E-Mails werden nach dem Herunterladen auf dem Server gelöscht. POP3 verwendet standardmäßig den TCP-Port 110. POP3-Kommandos bestehen aus ASCII-Zeichen. POP3 überträgt sowohl die E-Mails als auch das Passwort (bei Verwendung des Kommandos PASS) im Klartext.
Die Klartextübertragung des Passworts lässt sich vermeiden, wenn der Server das Kommando APOP implementiert hat. In diesem Fall sendet der Server zu Beginn der Sitzung einen Zeitstempel. Der Client berechnet aus diesem und dem Passwort mittels des MD5-Algorithmus einen Hashwert, den er als Argument des APOP-Kommandos zurückschickt. Gelangt der Server bei seiner Berechnung zum gleichen Hashwert, ist der Authentisierungsvorgang erfolgreich.
Verfügt ein Server über spezielle Erweiterungen, so ist z. B. eine verschlüsselte E-Mail-Übertragung über TLS möglich. Diese Variante heißt POP3s und nutzt den Standard-

TCP-Port 995.

POP3 ist funktional geeignet, wenn die E-Mails stets von einem einzigen Client aus abgerufen und lokal verwaltet werden können. Bei Zugriff von unterschiedlichen Rechnern führt dies jedoch dazu, dass die heruntergeladenen E-Mails schließlich über verschiedene Rechner verteilt sind. Abhilfe schaffen hier IMAP-Server.

PPP Challenge Handshake Authentication Protocol

Das PPP (Point-to-Point Protocol) Challenge Handshake Authentication Protocol (CHAP) ist in RFC 1994 spezifiziert. Es ermöglicht die Authentifizierung unter Nutzung von PPP. Als Antwort auf die Zufallszahl (Challenge) des Servers wird ein Hashwert übertragen, der über einen Hash-Algorithmus aus Challenge und einem Geheimnis (Passwort) errechnet wurde.

PROSim

Das Akronym PROSim steht für die zweite Dimension der Sicherheitspyramide V und repräsentiert die Prozesse, Ressourcen und Organisation für das Sicherheitsmanagement. Je nach Themenstellung lautet das Akronym z. B. bei BCM PROBCM, bei Kontinuitätsmanagement PROKom, bei Projektmanagement PROProm, bei Qualitätsmanagement PROQuam, bei Risikomanagement PRORim, bei Servicemanagement PROSem, bei Sourcing-Management PROSom, bei Testmanagement PROTem.

ProTOPSi

Das Akronym ProTOPSi, das die zweite Dimension der Sicherheitspyramide III repräsentiert, steht für Prozesse, Technologie, Organisation und Personal für Sicherheit. Der Begriff Technologie wurde hierbei sehr weit gefasst und bezieht sich u. a. auf Verfahren, Methoden, Werkzeuge und Technik im Sinne von Hardware und Software sowie Infrastruktur, wie z. B. Gebäude. Die Sicherheitspyramide ab Version IV fasst die Begriffe Technologie und Personal aus Gründen der Systematik zum umfassenden und verständlicheren Begriff Ressource zusammen.

Public Available Specification (PAS)

Bei dringendem Marktbedarf nach einem standardisierenden Dokument kann ein technisches Komitee der ISO sich für eine kurzfristige Veröffentlichung als Public Available Specification (PAS) oder Technische Spezifikation (TS) entscheiden.

Public Key Infrastructure (PKI)

Die Public Key Infrastructure ist eine Kombination aus Software, Verschlüsselungstechnologien und Diensten. Sie unterstützt den Einsatz von Verschlüsselungs- und Signaturdiensten, indem sie die Erstellung, Verteilung, Verwaltung, Prüfung und Rücknahme von Zertifikaten und Schlüsseln regelt.

Public Key Infrastructure (X.509) (PKIX)

Die Arbeitsgruppe Public Key Infrastructure (X.509) der IETF wurde 1995 gegründet. Ihr Ziel bestand in der Entwicklung von Internet-Standards, die eine X.509-basierte PKI unterstützen. Inzwischen entwickelt die Arbeitsgruppe über die ITU-PKI-Standards hinaus auch eigene neue Standards zur Nutzung X.509-basierter PKIs im Internet.

R

RADIUS

Remote Authentication Dial In User Service (RADIUS) ist ein Client-Server-Protokoll zur Authentisierung und Autorisierung sowie zur Abrechnung (AAA), das in RFC 2865 (RADIUS) und RFC 2866 (RADIUS Accounting) spezifiziert ist. Benutzer, die sich per Modem, ISDN oder DSL an einem Einwahlknoten eines Internet Service Providers (ISP) anmelden, geben zur Identifizierung und Authentisierung üblicherweise ihre Benutzerkennung und ihr Passwort ein. Der Einwahlknoten (Network Access Server {NAS}) fungiert als RADIUS-Client und schickt beides über das RADIUS-Protokoll an den RADIUS-Server. Dieser prüft die Korrektheit der Daten durch Zugriff auf eine Datenbank zugelassener Benutzer. Der RADIUS-Server kann zur Authentifizierung beispielsweise das Password Authentication Protocol (PAP) oder das Challenge Handshake Authentication Protocol (CHAP) nutzen. Das Ergebnis der Authentifizierung sendet der Server an den Einwahlknoten zurück.

RAM

1. Ein Random Access Memory (RAM) ist ein Halbleiterspeicher mit kurzen Zugriffszeiten, dessen gespeicherte Informationen bei Abschalten der Betriebsspannung verloren gehen.
2. Reliability, Availability, Maintainability (RAM)

Records Management

Records Management lässt sich im Deutschen mit dem etwas altertümlich anmutenden Begriff Schriftgutverwaltung übersetzen. Records Management dient der Kennzeichnung, Steuerung, Verfolgung und Verwaltung geschäftsrelevanter Unterlagen in Form von physischen und elektronischen Informationen, Dokumenten, Aufzeichnungen und Nachweisen von deren Erstellung über die Aufnahme, Aufbewahrung, Auffindung, Nutzung und Aussonderung bis hin zur Vernichtung.

Records Management begleitet die Prozesse einer Organisation während ihres gesamten Lebenszyklus. Es beinhaltet u. a. Vorgaben für das Ordnungs- und Ablagesystem, Namenskonventionen für die Identifizierung und Sicherheitsklassifizierung sowie Standards für die Versionierung und Datierung, beginnend mit der Erstell- und später dem Änderungsdatum, über das jeweilige Freigabedatum bis hin zum Aussonderungsdatum. Prozess- und Strukturorganisation mit Zuständigkeiten und Verantwortlichkeiten sind ebenso zu regeln wie Zutritts- und Zugriffs- sowie Bearbeitungsrechte. Die Normenreihe ISO 15489 behandelt das Records Management, das in der deutschen Fassung mit Schriftgutverwaltung übersetzt ist. MoReq2, die Model Requirements for the Management of Electronic Records, Stand 2008, der europäischen Kommission beschreiben auf über 200 Seiten vorrangig funktionale Anforderungen an Electronic Records Management Systeme (ERMS). Kapitel 4 von MoReq2 geht auf sicherheitsrelevante Anforderungen ein, beispielsweise hinsichtlich Zugangs- und Zugriffsschutz, Protokollierung, Datensicherung und -wiederherstellung sowie geschäftskritische Unterlagen (Vital Records). Als „gute Praxis" existiert das Good Electronic Records Management (GERM).

Resilience

(Fault oder Failure) Resilience, d. h. Fehlerelastizität bzw. Fehlertoleranz, bezeichnet die Eigenschaft eines Unternehmens, eines Prozesses, einer Ressource, eines Produktes oder einer Dienstleistung, sich trotz einer begrenzten Anzahl von Fehlern weiterhin anforderungs- bzw. spezifikationsgerecht zu verhalten, eventuell auf einem akzeptierten reduzierten Leistungsniveau.

Return on Safety, Security and Continuity Investment (RoSSCI)

Als Return on Safety, Security and Continuity Investment (RoSSCI) bezeichne ich den Ertrag und den vermiedenen Schaden, den ein Unternehmen aufgrund von Investitionen hat, welche es in die Betriebs- und Angriffssicherheit sowie die Kontinuität getätigt hat.

Return on Security Investment (RoSI)

Return on Security Investment bezeichnet den Ertrag und den vermiedenen Schaden, den ein Unternehmen aufgrund einer in die Sicherheit getätigten Investition hat.

Risikoanalyse – Risk Analysis

Risikoanalyse ist der Prozess zur Ermittlung, Analyse und Bewertung des Schadenspotenzials und des Bedrohungspotenzials sowie des Schwachstellenpotenzials aufgrund von Sicherheits- und Kontinuitätsdefiziten sowie zur Identifikation zusätzlich erforderlicher Sicherheits- und Kontinuitätsmaßnahmen.

Role Based Access Control (RBAC)

Role Based Access Control (RBAC) [108], also rollenbasierte Zugriffskontrolle, ist als ANSI-Norm definiert und enthält ein Referenzmodell mit den dazugehörigen funktionalen Spezifikationen. Das Referenzmodell definiert RBAC-Elemente, wie z. B. Benutzer, Rollen, Berechtigungen und Objekte.

Am 1. Februar 2005 wurde der OASIS®-Standard „Core and hierarchical role based access control (RBAC) profile of XACML v2.0" verabschiedet. Er definiert ein XACML-Profil, um die Anforderungen an „core" und „hierarchical" RBAC zu erfüllen, wie sie in der ANSI-Norm spezifiziert sind. Seit Januar 2013 liegt XACML v3.0 vor.

S

Schutzbedarfsanalyse – Business Impact Analysis

Die Schutzbedarfsanalyse ermittelt die Sicherheitsanforderungen je Sicherheitskriterium anhand der Auswirkungen, die sich bei einer Beeinträchtigung des jeweiligen Sicherheitskriteriums ergeben. Beispielsweise erhebt sie, welche Auswirkung der Ausfall eines Gebäudes oder eines Informationssystems auf den Geschäftsprozess hat. Nach der Ermittlung der Schadenshöhe erfolgt je Sicherheitskriterium die Einstufung in eine Sicherheitsklasse. Im Rahmen der Schutzbedarfsanalyse wird auch der zeitlich gestaffelte Mindestgeschäftsbetrieb erhoben.

Schwachstelle – Weakness

Eine Schwachstelle stellt eine Sicherheitslücke oder ein Sicherheitsdefizit dar.

Secure Socket Layer (SSL)

Der Secure Socket Layer sichert WWW-Verbindungen durch Verschlüsselung.

Sensibilisierung

Sensibilisierung für die Themen Sicherheit, Kontinuität und Risiko dient dazu, bei Mitarbeitern Bewusstsein für Sicherheits- und Kontinuitätsanforderungen, Bedrohungen,

Schwachstellen und Risiken sowie Sicherheits- und Kontinuitätsmaßnahmen zu schaffen.

Serial Attached SCSI (SAS)

Serial Attached SCSI stellt laut der SCSI Trade Association eine Weiterentwicklung von SCSI dar. Hierbei findet ein Übergang von der parallelen auf eine serielle Schnittstelle statt, da das parallele SCSI die Leistungs- und Skalierbarkeitsanforderungen der Industrie nicht mehr erfüllt. Die erste SAS-Generation hat eine Übertragungsrate von 3 Gb/s, die zweite von 6 Gb/s und die dritte von 12 Gb/s. Im Jahr 2016/2017 soll die vierte Ausbaustufe mit 24 Gb/s folgen.

Service-Level-Vereinbarung – Service Level Agreement (SLA)

Eine Service-Level-Vereinbarung (Service Level Agreement {SLA}) beinhaltet die Festlegung der zwischen Service-Geber und Service-Nehmer vereinbarten messbaren Qualität (Servicegüte) der Leistungen.

Sicherheitshandbuch (SIHA)

Das Österreichische Informationssicherheitshandbuch (SIHA) beschäftigt sich mit dem Informationssicherheitsmanagement und Maßnahmen zur Informationssicherheit.

Sicherheitskonzept – Safety/Security Specification

Ein Sicherheitskonzept legt fest, welche Maßnahmen zur Erhöhung der Sicherheit für ein spezifisches Thema oder Schutzobjekt, z. B. ein IKT-System, ein Netz oder eine Anwendung, ein Produkt oder eine Leistung, ergriffen werden sollen.

Sicherheitsmaßnahme – Safeguard bzw. Safety/Security Measure

Maßnahme, Mechanismus, Prozess oder Schutzsubjekt zur Vermeidung, Verringerung oder Verlagerung eines Risikos bzw. zur Steigerung des Sicherheitsniveaus.

Sicherheitsmodell – Security Model

Sicherheitsmodelle lassen sich unterscheiden in positive und negative. Positive, auch als „Weiße-Liste"-Modelle (Whitelist Model) bezeichnet, folgen dem Prinzip des generellen Verbots, d. h. sie verbieten alles, bis auf das, was z. B. durch die weiße Liste explizit erlaubt ist. Negative Sicherheitsmodelle, „Schwarze-Liste"-Modelle (Blacklist Model), verhindern nur das, was verboten wurde. Verbote haben jedoch stets die Eigenschaft, dass alles andere erlaubt ist. Ein Beispiel hierfür sind Spam-Mails. Bei einer schwarzen Liste kommt die Spam-Mail durch, sobald die Absenderadresse auf eine nicht gelistete geändert wurde. Bei einer weißen Liste müsste die Spam-Mail demgegenüber eine Absenderadresse haben, die zuvor zugelassen wurde.

Sicherheitsniveau – Safety/Security Level

Das Sicherheitsniveau beschreibt das Maß an Sicherheit.

Sicherheitsphilosophie – Safety/Security Philosophy

Die Sicherheitsphilosophie legt in schriftlicher überblicksartiger Form fest, welche Bedeutung und Ausprägung das Thema Sicherheit haben soll.

Sicherheitsstrategie – Safety, Security, Continuity and Risk Strategy

Die Sicherheitsstrategie legt fest, welches Maßnahmenbündel von der Prävention über das Monitoring, die Detektion und Meldung bzw. Alarmierung sowie der Reaktion und der Evaluation des Schadens bis hin zur Wiederherstellung, der Nacharbeit

(Postvention) und der Verbesserung (Emendation) zur Vermeidung, Verringerung oder Verlagerung eines Risikos in welchem Umfang ergriffen werden sollte.

Sicherheitsziele – Safety, Security, Continuity and Risk Objectives

Sicherheitsziele leiten sich aus der Sicherheits-, Kontinuitäts- und Risikopolitik ab und werden im Rahmen einer Schutzbedarfsanalyse bzw. Business Impact Analysis anhand angenommener Sicherheitsverletzungen und deren Konsequenzen ermittelt.

Simple Mail Transfer Protocol (SMTP)

Das Simple Mail Transfer Protocol (SMTP) ist ein E-Mail-Dienst, welcher der Übertragung von E-Mails dient. Es ist beschrieben in RFC 5321.

Single Point of Failure (SPoF)

Ein „Single Point of Failure" (Einzelfehler) ist eine Stelle, an der ein einzelner Fehler zu einem Ausfall führt. Derartige Situationen ergeben sich bei nicht konsequent redundanter Auslegung von Ressourcen.

Single Sign-on

Das Single Sign-on dient dazu, mit nur einem Identifikations- und Authentisierungsvorgang Zugang zu verschiedenen Systemen zu erhalten. Dies gilt in entsprechender Form für den Zutritt zu verschiedenen Gebäuden oder Räumlichkeiten.

Skript Kiddie

Die Bezeichnung Skript Kiddie kennzeichnet Internet-Nutzer, die Angriffe unter Nutzung vorgefertigter Schadprogramme durchführen. Daher reichen für ihre Angriffe bescheidene technische Kenntnisse aus. Ihre Attacken erfolgen meist wahllos und nicht zwangsläufig zur vorsätzlichen Schädigung der Angegriffenen, sondern entspringen teilweise der Neugier z. B. jugendlicher Internet-Nutzer.

Small Computer System Interface (SCSI)

Das Small Computer System Interface (SCSI) bezeichnet eine standardisierte parallele Schnittstelle zur Verbindung der Prozessoreinheit des Computers mit Peripheriegeräten, z. B. Festplatten. Sie ermöglicht in der einfachen Form den Anschluss von bis zu 8 und in erweiterter Form von bis zu 16 Geräten. (Wide) Ultra320 SCSI erlaubt eine max. Übertragungsgeschwindigkeit von 320 MByte/s bei einer Busbreite von 16 Bit.

Sniffer

Ein Sniffer ist ein Programm, das Datenpakete, die über ein Netz übertragen werden, heimlich mitliest.

Social Engineering

Beim Social Engineering bringt ein Angreifer sein Opfer dazu, Dinge zu tun, die der Angreifer will. So gibt sich ein Angreifer z. B. als Netzadministrator oder Sicherheitsmanager aus und erschleicht sich unter einem Vorwand Passwörter. Meist erfolgen diese Angriffe per Telefon, da es so schwieriger ist, des Täters habhaft zu werden. Aber auch entsprechendes Auftreten kann zum unberechtigten Zutritts- und Zugangserfolg führen, genauso wie der Auftritt als vermeintlicher Repräsentant eines Herstellers und „bewaffnet" mit entsprechender Hardware. Phishing ist ebenfalls ein Beispiel für Social Engineering.

Spionagesoftware – Spyware

Spionagesoftware sind Programme, die mit oder ohne das Wissen des Nutzers auf seinem Computer installiert werden, Informationen sammeln und weiterleiten. Sie können damit die Privatsphäre beeinträchtigen. Spyware kann z. B. in kostenloser Software enthalten sein oder beim Besuch von Webseiten heruntergeladen werden. Spionagesoftware verlangsamt den Rechner.

Structured Query Language (SQL)

Die Structured Query Language (SQL) ist eine datenbankunabhängige Sprache, welche die Definition von Datenstrukturen und die Operationen auf diese beschreibt. SQL ist in der Normenreihe ISO/IEC 9075 festgelegt. SQL ist unterteilt in die Data Definition Language (DDL), die Data Manipulation Language (DML), die Data Query Language (DQL) und die Data Control Language (DCL). DDL enthält die Befehle CREATE, ALTER, DROP, DML die Befehle INSERT, UPDATE, DELETE, DQL den Befehl SELECT und DCL die Befehle GRANT und REVOKE.

SQL-Injektion – SQL Injection

SQL-Injektion bezeichnet eine Angriffsmethode auf Datenbanken, bei der ein Angreifer die fehlende Plausibilisierung der Parameterein- oder -übergabe an ein SQL-Statement ausnutzt und auf diese Weise das SQL-Statement manipuliert. Plausibilisierungen sollten sich auf die Feldinhalte und die Feldlänge beziehen.

Zur Manipulation eines SQL-Statements können Angreifer folgende SQL-Elemente nutzen:

- den SQL String Delimiter (´),
- den SQL Statement Concatenation Character (;) und
- die SQL Comment Sequence bzw. Character nutzen (bei Microsoft® SQL Server: --, bei MySQL: #).

Als prinzipielles Beispiel dient die folgende SQL-Abfrage:

SELECT * FROM benutzertabelle WHERE benutzername = ´$uid´ AND passwort = ´$pwd´

Diese Abfrage soll prüfen, ob der eingegebene Benutzername zusammen mit dem Passwort in der Benutzertabelle vorhanden sind, es sich also um einen zugelassenen Benutzer handelt.

Ein Angreifer könnte für die abgefragten Parameter folgende Eingaben verwenden:

Für $uid eine beliebige Eingabe, z. B. abc

Für $pwd die Eingabe ´ OR 2=2 --

Übernimmt das Programm die Eingaben ungeprüft, so resultiert hieraus die Abfrage

SELECT * FROM benutzertabelle WHERE benutzername = ´abc´ AND passwort = ´´ OR 2=2 --´

Da 2=2 immer richtig ist und der Rest der Abfrage aufgrund der beiden Striche als Kommentar gekennzeichnet ist, liefert diese Abfrage stets das Ergebnis „richtig", womit der Angreifer als berechtigter Nutzer identifiziert und authentifiziert wäre.

T

Transaktionsnummer (TAN) – Transaction Number

Eine Transaktionsnummer (TAN) dient der Autorisierung einer Transaktion. Sie wird beispielsweise bei der Autorisierung einer Banküberweisung über das Internet einge-setzt. Beim Basis-TAN-Verfahren wählt der Kunde eine TAN aus einer Liste aus und autorisiert damit die Transaktion.

Zum stärkeren Schutz gegenüber betrügerischen Aktivitäten, z. B. in Form von Phishing, geben Banken zur Autorisierung einer Transaktion die Nummer derjenigen TAN aus der TAN-Liste vor, die der Kunden eingeben soll. Dieses Verfahren verwen-det somit „indizierte TANs" (iTAN) und erschwert die Nutzung einer „abgefischten" TAN.

Das iTAN-Verfahren schützt nicht vor „man-in-the-middle-Attacken". Betrüger locken hierbei das potenzielle Opfer – beispielsweise über einen Link in einer Phishing-E-Mail – auf die von ihnen gefälschte Website. Hier fordern sie die Eingabe der Kontonummer und PIN. Erhalten sie diese Informationen, bauen sie eine Verbindung zur Bank auf. Hat das Opfer seine Transaktion eingegeben, manipuliert der Angreifer die Daten und schickt sie an das Finanzinstitut. Die Bank fordert daraufhin eine iTAN an. Diese Auf-forderung leitet der Betrüger an den Kunden weiter. Dessen Eingabe gibt der Angrei-fer zur Autorisierung der gefälschten Transaktion an das Bankinstitut weiter.

Alternativ zum iTAN-Verfahren existiert das mobile TAN-Verfahren (mTAN). Zur Autorisierung der Transaktion erhält der Nutzer die TAN per SMS auf sein Handy. Diese Einmal-TAN ist nur für die jeweilige Transaktion gültig. Werden mit der TAN per SMS gleichzeitig die Transaktionsdaten, also Empfängerkonto, Empfängerbank und Betrag, übermittelt, kann der Benutzer eine „man-in-the-middle-Attacken" ent-decken. Voraussetzung ist hierbei – wie auch beim Phishing – die Sensibilisierung des Nutzers, damit er die übermittelten Daten einschließlich des Absenders genau prüft. Außerdem sollte er im Hinblick auf einen Handy-Diebstahl oder -Verlust seine eigene Kontonummer und PIN nicht auf dem Handy oder Smartphone speichern. Auch bei der Weitergabe der Handy-Nummer kann Vorsicht angeraten sein, nicht zuletzt, wenn diese per Phishing abgefragt wird. Gleichzeitig nimmt durch die mobile TAN der Schutzbedarf des Handys und gegebenenfalls des mobilen Nutzers zu. Auch hier emp-fiehlt sich eine Pfadanalyse, um das Sicherheitsniveau aller beteiligten Elemente und die möglichen Angriffsszenarien zu ermitteln.

Beim eTAN-Verfahren erhält der Kunde eine PIN und ein Gerät, den TAN-Generator. Die Autorisierung einer Transaktion läuft über ein Challenge-Response-Verfahren: Der Computer der Bank erzeugt eine Kontrollnummer (Challenge) und übermittelt sie an den Kunden. Der Kunde gibt sie in seinen TAN-Generator ein. Der TAN-Generator erzeugt eine Antwortnummer (Response), mit der der Kunde die Transaktion autori-siert.

Alternativ hierzu existieren TAN-Generatoren, die eine TAN erzeugen, die nur eine begrenzte Zeit lang gültig ist.

Für das eTAN-Plus-Verfahren bekommt der Kunde eine PIN, einen speziellen mobilen Kartenleser mit Tastatur und eine Chipkarte. Zur Autorisierung einer Transaktion steckt der Kunde seine Chipkarte in den Kartenleser ein und tippt die vom Bankcomputer erzeugte Nummer (Challenge) ein. Der Kartenleser berechnet aus den Transaktionsdaten und dem geheimen Schlüssel in der Chipkarte die TAN (Response) und zeigt sie im Display an. Hiermit autorisiert der Kunde die Transaktion mit den spezifischen Trans-aktionsdaten.

Das QR-TAN-Verfahren nutzt ein Smartphone mit Kamera für die Erzeugung der TAN. QR steht für Quick Response. Der Kunde erstellt an seinem PC den Auftrag im Online Banking. Im Browserfenster wird der zweidimensionale QR-Code für den Auftrag angezeigt. Der Kunde liest den QR-Code mittels einer App über die Kamera des Smartphones ein. Dann erzeugt die App für diese Transaktion eine TAN und zeigt dem Nutzer die Daten der Transaktion zur Prüfung an. Der Benutzer gibt die Transaktion im Browser frei und autorisiert sie über die App.

Das photoTAN-Verfahren nutzt ein Smartphone mit Kamera für die Erzeugung der TAN. Der Kunde erstellt an seinem PC den Auftrag im Online Banking. Im Browserfenster wird ein zweidimensionales farbiges Mosaik für den Auftrag und die Transaktionsnummer angezeigt. Das farbige Mosaik wird mittels einer App über die Kamera des Smartphones eingelesen. Dann zeigt die App für diese Transaktion die Daten der Transaktion sowie die photoTAN an. Der Benutzer gibt die TAN im Browser ein und gibt die Transaktion frei. [comdirect, Neu bei comdirect: photoTAN, Pressemitteilung, 09.04.2013]

Weitere Schutzmaßnahmen bestehen darin, Datum und Uhrzeit des letzten Login sowie im Falle der PIN- oder TAN-Eingabe am Bildschirm einen Ziffernblock anzuzeigen. Der Ziffernblock kann per Maus angeklickt werden, um die Ziffern nicht per Tastatur einzugeben und so ein „Abhören" der Transaktionsnummer zu erschweren. Außerdem kann bei der PIN-TAN-Eingabe vom Benutzer zusätzlich die Eingabe von Buchstaben und Ziffern gefordert werden, die auf dem Bildschirm verzerrt, gekippt und/oder versetzt auf grauem Hintergrund angezeigt werden. Diese sind für den Menschen leicht, für Malware aber schlechter zu erkennen. Dies erschwert automatisierte Angriffe, z. B. solcher DoS-Attacken, die das Ziel haben, durch Eingabe beliebiger Kontonummern und jeweils mehrmaliger falscher PIN-Eingabe Konten zu sperren.

Transport Layer Security (TLS)

Das Transport Layer Security Protocol ist in der Version 1.2 in RFC 5246 spezifiziert, in Verbindung mit IMAP, POP3 und ACAP in RFC 2595, dessen Section 6 durch den RFC 4616 aktualisiert wurde. TLS dient dem Schutz gegen Abhören und unzulässige Veränderung (Integrität) durch Verschlüsselung. TLS besteht aus zwei Ebenen: dem TLS Record Protocol und dem TLS Handshake Protocol. Das TLS Record Protocol dient der Verbindungssicherheit und der Kapselung verschiedener darüber liegender Protokolle, wie z. B. des TLS Handshake Protocol. Letzteres ermöglicht es dem Server und dem Client, sich gegenseitig zu authentisieren sowie einen Verschlüsselungsalgorithmus und Schlüssel auszuhandeln. TLS befindet sich im TCP/IP-Protokoll-Stack zwischen dem Transport Layer mit TCP und der Anwendungsschicht (Application Layer) mit http, LDAP, SMTP, Telnet etc.

Trojanisches Pferd – Trojan Horse

Ein trojanisches Pferd in der IKT ist – in Analogie zur List des Odysseus im Kampf um Troja – Programmcode, der etwas Nützliches zu tun vorgibt, während er tatsächlich etwas Unerwünschtes ausführt. Beispielsweise kann es Programmcode sein, der die Login-Maske darstellt und Benutzerkennung und Passwort dann an Unbefugte weiter leitet.

U

Universal Business Language (UBL)

OASIS® hat im Dezember 2006 die Universal Business Language (UBL), Version 2.0 als OASIS®-Standard freigegeben. UBL definiert eine XML-Bibliothek für Geschäftsdokumente und ist die erste Standard-Implementierung der Electronic business eXtensible Markup Language (ebXML) Core Components Technical Specification 2.01. UBL zielt darauf ab, in einem Standard-Geschäftsrahmenwerk wie z. B. ISO/TS 15000 (ebXML) zu arbeiten. Die UBL-Bibliothek besteht aus Informationskomponenten, den Business Information Entities (BIE). Eine Datenkomponente ist beispielsweise die „Adresse", die in verschiedenen Dokumententypen vorkommt. BIEs lassen sich zu spezifischen Dokumententypen zusammensetzen, wie z. B. einem Auftrag oder einer Rechnung. [109]

Unterbrechungsfreie Stromversorgung (USV) – Uninterruptable Power Supply (UPS)

Eine USV ist eine Stromversorgung, mit der ein kurzzeitiger Stromausfall überbrückt werden kann. Die IEC 62040-3 nennt folgende 10 Netzstörungen: 1. Netzausfälle, 2. Spannungsschwankungen, 3. Spannungsspitzen, 4. Unterspannungen, 5. Überspannungen, 6. Blitzeinwirkung, 7. Spannungsstöße, 8. Frequenzschwankungen, 9. Spannungsverzerrungen, 10. Spannungsoberschwingungen. Die IEC 62040-3 unterscheidet folgende USV-Klassen:

- Voltage and Frequency Independent (VFI) from mains supply. Dieser USV-Typ ist vergleichbar mit der Online-USV mit Dauerwandler. Bei VFI-USVs sind Spannung und Frequenz am USV-Ausgang unabhängig vom Eingangsnetz. VFI-USVs bieten Schutz gegen alle 10 Netzstörungsarten. Bei einer VFI-USV läuft die Stromversorgung der angeschlossenen Geräte, z. B. Computer, stets über die USV.
- Voltage Independent (VI) from mains supply. Diese USV-Klasse ist vergleichbar mit Line-Interactive-USVs. Bei VI-USVs ist die Spannung am USV-Ausgang unabhängig vom Eingangsnetz. Störungen der Netzfrequenz gelangen ungefiltert zur Last. VI-USVs bieten Schutz gegen die Netzstörungsarten 1 – 5. Sie überbrücken Stromausfall und können Spitzen und Unebenheiten in der Stromversorgung glätten.
- Voltage and Frequency Dependent (VFD) from mains supply. VFD-USVs sind vergleichbar mit Offline-USVs. Eine VFD-USVs befindet sich solange im „standby"-Modus wie das Netz die Last im regulären Betrieb direkt versorgt. Erst im Falle einer Störung der Stromversorgung erfolgt die Umschaltung auf den Batteriebetrieb. VFD-USVs bieten Schutz gegen die Netzstörungsarten 1 – 3.

Als Kennzeichnung für USVs enthält die Norm darüber hinaus weitere Angaben. Der Bezeichnung der USV-Klasse folgen zwei Buchstaben. Diese charakterisieren die Form der Spannungskurve am USV-Ausgang im Normalbetrieb (1. Buchstabe) und im Batteriebetrieb (2. Buchstabe). Angestrebt ist eine reine Sinuskurve. Als Buchstaben sind S, X und Y möglich. Der Buchstabe S repräsentiert die Bestmarke. Bei Y, dem schlechtesten Wert, ist die Wellenform nicht sinusförmig und der Klirrfaktor vom Hersteller zu spezifizieren.

Der anschließende dreistellige Code kennzeichnet das dynamische Spannungsverhalten am USV-Ausgang: 1. bei Änderungen der Betriebsart, 2. bei Zu- und Abschalten einer linearen sowie 3. einer nichtlinearen Referenzlast. Die Skala reicht vom besten Wert 1 für USVs, die „für alle Arten von Belastungen geeignet sind" bis zum schlech-

testen Wert 3. Den höchsten Schutz bietet daher eine VFI-SS-111. Unter Kontinuitätsaspekten ist zu berücksichtigen, dass die USV einen SpoF darstellen kann. Sie
sollte daher in geeigneter Form redundant ausgelegt sein.

Unverfälschtheit (Integrität) – Integrity
Eigenschaft eines Objekts, unverfälscht und vollständig, d. h. nicht unzulässig oder
unbefugt verändert oder gelöscht worden zu sein.

V

Validierung – Validation
Die Validierung prüft die Übereinstimmung des erzeugten Produktes bzw. der erbrachten Leistung mit den Anforderungen der Auftraggeber. Dies beinhaltet die Überprüfung der Sicherheitsanforderungen. Ein Beispiel ist die Überprüfung, dass ein Soft-
ware-Produkt die Anforderungen der Benutzer erfüllt.

Verbindlichkeit (Nichtabstreitbarkeit) – (Non Repudiation)
Eigenschaft eines Objekts, z. B. einer Transaktion, verbindlich, d. h. nicht abstreitbar zu
sein.

Vereinzelungsanlage
Der Zutritt zu Räumlichkeiten mit einem sehr hohen Schutzbedarf ist meist über Vereinzelungsanlagen gesichert, so dass nur eine einzelne Person mit entsprechenden Zutrittsrechten in den jeweiligen Raum gelangen kann. Die Ausführungen derartiger Personen-
vereinzelungsanlagen reichen von Schleusen, z. B. Rund- und Schiebetürschleusen, bis
hin zu Vereinzelungs-Drehtüren.
Außerdem existieren automatische videobasierte Personenvereinzelungssysteme, die auf
der Silhouettenerkennung (Schattenriss) beruhen, und in bestehenden Räumlichkeiten
genutzt werden können. Sie ermöglichen eine Mehrpersonenvereinzelung und eine Leer-
raumdetektion, durch die absichtlich oder unabsichtlich zurückgelassene Objekte erkannt und gemeldet werden können. Derartige Systeme eröffnen – nach Abgleich der
Sicherheitsanforderungen mit den Bedrohungen – prinzipiell die Möglichkeit, zutritts-
geschützte Bereiche, z. B. Schließfachbereiche, zu automatisieren sowie eine Korridor-
und Vorraumüberwachung hochkritischer zutrittsgeschützter Bereiche vorzunehmen.

Verfügbarkeit – Availability
Eigenschaft eines Objekts, wie z. B. eines Prozesses oder einer Ressource (Gebäude,
Räumlichkeiten, Computer, Netze, Programme, Daten, Personen, ...), in einem be-
stimmten Umfang bereit zu stehen, zugreifbar und nutzbar zu sein. Verfügbarkeitsan-
forderungen beziehen sich üblicherweise auf die zugesicherten Betriebszeiten einer
Ressource.

Verfügbarkeitsklassen – Availability Environment Classification (AEC)
Die Harvard Research Group hat Verfügbarkeit in 5 Klassen von 0 bis 4 definiert
(Availability Environment Classification {AEC}) [110]. Diese orientieren sich an den
Auswirkungen eines Ausfalls auf die Geschäftsaktivitäten und auf die Kunden. Die
Klassen enthalten folgende Charakteristika:
- AE4 – Rund-um-die-Uhr-Betrieb, d. h. 24 h/Tag x 7 Tage/Woche. Die Geschäfts-
  funktionen erfordern kontinuierliche Verfügbarkeit, ein Ausfall wäre für den Nut-

zer transparent.

- AE3 – Unterbrechungsfreier Betrieb entweder während wesentlicher Zeiträume oder während des überwiegenden Teils des Tages, der Woche und des Jahres. Der Nutzer bleibt online. Ein Restart der aktuellen Transaktion kann jedoch erforderlich sein und Performance-Einbußen können auftreten.

- AE2 – Betrieb mit minimalen Unterbrechungen entweder während wesentlicher Zeiträume oder während des überwiegenden Teils des Tages, der Woche und des Jahres. Der Benutzer wird unterbrochen, kann sich jedoch zeitnah wieder einloggen. Transaktionen müssen gegebenenfalls unter Nutzung von Aufzeichnungsdateien wiederholt werden und es können Performance-Einbußen auftreten.

- AE1 – Betrieb mit Unterbrechungen, jedoch mit Verfügbarkeit der Daten. Der Benutzer kann nicht weiterarbeiten, das System fährt unkontrolliert herunter. Eine Datensicherung auf einer redundanten Festplatte liegt vor. Unter Nutzung von Log- oder Journaldateien lassen sich unvollständige Transaktionen identifizieren und wiederherstellen.

- AE0 – Betrieb mit Unterbrechungen, wobei die Verfügbarkeit der Daten nicht wesentlich ist. Der Benutzer kann nicht weiterarbeiten, das System fährt unkontrolliert herunter. Daten können verloren gehen oder verfälscht werden.

Verifikation – Verification

Die Verifikation prüft, ob das Ergebnis einer Lebenszyklusphase die zu Beginn der Phase gestellten Anforderungen erfüllt. Dies beinhaltet die Überprüfung der Sicherheitsanforderungen.

Verteilter DoS-Angriff – Distributed Denial of Service (DDoS) Attack

Großflächiger Angriff, bei dem eine Vielzahl von Systemen ein Zielsystem oder -Netzwerk lahm legen.

Vertrag auf Gegenseitigkeit – Reciprocal Agreement

Bei einem Vertrag auf Gegenseitigkeit vereinbaren zwei oder mehrere Parteien, z. B. Unternehmen, Unternehmenstöchter oder Organisationseinheiten, die prinzipiell gleichartige Schutzobjekte nutzen, dass sie z. B. im Notfall Schutzobjekte des Vertragspartners nutzen können, um dort den Notbetrieb durchzuführen.

Vertraulichkeit – Confidentiality

Eigenschaft eines Objekts bzw. einer Information, nur Befugten (Personen, Prozessen oder Ressourcen) bekannt bzw. zugänglich zu sein.

Verwundbarkeit – Vulnerability

Eigenschaft eines Objektes, z. B. eines Informationssystems oder eines Rechenzentrums, gegenüber bestimmten Ereignissen, z. B. Stromausfall oder Hacker-Angriffen, ungeschützt zu sein.

Virtuelles LAN (VLAN) – Virtual LAN

Virtuelle LANs (VLANs) sind logische Netzsegmente, die der Bildung von Sicherheitszonen mit unterschiedlichem Sicherheitsniveau dienen. Sie entstehen durch die Aufteilung eines physischen Netzes in logische Netzsegmente, die durch entsprechend konfigurierte Switches gebildet werden.

Virtuelles Privates Netz (VPN) – Virtual Private Network (VPN)

Ein VPN stellt eine gesicherte Verbindung über ein öffentliches Netz dar.

Vishing

Vishing ist ein Kunstwort für „Voice over IP Phishing". Hierbei nutzen Angreifer die niedrigen Kosten und die weltweite Verfügbarkeit der Internettelefonie für meist automatisierte Anrufe. Ein Dialer ruft eine Vielzahl von VoIP-Adressen an. Im Telefonat täuscht eine Stimme von Band vor, der Anruf käme von einer vertrauenswürdigen Instanz, z. B. einem Finanzinstitut. Die Stimme veranlasst das potenzielle Opfer, vertrauliche Daten, insbesondere Kreditkartennummer, Kontonummer, PIN und TAN preiszugeben, so dass der Angreifer an die Finanzen des Opfers gelangen kann. Ebenfalls abgefragt werden können Geburtstag, Sozialversicherungsnummer und Passnummer, um Identitätsdiebstahl begehen zu können. Die Auswertung der Anrufe kann auf Seiten des Anrufers ebenfalls automatisiert erfolgen. Hierzu wandelt ein System entweder die per Tastatur eingegebenen Ziffern um, indem es die Töne der Ziffern in digitale Zeichen umsetzt oder es verwendet die Spracherkennung. Anstelle des automatisierten Anrufs kann der Angreifer zuvor eine E-Mail oder eine SMS einer scheinbar vertrauenswürdigen Instanz an das Opfer schicken, die es dazu veranlasst, die vom Angreifer vorgegebene Telefonnummer anzurufen.

VIVA

Abkürzung für Verfügbarkeit, Integrität, Vertraulichkeit, Authentizität

Voice over Internet Protocol (VoIP)

Voice over IP ermöglicht die Sprachkommunikation über das Internet und treibt die Konvergenz von Sprache und Daten voran. Dadurch ist z. B. nur noch eine Verkabelung erforderlich. Wie immer bei der Nutzung des Internets sind hierbei Sicherheitsaspekte zu berücksichtigen. Bedrohungen bestehen in Form von Ausfällen, Störungen, Verzögerungen und Angriffen u. a. durch Viren und Würmer, SpIT (Spam over Internet Telephony), IP-Spoofing, Man-in-the-Middle-Attacken und durch Abhören mit derzeit bereits verfügbaren Tools, z. B. mit VoMIT (Voice over Misconfigured Internet Telephones).

Die vielfältigen Bedrohungen verlangen angemessene Sicherheitsmaßnahmen, z. B. in Form ausfallgeschützter Stromversorgung und Ausweichmöglichkeiten bei Ausfällen oder Störungen, einer für VoIP geeigneten Firewall, Intrusion Detection and Prevention System, Virenschutz, Content Filter, Verschlüsselung und VPN. Eine anforderungsgerechte Quality of Service (QoS) erfordert u. a. die Vermeidung von Übertragungsverzögerungen und Paketverlusten sowie eine garantierte ausreichende Bandbreite, die durch das Bandbreitenmanagement sicherzustellen ist. Die im Februar 2005 gestartete VoIP Security Alliance (VOIPSA) beschäftigt sich mit Sicherheitsaspekten von VoIP.

W

Wassermeldeanlage (WMA)

Wassermeldeanlagen gehören zu den Gefahrenmeldeanlagen. Sie dienen dazu, Flächen, Räume, Rohrleitungen und andere Einrichtungen auf den Austritt leitender Flüssigkeiten, wie z. B. Wasser, zu überwachen.

Webcrawler
> Webcrawler durchsuchen das World Wide Web und analysieren Webseiten. Suchmaschinen nutzen diese Programme.

Weitverkehrsnetz – Wide Area Network (WAN)
> Ein Weitverkehrsnetz ist ein nicht lokales Verbindungsnetz, das einen größeren geographischen Bereich abdeckt und von einem eigenständigen Betreiber angeboten wird.

Werbe-E-Mail – Spam-Mail
> Unerwünschte Werbe-E-Mails werden als Spam-Mails bezeichnet, die gleichzeitige Versendung an eine Vielzahl von Empfängern als „Spamming", der Absender als „Spammer".

Werbesoftware – Adware
> Werbesoftware (Adware) sammelt auf dem betroffenen Computer Informationen für Werbezwecke. Auf Basis dieser Informationen können Anbieter festlegen, welche Werbe-Popup-Fenster auf dem Computer eingeblendet werden und welche Werbungen der Computernutzer angezeigt bekommt, wenn er bestimmte Webseiten besucht.

X

XML
> Die eXtensible Markup Language ist eine einfache und flexible Auszeichnungssprache zur Darstellung von Daten im Textformat, die aus SGML abgeleitet wurde. Sie gewinnt nicht zuletzt auch beim Datenaustausch z. B. über das Internet, zunehmend an Bedeutung.

Z

Zentrale Rechtesteuerung und -verwaltung – Single Point of Security Control and Administration (SPSCA)
> Die zentrale Rechtesteuerung und -verwaltung umfasst die Eingabe, Pflege, Sperrung, Freigabe und Löschung von Rechten und die darauf aufbauende Steuerung von Berechtigungsanfragen.

Zentrale Rechteverwaltung – Single Point of Security Administration (SPSA)
> Zentrale Rechteverwaltung ist die Stelle, an der die Rechte für z. B. IKT-Systeme verwaltet, d. h. administriert werden.

Zero-Day-Attacke
> Eine Zero-Day-Attacke ist ein Angriff, der in dieser spezifischen Form erstmalig ist. Sie nutzt umgehend, also quasi am gleichen Tag (zero day), eine gerade erst bekannt gewordene Sicherheitslücke aus, noch bevor die Sicherheitslücke durch Patches geschlossen wurde oder verbreitet einen neuen Virus noch bevor entsprechende Signaturen für die Computer-Antiviren-Software verfügbar sind.

Zugriffskontrollliste – Access Control List
> In der Zugriffskontrollliste führt das Betriebssystem die Liste mit Zugriffsberechtigungen auf Objekte.

Zuverlässigkeit – Reliability

Zuverlässigkeit beschreibt die Eigenschaft eines Prozesses, einer Ressource, eines Produktes oder einer Dienstleistung innerhalb eines betrachteten Zeitraums die an ihn/sie gestellten Anforderungen zu erfüllen. Kenngrößen sind die Lebensdauer und die Ausfallwahrscheinlichkeit.

28 Sachwortverzeichnis

29 Über den Autor

Dr.-Ing. Klaus-Rainer Müller studierte und promovierte in Karlsruhe. Danach war er als Gruppenleiter der Software-Entwicklung bei einem Hersteller frei programmierbarer Steuerungen tätig, wo er Software spezifizierte und entwickelte sowie Software-Engineering-Methoden einführte.

Als Senior Software Engineer wechselte er zur deutschen Tochter eines internationalen System- und Softwarehauses. Hier war er u. a. als Team- und Projektleiter großer, teilweise kritischer Entwicklungsprojekte sowie als Berater tätig und nahm die Positionen Stv. Abteilungsleiter und Key Account Manager wahr.

Bei der ACG Automation Consulting Group GmbH, einer Unternehmensberatung für Organisation und Informationsverarbeitung in Frankfurt (www.acg-gmbh.de), startete er als Senior Berater und Projektmanager. Er leitete den Bereich „Sicherheits- und Qualitätsmanagement" sowie das Fach-Competence-Center (FCC) Unternehmensentwicklung und beriet in diesen Themenfeldern. Heute verantwortet er das FCC IT-Management.

Er befasst sich mit dem Unternehmenssicherheitsmanagement (USM), dem Business und Service Continuity Management (BCM, SCM), dem IT-Sicherheits-, -Kontinuitäts-, -Risiko-, -Qualitäts-, -Test-, -Service-Level- und -Projektmanagement sowie den betriebswirtschaftlichen Themen Führungssysteme, Prozess- und Strukturorganisation einschließlich Sourcing sowie Organisationsentwicklung. Als Senior Management Consultant berät und unterstützt er Kunden beim Aufbau des effizienten und durchgängigen Sicherheits-, Business-Continuity-, IT-Service-Continuity- und IT-Risikomanagements, bei der Entwicklung von Notfall-, Krisen- und Katastrophenvorsorgekonzepten sowie bei der Planung und Durchführung von Notfalltests und -übungen.

Er führt u. a. Schutzbedarfsanalysen, Sicherheitsstudien, Reviews und Audits durch, berät und coacht Sicherheits- und Kontinuitätsverantwortliche und moderiert Workshops mit teils stark kontroversen Meinungen. Als Sonderthema gestaltete er im Jahr 1999 den Jahr-2000-Wechsel des IT-Bereichs einer Großbank und begleitete ihn erfolgreich. Er beriet und unterstützte Unternehmen erfolgreich bei der Beseitigung von BaFin-Moniten. Darüber hinaus berät er in der breiten Palette der oben genannten Themenbereiche. Zu seinen bisherigen Kunden gehören renommierte Unternehmen u. a. aus den Branchen Banken, Versicherungen einschließlich Sozialversicherungen und Automobil sowie IT-Dienstleister aus den Branchen Banken, Versicherungen und Chemie. Die Projekte sind je nach Themenstellung national, europäisch oder international ausgerichtet.

Er ist Architekt des Pyramidenmodell®, das wegweisend und dreidimensional ist, und seiner dreidimensionalen Sicherheits(management)pyramide und der RiSiKo- (Management-)Pyramide sowie seines Sicherheitsschalenmodells. Den Begriff „Sicherheitspyramide" prägte er erstmals Mitte der 1990er Jahre und veröffentlichte ihn damals zusammen mit ihrer Darstellung in Artikeln und auf Veranstaltungen. Naturgemäß haben sich ihre Inhalte parallel zu den technologischen, gesetzlichen, regulatorischen und normativen Veränderungen in dieser Zeit weiter entwickelt. Darüber hinaus konzipierte und füllte er das auf seinen Ideen basierende zielgruppenorientierte und hoch flexible ISM-, BCM-, ITSCM- und ITRM-Tool der ACG GmbH.

Zusätzlich zum Begriff „Sicherheits(management)pyramide", „RiSiKo-(Management-)Pyramide, „Pyramidenmodell" und weiteren „...pyramiden" wie der „Sicherheits- und Risikopyramide", der „ISM-Pyramide", der „ITSCM-Pyramide", der „BCM-Pyramide", der „ITSM-Pyramide" und der „Architekturpyramide" etc. schuf bzw. prägte er weitere Begriffe, Methoden und Hilfsmittel, wie z. B. Balanced Pyramid Scorecard, Distanzprinzip, Eskalationstrichter, Haus zur Sicherheit, Haus zur Kontinuität, House of Safety, Security and Continuity, Interdependenznetz bzw. -plan, Prinzip der Immanenz, Prinzip der Subjekt-Objekt- bzw. Aktiv-Passiv-Differenzierung, PROBCM, PROPyr, PRORim, PROSim und weitere PRO..., RiSiKo, Risikodreiklang, Safety, Security and Continuity Function Deployment (SSCFD), Sicherheitsdreiklang, Sicherheitshierarchie und V-Quadrupel.

Ende Juli 2003 erschien die erste Auflage seines erfolgreichen Buchs „IT-Sicherheit mit System", der im August 2005 die zweite, im Oktober 2007 die dritte und im Mai 2011 die vierte Auflage folgte. Sicherheitshierarchie und Lebenszyklus sowie Prozesse, Ressourcen und Organisation sind ebenso wie Kennzahlen seit der 1. Auflage integrative Kernelemente, ebenso wie Muster-Richtlinien u. a. zur E-Mail-Nutzung, zum Computerviren-Schutz, zur Datensicherung und zur Notfallvorsorge.

Im Oktober 2005 veröffentlichte er als Trendsetter für das Zusammenwachsen von IT- und Unternehmenssicherheit sowie von Sicherheits-, Kontinuitäts- und Risikomanagement das „Handbuch Unternehmenssicherheit", das seit Oktober 2010 in der neu bearbeiteten 2. Auflage vorliegt.

Im April 2008 publizierte er zusammen mit Gerhard Neidhöfer das Buch „IT für Manager", dem er den Untertitel „Mit geschäftszentrierter IT zu Innovation, Transparenz und Effizienz" gab.

Bisher veröffentlichte der Autor Artikel zur systematischen Pflichtenhefterstellung, zum Software-Engineering, zur Sicherheitspyramide, zum Sicherheits- und Qualitätsmanagement, zur Sicherheit im Software-Lebenszyklus, zum Architekturtrichter, zur prozessorientierten Abnahmeorganisation, zur lebenszyklus- und prozessimmanenten IT-Sicherheit, zum Sourcing mit System, zum Security Engineering, zum Sicherheits- und Risikomanagement, zur genormten Sicherheit, zur Biometrie, zu Notfallübungen, zur elektronischen Gesundheitskarte sowie zur Information Security als unternehmerische Aufgabe. Außerdem schrieb er die Studie der ACG GmbH zu Biometrie und Smart Cards. Weiterhin veröffentlichte er prägnante Überblicksartikel zu verschiedenen internationalen Normen.

Darüber hinaus hielt er auf Kongressen, Seminaren, Foren und Veranstaltungen Vorträge und Präsentationen zu obigen Themenbereichen. Diese behandelten z. B. das Sicherheitsmanagement, Notfalltests und -übungen, das Business Continuity Management, sicherheits- und kontinuitätsrelevante Aufgaben und Anforderungen des Service Desk, Biometrie, SOA Security und BCM, Führungstraining für IT-Sicherheitsexperten, die unternehmensweite Sicherheits- und Risikopolitik als Basis für ein unternehmensweites Sicherheits- und Risikomanagement sowie das Thema „Business – immer und überall" mit den Aspekten Mobility, Cloud Services, BYOD, Bedrohungen und Risiken sowie Leit- und Richtlinien.

Printed by Printforce, the Netherlands